인봉된 책

| 요한계시록 주석 1-11장 |

| 한명철 지음 |

쿰란출판사

이 책을 함께 멍에를 멘
사랑하는 아내와 복음의 동역자들께
삼가 바칩니다.

‖ 들어가는 말 ‖

요한계시록은 성경 마지막에 위치한 신약 유일의 묵시적 계시서다. 본서가 성경의 맨 마지막에 위치한 것은 다른 성경의 책들에 비해 덜 중요해서가 아니다. 창세기가 성경의 첫 자리를 차지했다 하여 가장 중요한 책이 아니듯 계시록이 마지막에 있다 해서 가장 무가치한 책은 아니다. 성경의 각 책은 각각의 특징 있는 가치와 함께 모두가 동일한 무게를 지니고 있다. 계시록은 성령의 감동을 받은 저자에 의해 쓰인 신약 정경 27권 중의 한 책으로 신약의 나머지 책들과 동일한 권위와 영예를 가진다. 계시록은 환상들과 숫자들, 초인적인 인격들과 동물들, 의미심장한 색깔들 같은 신비한 분위기와 이상한 느낌 때문에 많은 사람들의 흥미를 자아내었다. 계시록은 신자들에게도 매력 있는 책으로 나타났지만 그런 만큼 사랑을 받아오지는 못했다. 대개가 지적인 호기심이나 상징풀이의 교과서로 여기든지 아니면 본서를 그저 예언의 성취와 같은 미래의 안내 책자 정도로 여길 뿐이었다.

불행하게도 계시록은 이단 종파의 종말론을 지지하기 위한 증거 본문(proof text)으로 마구 인용, 해석되었으며 그로 인하여 교회에 해악을 끼치게 되자 설교자들은 목회적인 이유에서 본서를 무의식중에라도 피하게 되고 간혹 가볍게 다루는 것만으로 만족해 오곤 했다. 그러자 계시록은 일단의 극단론자들의 전유물이 되어 버려서 제멋대로 다루어졌으며, 세계 종말이나 아마겟돈 전쟁이나 인류의 파멸과 같은 주제만을 강조함으로 '축복과 위로의 책'인 본서는 '공포와 재앙의 책'으로 둔갑해 버리고 말았다.[1] 역사적으로도 계시록은 유독 타

성경의 책들에 비하여 수난을 많이 받아 왔다. 때로는 정통을 주장하는 측에서 또 때로는 이단으로 낙인찍힌 측에서 계시록이 반박되었다. 가톨릭과 종교개혁자들 간의 싸움에서는 계시록이 양측에 의해서 부당하게 곡해되기도 했다. 오늘날에 이르기까지 혹자는 계시록을 평가절상해서 다른 성경들보다 우월하게 취급해 왔는가 하면, 혹자는 반대로 평가절하해서 다른 거룩한 책들에 비해 낮게 다루어 왔다. 아니면 아예 관심조차 두지 않으려 했다. 그러나 이 모든 태도들은 극단적이고 무책임한 것으로 비판되어야 한다.

이제 성실한 성경학도들은 뜨거운 기도와 진지한 연구를 통하여 계시록의 오도된 권위와 실추된 영예를 회복시켜야만 한다. 계시록에 대한 온갖 오해도 불식시켜야 한다. 또한 계시록이 일반 신자들에게

---

1) 이와 같은 경향의 저서들은 헤아릴 수 없을 정도로 많다. 개중에는 정당하게 고려되어야 할 부분들도 있지만 전체적으로 보아 경계해야 마땅하며, 복음주의적인 교회들은 이에 경각심을 가져야만 한다. 몇 가지 저서들을 추려 보자면 다음과 같은 것들이 있다. Hal Lindsey, *There's a New World Coming* (Santa Ana : Vision House, 1973); *The Terminal Generation* (New Jersey : F.H. Revell, 1976); David Jeremiah가 C.C. Carlson과 함께 저술한 책 *Escape the Coming Night* (Dallas, London, Vancouver, Melbourne : Word Publishing,1990); 그리고 역시 Carlson과 공저(共著)한 *The Late Great Planet Earth* (Grand Rapids : Zondervan Publishing House, 1970), 특히 이 책은 출판된 지 4년 만인 1974년에 이미 42판을 찍어냈고, 그로부터 7년 만인 1981년에는 무려 1천 8백만 부를 판매하는 대기록을 세웠는데, 이것을 월별로 환산해 보면 대략 월 2만 부씩 팔렸다는 결론이 된다. J.P. Newport, *The Lion and the Lamb* (Nashville : Broadman Press, 1986), pp. 24f.에 따르면 1970년대에 Lindsey는 같은 종류의 책을 다섯 권이나 출판하였는데, 10년이 채 못 되어 약 3천만 권이나 팔렸다. 린제이는 Dallas Theological Seminary에서 신학훈련을 받았으며, Walvoord나 J. Dwight Pentecost 같은 이의 영향을 많이 받았다. 이외에도 예언 잡지류와 예언 소설류, 그리고 전파 매체들을 이용한 방송 프로그램, 직업적인 텔레비전 설교가들의 왕성한 활동들이 이러한 경향을 더욱 부추기고 있는 실정이다. 1992년 10월 28일 자정의 휴거설을 주장하여, 한국교회를 한때 혼미하게 만들었던 이장림 목사의 소위 [다미시리즈]인 《다가올 미래를 대비하라》, 《하늘문이 열린다》, 《경고의 나팔》 등도 엄청난 분량이 팔려 나갔었다.

흥미만이 아니라 사랑의 대상으로서 공포와 재앙의 선고만이 아니라 위로와 축복의 선포로 가득 찬 책임을 인식시켜 주어야 한다. 또한 책임 있는 설교자들도 부단한 정성으로 계시록에 감추인 보화를 캐내어 이 시대에 적합한 메시지로 확실히 제시하고 담대히 증거하여야 한다. 요한계시록은 당시 소아시아의 일곱 교회뿐만 아니라 새로운 세기를 살아가는 오늘날의 우리들에게도 동일한 가치와 영감과 능력을 제공해 줄 수 있기 때문이다. 여기에 본서를 주의 깊게 연구하는 학문적인 보람과 목회적인 차원에서의 의의가 있을 것이다.

계시록에 대한 전반적인 이해를 돕기 위하여 서론 부분에 상당한 공력을 들였다. 한글성경은 개역을 따랐다. 보혜사 성령께서 우리 모두에게 학자의 영으로 충만케 해주시기를 간구드린다. 눈에서 비늘을 벗겨 주시고 성령의 안약을 발라 주시기를 갈구한다. 지혜와 계시의 영으로 인해 영혼과 삶에서 닫힌 것이 열리고, 맺힌 것이 풀리고, 막힌 곳이 뚫려 은혜를 지나 진리의 세계로 전진하는 진정한 벗김을 경험하게 되기를 바란다. 귀한 일에 기도로 함께 동참해 주신 쿰란출판사의 이형규 장로님과 수고하신 팀원들에게 감사를 드린다. 또한 물심양면으로 격려와 협력을 아끼지 않으신 귀한 동역자들께도 주님의 깊은 위로를 빈다.

2014년 5월
캘리포니아의 프리몬트에서
한명철 목사

‖ 목 차 ‖

서론

I. 요한계시록의 명칭

요한계시록이라 명명된 '아포칼륖시스'(Ἀποκάλυψις) 또는 '아포칼륖시스 요안누'(Ἀποκάλυψις Ἰωαννοῦ)는 대략 2세기경부터 사용되어 온 본서의 공식 제목이다.[2)] '계시'(a revealing 또는 an unveiling)를 의미하는 헬라어 '아포칼륖시스'는 '벗긴다' 또는 '들추어낸다'(away from)를 뜻하는 전치사 '아포'(ἀπό)와 '덮는다' 또는 '숨는다'(veiling)를 뜻하는 동사 '칼륖토'(καλύπτω)에서 나온 명사 '칼륖시스'(καλύψις)가 합해서 이루어진 단어다. 그래서 계시는 "덮여 있는 것을 벗긴다", "숨은 것을 드러낸다"는 의미를 함축하고 있다.[3)]

4세기 말엽에 이르러 계시록의 원 제목에다 '하나님의 뜻을 전하는 자', '신학자'란 뜻을 지닌 '호 데오로고스'(ὁ θεολόγος)라는 별명이 첨가되었는데 이는 제4복음서의 성격과 연관하여 붙여진 칭호이다.[4)]

---

2) H.B. Swete, *Commentary on Revelation* (Grand Rapids : Kregel Publications,1980), p. 1; R.H. Charles, "Revelation," *The International Critical Commentary*, vol.1 (Edinburgh : T.& T. Clark, 1979), p. 5.

3) Oepke, "ἀποκαλυψτω, ἀπολαλυψις," *Theological Dictionary of the New Testament*, vol. III, ed. G. Kittel (Grand Rapids : Wm.B. Eerdmans Publishing Co.,1965), pp. 563–92; C. Brown, "Revelation," *New International Dictionary of New Testament Theology*, vol. 3, ed. C. Brown (Grand Rapids : Zondervan Publishing House, 1981), pp.309–337; Walter Bauer, *A Greek-English Lexicon of the New Testament*, trans. by William F. Arndt & F. Wilbur Gingrich(Chicago : The University of Chicago Press, 1957), pp. 91f; C.G. Wilke, *Greek-English Lexicon of the New Testament and Other Early Christian Literature*, trans. by Josehp H. Thayer (Grand Rapids : Zondervan Publishing House, 1974), pp. 62f.; C.F.D. Moule, "Revelation," *The Interpreter's Dictionary of the Bible*, vol. 1, ed. G.A. Buttrick (Nashville : Abingdon Press, 1986), pp. 54–58; G.E. Ladd, "Apocalyptic," *Evangelical Dictionary of Theology*, ed. W.A. Elwell (Grand Rapids : Baker Book House, 1987), pp. 62–65; R.J. Bauckham, "Apocalyptic," *The Illustrated Bible Dictionary*, vol.1, ed. Douglas (Wheaton : Tyndale House Publishers, 1980), pp. 73–75.

본서가 요한계시록으로 불리고 있음에도 요한의 계시록이 아니라 '예수 그리스도의 계시'임은 자명하다. 요한계시록의 첫머리는 "예수 그리스도의 계시라"(Ἀποκάλυψις Ἰησου Χριστου / 아포칼륖시스 예수 크리스투)로 시작하고 있는데 이것이 본서의 실질적인 제목이라 할 수 있다.

'예수 그리스도의'란 속격은 주격적이나 목적격적으로 취할 수 있는데, 주격적 속격으로 취할 경우에는 예수 그리스도가 계시의 주체가 되지만, 목적격적 속격으로 취할 경우에는 예수 그리스도는 계시의 객체가 된다. 홀트(Hort)를 비롯한 소수의 학자들은 '예수 그리스도의'란 속격을 후자로 해석했지만[5] 대다수의 학자들은 전자의 해석을 지지한다. 원문에 뒤이어 나오는 '헨 에도켄'(ἣν ἔδωκεν, '주신 것')은 전자의 해석을 지지한다.[6]

---

4) Isbon T. Beckwith, *The Apocalypse of John* (Grand Rapids : Baker Book House, 1979), p. 417; Robert H. Mounce, "The Book of Revelation," *The New International Commentary on the New Testament* (Grand Rapids : Wm. B. Eerdmans Publishing Company, 1980), p. 63, n.1; M. E. Boring, "Revelation," Interpretation (Louisville : John Knox Press, 1989), p. 34.

5) 예를 들면 J. Massyngberde Ford, "Revelation," *The Anchor Bible* (New York : Doubleday & Company, Inc., 1984), p. 373. 이러한 해석의 전형적인 예로 갈 1:12를 들 수 있다.

6) H.B. Swete, *Commentary on Revelation*, p.1; R.H. Charles, "Revelation," *The International Critical Commentary*, p. 6; I.T. Beckwith, *The Apocalypse of John*, p.418; George E. Ladd, *A Commentary on the Revelation of John* (Grand Rapids : Wm. B. Eerdmans Publishing Co., 1984), p. 21; Beasley-Murray, "Revelation," *The New Century Bible Commentary* (Grand Rapids : Wm. B. Eerdmans Publishing Co., 1983), pp. 50f.; Ray Summers, *Worthy is the Lamb* (Nashville : Broadman Press, 1951), p.98; Boring, "Revelation," Interpretation, pp. 64f.; W. Barclay, *The Revelation of John*, vol. 1 (Philadelphia : The Westminster Press, 1976), p. 21; Alan F. Johnson, Revelation (Grand Rapids : Zondervan Publishing House,1983), pp. 21f.; Albert Barnes, "Revelation," *Barnes' Notes on the Old & New Testament* (Grand Rapids : Baker Book House, 1980), pp. 32f.; John F. Walvoord, *The*

II. 요한계시록의 저자

본서의 저자에 관한 논의는 활발한 만큼 논쟁적이라 할 수 있다. 저자는 계시록의 서두와 말미에서 자신의 정체성을 드러내고 있다(1:1, 4, 9, 22:8). 그럼에도 불구하고 요한의 정체성에 대하여 계속 의구심을 품는 것은 요한의 자기소개가 불명확하기 때문이다. 요한은 자신을 사도라 말하지 않고 단지 "종"(1:1), "선지자"(1:3, 22:9)라고만 언급한다. 이 불투명한 자기소개가 다양한 해석을 가능케 하여 왔다.[7] 많은 학자들이 사도 요한과 계시록의 저자가 동일 인물임을 변증하고 주석적 견지에서 반박할 수 없는 논증을 펼쳐왔지만 저자의 문제가 논쟁적임은 부인할 길이 없다. 그래서 키들과 같은 학자는 자신의 요한계시록 주석 서문에서 다음과 같이 극단적인 심정을 토로하기까지 했다.

전통적으로 '요한'의 작품으로 간주된 제4복음서와 세 서신서들과 요한계시록의 저자 문제에 대한 세심하고도 장기적인 논쟁이 결코 성경연구의 주제는 아니다. 어떠한 토론도 그처럼 황당하고 실망스러

Revelation of Jesus Christ(Chicago : Moody Press, 1966), p. 35. 예수 그리스도는 계시(啓示)의 주체(主體)로서 자신이 아버지에게서 받은 바로 그 계시를 요한에게 주셨다. 계시의 궁극적 원천(窮極的 源泉)은 어디까지나 하나님 아버지에게 있다. 예수 그리스도께서 아버지에게 받은 계시를 자신이 원하는 자들에게 나눠주신다(마 11:27 참조)는 사상은 제4복음서에 꽤 풍부하다(3:34–35, 5:20–24, 7:16, 8:28, 12:49, 14:10, 24, 16:15, 17:8). 요한은 자신의 저술이 예수 그리스도에게 받은 계시로 이루어져 있기에, 본서 곳곳에서 '예언'이란 표현을 자주 사용하였다(10:11, 19:10, 22:7, 9–10, 18).

7) 역사가 요세푸스(Josephus)는 17명에 이르는 동명이인(同名異人)의 요한을 언급하였는데, 신약성서에만도 다섯 명의 요한이 소개되어 있다. 그들은 사가랴의 아들 요한과 세베대의 아들이며 야고보의 형제인 요한과 마가 요한과 베드로의 부친 요한, 그리고 행 4:6에 나타난 대제사장의 친척 요한이다. Cf. Swete, *Commentary on Revelation*, p. clxxv; L.Morris, "The Revelation of St. John," *Tyndale New Testament Commentaries*(Grand Rapids : Wm. B. Eerdmans Publishing Company, 1983), pp. 32f.; A.Y. Collins, *Crisis and Catharsis : The Power of the Apocalypse*(Philadelphia : The Westminster Press, 1984), p. 26.

우며 무익하지는 않았다. 광범위한 탐구의 길을 걸으려는 학도는 이내 지지이론을 반대하거나 반대이론을 지지해야만 하는 논쟁의 미궁 속으로 빠져들게 된다. 그래서는 자기 자신도 저자에 관한 어떤 뚜렷한 결론도 얻지 못하고 만다. 여간한 증거라 하여도 다섯 권의 저자를 결론짓기란 불가능하다.[8)]

요한이란 이름이 과연 누구를 의미하는지에 대하여 다양한 의견들이 끊임없이 제시되었다. 많은 후보자들 가운데 가장 많이 거론된 인물들이 사도 요한, 장로 요한, 마가 요한, 세례 요한, 다른 요한, 사도 요한의 이름을 차용한 익명자 등이다.

---

8) Martin Kiddle, "The Revelation of St. John," *The Moffatt New Testament Commentary*(N.Y. : Harper & Brothers Publishers, 1940), pp. xxxiii–xxxvi. 그는 계시록의 저자 문제는 영원한 수수께끼에 속하는 것으로서, 요한의 권위도 그 자신의 것이 아니라 그에게 자기 천사를 보내 환상을 통하여 천상의 메시지를 전하여 주신 영광의 그리스도의 것이며, 설혹 장래에 저자 요한에 관한 획기적 자료들을 수집한다 하더라도 저자가 전한 바 메시지의 가치가 보충되거나 삭감되는 일은 전혀 없을 것이라고 못박았다. Cf. Hubert J. Richards, *What the Spirit Says to the Churches. A Key to the Apocalypse of John*(New York : P. J. Kenedy & Sons, 1967), pp. 20–24; Leonard L. Thompson, *The Book of Revelation. Apocalypse and Empire*(Oxford University Press, 1990), p. 12; A.S. Peake, *The Revelation of John*(London : Holborn Publishing House, n.d.), pp. 40–69. Peake는 저자에 관한 논쟁들을 비교적 자세히 다룬 후에 저자에 관한 문제는 긍정적 결론보다 부정적 결론을 내리기가 쉽다고 하면서, 계시록은 사도 요한이나 제4복음서 저자에 의해서도 쓰이지 않았다고만 밝혔다. 또한 G.A. Krodel, *Revelation*(Minneapolis : Augsburg Publishing House, 1989), pp. 61–65. 그도 계시록의 저자는 세베대의 아들이나 Papias의 주장처럼 요한 2, 3서의 저자인 장로 요한이 아니라 '예언자 요한'일 뿐이라고 했다. 한편 Sean P. Kealy, C. S. Sp., *The Apocalypse of John*(Wilmington : Michael Glazier, 1987), pp. 55ff.는 신원을 알 수 없는 저자 요한은 당시의 일곱 교회를 순방하면서 잠깐씩 활동하던 일종의 '유랑 예언자'(a wandering prophet)일 가능성을 제시했으나 설득력이 없다.

1. 요한 저작설 반대론

사도 요한의 본서 저작설에 대한 반론은 2세기경까지 거슬러 올라간다. 마르시온(Marcion)은 계시록이 강력한 유대적 성격을 지니고 있다고 여겨 요한의 저작설을 거절하였다. 다음으로는 알로고이파(the Alogi)에 의해서 반대를 받았다. 알로고이란 이름은 에피파니우스(Epiphanius)에 의하여 최초로 불렸는데, 그들은 몬타누스주의자들이 자신들의 천년왕국 교리와 성령론에 대한 지지 근거로서 요한의 저서들, 특히 계시록을 사용하였으므로 요한의 모든 저서들을 거부하였다. 그들은 계시록의 저자를 자신들이 주장하는 세속적인 교리를 옹호하기 위하여 권위 있는 요한의 이름을 도용한 당시 영지주의(Gnostiscism) 이단의 괴수였던 케린터스(Cerinthus)로 보았고 계시록의 감각적 상징주의를 반박했으며 당시 두아디라[9]에 교회가 없었다는 사실에 근거하여 그 오류를 지적하기도 했다.

3세기에 이르러 로마의 장로 카이우스(Caius)도 비록 알로고이파는 아니었지만 천년왕국 교리와 같은 감각적 상징주의를 이유로 계시록의 요한 저작설을 반대하였다. 가이사랴의 감독 유세비우스(Eusebius)는 파피아스(Papias)의 선례를 따라 사도 요한과 구별된 장로 요한을 계시록의 저자로 생각하였다.[10] 250년경에 알렉산드리아 학파의 수장 격으로 알려진 디오니시우스는 계시록과 제4복음서의 저자를 동일 인물로 간주하기는 거의 불가능하다고 단언하였다. 동방

---

9) 유세비우스에 따르면 소아시아의 두아디라(Thyatira)는 당시 몬타누스 운동의 본거지였다. Cf. Beckwith, *The Apocalypse of John*, p. 340에서 재인용했음.

10) 19세기 말엽과 20세기 초엽에 이르러 장로 요한이 요한계시록의 저자라고 주장한 비평적 학자로는 독일의 J. Weiss와 W. Bousset 등이 있다. Cf. Swete, *Commentary on Revelation*, p. clxxvii.

교회에서 사도 요한의 계시록 저작설에 의문을 제기한 이들은 예루살렘의 키릴(Cyril, 315-386), 크리소스톰(Chrysostom, 347-407), 데오도렛(Theodoret, 386-457)이 있다.

한편 현대 학자들 중에는 포드(Ford)에 의해 요한 저작설이 공격을 받았다. 그녀는 계시록을 세례 요한과 그의 후기 제자들 계통에서 영향을 받은 사람에 의해 편집된 것으로 보았다. 다시 말해서 4-11장은 예수의 공생애 이전에 세례 요한에게 주어진 것이요, 마지막 몇 절을 제외한 12-22장 모두는 70년 이전 예수에 관해 부분적으로 알고 있던 세례 요한의 제자들에 의하여 쓰였으며, 22:16-17상반절과 20-21장을 덧붙여 1-3장은 유대 그리스도인 편집자에 의하여 나중에 추가되었다. 계시록은 엄밀한 의미에서 기독교 묵시서도 아니요 기독교적 요소가 가미된 유대교 묵시서도 아니다. 계시록은 세례 요한의 예언적이고 묵시적이며 보아너게(Boanerges)적인 경향을 상속받고 기독교의 원시 형태를 나타냈던 세례 요한 학파에 의해 편집됐다는 주장이다.[11]

11) 그녀의 신학적 가정(神學的 假定)은 설득력이 없고 오히려 문제 있는 것으로서 Collins, *Crisis and Catharsis : The Power of the Apocalypse*, p. 30에 의해 비판되었다. 그러한 주장은 계시록이 편찬되었을 것이라는 가정과, 전체로서의 책(계시록)에 대한 기독교적 특성을 무시한 두 가지 근거 위에 서 있기 때문이다. Beckwith는 그의 뛰어난 주석서 *The Apocalypse of John*, pp.224-239에서 계시록의 저자 문제와 관련하여 본서의 통일성에 대해 17세기 이후에 활발히 진행되었던 비평적 학자들의 견해를 요약하고 있는데, 중요한 몇 사람을 소개하자면 다음과 같다. (1) Volter : 그는 오늘날 형태의 계시록이 제각기 다른 다섯 시기의 작품을 하나로 편집해 놓은 것으로 여겼다. 첫째, 원래의 계시록은 사도 요한도 아니요 장로 요한도 아닌, 마가 요한에 의해서 65년경 쓰였으며, 1:4-6, 4:1-9:21, 11:14-18, 14:1-3, 6-8, 14-20, 19:1-10이 해당된 부분이다. 둘째, 역시 마가 요한에 의해 68년경 부록이 첨가되었으며, 10장, 17장, 18장, 그리고 11:1-13이 이에 속한다. 셋째, 베스파시안 치세시(治世時, 69-79) 케린터스에 의하여 12-13장, 14:9-12, 15-16장, 그리고 19:11-21:8이 각각 부가되었다. 넷째, 도미티안 치세시(81-96) 원래 10장과 11장 사이에 있던 17-18장을 현재의 16장 뒤로 옮기면서 16:19b와 17:1을 추가로 편집하였다. 다섯째, 도미티안 치세

찰스는 계시록과 제4복음서의 저자는 서로 사제지간이거나 동문수학 그것도 아니면 동일 학파[12]의 회원일 것이라 보았으며 이 두 사람을 동일 인물로 여기지 않았다. 그는 슈미델(Schmiedel)이나 조덴(Von Soden)이나 모팻(Moffatt) 등이 요한 서신서와 계시록의 저자를 동일인으로 여긴 데 대하여 언어적 측면에서의 실패라고 통박하면서, 제4복음서와 서신서와 계시록의 저자가 제각기 다를 수밖에 없음을 언어학적 견지에서 파헤치기도 했다.[13] 찰스에 의하면 요한복음과

말엽에 마지막 편집이 이루어졌는데, 1:1-3의 서론 부분이 첨가되고 14:13, 16:15, 17:6, 19:10, 22:7, 12, 13, 16-20이 첨삭(添削)되었다. (2) J. Weiss : 기독교 묵시자(基督教 黙示者)인 소아시아의 요한에 의하여 60년대 후반 본서의 대부분이 씌어졌고, 둘째 문서가 현재의 형태로 편집되기로는 70년경으로서 몇 개의 이전 환상들과 자신의 자료를 결합시켜 만들었다. 이 유대주의적 묵시록은 10장의 '작은 책'으로서 도미티안 치세시 이 두 문서가 마지막 편집자에 의하여 결합되었는데, 초기의 예언들을 당시의 상황에 맞추어 재조정, 재해석하면서 가감하여 현재의 형태로 만들었다. 요한 자신이 원래 썼던 계시록 부분은 1:4-6, 9-19, 2-7장, 9장, 12:7-12, 13:11-18, 14:1-5, 14-20, 20:1-10,11-15, 21:1-4, 22:3-5이다. (3) Wellhausen : 원저자, 엄밀히 말해 편집자는 사도가 아닌 요한으로서 도미티안 치세시에 썼다. 많은 분량의 초기 자료들은 유대주의적인 것으로서 편집자는 서론, 결론에다 맞추기도 하고 삽입시키기도 하면서 책을 만들었다. 11:1-2과 12:1-17을 제외한 대부분의 자료들은 예루살렘 멸망 후기의 것인데, 후대의 편집자가 원래의 자료들을 약간 개정해서 현재의 형태로 만들었다. 계시록은 '드라마'가 아닌 '그림책'으로서 중요한 연구의 대상이 될 수 없는 엉뚱한 주장들로 이루어져 있다. (4) Bousset : 아마 사도 요한이 아닌 소아시아의 장로 요한이 도미티안 치세시 문서들과 기록된 자료들과는 별개로 종말론적 전통에서 나온 자료들을 사용하여 본서를 만들었다. (5) Gunkel : 구전전통(口傳傳統)을 통하여 히브리인들 사이에 알려졌던 동양적 종말신화(東洋的 終末神話)가 계시록의 문학 구조보다는 그 해석에 주로 영향을 끼쳤다. 계시록은 하나로서의 전체가 아니며, 성격상 독립되고 원래 무관하던 별도의 환상들이 한데 모아진 것으로 추측하였다. 저자는 시대를 따라 계속 일어났으며, 다양한 자료나 전통만큼이나 많았다.

12) Elizabeth S. Fiorenza는 자신의 "The Quest for the Johannine School : The Apocalypse and the Fourth Gospel," *New Testament Studies* 23(1976- 77) : 403-411에서 계시록의 저자는 소위 '요한 학파'(the Johannine School)에 속했다기보다 차라리 초기기독교의 '예언적-묵시주의 학파'(the Prophetic-Apocalyptic School), 그것도 그 학파의 수장격(首長格)인 인물일 것이라 추정하였다.

계시록 간에는 유사성도 있지만 차이점도 분명히 있다. 문법이나 화법상의 차이는 매우 현저하다.

A. 문법상 차이

요한복음 저자는 분사와 함께 부정부사 '메'(μη)를 11회 사용하고 속격이 절대적임에 비해 계시록 저자는 전혀 사용하지 않는다.

B. 화법상 차이

	복음서	서신서	계시록
믿음(πίστις)	0		4
신실한(πιστός)	1		
믿는다(πιστεύειν)	100		
인내(ὑπομονή)	0		7
지혜(σοφία)	0		4
사랑한다(ἀγαπᾶν)	36	31	4
사랑(ἀγάπη)	7	21	
진리(ἀλήθεια)	다수		0
진실한(ἀληθής)	다수		0
기쁨(χαρά)	다수		0

---

13) Charles, "Revelation," *The International Critical Commentary*, pp. xxxiv-xxxvii. Barclay도 반대의 근거로서 복음서와 계시록간의 문체(文體)와 개념상의 차이점을 제시하고 있다(*The Revelation of John*, p. 13). 계시록의 요한 저작설에 의문이 될 만한 자료들의 정리는 William Lee, "The Revelation of St. John the Divine," *The Bible Commentary*, ed. F.C. Cook(Grand Rapids : Baker Book House, 1981), vol.X, pp. 438-460을 참조하라.

그러나(μέν……δέ)	6	0
그러나(ἀλλά)	100	13
앞에(ἐνώπιον)	1	34
……하기를, 즉(ἵνα)	150	45

C. 기타

그 외에도 다른 단어를 사용하여 같은 개념을 나타내거나 같은 단어인데도 다른 의미를 나타내는 경우가 다수 있다.

2. 요한 저작설 지지론

계시록이 과연 한 사람의 작품인지 공동 집필의 산물인지 그것도 아니면 편집자의 손길을 거친 것인지에 대하여 지루한 논쟁이 계속되어왔다. 계시록의 내용이 구약의 풍성한 인용과 함께 워낙 다양한 소스들을 내포하고 있기 때문이다. 최근에 와서 계시록이 비록 복잡한 소스들을 포함하고 있기는 하지만 한 사람의 작품이라는 것이 대세이다. 문제는 그 한 사람이 과연 누구인가 하는 점이다. 이처럼 사도 요한의 저작설에 대하여 격심한 공격이 있기는 하지만 지지론은 매우 강하다.[14] 사도 요한의 저작설을 뒷받침해 주는 내증과 외증을 정리

14) Ethelbert Stauffer는 계시록뿐만 아니라, 제4복음서와 요한의 서신서(그 중에서도 특히 1서)들이 예전적(禮典的) 형식 및 용어와 상징의 강조를 비롯하여, 신학에 있어서도 유사성이 있음을 이유로 하여 다섯 권의 저자를 동일 인물인 사도 요한으로 결론지었다. 그의 *New Testament Theology*, trans. by John Marsh (London : SCM Press Ltd., 1955), pp. 39-43 & p. 264, n. 75를 보라. Cf. J.A. Seiss, *The Apocalypse : Lectures on the Book of Revelation* (Grand Rapids : Zondervan Publishing House, 1900), pp. 19-21; H.H. Wernecke, *The Book of Revelation Speaks to Us*(Philadelphia : The Westminster Press, n.d.), pp. 20ff.

하면 다음과 같다.

A. 내증

(1) 그는 천사를 통해 예수 그리스도의 계시를 받은 하나님의 종 요한이다(1:1).

(2) 그는 소아시아의 일곱 교회들을 관장할 수 있는 권위의 사람, 요한이다(1:4). 그는 아무런 설명 없이 자신의 이름을 그저 요한이라고만 밝히는데, 이는 그가 그만큼 소아시아의 교계에 잘 알려진 인물임을 반증하는 것이다.

(3) 그는 박해받는 그리스도인들의 형제 요한이다(1:9).

(4) 그는 "예수 그리스도의 환난과 나라와 참음"에 동참하는 요한이다. 예수 그리스도의 증거를 인하여 그는 지금 밧모 섬에 유배되어 있다(1:9).

(5) 그는 자기가 보고 들은 것을 빠짐없이 기록하여 전한 증인 요한이다(22:8).

(6) 그는 구약에 정통한 디아스포라의 히브리 출신 그리스도인 요한이다. 그는 구약을 빈번하게 인용하였다.[15]

---

15) 계시록 전체 404절 중에서 구약으로부터 직접, 간접 인용한 절수(節數)는 무려 278절에 이르고 있다. Swete는 자신의 *Commentary on Revelation*, pp. cxl–cliii에서 구약의 인용 구절들을 계시록 본문과 함께 정리하였다. 계시록의 저자는 주로 이사야, 예레미야, 에스겔, 다니엘서를 인용하고, 다음으로 조금 약하게 스가랴, 요엘, 아모스, 호세아서를 인용하며, 간혹 스바냐와 하박국서를 인용한다. 그리고 시편과 잠언, 심지어 아가서까지 인용하며, 모세오경, 특히 출애굽서를 드물게 사용한다. 여호수아, 사무엘상·하, 열왕기하서의 자료들을 이용한 흔적도 있다. 또한 외경에 있는 자료들도 상당 분량을 사용하였다. Charles는 이에 대한 증거를 "Revelation," *The International Critical Commentary*, pp. lxiii–lxxxiii에서 상세하게 제공한다. 그러나, M.C. Tenney는 그의 *Interpreting Revelation* (Grand Rapids : Wm.B. Eerdmans Publishing Company, 1957), pp. 101 & 104에서, 다음과 같이 계시록에는 구약으로부터의 인용 또는 암시된

구절들이 모두 348개가 된다고 산정해냈다. 비얼은 그의 *The Book of Revelation* (Grand Rapids : Wm.B. Erdmans Publishing Company, 1999), p. 77에서 계시록이 구약 중에서도 다니엘서, 다니엘서 중에서도 7장의 영향이 가장 크다고 주장했으나 속단이다. 횟수로 따지면 아래의 도표에서처럼 이사야서에 밀린다. 어느 한 책을 꼭 집어 가장 영향을 받았다고 얘기하기에는 어려운 문제다. 요한은 다니엘서를 중요한 한 자료로 사용한 점은 분명하고 구약 전체의 풍성한 내용들을 의도에 따라 자유자재로 활용하였다고 보는 것이 맞을 것이다. S. Fiorenza는 저서 *The Book of Revelation : Justice and Judgment* (Philadelphia : Fortress press, 1985), p. 135에서 요한의 정확한 구약 인용에 회의를 표했다. 마치 명문집을 편찬하듯 이곳저곳에서 구약의 내용들을 번갈아 인용하지만 원래의 의미나 상황에 대해서는 함구한다. Fiorenza의 결론은 이렇다. "요한은 구약을 해석하지 않고 자신의 신학적 진술을 확보하거나 신학적 환상을 표현하기 위한 언어의 창고로서 단어들, 상징들, 구들, 그리고 어떤 패턴들을 사용하고 있다."

[계시록의 분해별 분류]

분해	참고성구	횟수
서론	1:1-8	11
환상 I	1:9-3:22	38
환상 II	4:1-16:21	164
환상 III	17:1-21:8	95
환상 IV	21:9-22:5	24
결론	22:6-21	16
합계		348

[구약의 책별 분류]

인용된 구약	횟수	인용된 구약	횟수
창세기	13	이사야	79
출애굽기	27	예레미야	22
레위기	4	에스겔	43
민수기	3	다니엘	53
신명기	10		
모세오경	〈57〉	*대예언서*	〈197〉
여호수아	1		
사사기	1		
사무엘하	1	호세아	2
열왕기하	6	요엘	8
역대상	1	아모스	9
느헤미야	1	하박국	1
역사서	〈11〉	스바냐	2
		스가랴	15
시편	43	말라기	1
잠언	2		
시가서	〈45〉	*소예언서*	〈38〉

(7) 그는 바울 서신들에 대해 잘 아는 요한이다.[16)]

(8) 그는 선지자 중의 하나인 요한이다(22:9).

B. **외증**

(1) 저스틴(Justin Martyr)은 135년경 로마로 가기 전에 에베소에 들렀는데(Harnack에 따르면 이때 그는 이미 에베소의 주민이었음), 그곳에서 계시록이 사도 요한의 저작임을 최초로 언급하였다.

(2) 사도 요한의 제자였던 이레나이우스(Irenaeus)는 180년 본서가 "주의 제자 요한"(ὁ τοῦ κυρίου μαθητῆς / 호 투 퀴리우 마떼테스, Domini discipulus / 도미니 디시플루스)의 저작이라고 증거했다.

(3) 클레멘트(Clement of Alexandria)는 200년경 계시록이 사도 요한의 저작으로 널리 인정되고 있음을 자신의 여러 저술들 속에서 인용하였다.

Cf. Ronald H. *Preston & Anthony* T. Hanson, *The Revelation of Saint John the Divine* (London : SCM Press, 1962), pp. 34–41; W. J. Harrington, *The Apocalypse of St John* (London : Geoffrey Chapman, 1969), pp. 15ff.; 또 한편 L.A. Vos는 1965년 암스테르담 대학교에 제출한 자신의 신학박사 학위논문인 *The Synoptic Traditions in the Apocalypse* (J. H. Kok N.V. Kampen)에서 저자가 구약으로부터 직·간접적으로 인용한 내용을 원어로 대조하며(pp. 16–53), 예수의 말씀을 직접 인용한 경우 8번(1:3a, 1:7, 2:7, 11, 17, 29, 3:6, 13, 22, 3:2f., 16:15, 3:5c, 3:20, 3:21, 13:10b)과, 간접적으로 인용한 경우 14번(6:4, 6:16, 11:2b, 11:3, 6, 13:11, 13, 14:4b, 14:14–19, 14:6, 17–18장, 19:7ff., 22:12, 22:10, 1:3b, 6장, 2:10b)을 각각 pp. 54–111과 113–195에서 자세하게 다룬 바 있다.

16) Charles, "Revelation," *The International Critical Commentary*, pp. lxxxiv–lxxxvi에는 나머지 신약의 인용 부분들과 함께 바울 서신으로부터의 인용 구절들이 정리되어 있다.

(4) 터툴리안(Tertullian of Carthage)은 220년경 본서를 4장이나 인용하면서 계시록이 사도 요한의 저작임을 수긍하였다. 그는 오직 한 사람의 요한 곧 사도 요한을 알 뿐이었다.

(5) 약 200년경의 무라토리안 정경(the Muratorian Canon)에서도 요한의 저작권을 두 번이나 밝혔다.

(6) 오리겐(Origen of Alexandria)은 223년경 제4복음서와 계시록이 세베대의 아들 요한에게서 나왔다고 주장하였다.

(7) 히폴리투스(Hippolytus)는 240년경 그의 "적그리스도에 관하여"란 논문에서 로마의 카이우스(Caius of Rome)가 계시록의 저자를 케린터스라고 주장함을 반박하여 계시록의 저자는 주의 제자 요한임을 변증하였다.

(8) 멜리토(Melito of Sardis)는 165년경 사도 요한이 계시록의 저자임을 증언했다.

(9) 유세비우스(Eusebius)는 165년경 그의 저서인 "마귀와 요한계시록에 관하여"(τὰ περὶ τοῦ διαβόλου καὶ τῆς Ἀποκαλύψεως Ἰωάννου / 타 페리 투 디아볼루 카이 테스 아포칼륖세오스 요안누, 제롬은 이를 두 개의 다른 책으로 보았음)에서 계시록을 인용했다. 그에 의하면 사도와 전도자인 요한은 교회 일로 인하여 밧모 섬에 유배 되었다가 도미티안 사후에 돌아왔다.

(10) 아폴로니우스(Apollonius)는 약 210년경 브루기아의 몬타너

스파에 반대하여 논쟁할 때 요한의 계시록을 사용했다.

(11) 2세기 후반경, 안디옥의 감독이었던 데오필루스(Theophilus)는 헤르모게네스(Hermogenes)에 대한 반대 논문에서 역시 요한의 계시록을 인용했다.

(12) 3세기 말엽의 빅토리누스(Victorinus)는 자신의 계시록 주석에서 요한이 도미티안에 의해 밧모 섬에 추방되어 환상을 보았으며, 도미티안의 죽음 이후에 자유의 몸이 되어 에베소에 돌아왔음을 증거했다.

(13) 제롬(Jerome)에 의하면 요한은 네로의 박해가 시작된 지 14년 되던 해에 밧모 섬에 귀향을 가서 계시록을 썼다. 그러다가 도미티안의 사후에 원로원에 의해 도미티안 황제의 유배형이 철회가 되어 네르바(Nerva, 96년 9월 18일–98년 1월 25일) 황제 당시 에베소로 돌아왔다.

C. 기타

(1) 피오렌자(Fiorenza)에 따르면 제4복음서와 계시록 간에는 누가와 사도행전처럼 신학적이고 언어적인 유사성이 있는데 그것들은 상호 연관이 되어 있다. 신약 다른 곳에서는 결단코 발견할 수 없는 단어로서 두 책에 나오는 단어가 모두 8개 있다.[17]

---

17) Elisabeth S. Fiorenza, *The Book of Revelation : Justice and Judgment* (Philadelphia : Fortress Press, 1985), p. 93. 한편 Swete는 계시록에서 독특하게 사용되고 있는 어휘 913개 중에서 인명과 지명을 제외한 871개의 단어를 산출해 내었는데, 그 중에서 108개는 계시록에만 사용되었고 98개는 신약의 다른 저술들에서 단 한 번씩 사용되고 있음을 밝히면서, 후자의 두 경우에 해당하는 단어

	요한복음	계시록
양(ἀρνίον)	1	19
히브리말로(Ἑβραϊστι)	5	2
찌르다(ἐξέλεντειν)	1	1
둘러싸다(κυκλεύειν)	2	1
얼굴(ὄψις)	2	1
자주색(πορφυροῦς)	2	2
종려나무(φοίνιξ)	1	1
거하다(σκηνοῦν)	1	4

(2) '일곱'의 사용이 그 밖의 다른 신약들에서보다 본서에 현저하다. 비록 요한복음에는 일곱이 나오지 않지만 그럼에도 불구하고 일곱 표적 같은 일곱의 개념이 구조적으로 깔려 있다.

(3) 계 21:22에 의하면 메시아 왕국의 수도인 천상의 예루살렘에는 성전이 없는데, 이는 예배의 중심으로서 존재하는 성전이 장차 없어질 것이라는 요 4:21의 내용과 사상적으로 일치한다.

(4) 칠십인역에 대하여 "엑세켄테산"(ἐξεκέντησαν)을 번역할 때 두 저자는 모두 '찌른다'로 그 의미를 이해한다(요 19:39; 계 1:7; 슥 12:10).

(5) 고고학적 근거

1945년 이집트 상류의 체노보스키온(Chenoboskion)에서 발견된

들을 집합시켜 놓았다. Cf. 그의 *Commentary on Revelation*, pp. cxx–cxxi를 보라.

영지주의 자료집 중의 한 문서(Apocryphon of John)에는 계 1:19을 인용하면서 "세베대의 아들들인 야고보와 그의 형제 요한"이라 씌어져 있었다.

(6) 독특한 문법적 구조와 특징 있는 표현이 비슷한데 예를 들면 다음과 같다.

- 목마른 자에 대한 초청(요 7:37; 계 22:17).
- 그리스도에 의하여 받은 아버지의 계명(요 10:18; 계 2:27).
- 천사의 흰 옷과 적격자(요 20:12; 계 3:4).
- 목자(요 10:11; 계 7:17).
- 생명수(요 4:14; 계 12:6).
- 형용사 '참'(요한복음 : 9회 / 요한계시록 : 10회 / 요한일서 : 1회 / 그 외 : 5회).
- 이김(요한복음 : 16회/ 요한계시록 : 16회 / 요한일서 : 6회 / 그 외 : 3회).

(7) 교리의 유사성

- '유월절 어린양'으로서의 기독론(요 1:29; 계 5:6 외 29회).
- 로고스 칭호(요 1:1, 14; 요일 1:1; 계 19:13).
- 영원하신 그리스도(요 1:1-18; 계 22:13, 그리고 5:12, 13 참조).
- '누구든지'의 사상(요 3:36; 계 7:9, 22:17).
- 하나님의 주권적인 은총과 그리스도의 피로 인한 구원론(요 1:29, 3:3, 5:24, 10:10, 11; 계 7:14, 12:11, 21:6, 22:17).

(8) 크레이퍼(T.W. Crafer)는 두 저서들이 절대선과 절대악 간의 날카로운 대조를 이루고 있음과 증거와 하나님의 계명 준수를 강조하

고 있음을 지적하였다.

(9) 혹자는 계시록이 하나님의 공의로운 심판을, 요한복음이 하나님의 사랑을 강조하고 있음을 이유로 두 저서 간의 사상적 호환성(思想的 互換性)을 거부하지만 계시록의 관심이 보다 종말적 사건에 있고, 요한복음이 보다 현세적 삶의 강조에 있음을 고려한다면 두 책은 필히 상호보완적이다

III. 요한계시록의 저작 연대

요한계시록의 저작 연대[18]는 학자들의 주장에 따라 빠르게는 41-54년에서 늦게는 97-117년까지도 거론되어 왔다.

그러나 대부분의 학자들은 계시록이 박해받는 그리스도인들을 위해 씌어졌다는 전통과 내증에 의거하여 네로 통치(54-68) 말년이나 도미티안 통치(81-96) 기간 중의 저작설을 유력한 것으로 받아들이고 있다.[19] 네로나 도미티안 시대의 저작설은 다른 설들에 비해 우세하

18) 계시록의 저작 연대에 도움이 될 만한 연구로는 다음을 참조하라. Collins, *Crisis and Catharsis : The Power of the Apocalypse*, pp. 54-77; D.A. Carson, D.J. Moo, & L. Morris, *An Introduction to the New Testament* (Grand Rapids : Zondervan Publishing House, 1992), pp. 473ff. 그들은 초기 교부들의 언급에 근거하여 클라우디우스, 네로, 도미티안, 트라얀 치하의 저작설을 소개하였다.

19) G.E. Ladd, *A Commentary on the Revelation of John*, p. 8; Boring, "Revelation," Interpretation, p. 10; Mounce, "The Book of Revelation," *The New International Commentary on the New Testament*, pp. 34-36에 따르면 [네로 연대설]과 [도미티안 연대설]은 지지받을 만한 자료들을 저마다 지니고 있다. 먼저 [네로 연대설]에 대한 지지자료로는 첫째, 11:1-2의 성전 척량기사는 70년 이전이어야 하며, 문자적 성전이 그때까지 서 있어야 한다는 점. 둘째, 13:18의 "666"을 네로에 대한 비밀스런 언급으로 해석할 수 있다는 점. 셋째, 17:10-11의 "일곱 머리"를 문자적으로 해석할 때 아우구스투스에서 네로까지라는 점을 들 수 있

여 2세기부터 18세기까지는 거의 정설로 받아들여지다시피 하였다. 19세기에 이르러 네로 연대설이 강세를 보이는 듯하다가 20세기에 들어서 다시 도미티안 연대설로 기울어졌다.

1. 클라우디우스(41년 1월 24일–54년 10월 13일)

4세기경 살라미스(Salamis)의 감독으로 섬겼던 에피파니우스(Epiphanius)가 이 설의 주창자였다.

2. 네로(54년 10월 13일–68년 6월 9일)

터툴리안이 이 설을 지지했다(Westcott, Selwyn, Hort, Lightfoot, Salmon, Hilgenfeld, Beyschlag, Baur, B.W. Henderson, Reuss)[20)]

다. 다음 [도미티안 연대설]에 대한 지지자료는 첫째, 13장과 17장의 기초를 이루는 "네로 부활 신화"의 독특한 형태는 1세기 거의 말엽까지 받아들여지지도, 발전되지도 않았다는 점. 둘째, 2–3장에 묘사된 에베소 교회와 사데 교회와 라오디게아 교회의 영적 퇴보는 어느 정도 긴 시간을 요했을 것이라는 점. 셋째, 2:6, 15에 소개된 "니골라당"은 당시에 잘 알려진 이단으로서 사도들의 서신과 떨어진 시간을 가정한다는 점. 넷째, 마태(그리고 아마 누가)의 있음직한 사용에서 볼 때 일반적 연대 설정이 받아들여진다면 80–85년보다 늦은 시기라는 점. 다섯째, Charles의 주장대로 서머나 교회는 60–64년 후에 이르기까지 존재하지 않았다는 점. 여섯째, 계 3:17에는 60–61년의 지진으로 거의 폐허가 되다시피 한 도시 라오디게아가 부요하게 묘사되었다는 점이다. Barclay, *The Revelation of John*, pp. 24–30; F.F. Bruce, "Revelation," *The International Bible Commentary*, General ed. F.F. Bruce (Marshall Pic- kering : Zondervan, 1986), p. 1593도 참조하라.

20) Westcott, Lightfoot, Hort 이 세 사람은 소위 캠브리지 삼총사로 네로 치세하에서의 계시록 저작설을 지지하였다. Cf. Swete, *Commentary on Revelation*, pp. civ; B.M. Newman, "The Fallacy of the Domitian Hypothesis," *New Testament Studies* 10 (1963) : 133–139; A. A. Bell, "The Date of John's Apocalypse : The Evidence of Some Roman Historians Reconsidered," *New Testament Studies* 25 (1978) : 93–102. Bell은 디오 캐시어스(Dio Cassius)의 증거를 반박하여 계시록의 배경으로서의 박해 이론에 이의를 제기했으며, 본서

3. 베스파시아누스(69년 7월 1일–79년).

모팻(Moffatt)의 인용에 따르면 바틀렛(V. Bartlet)과 스콧(C.A. Scott)이 이 견해를 지지하였다.[21](B. Weiss, Bleek, Eichhorn, Dusterdiek, Bartlett, Scott, Mommsen).[22]

의 저작 연대를 68년 6월에서 69년 1월 사이로 보았다. Philip Schaff는 네로의 죽음(68년 6월 9일)과 예루살렘 멸망(70년 8월 10일) 사이로 보았다. 그의 *History of the Christian Church*(New York : Charles Scribner's Sons, 1887), vol. I, p. 427. F.W. Farrar는 68년 여름으로 보았다. 그의 *The Early Days of Christianity*(New York : Funk & Wagnallis, 1883), pp. 412f. 한편 John A.T. Robinson도 그의 *Redating the New Testament*(Philadelphia : The Westminster Press, 1976), pp. 221–253, 특히 231에서 예루살렘 멸망(70년) 이전인 약 68–69년으로 계시록의 저작연대를 산정하였으며, 이같은 주장은 D.Moody Smith의 연구논문인 "A Review of John A.T. Robinson's Redating the New Testament," *Duke Divinity School Review 42*(1977) : 193–205에 의하여 지지되었다. C. Rowland는 그의 *The Open Heaven : A Study of Apocalyptic in Judaism and Christianity*(N.Y : Crossroad, 1982), pp. 403–413에서 68–70년으로 보았다. C.C. Torrey는 그의 *The Apocalypse of John*(New Haven : Yale University Press, 1958), pp. 58–89에서 69년 1월까지 가기는 어렵고, 68년경 네로 사후(死後) 등극하여 약 6개월간 통치하였던 갈바(Galba) 치세 하에서 씌어졌다고 주장했다. 한편 S.P. Kealy는 그의 *The Apocalypse of John*, pp. 57ff.에서 본서의 원(原) 부분이 본래 네로 치세 하에서 쓰였지만, 후대의 저자가 당시 박해 상태에 놓여있던 자신의 공동체를 강화시킬 목적으로 재사용한 것이라 했지만 근거 없는 상상에 불과하다.

21) J. Moffatt, "The Revelation of St. John the Divine," *The Expositor's Greek Testament*, ed. W.Robertson Nicoll(Grand Rapids : Wm.B. Eerdmans Publishing Co., 1988), vol. V, p. 317; C. Anderson Scott, "Revelation," *The New Century Bible* (London : H.F. Publisher, n.d.), pp. 48–56. Morris의 재인용에 의하면 Mommsen도 베스파시안 치세 하에서의 저작설을 지지하였다. 그의 "The Revelation of St. John," *Tyndale New Testament Commentaries*, p. 40, n. 2를 보라.

22) Peake의 인용에 따르면 몸젠은 본서의 저작 연대를 베스파시안 통치 말엽인 96–97년으로 잡았다.

4. 트라얀(98년 1월 25일-117년 8월)

6세기의 금욕주의자였던 도로데우스(Dorotheus)의 저술에는 이 시기에 요한이 귀향간 것으로 되어 있으나 이는 스웨트가 지적한 대로 그가 이레나이우스의 문장을 오해했기 때문이다.[23)]

한편 11세기 비잔틴 주석과 요한계시록을 제외한 신약 27권을 주석했던 데오필락트(Theophylact)는 마 20:22에 대한 주석에서 요한이 트라얀 치세시 귀향간 것으로 밝혔다.[24)]

5. 도미티안(81년 9월 13일-96년 9월 18일)[25)]

전술한 시기들에 비해 가장 신빙성이 있는 것이 바로 도미티안 말기의 저작설이다.[26)] 이에 대한 외증들은 상당히 풍부하다. 최초로 이 시기를 주장한 이는 교부 이레나이우스였다. 그는 도미티안이 죽기 전인 95년-96년을 계시록 저작 시기로 보았다. 사데의 멜리토도 도미티안 말기로 저작 연대를 잡았다. 알렉산드리아의 클레멘트, 오리겐, 유세비우스, 빅토리누스, 제롬도 이 시기를 정당화했다.[27)] 결론적으

---

23) Swete, *Commentary on Revelation*, p. c.; Charles, "Revelation," *The International Critical Commentary*, p. xcii.

24) *Ibid.*

25) 이런 정확한 날짜의 인용에 대해서는 R.C.H. Lenski, *St. John's Revelation* (Minneapolis : Augusburg, Publishing House, 1963), p. 8을 참조하라.

26) 아운은 그의 "Revelation," *Word Biblical Commentary*. 2 vols. (Dallas : Word Book, Publisher, 1997 & 1998), p. lvii 에서 18세기에는 도미티안 연대설이 우세했고 19세기에는 네로 연대설이 강세를 보이다가 다시 20세기에 들어와서 도미티안 연대설로 기울어졌음을 지적하였다. 아운 자신은 계시록의 초기 편집은 60년대에, 그리고 마지막 편집은 90년대 중반에 이루어진 것으로 보았다.

27) Zahn이나 Charles도 이 시기를 주장했는데, Charles는 자신의 주장을 변호하기 위하여 계시록에 깔려 있는 내적 증거를 그의 "Revelation," *The International Critical Commentary*, pp. xciii-xcvii에서 다음과 같이 제시했다. 첫째,

로 말하여 전통과 계시록의 내증을 종합할 때 저작 연대는 95년으로 보는 것이 타당하다.[28] 도미티안 연대설은 지지 세력이 가장 많다 (Moffatt, Beckwith, Boring, Smalley, Roloff, Kiddle, Rist).

초기의 신약저서를 사용한 사실에 비추어볼 때 아마 대부분 마태와 누가를 사용했을 것이다. 만일 그렇다면 복음서가 70년 또는 75년 이전에 씌어지지 않는 한 베스파시아누스 시대는 불가능하다. 둘째, 일곱 서신의 현재 형태가 도미티안 시대를 가리킨다. 서머나 교회는 60-64년에 존재하지 않았다. 셋째, 계시록에 나타난 '황제 숭배'는 도미티안 치세에 이를 때까지 강요되지는 않았다. 베스파시아누스는 자신의 신성을 강력히 주장하지 않았으며, 도미티안에 이르러 공개적으로 요구되었다. 그는 자신의 통치 말기에 이르러 제국의 수도에서부터 교회를 박해하기 시작하였다. 로마의 역사가 디오 카시우스(Dio Cassius)의 보고에 의하면 도미티안 황제는 로마에서 자신의 친조카인 플라비우스 클레멘스(Flavius Clemens)를 처형하고 질녀(姪女)인 도미틸라(Domitilla)를 신앙의 이유로 다른 이들과 함께 폰티아(Pontia) 섬으로 유배를 보냈다. 초기의 그리스도인들은 무정부주의, 무신론, 부도덕 등의 특정범죄를 이유로 박해받았으나, 도미티안 후기에는 그리스도의 이름에 대한 신앙고백이 황제의 신성 요구를 거절하는 것이 된다 하여 최악의 경우에 죽음의 형벌까지 당해야 했다(13:15). 넷째, '네로 부활 신화'(Nero-redivivus)는 은연중, 그리고 솔직히 본서에 여러 형태로 나타났는데, 맨 나중의 것은 도미티안 시대보다 빠를 수 없다. 도미티안은 '네로 신화'와 동일시될 수 없다. 로마 정부에 의한 박해의 시작은 64년 네로의 치세 하에서였으며, 그 절정은 도미티안 치세에 이루어졌다. Cf. Collins, *Crisis and Catharsis : The Power of the Apocalypse*, pp. 76ff.

28) Charles, "Revelation," *The International Critical Commentary*, pp. xxii- xxiii; Swete, *Commentary on Revelation*, pp. xcix-cvi; Beasley-Murray, "Revelation," *The New Century Bible Commentary*, p.38; Barclay, *The Revelation of John*, p. 14; G.B. Caird, "A Commentary on the Revelation of St. John the Divine," *Harper's New Testament Commentaries*(N.Y. : Harper & Row, 1966), p. 6; John P. Newport, *The Lion and the Lamb* (Nashville : Broadman Press, 1986), p. 66; Archibald T. Robertson, "The Revelation of John," *Word Pictures in the New Testament*(Grand Rapids : Baker Book House, 1933), vol. VI, pp. 267 & 275; Matthew Henry, "Revelation of St. John," *Matthew Henry's Commentary*(McLean : MacDonald Publishing Co., n.d.), vol VI, pp. 1118-1188; T. Zahn, *Introduction to the New Testament*, trans. by J.M. Trout, W.A. Mather, L. Hodous, E.S. Worcestor, W.H. Worrell, & R.B. Dodge(New York : Charles Scribner's Sons, 1917), vol. III, p. 388; Archibald M. Hunter, *Introducing the New Testament*(Philadelphia : The Westminster Press, 1972), p. 189; Charles H. Giblins, S.J. *The Book of Revelation. The Open Book of Prophecy*(Collegeville : The Liturgical Press, 1991), p. 10; J.D.G.

Dunn, *Unity and Diversity in the New Testament*(London : SCM Press, 1990), p. 312; Harris F. Rall, *New Testament History*(New York : Abingdon Press, 1914), p. 301. 한편 도미티안 시대의 저작설을 인정하는 학자들 간에서도 그 주장하는 연대는 조금씩 차이가 나고 있다. 예를 들면, 96년설을 지지하는 학자들로는 Lenski, *St. John's Revelation*, p. 5; Barnes, "Revelation," *Barnes' Notes on the Old & New Testaments*, p. xlvii; Boring, "Revelation," *Interpretation*, p. 10; Harvey J.S. Blaney, "Revelation," *The Wesleyan Bible Commentary*, General ed. Charles W. Carter(Grand Rapids : Wm. B. Eerdmans Publishing Company, 1966), vol.VI, p. 414; Adam Clark, "The Revelation of St. John the Divine," *The New Testament of Our Lord and Saviour Jesus Christ*(N.Y. : Abingdon-Cokesbury Press, n.d.), vol. VI, pp. 969-1064; H. H. Wernecke, *The Book of Revelation Speaks to Us*, p. 22; P.C. Coward, *Revelation, Systematically Studied*(Cleveland : Pathway Press, 1974), p. 17 등이 있고, 95-96년설을 지지하는 학자들로는 Walvoord, *The Revelation of Jesus Christ*, p. 14; W. Hendriksen, *More Than Conquerors*(Grand Rapids : Baker Book House, 1985), p. 14; R. H. Preston & A.T. Hanson, *The Revelation of Saint John the Divine*, p. 25; M. Rist, "The Revelation of St. John the Divine," *The Interpreter's Bible*, ed. N.B. Harmon (Nashville : Abingdon Press, 1984), vol. 12, p. 356; Charles Ryrie, *Biblical Theology of the New Testament*(Chicago : Moody Press, 1978), p. 346; H.C. Thiessen, *Introduction to the New Testament*(Grand Rapids : Wm. B. Eerdmans Publishing Company, 1979), p. 323; G. Cohen, *Understanding Revelation*(Chicago : Moody Press,1978), p. 19; 이상근, 《요한계시록》(서울 : 대한예수교장로회총회교육부, 1984),pp. 22f.; 이순한, 《요한계시록 강해》(서울 : 한국기독교 교육연구원, 1985), pp. 20-23 등이 있으며, L. L. Thompson, *The Book of Revelation, Apocalypse and Empire*, pp. 13-15은 90-92년을, L. Morris, "The Revelation of St. John," *Tyndale New Testament Commentaries*, pp. 34-40; W.G. Kümmel, *Introduction to the New Testament*, trans. by H.C. Kee (Nashville : Abingdon Press, 1984), pp. 466-469은 90-95년설을, 그리고 J. E. Stanley, "Revelation," *Asbury Bible Commentary, General ed. E. Carpenter & Wayne McCown*(Grand Rapids : Zondervan Publishing House, 1992), p. 1225는 92-96년설을 각각 주장하였다. 저작 연대에 관한 자세한 소개는 D. Guthrie, *New Testament Introduction*(Downers Grove : Inter-Varsity Press, 1990), pp. 948-962를 참조하라. James Moffatt은 정확한 연대를 밝히지는 않았지만, 그의 "The Revelation of St. John the Divine," *The Expositor's Greek Testament*, pp. 317-320에서 그리스도인에 대한 박해가 극심하였던 도미티안의 통치시기로 결론지었으며, M. Kiddle도 마찬가지였다. 그의 "The Revelation of St. John," *The Moffatt New Testament Commentary*, pp.xxxvi-xliii. 또한 W.J. Harrington은 자신의 *The Apocalypse of St John*, pp. 6f에서 현재 형태의 계시록은 네로보다 도미티안

IV. 요한계시록의 정경성

요한계시록의 정경성은 저자 문제와 이가 맞물려 있어서 저자에 대한 논쟁이 많았던 만큼 정경성은 나머지 신약 26권에 비하여 상대적으로 약한 편에 속한다.[29] 찰스(Charles)의 연구에 따르면[30] 2세기경

시대에 저술되었다고 보는 것이 보다 타당성 있는 결론이라고 간주하였다. E. Corsini는 그의 *The Apocalypse*, trans. & ed. by Francis J. Moloney, S.D.B. (Wilmington : Michael Glazier, Inc., 1983), pp. 14–17에서 본서의 저작 시기를 예루살렘 멸망 이후로 상당히 넓게 잡았다. 저작 연대에 대한 유익한 논증으로는 William Lee, "The Revelation of St. John the Divine," *The Bible Commentary*, pp. 426–438과 H. Kraft, *Die Offenbarung des Johannes*, 안병무 역, 《국제성서주석》 47 (서울 : 한국신학연구소, 1983), pp. 18–22를 참조하라.

29) 계시록을 포함하여 신약성경의 정경성에 대한 유익한 자료들로는 Kümmel, *Introduction to the New Testament*, pp. 475–513; Thiessen, *Introduction to the New Testament*, pp. 3–30; R.W. Wall, "Revelation," *New International Biblical Commentary* (Peabody : Hendriksen Publishers,1991), pp. 25–32; G. Howard, "Canon : Choosing the Books of the New Testament," *Bible Review 5* (1989) : 16–17; R.D. Balge, "The Bible Through the Ages : The Canon of Scripture," *Wisconsin Lutheran Quarterly* 88 (1991) : 280–293; B. Readings, "Canon and On : From Concept to Figure," *Journal of the American Academy of Religion 57* (1989) : 149–172; M.J. Sawyer, "Evangelicals and the Canon of the New Testament," *Grace Theological Journal 11* (1990) : 29–52; J. Crowe, "How the Bible Came About–Old Testament and New Testament," *Melanesian Journal of Theology* [Papua, New Guinea] 6 (1990) : 7–16; R. Pritz, "New Testament Canon," *Jerusalem Perspective* [Jerusalem]5 (1992) : 10,15; Paul J. Archtemeier, "Then New Testament Becomes Normative," *Understanding the New Testament*, ed. Howard C. Kee (Englewood Cliffs : Prentice–Hall, Inc., 1983), pp. 367–386; C.S.C. Williams, "The History of the Text and Canon of the New Testament," *Cambridge History of the Bible*, vol. 2, ed. G. W. H. Lampe (Cambridge : University Press, 1969); W. R. Farmer & D.M. Farkasfalvy, "The Formation of the New Testament Canon. An Ecumenical Approach," *Theological Inquiries*, ed. H.W. Attridge(New York : Paulist Press, 1983); H. von Campenhausen, *The Formation of the Christian Bible* (Philadelphia : Fortress Press, 1972); F.F. Bruce, *The Canon of Scripture* (Downers Grove : Inter–Varsity Press, 1988); M. Baxter, *The Formation of the Christian Scripture* (Philadelphia : The Westminster Press, 1988); J. B. Gabel & C. B. Wheeler, *The Bible as Literature. An Introduction*

마르시온(Marcion)의 요한 저작설 반대[31]에 근거한 계시록의 정경성 문제는 247-265년 알렉산드리아의 감독 디오니시우스(Dionysius)에 의하여 재개되었다. 서방교회가 계시록을 대체적으로 정경으로 받아들였음에 비하여 동방교회는 차이를 보였다. 오리겐의 제자였던 디오니시우스는 계시록과 요한복음을 비교할 때 언어적인 차이만이 아니라 사상과 문체에 있어서도 다른 점이 있음을 내세워 사도 요한의 저작설에 반기를 들었다.

(Oxford : University Press, 1986); J. A. Sanders, *Canon and Community* (Philadelphia : Fortress Press, 1985); H. Gamble, *The New Testament Canon : Its Making and Meaning* (Philadelphia : Fortress Press, 1985); B.S. Childs, *The New Testament as Canon. An Introduction* (Philadelphia : Fortress Press, 1985); L.M. McDonald, *The Formation of the Christian Biblical Canon* (Nashville : Abingdon Press, 1988); B.M. Metzger, *The Canon of the New Testament* (Oxford : Clarendon Press, 1988); Donald K. McKim, *The Authoritative Word : Essays on the Nature of Scripture* (Grand Rapids : Wm. B. Eerdmans Publishing Co., 1983); D. A. Carson, D. J. Moo, & L. Morris, *An Introduction to the New Testament* (Grand Rapids : Zondervan Publishing House, 1992); Ernst K semann, *Essays on New Testament Themes*, trans. by W.J. Montague (London : SCM Press, 1964), pp. 95-107 등이 있다.

30) Charles, "Revelation," *The International Critical Commentary*, pp. c-ciii.

31) 마르시온은 약 140년경 로마에서 종교교사로 알려지기 시작한 가장 초기의 기독교 적대자로서, 그는 계시록뿐만 아니라 10개의 바울 서신서들과 누가에 의하여 개정된 바울복음서를 제외한 모든 신약성서를 거부하였는데, 이는 그의 반유대주의적인 입장의 산물로 이해된다. 계시록은 상대적으로 많은 구약적 배경을 가지고 인용 구절 또한 많은데, 마르시온이 계시록을 정경으로 인정하지 않은 것도 바로 이런 이유 때문이다. 몬타너스 계열에서 계시록을 이용한다 해서 반대한 이들도 있다(Gaius, Alogoi). 반대자들은 계시록에 수록된 많은 상징들이 신자들의 영적 교화에 아무 도움이 되지 않는다는 이유를 내세웠다. 이와 같은 현상은 오늘날에까지 이어지고 있다. 대부분의 이단들과 거짓 교사들은 계시록을 성경 위의 성경으로 추앙하며 자신들의 메시지를 전하는 데 교과서처럼 악용한다. 이에 대하여 교회가 적절히 대처하지 못하는 것은 계시록 연구를 기피하고 계시록에서 기독교적 메시지를 꺼내 적극적으로 활용하지 못했던 성경연구가들의 책임이 크다. 계시록은 감출수록 이단은 이상한 해석으로 풀어헤칠 것이기에 이름 뜻 그대로 깊은 기도와 성실한 학문적 연구로 감추어진 비밀의 메시지를 이 시대에 필요한 메시지로 풀어 전해야 한다.

유세비우스(Eusebius, 260-340)도 디오니시우스의 결론에 동조하면서 당시 계시록에 대한 교회의 평가는 '문제된 책'인 '안티레구메나'(ἀντιλεγουμένα)와 '인정된 책'인 '호모레구메나'(ὁμολεγουμένα)로 갈려 있음을 증언하였다. 예루살렘의 키릴도 계시록의 정경성에 의문을 제시하였다. 몇 년 후에 예루살렘의 키릴(Cyril, 315-386)은 그것을 정경 목록에서 제거하였을 뿐 아니라 개인 또는 공공의 사용을 금했다. 요한계시록은 라오디게아 종교회의(약 360년)에서 검증되고 확인된 정경 목록에도 나타나지 않았고, '사도규약'(Apostolic Constitutions)의 정경 목록과 나지안주스의 그레고리(Gregory of Nazianzus, 약 389년)가 작성한 목록에도 없었으며, 시리아어를 사용하던 그리스도인들의 공식성서인 '페시타'(Peshitta)에도 5세기까지 빠져 있었다.[32] 성경을 라틴어로 번역(Vulgate)하였던 제롬은 뒤늦게 계시록을 정경으로 받아들였으나 여전히 의구심에서 완전히 벗어나지는 못하였다.

이고니온(Iconium)의 암필로키우스(Amphilochius, 약 394년)도 계시록이 대부분의 권위들에 의해 거절되었음을 밝힌 바 있다. 안디옥 학파는 진작부터 계시록을 탐탁하지 않게 여기고 있었다. 크리소스톰(Chrysostom, 347-407)은 콘스탄티노플에서 이 학파를 대표하고 있었는데 그와 더불어 몹수에스티아(Mopsuestia)의 데오도어(Theodore, 350-428)와 사이러스(Cyrus)의 데오도렛(Theodoret, 386-457)은 계시록을 아예 언급조차 하지 않았다.

후대에 이르러서도 특히 종교 개혁가들은 계시록의 권위에 대해 의구심을 가지고 있었다. 루터(M. Luther)는 계시록을 정경에다 포

32) Robertson, "The Revelation of John," *Word Pictures in the New Testament*, p. 269.

함시키긴 하였지만 그것이 신학적으로 부적합하다는 자신의 견해 때문에 그 '기능적' 정경성(functional canonical status)을 거부하였다.[33] 츠빙글리(Zwingli) 역시 '성경적이 되지 못한 책'(no biblical book)이라 공표하면서 계시록에 대한 가르침을 거절하였다.[34] 현대에 이르기까지도 위대한 주석가의 한 사람으로 칭송 받는 칼뱅(John Calvin)은 신약 26권에 대해 기념비적인 저술을 남겼음에도 불구하고 계시록에 대한 주석은 포기하였다.

계시록은 4세기 이후로 서방에서는 언제나 정경으로 받아들여졌지만 동방교회는 8세기경에 이르러 에뎃사(Edessa)의 제이콥(Jacob)에 의해 성경으로 인용되었으며 아르메니안 교회에서는 12세기에야 비로소 정경으로 처음 나타나게 되었다. 전 세계를 통하여 계시록이 정경으로 완전히 받아들여지기는 네스토리우스파에 속한 교회들을 제외하고는 13세기경에 이르러야 했다.

계시록의 정경성에 대한 시비와는 달리 2세기 후엽에 계시록은 이미 아시아뿐 아니라, 서방에서도 상당히 유포되었다는 증거는 많다. 가이사랴의 안드레아스(Andreas)가 남긴 요한계시록 주석 서문에서 2세기 초엽 히에라볼리(Hierapolis)의 감독이었던 파피아스(Papias)는 사도 저작권은 아닐지라도 본서의 신빙성을 인정하였다.[35] 180년경 리용(Lyons)의

33) Boring, "Revelation," *Interpretation*, p. 3; Wall, "Revelation," *New International Biblical Commentary*, p. 28.

34) *Ibid*. Wall, "Revelation," *New International Biblical Commentary*, p. 28에 따르면 츠빙글리는 계시록에 빈번히 언급된 천사들이 성숙하지 못한 신자들에게 신비주의적 신앙을 부추길 수 있으며, 예전적 관용구(禮典的 慣用句)들이 가톨릭의 미사 분위기를 떨쳐 버릴 수 없게 한다 하여 반대하는 입장에 섰다. 루터 역시 종교개혁 초기부터 고대위 논쟁에 근거하여 계시록이 너무 동화적이고 환상적인 내용에 집착하고 있으며, 내용적으로도 그리스도는 가르쳐지지도 알려지지도 않는다고 사도적이고 예언적인 성경으로서의 권위를 인정하지 않았다.

감독이었던 이레나이우스는 벌써 옛것이 된 계시록 사본을 알고 있었으며, 그것이 비교적 초기에 교회 공동체 안에서 널리 회람되고 있었음을 지적하였다. 이그나티우스가 에베소 교회에 보낸 편지에 계 21:3이 반영되었다. 사데의 멜리토(Melito)는 약 170년경 계시록에 대한 주석을 썼다.[36] 아폴로니우스(Apollonius), 순교자 저스틴(Justin Martyr), 안디옥의 데오필루스(Theophilus of Antioch), 터툴리안(Tertullian), 가이사랴의 바질(Basil of Caesarea), 알렉산드리아의 클레멘트(Clement), 오리겐(Origen), 닛사의 그레고리(Gregory of Nissa)가 정경으로 받아들였으며, 발렌티누스(Valentinus)도 계시록에 관해 익히 알고 있었다. 이들 외에도 계시록의 정경성에 대하여 서방교회를 대표할 수 있는 지지자들로는 에프렘 시루스(Ephrem Syrus), 디드머스(Didymus), 에피파니우스(Epiphanius), 히폴리투스(Hippolytus) 등을 들 수 있다.[37]

외경인 〈바나바 서신〉에서는 계시록의 내용을 두 번 언급하고 있으며(6:13과 계 21:3, 21:3과 계 22:10f.) 〈허마 목양서〉에서도 계시록 7:14에 언급된 "큰 환난"(τῆς θλίψεως τῆς μεγάλης)이 두 번 나오고 있다.[38] 2세기 말의 무라토리안 정경도 계시록을 사도 요한의 권위 있는 저작으로 인용하였으며, 아다나시우스(Athanasius)도 계시록을 정경에 포함시켜 자주 인용하곤 하였다.[39] 계시록은 397년에 개최

35) Mounce, "The Book of Revelation," *The New International Commentary on the New Testament*, p. 37.

36) Moffatt, "The Revelation of St. John the Divine," *The Expositor's Greek Testament*, p. 328.

37) Beckwith, *The Apocalypse of John*, pp. 341f.

38) Swete, *Commentary on Revelation*, pp. cviii & cx.

39) 그에 의해 373년경 형성된 알렉산드리아 교회의 고대 정경에는 4복음서와 사도행전, 바울의 14서신 그리고 일반서신 7개가 수록되었는데, 그 다음에 이런 기록을 추가로 기록하였다. "그리고 요한의 계시록이 있다. 이것들은 구원의 원천들이다"(και παλιν Ιωαννου ἀποκαλυψσις ταυτα πηγαι του σωτ

된 제3차 카르타고 회의에서 정경으로 인정받아 공중예배에서 낭독이 허락되었고, 680년에 열린 제3차 콘스탄티노플 회의에서 카르타고 칙령에 따라 확증함으로 동방교회에서도 공식적으로 받아들이게 되었으며 1545년 트렌트 회의에서 재확인되었다.

V. 요한계시록의 저작 목적

요한계시록은 신약의 다른 책들과 마찬가지로 특정 독자들의 필요에 부응하기 위하여, 뚜렷한 목적의식을 갖고 기록한 책이다. "형태상으로는 묵시적 예언을 내포한 서신에 속하며 영적이고 내적인 목적을 지니고 있다는 점에서는 목회적 성격을 띠고 있다."[40)]

그리고 본서가 당시 박해의 고난 속에서 어려움을 겪고 있던 소아시아의 일곱 교회에 보내진 편지라는 점을 숙고할 때에 동시대 그리스도인들의 '삶의 정황'(Sitz im Leben)을 간과할 수 없다. 이런 측면에서는 계시록이 영적이고 내적인 목적뿐 아니라 실제적인 목적을 지니고 있음을 알 수 있다.

본서의 저작 목적을 정리하기 위해서는 먼저 계시록의 시대적 배경 또는 저작의 동기를 살펴보아야 할 것이다.

ηριου). William Lee의 "The Revelation of St. John the Divine," *The Bible Commentary*, p. 425를 보라.

40) Swete, *Commentary on Revelation*, p. xciv., 그래서 Boring, "Revelation," *Interpretation*, p. 508은 본서를 '목회적 편지'(a pastoral letter)라 서슴없이 불렀다.

1. 시대적 배경 및 저작 동기

그 당시 2세기를 바라보면서 세상의 교회에 대한 박해의 물결은 노도와도 같았다.[41] 하루가 다르게 세상의 적대 행위가 그 도를 더하여갔고, 그리스도인들은 정치적이고 종교적인 차원만이 아닌 실제적인 사회생활에 있어 경제적인 불이익을 당하는가 하면 신체적인 위협 상황에 방치되는 등 그 심각함이란 이루 형언할 수 없을 정도였다. 곳곳마다 박해자의 손길로 가득했다. 유대인들까지 이교도들과 합세하여 기독교에 대항하였다. 로마정부는 정치적, 사회적 근거 위에서 기독교에 커다란 위협을 가해 왔으며[42] 유대인들은 종교적 근거 위에

41) 야브로 콜린스는 그의 *Crisis and Catharsis : The Power of the Apocalypse*(Philadelphia : The Westminster Press, 1984), pp. 141-60에서 당시의 박해는 미미한 상태였고 교인들이 느끼는 소외감도 외부에서 부과된 것보다는 내부에서 느낀 것이라고 주장하였다. 그래서 저자는 그들이 직면한 실제 상황이 얼마나 긴급한지를 경각시키고 현실을 제대로 직면함으로 초월적인 실재에까지 접근 가능하도록 도우려 했다는 설명이다. 일곱 교회에 보낸 편지 내용을 살피면 교회는 상당히 안정세에 접어들었고, 박해는 분명히 있었지만 심각한 수준은 아니었다(1:9; 2:2-3, 9-10, 13; 3:8, 10). 안디바의 순교는 과거의 어느 시점에서 일어났고(2:13), 계시록 저작 당시 상황은 로마정부로부터의 박해 징후는 소소했다. 오히려 유대인을 통한 어려움이 현안이었다. 일곱 교회 중에 박해가 뚜렷이 언급된 곳은 서머나와 두아디라 정도였고 빌라델비아는 반반의 상태였다. 본격적인 박해는 아직 없었고 서서히 다가오는 중이었다(6:9-11, 12:11, 13:7, 10, 15, 16:6, 17:6, 18:24, 19:2, 20:4).

42) Summers는 그의 *Worthy is the Lamb*, pp. 87-89에서 로마 정부의 기독교 박해에 대한 10가지 이유들을 나름대로 정리하였다. (1) 기독교는 '비합법적인 종교'(religio illicita / 렐리지오 일리시타)였다. 로마는 정복지의 종교에 관대한 정책을 폈쳤는데 기독교만은 예외였다. (2) 로마인들에게 최고 가치는 국가였는데, 기독교인에게는 하나님의 나라가 최우선이었다. 국가의 도움으로 유지되는 종교관을 배척하는 기독교는 국가 이익에 반하는 위험조직이었다. (3) 이교의 문화와 생활 습속에 매우 배타적인 신앙관이 거슬렸다. 우상 숭배 의식을 거부하고 집안에 우상을 안치하기를 거부한 그들은 신들의 적으로 간주되었다. (4) 그들은 모든 죄를 성토했고 야간에 은밀한 집회를 가졌으며 "피와 살을 나누어 먹는다"는 풍문에 근거하여 식인주의자들(cannibalists)로 여겼다. 자연히 공중의 혐오대상이 되었다. (5) 크리스천은 군대징집을 거부했다. 터툴

서 그리스도인들을 박해했다. 이와 같은 협공을 받으면서 교회는 존망의 기로에 놓이게 되었다.

교회의 지도자들은 안타까웠다. 교회는 생존해야 했고 그리스도인들은 고귀한 신앙을 고수해야만 했다. 로마 정부의 황제 숭배 강요는 기독교 박해의 분수령이 되었다.[43] 한편에서는 순교 정신

리안에 따르면 군에 입대하는 의식은 제국의 우상을 받아들임이었고, 부대의 기장이나 군복에 우상 관련 무늬가 있어 군인이 되는 것을 회피하였다. 반역자나 매국노로 취급되었다. (6) 기독교인의 구성원이 대부분 빈자와 사회저변층에 속한 자들이었다. 존엄을 중시하던 그들에게 기독교는 깔보기에 충분했다. (7) 로마인들이 경멸하던 유대인들과의 관계와 타협을 거절하는 크리스천의 태도 때문에 유대인들보다 더 나쁜 집단으로 매도했다. (8) 크리스천의 과도한 열심은 로마인들에게 광신도로 취급당하게 만들었다. (9) 기독교의 신앙은 사제들, 제조업자들, 희생용 가축 매매업자와 같이 로마의 세속적인 이득과 충돌을 야기시켰다. (10) 무엇보다도 기독교는 황제 숭배를 공공연하게 거부했다. 황제를 자신들이 섬기는 왕인 그리스도보다 우위에 두기를 거절했으므로 박해와 순교의 단초를 제공하였다.

43) 고대의 이교세계에 있어서는 다신주의(多神主義), 조상숭배(祖上崇拜), 전설적인 영웅들의 신격화와 함께 현인신(現人神)인 황제 숭배(皇帝崇拜)는 자연적인 사조였다. 느부갓네살을 비롯한 바벨론의 왕들과 애굽의 바로(Pharaoh)들과 헬라의 영웅신화(英雄神話)들은 로마의 황제 숭배에 역사적이고 사상적인 근거를 충분히 제공해 주었다. 시저(Caesar) 황제는 생전에 신으로 숭배되어 에베소의 신전에는 "로마의 여신들과 줄리우스 신에게"라 새겨 넣기도 하였고, 아우구스투스는 지방 도시에서 신격화되었으며, 칼리굴라는 강제적으로 자기의 신상에다 경배하도록 하였다. Zahn에 의하면 칼리굴라 황제는 자기의 신상을 예루살렘 성전에 세우려고 시도했으며, 클라우디우스와 베시파시아누스와 타이터스 황제도 생전에 '주님' 또는 '하나님'으로 불렸다. 당시의 동전에는 로마의 황제들을 신격화하고 있었음을 여실히 보여주고 있다. 예를 들면 칼리굴라 황제의 동전에는 "인류의 구주"(Salus Generis Humani)라, 네로 황제의 동전에는 "세상의 선한 구세주"('Ο 'Αγαθός Δαίμων τῆς Οἰκουμένης)라, 도미티안 황제의 동전에는 "우리들의 주 하나님"(Dominus es Deus noster)이라, 트라얀 황제의 동전에는 "인류의 구세주"(Σωτήρ τῆς Οἰκουμένης, Conservator Generis Humani)라, 베스파시안 황제의 동전에는 "전 인류의 구세주와 은인"('Oπαυτῶν 'Ανθρώωπον Σωτήρ καὶ Εὐεργέτης)이라, 디오클레시안 황제의 동전에는 "황제 신"(Καῖσαρ Θεός)이라고 명각(銘刻)이 되어 있었다. Cf. Gaius Suetonius, *The Twelve Caesars*, trans. by Robert Graves(Baltimore : Penguin Book, 1984); S. Angus, *The Religious Quest of the Graeco-Roman World*(N.Y. : Charles Scribner's Sons, 1929). 이같

은 황제 숭배는 네로 황제 때 비로소 종교적 제도로서 굳건히 정립되었으며, 도미티안 시대에 와서 자신이 신으로 숭배받는 데 실패하자 사교집단(邪教集團)으로 간주되고 있던 그리스도인들에게 정치적 보복을 가했으니, 이것이 그리스도인 박해의 서곡이었다. Cf. 이상근, 전게서, pp. 17–21; Kümmel, *Introduction to the New Testament*, pp. 466–469; Beckwith, *The Apocalypse of John*, pp.197–207; Moffatt, "The Revelation of St. John the Divine," *The Expositor's Greek Testament*, pp. 307–316; G.A. Krodel, *Revelation*, pp.35–42; H.J. Richards, *What the Spirit Says to the Churches. A Key to the Apocalypse of John*, pp.20–24; J.P.M. Sweet, *Revelation* (Philadelphia : The Westminster Press, 1979), pp. 27–35; E. Stauffer, *Christ and the Caesars* (London : SCM Press, 1965). 당시의 종교적 분위기와 더불어 정치적이고 사회적인 배경을 알기 위해서는 다음의 연구서들이 유익하다. A.S. Peake, *The Revelation of John*, pp. 98–122; H.J. Richards, *What the Spirit Says to the Churches. A Key to the Apocalypse of John*, pp. 16–20; 이상찬, 요한계시록의 아시아 일곱 교회 (대구 : 도서출판 두레마을, 1989); William M. Ramsay, *The Letters to the Seven Churches* (Grand Rapids: Baker Book House, 1985); Adela Y. Collins, "The Political Perspective of the Revelation to John," *Journal of Biblical Literature* 96 (1977) : 241–256; D.B. Martin, "Ancient Slavery, Class, and Early Christianity," *Fides et Historia* [Grand Rapids] 23 (1991) : 105–113; O.G. Harris, "The Social World of Early Christianity," *Lexington Theological Quarterly* 19 (1984) : 102–114; P. J. J. Botha, "God, emperor worship and Society : Contemporary experiences and the book of Revelation," *Neo–testamentica* 22 (1988) : 87–102; J.M. Ford, "Persecution and Martyrdom in the Book of Revelation," *Bible Today* 28 (1990) : 141–146; T. Baumeister, "Martyrdom and Persecution in Early Christianity," *Concilium* 163 (1983) : 3–8; R. Stark, "Christianizing the Urban Empire : An Analysis Based on Greco–Roman Cities," *Sociological Analysis* [Washingtom D.C.] 52(1991 : 77–88; I. Lesbaupin, *Blessed Are the Persecuted. Christian Life in the Roman Empire*, A.D. 64–313, trans. by R.R. Barr(Maryknoll : Orbis,1987); E.M. Yamauchi, *New Testament Cities in Western Asia Minor* (Grand Rapids : Baker Book House,1987); E. Furgusson, *Early Christians Speak. Faith and Life in the First Three Centuries* (Abilene : University Press,1987); Alan J. Beagley, *The "Sitz im Leben" of the Apocalypse with Particular Reference to the Role of the Church's Enemies* (New York : Walter de Gruyter, 1987). 이것은 저자가 1983년 Fuller Theological Seminary에 Ph.D. 학위 논문으로 제출하였던 것으로서, 4년 후 베를린과 뉴욕에서 동시에 출판되었다; P. Keresztes, *Imperial Rome and the Christians. From Herod the Great to about 200 A.D., vol. I* (London : University Press of America, 1989); J.B. Tyson, *The New*

이 찬양되면서 신앙의 절개를 지키기 위하여 목숨까지 포기했지만 다른 한편에서는 미지근함과 부패한 교훈에 영합하여 주변의 이교 세력에 동화되곤 했다.[44]

Testament and Early Christianity(New York : Macmillan, 1984); W.H.C. Frend, *The Rise of Christianity*(Philadelphia : Fortress Press, 1984); A.R.C. Leaney, *The Jewish and Christian World, 200 BC to AD 200* (Cambridge : University Press, 1984); S. Benko, *Pagan Rome and the Early Christians*(Bloomington : Indiana University Press,1984); C.G. Starr, *The Roman Empire. 27 B.C.-A.D.476. A Study in Survival*(Oxford : University Press,1982); D. Fishwick, *The Imperial Cult in the Latin West. Studies in the Ruler Cult of the Western Provinces of the Roman Empire, vol. I*(N.Y. : Brill,1991); R. K. Sherk (ed.), *The Roman Empire : Augustus to Hadrian*(Cambridge : University Press, 1988); H.O. Taylor, *Ancient Ideals* (N.Y. : Frederick Ungar Publishing Co., 1964),vol. II; W.M. Ramsay, *The Church in the Roman Empire Before A.D. 170*(N.Y. & London : G.P. Putnam's Sons, 1919); R.L. Wilken, *The Christians as the Romans Saw Them*(New Haven & London : Yale University Press, 1984; Alan Wardman, *Religion and Statecraft Among the Romans*(London : Granada, 1982); Hans Conzelmann, *History of Primitive Christianity*, trans. by J.E.Steely(Nashville : Abingdon Press, 1984); A Schlatter, *The Church in the New Testament Period*, trans. by Paul P. Levertoff(London : S.P.C.K.1955); E. Fergusson, *Backgrounds of Early Christianity*(Grand Rapids : Wm.B. Eerdmans Publishing Co., 1987); Eduard Lohse, *The New Testament Environment*, trans. by J.E. Steely (Nashville : Abingdon Press,1987); Helmut Koester, *History and Literature of Early Christianity* (New York & Berlin : Walter de Gruyter & Co., 1987), vol. 2; S.E. Johnson, "Early Christianity in Asia Minor," *Journal of Biblical Literature* 77(1958) : 1-17; Collins, *Crisis and Catharsis : The Power of the Apocalypse*, pp. 84-110.

44) Boring은 그의 "Revelation," *Interpretation*, pp. 21-23에서 당시 상황에서 그리스도인들이 선택할 수 있는 가능한 태도들을 다음과 같이 여섯 가지 항목으로 나누어 제시하였다. 첫째, 신앙의 포기(Quit) : 이교의 신앙을 버리고 기독교 신앙을 갖고 난 이후 자신들의 명성과 직업과 부와 자유와 생명을 잃을 수도 있다는 현실 앞에서 얼마의 신자들은 값비싼 대가를 치르는 것을 거절하고 대신에 신앙을 포기했다. 둘째, 신앙의 기만(Lie) : 상황윤리(狀況倫理)를 적용하여 "참된 종교란 심령의 문제이지 공공생활에서의 의식이 아니라"면서 황제 숭배를 하나의 국가적 의식으로 인식시켰지만, 그들은 요한에 의하여 "거짓말하는 자들"로 정죄되었다(계 21:8). 일제(日帝)시대의 신사참배(神社參拜) 문제는 좋은 한 예가 될 수 있을 것이다. 셋째, 적극적 투쟁(Fight) : 팔레스타인의 과격 정치집단인 '열심당들'(the Zealots)이 하나님 신앙만을 표방하면서 로마

저자는 이러한 숨가쁜 상황을 전해 듣기도 하고 자신이 직접 목도하면서 격려와 경고의 메시지를 전해야 할 필요성을 절감했을 것이다. 끊임없는 박해의 소용돌이 속에서 안절부절못하던 신자들을 위하여 저자는 소아시아의 일곱 교회를 선정해서는 지상과 천상에서의 대쟁투에서 종국적인 승리를 쟁취하신 '이기신 어린양' 그리스도를 보여줌으로 그리스도인들이 신실한 자세로 예수신앙을 고수하도록 본서를 써보냈던 것이다.

2. 저작 목적

요한은 본서를 다음과 같은 의도에서 써 나갔다.

A. 박해 속에서 고난당하는 그리스도인들을 온전하게 도와주면서 악의 세력에 대항하여 용감히 투쟁하고 있는 '싸우는 교회'(the militant Church)를 위로하고 소망으로 무장시키려 했다.[45)]

정부에 대항했다가 멸망당한 사건을 익히 알고 있던 그리스도인들은 이론적으로 적극적인 투쟁을 외칠 수는 있었지만 실제적으로 당시의 상황에서 저항세력을 규합하기란 거의 불가능하였다. 넷째, 법률의 개정(Change the "law") : 당시의 로마 정부는 원로원의 기능도 약화되어 민주절차도 무시되었을 뿐 아니라 그리스도인들 가운데 로마에 체재하면서 로비(lobby) 활동을 할만큼 정치력이나 경제력이 있는 이를 찾아볼 수 없었기에 이 경우도 이론적 가능성에 그치고 만다. 다섯째, 타협적 적응(Adjust) : 신앙을 현실적 삶의 일부로 보고 전통적 신앙관을 재해석하면서 기독교의 본질적 요소에다 로마의 문화나 종교 중에서 매력적인 면을 가미시켜 양쪽을 만족시키자는 타협안은 상당한 영향을 미쳤다. 여섯째, 영웅적 순교(Die) : 그리스도의 죽음과 사도들의 거룩한 죽음을 상기하면서 얼마의 그리스도인들은 하나님 나라와 복음의 증거를 위하여 자신들의 생명을 기꺼이 바쳤다.

45) Hendriksen, *More Than Conquerors*, p.7; W.H. Harrington, *The Apocalypse of St John*, pp. 22–25; Thomas F. Glasson, "The Revelation of John," *The Cambridge Bible Commentary*(Cambridge : University Press,1965), p. 2. Cf. H.H. Rowley, *The Relevance of Apocalyptic* (Greenwood : the Attic

B. 현재의 박해뿐 아니라 장차 전대미문의 박해가 신자들에게 임할 것이므로 그들을 경성시키고 나아가서 하나님 나라가 사탄의 왕국을 이길 것이라는 소망으로 위로를 주려 했다.[46]

C. 예수 그리스도의 죽음을 통한 악의 정복이라는 빛 아래서 신자의 고난과 순교를 설명함으로 참된 크리스천 제자도로 이끌어 가려고 했다.[47]

D. 박해당하는 그리스도인들을 위로하고 영적 타락의 경향에서 벗어나서 계속 충성하며 살라고 경고 및 권고하려 했다.[48]

E. 소아시아의 일곱 교회뿐 아니라 전 세계에 흩어진 교회들에게 준 경고와 약속의 말씀으로서 회람 서신인 본서가 모두에게 읽혀지기를 바랐고, 성도들이 '큰 환난' 속에서 견고히 서도록 격려하려 하였다.[49]

Press, Inc., 1980), p. 139; A.Y. Collins, "Reading the Book of Revelation in the Twentieth World," *Interpretation 40*(1986) : 229–242(특히 239f.).

46) Walvoord, *The Revelation of Jesus Christ*, p.14; Robertson, "The Revelation of John," *Word Pictures in the New Testament*, pp.277f.; H. Hailey, Revelation : *An Introduction and Commentary*(Grand Rapids : Baker Book House, 1979), pp. 51–53. 이런 측면에서 계시록의 주제를 "용(사탄)과 그의 추종세력에 대한 그리스도와 교회의 승리"로 본 Hailey, Ibid.; Hendriksen, *More Than Conquerors*, p. 8과 "복수라기보다는 하나님의 은혜로운 섭리"로 본 Guthrie, *New Testament Introduction*, p. 964의 견해는 정당하다.

47) Alan F. Johnson, "Revelation," *The Expositor's Bible Commentary*, vol. 12, General ed. Frank E. Gaebelein(Grand Rapids : Zondervan Publishing House, 1981), p. 407; Siegbert W. Becker, *Revelation. The Distant Triumph Song*(Milwaukee : Northwestern Publishing House, 1987), pp. 1–4 & 12.

48) Guthrie, *New Testament Introduction*, pp. 962–964; L.van Hartingsveld, Revelation, trans. by John Vriend (Grand Rapids : Wm. B. Eerdmans Publishing Company, 1985), p. 1; H.F. Rall, *New Testament History*, pp. 301f.

49) Beckwith, *The Apocalypse of John*, pp. 208–213. Cf. Charles, "Revelation," *The International Critical Commentary*, p. xxii; Donald W. Richardson, *The*

계시록의 저작 목적을 뉴포트(Newport)는 각기 다른 관점에서 다음과 같이 정리했다.[50)]

A. 박해받는 초기 그리스도인들을 격려하기 위함.
B. 거짓된 믿음과 이단을 교정하기 위함.
C. 참된 크리스천 제자도를 고무하기 위함.
D. 기독교 예배의 근거를 제공하기 위함.
E. 에베소의 무대에 상연할 드라마를 제시하기 위함.[51)]
F. 중요한 사회적 위기에 대처하기 위함.

3. 로마의 12 황제 연대표

시이저(Julius Caesar) 49-44 B.C.

[줄리어스-클라우디스 왕조]

아우구스투스(Augustus) B.C. 31-A.D. 14

Revelation of Jesus Christ. An Introduction (Richmond : John Knox Press, 1964), p. 13. Barclay M. Newman은 그의 *Rediscovering the Book of Revelation* (Valley Forge : The Judson Press, 1968), pp. 21-30에서 본서 2- 3장에 언급된 일곱 교회는 각자가 하나의 지교회요, 그 지역을 대표하는 교회이며 전체 기독교를 대표한다고 보았다. 그러나, 그가 본서는 정치적 박해에 처한 교회를 위한 서신이라기보다 소아시아 교회에 침투해 들어와 보다 성숙한 기독교를 주창하는 영지주의(Gnosticism)의 위협에 대처하여 쓴 것이라 주장한 점에서는 멀리 나아간 느낌이 있다.

50) Newport, *The Lion and the Lamb*, pp. 68-77 & 103.

51) Cf. J. L.Blevins, *Revelation as Drama* (Nashville : Broadman, 1984). 그는 계시록을 각 부가 일곱 장면으로 구성되어 있는 7부의 드라마로 가정했다. 그보다 앞서 John W. Bowman도 이와 비슷한 주장을 했다. 그의 "Revelation of John : Its Dramatic Structure and Message," *Interpretation* 9(1955) : 436- 453.

티베리우스(Tiberius)	A.D. 14-37년 3월 16일
칼리굴라(Caligula/Gaius)	A.D. 37년 3월 16일-41년 1월 24일
클라우디우스(Claudius)	A.D. 41년 1월 24일-54년 10월 13일
네로(Nero)	A.D. 54년 10월 13일-68년 6월 9일

[내란]

갈바(Galba)	A.D. 68-69년 1월 15일 사망
오토(Otho)	A.D. 69년 4월 16일 사망
비텔리우스(Vitellius)	A.D. 69년 12월 21일 사망

[플라비우스 왕조]

베스파시안(Vespasian)	A.D. 69년 6월 1일-79년
타이터스(Titus)	A.D. 79년 6월 23일-81년 9월 13일
도미티안(Domitian)	A.D. 81년 9월 13일-96년 9월 18일

[양자 출신의 황제][52)]

네르바(Nerva)	A.D. 96년 9월 18일-98년 1월 25일
트라얀(Trajan)	A.D. 98년 1월 25일-117년 8월
하드리안(Hadrian)	A.D. 117-138년

52) Suetonius는 로마의 12대 황제를 시저로부터 도미티안까지 포함시키고 양자 출신의 네르바, 트라얀, 하드리안은 제외시켰다. 그의 저서 *The Twelve Caesars*를 참조하라.

VI. 요한계시록의 수신자

요한계시록의 수신자를 밝히는 일은 저자 문제에 비하여 훨씬 수월하다. 저자는 자신의 이름을 네 차례에 걸쳐 분명히 밝혔음에도 불구하고 오늘날까지 그가 누구인지에 대하여 논쟁이 그치지 않는다. 이에 비해 수신자는 요한이 밝힌 그대로 일차 수신자가 소아시아에 있는 일곱 교회(1:11, 2-3장)임을 누구나 의심 없이 받아들인다. 본서는 에베소, 서머나, 버가모, 두아디라, 사데, 빌라델비아, 라오디게아 등 소아시아의 일곱 교회에 보내진 회람 편지이다.[53] 이 일곱 도시들은 지금의 터키인 고대 로마의 아시아 지방에 속한 남서 아시아의 해안선을 따라 늘어진 목걸이처럼 위치하고 있었다.[54]

일곱 교회가 있던 일곱 도시는 당시 주변에 있던 도시들에 비해

53) Swete, *Commentary on Revelation*, pp. lv-lxv. 연이은 pp. lxvi-xciii에서 그는 당시 아시아 지방에 있어서의 기독교와 적그리스도에 대해서도 역사적 자료들을 요약하여 정리하고 있다.

54) 소아시아의 일곱 교회에 대한 유익한 연구로는 Ramsay의 *The Letters to the Seven Churches of Asia*를 비롯하여 Otto F.A. Meinardus, *St. John of Patmos and the Seven Churches of the Apocalypse*(New York : Caratzas Brothers, Publishers, 1979); Richard C. Trench, *Commentary on the Epistles to the Seven Churches in Asia : Revelation II and III*(New York : Charles Scribner's Sons,1862); Barclay, *Seven Churches*(N.Y. : Abingdon Press, 1957); John R. Stott, *What Christ Thinks of the Church*(Grand Rapids : Wm. B. Eerdmans Publishing Co., 1958); Edwin Yamauchi, *Archaeology of New Testament Cities in Western Asia Minor*(Grand Rapids : Baker Book House, 1980); E. M. Blaiklock, *The Seven Churches* (London : Marshall, Morgan & Scott, 1951); C.J. Hemer, *A Study of the Letters to the Seven Churches of Asia with Special Reference to Their Local Background*. Unpublished Ph.D. dissertation at the University of Manchester, 1969. 이것은 다시 개정판으로 1986년 영국의 Sheffield의 JSOT에 의하여 *The Letters to the Seven Churches of Asia in Their Local Setting*이란 제목으로 출판이 되었다; M.J. Brunk, "The Seven Churches of Revelation Two and Three," *Bibliotheca Sacra* 126 (1969) : 240-246 등이 있다.

중요성이 탁월한 것도 아니었다. 처음의 세 도시는 그런 대로 도시로서의 존엄성을 지니고 있었지만 사실 두아디라나 빌라델비아는 아주 작은 도시로서 세상의 이목을 집중 받을 만한 구석이 없었다. 일곱 교회를 선정한 것은 요한이 아니라 주님이셨다. 히에라볼리나 골로새 같은 도시가 빠지고 두아디라나 빌라델비아가 포함된 것은 주님이 그렇게 하셨다. 신앙적이고 영적인 안목에서 빌라델비아는 그럴 만한 가치를 지니고 있었다. 두아디라 교회에는 이세벨의 악한 영향력 때문에 선정되었을 수 있다. 혹자는 우편배달부가 배달하기에 손쉬운 지형 순서대로 일곱 교회의 선후가 정해졌다고 주장하지만 순서 역시 주님께서 정하셨다.

이런 이유로 해서 본서는 특정한 일곱 교회들에게 보낸 편지들이 분명하지만 일곱 교회에만 한정될 수는 없다. "7"이란 완전을 상징하는 숫자이므로 계시록은 당시 소아시아 지역에 속해 있던 모든 교회들을 위해 보낸 편지이며,[55] 더 나아가 이상주의적 해석법과 연관할 때에 모든 시대의 교회들을 위한 편지로 이해해야 한다.[56]

당시의 교회는 사도 이후에 속사도급에 해당하는 교회지도자들의 영향력하에 점차로 안정세를 구축해갔다. 박해의 물결은 아직 파고가 그다지 높지 않았다.[57] 자연히 영적 안일과 나태에 빠져 초기의 열심

55) Summers, *Worthy is the Lamb*, p. 86; Swete, *Commentary on Revelation*, pp.lvii.의 인용에 의하면 로마의 역사가 Pliny는 당시 소아시아의 중심 되는 아홉 도시를 에베소(Ephesus), 서머나(Smyrna), 버가모(Pergamum), 사데(Sardis), 라오디게아(Laodicea), 아드라뭇데노(Adramyttium), 라반다(Alabanda), 아파메아(Apamea), 신나다(Synnada)로 소개하였으며, 덜 중요하면서도 주목을 받은 도시로는 골 4:13에 나온 히에라볼리(Hierapolis)와 골로새(Colossae), 밀레도(Miletus), 두아디라(Thyatira), 빌라델비아(Philadelphia), 도릴레움(Dorylaeum), 유메니아(Eumenia), 프리에네(Priene), 마그네시아(Magnesia)가 추가되었다. 당시의 어떤 자료에 의하면 그 지역에는 500–1,000의 도시가 형성되어 있었다.

56) Hendriksen, *More Than Conquerors*, pp. 9f.; W. Milligan, "The Book of Revelation," *The Expositor's Bible* (London : Hodder & Stoughton, 1909), pp. 153–155.

과 헌신을 잃고 현실에 안주하는 징후가 마치 유행병처럼 교회를 덮쳐왔다. 교회 내부에 파고든 유대주의자들의 위협은 심각한 수준이었고 이단들의 준동도 교회 내부의 결속을 와해시키는 암초였다. 적대자들과의 영적 전쟁에서 선봉을 다투던 야성을 잃어버린 교회와 신자들은 실제로 영적 위험 수위에 머물러 있었다. 주님의 마지막 사도였던 요한이 밧모 섬에 유배를 감으로 에베소 교회를 비롯한 소아시아 여러 교회들은 침체 국면에 처하여 있었다. 하나님은 유형지에서 고달픈 나날을 보내던 요한에게 천사를 보내 강력한 계시의 말씀을 전해주었다. 그러므로 본서의 목적은 박해에 직면하고 있던 교회를 격려하면서, 자기만족에 휘감겨 허영에 들뜬 삶을 살아가던 신자들에게 경종을 울리기 위함이었다. 또한 본서는 그리스도의 교회다운 정체성을 회복시키고 박해와 안일의 두 얼굴로 교회를 파멸하려는 원수의 정체와 그들의 종국적 운명이 어떠한지를 알리기 위해 쓰여졌다.

---

57) 요한은 다가오는 박해의 폭풍을 암시할 만한 조짐을 보고 있었을 것이다. 비얼은 당시 Pliny가 크리스천들의 관리를 위하여 로마당국의 공식적인 지침 하달을 요청했을 때, 황제의 답신에서는 그 어떤 규정에 대한 언급도 없었음을 인용했다. Beale, G. K. "The Book of Revelation." *The New International Greek Testament Commentary*(Grand Rapids : Wm. B. Eerdmans Publishing Co., 1999), pp. 12f. & n. 67. 제국의 법률에 의한 조직적이고 집단적인 박해는 없었지만 플리니의 서신은 이미 그런 움직임으로 나아가고 있는 조짐을 보여주기에 충분하다. 계시록 본문에서도 순교자들의 영혼들이 집단적으로 보좌에 앉아 계신 이에게 탄원을 올렸는데, 그 중에는 소아시아 지역의 크리스천들도 상당수 포함되었으리라 능히 짐작할 수 있다. 순교자들의 숫자는 여전히 충족되지 않은 상태였다. 콜린스가 박해의 정도를 미미한 수준으로 추정하여, 그들이 단지 경제적 착취와 문화적 황제 숭배에 시달렸을 뿐이라 주장하였지만 황제 숭배는 단지 문화충격을 넘어 영적인 배도의 길이었다. 톰슨이 그의 짤막한 논문 "A Sociological Analysis of Tribulation in the Apocalypse of John," *Semeia* 36 (1986) : 169f.에서 잘 지적하였듯이 당시의 크리스천들은 제국의 권위에 따라 십자가에 못 박힌 사형수를 자신들의 왕으로 수용한 사실로 인해 사회로부터 격리를 당하였다. 그것은 사회적 보복이었다. 크리스천들의 일상생활에 실질적인 위해를 가하는 것이었다. 그들이 사회적 약자로서 다양한 박해 환경에 놓여 있었음을 부인할 수 없다.

특히 바울의 서신서에 자주 등장하는 '유대주의자들'의 독초는 유일하게 책망이 없던 두 교회인 서머나 교회(2:9)와 빌라델비아 교회(3:9)에서 기승을 부리고 있었다. "사탄의 회"라고 지목할 만큼 그들의 활동은 민첩했고 영향력은 파괴적이었으며, 배후는 영적이었고, 그들로 인한 해악은 치명적이었다. 박해를 극복하고 부흥의 거센 불길을 일으켰던 교회는 존립의 기반마저 위태로울 지경이었다. 안으로는 유대주의자요 밖으로는 황제 숭배의 정책으로 인하여 크리스천들은 매일매일 전투하는 공동체로서 자신들의 정체성을 다져가야 하였다. 요한은 그런 그들에게 상징적 묘사를 통한 영적 전쟁에서의 실질적 승자는 크리스천이며 박해와는 다른 영적 현실이 삶과 믿음의 원동력이 됨을 알려주려 하였다. 요한의 독자들은 자신들의 박해환경에서 조금도 주눅이 들거나 배도의 길에 빠져들지 말고 오히려 '수난 당한 자'(the Victim)에서 '승리자'(the Victor)가 되신 어린양 그리스도의 길을 본받아야 하였다. 무엇보다 경계해야 할 것은 타협이었다. 그것이 일곱 교회에 나타나신 그리스도의 영화로운 모습이요 메시지이며, 여러 환상들을 통해 들려 주시고자 하신 하나님의 메시지였다. 요한의 수신자들에게는 영적인 지침서가 무엇보다 필요했던 것이고 요한의 편지는 그런 소아시아의 교회들에게는 낭보였던 셈이다.

사실 그들은 매일의 삶 속에서 자신들의 영혼과 믿음의 도리를 지켜야 했다. 안으로는 유대주의자들의 위협과 밖으로는 황제 숭배의 정책이 크리스천들의 삶을 위축시켰고 적대적인 주변 환경과의 싸움은 결코 만만치가 않았다. 그것은 실제적으로 전투였다.[58] 그리스도의

---

58) 콜린스는 그녀의 저서 *Crisis and Catharsis : The Power of the Apocalyse*. pp. 141-60에서 당시 크리스천들이 당면한 이슈는 위협적인 박해가 아니라 교회와 회당 간의 긴장, 이교사회에서의 크리스천, 로마정부를 향한 적대감, 부자와 빈자의 문제로 보았다. 그러나 당시 소아시아의 교회들은 심각한 위기에 봉착해 있었다. 내부적으로는 자칭 유대인들로 인한 분열이 있었고, 외부적으

깃발을 붙들고 영적 전쟁의 최전선에서 그들은 고군분투하고 있었다. 당장 박해의 태풍이 몰아닥친 것은 아니었지만 조직적이고 끈질긴 박해는 서서히 그들에게로 다가오고 있었다. 요한은 높은 곳에서 산밑의 사람들이 보지 못하는 검은 구름을 보았던 것이다. 물론 먹구름 너머 영광의 빛이 찬란한 영원 세계도 직시하였다. 자신의 형제요 예수의 나라와 환난과 참음에 함께 동참한 자로서 요한은 그들의 위로자로 나섰다. 밧모 섬의 쉴 새 없는 중노동이나 악명 높은 간수들의 고문도 천상의 빛에 이끌려 악의 패망을 목도한 노종의 위엄에는 아무런 해도 끼치지 못하였다. 요한은 이미 영 안에서 자신의 독자들과 하나로 묶여져 있었다.

요한의 수신자요 독자인 일곱 교회가 처한 형편은 2-3장에 잘 드러나 있다. 그들은 공개적인 박해와 순교의 위험에 노출되어 있었다. 요한이 밧모 섬에 유배를 간 것처럼 일곱 교회들 중 얼마는 그리스도의 이름 까닭에 핍박을 당하며(2:3), 이미 어느 정도의 환난을 겪고 있었다(2:9). 위기 속에서도 교회들은 주님의 이름을 배반하지 않았으며(2:13, 3:8), 이로 인해 감옥에 갇히는 자도 생겨났고(2:10) 순교자도 나타났다(2:13). 제단 앞에 엎드려 탄원하던 순교자들(6:9-10)은 과

로는 황제 숭배의 위협이 도사리고 있었다. 플리니가 크리스천들의 관리를 위해 황제에게 어떤 지침 하달을 위하여 편지를 보냈을 때, 황제의 회신에는 구체적인 지침 규정이 확실히 명기되어 있지 않았다. 그러나 오스본이 자신의 주석 서론 "Revelation," *Baker Exegetical Commentary on the New Testament*. (Grand Rapids : Baker Academic, 2002). pp. 10-12에서 언급한 비평처럼 콜린스는 접근하는 기본방식에서만 옳았다. 그녀는 당시 크리스천들의 정황을 제대로 꿰뚫지 못했다. 크리스천들이 직면한 로마제국보다 우세한 역실재가 존재하며, 황제 숭배라는 문화적 억압보다 월등한 초월적 영역의 일부로서 크리스천들은 능히 고난을 견딘다고 본 것은 적절하다. 교회는 사회적 압력과 소외라는 쓴 뿌리와 생존을 위해 제국의 정책에 적정수준으로 동화하거나 타협해야 하는 위기에서 한순간도 벗어날 수 없었다. 황제 숭배는 단순히 문화충격이 아니라 우상 숭배의 가면이었다.

거의 어느 시점에서 희생당한 영혼들이었지만, 멀지 않은 미래에도 일어날 순교자를 암시했다(2:11; 그리고 11:3 참조). 박해는 주님의 전적인 개입으로 근원적인 싸움이 끝나기까지는 중단 없이 계속될 것이다(12:6, 14-17, 13:1-18, 17:6, 20:4).

VII. 요한계시록의 신학

요한계시록은 저자에게 붙여진 '신학자'(ο Θεολογος)란 별명에 걸맞게 풍성한 신학적 내용을 담고 있다. 구약적인 배경과 함께[59] 저자는 종말론뿐만 아니라 신약신학의 다양한 교리들을 새로운 빛 속에서 다루고 있다.[60] 본서의 신학 또는 교리적 골격은 다음과 같다.

---

59) Swete에 의하면 저자는 직접 인용은 아닐지라도 계시록 전체의 404절 중에서 구약적 내용을 278절이나 언급하고 있다. 그의 *Commentary on Revelation*, pp. cxi. cf. A.F. Johnson, "Revelation," *Expositor's Bible Commentary*, vol. 12, p. 411. Fiorenza가 그녀의 *The Book of Revelation. Justice and Judgment*, p. 135에서 재인용한 A. Feuillet의 표현을 빌린다면 "요한계시록은 그리스도 사건의 빛 아래서 구약을 다시 읽는 것을 나타내고 있다"고 말할 수 있다.

60) 계시록의 교리에 관한 연구로는 다음을 참조하라. Swete, *Commentary on Revelation*, pp. clix- clxxiii; Charles, "Revelation," *The International Critical Commentary*, pp. cix-cxvii; Beckwith, *The Apocalypse of John*, pp. 310-317; W. Lee, "The Revelation of St. John the Divine," *The Bible Commentary*, pp. 450-454; Walvoord, *The Revelation of Jesus Christ*, pp. 30-33; Ladd, *A Theology of the New Testament*, pp. 624-632; Leon Morris, *New Testament Theology*(Grand Rapids : Zondervan Publishing House, 1986), pp. 292-297.

1. 신론(the Doctrine of God)[61]

계시록에 전체적으로 일관되고 있는 개념은 구약에 나타나신 하나님 곧 유일하신 하나님 사상이다. 윤리적인 측면에서 볼 때 이 하나님은 "거룩하고"(15:4, 16:5, 그리고 4:8, 6:10 참조) "진실하며"(6:10) 심판에서 "공의로우시다"(15:3, 16:7, 19:1, 2).[62] 하나님은 "영원하고"(1:4, 4:8)[63] "전능하신"(16:14, 19:15)[64] 창조주이시다(4:11, 14:7). 그분은 섭리의 주님이시며(7:15-17) 죽은 자와 산 자를 공의로 심판하시는 심판자이시다(20:11-15).

하나님의 윤리적 속성이 비교적 많은 데 비해 은총적 속성은 매우 빈약하다. 그러나 '사랑'이란 직접적 표현이 드물긴 하지만(1:5, 3:9, 19등) 하나님이 예수 그리스도의 아버지라 호칭된 사실과(1:6, 2:27, 3:5, 21, 14:1), 그가 이기는 자들의 아버지 되심과(21:7) 하나님의

---

61) Hans Lilje, *The Last Book of the Bible*, trans. by Olive Wyon (Philad- elphia : Muhlenberg Press, 1957), pp. 19f; W.H. Harrington, *The Apocalypse of St John*, pp. 40f. 계시록의 신학 중에서도 신론과 기독론(신론보다는 약함)이란 관점에서 다룬 연구로는 M. Eugine Boring의 "The Theology of Revelation 'The Lord Our God the Almighty Reigns,'" *Interpretation* 40 (1986) : 257-269를 참조하라.

62) 이 하나님의 의로움은 죄에 대한 진노(6:17, 11:18, 19:15)와 불법에 대한 정당한 보수(6:10, 19:2)와 심판자의 모습(20:11-15)에서 여실히 드러난다.

63) cf. 4:9, 10:6, 11:17, 15:7; 16:5.

64) cf. 4:8, 11, 6:10, 11:15, 17, 14:1, 3, 15:3, 4, 16:7, 14, 19:6, 15, 21:22, 22:5. 이 구절들 속에 나타난 "주", "하나님", "주 하나님", "대주재"란 표현은 "전능자"와 동일시되었다. "전능자"(παντοκρατωρ)란 단어는 신약 전체를 통틀어 10회 출현하고 있는데 고후 6:18을 제외하고는 모두 계시록에만 집중되어 있다(1:8, 4:8, 11:17, 15:3, 16:7, 14, 19:6, 15, 21:22). 또 16:14과 19:15을 빼고 나면 나머지 7번은 신성의 포괄적인 표현인 '주'(κυριος)라는 칭호와 연관되어 있다. 이는 당시 도미티안 황제가 자신을 "주"라고 칭한 황제 숭배의 배경에서 음미할 때 저자의 용의주도한 교훈적 집필 의도를 알 수 있다.

백성들 가운데 거하심과(21:3), 그를 경외하는 자들에게 보상하심과(11:18, 22:12), 성도들을 보호하심과(7:1-8, 12:6, 14, 16), 그들에 대한 그리스도의 사랑이란 표현을 통하여 그의 간접적 사랑을 넉넉히 보여주고 있다(1:5, 3:9, 19).

2. 기독론(Christology)[65]

세상의 종말을 다루고 있는 본서에는 부활하신 그리스도의 인격과 역사가 상당히 포괄적으로 다루어지고 있다. 1장에서부터 영화로우신 주님은 현세와 내세에 관계된 모든 것들을 통제하시는 주권자이시다. 이기신 어린양으로, 좌우에 날선 검을 휘두르시는 백마 탄 기사로, 일곱 인과 일곱 나팔과 일곱 대접의 심판을 관장하시는 분으로, 네 생물과 이십사 장로들과 무수한 천사들의 경배를 받으시는 분으로 다양하게 묘사되었다. 계시록의 기독론은 지상의 예수와 영광을 받으신 그리스도와의 균형을 잘 유지하고 있다. 그것은 '이기신 어린양"의 모습에서 확연하게 드러난다. 구원을 시작하시고 완성하실 분으로서 주님은 권능 있는 심판자의 정체성으로 보좌의 중심에 계신다. 심판주로서 주님은 일곱 인을 떼시고 일곱 나팔과 일곱 대접을 시위한 천사들

---

65) 기독론에 대하여서는 Mathias Rissi의 짧막한 논술인 "The Future of the World," *Studies in Biblical Theology* 23 (Naperville : Alec R. Allenson Inc., 1966), pp. 18-28과 S.P. Kealy, *The Apocalypse of John*, pp. 38ff.; W. H. Harrington, *The Apocalypse of St John*, pp. 41-45 부분을 참조하라. Peake는 그의 *The Revelation of John*, pp. 186-206에서 계시록의 신학을 취급하면서 전반적으로 기독론이 강세임을 밝혔다. 이런 측면에서 계시록의 중심이 되는 축을 예수 그리스도의 십자가로 이해한 Jacques Ellul의 견해는 정당하다. 그의 *Apocalypse, The Book of Revelation*, trans. by George W. Schreiner (New York : The Seabury Press, 1977), p. 11을 보라. 나아가 릴제는 계시록을 교회의 부활절 메시지가 성취된 것으로 보았는데, 이는 뛰어난 이해라 생각된다. 그의 *Ibid.*, pp. 19-23을 보라. Cf. Donald Guthrie, *The Relevance of John's Apocalypse* (Grand Rapids : Wm.B. Eerdmans Publishing Co., 1987), pp. 37-64.

에게 나눠주신다. 악한 권세에 의하여 심판을 받으셨던 주님이 이제는 세상만민을 심판하신다. 바벨론의 파멸은 사악한 근원적 어두움의 소멸을 의미한다.

A. 역사적 그리스도

본서에는 예수라는 인간적인 이름이 자주 명시되었다.[66)]

간혹 직분적인 이름인 그리스도도 언급되었다(11:15, 12:10, 20:4, 6). 때로는 둘이 함께 복합되어서 나타난다(1:1, 2, 5, 22:21). 예수 그리스도는 이스라엘인으로 나시고 다윗의 뿌리요 유다 지파의 사자로(5:5) 12사도를 거느렸으며(21:14), 예루살렘에서 처형당했으나(11:8) 하나님의 권세와 능력으로 부활(1:5, 18) 승천하셨으며(3:21, 그리고 12:5 참조)[67)] 영광 중에 재림하실 것이다(1:7, 19:11, 22:7, 12, 20).

B. 영광의 그리스도

한때 "세상 죄를 지고 가던 하나님의 어린양"(요 1:29, 36)이 영원히

---

66) 관사 없이 '예수'라는 이름만 모두 아홉 번 나온다(1:9[2], 12:17, 14:12, 17:6, 19:10). 요한의 저작을 제외하고 신약 전체에서 관사 없는 형태로는 단지 다섯 번만 사용되고 있음에 비한다면 상당히 많은 횟수이다. '예수'의 이름은 바울 서신에 열 번 미만, 베드로서에 한 번, 그리고 요한일서에 다섯 번, 요한복음에는 무려 93번이나 나오고 있다. 토마스는 이 현상을 다른 몇 가지 이유와 함께 계시록과 제4복음서의 저자가 동일 인물인 사도 요한임을 뒷받침하는 것이라 주장했다; Robert L. Thomas, "Revelation 1–7," *An Exegetical Commentary*, general ed., by Kenneth Barker(Chicago : Moody Press, 1992), p. 14.

67) 서론(1:1–8)과 결론(22:6–21) 부분에서 "예수" 또는 "예수 그리스도"라는 이름이 사용됨에 비하여 본론 부분(1:9–22:5)에서는 "어린양"이란 명칭이 사용되고 있음은 숙고할 만한 점이다. 이에 대해서는 Beckwith, *The Apocalypse of John*, pp. 314–316을 참조하라. Cf. Charles, "Revelation," *The International Critical Commentary*, pp. cxiii–cxiv.

"이기사 하나님의 보좌 우편에 서 계신 영광의 어린양"(5:6, 7, 12, 13, 6:1, 16, 7:10, 14-17, 14:1, 4, 15:3, 17:14, 19:7, 9, 21:9, 23, 27,; 22:1, 3)이 되셨다. "사람의 아들"(人子) 같으신 그분(1:13, 14:14)[68]이 곧 전능자이신 "하나님의 아들"(2:18, 그리고 1:6, 2:27, 3:5, 21, 14:1)이시다. 그분은 '신실한 증인으로서' 산 자와 죽은 자에 대한 통치권을 지니셨고(1:5), 전체 교회의 중심이시며(1:13, 2:1), 만왕의 왕이요 만주의 주로서(17:14, 19:16), 심판의 권세를 가지셨다(1:7, 14:14, 18-20, 19:11-21, 20:7-10, 22:12).

C. 신성의 그리스도

"산 자"(1:18)이시요 "처음과 나중"(1:17, 2:8, 22:13)이며, "알파와 오메가" 되시고 "시작과 끝"(22:13)이 되신 그리스도 예수는 '본질적으로 하나님의 아들'(1:6, 2:18, 27, 3:5, 21, 14:1)로서 거룩하고 진실한(3:7) 하나님이시다(6:10). 그분은 "옛적부터 계신 이"(1:14, 15, 그리고 단 7:9)로서 성부와 함께 영광의 보좌에 앉아(3:21, 7:17, 12:5) 경배와(5:12) 찬양을 받으시며(5:13) 하나님의 일곱 영인 일곱 눈을 가지시고(5:6; 그리고 슥 4:10) 사람의 심장을 살피신다(2:23, 그리고 시 7:10; 렘 17:10).

3. 성령론(Pneumatology)

기독론과는 대조적으로 계시록의 성령론은 그리 충분치 못하다. 1:4

68) '인자'(the Son of Man)란 표현은 천사보다 월등한 신성을 지닌 초자연적 존재인 하나님의 거룩하신 자를 나타내는 것으로(단 10:16; 요 5:27 참조) 외경인 에녹 1서 46:1에서 최초로 메시야의 칭호로 적용되었던 묵시적 표현이다.

에는 삼위일체적인 구조 속에서 언급된 것 같으며 나머지 부분에서는 "그리스도의 영"(2:7, 11, 17, 29, 3:6, 13, 22)과 "하나님의 일곱 영"(3:1, 5:6)으로 불려졌다.[69] 성령은 요한이 황홀경에 진입할 때 역사했고(1:10, 4:2, 17:3, 21:10) 일곱 교회에 보내는 그리스도의 메시지에 역사했다(2:7, 11, 17, 29, 3:6, 13, 22).[70] 1:4에서는 삼위일체적인 구조 속에서 언급되었고 나머지 경우는 "그리스도의 영"(2:7, 11, 17, 29, 3:6, 13, 22)과 "하나님의 일곱 영"(3:1, 5:6)으로 불렸다.[71]

4. 교회론(Ecclesiology)

바울 서신에 흘러넘치는 교회론을 본서에서는 전혀 찾아볼 수 없다. 서신의 초반부인 2-3장에 지역 교회가 나타날 뿐이고 중반부에 이르러 우주적 의미에서의 교회가 잠시 언급되었으며,[72] 후반부에 와서 음녀와 바벨론과 날카로운 대조를 보이는 "그리스도의 신부"(21장; 22:17)가 출현하는데 이것도 우주적 의미에서의 교회로 여길 수 있다.[73] 고난받는 지상의 교회들의 원형인 천상의 교회는 종말의 시간표가 마지막 점을 향하여 나아갈 동안 전투하는 믿음 공동체에게 격려의 메시지를 보낸다. 그것은 환상 속에서 구속함 받은 무수한 성도들이 모세의 노래

---

69) 이 "하나님의 일곱 영"을 "하나님의 영"으로 보아 무방할 것이다. Cf. S.P. Kealy, *The Apocalypse of John*, pp. 40f; W. H. Harrington, *The Apocalypse of St John*, p. 45.

70) 22:1, 17에는 "성령"이 "생명수의 강"과 "생명수"와 연관되어 있는데, 이를 요 7:38-39에 비추어 볼 때 성령의 중보사역으로 이해할 수 있을 것이다.

71) 이 "하나님의 일곱 영"을 "하나님의 영"으로 보아 무방할 것이다. Cf. S.P. Kealy, The Apocalypse of John, pp. 40f; W.H. Harrington, *The Apocalypse of St John*, p. 45.

72) S. P. Kealy, *The Apocalypse of John*, pp. 41-44. 7장과 14:1-5에 나타난 이스라엘 지파의 인 맞은 자 144,000, 그리고 12장에 나오는 "여자의 남은 자손"을 우주적이고 보편적인 교회에 대한 상징적 언급으로 볼 수 있을 것이다.

73) W. H. Harrington, *The Apocalypse of St John*, pp. 45-49.

곧 어린양의 노래를 부르는 모습에서 발견된다. 교회가 어떤 상황과 처지에 있다 하더라도 하나님은 펴신 팔과 드신 칼로 원수를 제압하시고 적대자를 징벌하시며 자기 백성을 구원과 해방의 출애굽으로 끌어내신다. 영구한 도성으로 이끌기까지 광야에 집결한 출애굽 공동체를 영원한 도성으로 이끄신다. 그리스도의 교회는 결코 무너지지 않는다. 주는 그리스도라는 고백의 반석 위에 세워진 교회의 터전은 견고하고 교회의 생명은 영원하다. 일곱 교회는 주님에게 기쁨과 근심의 대상이다. 그것이 칭찬과 경고로 채워진 편지를 써 보내게 하였다.

고대 세속 세계에서는 비종교적이고 포괄적인 도시의 회중을 나타낼 때 에클레시아라는 말을 사용하였는데, 이는 동사 에크칼레오(ἐκκαλέω)[74]에서 나왔고 단순히 '모임'[75]을 뜻한다. 아테네를 비롯한 대부분의 헬라 도시(πόλις)에서는 에클레시아란 데모스(δήμος)[76]의 회중을 의미했다. 에클레토이(ἔκκλητοι)[77]들은 도시의 특정 사안에 대하여 논의하기 위하여 전령의 기별에 따라 특정한 장소로 모였다.[78] 에클레시아에서 다루어지는 중요한 과업

---

74) 에크칼레오(ἐκκαλέω)는 '~로부터 밖으로'를 뜻하는 전치사 에크(ἐκ)와 '부르다'를 뜻하는 동사 칼레오(καλέω)의 합성어로서 '밖으로 불러내다'를 의미한다. 그러므로 여기에서 파생된 단어인 에클레시아(ἔκκλησία)는 "밖으로 불러냄을 받은 사람들"을 의미한다.

75) K. L. Schmidt, "ἐκκλησία," *Theological Dictionary of the New Testament*, vol. III, ed. G. Kittel (Grand Rapids : Wm.B. Eerdmans Publishing Company, 1965), p. 513; L. Coenen, "Church, Synagogue," *The International Dictionary of New Testament Theology*, vol. I, ed. C. Brown (Grand Rapids : Zondervan Publishing House, 1981), p.291; 그리고 일반적으로 '회합'을 뜻하는 단어로 쉴로고스(σύλλογος)가 사용되었는데, 에클레시아는 특별한 의미에서 쉴로고스와 동의어로 함께 쓰이기도 했다. 또한 J.Y. Campbell, "Ecclesia," *Journal of Theological Studies* 49 (1948), p. 132를 참조하라.

76) 데모스란 실제적으로 도시의 인구를 형성하는 사람들을 뜻한다.

77) 각 도시에 거주하는 시민을 뜻한다.

78) K. L. Schmidt, *TDNT*, vol. III, p. 513; 그리고 G. MacGregor, *Corpus Christi*

들로는 도시의 사무직을 임명하거나 정치적이고 사법적인 현안들에 대한 처리가 있었다. 에클레시아란 단어는 언제나 도시(πόλις)의 회중과 연관하여 사용되었다.[79] 이로 보건대 에클레시아란 단어가 간혹 제의적인 모임(κοινόν)을 나타내긴 하였지만, 종교적인 그룹에 대한 칭호로 사용되지 않았음은 명백한 사실이다.[80]

칠십인역(LXX)에서는 에클레시아가 대략 100회 정도가 사용되었는데 거의가 카할(קָהָל)에 대한 번역이다.[81] 일반적인 의미에서 그것은 '회중'을 가리키지만 전문용어로 사용될 때에는 집합체로서의 이스라엘,[82] 곧 하나님의 백성[83]을 나타냈다. 이 '하나님의 백성'은 특별

(London : Macmillan, 1959), p. 111; G. Johnston, *The Doctrine of the Church in the New Testament* (Cambridge : University Press, 1943), p. 35; A. Richardson, *An Introduction to the Theology of the New Testament* (London : S.C.M., 1977), pp. 284-285를 참조하라; R. Banks는 그의 저서 *Paul's Idea of Community* (Exeter : The Parternoster Press, 1980), p. 34에서 행 19:21-41을 인용하면서 하나님의 백성과 연관하여 이 두 개의 단어가 헬라어에서 어떻게 전형적으로 사용되고 있는지에 대해 잘 설명하고 있다.

79) K. L. Schmidt, *TDNT*, vol. III, p. 513n. 27; L. Coenen, *IDNTT*, vol. I, pp. 291-292; J. Y. Campbell, *Journal of Theological Studies*, p. 132; 그리고 W. Barclay, *The Mind of St. Paul* (New York : Harper & Row, Publishers, 1958), p. 237을 참조하라.

80) G. Johnston, *The Doctrine of the Church in the New Testament*, p. 35. 제의적 모임이나 형제적 동맹체를 나타낼 때는 에라노스(ἐρανός)와 더불어 쉬노도스(σύνοδος)라는 단어도 사용되었다. L. Cohen, *IDNTT*, pp. 291-292; K. L. Schmidt, *TDNT*, vol. III, p. 514; 또한 R. Banks, *Paul's Idea of Community*, p. 35를 보라.

81) 에클레시아는 두 개의 히브리어 단어에 대해 사용되었다. 하나는 '하나님의 백성의 회중'을 뜻하는 카할(קָהָל)이요 다른 하나는 '약속된 회중'(출 12:3)을 뜻하는 에다(עֵדָה)이다. 이 두 단어는 동의어로서 포로 후기 시대부터는 상호전용이 가능하였다(창 47:6; 민 16:33, 22:4; 신 9:10, 10:4, 22:2 등). G. Johnston, *The Doctrine of the Church in the New Testament*, p. 37을 보라. 한편 L. Cerfaux는 이 문제와 연관하여 구약의 책들 중, 특히 시편에서 어원학이 엄격히 적용되어 에다는 쉬나고게(συναγωγή)로, 카할은 에클레시아로 일관성 있게 번역되었음을 자신의 *The Church in the Theology of St. Paul* (New York : Herder & Herder, Inc., 1959), p. 104에서 잘 지적하고 있다.

82) K. L. Schmidt, *TDNT*, vol. III, pp. 527ff.; 그리고 L. Cerfaux, *The Church in*

히 그들이 하나님을 경배하기 위해 함께 모였을 때를 의미하였다.[84] '카할'은 이스라엘이 전쟁을 위해 소집되었을 때(민 22:4; 삼하 20:14; 왕상 12:21), 악한 집회(창 49:6; 시 26:5), 백성의 무리들(출 12:6; 대하 31:18; 그리고 창 28:3, 35:11, 48:4를 참조)에 언급되었으며 매우 드물게는 이스라엘이 아닌 다른 민족들이 전쟁을 소집하는 경우에 사용되기도 하였다(겔 17:17/애굽; 27:27/두로; 32:22/앗수르).[85] 카할이 에클레시아로 번역될 때는 '야훼의 백성'(עם יהוה)으로서 종교적 회중을 의미하였으며, 이럴 경우에 명시적이든 함축적이든 야훼(יהוה)나 이스라엘(ישׂראל)이란 접두어가 추가되었다.[86]

그렇다면 초기의 그리스도인들이 에클레시아란 용어를 사용하면서 어떻게 자신들의 정체성을 유대의 회중이나 헬라의 제의 모임과 구분시켰는지 알 수 있을까? 그들은 유대 회중(προσευχή, συναγωγή / 프로슈케, 쉬나고게)[87]과 헬라 제의 공동체(σύνοδος, θίασος,

---

the Theology of St. Paul, pp. 104f.; A. Richardson, *An Introduction to the Theology of the New Testament*, pp. 284f.; S.B. Marrow, *Paul : His Letters and His Theology*(New York : Paulist Press, 1986), p. 142를 참조하라.

83) G.E. Ladd, *A Theology of the New Testament*(Grand Rapids : Wm. B. Eerdmans Publishing Company, 1975), p. 536; 또한 R. Bultmann, *Theology of the New Testament*, trans. by K. Grobel (New York : Charles Scribner's Sons, 1955), pp.38f.를 참조하라.

84) E. Stauffer, *New Testament Theology*(New York : Macmillan, 1955), p.295n. 498; P.S. Minear, "Church, Idea of," *The Interpreter's Dictionary of the Bible*, vol. I, p. 608; D. E. H. Whiteley, *The Theology of St. Paul* (Philadelphia Fortress Press, 1964), p. 186; G. Bornkamm, *Paul*, trans. by D.M.G. Stalker(New York : Harper & Row, Publishers, 1971), p. 177.

85) G. Johnston, *The Doctrine of the Church in the New Testament*, p. 36n. 2; K. L. Schmidt, *TDNT*, vol. III, pp. 528–529; L. Cohen, *IDNTT*, vol. I, p. 293; R. Banks, *Paul's Idea of Community*, pp. 34–35.

86) K.L. Schmidt, *Ibid.*; L. Coenen, *IDNTT*, pp. 295–296.

87) G. Johnston, *The Doctrine of the Church in the New Testament*, pp. 37–38n. 2.

ἐρανός / 쉬노도스, 띠아소스, 에라노스, 그리고 κοινός / 코이노스와 κοινόν / 코이논)[88]와 연관된 용어인 에클레시아를 사용하기를 원치 않았다. 박해가 한창이던 시절에는 기독교가 당시 로마 정부에 의하여 합법적인 종교로 인정받았던 유대교의 한 분파로 간주되어 동일한 보호를 받을 수 있었다. 그러나 유대교와의 차이가 드러나고 더 이상 로마 정부에 의해 법적인 보호를 받을 수 없게 되자 그리스도인들은 과감히 자신들의 정체성을 확립했다.

이 땅에 새로운 유형의 인간 공동체가 출현하였다. 이 공동체는 다른 그룹이나 사회 특히 유대적 공동체나 헬라의 제의 공동체와는 엄연히 구분되는 새로운 신앙공동체로서 역사적 현존 속에 새로운 사회의 형태로 도래하였다. 예수의 추종자로서 초기 그리스도인들은 자신들을 유대인들과 구분시키는 동시에 역사적으로 하나님의 선민인 이스라엘과 자신들을 하나님의 백성이라는 범주에서 동일시하려고 했다. 그래서 초기의 믿음 공동체는 기본적인 구약의 형식인 "나는 너희 중에 행하여 너희 하나님이 되고 너희는 내 백성이 될 것이니라"(레 26:12)를 취해서 그 약속이 바로 지금 자신들에게서 최초로 역사적인 성취를 이루었다고 여겼다(고후 6:16 참조). 우리는 행 5:11에서 에클레시아라는 말이 처음으로 이 새로운 공동체에 적용되고 있음을 찾아보게 되는데 이후부터는 자주 사용되었다.[89]

에클레시아라는 용어를 사용함으로써 초기 공동체는 하나님의 백성이라는 자신들의 정체성을 제대로 인식하고 그렇게 간주하고 있었

---

88) R. Banks, *Paul's Idea of Community*, p. 35; A. Richardson, *An Introduction to the Theology of the New Testament*, pp. 285-286.

89) 교회는 4:23에서 이미 '동류'(τοὺς ἰδίους)로 묘사되고 있다.

던 셈이다.[90] 하나님께 선택된 백성으로 이스라엘은 하나님의 성민이었다(출 19:6; 신 14:2, 21, 26:19, 28:9; 렘 2:3). "너는 여호와 네 하나님의 성민이라 네 하나님 여호와께서 지상 만민 중에서 너를 자기 기업의 백성으로 택하셨나니"(신 7:6). 그들의 거룩(ἁγιασυνή / 하기아쉬네)은 하나님 자신이 주도하신 야훼(יהוה)와의 독특한 관계에 의해 조건지어졌다.[91] 초기 그리스도인들이 자신들을 '성도'(행 9:13, 32, 41, 26:10; 롬 15:20-21, 31; 고전 16:1; 고후 8:4; 9:1, 12 참조)라 칭할 때 이는 의심할 여지없이 구약 전통에 보다 깊이 뿌리내린 표현이었다. 그들은 자신들을 '하나님의 교회'라 주장하였다.[92]

① 바울은 '백성들의 실질적 모임' 또는 '정규적으로 제정된 모임'[93]으로서의 지역 교회를 뜻할 때 에클레시아[94]라는 용어를 사용했다. 에클레시아는 바울의 서신서에서 지역 교회란 의미에서 49회나 사용되어졌다. 바울은 이 말을 살전 1:1과 살후 1:1에서 그곳에 있는 신자들에게 보내는 인사말 가운데 최초로 사용했다. 간혹 지역 교회의

---

90) R. Schnackenburg, *The Church in the New Testament*(London : Burns & Oates, 1965), p. 58; R. Banks, *Paul's Idea of Community*, pp. 63-66; G. E. Ladd, *A Theology of the New Testament*, p. 536.

91) L. Cerfaux, *The Church in the Theology of St. Paul*, 120-141쪽을 참조하라.

92) 롬 1:7과 고전 1:2에서 성도를 제의공동체의 회원으로 언급한다. '성도'(ἅγιοι)란 표현은 교회에 소속된 개인을 지칭하는 단수형으로 전혀 씌어진 적이 없다. 집합적인 표현인 '성도'는 상호전용이 되는 것은 아니지만 '에클레시아'와 같은 의미를 지닌다. P. S. Minear, *Images of the Church in the New Testament* (Philadelphia The Westminster Press, 1960), pp. 136-137과 G. Johnston, *The Doctrine of the Church in the New Testament*, p. 79를 보라.

93) R. Banks, *Paul's Idea of Community*, pp. 36-51. 특히 J. Y. Campbell, "The Origin and Meaning of the Christian Uses of the Word ΕΚΚΛΗΣΙΑ," *JTS XLIX*(1930) : 130-142를 살펴보라. 그는 에클레시아란 용어가 칠십인역이나 신약에서 주로 집합적인 의미로 사용되었다고 볼 만한 아무런 근거도 찾아볼 수 없다고 반론을 제기했다.

94) 에클레시아(ἐκκλησία)라는 용어는 신약에서 112회 나온다. 주로 바울의 서신서와 사도행전, 그리고 계시록에 나타나며, 복음서에서는 단지 2회(마 16:18, 18:17) 나올 뿐이다.

개념은 지역 교회의 회중들만이 아니라 지상에 있는 모든 교회들의 회중(고전 6:4, 10:32, 12:28)까지 포함한 천상의 무리들을 상징하는 의미에서 이해되기도 했다.

② 바울은 '집에 있는'이란 표현과 연결하여 에클레시아란 용어를 사용하였으며(롬 16:5; 고전 16:19; 빌 4:15; 골 4:15; 몬 2), 이때 그 말은 제의 장소라기보다 각 도시에 소재한 집회 장소로서의 '가정'을 의미하였다. 바울은 각 가정 집회소를 에클레시아라 불렀다.[95)]

③ 바울은 머리 되신 그리스도를 중심으로 형성된 보편적 의미에서의 교회를 나타낼 때 에클레시아라는 용어를 사용했는데, 특히 에베소서와 골로새서에 뚜렷이 나타났다. 이 단어가 에베소서에는 9회(1:22, 3:10, 21; 5:23, 24, 25, 27, 29, 32),[96)] 골로새서에는 2회(1:18, 24) 나타나 있다. 11번의 경우 모두 한결같이 보편적 교회를 의미했다.[97)] 몬 3:6에서도 보편적인 의미에서 사용된 에클레시아를

---

95) K. L. Schmidt, *TDNT*, vol. III, p. 506; L. Cerfaux, *The Church in the Theology of St. Paul*, pp.190과 320; R. Banks, *Paul's Idea of Community*, pp. 38–44; G. MacGregor, *Corpus Christi*, p. 124.

96) E. Stauffer는 자신의 *New Testament Theology*, 153–156쪽에서 초대교회가 자신들의 정체성을 나타내기 위하여 사용한 일곱 개의 중요한 단어를 다음과 같이 열거하였다 : ecclesia, people of God, flock of Christ, God's planting, ecclesia femina, corpus christi.

97) D. E. H. Whiteley, *The Theology of St. Paul*, pp. 187f.; M. Barth, *Ephesians 1–3* (New York : Doubleday, 1974), pp. 33 & 272; N. Perrin, *The New Testament : An Introduction* (New York : Harcourt Brace Jovanovich, Inc., 1974), p. 131; S. Hanson, *The Unity of the Church in the New Testament : Colossians and Ephesians* (Kentucky : The Keystone Printery Inc., 1963), pp. 126 & 132–134; B. Corley, "The Theology of Ephesians," *Southwestern Journal of Theology* 19 (No. 1, 1976), p. 14; M. Barth, *Israel and the Church* (Richmond : John Knox Press, 1969), p. 80; T. Zahn, *Introduction to the New Testament*, trans. by J. M. Trout, W.A. Mather, L. Hodous, E.S. Worcestor, W.H. Worrell, & R.B. Dodge (New York : Charles Scribner's Sons, 1917), vol. I, p. 50; L. Cerfaux, *The Church in the Theology of St. Paul*, pp. 296, 320, 373, & 390–397; G. S. Worgul, Jr., "People of God, Body of Christ : Pauline Ecclesiological Contrasts," *Biblical Theology Bulletin* 12 (1982), p. 27.

발견해 낼 수 있다.

이 모두를 종합하여 말하자면 바울의 에클레시아에 대한 용법을 셋으로 정리한 뱅크의 언급과 같다.[98] 바울은 에클레시아라는 용어가 동시대의 다른 정치 집단이나 종교 집단에 의해서 사용될 수 있을 가능성을 충분히 의식하고 아예 의도적으로 에클레시아라는 용어에 크리스천의 수식어구인 '하나님의'(τού θεού / 투 떼우)[99]나 '그리스도의'(τού Χριστού / 투 크리스투)[100]를 붙여서 사용했다. "그들의 지역모임은 그리스도 안에 있는 하나님의 에클레시아였고 그들의 연합된 회중은 참 하나님의 에클레시아였으며"[101] '참 하나님의 이스라엘'[102]이었다. 이 수식어구들은 유대교와 기독교를 분간하는 경계표였다.

바울에게 있어 에클레시아라는 개념은 그리스도인 각자가 예수 그리스

---

98) 그는 자신의 *Paul's Idea of Community*, 49쪽에서 다음과 같이 요약하였다. "1. It is a voluntary association, with regular gatherings of a relatively small group of like-minded people. This it shares with the synagogue and cults and, although it was a more exclusive society, the Qumran community as well. 2. It has its roots in, and takes some of the character of, the household unit, Neither the pagan thiasoi, nor the Pharisaic and Essene haburoth, were consciously built up on this basis, and there is little concern in Stoicism with a family group as such. 3. These small local Churches were invested with a supranational and supratemporal significance, They were taught to regard themselves as the visible manifestation of a universal and eternal commonwealth in which men could become citizens." 한편 G. Johnston은 *The Doctrine of the Church in the New Testament*, 75쪽에서 바울의 교회 개념을 다른 측면에서 삼중적으로 정리했다. 곧 하나님의 가족, 그리스도 안에서의 형제 됨, 보이지 않는 신적 활동의 가시적 결과인 성령 안에서의 사귐이 그것이다.

99) 예를 들자면 고전 10:32, 11:22; 살전 2:14; 행 20:28 등이다.

100) 예를 들자면 롬 16:16; 골 1:18, 24 등이다.

101) G. Johnston, *The Doctrine of the Church in the New Testament*, p. 79.

102) *Ibid.*, p. 84.

도의 구속사역을 통하여 모여지고 주님이 친히 열어 놓으신 새로운 시대에 참여했다는 면에서 하나님의 신정적-종말론적 백성(theocratic-eschatological people of God)[103]을 의미했다. 비록 이 종말(ἔσχατον / 에스카톤)은 아직 실현되지 않았지만(not yet) '그리스도 안에서'(ἐν Χριστού / 엔 크리스투)[104] 이미 이루어진(already) 종말론적 승리라는 천상적 실재 안에 이미 참예하고 있다. "바울 자신에게 있어 '교회'란 구원에 있어 그리스도의 역할에 관한 그 자신의 사고가 그만큼 발전하였음을 보여준다."[105] 비록 "새 이스라엘"[106]이란 표현을 사용하진 않았지만 그와 같은 표현은 바울 서신서에 함축되어 있다.[107] 이 점에서 그리스도 안에 있는 신약적인 하나님의 회중은 구약적인 하나님의 백성[108]의

---

103) *Ibid.*, p. 76; E. Käsemann, *Perspective on Paul*, trans. by M. Kohl (Philadelphia : Fortress Press, 1971), p. 104; P.S. Minear, *IDB*, vol. I, p. 608; R. Bultmann, *Theology of the New Testament*, vol.I, p. 308; G.E. Ladd, *A Theology of the New Testament*, p. 541; 또한 C. J. Roetzal, *Judgment in the Community : A Study of the Relationship Between Eschatology and Ecclesiology in Paul* (Leiden : Brill, 1972), pp. 109–177; H. C. Kee, "Christology and Ecclesiology : Titles of Christ and Models of Community," *Society of Biblical Literrature Seminar Papers* No. 21 (1982) : 227–242를 보라.

104) 다이스만은 "그리스도 안에서"라는 관형구가 바울 서신에서 164회 나오고 있음을 산정했다. 계시록을 포함한 요한의 저술에 모두 24회 나오고 있으며, 사도행전과 베드로전서에 단지 8회가 더 나오고 있을 뿐 신약의 다른 부분에서는 찾아볼 수 없다. 그것은 일차적으로 각자 그리스도인의 그리스도의 구속사역에 대한 의존성을 나타내고, 이차적으로는 그리스도인 공동체가 천상의 주님과 갖는 사귐을 나타낸다.

105) J. A. Fitzmyer, *Paul and His Theology*(New Jersey : Prentice Hall, Inc., 1987), p. 97.

106) S. Hanson, *The Unity of the Church in the New Testament : Colossians and Ephesians*, p. 139; L. Cerfaux, *The Church in the Theology of St. Paul*, p. 349.

107) '하나님의 이스라엘'('Ισραὴλ τού Θεού)이란 관형구는 교회를 가리키는 표현으로 갈 6:16에서 사용되었다. 그리스도의 교회는 "새 언약"(갈 4:24)의 교회, "참 이스라엘"(갈 6:16; 롬 9:6; 그리고 2:28f.; 4:16f.; 갈 3:7 참조), "남은 자"(롬 9:27; 그리고 11:4f. 참조)라 불린다.

108) K.L. Schmidt, *TDNT*, vol. III, p. 530.

성취일 뿐만 아니라 오래지 않아 실현될 종국적 완성을 내다보는 새로운 메시아적 공동체의 시작이다.

5. 구원론(Soteriology)

1:5에는 "죽은 자들 가운데서 먼저 나시고……우리를 사랑하사 그의 피로 우리 죄에서 우리를 해방하시고"(7절에도 그의 죽으심이 묘사되었음)란 내용이 나오고 있다. 또한 곳곳에 "죽임을 당하신 어린양"이란 표현이 나오고 있는데 (위의 기독론 중 *영광의 그리스도* 항목 참조), 이는 십자가의 피를 통한 구속의 사실을 잘 보여주는 말이다.[109] 성도는 구속함 받은 자들로서 그리스도의 승리를 통해 온전한 구원에 이르게 될 것이다.

6. 천사론(Angelology)

외경의 일부를 제외하고 구약을 포함해서 성경 전체 중에서 계시록만큼 천사에 대한 언급이 많은 책은 없다.[110] 계시록에 나타난 천사들은 보좌 앞에서 하나님께 경배하고(5:11, 7:11), 이 세상에 신탁의 말씀을 전달하며(1:1, 4:6, 22:6), 자연계에 영향을 미치며(7:1, 8:7-12), 인간 살육의 사명이 있으며(9:15), 천상계에서 활동하며

---

109) "죽임을 당한 어린양"(τὸ ἀρνίον τὸ ἐσφαγμένον)이란 표현은 본서에 모두 28번 나오는데, '수난 당한 자'(the Victim)와 '이긴 자'(the Victor)로서의 양(the Lamb)과 사자(the Lion)의 개념이 절묘한 조화를 이룬 사실에서 계시록의 특징을 찾아볼 수 있다. 이런 의미에서 Newport의 *The Lion and the Lamb*과 G. Goldsworthy의 짤막한 계시록 연구서인 *The Lamb and the Lion*(Nashville / Camden/N.Y. : Thomas Nelson Publishers,1984)은 매우 타당한 제목이다.

110) 계시록에는 '천사'라는 호칭이 모두 67회 사용되었다.

(12:7, 19:14), 사탄을 결박할 권세를 가졌으나(20:1) 하나님에 의하여 제어를 당하는(9:14) 하나님의 종이다(22:9). 이 천사는 본서의 서론 첫 부분(1:1)과 결론 첫 부분(22:6)에서 밝혔듯이 '계시록'을 요한에게 전달한 신적 매체이다.

7. 마귀론(Demonology)

마귀(δίαβολος / 디아볼로스, 2:10; cf. 요 8:44; 요일 3:8)와[111] 그에 대한 별칭인 사탄(Σαταvâ / 사타나, 2:9; 요 13:27)은[112] 요한의 저서에 뚜렷하다. 이 '마귀'는 '옛 뱀', '용', '사탄'이라고도 불리는 영물로서(12:9, 20:2) '온 천하를 꾀는 자'이다. 마귀는 인격적인 존재로서 살인(2:13)과 거짓말(3:9)을 일삼는다. 본서에는 타락한 천사들과 악한 영들에 대한 직접적인 언급은 없으나 우상 숭배를 귀신 숭배로 여겼다(9:20).[113] 마귀는 장차 공중 권세 잡은 자의 위치에서 땅으로

111) 마귀와 그의 수종인 악한 천사들은 하나님과 사람의 가장 큰 원수로서 모든 선의 반대자요 모든 악의 주동자이다. 그는 인격적인 존재이나 비인격적으로 활동하며, 신적 존재(초인적인 의미에서)이나 비신적으로 역사한다. 그들은 영구하게 악하며, 하나님과 그의 계획을 공공연하게 방해하며, 교회를 변질시키며, 거짓 그리스도(마 24:24; 막 13:22), 적그리스도(요일 2:18, 22; 요이 7) 혹은 광명한 천사로 가장하거나(고후 11:14) 우는 사자같이 나타나서는(벧전 5:7) 믿는 자를 타락으로 이끌고자 애쓴다.

112) 성경에서는 '마귀'(δίαβολος) 또는 '사탄'(Σαταvâ)과 '악령들' 또는 '귀신들'(δαιμόνια)을 정확히 나누고 있다. '디아볼로스'(devil, 마귀)는 오직 하나이고, '다이모니아'(demons, 악령들 또는 귀신들)는 많으며 마귀의 졸개들이다. 흠정역(KJV)은 '마귀'(διάβολος)를 '마귀들'로 오역하는 잘못을 범하고 있다. 혹자는 악한 천사들과 귀신들을 다르게 여겨 귀신들이란 아담 이전에 존재했던 이들로서 범죄를 인하여 육체로는 죽임을 당하였기 때문에 이 세상에서 다시 육체를 갖고 살기 원하는 '육체 없는 영들'이라 주장한다. 그래서 사람의 몸을 빌려 자신의 몸처럼 이용하려 한다는 것이다. 어찌 되었건 성경에는 돼지 떼 사건처럼(눅 8:32) 귀신들이 육체를 입기 갈망한 사례가 있다는 설명이다. 그러나 이 주장은 흥미는 있을지언정 계시 밖의 가설이므로 일고의 가치도 없다. 일반적 견해는 악한 천사들과 귀신들을 동일시한다.

내어 쫓기며(12:9) 그 마지막 운명은 무저갱의 천년 결박(20:1-3)과 영원한 불못이다(20:10).

8. 종말론(Eschatology)[114)]

모든 교리 중에서 종말론의 영역이 가장 넓은 곳이 계시록임은 의심할 나위가 없다. 그리스도의 재림(1:4, 22:6, 12, 20)으로 성취되는 구원의 완성(7장, 14:1-5), 사탄의 왕국을 파괴하고(20:7-10) 그리스도의 왕국을 이룩함(20:4-6), 세상 만국의 심판과 악한 자들의 멸망(20:12-15), 그리고 신천신지의 도래(19-22장) 등 계시록의 종말론은 온통 미래의 희망적 역사를 지향하는 기대로 가득 차 있다. 20:1-6에 묘사된 '천년 왕국'(the millennial Kingdom)에 대한 묘사는 신구약 전체를 통틀어 이곳에만 나타나고 있으며, 계시록의 종말론에 있어 대단히 중요한 위치를 차지하고 있다. 이에 대하여는 후에 자세한 논의가 있을 것이다. 보다 광의적인 측면에서 계시록의 대주제는 "이 후에 마땅히 될 일"(4:1, 그리고 1:9 참조)이며 본서 전체가 이를 중심으로 엮어져 있다.

---

113) 이 마귀는 "시험하는 자"(마 4:3; 살전 3:5), "이 세상 신"(고후 4:4), "이 세상 임금"(요 12:31), "속이는 자"(고후 2:11), "거짓의 아비"(요 8:44), "벨리알"(고후 6:15), "바알세불"(마 12:24)이라 불리우며, "공중의 권세 잡은 자"(엡 2:2), "우는 사자"(벧전 5:8), "무장한 강자"(눅 11:21)로 비유된 사탄은 하나님께 대항한 천사장(Lucifer, 이에 대하여는 이교 사상의 산물이라 하여 이론이 많으나 여기서는 주제가 아니므로 생략함)에서 기원했다. 천사장의 타락에 관한 두 개의 중요한 성서 구절이 있으니, 곧 사 14:12-17과 겔 28:11-19이다. 계 12:4은 천상의 반역에 가담한 천사들의 숫자가 전체의 1/3에 해당한다고 상징 언어를 통해 명백히 밝히고 있다.

114) W. H. Harrington, *The Apocalypse of St John*, pp. 52-56.

9. 기타

계시록에는 위에 열거한 주요 신학사상들 이외에도 인간론(Anthropology), 죄론(Hamartiology), 성경론(Bibliology) 등이 부분적으로 나타났고[115] 행위론(Doctrine of Works), 부활론(Doctrine of Resurrection) 그리고 심판론(Doctrine of Judgment)등이 모습을 보인다.[116]

VIII. 요한계시록의 해석 방법

요한계시록은 신약의 다른 책들과 마찬가지로 특정 독자들의 필요에 부응하기 위하여 써 보내진 편지이다. 당시의 특수한 주변 상황을 고려할 때 정상적인 서신 형식을 띨 수 없었으므로 저자는 묵시 문학의 비밀스런 형식을 빌려 자신의 메시지를 전달하고자 하였다. 그래서 계시록은 실제적인 그 내용의 복잡함과 표현의 난해함으로 인해 성실한 성경학도들로 하여금 해석상 어려움을 많이 느끼게 해왔으며, 지금도 의도적으로 외면하는 사람들이 있을 정도이다. 사실 일반 평신도들 뿐 아니라 심지어 설교자와 성경 교사들까지도 계시록에 대한 접근을 꺼릴 정도다. 다음과 같은 본문은 계시록의 해석 시도를 더욱 난감하게 만든다.

> 내가 이 책의 예언의 말씀을 듣는 각인(各人)에게 증거하노니 만일 누구든지 이것들 외에 더하면 하나님이 이 책에 기록된 재앙들을 그에게 더하실 터이요, 만일 누구든지 이 책의 예언의 말씀에서 제하여 버리면 하나님이 이 책에 기록된 생명나

---

115) Walvoord, *The Revelation of Jesus Christ*, pp. 30–33.

116) R. H. Charles, "Revelation," *The International Critical Commentary*, pp. cxv–cxvii.

무와 및 거룩한 성에 참예함을 제하여 버리시리라(22:18-19).

그러나 계시록은 책의 이름이 뜻하는 그대로 벗겨지고 밝혀지고 해석되어 교회에 반드시 알려져야 할 책이다. 성령의 도움과 진지한 학문적 연구는 성경 연구가들에게 바르고 새로운 해석의 지평을 바라볼 수 있게 한다. 계시록에 등장하는 천상과 지상의 다양한 인물들, 상징과 숫자, 예언과 묵시의 내용과 형태는 '해석'이야말로 계시록을 이해하기 위한 논점의 핵심임을 알 수 있게 만든다. 요한 자신도 알 수 없는 환상을 보고 들었을 때 해석 천사의 등장으로 도움을 받곤 하였다. 요한의 1차 독자들에 비해 오늘의 독자들은 해석 천사가 해석한 내용을 제대로 알지 못한다. 요한이 깨닫고 그의 독자들이 파악하여 신앙의 지침으로 삼았던 것처럼 오늘의 독자가 계시록을 바르게 이해하려면 반드시 바른 해석의 지평을 열어야 한다.

계시록의 해석 방법에는 논란의 여지가 많은 만큼 그 종류가 다양하기 그지없으며[117] 해석의 역사 또한 흥미진진한 사건들로 가득 차

117) Charles는 그의 "Revelation," *The International Critical Commentary*, pp. clxxxiii-clxxxvii에서 계시록에 대한 9가지의 해석 방법을 간략히 소개하고 있는데, 이를 다시 한 번 요약하면 다음과 같다. 첫째, 동시대적-역사적 방법(The Contemporary-Historical Method) : 저자가 본 환상들은 모두 당시의 사건들과 관련이 되어 있으며, 동시대의 사건들에서 나온 한에 있어 미래적인 사건들과도 관련이 있다는 방법론이다. 이레나이우스와 히폴리투스, 그리고 페타우(Pettau)의 빅토리누스가 이 범주에 속한다. 그러나 영해를 표방하는 알렉산드리아 학파의 출현으로 인하여 이 방법론은 17세기 가톨릭과 신교 학자들에 의해 재흥되기까지 이내 사라져 버렸다. 둘째, 종말론적 방법론(the Eschatological Method) : 본서에 묘사된 미래의 사건들은 예외적인 경우를 제외하고 어떤 확고한 사건들을 가리킨 것으로 해석하는 방법론이다. 그러므로 그와 같은 묘사들을 상징적이나 비유적으로 취급해서는 안된다는 주장이다. 셋째, 천년왕국적 해석(The Chiliastic Interpretation) : 엄밀히 말해 이는 종말론의 일부로서 모든 것을 천년왕국적 관점에서 취급하며, 20장의 천년왕국을 문자적으로 받아들인다. 저스틴, 이레나이우스, 빅토리누스가 이 입장이며, 이것도 영해에 압도되고 말았다. 4세

있다.[118] 그것들을 간추리면 다음의 다섯 가지로 정리할 수 있다.[119]

기 말엽의 티코니우스(Tyconius)는 영해의 방법을 응용해 20장에 대한 문자적 해석을 거부하고 그것을 그리스도의 초림과 재림 사이에 있을 천년왕국으로 간주했다. 제롬과 어거스틴도 이 견해를 따랐으며, 그 여파로 실제적인 종말론은 이후 약 800년간 교회에서 자취를 감추었다. 그러다가 천년왕국설을 포함한 종말론적 방법론은 플로리스의 요아킴(Joachim of Floris, 약 1,200년경)에 의해 잠시 재건되었으나, 천년왕국설은 수세기 동안 포기되었고 주요 신앙고백에 의하여 이단으로 정죄되었다(Augsburg & Helvetic Confessions). 천년왕국설은 후대의 영국에서 메데(Mede), 아이삭 뉴톤 경(Sir Isaac Newton), 휘스톤(Whiston)에 의하여 부흥되었다. 넷째, 초기 형태에서의 언어학적인 방법론(The Philological Method in its earlier form) : 이는 16세기의 절망적 상황에서 전파된 방법론으로서 결코 오래 가지 못하였다. 다섯째, 문자적-비평적 방법론(The Literary-Critical Method) : 그로티우스(Grotius)에 의한 방법론으로서 그에 의하면 계시록은 본문 자체와 전통에 어긋나는 요소들이 있는데, 이것은 여러 환상들이 예루살렘을 전후하여 각기 다른 시대와 다른 장소에서 집필되고 편집되었다는 주장이며, 여기에서 다음의 세 가지 가정이 나왔다. 곧 편집설(The Redactional-Hypothesis), 자료설(The Sources-Hypothesis), 단편집설(The Fragmentary-Hypothesis)이 바로 그것이며, 단편집설을 무엇보다도 중요시했다. 여섯째, 전통적-역사적 방법론(The Traditional-Historical Method) : 궁켈(Gunkel)에 의하여 최초로 적용되었으며, 인물이나 상징이든지 아니면 교리든지 간에 저자가 원래 빌려온 자료를 목적에 따라서 변형시켰으므로 그에 대한 전통적인 자료들을 재구성하고 재해석해야 한다는 방법론이다(예를 들자면 7:1–8의 인침). 일곱째, 종교적-역사적 방법론(The Religious-Historical Method) : 계시록의 일부 진술과 교리는 기독교인이 아닌 기원을 갖고 있다는 주장이다. 어떤 경우는 유대적인 기원을 갖고 있기도 하고, 다른 경우는 궁극적으로 바벨론이나 애굽이나 헬라적인 기원을 갖고 있다는 주장이다. 여덟째, 철학적 방법론(The Philosophical Method) : 계시록은 어디까지나 역사와 종교의 철학이며, 저자는 사건들의 이면과 본질을 파헤쳐 영적인 동기들과 목적들을 강조하고 참다운 의미를 제공하려 한다는 견해이다. 아홉째, 심리학적 방법론(The Psychological Method) : 계시록에 수록된 환상들이 과연 실제적인 영적 체험의 결과인가 하는 질문을 던지고서 꿈, 영의 이탈상태와 연관된 꿈, 환상 등의 가치를 저자의 성장 배경과 도덕적 환경과 성격상 영향에 의존된 심리적 현상의 차원에서 찾으려는 시도이다.

118) 교부시대부터 19세기에 이르기까지의 계시록 해석사에 대해서는 Swete, *Commentary on Revelation*, pp. ccvii–ccxix; Beckwith, *The Apocalypse of John*, pp. 318–334를 참조하라. 이에 대한 간략한 자료로는 D. Guthrie가 매년 영국 맨체스터의 [British Isles Nazarene College]에서 개최되는 'Didsbury' 강좌에서 행한 강의(*The Relevance of John's Apocalypse*, pp.11–33) 1장을 참조하라.

119) 요한계시록의 해석법에 대해서는 다음의 서적들을 참조하라. Mounce, "The Book of Revelation," *The New International Commentary on the New Testament*,

1. 과거주의적 해석(Preterist method)[120)]

이 해석은 요한계시록이 당시 교회의 구체적이고 역사적인 상황(1세기경)

pp. 39–45; Fiorenza, *The Book of Revelation. Justice and Judgment*, pp. 12–32; Summers, *Worthy is the Lamb*, pp. 27–51; Newport, *op. cit.*, pp. 79–112; Ladd, *A Commentary on the Revelation of John*, pp. 10–14; *A Theology of the New Testament*, pp. 621–624; Beckwith, *The Apocalypse of John*, pp. 334–336; Charles; "Revelation," *The International Critical Commentary*, pp.clxxxiii–clxxxvii; W. Lee, "The Revelation of St. John the Divine," *The Bible Commentary*, pp. 486–492; Peake, *The Revelation of John*, pp. 146–185; D.W. Richardson, *The Revelation of Jesus Christ*. An Interpretation, pp. 31ff.; Johnson, "Revelation," *The Expositor's Bible Commentary*, pp. 408–413; Wall, "Revelation," *New International Biblical Commentary*, pp. 32–40; Walvoord, *The Revelation of Jesus Christ*, pp. 15–23; Morris, "The Revelation of St. John," *Tyndale New Testament Commentaries*, pp. 15–22; Boring, "Revelation," *Interpretation*, pp. 47–51; Thiessen, *Introd uction to the New Testament*, pp. 323–327; G. Cohen, *Understanding Revelation*, pp. 23–37; John M. Court, *Myth and History in the Book of Revelation*(Atlanta : John Knox Press, 1979), pp. 1–19; Archibishop Averky, *The Apocalypse of St. John*(Platina : St. Herman of Alaska Brotherhood, 1985), pp. 38–40; H.M. Morris, *The Revelation Record* (Wheaton : Tyndale House Publishers, Inc., 1983), pp. 24–27; S.W. Becker, Revelation. The Distant Triumph Song, pp.12–20; Collins, "Reading the Book of Revelation in the Twentieth World," Interpretation 40 (1986) : 229–242; W. Beardslee, "New Testament Apocalyptic in Recent Interpretation," *Interpretation* 25 (1971) : 419–435; J. W. Roberts, "The Interpretation of the Apocalypse," *Restoration Quarterly* 8(1965) : 154–162; Homer Hailey, *Revelation*, pp. 48–51. 김재준, 《요한계시록》[서울 : 대한기독교서회, 1981], pp. 66–71. 해석에 대한 비평적 논의에 대해서는 W.G. Scroggie, *The Book of the Revelation*(Cleveland : Union Gospel Press, 1920), pp.75–156을 참조하라.

120) 여기에 속하는 학자들로서는 Barclay, Caird, Charles, Ford, Kümmel, Summers, Sweet, Swete, T.F. Glasson, Paul D. Hanson, H. H. Rowley 등이 있다. F.W. Farrar같은 학자는 21–22장 (20장도 가능)을 제외하고는 계시록의 전체 내용이 서기 70년 이전에 다 이루어진 것으로 보았다. Cf. *The Early Days of Christianity*, p. 429. James Kallas는 이 해석법을 "In That History" view라 불렀다. 그의 *Revelation : God & Satan in the Apocalypse*(Minneapolis : Augsburg Publishing House, 1973), pp. 25f.를 보라.

에서 쓰인 것으로 보는 견해인데, 일명 '동시대-역사적'(Contemporary-historical, zeitgeschichtlich) 해석법이라고 불린다. 계시록은 고난당하는 이들을 위한 묵시 문학적 소책자로서 많은 상징들을 사용하여 현세의 악한 세력(로마)이 결국에는 하나님의 심판을 받고 고난받는 의의 백성들(그리스도인)이 궁극적으로 승리를 얻게 된다는 종말론적 소망을 그리고 있다. 그러므로 당대의 사람에게는 큰 의미가 있지만 오늘날 신자들에게는 과거의 교훈적 의미밖에 없다는 견해이다. 이들은 계시록에 묘사된 예언의 대부분이 이미 예루살렘 멸망(70년)이나 로마의 멸망(476년)으로 성취되었다고 본다.

A. **강점**

계시록에는 시대 상황에 의하여 쓰인 부분들이 분명하게 있다. 그리고 그것들은 소아시아 지역 교회에 대한 박해사와 교회의 상태를 이해하는 데 있어서 더할 수 없이 좋은 자료가 된다.

B. **약점**

계시록은 예언의 책으로서 묵시 문학에 속하긴 하지만 엄밀하게 묵시 문학과는 구별되므로 부적합하다. 그리고 계시록 후반부에 묘사된 궁극적 승리가 당시에 결코 성취되지 않은 사실을 설명할 길이 없으며, 결과적으로 그리스도의 영광스런 재림을 비롯한 세계의 종말을 부정하는 것이 되고 만다.[121)]

121) 예수 그리스도의 초림은 구약의 중심이 되는 종말론적 기대의 성취가 되었지만, 그것은 단지 종말의 시작일 뿐이었다. 하나님은 예수 그리스도의 사역(십자가와 부활로 대변됨)의 터전 위에다 교회를 세우게 하시고 성령을 보내시며 신자로 하여금 그리스도의 새 생명 가운데 살게 하셨다. 이렇게 시작된 "새 시

2. 미래주의적 해석(Futurist method)[122)]

이 해석은 1–3장의 초반부를 제외한 요한계시록의 대부분이 세상의 악에 대한 하나님의 궁극적 승리를 강조하면서 미래에 일어날 일들을 묘사한 것으로 보는 견해인데, 때로는 종말론적(Eschatological, 또는 end-historical, endgeschi-chtlich) 해석법이라 불린다. 이 학파는 다시 둘로 나뉘는데 온건파와 '세대주의'(dispensationalism)라 일반적으로 부르는 극단파이다. 극단파는 2–3장의 일곱 교회를 교회사의 연속된 일곱 시대로 이해하며 4:1의 "이리로 올라오라"를 교회의 휴거로 해석한다. 그리스도의 공중 재림과 지상 재림 사이에 이스라엘의 구원을 위한 7년이란 공백 기간이 있음을 인정하며 성도는 환난을 통과하지 않는다는 주장이다.

이에 비해 온건파는 이스라엘과 교회 간의 뚜렷한 구별을 하지 않는다. 그리고 일곱 교회를 일곱 세대상의 교회로 보지 않는다. 그럼에도 불구하고 시대의 종말과 하나님의 구속 목적이 궁극적으로 완성된다고 하는 이해의 측면에서 같다.

A. 강점

계시록에는 미래에 대한 예언적인 묘사로 가득 차 있다. 아직 도래하

대"(the New Age)는 예수 그리스도의 영광스런 재림으로 그 궁극적인 성취를 보게 될 것인데, 이때 세상의 종말이 이루어진다. Cf. W. Manson, "Eschatology in the New Testament," *Scottish Journal of Theology Occasional Papers 2*(Edinburgh : Oliver & Boyd, 1953) : 1–16.

122) 온건파에 속하는 학자로는 Bell, O. Cullmann 등이 있다. 극단파, 곧 세대주의에 속하는 학자로는 Walvoord, Charles C. Ryrie, Merrill C. Tenney, C. I. Scofield 등이 있다. James Kallas는 이 해석법을 "End of History" view라 불렀다. Cf. 그의 *God and Satan in the Apocalypse*(Minneapolis : Augusburg Publishing House, 1973), pp. 19f.

지 않은 하나님의 왕국을 소망으로 바라볼 수 있는 근거를 제공한다.

B. **약점**

극단파의 경우 '과연 어디까지 상징을 문자적으로 해석할 수 있는가?' 하는 해석 적용상의 문제에 어려움을 느끼며 연대 계산에 빠질 위험이 언제나 도사리고 있다. 그리고 '유대인 중심의 구속 행위를 나머지 신약의 이방인 중심의 구속 행위와 어떻게 조화를 이루는가?' 하는 곤경에 빠지게 된다.

3. 이상주의적 해석(Ideal method)[123)]

이 해석은 요한계시록에는 당시나 미래를 위한 예언적인 요소가 전혀 없으며 단지 하나님의 왕국과 사탄의 왕국, 빛의 세력과 어둠의 세력 간에 이루어지는 영적이고 우주적인 갈등에 대해 신학적 내용을 담은 시적 언어로 표현한 상징으로 보는 견해인데, 일명 영적(Spiritual, 또는 비역사적, non-historical) 해석법이라 불린다.[124)] 계시록은 어느 특정한 사건들에 대한 언급이라기보다는 전체 역사를 통해 흐르는 하나님의 섭리에 대해 어떤 뚜렷한 원리를 제시한다는 것이다.

---

123) 여기에 속하는 학자로는 Hendriksen, Kiddle, Milligan, Paul S. Minear, Mathias Rissi 등이 있다. Kallas는 이 해석법을 "Above History" view 라 불렀다. Cf. *Ibid.*, pp. 23f.

124) Mounce는 이를 초시간적-상징적(timeless symbolic) 해석법이라고도 불렀다. Cf. "The Book of Revelation," *The New International Commentary on the New Testament*, p. 43.

A. 강점

계시록의 대부분이 문학 형태인 상징에 대하여 비유적 해석이 강하다(특히 12장의 해석의 경우). 또한 이 세상에 현재하는 선악간의 갈등을 잘 그리고 있다.

B. 약점

도래할 완성에 대한 역사적 성격이 무시될 뿐만 아니라 계시록 저술 당시의 역사적 정황이 전혀 고려되지 않으며 예언의 특정한 역사적 성취를 부정한다. 그러므로 과거주의파나 미래주의파로부터 공격을 받게 된다.

4. 역사적 해석(Historicist method)[125]

이 해석은 요한계시록을 그리스도의 재림까지 인류역사 전반에 대한 상징적 예언으로 보는 견해인데, 일명 교회-역사적(Church-historical, kirchengeschichtlich) 해석법이라 불린다. 과거주의파와는 달리 본서는 소아시아가 아니라 인류사 특히 서구 역사에 있어 대사건들을 상징하고 있다는 주장이다. 구체적 예를 들면 짐승은 로마의 교황제도, 거짓 선지자는 로마 교회로 보는 식이다. 중세기 종교개혁을 전후로 하여 이 해석법은 오랫동안 신교의 견해로 인식되었다.

---

125) 여기에 속하는 학자로는 Henry Alford, E. B. Elliott 등이 있다. Kallas는 이 해석법을 "All of History" view라 불렀다. Cf. 그의 *God and Satan in the Apocalypse*, pp. 20–23.

A. 강점

세계사의 흐름에 있어 종교개혁과 같은 특수 상황에 있는 교회들에게 투쟁의 실마리를 제공한다. 나아가 세상 역사를 성경 예언의 관점에서 이해할 수 있다.

B. 약점

첫 수신자들에 대한 중요성이 간과되므로 과거주의자의 비난을 받는다. 시대의 흐름에 따라 특정 사건이나 특정 인물에 대한 해석이 달라질 뿐 아니라 예언을 적용하는 데 있어서도 다양한 의견이 제시되므로 혼란을 야기시킨다.

5. 종합주의적 해석(Synthetic method)[126]

이 방법은 상기의 네 가지 방법을 일반적으로 인정하면서 상호 약점을 보완하고 강점을 살려 원래 저자가 의도했던 바에 따라서 해석코자 하는 종합적 방법론이다.[127] 왜냐하면 요한계시록에는 한 가지 방법론만으로는 해석할 수 없는 내용들이 많이 있기 때문이다.[128] 각 환상들은 저마다의 메시지를 지니고 있으며 전체 환상들과 다양한 관련을

126) 과거주의적 해석법과 미래주의적 해석법을 절충하는 학자로는 Beckwith, Ladd, Beasley-Murray, Morris, Mounce, Bruce 등이 있다.

127) Newport는 계시록에 대한 다양한 방법론들을 소개하면서 각 해석법의 정의와 역사와 중요 내용과 강점, 약점을 자세히 비교 설명해 놓았는데 참조할 만하다. Cf. *The Lion and the Lamb*, pp. 79–112.

128) Ladd는 계시록의 정확한 해석을 위해서는 과거주의적 방법과 미래주의적 방법을 혼합시켜야 한다고 하였지만, 나머지 두 방법도 배제되어서는 안 된다. Cf. *A Commentary on the Revelation of John*, p. 14.

맺고 있다. 예를 들어 일곱 인과 일곱 나팔과 일곱 대접은 각기 다르지만 비슷한 내용을 보다 강화시키는 방향으로 전개된다. 어떤 때는 연대기적으로 사건이 전개되지만 다른 때는 연대기와는 상관없이 진행될 뿐 아니라 시간을 초월한 영원의 관점에서 진술되기도 한다. 바른 해석을 위해서는 가장 기본적인 네 가지 해석법을 서로 필요로 한다. 네 가지의 대표적인 해석은 내용에 따라 적절히 활용되어야 하며 여기에 종합주의적 해석이 갖는 강점이 있다.

IX. 요한계시록의 구조

계시록은 성경의 다른 책들에 비한다면 윤곽을 그려내고 구조를 정리하기가 무척 어렵다. 예전에 비하여 더욱 복잡해지는 것은 학자들이 계속 옛 문제에 대하여 새로운 접근을 시도하기 때문에 자연히 새로운 관점에 의한 구도가 생겨난다. 그리고 계시록 자체가 지니고 있는 장르 구별상의 어려움이다. 편지 형식에, 예언의 메시지에, 묵시까지 매우 까다롭다. 연대기적으로 정리하기도 어렵고 주제별로 나누기도 난감하다. 주제에 따라서 일곱 인, 일곱 나팔, 일곱 대접으로 나누면 비슷한 내용에서 계속적으로 반복되는 요점을 보게 된다. 서론을 1:1-10으로 볼 것인지 아니면 1:1-20로 확대해야 하는지도 머뭇거리게 된다. 4-5장에 나타난 천상의 보좌 환상은 별개로 독립된 부분인지 아니면 6장의 일곱 인 재앙을 위한 서론 격인지도 어려운 문제이다. 삽입부도 둘인지(7:1-17, 10:1-11:13), 셋인지(7:1-17, 10:1-11:13, 12:1-14:20) 결정짓기도 조심스럽다.

"또 내가 보니", "내가 성령에 감동하여", "와서 보라", "반드시 될 일"과 같은 관용구로 내용을 나누기도 하였으나 비얼은 계시록의 구조 문제와 관련하여 다섯 가지 유형을 소개하였다.

① 일곱 시리즈로 본다(Lohmeyer, Farrer, Collins, Ford). 계시록에는 완전을 상징하는 일곱이 유난히 많다. 만일에 요한이 의도적으로 이것들을 배열하고 사용하였다면 전체적인 내용을 '일곱'이란 관점에서 분석할 수 있다. 일곱 교회, 보좌 앞의 일곱 영, 일곱 금 촛대, 일곱 등불, 하나님의 일곱 영, 하나님 앞에 서 있는 일곱 천사, 일곱 우레, 일곱 머리가 달린 큰 붉은 용, 일곱 축복, "각 족속과 방언과 백성과 나라"란 관용적 표현을 7회 사용한다(5:9, 7:9, 10:11, 11:9, 13:7, 14:6, 17:5). 계시록의 본체라 할 수 있는 부분(2-16장)에서는 막간 내용을 제외하고 나면 큰 덩치의 일곱만이 나란히 배열되어 있다. 곧 일곱 교회에 대한 메시지(2:1-3:22), 일곱 인(5:1-8:1), 일곱 나팔(8:1-11:18), 일곱 나팔(15:1-16:21)이다.

② '요점의 반복'(recapitulation)이 계시록 구조의 열쇠이다(Giesen, Bornkamm, Hendriksen). 특히 6:1-19:10에서 일곱 나팔과 일곱 대접은 상당히 비슷하여서 요점의 반복일 가능성으로 내용을 살피는 것이다. 빅토리누스가 최초로 일곱 대접이 단순히 연대기적으로 일곱 나팔을 따르지 않고 같은 사건을 달리 표현한 것이라 주장하였다. 이 이론은 계시록 전체가 아니라 부분적으로 적용할 때에 의미가 있다.

③ 고대 헬라극장에서 7막으로 구성된 연극처럼 계시록도 7막으로 구성되어 있다(Bowman, Blevins, Spinks).

④ 초기의 예전이나 축제의 유형을 따라 세워진 예전적 작업이다(O'Rourke, Shepherd).

⑤ '교차대구식의 구조'로 본다(Moffatt, Fiorenza, Strand, Lee).

오스본은 자료 비평적인 측면에서 계시록의 구조 문제를 다룬 세 가지 다른 이론에 대하여 다음과 같이 요약하였다.

① 편집 이론(Compilation Theory) → 자료들을 차용하여 계시록의 주요 내용을 구성했다는 주장인데 다시 몇 가지로 구분된다. 첫째, 두 개의 유대자료로 편집했다(Weyland). 둘째, 유대 묵시록과 기독교적 묵시록이 함께 편집되었다 (Spitta, Weiss). 셋째, 네로와 베스파시안의 치세 하에서 한 저자가 자료를 편집하였다(Boismard). 넷째, 4–11장은 세례 요한 계열에서 나왔고, 12–19장은 후대의 제자들이 썼으며 19–22장과 1–3장은 좀 더 후기의 유대-기독교 제자에 의해 씌어졌다(Ford).

② 개정 이론(Revision Theory) → 하나의 묵시작업이 후대에 이르러 여러 단계로 개정되었다는 주장이다. 첫째, 유대주의 묵시록이 후대의 기독교 편집자에 의하여 개정되었다(Vischer). 둘째, 원저자 요한이 20:3까지 완성하고 죽자 후대의 제자가 여러 소스들로부터 자료들을 모아서 서투른 솜씨로 정리했다(Charles). 그중에는 요한의 원래 본문에다 삽입한 내용도 몇 된다(1:4c, 8, 14; 2:5, 22, 4:5, 6, 8). 셋째, 한 사람의 저자가 몇 개의 단계를 거치면서 썼으며 2–3장과 21:9–22:5은 후기의 보충으로 보인다. 원래는 일곱 인을 중심으로 한 마지막 때의 예언인데, 저자가 의도적으로 일곱 나팔과 일곱 대접을 추가했고 '하나님의 심판 시리즈'라는 관점으로 변화를 꾀하였다는 주장이다(Kraft). 넷째, 두 개의 개정 작업이 이뤄졌다는 설명이다. 일곱 편지(2–3장)와 에필로그 부분(22:16–21)이 16:15, 21:25, 17:15 절처럼 원문에 삽입되었다(Prigent). 다섯째, 중심부(4:1–22:7)는 원

래 유대주의 묵시록이었으나 14개의 기독교적인 삽입(11:8, 12:17, 13:8, 14:12b, 16:15, 17:6, 18:13, 20, 19:9b-10, 13, 20:4, 6, 21:14, 22:7)을 거쳐 변형되었다(Whealen).

③ 단편 이론(Fragmentary Theory) → 후대에 유대주의 묵시록이 원문에 편입되었다는 주장이다. 부세트(Bousset)가 가정한 편입 부분은 7:1-8, 11:1-13, 12:1-7, 13:11-18, 14:14-20, 17:1-18:24, 21:9-22:5이다.[129)]

요한계시록은 분명하게 어떤 구조적 성격을 띠고 있으며 그 내용을 문학적 장르에 따라 연구해 보면 이야기, 드라마, 서정시, 서사시 같은 형태가 뚜렷함을 관찰할 수가 있다. 일반적으로 보아도 계시록은 역사적 서술, 예전적 표현, 예언적 선포처럼 성격상 다른 내용들로 복잡하게 구성이 되어 있다.[130)] 그러므로 계시록의 내용을 정확히 이해하고

---

129) 아운은 그의 "Revelation." *Word Biblical Commentary*. 2 vols.(Dallas : Word Book, *Publisher*, 1997 & 1998), pp. cxviii-cxxxiv에서 상기의 이론들을 자신의 방대한 개정-비평 이론에 결합시켰다. 저자가 20~30년에 걸치는 기간을 두고 다양한 이유에서 여러 개의 다른 묵시주의적 단서들을 편집하여 하나의 문서로 결합시켰다는 주장이다. 이 과정은 세 개의 단계를 거쳤다. 첫째, 50~60년에 쓰였고 독립적 단편으로 이루어졌다(7:1-17, 10:1-11, 11:1-13, 12:1-17, 13:1-18, 14:1-20, 17:1-18, 18:1-24, 19:11-16, 20:1-10, 20:11-15, 21:9-22:5). 그중에서 일부(7:1-8, 11:1-13)는 그가 유대인이었을 때, 그리고 나머지는 기독교로 개종한 이후에 썼을 것이다. 둘째, 69~74년 사이에 문서를 소개하는 자료를 첨가하고(1:7-12a) 열두 개의 단편들을 한 묶음으로 엮고자(예를 들어 1:20, 4:1, 5, 5:6, 9:4, 10:7, 11:7, 14a) 가장 중요한 종말론적 뼈대 부분(20:4-6)을 더하여 한 부분으로(4:1-22:5) 통합시키기 위한 첫 편집 작업이 이루어졌다. 이는 아마 유대주의적인 본문을 기독교식으로 바꾸기 위해서였을 것이다(예를 들어 12:11, 14:13, 16:6, 17:6). 셋째, 몇 세기가 지나면서 원문서에 다른 자료들이 단편적인 모습으로 추가되었다(1:1-3, 4-6, 1:12b-3:22, 22:6-21). 하나님과의 하나 됨 속에서 그리스도의 높임 받으심이 강조되었다.

130) 계시록은 다른 성경과 마찬가지로 기록된 원어가 의미하는 빛 아래서 연구되고 해석되어야 한다. 언어와 문체, 그리고 역사적 배경의 차이를 인정하고 정확한 해석 방법을 동원하여 연구, 해석되어야 한다. 역사를 드라마로, 시를 역사로, 예언을 문자적으로, 비유를 신학적 저술로 해석해서는 곤란하다.

해석하기 위해서는 먼저 계시록의 문학적 구조를 알아야 하며, 각각의 문학적 형태가 지니고 있는 특징과 규범을 거기에다 제대로 적용시켜야 한다.

전체적으로 볼 때 계시록은 서론 부분과 결론 부분을 제하고는 '7' 시리즈로 이루어져 있다.[131] 라드에 의하면 본서는 네 개의 '7' 시리즈와 네 개의 환상으로 이루어져 있으며 각 환상은 '와 보라!'(come and see)는 초청의 형식과 함께 이루어져 있다(1:9, 4:1, 17:1, 21:9).

틈틈이 막간들(interludes)이 들어있는 네 개의 '일곱'시리즈는 다음과 같다.

1. 일곱 편지(2-3장)
2. 일곱 인(5:1-8:1)
3. 일곱 나팔(8:2-11:19)
4. 일곱 대접(15:1-16:21)[132]

그러나 Collins는 미래에 대한 계시가 6:1부터 시작되는 것으로 여기면서 계시록이 다섯 개의 연속된 환상으로 짜여졌다고 보았

131) 이와는 달리 K. A. Strand는 계시록의 환상을 모두 8개로 여기면서 첫 환상(1:10b-3:22)과 마지막 환상(21:5-22:5)은 승리의 서술적 장면과 예언에 대한 기본적 묘사로 구성되었으며, 나머지 삽입 형식의 여섯 환상들도 동일한 요소에다 막간과 종말론적 절정이 첨가된 것으로 보았다. 그리고 처음 네 환상들은 알파와 오메가로서의 그리스도를 우선적으로 다루고 나머지 환상들은 그리스도의 재림에 관한 것으로 이해했다. 여섯 환상들에 해당하는 구절들은 다음과 같다. 첫째 환상=4:1-8:1 / 둘째 환상=8:2-11:18 / 셋째 환상=11:19-14:20 / 넷째 환상=15:1-16:17 / 다섯째 환상=16:18-18:24 / 여섯째 환상=19:1-21:4. 그의 "The Eight Basic Visions in the Book of Revelation," *Andrews University Seminary Studies* 25 (1987) : 107-102를 보라.

132) Ladd, *Commentary on the Revelation of John*, p. 14.

다.[133] 계시록의 참된 메시지를 이루고 있는 '박해'와 '심판'과 '구원'이란 기본적 틀을 형성하면서 본서는 다음의 구조를 이룬다는 것이다.

1. 일곱 인(6:1-8:5)
   A. 박해(6:9-11)
   B. 심판(6:12-17)
   C. 승리(7:9-17)
2. 일곱 나팔(8:2-11:19)
   A. 박해에 대한 암시(8:3-5)
   B. 심판에 대한 암시(9:15)
   C. 승리(11:15-19)
3. 일곱 개의 계수되지 않은 환상(12:1-15:4)
   A. 박해(12:1-13, 특히 13:7-10)
   B. 심판(14:14-20)
   C. 승리(15:2-4)
4. 일곱 대접(15:1-16:20)
   A. 박해(16:4-7)
   B. 심판(16:17-20)
   C. 승리(19:1-10)

---

133) A.Y. Collins, *The Apocalypse* (Wilmington : Michael Glazier, Inc.,1983), pp. xii-xiii; Ellul도 계시록이 일곱 개로 이루어진 5부작으로 보았는데, 각 부는 환상 중의 인격을 포함한 서론으로 되어 있다. 즉 인자의 환상(1장), 힘 있는 천사의 환상(5장), 금향료를 가진 천사의 환상(8장), 일곱 천사와 함께 서 있는 어린양(14장), 기록할 것을 명령한 천사의 환상(19장)이다. 그리고 각 부는 이같은 서론 후에 뼈대 부분인 일곱 편지, 일곱 인, 일곱 나팔, 일곱 대접, 일곱 환상이 나오며, 끝 부분에는 하나님께 감사하고 영광 돌리는 영광송이 나온다(4:8, 11, 7:10, 12, 14:1-5, 19:1-8). 그의 *Apocalypse. The Book of Revelation*, pp. 36-64.

* 바벨론 부록(17:1-19:10)

5. 일곱 개의 계수되지 않은 환상(19:11-21:8)
   A. 박해(20:9)
   B. 심판(20:9-15)
   C. 승리(21:1-22:5)
   *예루살렘 부록(21:9-22:5)

이에 비해 Ford는 1-3장과 22장을 후대의 첨가로 여겼으며, 4-5장에 묘사된 천상의 정경을 전주곡(prologue)으로, 21:5에 그려진 천상 정경을 후주곡(epilogue)으로 보면서 계시록이 여섯 개의 '6'시리즈로 이루어져 있다고 주장하였다.[134] 그녀가 원형으로 여기는 계시록의 구조는 다음과 같다.

1. 첫째 시리즈 : 6부(A sextet)
   A. 백마(6:1-2)
   B. 홍마(6:3-4)
   C. 흑마(6:5-6)

134) Ford, "Revelation," *The Anchor Bible*, pp. 48-50. Johnson은 어떤 것은 보다 명료하게, 어떤 것은 보다 함축적이긴 하지만 계시록의 구조가 여섯 개의 '7'시리즈로 되어 있다고 보았다. 일곱 교회(2-3장), 일곱 인(6-7장), 일곱 나팔(8-11장), 일곱 표적(12-15장), 일곱 대접(16-18장), 그리고 일곱의 마지막 일들(19-22장)이다. 그의 "Revelation," *The Expositor's Bible Commentary*, p. 411. A. Feuillet이 자신의 *The Apocalypse*, trans. T.E. Crane, S.S.L. (N.Y. : Alba House, 1964), p. 31에서 재인용한 A. Oliver에 따르면 계시록은 문학적 정돈이 잘 되어 있는 책으로서 거의 동일한 길이로 구성된 6부와 60개의 발췌록(pericope)과 600개의 연(聯, stanza)으로 이루어졌는데 이는 13:18의 "666"과 연관이 있다. 그리고 각 부분은 888개의 문법적 요소로 이루어졌는데 이는 예수의 헬라어 이름 숫자(I=10, η=8, σ=200, ο=70, υ=400, σ=200)와 관련이 되었다는 주장이다. 많은 비판의 대상이 됨에도 불구하고 흥미 있는 내용이다.

D. 청황마(6:7–8)

E. 제단 아래의 영혼들(6:9–11)

F. 지진(6:12–17)

2. 둘째 시리즈 : 6부(A sextet)

A. 땅에 불이 붙음(8:7)

B. 바다가 피로 변함(8:8–9)

C. 강과 샘물이 쓰게 됨(8:10–11)

D. 천계가 흐려짐(8:12–13)

E. 메뚜기 떼(9:1–12)

F. 말 탄 자들(9:13–11:14)

3. 셋째 시리즈 : 6부(A sextet)

A. 아이 가진 여자(12:1–2)

B. 용(12:3–6)

C. 바다에서 나온 짐승(13:11–18)

D. 땅에서 나온 짐승(13:11–18)

E. 어린양과 정절이 있는 자들(14:1–5)

F. 인자 같은 이를 포함한 일곱 천사(14:6–20)

4. 넷째 시리즈 : 7부(A septet)

A. 땅에 쏟은 대접(16:2)

B. 바다에 쏟은 대접(16:3)

C. 물들에 쏟은 대접(16:4–7)

D. 해에 쏟은 대접(16:8–9)

E. 짐승의 보좌에 쏟은 대접(16:10–11)

F. 유프라테스 강에 쏟은 대접(16:12–16)

G. 공중에 쏟은 대접(16:17–21)

5. 다섯째 시리즈 : 6부(A sextet)

A. 바벨론 묘사(17:1–6)
B. 바벨론 설명(17:7–18)
C. 바벨론 멸망(18:1–8)
D. 바벨론을 위한 애곡(18:9–20)
E. 바벨론의 마지막 파멸(18:21–24)
F. 바벨론의 패망과 어린양의 결혼을 찬양(19:1–10)

6. 여섯째 시리즈 : 6부(A sextet)
A. 백마 탄 자(19:11–16)
B. 하나님의 만찬(19:17–18)
C. 두 짐승의 체포(19:19–21)
D. 심연의 천사(20:1–3)
E. 첫 부활(20:4–10)
F. 심판의 장면(20:11–15)

한편 Fiorenza는 저자가 여러 가지 자료들과 형식들과 신학적 관점을 잘 융합시켜 10:1–15:4에 나오는 "작은 책"을 절정의 한 중앙에다 배열했으며, 막간(interlude)과 삽입(intercalation)의 방법을 동원하여 처음의 세 부분과 나중의 세 부분을 균형 있게 구성했다고 보았다.[135)]

A. 서론(1:1–8)
B. 첫 환상과 일곱 편지(1:9–3:22)
C. 인봉된 일곱 두루마기(4:1–9:21; 11:15–19)

---

135) 이 교차대구식 구조(chiastic order)에 대한 자세한 설명은 그녀의 *The Book of Revelation. Justice and Judgment*, pp. 159–180과 역시 그녀의 *Invitation to the Book of Revelation*, pp. 22–27을 참조하라. Cf. Wall, "Revelation," *New International Biblical Commentary*, p. 15.

D. 작은 책(10:1-15:4)

c. 인봉된 일곱 두루마기(15:1,5-19:10)

b. 심판과 구원의 마지막 환상(19:11-22:9)

a. 결론(22:10-21)

Loenertz[136]의 개요에 따르면 계시록은 일곱 개의 '7'시리즈로 구성되어 있는데 다음과 같다.[137]

---

136) R. J. Loeznertz, *The Apocalypse of St. John*, trans. by H.J. Carpenter (London : Sheed and Ward, 1947), pp. xiii-xix. Cf. Leroy C. Spinks, "A Critical Examination of J. W. Bowman's Proposed Structure of the Revelation," *Evangelical Quarterly* 50 (1978):211-222.

137) Ford, "Revelation," *The Anchor Bible*, pp. 46-48; John W. Bowman, "Revelation, Book of," *The Interpreter's Dictionary of the Bible*, vol. 4, pp. 64f.; L.C. Spinks, "A Critical Examination of J. W. Bowman's Proposed Structure of the Revelation," *Evangelical Quarterly* 50 (1978) : 211-222; 자신의 1983년 Fuller Theological Seminary Ph.D. 논문을 개정하여 출판한 *The 'Sitz im Leben' of the Apocalypse with Particular Referenceto the Role of the Church's Enemies*에서 Alan J. Beagley는 Spinks가 제시한 교차대구식 구조(chiastic order)를 명확히 하고자 약간 수정하였다. Cf. H. Lilje, *The Last Book of the Bible*, p. 25, n. 3.; S.W. Becker, *Revelation. The Distant Triumph Song*, pp. 21f. 비슷하게 M.H. Franzmann도 그의 *The Revelation to John*(St. Louis : Concordia Publishing House, 1986), pp. 30-146에서 계시록의 구조를 서론(1:1-8)과 결론(22:6-21)을 제외하고서 일곱 개의 환상으로 이루어져 있으며, 처음의 세 환상(1:9-11:19)은 "그리스도의 교회와 이 세상의 권세들에 대한 환상"으로 되어 있고, 나중의 네 환상(12:1-22:5)은 "그리스도와 흑암의 권세들에 대한 환상"으로 되어 있다고 본다. 이 일곱 환상은 다음과 같다.

1. 첫째 환상 : 일곱 편지(1:9-3:22)
2. 둘째 환상 : 일곱 인(4:1-7:17)
3. 셋째 환상 : 일곱 나팔(8:1-11:19)
4. 넷째 환상 : 반 삼위일체(the Anti-Trinity)의 공격과 그리스도의 승리 (12:1-14:20)
5. 다섯째 환상 : 진노의 일곱 대접(15:1-16:21)
6. 여섯째 환상 : 바벨론의 멸망과 적그리스도에 대한 승리(17:1-19:21)
7. 일곱째 환상 : 심판과 갱신(20:1-22:5)

Charles도 계시록이 1:1-3과 21:5c, 6b-8, 22:6-7, 8, 9, 10, 12, 13, 16, 18a,

1. 일곱 교회에 대한 일곱 예언(2:1–3:22)
2. 일곱 인(6:1–17)
3. 일곱 나팔(8:1–11:19)
4. 일곱 표적(12:1–14:20)
5. 일곱 대접(16:2–16:16)
6. 바벨론 멸망의 일곱 단계(17:1–19:5)
7. 일곱 장면(19:11–22:5)[138]

Newport의 관찰에 의하면 계시록의 구조 속에 드러난 기본적 요소는 대조법의 빈번한 사용[139]과 특정한 숫자의 사용[140]과 환상, 상징

20–21절의 결론 부분을 제외하고 1:4–20과 2–3장과 4–5장과 6–7:8, 8:1, 2, 3–5, 6, 13, 9장, 11:14–13장, 15–20:3과 20:4–10, 21:9–22:2, 14–15, 17절과 20:10–15와 21:1–4abc, 5a, 4d, 5b; 22:3–5, 일곱 부분으로 나누어 환상과 연관지었다. 보다 자세한 내용 설명은 그의 "Revelation," *The International Critical Commentary*, pp. xxiii–xxviii을 참조하라. Moffatt도 조금 다른 구분이긴 하지만 계시록의 구조를 일곱 개의 환상으로 이루어진 것이라 여겼다. 그의 "The Relation of St. John the Divine," *The Expositor's Greek Testament*, pp. 285–290. 한편 A. Feuillet은 그의 *The Apocalypse*, pp. 11–32에서 1920년 R. H. Charles의 *The International Critical Commentary* 주해서를 비롯 1961년의 J. B. Smith의 주해서에 이르기까지 숱한 계시록 연구서들 가운데 얼마를 선별적으로 간략히 소개하고 있다. 그에 의하면 약간의 차이가 있긴 해도 Lohmeyer와 Hadorn도 계시록의 구조를 7부로 보았으며, J. Levie, L. Vaganay, R. R. Brewer, D. F. Montagnini 등이 동일 계열에 있다(pp. 26–31).

138) 1:1–8은 전체적인 서문이요, 22:6–21은 요점의 반복으로서 본서의 대미(大尾)를 장식하고 있다. 그리고 1:9–20, 4–5장, 8:1–6, 11:6–19, 15:1– 16:1, 16:17–21, 19:6–10의 일곱 덩어리는 각 시리즈를 도입하기 위한 서론 부분에 해당한다.

139) 예를 들면, 하나님 또는 그리스도와 사탄, 성도와 짐승의 추종자, 그리스도의 신부와 바벨론의 음녀, 어린양과 용, 거룩한 삼위일체와 사악한 삼위일체, 미가엘의 천사들과 용의 천사들, 천국과 무저갱, 새 예루살렘과 옛 바벨론 같은 묘사들이다.

140) 계시록에는 특정한 숫자가 상징적인 의미를 지닌 채 자주 반복적으로 사용되고 있다. 본서에 사용된 숫자를 파악해 보면 다음과 같다. 2, 3, 31/2, 4, 5, 6, 7, 10, 12, 24, 42, 144, 666, 1,000, 1,260, 7,000, 12,000, 144,000,

이며[141] 사건들도 직선적 또는 원추형으로 진행하고 있다.[142] 상기의 문학적 구조를 염두에 두고[143]

100,000,000, 200,000,000. 이들 숫자의 상징적 의미에 대해서는 다음의 자료들을 참조하라. Beckwith, *The Apocalypse of John*, pp. 249–255; Summers, *Worthy is the Lamb*, pp. 21–25; Swete, *Commentary on Revelation*, pp. cxxxv–cxxxix; Lee, "The Revelation of St. John the Divine," *The Bible Commentary*, pp. 472–486; Walvoord, *The Revelation of Jesus Christ*, pp. 25–30; Newport, *The Lion and the Lamb*, p.41; H.H. Wernecke, *The Book of Revelation Speaks to Us*, pp. 27–30; Hailey, *Revelation, An Introduction and Commentary*, pp. 41–48; 이상근, 《요한계시록》, p. 30; 이순한, 《요한계시록 강해》, pp. 33–34; E.W. Bullinger, *Number in Scripture*(Grand Rapids : Kregel Publications, 1980). 계시록에서 가장 많이 나오며, 가장 중요하게 취급되는 숫자는 '완전', '만족', '성취' 등을 나타내는 '7'인데 다음과 같다. 일곱 교회(1:4, 11, 20). 일곱 금 촛대(1:12, 13, 20, 2:1). 일곱 별(1:16, 20, 2:1, 3:1). 일곱 영(1:4, 3:1, 4:5, 5:6). 일곱 등불(4:5). 일곱 인(5:1, 5). 일곱 뿔(5:6). 일곱 눈(5:6). 일곱 천사(8:2, 6, 15:1, 6, 7, 8, 16:1, 17:1, 21:9). 일곱 나팔(8:2, 6). 일곱 우레(10:3, 4). 일곱 면류관(12:3). 일곱 머리(12:3, 13:1, 17:3, 7, 9). 일곱 재앙(15:1, 6, 8, 21:9). 일곱 대접(15:7, 17:1, 21:9). 일곱 산(17:9). 일곱 왕(17:10, 11). 이 외에도 집합적으로 구성된 일곱은 다음과 같다. 일곱의 축복(1:3, 14:13, 16:15, 19:9, 20:6, 22:7, 22:14). 일곱 해(年)의 심판(11:3, 12:6, 14; 13:5). 하늘에서의 일곱 송영(4:9–11, 5:8–13, 7:9–12, 11:16–18, 14:2, 3, 15:2–4, 19:1–6). 일곱 개의 "나는 ……이다" (I am's). 선언(1:8, 17, 2:23, 21:6, 7, 22:13, 16). 이 요한복음에서도 7회 나오는데 두 책의 저자가 동일인임을 증거해 줄 수 있는 하나의 근거가 된다.

141) Collins는 계시록에는 전통적 상징, 곧 처음에는 용이나 짐승이 우세하지만 나중에는 영웅적인 신이 승리함으로 세상의 질서를 바로 세운다는 고대의 이야기와 유사한 '옛 이야기'가 있으며, 그리스도를 따르는 자들과 로마제국(적그리스도) 사이의 투쟁으로 보여지는 '새 이야기'의 두 단계가 있음을 지적하였다. 저자는 상징 사용에 있어 초자연적 영역과 인간 사회를 의도적으로 결합시켰다는 말이며, 이런 점에서 그의 지적은 옳다 할 것이다. 그의 *The Apocalypse*, pp. x–xii.

142) Newport, *The Lion and the Lamb*, pp. 40–42. Charles는 서론과 결론을 제외한 계시록의 나머지가 '엄격한 연대기적 순서'(strict chronological order)에 따라 환상들 속에 묘사되고 있음을 지적하였다. 그의 "Revelation," *The International Critical Commentary*, pp. xxiii–xxv.

143) 계시록의 구조에 대한 간단한 참고로는 다음의 것들이 있다. Newport, *Ibid.*, pp. 38–51; Beasley-Murray, "Revelation," *The New Century Bible Commentary*, pp. 29–32; Boring, "Revelation," *Interpretation*, pp. 28–30; Sweet, *Revelation*, pp. 44–47; Collins, "The Apocalypse," *The New Jerome Biblical Commentary*,

다양한 해석법을 정당하게 적용시켜 나간다면 계시록에 대한 원만한 이해는 가능하게 될 것이다. 이 같은 구조에 대한 전이해(前理解)는 또한 계시록의 내용을 분해하는 데 충분한 밑거름이 될 수 있다. 그는 서론과 결론을 제외한 계시록의 전체 내용을 네 개의 환상으로 대별하여 정리하였다.

1. 서론(1:1-8)
2. 첫째 환상(1:9-3:22)
   A. 영화로우신 인자(1:9-20)
   B. 일곱 교회에 보낸 편지(2:1-3:22)
3. 둘째 환상(4:1-16:21)
   A. 창조주와 주권자 하나님의 환상(4:1-11)
   B. 일곱 인(4:1-8:1)
   C. 일곱 나팔 환상과 두 막간(8:2-14:20)
   D. 일곱 대접 또는 마지막 재앙(15:1-16:21)
4. 셋째 환상(17:1-21:8)
   A. 바벨론의 비밀(17:1-18)
   B. 바벨론의 심판(18:1-19:5)
   C. 최후의 승리와 완성(19:6-21:8)
5. 다섯째 환상(21:9-22:5)
   A. 하나님의 도성 묘사와 척량(21:9-27)
   B. 새로운 에덴동산(22:1-5)
6. 결론(22:6-21)

---

eds. Raymond E. Brown, S.S., Joseph A. Fitzmyer, S.J., & R.E. Murphy, O. Carm.(Englewood Cliffs, N.J. : Prentice-Hall, 1990), p. 999.

X. 요한계시록의 내용 분해

제1부 : 인봉된 책(1-11장)

Ⅰ. 서론(1:1-8)
1. 서문(1:1-3)
2. 인사와 송영(1:4-8)

Ⅱ. 첫째 환상 : 인자와 일곱 편지(1:9-3:22)
1. 영화로우신 인자(1:9-20)
2. 일곱 편지(2:1-3:22)
A. 에베소(2:1-7)
B. 서머나(2:8-11)
C. 버가모(2:12-17)
D. 두아디라(2:18-29)
E. 사데(3:1-6)
F. 빌라델비아(3:7-13)
G. 라오디게아(3:14-22)

Ⅲ. 둘째 환상 : 보좌와 일곱 인(4:1-7:17)
1. 천상의 보좌(4:1-11)
2. 일곱 인(5:1-8:1)
A. 인봉된 책과 어린양(5:1-14)
B. 첫 네 인 : 네 말 탄 자들(6:1-8)
C. 다섯째 인 : 순교자들의 호소(6:9-11)

D. 여섯째 인 : 어린양의 진노(6:12-17)

3. 첫째 막간 : 구원의 환상(7:1-17)

A. 144,000(7:1-8)

B. 무수한 백의(白衣)의 무리(7:9-17)

C. 일곱째 인(8:1)

Ⅳ. 셋째 환상 : 일곱 나팔(8:2-11:19)

1. 성도들의 기도(8:2-5)

2. 일곱 나팔(8:6-11:19)

A. 준비(8:6)

B. 첫 네 나팔 : 네 재앙들(8:7-13)

C. 다섯째 나팔과 첫째 화 : 황충(9:1-12)

D. 여섯째 나팔과 둘째 화 : 마병대(9:13-21)

3. 둘째 막간 : 사역의 환상(10:1-11:13)

A. 힘센 천사와 작은 책(10:1-11)

B. 성전 척량(11:1-2)

C. 두 증인(11:3-14)

D. 일곱째 나팔과 셋째 화(11:15-19)

XI. 요한계시록과 묵시

요한계시록은 그 내용과 기능과는 달리 장르에서 볼 때 묵시와 예언과 서신의 형태로 이루어져 있음은 일반적으로 용인된 사실이다(Carson, Moo, Morris, Beasley-Murray). 유대의 묵시 문학과는 구분이 되는 것이 사실이지만[144] 일반적으로는 학자들에 의하여 묵시 문학의 일종으로 간주되고 있다. 그러므로 계시록을 더욱 잘 이해하기 위해서는 묵시 문학의 실제에 대한 이해가 반드시 선결되어야 한다. 다음의 내용은 이 목적을 위해 간략히 정리되었다.

1. 묵시주의(Apocalypticism)의 정의

'묵시주의'(Apocalypticism)란 과연 무엇인가 하는 질문에 대해서는 학자들마다 그 내리는 정의가 다르기 때문에 정확한 개념을 파악하기란 무척 어려운 것이 사실이다. 묵시와 예언을 정확하게 구별하는 것도 힘들 뿐만 아니라 거의 불가능하다고 여겨질 정도이다. 어쨌든 케제만은 묵시주의를 "기독교 신학의 어머니"라고까지 하였다.[145] 그럼에도 리스트(Rist)의 정의가 그 중에서도 제일 적합한 것으로 여겨진다. 그는 다음과 같이 설명하였다.

이 현세적이고 절망적인 인간 역사의 악한 시대를 통제하고 있는 악의 권세와 그 추종자들로 인하여 의인들이 지금은 고난을 당하고 있지만, 멀지 않아 선의 능력이신 하나님이 직접 개입하심으로써 악의 통치는 끝나고 온전히 새롭고 완전하며 영원한 시대가 시작될 것이다. 그래서 의롭고 참된 자기 백성들의 영원한 즐거움을 위하여 하나님이 직접

144) D. Hill은 그의 "Prophecy and Prophets in the Revelation of St. John," *New Testament Studies* 18 (1971-1972) : 401-418에서 계시록의 내용이 현재의 시간이 악하고 부패했다는 묵시주의적 비관의 관점보다는 역사의 구원사적 개념을 더욱 강조한 것으로 보고 그 성격이 묵시적이 아님을 주장했다.

145) E. Käsemann, "The Beginnings of Christian Theology," *Journal for Theology and the Church*, vol. 6, ed. Robert W. Funk(N.Y. : Herder & Herder,1969), p. 40. Paul S. Minear는 그의 "Ontology and Ecclesiology in the Apocalypse," *New Testament Studies* 13 (1966), p. 105에서 묵시주의(黙示主義)를 '기독교 본체론 (Christian ontology)의 어머니'라고 부르기도 하였다.

통치하실 것이라는 종말론적인 신앙을 의미한다.[146]

2. 묵시 문학의 시기

성경 이외의 묵시 문학은 주전 200년부터 주후 200년 또는 100년 사이 중근동 지역에 성행했던 문학의 한 양식으로서[147] 형식과 내용

---

146) Rist, "The Revelation of St. John the Divine," *The Interpreter's Bible*, p. 347. Paul D. Hanson은 그의 *The Dawn of Apocalyptic*(Philadelphia : Fortress Press, 1983), pp. 1–31 & 427–444에서 '묵시주의'(apocalypticism)를 일종의 사회-종교적 운동의 유형으로 여기며, 이 묵시주의와 문학적 장르로서의 '묵시문학'(apocalypse)과도 구별되는 '묵시주의적 종말론'(apocalyptic eschatology)이라는 표현에 관심을 집중시킨다. 이 묵시주의적 종말론을 '종교적 관점'(religious perspective)으로 본 이도 있고(Hanson, *Ibid.*, p. 29), '마음의 태도'(attitude of mind)로 이해한 이도 있다. 후자에 대해서는 Klaus Koch, *The Rediscovery of Apocalyptic*(London : SCM Press, 1972), p. 33을 보라. Cf. L.L. Thompson, *The Book of Revelation, Apocalypse and Empire*, pp. 23f.; David E. Aune, *Prophecy in Early Christianity and the Ancient Mediterranean World*(Grand Rapids : Wm.B. Eerdmans Publishing Co., 1983), pp. 107f. Aune은 "특별한 방도로 역사적 현실과 연관된 하나님의 계획을 관조하는 종교적 시각"을 뜻하는 묵시주의적 종말론을 '예언적 종말론'(prophetic eschatology)과도 구분하면서 이스라엘 역사를 통하여 예언적 종말론이 묵시주의적 종말론의 형태로 발전되어 왔음을 밝혔다. P. D. Hanson, "Old Testament Apocalyptic Reexamined," *Interpretation* 25 (1971) : 454–479에 의하면 구약 예언은 언제나 환상과 현실 간에 일종의 긴장을 유지하고 있다. 예언자들은 자신들이 받은 환상의 의미를 자신이 속해 있는 특정한 삶의 정황(Sitz im Leben) 속에서 정치, 사회, 경제, 종교의 제반 영역에 다 과감히 옮겨놓는데, 환상과 현실간의 긴장이 이완되는 경우에는 묵시적 형태로 전환시켜 버린다. 다시 말해 그들은 자신들의 환상을 현실에다 의미 짓기를 거부하고 묵시문학의 도피성으로 몸을 숨겨 버리는 것이다. See, K. Koch, *Ibid.*, p. 21.

147) H. J. Richards, *What the Spirit Says to the Churches, A Key to the Apocalypse of John*, p. 11; J.D.G. Dunn, *Unity and Diversity in the New Testament*, p. 316; Alan F. Johnson, *Revelation*(Grand Rapids : Zondervan Publishing House, 1983), p. 10; Homer Hailey, *Revelation : An Introduction and Commentary*(Grand Rapids : Baker Book House, 1979), p. 19. 그러나, 묵시문학이 유포되었던 시기에 대해서는 학자들마다 조금씩 차이가 있다. Walvoord는 B.C. 250년부터 사도교회 시대까지 계속된 것으로 간주하였다. 그의 *The Revelation of Jesus Christ*, p. 24. Summers는 B.C. 210

과 신학적 사상에 있어 계시록과 흡사한 점이 많이 있으나 뚜렷이 구별된다. 그러나 성경적인 원형은 그 이전부터 존재한다. 예를 들어 이사야 24-27장, 에스겔 37-39장, 스가랴서와 다니엘서가 특히 그러하다. 계시록에는 이야기체의 구조 속에 설정된 환상의 형태들이 묵시적 요소를 분명히 보여준다.

학자들 간에 계시록의 각색된 구조에 대해서는 논란이 많아도 이 묵시적 성격에 대해서만은 긍정한다. 천상의 보좌 환상(4-5장)과 천

부터 A.D. 200년 사이로 보았다. 그의 *Worthy is the Lamb*, p. 4. 이 밖에도 B.C. 200년부터 A.D. 100년 사이로 본 이들도 있다. Mounce, "The Book of Revelation," *NICNT*, p. 18; Newport, *The Lion and the Lamb*, p. 51; Morris, "The Revelation of St. John," *Tyndale New Testament Commentary*, p. 22; Ferrell Jenkins, *The Old Testament in the Book of Revelation*(Marion : Cogdill Foundation Publications, 1972), p. 35; David E. Aune, *Prophecy in Early Christianity and the Ancient Mediterranean World*(Grand Rapids : Wm.B. Eerdmans Publishing Co., 1983), p. 112; Bernard McGinn, "Early Apocalypticism : the ongoing debate," *The Apocalypse in English Renaissance Thought and Literature*, eds. C.A. Patrides & J. Wittreigh (Ithaca, N.Y. : Cornell University Press, 1984), p. 14. 특히 이 책은 르네상스 시대를 전후로 하여 영국을 비롯한 유럽의 토양에 뿌리를 둔 묵시문학과 묵시사상에 대한 연구들을 다루고 있다. 핸슨(Hanson)은 주전 3세기부터 주전 2세기까지 발흥한 새로운 현상으로 여겼다. 그의 *The Dawn of Apocalyptic*, pp. 5f. Fiorenza, *The Book of Revelation, Justice and Judgment*, p. 4에 따르면 초기 기독교 저술가들의 묵시문학에 있어 중심이 되는 신앙 경험(faith-experience)은 두 가지로 표현되었다. 첫째, 실현된 종말론의 현재적 경험과 균형을 맞추고자 종말론적 구원의 미래적 관점을 강조했으며, 둘째, 종말론적 구원의 현재적 실재를 강조했다. 그리고 이 둘에 있어 신학적 강조점은 예수 그리스도의 부활과 높이심으로 인해 이 세상 속에서 현존하는 종말론적인 구원이 이미 이루어졌다는 사실이다. "그러므로, 이 둘에는 실현된 관점뿐만 아니라 미래주의적 관점이 지배적인데 이것은 '정통과 이단' 또는 '묵시주의적인 것과 영지주의적인 것'으로 상호 배치가 된다기보다 그들의 기독론적 생활 중심과 사회-정치적으로 '과장된 상황'(rhetorical situation)에 대한 제각기 다른 방향으로 이해해야 한다"고 결론지었다. 한편 Hanson은 묵시문학의 역사학적, 사회학적 모체를 포로 후기인 제2성전 시기의 공동체 내부의 갈등에서 찾아 그 시기를 주전 5-6세기로 상당히 거슬러 올라갔다. 그는 이 같은 자신의 주장을 뒷받침하기 위한 성경적 근거로 보다 후기 예언 전통에 속하는 사 56-66장과 슥 9-14장을 선정해서는 그의 책 *The Dawn of Apocalyptic* 제2장과 4장에서 변증하고 있다.

상의 환상들(7, 14, 19, 21–22장)과 다양한 상징들과 숫자의 사용은 단연 묵시적이다. 천사가 요한을 이끌며 경우에 따라 해석자로 나선 (5:5, 7:13–14, 11:1–2, 17:6b–18, 21:9–22:11) 사실도 계시록의 묵시적 성격을 보여준다. 그래서 보컴은 계시록을 가리켜 "묵시적 예언"(apocalyptic prophecy)이라 칭하였다.[148]

3. 묵시 문학의 기원

묵시 문학의 기원에 대하여는 대략 다음의 세 가지 주장이 있는데 마지막 주장이 옳다.

A. 후기 헬라주의의 영향이다.[149]

B. 이교 종교, 특히 페르시아의 조로아스터교에 기원을 두고 있

---

148) R. Bauckham, *The Theology of the Book of Revelation*(Cambridge : Cambridge University Press, 1993), p. 2.

149) Boring, "Revelation," *Interpretation*, pp. 37f.; H.D. Betz, "On the Problem of the Religio–Historical Understanding of Apocalypticism," *Journal for Theology and the Church* 6 (1969) : 134–156; A.Y. Collins, "The History, of Religion Approach to Apocalypticism and the 'Angel of the Waters' (Rev. 16:4–7)," *The Catholic Biblical Quarterly* 39 (1977) : 367–381; W.R. Murdock, "History and Revelation in Jewish Apocalypticism," *Interpretation* 21 (1967) : 167–187; T. F. Glasson, *Greek Influence on Jewish Eschatology*(London : S.P.C.K., 1961); John J. Collins, "Apocalyptic Eschatology as the Transcendence of Death," *Visionaries and Their Apocalypses*, ed. P.D. Hanson(Philadelphia : Fortress Press, 1983), pp. 74f.; D.S. Russell, *The Method and Message of Jewish Apocalyptic*(Philadelphia : The Westminster Press, 1964), p. 19. 여기에서 후기 헬라주의라 표현한 것은 묵시문학이 원래 페르시아의 조로아스터교에 나타난 이원론에 영향을 받았으나, 나중에 헬레니즘에 융화된 형태로 발전되었다는 전통적 견해에 의하였기 때문이다. 묵시록에 영향을 끼친 자료들에 대하여 Feuillet이 자신의 *The Apocalypse*, p. 14에서 인용한 바에 따르면 Gunkel은 바벨론 신화에서, Boll과 Loisy는 헬레니즘의 점성술에서, 그리고 Lohmyer는 Mandaean 저술에서 근원을 찾으려 했다.

다.[150)]

C. 유대적이고 기독교적인 현상이다.[151)]

4. 묵시 문학의 특징

Mounce는 묵시 문학의 특징을 그의 주석서에서 잘 요약하고 있다.[152)] 그 특징은 내용적인 측면과 문학적인 측면에서의 특징으로 나눌 수가 있는데 이를 정리해 보면 다음과 같다.

---

150) Hans Conzelmann, *An Outline of the Theology of the New Testament*, trans. J.Bowden(New York : Harper & Row, Publishers, 1969), p.23; W.R. Murdock, "History and Revelation in Jewish Apocalypticism," *Interpretation* 21 (1967) : 167–187.

151) Hanson, *The Dawn of Apocalyptic*, pp. 402–413; L. Morris, *Apocalyptic* (Grand Rapids : Wm.B. Eerdmans Publishing Co., 1972), pp. 30–33. Rowley, *The Relevance of Apocalyptic*, pp.13–53; David S. Russell, *The Method and Message of Jewish Apocalyptic*, pp. 88ff.; S.B. Frost, *Old Testament Apocalyptic : Its Growth and Origins*(London : The Epworth Press, 1952). B. McGinn에 의하면 Frost는 나중에 이 견해를 포기했다. Cf. McGinn, "Early Apocalypticism : the ongoing debate," *The Apocalypse in English Renaissance thought and literature*, p. 33, n. 50. Ford는 세례 요한의 예언적이고 묵시적이고 폭발적인 경향을 전수받고 기독교의 원시 형태를 대표하는 "세례학파"(Baptist School)가 유대묵시를 편집한 것으로 결론을 내리면서 구체적인 실례를 제시했으나(pp. 22–26), 이는 잘못된 출발에서 기인한 논리적 비약일 뿐이다. 그녀의 *The Book of Revelation, Justice and Judgment*, pp. 50–56를 참조하라. Rad는 묵시문학이 구약의 예언 전통보다는 역사관의 차이 때문에 지혜문학에서 그 근원을 찾아야 한다고 그의 *Old Testament Theology*, trans. by D.M.G. Stalker(New York : Harper & Row, Publishers, 1965), vol. II, p. 304에서 주장했다. 유대교의 묵시문학과 정경에 속하지 않은 기독교의 묵시문학 중에서 일부를 선별하여 서론과 함께 독자로 하여금 역사적, 문학적 상황으로 이끌어 그 내용을 개관토록 한 저서로는 Mitchell G. Reddish가 편집한 *Apocalyptic Literature : A Reader*(Nashville : Abingdon Press, 1990)을 참조하라.

152) Mounce, "The Book of Revelation," *The New International Commentary on the New Testament*, pp. 19f.

A. 내용적 성격

(1) 종말론적(Eschatological)이다.[153)]

(2) 이원론적(Dualistic)이다.[154)]

(3) 결정론적(Deterministic)이다.[155)]

---

153) Beckwith, *The Apocalypse of John*, pp. 168f.; Beasley-Murray, "Revelation," *The New Century Bible Commentary*, p. 26; Rist, "The Revelation of St. John the Divine," *The Interpreter's Bible*, p. 347.

154) Mounce에 따르면 이 이원론은 형이상학적이라기보다는 역사적이고 현세적인 것으로서 하나님과 사탄, 선과 악이라는 두 개의 초자연적 세력이 서로 투쟁하는데, 시초에는 하나님과 선이 사탄과 악에게 밀리지만 결국 반전(反轉)이 된다는 사상이다. Cf. Rist, *Ibid.*, pp. 347f.; Newport, *The Lion and the Lamb*, p.52; Beasley-Murray, "Revelation," *The New Century Bible Commentary*, pp.32–48. Beasley-Murray에 의하면 이 같은 사상은 신구약 예언자들에게 있어 일관된 특징이기도 하다. Barclay도 일시적이고 악한 현재와 무시간적이요 온전한 의의 성취인 도래 중의 시대로서 "두 시대"(the Two Ages)에 관해 언급했다. 그의 *The Revelation of John*, vol. I, pp. 3f. Goldsworthy도 '주의 날'을 세상 끝으로 보면서 "두 시대"에 대해 다루었다. 그의 *The Lamb and the Lion*, pp. 58–73; Wall, "Revelation," *New International Biblical Commentary*, p.20. See also, W. Schmithals, *The Apocalyptic Movement : Introduction and Interpretation*, trans. by J.E. Steely (Nashville : Abingdon Press, 1975), pp. 20–28; J.J. Collins, *The Apocalyptic Imagination* (New York : Crossroad, 1984), pp. 213f.; idem, "Apocalyptic Eschatology as the Transcendence of Death," *Visionaries and Their Apocalypses*, pp. 66f.; Christopher Rowland, *The Open Heaven. A Study of Apocalyptic in Judaism and Early Christianity*, pp. 25–29.

155) McGinn, "Early Apocalypticism : the ongoing debate," *Apocalypse in English Renaissance thought and literature*, p. 10. 이 세상의 모든 것이, 인간의 운명과 역사의 변천과 개인 또는 국가의 흥망성쇠가 하나님의 정하신 시간표대로 미리 결정된 종말을 향해 전진해 나간다는 주장이다. Cf. Newport, *Ibid.*; Boring, "Revelation," *Interpretation*, pp.39–43. 묵시문학을 결정론적이게 만드는 요소가 바로 예언적 요소이다. Cf. Summers, *Worthy is the Lamb*, p. 19. 자연히 그 성격은 미래지향적이며, 현실의 비관주의를 극복하게 하는 낙관적 결정론이라 할 수 있다. Cf. Newport, *Ibid.*

B. 문학적 성격

(1) 비교적(Esoteric)이다.[156)]

(2) 상징적(Symbolic)이다[157)]

(3) 익명적(Pseudonymous)이다.[158)]

---

156) 이는 서신의 형태에서 관찰한 특징인데 국외자에겐 감추고 수신자들에게는 나타내 보이며, 위험한 시대에서 저자와 수신자를 보호할 목적으로 수수께끼의 형식을 취한 것이다. Cf. Summers, *Ibid*, pp. 3–5; Dunn, *Unity and Diversity in the New Testament*, p. 311; Ferrell Jenkins, *The Old Testament in the Book of Revelation*, p. 39; P.D. Hanson, "Jewish Apocalyptic against Its Near Eastern Environment," *Revue Biblique* 78 (1971) : 31–58. 이 신비적인 요소에 대하여는 Beckwith, *The Apocalypse of John*, pp. 170f.를 참조하라. Fiorenza는 계시록에 비록 신비적 요소가 잠재해 있긴 하지만 저자는 비교적(秘敎的) 지식이 동기가 되어서가 아니라 미래에 대한 예언적 해석이 동기가 되어 썼다고 주장하였다. 그녀의 *Invitation to the Book of Revelation*, p. 17을 보라.

157) 이는 사용된 언어에서 관찰한 특징이다. 구전적인 예언과는 달리 문서를 사용하는 묵시문학은 환상과 상징들에 의존해서 메시지를 전달하므로 해석에 어려움을 갖게 한다. Beckwith, *Ibid.*, pp. 169f.; Charles, "Revelation," *The International Critical Commentary*, cvi–cvii; Summers, *Ibid.*, pp. 18f.; Swete, *Commentary on Revelation*, pp. cxxxi–cxxxiv; Walvoord, *The Revelation of Jesus Christ*, pp. 25–30; Fiorenza, *Ibid.*, pp. 16–22; Preston & Hanson, *The Revelation of Saint John the Divine*, p. 16; Dunn, *Ibid.*; D.W. Richardson, *The Revelation of Jesus Christ. An Interpretation*, pp. 15–18; Goldsworthy, *Ibid.*, p. 16; F. Jenkins, *Ibid.*; Collins, *The Apocalypse*, p. x; Koch, *Rediscovery of Apocalyptic*, pp. 24ff.; idem, "What is Apocalyptic? An Attempt at a Preliminary Definition," *Visionaries and Their Apocalypses*, p. 23; N. Perrin, "Apocalyptic Christianity," *Visionaries and Their Apocalypses*, p. 126. 그러나 이 상징적 언어의 특징은 은폐를 목적으로 해독(解讀)의 기술을 지닌 자 외에는 비밀스럽게 만든 '암호적 언어'(code language)와는 구분된다. Cf. Boring, *Ibid.*, pp. 54–57. 오히려 상징적 언어로 씌어진 묵시문학은 역사적 중요성과 더불어 극적 요소를 지니고 있기에 소수의 전문 해독자가 필수적이지는 않다. Cf. Summers, *Ibid.*, pp. 16 & 25f. 어쨌든 상징은 묵시문학의 이해에 있어 매우 중요하며 기술적인 해석을 요한다. Cf. Summers, *Ibid.*, pp. 19–25; Newport, *The Lion and the Lamb*, pp. 43–46.

158) 이는 저작자의 측면에서 관찰한 특징이다. Cf. Beckwith, *Ibid.*, pp. 172– 174; Beasley-Murray, *Ibid.*, pp. 14–18; Newport, *Ibid.*, p.53; Glasson, *The*

(4) 의존적(Dependant)이다.[159)]

5. 예언과 묵시

예언과 묵시 또는 계시는 비슷한 성격을 지녔으므로 정확한 이해에 혼선을 빚기도 한다. 공통분모가 될 만한 영역이 예언과 묵시와 계시 사이에 분명히 존재하지만 그것들 간에는 본질적인 차이가 있다.[160)] 이 차이를 분간하지 못하면 오해하기 쉽다. 그것은 역사관의 차이요[161)] 해석 방법의 차이이며[162)] 구전과 문서라는 전달 매체의 차이

Revelation of John, pp. 2f.; Dunn, *Ibid.*, pp. 310f.; Preston & Hanson, *Ibid.*; Summers, *Ibid.*, pp.17f.; Barclay, *The Revelation of John*, vol. I, pp. 5f.; Jenkins, *Ibid.*; Koch, *Ibid.*; N. Perrin, *Ibid.*; Koch, *Rediscovery of Apocalyptic*, pp. 24ff.; 김재준, 요한계시록, p. 12. 고대 히브리 사상에는 혹 자가 어떤 유명한 사람의 이름을 취하면 그의 인격이 확대되는 것으로 간주하는 풍조가 있었다. 그러나, 《요한계시록》은 "허마 목양서"(Beckwith)와 "그리스도와 적그리스도"라는 히폴리투스의 소논문과 이사야 24-27장(Rist)과 더불어 저자의 이름이 밝혀졌는데 이는 예외적인 경우이다.

159) 이는 자료적인 관점에서 본 특징이다. 묵시자는 이미 있는 자료들을 입수하여 신적 메시지의 전달을 위한 수단으로 그것들을 변형하기도 하고 재해석하여 적용하곤 한다. Cf. Beckwith, *Ibid.*, pp. 171f.; 김재준, 《요한계시록》, pp. 11f.

160) Fiorenza가 자신의 *The Book of Revelation, Justice and Judgment*, p. 133에서 언급한 다음의 지적은 옳다. "유대적 예언(구약)과 초기 기독교적인 예언, 묵시주의와 예언, 그리고 케리그마적 사건으로서의 예언과 환상적-무아지경적 표현으로서의 예언 간에는 엄격한 차이가 있다." Cf. Jacques Ellul, *Apocalypse, The Book of Revelation*, pp. 20-35; S.P. Kealy, *The Apocalypse of John*, pp. 50-53; H.H. Rowley, *The Relevance of Apocalyptic*, p. 38; Hanson, *The Dawn of Apocalyptic*, p.15; B. Vawter, "Apocalyptic : its Relation to Prophecy," *The Catholic Biblical Quarterly* 22 (1960) : 33-46; G.E. Ladd, "Why Not Prophetic-Apocalyptic?" *Journal of Biblical Literature* 76 (1957) : 192-200. 유대교와 초대기독교 묵시주의에 대한 연구로는 Christopher Rowland의 *The Open Heaven, A Study of Apocalyptic in Judaism and Early Christianity*를 참조하라. 그는 다니엘서와 계시록간의 차이를 간략히 비교 서술하였다(pp. 9-14).

161) G.von Rad, *Old Testament Theology*, vol. II, pp. 303ff. 예언과 묵시에 있어서의 역사관의 차이에 대해서는 Rowley, *The Relevance of Apocalyptic*,

다.[163] 묵시는 예언이 보다 확장된 개념으로 보는 것이 상례이다. 예언은 신탁의 형태이지만 묵시는 환상적이다. 예언은 회개하면 심판의 예언이 성사되지 않는다는 측면에서 낙관주의적이지만, 묵시는 현세에는 희망이 없고 미래만이 해법이라는 점에서 비관주의적이다. 계시록에는 예언과 묵시의 내용이 혼재되어 있다. 예언과 묵시 둘을 상호 비교하여 보면 다음과 같이 정리할 수 있다.

A. 예언

(1) 어원적 의미[164]

예언을 뜻하는 헬라어 동사 '프로페미'(προφημι)는 오직 후기 기독교 시대에 사용된 단어로서 "~앞에서," 또는 "~를 위하여"라는 뜻을 지닌 접두사 '프로'(προ)와 '말한다'는 뜻을 지닌 동사 어미 '페'(φη–)

---

pp. 38f.의 다음과 같은 언급이 적절한 묘사라 생각된다. "Speaking generally, the prophets foretold the future that should arise out of the present, while the apocalyptists foretold the future that should break into the present. The prophets saw the events and policies of their day with penetrating their inevitable outcome…… The apocalyptists had little faith in the present to beget the future. That is why they are so often, and so unfairy, called pessimists."

162) Aune, *Prophecy in Early Christianity and the Ancient Mediterranean World*, p. 113.

163) Beasley-Murray, "Revelation," *The New Century Bible Commentary*, p. 14.

164) B. Friedrich, "προφητησ," *Theological Dictionary of the New Testament*, vol. VI, pp. 781–861; C. Brown, "Prophet," *New International Dictionary of the New Testament Theology*, pp.74–89; B.D. Napier, "Prophet," *The Interpreter's Dictionary of the Bible*, vol. 3, pp. 896–920; A. Lamorte & G. F. Hawthorne, "Prophet, Prophecy," *Evangelical Dictionary of Theology*, pp. 886f.; Walter Bauer, *A Greek–English Lexicon of the New Testament*, pp. 730f.; C.G. Wilke, *Greek–English Lexicon of the New Testament and Other Early Christian Literature*, pp.553f.; A.Lamorte "Prophet, Prophecy," *Baker's Dictionary of Theology, ed. E.F. Harrison* (Grand Rapids : Baker Book House, 1981), pp. 423f.

가 합성된 단어이다. 헬라 문화권에서 '프로페테스'(προφήτηs)란 용어는 계시 행위와는 상관없이 단순히 '대변자'(Spokesman) 또는 '발표자'(Announcer)를 의미하였다. 그러나 헬라의 특수한 제의 의식에서 적용될 때에는 '신을 위하여 말하는 이'(one who speaks on behalf of the god)라는 기술적 의미를 취했다.

(2) 사용 빈도

a. 명사 '프로페테스'(προφήτηs)[165)]

이 단어는 신약에 144회 나오는데 86회가 구약 예언자에 관한 언급이며 실제로 초대 그리스도인들에게는 19번이 사용되었다. 초대 교부들의 저서 속에는 58회가 나오고 있는데 37회가 구약 예언자에 관한 언급이며 나머지 21번은 초대 기독교의 실제 인물에 사용되었다. 교부들의 저서에서는 명사 '프로페테스'가 대부분 단수로 나타남에 비해, 신약에서는 특별히 이름이 언급된 경우를 제외하고는 언제나 복수 형태로 나타남은 주목할 일이다.[166)] 이는 신약 시대의 예언자들은 주로 그룹으로 활동하였으며 개인적 활용은 사도 후기 시대임을 상상케 한다.[167)] 만일 계시록 2-3장의 일곱 교회의 사자가 수호천사나 교회의 감독이 아니고 지역을 대표한 예언자라 하면, 사도 요한은 각 교회들에게 계시적 메시지를 전송함에 있어 수장 격의 예언자(Master Prophet)일 것이라는 주장은 순전한 가설에 불과하다.[168)]

b. 동사 '프로페튜에인'(προφητεύειν)

---

165) Didache 13:3에 의하면 신약 시대의 예언자는 구약의 대제사장에

166) 유일한 단수의 예는 고전 14:37이다.

167) Aune, *Prophecy in Early Christianity and the Ancient Mediterranean World*, p. 196. 계시록에도 복수 형태가 여럿 나오고 있는데(11:18, 16:6, 18:20, 24, 22:9), 이는 예언자(선지자)들이 사도나 성도들과는 구분되는 별개의 그룹임을 보여준다. *Ibid.*, p. 197.

168) Aune, *Ibid.*, pp. 197f.

신약에 28회 나오며 5회가 구약의 예언적 활동에 관한 언급이고(마 11:13, 15:7; 막 7:6; 벧전 1:10; 유 14) 나머지는 초기 유대교 또는 초기 기독교에 있어서의 예언 활동과 연관되어 사용되었다. 초대 교부들의 저서 속에서는 9회가 나오고 있는데, 3회는 기독교적 예언 활동에 관한 것이고 6회는 구약적 예언 활동에 관한 것이다.

c. 명사 '프로페테이아'(προφητεία)

실질적인 예언 행위를 나타내는 이 단어는 신약에 모두 19회 나오는데 단 3회만 구약과 연관되었다(마 13:14; 벧후 1:20, 21). 초대 교부들의 저서 속에는 4회가 나오는데 1회가 기독교적 예언 활동에 관한 것이다.

(3) 기독교 예언자들[169)]

a. 기독교 이전의 예언자들(경전 내)[170)]

① 사가랴(눅 1:67-79)

② 엘리사벳(눅 1:41-42)

③ 시므온(눅 2:25-32)

④ 안나(눅 2:36, 38)

⑤ 세례 요한(마 11:9; 막 11:32; 눅 1:76; 요 1:25)

b. 기독교 후기의 예언자들(경전 내)

① 예수(9회 언급)

② 아가보(행 11:28, 21:10-11)

③ 유다와 실라(행 15:32)

④ 빌립의 네 딸(행 21:9)

---

169) Aune, *Ibid.,* p. 140.

170) 이들 모두가 예수 그리스도의 출생과 깊은 관련이 있으며, 누가에 의해 정리된 점은 상당히 흥미롭다.

⑤ 무명의 선지자들(행 11:27; 13:1)

⑥ 바울(행 13:1 참조)과 베드로와 요한도 가능함.

c. 초기 기독교 문서에 나타난 예언자들(경전 외)

① 예언의 은사 지닌 에세네파의 메나헴.

② 아켈라오스의 몰락을 예언한 시몬.

③ 62년 예루살렘의 재앙 선포한 셀롯당의 예언자 아나니아스.

④ 헤롯 궁에 있던 바리새파 예언자 그룹.

⑤ 서머나의 감독 폴리캅(Polycarp).

⑥ 사데의 멜리토(Melito).

⑦ 안디옥의 이그나티우스와 로마의 허마.

⑧ 3세기 중엽에 본도(Pontus)와 갑바도기아(Cappadogia)에서 활동한 갑바도기아파의 여예언자들.

⑨ 빌라델비아의 암니아(2세기 중엽).

⑩ 하드리안(Hadrian) 황제 치세시의 콰드라투스(Quadratus).

⑪ 영지주의자 케린터스(Cerinthus).

⑫ 영지주의자인 마르쿠스(Markus).

⑬ 영지주의자로 아펠레스(Apelles)의 여예언자 필루메네(Philumene).

⑭ 영지주의자인 바르카바스(Barkabbas), 마르티나데스(Martinades), 마르시아노스(Marcianos).

⑮ 몬타너스파의 여예언자들 몬타너스(Montanus), 맥시밀라(Maximilla), 프리스킬라(Priscilla).

⑯ 2세기 중엽에 나타나 콰드라투스와 암니아를 계승했다고 주장한 몬타너스파 예언자들.

B. 묵시

(1) 묵시 또는 계시의 의미 (*요한계시록의 명칭* 참조)

a. 원래는 특별한 종교적 용어가 아니었고 단순히 어떤 사실을 드러내는 것을 뜻했다.

b. 하나님의 뜻이 우리의 행위를 위하여 계시될 때 사용되었다(갈 2:2).

c. 자신의 신실한 종에게 주시는 하나님의 진리를 의미했다(갈 1:12).

d. 설교자의 말씀이다(고전 14:6).

e. 예수 그리스도의 성육신으로 하나님의 비밀이 드러남이다(롬 16:25-26; 엡 3:3).

f. 세상의 종말에 이르러 하나님의 능력과 거룩함이 나타나는 심판이다(롬 2:5).[171]

(2) 계시의 경로[172]

a. 하나님 : 그는 모든 진리의 원천이시다.

b. 예수 그리스도 : 하나님이 직접 그 아들에게 주셨다(요 7:16; 8:28; 12:49).

c. 사도 : 천사를 통해 주셨다(계 1:1).

d. 성도 : 말씀과 성령의 역사로 임한다.

---

171) 그러나 믿는 자에게는 이것이 찬양과 영광의 계시요(벧전 1:7), 은총이며(벧전 1:13), 즐거움이다(벧전 4:13).

172) 성경 전통에 따르면 하나님과 인간의 직접 접촉은 불가능하며 반드시 중개자를 필요로 한다. 모세는 하나님에게서 직접 율법을 받은 것으로 되어 있으나(출애굽기 19-20장), 신약에서는 두 번이나 그 율법이 천사에 의해 주어진 것이라 밝히고 있다(행 7:53; 갈 3:19).

(3) 묵시란?

a. 묵시는 예언의 대용물이 아니며 새로운 역사적 정황에 대한 동일한 메시지의 재적용이요 발전이다.

b. 묵시는 예언이 노쇠해진 것이다.[173)]

c. 묵시는 새로운 언어(idiom)로 된 예언이다.

d. 묵시는 종교적 만화이다.[174)]

e. 묵시는 예언의 자녀이다.[175)]

(4) 묵시적 저서들[176)]

a. 다니엘 이전의 것들

① 에스겔서

② 제2이사야(40-66장)

③ 이사야서 13-14:23, 24-27장(가장 생생함), 34-35장

④ 요엘서

⑤ 오바댜서 15-21절

⑥ 스바냐서

⑦ 스가랴서

b. 유대적인 것들

① Ethiopic Enoch : "에녹서", 전설에 의하면 에녹은 366권의 책을 저술했다.

② Slavonic Enoch : "에녹의 비밀들"이라고도 불린다.

③ The Sibylline Oracles : "시빌의 신탁"

---

173) Barclay가 인용한 것으로 Julicher의 표현임. 그의 *The Revelation of John*, p. 6.

174) Beasley-Murray, "Revelation," *The New Century Bible Commentary*, p. 17; Glasson, *The Revelation of John*, p. 2.

175) H.H. Rowley, *The Relevance of Apocalyptic*(New York : Association Press,1963), p.15; Beasley-Murray, *Ibid.*, p. 14.

176) Beckwith, *The Apocalypse of John*, pp. 175-197.

④ The Psalms of Solomon : “솔로몬 시편”

⑤ The Odes of Solomon : “솔로몬 찬송집”

⑥ The Testaments of the XII Patriarchs : “12 족장의 유언”

⑦ The Book of Jubilees : “희년의 책”

⑧ Second Esdras : “제2에스드라서”는 제4에스라서로도 불리며 불가타역(Vulgate) 이후부터다.

⑨ The Assumption of Moses : “모세의 승천”

⑩ The Apocalypse of Baruch : “바룩 묵시록”

⑪ The Apocalypse of Abraham : “아브라함 묵시록”

⑫ The Apocalypse of Elijah : “엘리야 묵시록”

⑬ The Apocalypse of Zephaniah : “스바냐 묵시록”

c. 기독교적인 것들

① 요한계시록 : 유대적 패턴을 따라 정확히 쓰였고 ‘두 시대’의 기본적 개념을 따랐으며 ‘주의 날’이 ‘예수 그리스도의 날’로 바뀌었다.

② 비정경적인 것들(non-canonical)

The Shepherd of Hermas : “허마 목양서”

The Apocalypse of Peter : “베드로 묵시록”

The Apocalypse of Paul : 바울 묵시록”

The spurious Apocalypse of John : “의사(擬似) 요한 묵시록”

d. 기타의 것들

1) The Apocalypse of Moses : “모세 묵시록”

2) The Life of Adam and Eve : “아담과 이브의 생애”

3) The Ascention of Isaiah : “이사야의 승천”

C. 예언과 묵시

(1) 예언은 언제나 솔직한 용어로 표현되지만 묵시는 풍자적인 언어(cartoon language)를 자주 적용한다.[177)]

(2) 예언에서의 하나님의 왕국은 정치적이요 지상적 관점에서 생각되나, 묵시에서는 비정치적이요 초자연적이다.[178)]

(3) 예언의 주요 관심이 현세적인 것(mundane)임에 비해 묵시의 주요 관심은 언제나 초현세적인(super-mundane)이다. 예언은 사회, 경제, 정치의 현실적 정의를 위하여 울부짖으며 개혁을 통한 하나님의 왕국을 도모한다. 이에 비해 묵시는 개혁이 아닌 현세의 붕괴를 믿으며, 미래의 황금 시기는 반드시 현실의 붕괴를 통해 온다고 믿는다.[179)]

(4) 예언은 역사 속에서의 하나님의 구속적 활동을 그 출발점으로 한다. 즉 예언적 구속사의 관점에서 역사를 이해한다.[180)] 그러나 묵시

---

177) Glasson, *The Revelation of John*, p. 2; Beasley-Murray, "Revelation," *The Century Bible Commentary*, p. 14.

178) Beckwith, *The Apocalypse of John*, pp. 166f.

179) Beckwith, *Ibid.*, p. 167; Barclay, *The Revelation of John*, vol. I, pp. 3f.

180) Fiorenza는 자신의 *The Book of Revelation, Justice and Judgment*, pp. 35–67 & 138에서 계시록의 주요 관심사는 구원사(Heilsgeschichte)가 아니라 종말론이라 주장했다. 그녀는 인간 역사가 종말론 속에 잠겨 있으므로 임박한 종말에 무게를 두어야 한다고 했다. 요한으로 하여금 익명이기를 포기하고 역사적 사건에서 예언을 보며 그를 통해 세상 역사를 탐구케 한 것은, 그의 구원사 개념이 아니라 기독론이라는 논점인 데 치우친 감이 없지 않다. 왜냐하면 계시록에는 구속사적인 흐름이 시종일관하고 있기 때문이다. Cf. Mounce, "The Book of Revelation," *The New International Commentary on the New Testament*, p. 24. 그의 인용에 따르면 화이네-벰-큄멜(Feine-Behm-Kümmel)도 이 같은 입장에 서 있다. *Ibid.* 이외에도 성경, 특히 신약신학을 이해하는 데 있어 구속사적 관점에서 자신들의 종말론을 정립한 이로는 G.E. Ladd, A.L. Moore, H.N. Riddervos, Oscar Cullmann 등이 있다. 쿨만은 소위 '구속사 학파'의 거장이라 할 수 있는데, 그는 자신의 주요 저서들 속에서 'D-Day'와 'V-Day'의 전쟁 비유와 'Iready'와 'not yet'의 병렬

는 현세를 악하고 무의미한 것, 종말에 앞선 일종의 서곡으로 보며, 하나님이 역사 속에 손수 개입하실, 아직은 도래하지 않은 미래에다 초점을 맞춘다. 묵시에 있어서 역사란 우주적 사건의 시간표일 뿐이다.

(5) 예언은 낙관적이지만 묵시는 일종의 급진적인 비관주의(radical pessimism)이다.[181)]

(6) 예언은 언제나 선포되지만(oral), 묵시는 언제나 쓰인다(literary).[182)]

(7) 예언은 항상 예언자 자신의 이름하에 선포되나 예외의 경우가 있긴 하지만 거의 대부분 묵시는 지나간 시대의 위대한 인물들의 이름을 빌린다.[183)]

개념을 갖고서 이미 성취된 현재와 아직 이루지 못한 미래 사이의 긴장을 잘 갈파했다. 그의 *Christ and Time*, trans. by F.V. Filson(London : SCM Press, 1951), pp. xix & 37, 84–87; *Salvation in History*, trans. by S.G. Sowers (New York : Harper & Row, Publishers, 1965), p. 172; 그리고 M. Rissi, "The Kerygma of the Revelation to John," *Interpretation* 22 (1968) : 3–17; Anthony A. Hoekema, *The Bible and the Future* (Grand Rapids : Wm. B. Eerdmans Publishing Co., 1984), pp. 13–22; Dunn, *Unity and Diversity in the New Testament*, pp. 312ff.를 보라. Dunn의 결론적인 진술은 음미할 만하다. "묵시주의적 기독교의 역할은 그러므로, 현재의 실재들 때문에 미래의 희망을 포기한다든지, 아니면 미래의 환상 때문에 현실을 포기하려는 극단적인 시험을 극복하는 것이어야 한다. 현재를 미래의 빛 안에서 이해하거나 미래를 현재와 연관시켜 생각해야 한다…… 묵시주의적 기독교의 문제는 어떻게 이 둘을 존속시키고(retain) 억제하는가(restrain)에 있다"(pp. 339f.).

D. Hill은 그의 "Prophecy and Prophets in the Revelation of St. John," *New Testament Studies* 18 (1971–1972) : 401–418에서 계시록의 내용이 현재의 시간이 악하고 부패했다는 묵시주의적 비관의 관점보다는 역사의 구원사적 개념을 더욱 강조한 것으로 보고 그 성격이 묵시적이 아님을 주장했다.

181) Barclay, *The Revelation of John*, vol. I, p. 5; Walter Schmithals, *The Apocalyptic Movement*, trans. by Steely(Nashville : Abingdon Press, 1975), p. 21.

182) W. Barclay, *Ibid.*; Glasson, *The Revelation of John*, pp. 1f.; Newport, *The Lion and the Lamb*, pp. 52f.; Beasley-Murray, "Revelation," *The New Century Bible Commentary*, p. 14.

(8) 예언은 인간적 요소를 강조하지만 묵시는 신적인 행위에 강조점을 둔다.

XII. 요한계시록의 복음

요한계시록은 무수한 상징들과 신비한 환상들로 이루어져 있어 기존의 책들에 비하여 복음의 메시지를 한눈에 파악하기가 쉽지 않다. 그럼에도 신학의 골격을 이루는 주제들과 함께 복음의 기초들이 계시록의 근간이 되고 있다. 계시록은 선명한 그림으로 복음의 내용을 제시하고 있다. 다음의 열두 가지 복음은 계시록이 그 어느 책에 뒤지지 않을 만큼 축복의 말씀임을 보여준다. 그것은 곤란과 책벌의 환경 속에서 살아가는 모든 크리스천들에게 위로와 소망을 건네준다.

1. 증거의 복음

A. "보니"(1:12, 17, 4:1, 5:1, 2, 6, 11, 6:1, 2, 5,8, 9, 12, 7:1, 2, 9, 8:2, 13, 9:1, 17, 10:1, 5, 11:19, 12:1, 3, 13:1, 2, 11, 14:1, 14, 15:1, 2,5, 17:2, 18:1, 19:11, 17, 19, 20:1, 4, 11, 12, 21:1, 2, 22:1, cf. 1:1, 2, 11, 19, 20; 17:1, 15,16, 18)

B. "들으니"(1:10, 4:1, 5:11, 13, 6:1, 3, 5, 6, 7; 7:4; 8:13, 9:13, 10:4, 12:10, 14:13, 16:1, 5, 18:4, 19:1, 6, 21:3. cf. 9:16, 10:8, 17:8, 12)

---

183) Mounce, *Ibid.,* pp. 21f. 주(footnote) #99를 참조하라.

2. 축복의 복음

A. 예언의 말씀을 읽고 듣고 지키는 이들(1:3).
B. 주 안에서 죽는 자들(14:13).
C. 깨어 있는 이들(16:15).
D. 어린양의 혼인 잔치에 청함을 입은 이들(19:9).
E. 첫째 부활에 참여하는 자들(20:6).
F. 예언의 말씀을 지키는 자들(22:7).
G. 두루마기를 빠는 자들(22:14).

3. 재림의 복음

A. 구름을 타고 오심(1:7).
B. 도적같이 이름(3:3; 16:15).
C. 속히 임함(22:7, 12, 20, cf. 2:16, 3:11).

4. 승리의 복음

A. 교회(2:7, 11, 17, 26, 3:5, 12, 21) : "이기는 자"
B. 예수
(1) 다윗의 뿌리 예수(5:5).
(2) 백마 탄 자(6:2).
(3) 어린양 예수(17:14상반절) : 열 왕을 이김.
C. 미가엘과 그의 사자들(12:8) : 용과 그의 사자들을 이김.
D. 성도(21:7)
(1) 마귀를 이김(12:11).

(2) 짐승과 그의 우상과 그의 이름의 수를 이김(15:2).

(3) 열 왕을 이김(17:14하반절).

5. 심판의 복음(11:18, 16:5, 7, 18:8, 10, 20, 19:2, 20:4, 12, 13, cf. 2:23, 22:12)

A. 진노의 큰 날(6:17).

B. 심판하실

C. 진노의 포도주(14:10, 16:19, cf. 14:19-20,19:15).

D. 전능하신 이의 큰 날(16:14)

6. 인내의 복음(1:9, 2:2, 3, 19, 3:10, 13:10, 14:12)

7. 회개의 복음(2:5, 16, 21, 22, 3:3, 19, 9:20, 21, 16:9, 11)

8. 비밀의 복음(1:20, 10:7, 17:7, cf. 17:5)

9. '새' 복음

A. 새 이름(2:17, 3:12)

B. 새 예루살렘(3:12, 21:2)

C. 새 노래(5:9, 14:3)

D. 새 하늘(21:1)

E. 새 땅(21:1)

F. 새 만물(21:5)

10. 생명의 복음

A. 생명나무(2:7, 22:2, 14, 19)
B. 생명의 면류관(2:10)
C. 생명책(3:5, 13:8, 17:8, 20:12, 15, 21:27)
D. 생명수(7:17, 21:6, 22:1, 17)

11. 아멘의 복음

A. 성도(1:6, 7, 22:20, 21)
B. 네 생물(5:14, 19:4)
C. 천사들(7:12)
D. 24장로(19:4)
E. 아멘이신 예수(3:14, cf. 사 65:16; 요한복음에 나타난 25회의 "Ἀ'μὴν ἀμὴν λέγω ὑμῖν" / '아멘 아멘 레고 후민'의 형태)

12. 찬양의 복음

A. 네 생물(4:8)
B. 24장로(4:11, 11:17–18)
C. 네 생물과 24장로(5:9–10)
D. 천사들(5:12, 7:12)
E. 만물(5:13)
F. 구속함 받은 성도들(7:10, 15:3–4)
G. 하늘의 큰 음성들(11:15, 12:10–12, 19:1–2,6–8)
H. 보좌의 음성(19:5)

XIII. 요한계시록과 창세기

요한계시록과 창세기는 성경의 마지막 책과 처음 책이란 점에서 서로 비교할 만한 내용이 있을 것이다. 다음은 대조적인 입장에서 양 책을 살펴본 내용들이다.[184)]

과도기의 세상(창세기)	영원한 세상(계시록)
* 빛과 어둠을 나눔(1:4)	* 빛이 필요 없음(21:25)
* 땅과 바다를 나눔(1:10)	* 바다가 없음(21:1)
* 해와 달이 필요함(1:16)	* 해와 달이 불필요(21:23)
* 옛 하늘과 옛 땅(2:1-3)	* 신천신지가 이룩됨(21:1)
* 예비된 낙원에 있는 자	* 예비된 도성에 있는 자(2:8, 9, 21:2)
* 에덴에서 발원하는 강	* 보좌에서 흐르는 강(2:10, 22:1)
* 동산 중앙의 생명나무	* 도성 곳곳의 생명나무(2:9, 22:2)
* 땅의 금(2:12)	* 도성의 정금(21:18, 21)
* 보석 베델리엄과 호마노	* 온갖 종류의 보석(2:12, 21:19-20)
* 하나님이 동산에 거니심(3:8)	* 하나님이 그 백성들과 함께 거함(21:3)
* 성령의 운행(1:2)	* 성령의 초청(22:17)
* 신부가 남편에게서 나옴(2:21-23)	* 신부가 남편을 위해 단장함(21:2)
* 생육하고 번성하라 명하심(1:28)	* 번성한 하늘 백성들 : "만국"(21:24)
* 거짓말쟁이가 낙원에 접근(3:1-5)	* 거짓말쟁이는 도성에 접근 금지(21:27)
* 하나님의 형상과 사람(1:27)	* 하나님의 현존과 사람(21:3)
* 시험 중인 사람(2:17)	* 상속받는 사람(21:7)

저주받은 세상(창세기)	구속받은 세상(계시록)
* 땅이 저주받음(3:17)	* 더 이상 저주 없음(22:3)
* 일상적인 슬픔(3:17)	* 더 이상 슬픔 없음(21:4)
* 얼굴에 흐르는 땀(3:19)	* 더 이상 눈물 없음(21:4)
* 가시와 엉겅퀴(3:18)	* 더 이상 고통 없음(21:4)
* 땅의 채소를 먹음(3:18)	* 12가지 실과 먹음(22:2)
* 흙으로 돌아감(3:19)	* 더 이상 죽음 없음(21:4)

184) Henry M. Morris, *The Revelation Record*, p. 22. 대조의 부분이 창세기의 초반부와 계시록의 후반부로 되어 있음은 매우 흥미로운 사실이다.

* 가죽옷(3:21)	* 흰 세마포(19:14)
* 상해(傷害)하는 마귀(3:15)	* 유형(流刑)되는 마귀(20:10)
* 접근 금지된 생명나무(3:24)	* 접근 허용된 생명나무(22:14)
* 구속주가 약속됨(3:15)	* 구속이 완성됨(21:3-4, cf. 5:9, 10)
* 악이 계속됨(6:5)	* 악이 끝남(21:27)
* 여인의 후손(3:15)	* 다윗의 자손(22:16)
* 방어하는 천사(3:24)	* 초청하는 천사(21:9)
* 첫 아담 결혼(2:18-23)	* 마지막 아담 결혼(19장)

인봉된 책

제1부

인봉된 책(1–11장)

계시록은 전체 22장에 404절로 이루어져 있다. 형식상 계시록은 서신에 속한다. 바울 서신을 비롯한 여타 서신서들과 동일하게 서신이 지닌 일반적인 특징들을 갖고 있다. 발신자인 요한과 수신자인 아시아의 일곱 교회가 분명히 표기되어 있고, 서신의 중요 내용들이 일관성 있게 전개되어 나간다. 계시록이 지니고 있는 예언적 성격은 본 서신의 내용이 비단 당시의 역사적인 일곱 교회만이 아니라 오고 오는 세대에 걸쳐 전 세계의 모든 교회들을 향한 메시지라는 점에서 뚜렷하다. 고대에는 신탁이나 예언의 내용을 전달함에 있어서 서간 형태를 취한 예가 많으므로 엄밀하게 말한다면 계시록은 '예언적 서신'(prophetic letter)에 속한다.

예언과 묵시를 구분하여 계시록이 예언이나 묵시에 속한다고 단정할 수 없다. 요한계시록은 명백하게 예언적 기능을 많이 담고 있다(1:3, 10:11, 22:7, 10, 18, 19). 그럼에도 불구하고 요한 자신이 책 제목을 "묵시"(1:1)라 밝힌 점과 본서의 형식과 내용은 본서가 묵시록의 범주에 속했음을 의미한다. 본서는 구약의 여러 예언서들과 구분될 만큼 환상들, 숫자의 상징적 적용, 해석, 천사들의 등장, 구약의 빈번한 인용, 임박한 종말론과 비관적인 분위기, 이원론적 분위기, 우주적, 영적 세계의 초월적 경험, 기이한 형상들의 동원, 시간과 공간을 아우르는 신비로운 구원의 역사 등으로 이루어져 있다. 서신의 형식을 지닌 본서는 다양한 예언과 묵시적 내용들을 내포하고 있으며 수신자들에게 어떤 신적 메시지를 전달하기 위해 다채로운 문학 기법들이 풍부하게 사용되고 있다.

본서는 내용상 그리고 편의상 두 부분으로 나눌 수 있다. 전반부(1-11장)는 인봉된 책이며, 후반부(12-22장)는 개봉된 책이다. 인봉된 책에서는 인자의 모습과 함께 일곱 교회에게 보낸 편지로 이루어진 첫째 환상(1:9-3:22), 하나님의 보좌와 일곱 인으로 된 둘째 환상(4:1-8:1), 그리고 일곱 나팔의 셋째 환상(8:2-11:19)이 포함되어 있다. 또한 계시록에는 모두 세 개의 막간이 들어 있는데, 전반부의 인봉된 책에 '구원의 환상'(7:1-17)인 첫째 막간과 '사역의 환상'(10:1-11:13)인 둘째 막간이 있다.

I. 서언(1:1-8)

요한은 예언 전통과 서간 형식을 빌어서 자신의 계시를 전달한다. 서언에서는 임박한 종말, 계시된 예언의 진정성, 인내의 불가피성, 신성의 명료화를 놓치지 않고 다룬다. 요한은 서언에서 서언의 형태를 빌어 계시의 원천과 내용과 매개체와 수신인 전반에 대해 간략하게 언급을 한다. 연이어 일곱 교회에게 전하는 공식적인 인사(1:4-5상반절)와 함께 삼위일체 하나님께 송영을 바친다(1:5하반절-6). 특별히 서문의 첫 두 절은 본서의 기원, 주제, 속성을 잘 반영하고 있다. 수신자들에 대한 축복을 빠뜨리지 않는다(3절). 짧은 여덟 절의 문장에서 계시록의 모든 것을 잘 설명하고 요약한다. 7-8절은 계시록 전체의 핵심적 주제와 결론을 담고 있다.

요한은 자신의 서신이 예수 그리스도의 계시인 점을 담대히 밝히면서 편지의 서두를 시작한다. 이는 요한이 체험한 내용이 너무 생생하며 소아시아의 일곱 교회를 비롯한 이 땅의 교회가 처해 있는 박해상황을 고려할 때 화급을 다투는 긴급 메시지임을 의미한다. 하나님은 이 일을 위하여 천사를 요한에게 급파하셨다. 땅과 하늘을 번갈아가며 보고 들은 여러 환상과 비전들은 땅에 잠시 거하면서 신실한 믿음의 길을 걸어가던 하늘 백성들을 위한 영적 지침서였다. 그들은 한편으로 악의 세력에 대해 견디고 싸우며 다른 한편으로 하나님의 공의를 만방에 전해야 했다. 요한은 인사말에서 소아시아에 있는 일곱 교회를 향하신 주님의 절절한 사랑을 전한다.

그분은 일찍 죽임을 당하셨으나 다시 살아나 천하만국을 철장으로 다스리시는 영광의 주 그리스도시다. 그분이 요한과 함께 의의 백성들을 구속하시고 지금도 보호하시며, 장차 영원한 사랑으로 건져내실 것이다. 요한은 인사말에서 삼위일체 하나님께 대한 송영을 바치며, 본서의 핵심 주제가 되며 본서를 쓰게 된 동기인 주님의 재림 정경을 마치 색깔이 있는 그림 언어처럼 생생하게 묘사한다. 그리스도의 재림이 하나님을 거역하며 죄의 길을 고집하던 자들에게는 화와 파멸의 날이 될 것이지만 의의 날이 도래하기를 기다리며 믿음의 길을 신실하게 지켜온 성도들에게는 영광과 신원의 날이 될 것이다.

1. 서문(1:1–3)

계시록은 그 문체에 있어 다양한 모습을 보인다. 일반적으로는 예언, 묵시, 서신으로 잘 이해하고 있다. 아운은 계시록의 형식과 기능을 다른 논문에서 특히 2-3장에 주목하여 계시록이 일종의 칙령(edict)에 해당한다고 이해하였다. 블레빈스(Blevins)는 헬라의 비극과 연관시켜 계시록을 드라마로 보기도 하였다. 서신 형태는 서문의 통상적 인사(1:4-5상반절)와 결론 부분에서의 일상적 축복(22:21)으로 분명하다. 2-3장이 황제의 칙령에 비할 수는 있지만 이 형식을 책 전체에 적용하기 어렵다는 문제가 있다. 블레빈스의 '극'적 인식은 아운보다는 강점이 있지만 역시 전체적인 적용은 무리이다. 계시록은 묵시적 요소가 매우 강력하다. 문학으로서는 묵시 문학에 속하고, 세계관은 묵시적 종말론으로 드러나며 사회종교적 운동으로는 묵시주의로 정의된다. 계시록이 예언인 것은 형식 이해에 있어 가장 명료하다. 요한 자신이 본서의 특징을 예언으로 소개하였다(1:3, 22:7, 10, 18, 19). 계시록은 서신의 형태 속에 예언과 묵시의 요소를 담고 있는 독특한 문체에 속한다.

계시록의 서문 형식은 구약의 예언 전통들(호 1:1; 욜 1:1; 암 1:1)과 일맥상통하다. 서문은 본서의 에필로그와 함께 본서가 기독교 예언의 범주에 속함을 명시한다. 요한은 서문에서 저자 자신만이 아니라 본서를 쓰게 된 목적과 그 구체적인 내용까지 언급한다. 구약의 예언서나 신약의 서신서에서는 저자의 이름이 주로 맨 처음에 나오는데 계시록에서는 신학적인 진술과 함께 뒤에 나온다. 요한은 자신의 서신 배경이 되는 신적인 기원을 밝히면서 자신이 경험한 모든 환상들이 천사를 매개체로 하여 하나님과 그리스도에게서 온 것임을 선언한다. 전대미문의 박해의 환경 속에서 숨죽이며 살아가던 크리스천들에게 그들이 믿는 하나님이 더 이상 침묵하지 않으시며 세상 역사를 온전히 주관하고 계심을 확신시키기 위함이었다. 이 짧은 서문에는 본서의 제목과 종말론적 내용의 요약 그리고 하나님의 백성이 어떻게 처신해야 하는

지에 대한 예언적 권면이 모두 들어 있다.

고대의 풍습에 따른 편지의 서문은 저자를 밝힐 뿐 아니라 목적과 특징적인 내용들을 포함한다. 신구약의 예언서나 서신서 역시 저자를 서두에서 밝히지만, 계시록은 베드로전서의 서문처럼 어떤 신학적 의미를 담고 있다. 베드로전서 1-2장의 삼위일체적인 서론이 2절에서 엿보이고 송영 부분은 3절에서 드러난다. 요한은 자신의 서신이 신적인 권위를 바탕으로 이루어졌음을 자신의 독자들에게 알릴 목적으로 이런 서문의 형식을 따랐다. 자신의 경험은 개인의 종교적인 황홀경의 산물이 아니라 하나님과 그리스도에 의해 주어졌고 천사를 중개자로 하여 자신에게 전달된 것임을 공고히 한다.

많은 그리스도인들이 생각하듯 하나님은 소아시아의 교회들이 당하는 박해와 위기의 시련을 외면하는 것이 아니었다. 침묵 속에서도 하나님은 자신의 뜻을 반드시 정하고 이루시며, 자신의 교회와 성도들을 결코 잊지 않으심을 알려주고자 하였다. 박해자의 창검이 성도들의 눈앞에서 춤을 추어도 성도와 박해 세력을 포함하여 인간 역사의 모든 면에서 주님은 여전히 통치권을 행사하신다. 요한의 이 짧은 서문은 전체에 대한 종말론적 요약인 동시에 의기소침해 있는 당시의 크리스천들에게 주시는 예언적 권면과 위로의 메시지가 된다. 요한은 자신이 직접 보고 들은 환상의 내용들을 간증하지 않는다. 천사의 중재를 통하여 예수 그리스도께로부터 온 계시에 모든 초점을 맞춘다.

1 예수 그리스도의 계시라 이는 하나님이 그에게 주사 반드시 속히
될 일을 그 종들에게 보이시려고 그 천사를 그 종 요한에게 보내어

지시하신 것이라
2 요한은 하나님의 말씀과 예수 그리스도의 증거 곧 자기의 본 것을 다 증거하였느니라
3 이 예언의 말씀을 읽는 자와 듣는 자들과 그 가운데 기록한 것을 지키는 자들이 복이 있나니 때가 가까움이라

1 예수 그리스도의 계시라

요한계시록은 그 첫 소리가 "예수 그리스도의 계시라"(Ἀποκάλυψις Ἰησοῦ χριστοῦ / 아포칼뤼시스 예수 크리스투)는 선언으로 시작한다. 이것은 본서의 기원이 어디에 있는지를 잘 보여준다. 계시록의 첫 세 단어는 본서의 환상과 메시지의 원천이 어디에 있으며, 본서의 총 주제가 무엇인지를 선명하게 보여준다. 내용이 단순해도 요한의 것이 아니요 예수 그리스도의 것이요 메시지가 강경해도 천사에게서 나온 것이 아니라 예수 그리스도께로부터 나온 것이다. 그래서 계시록은 1절의 출발부터 마지막 404절에 이르기까지 신적인 권위를 갖는다. 문법적으로는 주어 속격 또는 대격으로 해석될 수 있다.

소수의 학자는 이를 대격으로 취해서 갈 1:12에서와 같은 의미로 해석한다. 그러나 본 문장에서는 주어 속격이 타당하다. 예수 그리스도에 관한 계시가 아니다. 예수 그리스도께서 친히 계시하여 주신 예수 그리스도의 계시이다. 요한은 계시의 목적이요 내용인 예수 그리스도의 계시를 받았다. 요한계시록은 사실 요한의 계시록이 아니라, '예수 그리스도의 계시록'이다. 사도행전이 '성령행전'으로 불리는 것과 똑같은 원리다. 계시록에는 '예수 그리스도'(Ἰησοῦ χριστοῦ / 예

수 크리스투)가 주어 속격의 의미에서 사용된 경우가 많다(1:9, 12:17, 14:12; 17:6, 19:10, 20:4).

요한의 저작이 묵시적 내용을 품고 있음에도 묵시가 아니라 계시인 것은 1절의 선언에 기인한다. 묵시는 저자가 끝까지 익명으로 남아 독자들의 안전을 도모하며 내용 또한 상징들과 비밀스런 도구들을 활용하여 끝까지 베일에 가리도록 한다. 묵시와 계시가 비슷하면서도 근본적인 차이점은 묵시가 베일로 덮어버리는 것임에 비해 계시는 덮인 베일을 벗기는 것이다. 요한은 자신의 저작이 묵시가 아니라 계시인 것을 분명한 어조로 밝혔다. 계시록은 저자가 드러난 실체요, 수신인도 역사의 어느 한 시점에 특별한 상황에 놓여있던 공동체로 명시하였다. 요한의 계시는 자신에게 속한 것이 아니다. 요한계시록은 예수계시록이다. 예수 그리스도가 계시의 원천이시다. 하나님이 그리스도에게 주신 것을, 그리스도는 다시 천사를 통하여 자신의 종 요한에게 알려주셨다. 요한을 통해 자신의 백성들을 경성시키고 위로하기 위해서다. 요한이 보고 들은 모든 환상의 중심에는 반드시 그리스도가 계신다. 그가 보여주시고 들려주시며 설명하여 알게 하신다.

예수 그리스도

예수는 그의 육신적 이름이며 그리스도는 직분적 이름이다. 예수는 "여호와는 구원이시다"를 뜻하는 히브리어 여호수아의 헬라어 번역이다. '예수'란 이름에는 구원자란 의미가 담겨 있다(마 1:21). 여호수아는 모세의 뒤를 이어 이스라엘 민족의 구원을 완성시킴으로 인류 구원을 완성시킨 예수의 모형이 되었다. 그리스도는 '기름부음 받은 자'란 뜻으로 히브리어 메시아의 헬라어 번역이다. 구약 시대에는 제사장과 선지자와 왕만이 기름부음을 받았다. 그들은 하나님의 구속 사역에 있어 백성의 대표자(제사장), 또는 하나님의 대리자(왕)와 대언자(선지자)로서의 직무가 주어졌다.

제사장은 백성들을 대표하여 하나님께서 제정하신 제사법에 따라 합당한 제사를 집전했다. 왕은 하나님을 대리해서 하나님의 백성을 치리했다. 선지자 혹은 예언자는 하나님의 대언자로서 백성들에게 하나님의 말씀을 전했다. 신약에 나타난 그리스도는 이 세 직분을 한 인격 속에서 맡아 완전하게 이루셨다. 생전의 지상 사역을 통해서는 선지자의 사역을 주로 이루셨다. 죽으심 이후로는 멜기세덱의 반차를 좇은 별다른 대제사장, 영원한 대제사장으로서 중보자의 제사 사역을 이루셨고 이루시고 계시다.

장차 메시아 왕국이 이루어지면 영원한 왕으로서 치리하실 것이다. 주님 생전에는 아직도 하나님께서 제정하신 제사 직분이 엄연히 존재하고 있었으므로 레위 지파가 아닌 주님이 대제사장직을 주장하실 수 없으셨다. 나다나엘의 고백과 빌라도의 질문을 통해 이스라엘의 왕이심과 십자가에 쓰인 명패로 유대인의 왕임이 암시되었으나 주님은 지상에서의 왕권을 주장하지 않으셨다. 군중들에 의해 옹립되기 직전에도 이를 거절하셨고 메시아 왕국의 도래를 확신하던 제자들의 기대도 무시하셨다. 다만 선지자의 칭호만은 거절치 않으셨다. 말라기 이후로 약 400년간이나 단절되었던 선지자의 사역이 세례 요한을 통하여 반짝 비추어지긴 했지만 그의 죽음으로 당시 이스라엘에는 선지자의 맥이 끊겨져 있었다. 그러했기에 주님은 선지자 중의 선지자로서 하나님의 말씀을 대언하는 사역과 표적과 기사로 충만한 능력 사역을 수행하셨다.

'예수 그리스도'라는 높임 받으신 칭호는 계시록 전체에서 오직 세 번만 사용되었다(1:1, 2, 5). '주'는 두 번(11:8, 14:13), '주 예수' 역시 두 번(22:20, 21) 나온다. '예수'가 단독으로 호칭된 곳은 무려 아홉 번(1:9[2], 17, 14:12, 17:6, 19:10 [2], 20:4, 22:16)에 이른다.

계시

아포칼륍시스(Ἀποκάλυψις)란 "감추인 것을 나타내 보인다", "벗겨낸다"는 뜻으로 본서에서는 유일하게 이곳에만 나오는 단어다. 면사포를 벗겨 신부의 실체가 밝히 드러나는 것과 같다. 거울로 보는 것보다 얼굴과 얼굴을 마주 대하듯 더 확실하고 완전하게 드러나 보이는 것을 의미한다. 계시의 원천은 하나님이시다. 계시의 수혜자는 밧모 섬에 유배를 당해 있던 사도 요한이다. 계시의 내용은 예수 그리스도이다. 계시의 전달자는 하나님의 지시를 받아 보냄 받은 천사이다.

요한은 22장에서 "이 책의 예언의 말씀"(τοὺς λόγους τῆς προφητείας τοῦ βιβλίου τούτου / 투스 로구스 테스 프로페테이아스 투 비블리우 투투, 22:7)이라 서술함으로 이 계시의 내용이 예언적 메시지임을 분명히 밝힌다(22:6, 9, 10, 18, 19, 그리고 10:11, 19:10). 요한계시록이란 명칭은 바로 이 '계시'에서 연유되었다. 신약에서는 모두 44회가 사용되었는데 명사로는 18번, 동사로는 26번이다. 원래는 덮여졌는데 벗겨내는 것을 의미한다.

하나님이 그에게 주사

계시의 원천이 하나님이시요 예수 그리스도가 1차적 수령자이심을 보여준다. 2차적 수령자인 사도 요한이나 3차적 수령자인 신자들과는 근본적으로 다르다. 예수 그리스도 자신은 계획된 성부 하나님의 계시를 친히 수행하기 위해 받은 계시의 내용 자체이시다. 주고받는 관계에 근거하여 성자 하나님을 성부 하나님에 비해 열등한 존재로 이해하는 것은 잘못이다. 성부 하나님은 계시를 계획하시고 성자 하나님은 그 계시를 수행하기 위해 받으셨다. 창조에 있어서도 마찬가지다. 성부 하나님은 창안하시고 성자 하나님은 집행하시고 성령 하나님은 완결하셨다. 계시의 경로는 분명하다. 창안자 성부(하나님)→ 집행자 성자(하나님)→ 전달자 천사→ 실질적 수혜자 요한(인간)→ 신자들(인간)의 순서를 이룬다.

성부 하나님이 성자 하나님에게 주신 계시를 그리스도는 다시 천사를 통하여 사도 요한에게 주셨다. 하나님으로부터 인간에게 계시를 전달하기 위해 천사라는 영적 존재를 내세워 매개자로 삼으셨다. 천사를 계시의 메신저로 사용하신 예는 창세기에서부터 성경 전체에 걸쳐 풍성하다. 본문의 천사란 단어 앞에는 관사가 있는데 이것은 많은 천사들 가운데서 이 일을 위해 특별히 구별된 한 천사를 가리킨다. 기쁜 소식 전하는 자로서의 가브리엘 천사가 가장 유력하다. 천사는 모두 67회 언급되었다.

"하나님이 그에게 주사"(ἔδωκεν αὐτῷ ὁ θεός / 에도켄 아우토 호 떼오스)에서 구두점을 찍고 안 찍고의 문제로 해석의 차이를 보였다. 흠정역은 "그에게" 다음에 구두점을 찍어서 이 관계절을 설명어가 되도록 하였다. 그렇게 된다면 "주사"(ἔδωκεν / 에도켄)는 "보이시려고"(δεῖξαι / 데잌사이)로부터 구문론적으로 분리된다. 달리 말하면 하나님은 그리스도에게 계시를 보이도록 주지 않았다는 해석이 된다. 많은 영역본들은 "그에게" 다음에 구두점을 찍는 것에 반대한다. 그럴 경우 “보이시려고”(ASV, RSV, NASB, NIV)는 “주사”의 목적이 되어 그리스도가 (자신의 종들에게) 보이게 하려고 하나님이 그리스도에게 주신 것이 된다. 하나님께서 자신에게 속한 계시를 그리스도에게 주셨다. 그리스도께서 자신의 종들에게 보이도록 하기 위함이다. 후자의 선택이 옳다.

반드시 속히 될 일

계시의 성취가 불가피하며 임박했음을 나타내는 말이다.

하나님의 의지가 반영된 것으로 계시의 수령자로 하여금 자세를 가다듬게 한다. 하나님이 뜻하셨기에 그 정하신 바에 따라 성취될 것이다. 성경 말씀이 일점일획도 가감 없이 이루어지듯이 계시록의 계시도 그렇게 이루어질 것이다. 계시록에는 긴급함을 뜻하는 “속히”라는 말이 7회나 나오고 있다(2:5, 16, 3:11, 11:14, 22:7, 12, 20). 이는 더디지 않고 긴박하게 이루어질 것을 뜻한다. 이 긴박한 때는 인간의 조급성과는 달리 이르지도 늦지도 않은 정확한 시간에 이루어지는 하나님 편에서의 때이다.

“속히 될 일”은 장차 일어날 일의 긴박성에 대한 표현일 뿐 아니라 요한이 천사를 통해 수령할 예수 그리스도의 내용이 대체 무엇인지를 설명한다. 계시의 내용이 될 어떤 일들이 조만간 “마땅히”(4:1), “당연히”(마 24:6; 막 13:7), “반드시”(22:6) 일어난다. 그것들은 하나님의 뜻에 따라 이미 정해진 일들이다. 은밀한 일을 나타낼 자는 오직 하나님이시다. 바로에게 연거푸 꿈을 두 번 꾸게 하신 것도 하나님의 하실 일을 드러내기 위함이었다. 느부갓네살이 꾸었던 거대한 신상도 후일 될 일을 알게 하기 위해서였다(단 2:28). 요한복음에서도 ‘데이’(δεῖ

/ 데이)는 하나님의 길과 뜻을 나타냈다(요 3:30, 4:20, 24).

예언의 계시가 성취되는 이 '때'는 주님도 모르고 하늘의 천사들도 모르고 오직 아버지만 아신다. 모리스는 "속히"를 시간에 관한 문제라기보다는 확실성에 관한 표현으로 이해하였다. 과거주의적 해석에서는 "속히"를 요한 당시로 이해하지만 문법적으로는 본문의 "속히"(quickly)가 옳다. 3절에 나오는 "때가 가까움이라"는 말씀에 비추어보아도 종말론적 의미에서의 임박함으로 보는 것이 타당하다. 이때의 임박성도 언제일지 모르지만 어느 순간이라도 가능한 특정 사건을 뜻한다고 보아야 한다.

그 종들에게 보이시려고 그 천사를 그 종 요한에게

계시록의 최종 수신자는 하나님의 종들이다. 그들은 예수의 증거와 하나님의 말씀을 지키는 성도들이다. "여러 종들에게"(τοῖς δούλοις / 토이스 둘로이스) 전하시기 위해서 "한 종"(τῷ δούλῳ / 토 둘로)인 요한에게 하나님의 천사를 보내셨다. 계시록에서 "종"은 모두 14회 사용되었다. 세 번은 문자적인 의미에서(6:15, 13:16, 19:18) 나머지 열한 번은 상징적으로 쓰였다. 모세(15:3), 요한 자신(1:1에 2회), 선지자들(10:7, 11:18), 대부분은 크리스천에 대한 일반적인 언급으로 사용되었다(1:1, 2:20, 7:3, 19:2, 5, 22:3, 6). 백위드(Beckwith)는 계시록에 나오는 '종'이 모든 신자들을 의미하는 것이라 보았다.

구약에서는 시종이나 병사를 왕의 '종'(עבד 에베드)이라 불렀다(삼상 18:5, 20, 19:4; 삼하 14:19-20, 22). 상대에게 자신을 스스로 낮추는 표현이기도 하였다(창 50:17). 하나님은 이스라엘 백성을 자신의 종이라 부르셨다(사 48:20). 신약에서는 신자들을 향해 "그리스도의 종"(고전 7:22; 갈 1:10; 엡 6:6; 골 4:12), "하나님의 종"(벧전 2:16)이라 불렀다. '그 종'인 사도 요한이나 '그 종들'인 성도들이나 모두 그리스도 안에서 얻은 자유로 스스로 종 된 자들이다. 그들은 구속된 종이 아니라 자유로운 종들이다. 복음을 위해서 영원한 종을 자처하고 나선 자들이다.

"보이시려고"(δεῖξαίκνυμι/ 데익사이크누미)의 주체는 하나님이시다. 하나님이 예수 그리스도의 계시를 천사를 통해 보이신다. 이 단어는 본서에 여덟 번 나오는데 신약 전체에서 사용한 횟수보다 많다. 그 다음이 요한복음의 일곱 번이다. 이는 '베일을 벗겨내는' 아포칼립시스와 같은 의미이다. 하나님이 눈을 감기시면 볼 눈을 가지고도 볼 수가 없다. 하나님이 보이시려고 작정하시면 인간은 영적 지각력을 얻어 평소에 보지 못한 세계와 진리의 깊이를 통찰한다. 지혜와 계시의 영은 전적으로 하나님께 속하였다. 드러난 일은 인간에게 속했을지라도 감춰진 것은 하나님께 속했다. 베일 속에 가린 신비도 하나님이 계시의 영을 작동하시면 열리고 풀린다. 하나님은 요한에게 그와 같은 은혜를 지금 내리신다.

2 하나님의 말씀과

요한이 듣고 본 모든 환상은 예수 그리스도를 통하여 증거된 하나님의 말씀이었다. "하나님의 말씀"(ὁ λόγον τοῦ θεοῦ / 호 로곤 투 떼우)이란 표현은 계시록에서 모두 일곱 번 사용되었다(1:2, 9, 6:9, 17:17, 19:9, 13, 20:4). 이중에서 네 번은 "하나님의 말씀"이 "예수의 증거"와 더불어 사용되었다(1:2, 9, 6:9, 20:4). 본서의 서두에 자신이 하나님의 말씀을 받았다는 증언은 하나님의 말씀을 받은 구약 예언자들의 전통에 따라(호 1:1; 욜 1:1; 렘 1:2, 4, 11) 요한 자신이 이미 예언자임을 자각하고 있었다는 반증이다. "하나님의 말씀"은 하나님에게서 받은 말씀을 그대로 전하는 예언자의 발언과 영감 받은 말씀을 선포하는 사도적 메시지를 모두 포함한다.

예수 그리스도의 증거

"예수 그리스도의 증거"(τὴν μαρτυρίαν / 텐 마르튀리안)가 목적 속격인지 아니면 주격 속격인지에 대한 논란이 계속되어 왔다. 목적 속격이면 '예수 그리스도에 관한 증거'가 되고, 주격 속격이면 '예수 그리스도에 의한 증거'가 된다. 그리스도는 계시의 수여자로서 그 기능을 하고 있기에 주격 속격으로 보는 것이 타당하다(Giesen, Aune). 요한은 계시자이신 예수 그리스도에 의해 주어진 계시를 모두 증거했다. 이것이 곧 하나님의 말씀이요 요한 자신이 본 내용에 해당하는 것이다. 요한이 보고 들은 모든 환상의 내용을 한마디로 말하자면 예수 그리스도의 증거다. 예수 그리스도를 증거하지 않는 모든 환상은 아무 의미가 없다. 요한은 구태여 "하나님의 말씀과 예수 그리스도의 증거"(τὸν λόγον τοῦ θεοῦ καὶ τὴν μαρτυρίαν Ἰησοῦ Χριστοῦ / 톤 로곤 투 떼우 카이 텐 마르튀리안 예수 크리스투)란 표현을 사용하는데 자신의 환상이 품고 있는 핵심이 무엇인지를 강조하기 위함이다. 하나님과 그리스도의 계시는 곧 하나님과 그리스도에 관한 환상이다. "예수 그리스도의 증거"는 계시록에 모두 여섯 번 나온다(1:2, 9, 12:17, 20:4, 그리고 19:10에는 두 번).

자기의 본 것

요한의 환상은 들음도 있었으나 대부분이 봄으로 이루어졌다. 그것은 하나의 환상이 아니라 여러 개의 환상들로 이루어진 환상들의 뭉치였다. 종말의 때에 이루어질 세상과 교회에 관한 일들은 이미 말씀으로 모두 계시된 내용들인데, 이제 요한에게 더욱 확실하고 긴박한 깨우침으로 다가온 것이다. 신중한 요한은 자신이 본 모든 것이 예수 그리스도의 증거에 속해 있음을 자신 있게 밝힌다. 그것은 또한 하나님의 말씀에 속한다.

다 증거하였느니라

요한은 계시의 증거자가 되었다. 요한이 본 모든 환상은 예수 그리스도를 통하여 증거된 하나님의 분명한 메시지였고 요한은 그것들을 하나도 빠짐없이 다 증거했다. '증거한다'(μαρτυρεῖν / 마르튀레인)는 동사는 이곳과 마지막 장에서만 나타난다(22:16, 18, 20). 그는 빠짐없이 다 증거하였다(ἐμαρτύρησεν / 에마르튀레센). "다"(ὅσα / 호사)는 여기에서 규모나 양을 나타내는 의미로 사용되었으며, 요한이 증거한 계시의 내용이 완전했음을 강조한다.

신실한 증인으로서 요한은 하나님의 말씀과 예수 그리스도의 증거 곧 자신이 본 것을 "다" 증거했다. 이는 계시의 수여자이신 예수 그리스도께서 요한에게 계시록의 모든 내용을 다 '증거하셨기'(ὁ μαρτυρῶν / 호 마르튀론) 때문이다. 그는 자신이 본 것을 본 대로 들은 것을 들은 대로 증거하였다. 그가 증거한 내용은 '하나님의 말씀'이요 '예수 그리스도의 계시'였다. 요한이 증거한 내용은 계시록 전체를 포함한다.

단순 과거시제는 본서가 자신의 독자들에게 읽힐 무렵에는 이미 과거의 일이 될 것이므로 그렇게 표현하였다.

이미 요한은 증거자로서의 경험을 지니고 있었다. 오순절의 성령 강림 직후에 사도들은 말씀 사역과 함께 능력 사역을 진행하고 있었다. 미문 앞의 앉은뱅이를 일으킨 사건은 민간에 큰 반향을 불러일으켰고 공회를 긴장시켰다. 새로운 도가 예루살렘에서 들불처럼 번져가자 당국자들은 산헤드린 공회를 소집하였다. 요한은 베드로와 함께 이 공회의 소환장을 받았다. 공회의원들은 숙의 끝에 사도들을 위협하여 더 이상 예수의 이름으로 말하지도 말고 가르치지도 말 것을 명했다. 요한은 베드로와 더불어 담대히 이렇게 답변하였다. "우리는 보고 들은 것을 말하지 아니할 수 없다"(행 4:20). 밧모 섬의 요한은 천사를 통해 받은 놀라운 계시를 증거하도록 감동받았다. 계시록에 기록된 모든 내용은 사도 요한이 듣고 본 바에서 덜하지도 더하지도 않게 정확히 증거된 것들이다.

3 이 예언의 말씀을 읽는 자와……지키는 자들

신약에서 하나님의 말씀은 거의가 쓰인 말보다는 선포된 말씀을 의미한다. 여기에서는 요한에게 주어진 계시의 전 내용을 가리키고 있다. 그 외의 계시록에서는 복음을 의미하고 있다(1:9, 6:9, 20:4). 성경에서 하나님의 말씀은 단순히 소통을 위한 진리의 수단이 아니라 능동적이고 역동적인 실재이다(시 33:9; 사 55:11; 계 19:15). 회중 가운데서 말씀을 읽는 자는 한 사람이었다. 그는 회중을 대표하여 전체 회중이 알아들을 수 있도록 큰소리로 하나님의 말씀을 낭독하였다. 공중 앞에서의 말씀 낭독에 대한 직접적인 언급은 신약에서 두 곳을 찾을 수 있다(골 4:16; 살전 5:27). 간접적인 암시도 발견할 수 있다(딤전 4:13, 5:18).

말씀을 낭독하는 것은 예나 지금이나 축복이다. 듣는 자들은 읽는 자 본인과 함께 모든 회중을 아우른다. 지키는 자들은 말씀을 들은 자들 중에서 모두가 해당되는 것은 아니지만 소수의 준행 의지를 가진 사람들이다. 기독교에 대한 세상의 핍박이 절정에 이르렀을 때에 요한이 남긴 계시록은 애독서가 되었다. 악의 세력을 멸하시고 하나님의 의가 궁극적인 승리를 거두며 세상 나라가 심판을 받고 하나님의 왕국이 건설될 것이라는 복음은 당시 박해 당하던 신자들에게 크나큰 위로가 되었고 소망의 원천이 되었다.

복이 있나니

한 사람의 읽는 자는 복이 있다. 예언의 말씀을 듣는 자들은 듣지 못하는 자들에 비해 복이 있다. 듣는 자들보다는 그 예언의 말씀을 실행하는 소수의 무리들은 더더욱 복이 있다. 그러나 이 예언의 말씀을 제대로 지키지 않으면 화가 있을 것이다. 말씀을 읽고 듣고 한글과 영어 성경을, 심지어 원어 성경을 모조리 암송하는 것이 능사는 아니다. 말씀의 제1원칙은 순종과 행함이다. 듣고 순종하고, 읽고 순종하고, 암송하여 순종하고, 묵상하여 순종해야 한다. 행함이 없는 믿음은 죽은 믿음이다. 듣고도 행하지 않으면 거울로 자기의 생긴 얼굴을 보고 뒤돌아서자마자 깡그리 잊어버리는 사람과 하나도 다를 바 없다(약 1:23-24). 읽고도 행치 않으면 바리새인의 후예를 자처함이다. 말씀은 행함으로써 말씀이 원래 지닌 권위가 제대로 드러나고 능력을 경험한다. 말씀 준행이 진정한 성경적 형통의 비결이다(수 1:7-8).

요한은 계시의 말씀을 마무리하면서 이 말씀에 대한 가감을 철저히 경계하였다. 기록된 말씀에 무언가 덧붙이는 자는 재앙을 덧붙이는 것이 되고, 무언가 삭제하면 생명나무와 거룩한 성에 참예할 자격이 박탈된다. 계시록을 대하는 이는 본서에 기록된 내용에 가감 없이 있는 그대로 믿고 행할 일이다. 본서에는 '일곱 복'이 기록되었다(1:2, 14:13, 16:15, 19:9, 20:6, 22:7, 22:14). 산상수훈의 팔복처럼 원문에서는 "복이 있나니"가 맨 앞에 나온다. 본서의 내용을 있는 그대로 지켜야 하고 그러한 준수가 복이 되는 이유는 바로 '때의 가까움'에 있다. 자신의 삶과 신앙에 대하여 개인적으로 책임을 져야 할 마지막 순간이 곧 다가올 것이기에, 성도는 말씀에 명시된 도덕적이고 윤리적인 기준에 순응해야 함은 피할 수 없는 도전이다. 요한을 통해 전해진 메시지는 박해 중에 있던 성도들을 위로하고 격려할 뿐만 아니라 그들이 세상의 위협에 굴복하지 않고 영웅적인 신앙 의지로 잘 버텨주기만을 바라는 염원이 들어 있다. 그것은 당근과 채찍처럼 위로와 경고의 내용으로 그들에게 실제적으로 임했다.

때가 가까움이라

예언의 말씀을 읽고 듣고 지켜야 할 이유는 때의 가까움 곧 종말의 임박함에 있다. 이 "때"(καιρός / 카이로스)는 일반적인 시간(χρόνος / 크로노스)과는 다르게 특정한 시간을 의미한다. 이 "때"는 환난과 고통의 때요 무장과 투장의 때이며 승리와 영광의 때이니 곧 마지막 때이다. 환난에 대한 경계의 말씀이면서 박해 속에 있는 이들에게 희망과 위로를 주는 말씀이다. 본 절의 "때가 가까움이라"(ὁ γὰρ καιρὸς ἐγγύς / 호 가르 카이로스 엥귀스)는 표현은 다니엘의 환상 속에서 전해진 말씀인 "때가 이르매"(בזמנא מטה / 베즈메나 메타, 7:22)와도 비슷하다.

요한이 묘사할 환상의 모든 내용들은 하나님이 미리 정하신 획기적인 시점의 마지막에 몰려 있다. “때가 가까움이라”는 표현은 1절에서 “속히”라고 말씀하신 그 일을 회상시키며 계시적 사건들의 긴박성과 임박성을 강조한다. 구원은 완성되었다. 승리도 성취되었다. 영원의 관점에서 초시간적으로 이루어진 구원의 대사건이 역사적 현실로 드러남은 초읽기에 들어갔다. 사람은 세기를 헤아리고 수천, 수만 년을 계산하는 동안 하나님의 시계는 단 몇 순간에 휙 지나간다. 그런데 이 완성과 성취의 역사적 경험은 어떤 단계를 거친다. 초기의 징조는 어린양 그리스도의 승리로 움직이기 시작하였다. 세상과 악의 본체인 사탄은 최후의 발악을 하고 하늘과 땅에서 싸움은 계속된다. 세상이 파국으로 치달릴 때 인자의 오심도 멀지 않다. 계시록의 모든 환상과 사건과 징조와 메시지는 승리자가 세울 깃발을 향해 맞추어지고, 이미 일어난 사건은 종국적인 완성을 향해 지금 오고 있는 중이다.

2. 인사와 송영(1:4-8)

요한은 1절에서 자신을 소개하며 계시의 원천과 전달 과정 및 증거자로서의 자신 있는 정체성을 간략히 진술했다. 이제 본격적인 인사와 송영 부분에서 요한은 비로소 1차 수신자인 소아시아의 일곱 교회에게 발신자로서의 격식을 갖추어 인사한다(4절). 이로 인해 계시록은 전형적인 유대 묵시주의적 작품들과는 구분된다. 아시아에 있는 일곱 교회는 지금의 터키 서부 지역에 현존했던 역사적 실체였다. 그것은 소아시아 지역의 일곱 교회일 뿐 아니라 ‘일곱’이 지닌 완전함의 의미로 보아 모든 교회를 향한 메시지임을 또한 암시하고 있다. 요한의 인사는 송영의 내용에 그대로 담겨 있는데 삼위일체 하나님을 거론한다(5-6절). 성부 하나님의 능력과 성령 하나님의 격려와 성자 그리스도의 탁월하심을 언급한 이 삼위일체적 송영은 본서의 가치 측정과 함께 본서가 지니고 있는 메시지의 무게감을 더함으로 매우 특출하면서도 중요하다. 짤막한 내용이지만 계시록 전체의 메시지를 잘 요약하고 있다. 송영은 계시록에서 짧지만 비중 있는 내용인데 전체적으로도 잘 배치가 되어 있다(4:9-11, 5:13, 7:12, 19:1-2).

계시록 최초의 송영은 신약 전체를 통틀어서도 그리스도 한 분에게 바쳐진 것으로는 6-7절의 내용이 유일하다. 송영이 끝나자마자 주님의 재림 정경이 언급되면서 땅에 거하는 자들의 예상된 반응을 실었다(7절). 7절은 이후에 전개되는 모든 환상 속의 사건 배경에 대한 요약으로서 요한은 아멘으로 자신의 선언에 무게감을 싣는다. 요한의 예언적 선포는 알파와 오메가요, 이제도 있고 전에도 있었고, 장차 오실 자인 전능자의 화답으로 인증된다(8절). 서문(1-3절)도 인사 부분에 해당하지만 4-8절에서 더욱 강화된 인사말을 부연한다. 서문에서 예언적인 서신의 특수성을 그렸다면 인사와 송영(4-8절)에서는 서신의 일반적인 형식에다 송영을 가미하여 서문에 이은 편지의 서론 부분을 형성해 간다. 내용적으로는 묵시적 성격이 강한 예언서이지만, 형식적으로는 수신자들에게 전달되어 주변 교회들에게 메시지를 공유토록 한 회람 서신이다. 바울은 골로새 교회를 향하여 자신의 편지를 인근에 있는 라오디게아 교회에도 읽히게 하는 동시에 라오디게아에 보낸 편지를 골로새 교회 역시 읽도록 권유하였다(골 4:16). 서로 돌려가면서 중요한 서신을 읽는 것은 당시 교회의 풍습이었다.

자신이 보고 들은 계시의 메시지를 전하기에 앞서서 요한은 자신의 독자들이 신비로운 내용 자체보다 그와 같은 계시를 수여하신 하나님께 시선을 돌리도록 한다. 그래서 그리스도의 십자가와 부활을 통한 구속 사역을 언급한다. 더 나아가 구속받은 자로서 하나님을 위한 헌신의 삶으로 부름 받았음을 선언한다. 주님은 반드시 다시 오신다. 땅에 거하는 자들은 심판주의 강림에 애곡하지만 하늘에 속한 자들은 구원주의 강림에 아멘을 외친다. 구원론과 교회론, 기독론과 신(정)론, 선교론과 종말론이 하나님의 주권과 섭리라는 씨줄과 날줄 사이에서 파노라마처럼 엮여간다.

4 요한은 아시아에 있는 일곱 교회에 편지하노니 이제도 계시고 전에도 계시고 장차 오실 이와 그 보좌 앞에 일곱 영과
5 또 충성된 증인으로 죽은 자들 가운데서 먼저 나시고 땅의 임금들의 머리가 되신 예수 그리스도로 말미암아 은혜와 평강이 너희에게 있기를 원하노라 우리를 사랑하사 그의 피로 우리 죄에서 우리를 해방하시고
6 그 아버지 하나님을 위하여 우리를 나라와 제사장으로 삼으신 그에게 영광과 능력이 세세토록 있기를 원하노라 아멘
7 볼지어다 구름을 타고 오시리라 각인의 눈이 그를 보겠고 그를 찌른 자들도 볼 터이요 땅에 있는 모든 족속이 그를 인하여 애곡하리니 그러하리라 아멘
8 주 하나님이 가라사대 나는 알파와 오메가라 이제도 있고 전에도 있었고 장차 올 자요 전능한 자라 하시더라

4 **요한은**

저자가 자신을 수신자들에게 소개하고 있다. 계시록에는 모두 네 차례에 걸쳐 요한이 자신의 정체성을 밝힌다. 1장에서 세 번 그리고 마지막 장에서 한 번이다(1:1, 4, 9, 22:8). 익명의 저자로 남기를 원했던 복음서와는 달리 계시록에서는 자신을 명백히 밝히는데 이는 계시록의 성격상 부합된다. 계시문학은 대부분의 경우에 자신의 이름을 밝히기를 꺼려하는데 요한은 더 이상 자신을 숨기지 않는다. 요한복음이 사복음서 중에서 제일 마지막에 요한의 서신서가 유다서를 제외하고는 서신서 중에서 맨 나중에 그리고 계시록이 성경의 마지막에 위치한 것도 숨거나 뒤로 물러서기를 원하는 요한의 성격에 비추어 보면 매우 흥미롭다. 주님의 제자라든지 장로라든지 하는 직분을 밝히지 않고 이름만을 거론한 것은 그가 소아시아에 흩어져 살던 크리스천들에게 익히 알려진 인물일 것이라는 가설을 뒷받침해 준다. 장로 요한, 마가 요한, 또는 각 지역 교회에 있는 대표적 예언자들을 통괄하던 수장격 예언자(Master Prophet)일 것이라는 추정도 있으나 사도 요한으로 보는 것이 정당하다.

원문에는 "편지하노니"란 표현이 없다. 다시 말해 무엇을 써서 보낸다는 형식이 없다. 이는 고대 편지의 형식을 따른 결과다. 고대의 풍습에 의하면 내용의 길고 짧음을 불문하고 편지의 양식에는 발신자와 수신자 그리고 간단한 인사의 3요소가 필수적이었다. 요한도 관습에 따라서 발신자("나 요한"), 수신자("아시아에 있는 일곱 교회"), 인사("은혜와 평강이 너희에게 있기를 원하노라")의 형식을 취하였다. 요한은 꽤 긴 예언적 서론을 인사말 앞에 두고(1-3절) 인사말 자체도 당시의 관습을 뛰어넘는다. 즉 삼위일체의 형식을 취하는데 이 간단한 인사말 속에 본서 전체를 관통하고 있는 구원론적이고(5하반절) 교회론적인(6절) 핵심을 언급하고 있다.

아시아에 있는 일곱 교회

당시 소아시아에는 일곱 교회 외에도 많은 교회들이 있었고, 비교적 크리스천들 사이에서 더 알려진 교회들도 있었다. 예를 들자면 히에라볼리, 골로새, 밀레도, 드로아, 마그네시아, 앗소와 같은 교회들이다. 계시록의 특성상 '일곱'이 지니고 있는 '완전'과 '거룩'의 의미에서 이해할 수도 있으나, 왜 하필이면 2-3장의 바로 그 일곱 교회였는가 하는 질문에는 달리 뾰족한 대답이 있을 수가 없다. 성령께서 그 교회들을 특정한 목적을 위하여 선정하였을 것이라는 추측만이 가능할 뿐이다. 에베소, 서머나, 버가모, 두아디라, 사데, 빌라델비아, 라오디게아 교회는 당시의 역사적인 맥락에서 현존하였던 일곱 교회이면서 인류 역사를 통틀어 모든 시대, 지상의 모든 교회를 대표하고 있다. 굳이 일곱 교회를 선정한 이유를 알고자 한다면 다음과 같이 가정할 수 있을 것이다.

① 요한이 일곱 교회에 대하여 특별한 권위를 가지고 있었다. 요한은 개인적으로 일곱 교회를 잘 알고 있었거나 친밀한 연락망을 지니고 있었을 것이다. 교회들은 요한의 사도적 권위를 인정했기에 그들을 수신인으로 택함은 당연한 일이었다.

② 1세기 말엽 에베소의 제자들이 에베소 목회 중 바울이 보냈던 일곱 교회의 편지(로마서, 고린도서, 빌립보서, 골로새서, 데살로니가서, 라오디게아서, 빌레몬서)를 수집하였는데 요한이 이 일곱 서신의 전례를 따랐을 것이다.

③ 중요 도로변에 일곱 교회가 고리 모양을 이루고 있었으며 우편

업무의 중심지였기 때문이다. 우편 배달 경로는 에베소에서 출발하여 라오디게아에서 끝났으므로 본서의 일곱 교회도 그 순서를 따랐을 것임은 매우 자연스럽다.

④ 요한이 즐겨 사용한 완전과 충만의 상징인 '7'(계시록에 54회 나옴)의 이유 때문이다. 일곱 촛대, 일곱 별, 일곱 등잔, 일곱 인, 일곱 뿔, 일곱 눈, 일곱 천사, 일곱 나팔, 일곱 우레, 일곱 머리, 일곱 면류관, 일곱 재앙, 일곱 대접, 일곱 산, 일곱 왕, 일곱 환상, 일곱의 축복, 일곱의 '속히', 일곱의 'I am……', 일곱의 하늘 영광송, 칠천 (7×1,000) 등이다.

이 중에서는 4번이 가장 설득력이 있으며 3번도 고려할 필요가 있다. 그러나 1번과 2번은 추상에 불과하다.

이제도 계시고 전에도 계시고 장차 오실 이

4절 후반부에서 5절의 전반부는 삼위일체적인 송영 부분으로서 "이제도 계시고 전에도 계시고 장차 오실 이"는 성부, "그 보좌 앞에 일곱 영"은 성령, "충성된 증인……예수 그리스도"는 성자에 해당한다. "이제도 계시고 전에도 계시고 장차 오실 이"는 시간에 속박되지 않으시는 '성부 하나님의 영원성'을 나타내는 표현이다(1:8, 4:8, 11:17, 16:5). 인간 역사의 현장에서 역사하시는 하나님의 영원성을 나타낸다. 이는 '영원 자존자로서의 하나님'(אהיה אשר אהיה / 에히예 아쉐르 에히예, 출 3:14. 70인역으로는 ἐγώ εἰμι ὁ ὢν / 에고 에이미 호 온)을 일컫는 말로서 한글이나 영어에는 적합한 번역이 따로 없다.

창조주요 절대자이신 하나님은 시작도 없고 끝도 없으시다(무시무종). 변치도 않으시고 쇠함도 없으시다(불변불후). 여기의 "이제도 계시고"(ὁ ὢν / 호 온)는 계시의 수여자로서, "전에도 계시고"(ὁ ἦν / 호 엔)는 계시 자체로서, "장차 오실 이"(ὁ ἐρχόμενος / 호 엘코메노스)는 계시의 성취자로서의 그분의 모습을 그리고 있다. "오실 이"란 표현은 계시록에서 열한 번에 걸쳐 직·간접적으로 '그리스도의 다시 오심'을 의미하였다(1:4, 8, 2:5, 16, 3:11, 4:8, 16:15, 22:7, 12, 20[2]). 그 중에서 일곱 번은 주님 자신에 의해 언급되었다(2:5, 16, 3:11, 16:15, 22:7, 12, 20).

보좌 앞의 일곱 영

"보좌"(θρόνος / 뜨로노스)는 왕이 앉는 곳(창 41:40)으로서 통치의 상징이다(왕상 1:13). 사 9:7에는 메시아의 보좌가 "다윗의 위"(τὸν θρόνον Δαυίδ / 톤 뜨로논 다위드)로 표현되었고, 히브리서 기자는 다윗의 시편을 인용하면서 영영한 "주의 보좌"를 언급하였다(히 1:8; 시 45:6-7 인용). 주님도 메시아 왕국에서의 통치와 연관하여서 열두 보좌를 언급하셨고(마 19:28), 요한은 천년왕국의 통치가 시작될 때 이 보좌들을 보았다(계 20:4). 계시록에는 이외에도 하나님의 보좌(4-5장), 하나님과 어린양의 보좌(7:10-17). 심판의 흰 보좌(20:11-12), 사탄의 보좌(2:13), 짐승의 보좌(13:2, 16:10)가 있다. 보좌 앞에 있는 일곱 영은 성소에 있던 일곱 등불을 연상시킨다(출 25:31, 32, 40:24). 이사야의 메시아 예언에서는 '성령'을 여호와의 신, 지혜의 신, 총명의 신, 모략의 신, 재능의 신, 지식의 신, 여호와를 경외하는 신이라며 7중 명칭으로 불렀다. 스가랴 선지자는 성령을 여호와의 "일곱 눈"(ἑπτὰ ὀφθαλμοί / 헵타 옾딸모이)으로 묘사하였다(3:9, 계 5:6 참조). 일곱 영은 보좌에 앉으신 이로부터 보내진 성령이다(요 14:26). 일곱 영에 대한 해석도 다양하다.

① 우리엘, 라파엘, 라구엘, 미가엘, 가브리엘, 사이콰엘, 제 레미엘의 7대 천사.
② 일곱 교회.
③ 성령의 7중적인 은사(사 11:2; 히 2:4; 고전 12:11 등).

슥 4:8의 일곱 등잔, 일곱 영은 성령을 가리키는데 이는 성령의 사역에 있어 7중적인 사역을 의미한다. 일곱 영은 성령을 나타내는 말로서 그분의 신성과 권능, 영광, 능력이 완전함을 의미한다. 성령의 한 이름 아래 일곱 개의 덕성이 있다. 3번의 해석이 가장 타당하다. "보좌"를 지성소의 법궤로, "일곱 영"을 성소의 일곱 등잔으로, "예수 그리스도"를 뜰의 번제단으로 상징할 수도 있다. 일곱 영이신 성령은 일곱 교회를 향한 메시지에서 일곱 번에 걸쳐 교회가 반드시 들어야 할 말씀을 증거하셨다(2:7, 11, 17, 29, 3:6, 13, 22). 힘으로나 능으로서가 아니라 오직 하나님의 영으로만 하나님을 섬길 수 있기에(슥 4:6) 교회는 성령의 말씀에 민감하고 진실하게 반응해야 한다.

5. 충성된 증인

5절 전반부는 그의 직능에 관계된 삼중 언급이고 5절 후반부-6절은 그의 구원 사역에 관계된 삼중 언급이다. "충성된 증인"은 그의 메시아직과 관련하여 선지자로서의 칭호에 해당한다. 아버지의 정하신 때에 순응하여 약속하신 바를 따라 성육신하신 주님은 하나님의 신실하심을 그대로 보여주셨다. 주님께서 땅에 오심만이 신실한 것이 아니라 그분의 사심과 지상에서 이루신 모든 사역이 신실함을 이루셨다. 신실한 증인(μάρτυς / 마르튀스)으로서 신실한 증거자(μαρτυρία / 마르튀리아)가 되셨고 이를 위해 죽기까지 하셨다(μάρτυς /마르튀스). 주님은 지상 사역을 통해 하나님의 신실한 증거자로 일관하셨고, 이는 성부 하나님이 성자 하나님을 통하여 이루신 역사들로 말미암아 증거되었다(요 5:36-37). 주님의 존재는 충신과 진실로 천명되었다(19:11).

말씀으로 오신 주님은 전 생애를 통해 하나님을 철저히 증거하셨다. 그분은 사실 하나님의 증거자로 세상에 오셨다(요 18:37). 그의 말씀이, 사역이, 존재 자체가 증거 덩어리였다. 분명한 사실은 신실한 증인(eye-witness)이 신실한 증거자(mouth-witness)가 되고 신실한 순교자(life-witness)가 될 수 있다는 점이다. 목격자(벧전 5:1)만이 증인이 될 수 있고(요 3:11; 딤 1:12-13) 순교자의 자리에까지 나아갈 수 있다(계 2:13, 17:6). 말씀의 목격자(눅 1:1)가 보고 들은 것을 말하지 않을 수 없으며(행 4:20) 그 증거로 인해 죽음을 당하게 된다(계 6:9). "충성된 증인"이란 죽기까지, 죽음에 이르러서도 하나님으로부터 받은 바 계시의 말씀을 남김없이 전하는 이다. 예수 그리스도는 원초적인 목격자요 말씀 자체로서 부지런히 증거의 삶을 사시다가 결국 십자가에서 순교를 하셨다. 그는 실로 큰 선지자였고 충성된 증인이셨다.

죽은 자들 가운데서 먼저 나시고

"죽은 자들 가운데서 먼저 나시고"는 제사장적 측면에서의 칭호이다. 바울이 골로새 교회에 보낸 편지 중에서 기독론적 찬양시를 이루는 부분에도 이와 같은 표현이 나오고 있다. "그는 몸인 교회의 머리라 그가 근본이요 죽은 자들 가운데서 먼저 나신 자니 이는 친히 만물의 으뜸이 되려 하심이요"(골 1:18). 주님은 자신을 제물로 드려 옛사람으로부터 전가된 모든 죄와 저주를 처리하시고 부활로 인해 새사람의 시조를 이루셨다. 주님은 "먼저 나신 자"(ὁ πρωτότοκος / 호 프로토토코스)이다. 죽으심과 부활을 통해 이룩하신 구속사에 있어 영원한 주권과 수위권을 확보하고 계시다.

주님은 성육신을 통하여 '독생자'(only begotten Son)가 되셨으며 부활을 통하여 '먼저 나신 자'(first-born Son)가 되셨다(시 89:27; 롬 4:1). 독생하신 아들로 십자가를 지시고 부활과 함께 장자로 인정되셨다. 주님은 부활의 첫 열매이시다. 주님은 부활을 통하여 많은 형제들과 여러 아들들 가운데서(히 2:10) 맏아들이 되셨다(롬 8:29). 부활 이전에는 주님에게 있어 하나님은 항상 '아버지' 또는 '나의 아버지'이셨다. 그러나 부활 이후에는 많은 형제들을 얻으셨으므로 '너희 아버지'라 부르실 수 있었다(요 20:17). 주님은 부활의 순서에 있어서도 먼저이시다(고전 15:20-23). 주님이 열어 놓으신 부활의 길을 따라 성도들이 연이어 부활의 열매를 맺을 것이다.

구약에도 소생이나 회생의 역사가 간혹 있었으며 주님의 사역을 통해서도 소생이나 부활이라 할 만한 사례가 있었지만(십자가의 처형 때 죽은 성도들의 몸이 많이 일어났던 사건임, 마 27:52-53) 진정한 의미에서의 부활은 주님이 효시를 이루셨다. 주님은 부활의 맏아들이시다. 인류 역사 이래로 숱한 사람들이 죽어 무덤에 누웠지만 오직 주님만이 부활로 일어나셨기에 그분이 최초로 일으킴 받은 존재가 되신 것이다. 그야말로 우리 주님은 창조만이 아니라 구속사에 있어서도 근본이요 으뜸이며 영원히 먼저 나신 분이시다. 메시아가 '처음

난 자'라는 개념은 유대주의에서는 매우 뿌리 깊은 사상이며 장자는 상속에 있어서도 최우선적 권리를 갖고 있었다.

땅의 임금들의 머리

"땅의 임금들의 머리"는 왕적 측면에서의 칭호이다. 이는 시 89:27의 성취이기도 하다. 주님은 메시아시요 장차 만국을 다스리실 만왕의 왕, 만주의 주이시다(딤전 6:15; 계 19:16). 스웨트는 이를 유혹 기사와 연관하여 지상의 왕권을 포기하시고 십자가의 길을 자청하여 우주의 왕권을 획득하신 것이라고 해석했다. 사복음서의 기사에 의하면 광야의 시험을 당하셨을 때 주님은 천하 만국의 영광도 거부하셨다. 주님의 왕국이 세상 나라에 속하지 않았기 때문이었다(요 18:36). 주님의 왕권은 하나님께서 부여하신 것이다. 기독론적 찬양시의 하나인 빌 2:6-11에서처럼 주님은 복종과 겸손으로 우주의 주가 되셨다. 당시 황제 숭배의 위협 속에서 살아가던 신자들에게 로마의 황제까지 다스리시는 왕중왕 예수의 언급은 실질적으로 큰 힘이 되었다.

머리에 사용된 단어 아르콘(ἄρχων)은 단순히 머리가 아니라 '지배권'을 의미한다. 골로새서 1:18에서는 케팔레와 아르콘을 분명히 구분하여 사용하였다. "그는 몸인 교회의 머리라(κεφαλή / 케팔레) …… 이는 친히 만물의 으뜸이 되려 하심이요"(ἀρχή / 아르케). 아르콘은 신약에서 모두 55회 나오는데, 요한의 저술에서만 18회나 사용되었다. 시간상 '시작'을 나타내거나 서열상 '권세', '지배'의 뜻을 내포하고 있다. 계시록에서도 '처음과 나중'이란 뜻으로(21:6하반절, 22:13하반절; 또한 1:8, 21:6상반절, 22:13상반절 참조) "하나님의 창조의 근본"(3:14)의 의미로 사용되었다. 주님은 영적 세계에서의 절대자이실 뿐 아니라 세상에서도 지배권을 지니고 계시다. 다만 주님의 왕권은 미래의 완성된 왕국에서 행사될 영원하고 완전한 권력이시다.

은혜와 평강

은혜와 평강은 바울의 전용구라 부를 만큼 바울 서신서에 대부분 등장하고 있다. 바울은 은혜와 평강의 근원으로서 성부와 성자를 언급했지만 요한의 경우는 성령을 더하여 삼위일체적이다. "은혜"(χάρις / 카리스)란 대가 없이 받은 고가의, 값없이 받은 값비싼 하나님의 '총애'(favor)를 의미한다. "평강"(εἰρήνη / 에이레네)이란 신자의 마음속에 이룩된 평온한 상태를 의미한다. 이 상태는 외압이나 내부의 갈등으로 인해 흔들리는 안정이 아니라, 폭풍 속에서도 고요함을 유지하는 하늘의 평강이다. 세상이 주는 평강과는 질적으로 엄연히 다른 하늘나라의 능력으로서의 평강이다(요 14:27; 롬 14:17).

은혜는 구속의 나무에 핀 꽃이요 평강은 그 열매다. 헨드릭슨은 은혜와 평강의 근거를 지성소의 법궤 위에 거하신 성부와 성소의 일곱 촛대로 묘사된 성령과 회막 안의 번제단 아래 뿌려진 성자 예수 그리스도의 보혈에 있다고 간주했다.

지금까지 앞부분에서 서술된 "충성된 증인으로 죽은 자들 가운데서 먼저 나시고 땅의 임금들의 머리가 되신 예수 그리스도"가 바로 은혜와 평강의 시여자(施與者)이시다.

은혜의 출처를 더 깊이 생각한다면 "이제도 계시고 전에도 계시고 장차 오실 이로서의 성부"와 "그 보좌 앞에 일곱 영인 성령"까지 포함될 수 있다. 그리스도 안에서 헬라인이나 유대인이나 차별이 없듯이 은혜와 평강이 교회의 전용 인사어가 되었다. 원래 "은혜"는 헬라적 인사이며 "평강"(שָׁלוֹם 샬롬)은 히브리식 인사법이다. 이는 상대방에게 행복과 안녕을 기원하는 친숙한 인사였다(삿 6:23, 19:20; 사 57:19). 이방인과 선민 가릴 것 없이 모든 인간들에게 은혜와 평강이 필요하며, 그것은 성부, 성자, 성령 하나님으로 말미암는다. 하나님 외에는 어떠한 은혜와 평강의 출처도 존재하지 않는다.

박해 속에서 하루하루를 불안과 걱정 속에 살아가던 그들에게도 은혜는 지속적으로 임해왔고 평강의 물줄기는 마르지 않았다. 평강이 있고 은혜가 있음이 아니다. 은혜가 있음으로 평강이 있다. 우리 주 예수 그리스도로 말미암은 은혜가 평강한 삶의 그루터기가 된다. 은혜가 없으면 평강도 없다. 그리스도 안에서 우리에게 쏟으시는 하나님의 일방적인 총애, 아무런 대가 없이 받은 고가의 선물이 은혜다.

반복된 표현이지만 값없이 받은 값비싼 의의 선물이 왕 되신 그리스도께서 우리에게 베푸신 은혜다. 죄의 용서요 죄책에서의 해방이다. 새 생명의 시작이요 거룩의 과정이며 영화에 이르게 한다. 은혜 안에서 하나님은 사랑으로 우리를 품으시기에 진노는 더 이상 우리와 상관이 없다. 동이 서에서 먼 것처럼 하나님이 진노의 쓴 잔을 옮기셨다. 이 놀라운 은혜와 그로 인하여 밀물처럼 밀려드는 평강의 축복이 바로 삼위일체 하나님께로부터 주어졌다. 요한은 성삼위 하나님의 이름으로 박해 중에서 악전고투하는 성도들을 격려하고 있는 것이다.

우리를 사랑하사

하나님이 우리를 사랑하사 그 아들을 보내셨고 아들 역시 우리를 사랑하셨다. 지상 사역을 통해 제자들에게 보여주신 지고의 사랑은 죽음을 목전에 둔 시점에서 극적으로 증거되었다. "유월절 전에 예수께서 자기가 세상을 떠나 아버지께로 돌아가실 때가 이른 줄 아시고 세상에 있는 자기 사람들을 사랑하시되 끝까지 사랑하시니라"(요 13:1). 이 사랑은 만인을 위한 대속적 죽음에서 절정을 이루었다.

"사랑하사"(ἀγαπῶντι / 아가폰티)는 하나님만이 베푸실 수 있는 거룩한 사랑의 역사이며 현재 분사의 시제는 주님의 사랑이 일시적이 아니라 지속적임을 암시한다. 과거에서도 사랑하셨고 지금도 계속 사랑하시며 앞으로도 변함없이 사랑하실 것이다. 인간의 구원과 연관하여 거룩한 아가페의 사랑과 피의 희생은 불가분리의 관계에 있다. 그래서 이 사랑이 결과지어진 십자가의 죽음이 바로 뒤를 잇는다. 우리를 죄에서 자유롭게 만든 해방의 사건은 끝났어도, 우리를 사랑하시는 사랑은 끝나지 않았다. 우리의 사랑은 변하여도 주님의 사랑은 변치 않으신다.

얼굴과 얼굴을 맞대는 그날이 이르기까지 주님은 오직 사랑으로 우리에게 임하신다. 우리의 사랑은 단절과 쉼과 머뭇거림이 있지만, 우리를 향하신 주님의 사랑은 끊어지지 않고 연속적이며 적극적이다. 바울이 담대히 고백했듯이 아무도, 그 무엇도 우리를 이 사랑에서 끊지 못한다. 사망도 생명도 천사들도 권세자들도 현재 일도 장래 일도 기근이나 적신이나 위험이나 칼도 우리를 사랑하시는 그리스도의 사랑에서 끊을 수 없다(롬 8:35). 이 사랑이 그리스도의 성육신과 대속적인 죽으심으로 구체화되었다. 자기 백성을 사랑하시는 하나님의 사랑은 신약 여러 곳에서도 증거되었다(요 3:16; 롬 9:13; 고후 9:7; 엡 2:4; 살전 1:4; 살후 2:13, 16; 히 12:6; 요일 4:10).

그의 피로 우리 죄에서 우리를 해방하시고

죗값은 사망이요 주님의 피만이 인간의 죄를 대속할 수 있다. 피 없이는 사함이 없다. 사람의 생명은 그 피에 있으므로 생명을 속하려면 피의 희생이 요구된다. 피가 피를 속한다. 아무 피나 되는 것은 아니다. 무죄한 자의 피가 죄로 더러워진 피를 씻을 수 있다. 죄도 없고 흠도 없으신 예수 그리스도의 보혈만이 인간의 영혼을 죄에서 벗어나게 만들 수 있다. 구약의 제사를 통해 우리에게 보여주신 것도 피를 통한 대속의 원리다. 어떤 사본에서는 "해방하시고"(λύσαντι / 뤼산티) 대신에 "씻으시고"(λούσαντι / 루산티)를 적용하지만 의미면에서는 별 차이가 없다. 우선적으로 타당한 해석은 "해방하시고"(λύσαντι / 뤼산티)이다. 주님의 죽으심에는 해방과 정결의 의미를 모두 포함하기 때문이다. 이 해방은 영원히 단번에 완료되었다. 더 이상의 해방은 필요하지 않다. 주님의 보혈이 갖는 영속적 해방이 믿는 우리에게 완전한 자유를 얻게 하였다.

바울은 우리에게 해방을 가져다준 실체를 그리스도 예수 안에 있는 생명과 성령의 법으로 이해하였다(롬 8:1-2). 우리를 사랑하신 그 사랑이 지금도 지속된다면 영단번에 완성된 구속의 효능도 지금 계속해서 역사한다. 죄의 해방을 이루었지만 우리에게는 해방의 능력이 매 순간 필요하다. 거룩함을 온전히 이루어 영과 육의 온갖 더러운 것으로부터 우리 자신을 깨끗하게 해야만 한다(고후 7:1). 주님의 구속이 불완전해서가 아니라 구속함 받은 우리가 불완전해서다. 우리는 구원받았지만 구원의 완성에 이르지는 못했다. 죄는 죽었지만 우리의 자아는 아직 살아 있다.

바울처럼 자기 자신을 십자가에 매일, 매 시간, 매분, 매초 처형시키는 거룩한 자기죽음의 삶이 이어져야 한다. 순간순간 그리스도 안에서 한 걸음씩 앞을 향해 나아갈 때마다 우리를 해방시키시는 주님의 보혈이 우리의 영혼을 적신다. 그리스도의 자발적이고 희생적인 죽음으로 구원의 역사를 이루심이 초대 교회의 교리 문답에 있어서는 핵심이었다(마 20:28; 막 10:45; 요 10:11, 15, 17; 갈 1:4; 딤전 2:6; 딛 2:14; 요일 3:16). 그리스도는 우리의 죄를 위해 죽으시되(고전 15:3) 영단번에 죽으셨다(벧전 3:18). 구속 곧 속량은 바울이 즐겨 사용하는 은유였다(갈 3:13, 4:5; 고전 6:20, 7:23).

6. 아버지 하나님을 위하여

예수 그리스도의 사역이 이룩한 공효를 얻은 것은 신자들이지만 궁극적인 목적은 오직 하나님 아버지의 영광을 위함이었다. 아버지가 아들을 위해 존재하듯 아들은 오로지 하나님을 위해 존재하셨다. 주님은 아버지의 뜻을 순종하여 행하심으로 아버지를 영화롭게 하셨다(요 17:4). 아버지의 뜻을 따라 스스로 사람이 되시는 길을 선택하셨으며, 아버지의 뜻이기에 십자가의 쓴잔을 피하지 않으셨다. 아버지는 '오직 아들을 위하여! 아들은 오직 아버지를 위하여!'였다. 바울이 에베소서 1장에서 그토록 강조한 영광도 바로 이 하나님의 영광이었다.

나라와 제사장으로 삼으신

신자는 하나님 나라의 시민일 뿐 아니라 나라 자체이다.

예수 그리스도를 왕으로 모시고 그 마음에 하나님의 통치가 이루어졌다면 개개의 신자가 하나님의 나라다. 하나님의 왕국은 이러한 나라들의 통합체다. 죄 사함을 받은 신자는 영적으로 죄를 속하는 제사장의 위치에 선다(벧전 2:5). 이스라엘 백성은 집단적인 의미에서 하나님을 위한 '제사장 나라'가 되었다. 크리스천은 각 개인이 그리고 전체가 한 몸 안에서 하나님의 제사장 나라가 된다.

베드로는 이것을 "너희는 택하신 족속이요 왕 같은 제사장들이요 거룩한 나라요 그의 소유된 백성이니"(벧전 2:9)라고 표현하였다. 왜냐하면 크리스천이야말로 하나님의 백성으로서 영적인 특권을 상속받는 '참되고 새로운 이스라엘'이기 때문이며(사 61:6), 왕이신 주님과 더불어 장차 왕의 역할을 수행할 것이기 때문이다(마 19:28; 눅 22:30). 신자는 제사장권의 '이미'(already)와 왕권의 '아직'(not yet)이라는 긴장 속에 살고 있다. 지금은 제사장으로서 중보자의 사역을 감당하지만 왕권은 영광의 나라가 임할 때에 행사하게 될 것이다(20:6, 22:5).

여기의 "우리를 나라와 제사장으로 삼으신"(ἐποί ησεν ἡμᾶς βασιλεῖαν, ἱερεῖς / 에포이 에센 헤마스 바실레이안, 히에레이스)은 출 19:6의 "너희가 내게 대하여 제사장 나라(ממלכת כהנים / 마밀레케트 코하님, 70인역에는 βασίλεῖον ἱεράτευμα / 바실레이온 히에라튜마)가 되며 거룩한 백성이 되리라"를 연상시킨다. "제사장"(ἱερεύς / 히에류스)은 계시록에서 단지 세 번 사용되었을 뿐인데(1:6, 5:10, 20:6) 모두 복수로 쓰였고 신자의 영적 상태를 나타내었다.

그에게 영광과 능력이 세세토록 있기를 원하노라 아멘

5절 후반부와 6절은 영광송인데 6절은 맺음 부분이다. "그에게 영광과 능력이 세세토록 있기를 원하노라"(αὐτῳ' ἡ δόξα καὶ τὸ κράτος εἰς τοὺς αἰῶνας τῶν αἰώνων, 아우토 헤 독사 카이 토 크라토스 에이스 투스 아이오나스 톤 아이오논)의 형식은 신약에서 자주 사용된 표현이다(롬 11:36, 16:27; 갈 1:5; 딤후 4:18; 벧전 4:11; 벧후 3:18; 히 3:21). "영원들의 영원들 속으로"는 영원을 강조한 표현이다. 시간의 총합이 단 하나의 영원도 이루지 못하는데, 영원의 영원을 운위함은 하나님의 영원하심과 함께 영광과 능력 또한 끊임없이 지속됨을 뜻한다. 영세무궁함을 일컫는다(사 45:17).

영원한 구원을 온전하게 성취하신 한 분 하나님만이 모든 영광과 능력과 존귀를 받으시기에 합당하다(4:11, 5:12-13).

하나님께 영광 돌림은 계시의 궁극적인 목적이 된다. 요한은 아멘으로 계시록의 '첫 복'을 마무리하는데 이처럼 아멘으로 송축을 마무리하는 것은 신약 교회의 오래된 관행이었다(롬 1:25, 15:33; 갈 1:5; 딤전 1:17). 아멘은 유대인이나 크리스천 할 것 없이 누군가 한 말에 진지하게 화답하는 것으로서 말한 내용에 대한 서약의 의미도 지닌다.

7 볼지어다 구름을 타고 오시리라

"볼지어다"(ἰδού / 이두)는 '보다'(ὁρᾶν / 호란)에서 유래한 지시불변화사(demonstrative particle)로서 계시록에만 26번 나온다. 두 가지 뜻을 가진다. 첫째, 진술의 진정성을 강조할 때 쓰인 말로 '참으로', '진정으로'를 의미한다. '말'(speech)과 연관하여 이런 뜻으로는 본서에서만 열세 번 사용되었다(1:7, 18, 2:10, 22, 3:8, 9, 20, 5:5, 9:12, 11:14, 21:3, 5).

둘째, 상대방의 주의를 집중시키기 위해 쓰인 말로 '보라', '들어라',

'집중하라'를 뜻한다. '이야기'narrative)와 연관하여 이런 뜻으로는 계시록에서 모두 열세 번 사용되었다(4:1, 2, 5:6, 6:2, 5, 8, 12, 7:9, 12:3, 14:1, 14, 15:5, 19:11). 계시록에서 "볼지어다"란 표현에서 화자를 셋으로 구분할 수 있다. 하나님일 경우(21:3, 5)와 그리스도일 경우(1:18, 2:10, 22, 3:8, 9, 20, 16:15, 22:7, 12), 그리고 영 안에서 말하는 요한(4:1, 2, 6:2, 5, 8, 7:9)의 경우이다.

이 장면은 재림에 대한 언급으로서 계시록 전체의 테마다. 본 절에 언급된 표현은 단 7:13과 슥 12:10과 12절이 결합된 모습이다. "구름을 타고 오시리라"(ἔρχεται μετὰ τῶν νεφελῶν / 엘케타이 메타 톤 네펠론)는 표현은 그리스도의 재림이 비밀스런 사건이 아니며 공개적이고 가시적인 사건임을 강조함이다. 구름은 신약에서도 그리스도의 재림과 연관하여 자주 적용된 묵시적인 이미지이다(마 24:30; 막 13:26, 14:62; 눅 21:27; 살전 4:17).

구름은 자연계의 현상일 수도 있고 쉐키나(Shekinah)의 영광과 연관시킬 수도 있다(출 16:10). 자연적인 구름이라 할지라도 기이한 형태의 구름일 것이다. 구약에서는 시내산의 구름(출 19:9, 16, 18)을 비롯하여서 출애굽 당시에 나타났던 구름 기둥(출 13:21)이 있고 신약에는 변화산의 구름(마 17:5)과 승천하실 때의 구름(행 1:9)이 있다. 주님이 재림하실 때에도 그와 같은 현상이 있을 것임은 누가가 이미 예고한 바이다(행 1:10). 어떤 경우에도 하나님의 나타나심과 연관하여 구름은 영광의 임재를 상징하였다. 하나님의 운행에는 자주 구름이 동반되었다(민 11:25; 시 104:3; 사 19:1). 과거주의자들은 이 구절이 그리스도의 재림을 의미하는 것이라 보지 않는다. 그들은 로마 군대를 이용하여 예루살렘을 멸망시키려 한 주님의 영적 강림으로 해석했다. 그러나 앞뒤의 문맥은 이러한 해석을 거부한다. 미래주의자들이 이해하는 것처럼 재림에 대한 묘사로 보는 것이 옳다.

각인의 눈이 그를 보겠고

살아 있는 자들도 볼 것이요 죽었던 자들도 살아 일어나 이 장엄한 광경을 목도하게 될 것이다. 혹자에게는 감격스러운 찬양의 순간이 될 것이지만, 대부분의 사람들에게는 비통과 후회의 순간이 될 것이다. 인류가 한순간에 재림의 광경을 본다는 것은 지구가 둥글고 낮과 밤이 정반대에 위치한 사람들을 생각할 때 현실적으로 불가능하다는 생각이 든다. 그러나 하나님의 초자연적인 역사로 말미암아 어쨌든 그 일은 일어나게 될 것이다. 과학적으로 접근 가능한 설명은 인공위성을 통해 전 세계로 동시간대에 생중계될 가능성도 배제할 수 없다. 지금보다 통신 수단이 더욱 발전할 것을 고려한다면 얼마든지 가능한 일이다. 구름을 타고 오시는 광경을 모두가 빠짐없이 보게 됨은 주님의 재림이 초림의 경우와는 딴판임을 알 수 있다. 초림의 주님은 은밀한 중에 죄인을 구원하시기 위해 오셨지만 재림의 주님은 공개리에 의인을 구원하시기 위해 오실 것이다.

그를 찌른 자들도 볼 터이요……그를 인하여 애곡하리니

지상의 박해자들만이 아니라 무덤 속에 누워있던 박해자들로부터 유사 이래로 기독교를 박해하고 하나님의 원수였던 모든 행악자들이 심판주로 임하실 주님을 바라볼 것이다. 메시아의 강림을 전하며 하나님께로 돌이킬 것을 외쳤던 선지자들을 죽임으로 주님께 해를 가했던 이들이 영광의 주님을 쳐다볼 것이다. 메시아를 부인하고 그를 십자가에 못 박았던 유대인들만이 아니라 입으로는 시인했어도 행위로 부인했던 거짓 신자들도 재림의 주님을 밝히 보게 될 것이다.

본문은 슥 12:10의 반영이라고 할 수 있다. 주께서 장차 예루살렘을 회복하실 때가 되면 이스라엘 지파들이 회개하게 될 것을 예언한 내용이다. "그들이 찌른 바 그를 바라보고 그를 위하여 애통하기를 독자를 위하여 애통하듯 하며 그를 위하여 통곡하기를 장자를 위하여 통곡하듯 하리라." 스가랴 선지자는 죽은 '장자'(ὁ πρωτότοκος / 호 프로토토코스)를 위한 통곡을 언급했지만, 요한은 '먼저 나신 자'(ὁ πρωτότοκος / 호 프로토토코스)의 부활을 언급하였다(5절).

주님은 종말론 강화에서 인자의 징조가 하늘에서 보일 때 "모든 족속"(πᾶσᾶι αἱ φυλαί / 파사이 하이 퓔라이)이 통곡하며 인자가 구름을 타고서 능력과 큰 영광으로 오는 것을 바로 "그들이" 볼 것이라 말씀하셨다(마 24:30). 여기에서는 "모든 족속들"(πᾶσαι αἱ φυλαί / 파사이 하이 퓔라이)이 재림하시는 그리스도로 인하여 애곡하며, "각인"(πᾶς ὀφθαλμός / 파스 옾딸모스)의 눈이 재림의 주님을 볼 것이라 표현하였다. 주님의 재림은 우주적 사건이 될 것이다.

어떤 현상을 통해서라도 주님의 오심은 한 사람의 예외도 없이 보게 될 것이다. 모든 인류가 그리스도의 오심을 증거하게 됨은 불가피한 일이다(Alford). 요한은 십자가의 형장에서 "그를 찌른 자들도 볼 것이라"던 스가랴의 예언이 부분적으로 성취되었음을 언급하였다(요 19:31, 37). '그를 찌른 자들'은 로마제국으로서 계시록 전체에 흐르고 있는 반로마 정서를 예견케 한다. 그리고 모든 족속의 선두에는 슥 12:10의 예언과 연관하여 그리스도의 죽음을 요구했던 유대인들이 자리하고 있을 것이다. 로마의 관원들이 사형을 집행하긴 했지만 주님의 죽으심에 주도적인 역할을 한 것은 유대인들이었다(요 19:37; 행 2:22, 23).

본 절의 애곡을 다가오는 심판의 빛 아래서 단순한 후회가 아니라 참회의 슬픔으로 보는 이들도 있고(Caird, Kraft, Harrington, Sweet, Boring, Bauckham, Wall) 심판으로 인한 절규로 이해하는 이들이 있다(Krodel, Moffatt, Ladd, Charles, Chilton, Lenski, Beckwith, Mounce, Morris, Lee, Giesen). 다음에 나오는 표현 "모든 족속이 그를 인하여 애곡하리니"를 "너를 인하여 복을 받을 것이니라"는 '아브라함의 언약'(창 12:3, 28:14;시 72:17)에 연관시키면, 본문의 애곡은 경건한 슬픔이 되어서 심판으로 인한 통곡이 아니라 회개의 의미를 갖는다.

8 주 하나님이 가라사대

주님이신 하나님께서 말씀하신다. "주"(κύριος / 퀴리오스)와 "하나님"(ὁ θεός / 호 떼오스)이 함께 사용된 경우는 계시록에 모두 열한 번 출현한다(1:8, 4:8, 11, 11:17, 15:3, 16:7, 18:8, 19:6, 21:22, 22:5, 6). 예수 그리스도는 주요 하나님이시며 전능하신 분이다. "주님"이란 칭호가 신약에서는 예수 그리스도를 지칭한다(눅 22:61; 요 20:28; 행 2:47; 빌 2:11; 벧전 1:3; 계 17:14, 22:21). 주 하나님의 자기 계시는 "전능하신 자"로 끝나는데 이 기다란 정체성의 진술이 4절에서는 "이제도 오시고 전에도 계시고 장차 오실 이"로 언급되었고, 16:14와 19:15에서 "하나님 곧 전능하신 이"라고 축약 형식으로 표현되었다. 하나님이 자기 계시의 일환으로 거룩한 정체성을 알리신다.

8절의 3중적 자기 묘사는 인간의 모든 역사에 대한 하나님의 주권을 강조함이다. 7절에서 선포된 내용 그대로 역사의 완성을 이루실 분은 전능하신 하나님이다. 전능의 하나님이 시작하셨고 전능의 하나님이 끝내신다. 아무도 닫을 수 없는 그 문을 여신 하나님이 그 누구도 다시 열 수 없는 그 문을 닫으신다. 그것이 하나님께 속하여 믿음의 본질을 지킨 자들에게는 구속 곧 승리의 환희의 날이 될 것이지만, 땅에 속하여 사악한 세력에 굴복하며 하나님의 거룩한 이름을 더럽혔던 무리들에게는 파멸 곧 고뇌와 통곡의 날이 될 것이다.

나는 알파요 오메가라

알파(A)는 헬라어의 첫 글자이고, 오메가(Ω)는 마지막 글자이다. 알파요 오메가이신 하나님은 모든 것의 "시작이시며 끝"(ἡ ἀρχὴ καὶ τὸ τέλος / 헤 아르케 카이 토 텔로스)이시다. 이 호칭은 책의 마지막 부분에 다시 나타난다(21:6, 22:13).

그분은 또한 "처음이요 나중"(πρῶτος καὶ ἔσχατος / 프로토스 카이 에스카토스, 1:17, 22:13; 사 41:4, 44:6, 48:12)이시다. 만물을 창조하심으로 우주의 역사를 시작하신 그분이 우주 만물을 심판하심으로 대단원의 막을 내릴 것이다. 4절의 "이제도 계시고 전에도 계시고 장차 오실 이"에다 '알파'와 '오메가'의 두 칭호를 첨가하여서 하나님이 온 역사의 주관자이심을 강조한다. 히브리 알파벳의 상징법에서는 "시작과 중간과 끝"이신 하나님을 나타낼 때 "진리"(אמת 에메트)라는 단어를 쓴다. '알렙'(א)이 첫 글자요, '멤'(מ)이 중간 글자요 '타우'(ת)가 마지막 글자이기 때문이다.

전능한 자라

알파요 오메가이신 주님은 '전능자'(ὁ παντοκράτωρ / 호 판토크라토르)이다. 전능자는 구약에 가장 많이 출현하는 하나님의 명칭으로서 계시록에는 모두 아홉 번이나 나온다(1:8, 4:8, 11:17, 15:3, 16:7, 14, 19:6, 15, 21:22). 신약에서 그 외의 경우로는 인용문의 형식을 따른 고후 6:18이 있을 뿐이다. 요한을 통해 자기 백성들에게 하나님의 말씀을 전해주신 하나님은 내재적인 주권에서만이 아니라 영원한 능력을 지니셨다. 그분은 이 세상을 넘어 전 우주를 통치하시는 분이며 공의와 사랑에서도 그 능력이 무한하시다. 그분은 창조주로서 전능하셨듯이 심판주로서도 전능하시다. 창조에 아무런 결함이 없으셨듯이 심판에도 완전무결하시다.

"전능한 자"는 모든 것을 하실 수 있는 만유의 통치자로서 "알파와 오메가", "이제도 있고 전에도 있었고 장차 올 자"라는 표현과 함께 하나님의 영원한 주권을 강조한다. 서문은 이렇게 전능하신 하나님의 자기선언으로 끝난다. 이것은 서신 전체에 면면히 흐르고 있는 신적 권위를 암시하는 효과를 갖는다. 하나님은 자신의 종 요한이 예언한 모든 내용을 반드시 이행하실 것이다. 왜냐하면 그 모든 내용을 주신 분이 바로 전능하신 하나님이기 때문이다. 하나님은 그처럼 엄청난 약속을 하실 수 있고 장차 일어날 일들을 자신의 종 요한에게 미리 보고 듣게 하실 수 있고 하나부터 열까지 빠짐없이 철저하게 이행하실 수 있다.

하나님의 자기 선언은 저 유명한 "나는……이다"(Ἐγώ εἰμι / 에고 에이미)로 시작한다. 자기선언을 엄중하게 선포하시는 주인공은 다름 아닌 주 하나님이다. “주 하나님이 말씀하신다”(λέγει κύριος ὁ θεός / 레게이 퀴리오스 호 떼오스). “주 하나님이 가라사대”란 표현은 구약에서 예언자들이 하나님의 대변자임을 자처하면서 사용한 전형적인 구절이다. 요한은 이 표현을 사용함으로 구약의 예언자들처럼 자신이 ‘하나님의 대변인’임을 자처하고 있는 것이다. 이 선언 앞에서 요한의 독자들은 종말의 때를 위하여 전해준 이 메시지를 하나님의 말씀으로 대한다.

“알파와 오메가”, “처음과 나중”, “시작과 끝”이란 이 표현은 그리스도 자신에게 적용되었다(22:13). 그리스도 안에서 하나님이 세상을 홀로 통치하신다. 하나님이 역사의 수레바퀴를 움직이신다. 우주와 만물은 저절로 운행되지 않고 역사도 맹목적으로 흘러가는 것이 아니다. 우주 만물은 하나님의 붙들고 계심으로 정해진 법칙을 따라 움직이며 역사의 매 순간마다 작용하는 것은 보이지 않는 하나님의 섭리이다. 하나님의 손길은 결코 가볍지 않고 서투르지도 않다. 우주와 역사를 다루시는 하나님의 손길은 장인과 흡사하다. 하나님은 인간 역사와 우주의 영원한 기원이며 그것들이 지향하는 목표점이 된다. 하나님의 영원성은 “이제도 있고 전에도 있었고 장차 올 자”라는 천명에서 구체화된다. 영원하신 하나님은 무엇보다 “이제 있는” 분이시다. 요한의 독자나 적대자들이 눈여겨보아야 할 대목이 바로 이 부분이다. 현세를 통치하는 것은 사탄이나 그의 수족이 되어 역사하는 악한 군주들이 아니다. 그들의 활동 배후에 하나님이 계시다. 하나님만이 주관하시고 하나님이 필요에 따라 어떤 것은 허용하시고 어떤 것은 금하신다.

II. 첫째 환상 : 인자와 일곱 편지(1:9-3:22)

첫째 환상은 인자의 모습과 일곱 교회에 보낸 편지로 이루어져 있다. 계시의 주체로서, 계시의 전달자로서, 계시의 성취자로서 요한에게 다가오신 주님의 모습을 선명히 묘사하고 있다. 일곱 편지에서는 요한에게 나타나신 인자의 모습을 생생하게 전하고 있다(1:9-20). 요한은 자신이 계시를 받은 장소와 일시가 어디며 언제인지 밝히는 것으로 첫째 환상의 문을 연다. 9절 후반부와 10절 전반부는 엄밀한 의미에서의 서문과 인사와 송영에 이은 마무리로서 인사말에 해당한다. 그렇다면 요한의 인사말은 3중의 겹으로 둘러쳐진 셈이다. 주의 날에 성령의 감동으로 평소에 듣지 못하던 음성을 듣고 평소에 볼 수 없었던 영광의 그리스도를 보았다. 환상 속의 그리스도는 영광의 원래 모습을 보여주시면서 요한에게 보고 들은 바를 모두 적어서 일곱 교회에 보낼 것을 명령하신다. 그렇게 해서 일곱 교회에 대한 각각의 메시지가 준비되어 보내졌다.

일곱 교회에 보내는 편지와 그런 편지 내용들을 가능케 한 환상의 실제 내용들보다 중요한 것은 그리스도이시다. 그리스도가 계시의 원천이요, 그리스도가 환상의 주체적 인물이며, 그리스도가 계시의 완결자로서 다시 오실 분이기 때문이다. 그리스도의 환상은 묵시적 환상의 기원과 배경을 묘사하는 극적인 부분으로서 매우 중요하다. 2-3장의 메시지가 끝나고 4장의 보좌 환상으로부터 22장의 새 예루살렘 성 환상에 이르기까지 수많은 사건들과 장면들이 재빠르게 지나간다. 장면을 극적으로 만들고 메시지에 함축적인 의미를 더하는 것이 다양한 상징들이다(인, 나팔, 대접, 해와 달과 별들, 검, 열쇠, 짐승,

666 등등). 요한은 그리스도의 환상에서부터 상징의 군집들(나팔, 금촛대, 옷, 금띠, 양털, 눈, 불꽃, 주석, 물소리, 해, 별, 날 선 검)을 직면한다.

물질적이고 가시적인 사물들과 사건들의 묘사를 통하여 독자를 영적인 차원으로 연결시키는 것은 요한이 공교하게 만들어낸 문학적인 장치이다. 성령의 도우심으로 요한에게는 통찰력과 집필의 능력이 주어졌다. 요한의 묘사를 통하여 독자들은 현실 세계를 거쳐 초자연적인 세계를 넘겨다보고 과거를 해석하고 현실을 진단하며 미래를 예시하는 안목을 가다듬는다. 비밀에 감추어졌던 하나님의 역사 경륜의 중요한 부분을 요한에게 계시하신 것은 구원 받을 백성들을 위한 것이다. 그들을 격려하고 경각시켜서 세상의 악에 빠지지 않고 견디기 힘든 박해를 능히 헤쳐 나가도록 함에 계시의 기록 목적과 전달의 의미가 있다. 그래서 일곱 교회에 전달한 메시지는 한결같이 칭찬과 격려와 더불어 회개를 강조하고 다시 오실 주님의 재림을 상기시킨다.

1. 영화로우신 인자(1:9-20)

서문과 인사와 송영이 끝나자마자 요한은 계시의 원천이신 예수 그리스도의 영광을 소개한다. 그것은 요한 자신의 신학적 통찰의 산물이 아니요 신앙적인 경험의 요약도 아니다. 그가 보여주고자 하는 그리스도의 참모습은 환상 속에 계시된 주님 자신의 정체성이다. 요한에게 나타나신 주님의 모습은 신비와 영광으로 가득 찼으며, 산 자이신 그리스도의 현존 앞에서 살아 있는 요한은 실제로 죽은 자와 같이 되었다. 생전에 주님 곁에서 주님을 섬기며 말씀을 듣고 지극한 사랑을 받았던 요한이 미처 상상할 수 없었던 영광의 모습으로 임해 왔을 때 요한의 감격은 대단했을 것이다. 변화산에서 잠시 주님의 영광을 접하긴 했지만 십자가의 죽음을 전후하여 이미 퇴색이 되어 버린 상태였다.

부활하신 주님을 만난 이후로 요한도 사도들과 마찬가지로 대위임의 명령을 수행하기 위해 복음 전선에서 힘쓰고 애썼다. 특히 순교의 죽음을 당하지 않고 천수를 누렸던 요한의 경우에는 초기 교회가 당해야 했던 박해의 환경을 그 어떤 사도보다도 더 확실하고 오래도록 지켜보아야 했다. 그 자신도 박해의 결과 죄수의 몸이 되어 있었다. 그리스도의 종들 중의 종이었던 요한은 종다운 종이 되고자 한 결과로 지금 밧모 섬에 있다. 차꼬와 지하 감방, 지중해의 파도 소리와 살벌한 간수들의 괴롭힘이 있는 음습한 환경에 요한이 있다. 낮에는 중노동에 시달리고 밤에는 흉악범들의 저주와 고통의 신음 소리를 들으며 지내야 했던 그다. 기도와 묵상 속에 지내던 요한에게 어느 날 주님께서 친히 찾아오셨다. 하나님의 노예이기를 원하였던 요한은 이제 그 하나님을 영 가운데 접촉한다. 지상의 죄수에서 천상의 선견자가 됨으로 이사야, 에스겔, 예레미야와 어깨를 나란히 견줄 만한 예언자가 되었다.

"영화로우신 인자"를 소개하고 있는 이 부분의 내용들은 이러하다. 요한은 자신의 밧모 섬 유형 동기를 예수의 환난과 나라와 참음에 동참하는 자라는 표현과 함께 박해 속에 있는 성도들의 형제라는 언급으로 밝힌다. 그는 말씀과 말씀 증거 때문에 밧모 섬에 갇혀 있다(9절). 주의 날에 성령의 감동으로 음성을 듣고 자신이 보는 모든 것들을 편지로 써서 아시아의 일곱 교회에 보내라는 명령을 받는다(10-11절). 요한은 그리스도의 영광을 접하는데 영화로우신 그분의 모습이 상징적 도구들에 의하여 구체적으로 감지된다(12-16절). 환상과 그리스도의 영광에 압도를 당한 요한은 거의 죽은 것 같은 상태에 빠져버린다. 주님의 위로로 소생한 요한에게 보다 상세하고 확대된 사명이 주어진다(17-19절). 요한이 본 환상의 실체가 무엇인지 중요한 상징 두 가지에 대한 해석으로 독자의 궁금증을 풀어준다. 일곱 별과 일곱 금촛대의 비밀을 일곱 교회의 사자와 일곱 교회라 풀어준다(20절).

처음 요한에게 기록 명령을 내린 것은 나팔 소리 같은 음성이었다(10-11절). 두 번째의 기록 명령은 예수 자신에 의하여 주어졌다(17-19절). 기록 명령과 기록할 내용과 기록할 사람이 동일함은 나팔 소리 같은 음성의 주인공이 다름 아닌 '예수 그리스도'이심을 의미한다. 요한은 지금 땅에서 환상들을 보지만 이내 "나팔 소리 같은 음성"의 초청으로 하늘로 옮겨진다(4:1). 첫 번째의 기록 명령에서 기록할 내용은 요한이 보는 것에 국한되었지만 두 번째 명령에서 기록할 내용은 보다 구체화되었다.

요한은 자신이 바라본 그리스도의 영광을 정확히 묘사할 뿐 아니라 교회들에게 예언의 메시지를 보내는 자가 바로 자기 자신임도 숨김없이 천명한다. 그것은 사도적 권위와 성령의 감동에 기인한 자기 확신의 결과이다. 유대 묵시 문학의 저자들은 자신들의 묵시 작품이 독자들에게 권위 있는 문서로 받아들여지도록 하기 위해 에녹이나 엘리야와 같은 역사상 유명했던 이들의 이름을 내세웠는데 요한은 자신의 정체성을 분명하게 밝혔다. 요한은 독자들이 처한 박해 환경에서 동떨어진 상태가 아니라 그들과 함께 박해의 희생자가 된 형제요 동무가 된 입장이다. 영적으로 요한은 독자들과 불가분리의 관계에 있다. 그들과 비슷하면서도 요한은 그들과 구별되게 하나님의 특별하신 섭리 속에서 '보는 자'로 택해졌다.

9 나 요한은 너희 형제요 예수의 환난과 나라와 참음에 동참하는
자라 하나님의 말씀과 예수의 증거를 인하여 밧모라 하는 섬에
있었더니
10 주의 날에 내가 성령에 감동하여 내 뒤에서 나는 나팔 소리 같은
큰 음성을 들으니
11 가로되 너 보는 것을 책에 써서 에베소, 서머나, 버가모, 두아디라,
사데, 빌라델비아, 라오디게아 일곱 교회에 보내라 하시기로
12 몸을 돌이켜 나더러 말한 음성을 알아보려고 하여 돌이킬 때에
일곱 금촛대를 보았는데
13 촛대 사이에 인자 같은 이가 발에 끌리는 옷을 입고 가슴에 금띠를
띠고
14 그 머리와 털의 희기가 흰 양털 같고 눈 같으며 그의 눈은 불꽃
같고
15 그의 발은 풀무에 단련한 빛난 주석 같고 그의 음성은 많은 물소리
와 같으며
16 그 오른손에 일곱 별이 있고 그 입에서 좌우에 날선 검이 나오고
그 얼굴은 해가 힘 있게 비취는 것 같더라
17 내가 볼 때에 그 발 앞에 엎드러져 죽은 자같이 되매 그가 오른손
을 내게 얹고 가라사대 두려워 말라 나는 처음이요 나중이니
18 곧 산 자라 내가 전에 죽었었노라 볼지어다 이제 세세토록 살아있
어 사망과 음부의 열쇠를 가졌노니
19 그러므로 네 본 것과 이제 있는 일과 장차 될 일을 기록하라

20 네 본 것은 내 오른손에 일곱 별의 비밀과 일곱 금 촛대라 일곱 별은 일곱 교회의 사자요 일곱 촛대는 일곱 교회니라

9 나 요한은 너희 형제요……동참하는 자라

"나 요한"(ἐγὼ Ἰωάννης / 에고 요안네스)이란 자기 소개는 1-9절까지의 짧은 내용 속에 벌써 세 번째에 해당한다(1, 4절). 요한은 7-8절에서 본서의 결론에 해당하는 분명한 언급을 하였고, 연이어 주님의 불가피한 재림의 실현과 그로 인한 성도들의 신원을 위해 하나님께서 어떻게 천상과 지상의 전 역사를 통틀어 행하시는지에 초점을 집중시킨다. 요한은 계시의 전달을 자신이 보았던 그리스도의 영화로운 모습에다 일곱 교회에 편지를 써 보내도록 명령을 받았다는 사실과 함께 담담히 시작한다. 앞으로 진술될 내용의 진지함과 엄청남이 결코 공교히 꾸며낸 이야기나 픽션이 아니라 한 치의 양보도 있을 수 없는 계시임을 요한은 자신의 독자들에게 각인시키고자 한다. 요한은 그 일환으로서 자신이 어떤 위치에 있으며 그들이 믿을 만한 전달자임을 확인시키고 싶은 것이다. 요한은 자신이 바로 그 요한임을 재삼 강조한다.

저자의 자기 소개 형식은 묵시 문학에서는 매우 일반적인 현상이다(단 7:28, 8:1; 계 22:8; 에녹전서 12:3; 제4에스드라서 2:33). 이런 묵시 문학적인 형식이 아니더라도 신약 도처에서 이런 표현은 화자나 저자의 권위를 나타내고 명확히 하기 위한 언급이었다(롬 16:22; 고전 16:21; 고후 10:1; 갈 5:2; 엡 3:1; 살전 2:18 등). "나 바울(ἐγὼ Παῦλος / 에고 파울로스)은 이 복음의 일꾼이 되었노라"(골 1:23). 요한은 지금 저자로서의 권위를 분명한 어조로 피력하고 있는 것이다. 요한은 이

시점에서 자신의 독자들에게 굳이 자신의 사도 된 권위를 표명하지 않는다. 심각한 박해 환경 가운데 놓여 있던 그들에게는 요한이 박해당하는 수난자로서 자신들과 동일시한 사실만으로도 큰 힘이 되고 격려가 되었다.

요한은 사도의 위치에서 성도들을 돌보았지만 하나님 앞에서 성도들의 형제 됨을 전혀 부끄러워하지 않았다. 그들이 종이건 자주자건, 부자건 가난하건, 높건 낮건 요한은 육신을 따라 그들을 바라보지 않고 그리스도의 피로 구속함 받은 한 형제자매들로 바라본다. 오직 한 성령 안에서 한 주님을 섬기며, 한 믿음을 갖고 한 소망을 갖고 한 고백을 지닌 하늘 기업의 공동 상속자로서 스스로를 박해 중에 처한 이들의 형제라 자처한다. 요한의 형제 됨을 웅변적으로 증명하는 것이, 바로 그 자신이 당하고 있는 환난이다. 당시의 크리스천들은 그리스도께 대한 신앙 고백이 곧 사회로부터의 격리요 공공연한 핍박의 대상이 되는 것임을 알았다. 땅 끝에 내몰린 자들이 영원한 나라에 대한 동경으로 마음과 뜻이 결집됨은 너무도 당연한 귀결이었다.

요한은 한 아버지를 섬기는 형제였기에 그들과 더불어 예수의 환난과 나라와 참음에 동참하는 자가 되었다. 요한은 사자 같은 담대함으로 사도적 메신저가 되었지만 동시에 양의 온유함으로 핍박 중에 처한 성도들의 형제가 되었다. 영적 신분의 동일시는 그의 폭넓은 인격에서 비롯되었다. 하나님을 아버지로 모심으로 아들 됨(sonship)의 권리를 회복한 이는 누구나 주님 안에서 한 형제 됨(brotherhood)의 따스한 사귐을 나눌 수 있다. 계시록에서 사용된 경우들은 모두 후자의 의미에서다(1:1, 4, 9, 22:8, 주님의 경우에는 22:16).

구약에서는 다니엘서에만 이런 형식이 나오고 있다(단 7:15, 8:15,

27, 9:2, 10:2, 7, 12:5).

예수의 환난과 나라와 참음

요한 자신과 관련해 삼중의 강조적 표현으로 나타낸 "환난과 나라와 참음"(τῇ θλίψει καὶ βασιλείᾳ καὶ ὑπομονῇ / 테 뜰맆세이 카이 바실레이아 카이 휘포모네)에는 오직 하나의 관사밖에 없는데, 이는 환난이 중요 관심이 되어야 하고 나라와 참음은 환난에 부차적인 요소로 이해할 수 있음이 아니다. "예수의"가 세 단어를 한 범주에 넣는다. 하나의 관사일지라도 세 요소가 같은 정도의 중요성과 의미로 해석되어야 한다. 요한과 그의 형제 된 성도들은 예수를 믿음으로 예수 안에 거하는 자들이 되었다. 그들이 예수 안에 있음으로 예수의 이름으로 인하여 받아야 하는 환난이나 참음은 피할 수 없는 현실이 되었다. 마찬가지로 예수 안에서 약속된 나라도 그들의 복된 현실이 되었다. 이 표현을 정확히 말하자면 예수의 환난, 예수의 나라, 예수의 참음이 된다. 예수 안에서 믿음의 경건한 삶을 산다 함은 곧 핍박을 자초하는 삶이다(딤후 3:12). 이를 위해 하나님이 우리에게 은혜를 주셨다. 환난이나 고난이나 박해란 크리스천의 삶에 있어서는 그림자와 같다.

바울은 이렇게 설명한다. "그리스도를 위하여 너희에게 은혜를 주신 것은 다만 그를 믿을 뿐 아니라 또한 그를 위하여 고난도 받게 하심이라"(빌 1:29). 요한은 야고보의 순교를 통해 이미 믿음의 대가가 얼마나 값비싼 것인지를 충분히 알고 있었다. 바울은 제1차 전도여행의 막바지에 이르러 안디옥의 제자들을 불러 모아서 중심으로 권면하였다. "제자들의 마음을 굳게 하여 이 믿음에 거하라 권하고 또 우리가 하나님 나라에 들어가려면 많은 환난을 겪어야 할 것이라"

(행 14:22). 예수의 나라에 들어가려면 누구든지 예수의 환난을 겪어야 하고, 예수의 나라 때문에 환난에 처한 성도는 예수의 참으심을 보여야 한다. 그것이 하나님의 아들로서 주님 스스로 삶을 통해 보여주신 믿음의 길이다. 성도로서 당하는 예수의 환난과 예수의 인내 사이에 예수의 복스러운 나라가 있다.

하나님의 말씀과 예수의 증거를 인하여

암벽과 화산으로 생겨난 언덕들로 이루어진 밧모는 사방 20km가 채 되지 못하는 작은 섬으로서 당시에 정치범 수용소로 악명이 높았다. 마치 아름다운 항구도시 샌프란시스코 앞의 알카트라즈 돌섬처럼 로마제국은 이 외딴 섬을 탈옥이 불가능한 범법자들의 격리 장소로 활용하였다. 중범자들을 격리 수용한 곳에 하나님의 사도가 지금 갇혀 있다. 그러나 그는 범법자로서가 아니라 하나님의 말씀과 예수의 증거 곧 복음을 전하다 죄인으로 낙인이 찍혔다. 이레나이우스나 알렉산드리아의 클레멘트나 교회사가 유세비우스가 전하는 전설에 따르면 요한은 도미티안 황제가 다스리던 시기에 에베소 지역에서 복음을 전하다가 체포되어 에베소로부터 14시간의 항해 거리에 있던 외딴 섬인 밧모에 유배되었다. 복음을 전하다 여러 번 투옥되었던 바울의 경험에 비추어서도 요한의 밧모 섬으로의 귀양 이유는 얼마든지 가능한 일이다. 요한은 단 하나의 이유, 복음 증거로 인하여 유배를 당하였다. 요한은 세상 왕국을 얻기 위해 투쟁하다 버려진 정치범이 아니었고 하나님의 나라와 왕 되신 그리스도를 위하여 싸우다 유배된 하늘의 전사였다. 흉악한 범죄가 아니라 고귀한 복음 전파 까닭에 절해의 고도에 버려졌다.

요한은 당시의 로마 당국 편에서 볼 때 백해무익한 예수교의 괴수요 혹세무민하는 사악한 선동자였으며, 황제 숭배에 반대적인 이교 진리의 수호자로서 암적인 존재였고 매우 위험한 인물이었다. 그러나 세상이 마련한 최악의 환경에서 하나님께서는 최선의 경험을 허락하셨다. 얼마나 놀라운 섭리인가! 저주의 땅 밧모 섬에서 성경의 마지막 책이 완성됨으로 기독교에 새로운 여명이 시작되었다. 하나님은 원수의 계략을 깨뜨리고 사탄의 저주를 축복으로 환원시키셨다. 살아서 돌아오기 힘든 유배지로 향하면서 모든 죄수들이 발악하고 통곡하며 이를 갈고 있을 때 하나님의 사람, 천국의 대사요 그리스도의 탁월한 사도였던 요한은 은총 속에서 새롭게 열릴 은혜의 세계를 기대하며 오히려 기뻐했을지도 모른다. 땅의 친구들은 사라졌지만 하늘의 천사들이 그를 기다리고 있었고, 세상의 영화와는 절연이 되었지만 천국의 영광이 예비되어 있었다. 주님께서 모든 것을 준비하시고 영광의 주님께서 바로 거기에 계셨다.

육체적으로는 밧모 섬의 죄수였으나 그의 영만은 차꼬에 매이지 않았다. 비록 그의 육체는 외딴 섬에서 고초를 겪었지만 그의 영은 한없이 고양되어 있었다. 외롭고 황막한 곳에서 광야의 당아새가 되고 지붕 위의 참새가 되어 크리스천 형제들과의 교제는 시간적으로나 공간적으로 단절이 되었으나 시공을 초월한 영적 세계에서 깊은 사귐을 나누며 기도로 영적인 사귐을 이어갔다. 몸은 떨어져 있었지만 마음과 사랑만은 박해 가운데 놓인 교회와 형제들과 함께하고 있었다.

전승에 따르면 로마 당국이 요한을 죽이기 위해 여러 차례 시도했지만 하나님의 기적으로 매번 실패로 돌아가자 궁여지책 끝에 밧모 섬으로 귀양을 보냈다고 한다. 람제이 경에 의하면 사도 요한이 황제 숭배를 인정하는 표시로 향 피우기를 거절하자 악명 높았던 밧모 섬의 중노동형에 처해졌다고 한다. 단단한 차꼬에 매여서 어두운 동굴 감옥의 딱딱하고 차디찬 바닥에서 자야 했고 끝없는 중노동에 시달려야 했다. 형편없는 의복과 부족한 음식에다 간수들의 채찍질을 수없이 견뎌야 하였다. 요한도 다른 죄수들이나 마찬가지로 예외 없이 극한 고통을 감수해야만 했다. 그럼에도 그의 영혼만은 새장을 벗어난 새였고 그물을 벗어난 고기였다. 세상이 그를 가두었지만 영 안에서 그는 절대 자유를 구가했고 온 세계를 기도로 품고 환상으로 품고 복음의 열정으로 품었다.

밧모라 하는 섬에 있었더니

밧모는 에게 해(海)의 스포라데스(Sporades) 군도에 속했으며 초승달 모양을 한 화산섬이다. 이 섬은 황막하고 돌이 많으며 약 10마일 길이에 6마일 넓이로 되어 있는 아주 작은 섬이다. 주전 14-8세기에도 주민이 거주하고 있었다. 주전 5세기경의 역사가인 투키디데스(Thucydides)에 의하여 1세기경에는 스트라보(Strabo)에 의해 공식적으로 언급이 되었다. 그러다 7-11세기에 이르러 아랍 해적 떼들의 출몰로 인해 버려졌다. 소아시아 서북쪽 해안에서 35마일 떨어진 북위 37도 20분, 동경 26도 34분에 위치한 자연항인 밧모는 로마에서 에베소로 가는 항로에서는 마지막 항구요 에베소로부터 로마로 돌아가는 항로에서는 첫 항구였기에 매우 중요한 곳이었다.

아르테미스와 아폴로를 숭배한 흔적이 남아 있는 밧모에는 305m 높이의 언덕이 솟아 있으며 로마제국의 정치범 유배지로 사용되었다. 정치범들은 시민권이 박탈되고 간신히 목숨을 연명할 정도로 최소한의 필수품을 제외하고는 모든 재산이 몰수되었다. 나무도 강도 경작할 만한 땅도 없는 이곳에서 죄수들은 채석장의 중노동에 시달려야 했다. 오늘날에도 밧모에는 요한이 환상을 보며 기거하던 음침한 동굴이 "계시의 석굴"(the Grotto of the Apocalypse)이란 이름으로 남아 있다. "있었더니"(ἐγενόμην / 에게노멘)는 단순과거로서 요한이 현재 밧모에 있지 않음을 시사하고 있는 듯하다. 요한이 밧모 섬에 유배를 당하긴 하였으나 일시적이었고, 얼마 후에 풀려나서 계시록을 쓸 당시에는 죄수의 몸이 아니었다는 가설이다(Lohmeyer).

대화체에서의 단순과거형은 그럴 가능성과 그 반대의 경우도 다 수용한다. 당시의 기록들에 따르면 황제의 명령으로 섬에 귀양을 간 죄수들 중에서 황제의 특사로 아니면 황제의 죽음으로 풀려나는 경우가 간혹 있었다. 실제로 유세비우스는 《교회사》에서 도미티안이 죽자, 원로원의 결의에 따라 요한은 이내 방면되었고 밧모 섬에서 나와 에베소로 간 것으로 기록하였다. 이는 역사가 플리니(Pliny)의 기록을 보아도 사실이다. 그에 의하면 도미티안의 후계자인 네르바는 직전 황제의 유배령을 철회했다. 알렉산드리아의 클레멘트나 오리겐도 요한이 폭군의 죽음으로 밧모 섬에서 풀려났음을 전했다.

현 시점에서 요한이 과연 밧모 섬에 '있는가' '없는가'는 그다지 중요하지 않다. 중요한 점은 요한이 하나님의 말씀과 예수의 증거로 인해 밧모 섬에서 유배 생활을 했다는 사실이며, 어느 날 성령의 감동으로 환상을 보았고 그것을 편지로 써서 오늘날 우리가 읽을 수 있는 내용으로 전했다는 점이다. 베드로가 십자가에 거꾸로 매달려 죽고 바울이 목 베임 당하는 등 살벌한 시기에 요한은 황제의 미움을 살 정도로 증인의 사명을 다했다는 사실이다.

10 주의 날에

예언서에서는 "주의 날"(the Lord's Day 또는 the Day of Lord)이 "여호와의 날"의 번역에 해당하는 것으로 주님의 재림으로 이루어질 심판의 날로서 종말의 때와 연관하여 해석하는 것이 보통이다(예를 들자면 빌 2:16, 살후 2:2, 벧후 3:1 등이다). 여기서는 주님의 만찬(고전 11:20)이 주님의 죽으심을 기념하기 위해 지켜지듯, 주님의 부활을 기념키 위해 지키는 날이다. "주의 날"(τῇ κυριακῇ ἡμέρᾳ / 테 퀴리아케 헤메라)은 종말론적 의미에서의 마지막 날이나 부활절이 아니라 기독교의 주일 곧 주의 첫날을 가리킨다. 안식 후에 맞는 첫 날은 주(Lord)의 날로서 주(week)의 첫날이 되었다(마 28:1; 막 16:2; 눅 24:1; 요 20:1).

초대교회는 안식 후 첫날 곧 기독교 주일을 공공연하게 지키고 있었다(요 20:19; 행 20:7; 고전 16:2). 사도 후기 시대의 교훈집인 디다케(Didache)에서도 "주의 날에 우리는 모여 떡을 떼었다"(14:1)라고 말했으며, 2세기 초엽의 교부 이그나티우스가 마그네시아 교회에 보낸 편지 가운데서도 "그리스도인 더 이상 안식일을 위해 살지 않고 주의 날을 위해 산다"(9:1)고 밝혔다. 한 주의 첫 날을 주일로 지킨 것은 주님의 부활을 기념하기 위해서였다(Lee, Swete, Charles).

2세기 말엽에 이르러 사데(Sardis)의 멜리토(Melito)가 《주의 날에 관해서》라는 소책자를 출간했으며 고린도의 디오니서스(Dionysus)는 로마 교회에 보낸 편지에서 "고린도에 있는 교회는 주의 날을 성일로 지킨다"라고 밝혔다. 다이스만(Deissmann)의 연구에 따르면 당시 로마에는 황제 숭배 사상이 전 제국에 퍼져 있었다. 그래서 이교 세계에서는 달의 한 날과 주간의 하루를 "황제의 날"(세바스테)로 지켰는데, 이에 대한 반발로 크리스천들은 "주의 날"로 구별하여 지키게 되었다고 한다.

분명한 것은 "주의 날"이 한 주의 첫날로서 주님의 부활을 기념하는 날이요, 생명과 자유 그리고 안식과 승리의 날을 상징한다는 점이다. 교회에서 공식적으로 "주의 날"(τῇ κυριακῇ ἡμέρᾳ / 테 퀴리아케 헤메라)이 정해지기 전까지는(고전 16:2) "안식 후 첫날"(τῇ μιᾷ τῶν σαββάτων / 테 미아 톤 삽바톤)이란 표현이 널리 통용되고 있었다(눅 24:1; 요 20:19; 행 20:7). "주의 날"이란 주님께 속한 날이라는 뜻이다. 한 주간 모두가 주님께 속하였고 달의 모든 날과 해의 모든 날이 주님께 속하였지만 "주의 날"을 특별히 정하여 준수케 하셨다.

성령에 감동하여

"영 안에"(ἐν πνεύματι / 엔 프뉴마티)라는 표현은 여러 곳에서 나오는데(4:2는 동일한 표현임. 17:3, 21:10), 이는 초자연적 경험인 황홀경을 뜻한다. 욥바의 베드로(행 10:10, 11:5)나 예루살렘의 바울(행 22:17)의 경우에는 "비몽사몽"으로 번역되었으나 감옥에서 풀려난 베드로조차 스스로 환상이라 여겼다(행 12:7-12). 고후 12:2-4에 기록된 바울의 경험에 의하면 이는 스스로 몸 안에 있었는지 몸 밖에 있었는지 알 수 없는 황홀의 상태(ἐν ἐκστάσει / 엔 엑스타세이)였다.

하나님이 계시를 주실 목적으로 요한을 그런 상태로 이끄셨기에 요한은 이전에 경험하지 못한 신비로운 황홀 상태에 놓이게 된 것이다. 이는 육체적 감각은 살아 있으나 일상적인 활동이 잠시 억제를 당한 채, 최고도로 민감해진 내적 감각으로 인해 영의 활동이 육체를 완전히 지배하게 된다. 영혼과 정신, 육체와 감각, 이성의 모든 활동들은 정상적이다. 다른 점은 이 모든 정상적인 기능들이 자연계에는 일체 반응을 보이지 않고 영계에만 반응한다. 의사인 누가는 이런 현상을 "황홀경"(ἔκστασις / 엑스타시스)으로 번역하였다(행 10:10, 11:5, 22:17). 영이 정상적인 활동영역을 벗어나 새롭고 특이한 상태에 놓이게 된다.

요한은 에베소를 비롯한 아시아에 산재한 교회들을 위하여 묵상하던 중에 하나님의 초자연적인 역사로 말미암아 그의 영혼이 한순간에 시공의 속박에서 벗어나게 되었다. 요한은 이 세상과 일시적으로 단절된 상태로서 "영 안에 놓이게 되었을 것"(ἐγενόμην ἐν πνεύματι / 에게노멘 엔 프뉴마티)이다. 이는 신비한 경험이며 성도가 늘 유지하는 영적 상태로서의 "영 안에 있음"(ἐστὲ ἐν πνεύματι / 에스테 엔 프뉴마티)이 아니다(롬 8:9). 요한의 경험은 비몽사몽도 아니고 다니엘의 환상과도 구별되는 특이한 체험이다. 그것보다는 에스겔의 '영적 들림'(겔 2:2, 3:12, 14, 24, 11:1, 43:5)에 가깝다고 할 것이다.

내 뒤에서 나는 나팔소리 같은 큰 음성을 들으니

갑작스럽게 들이닥친 신비한 음성으로서 이는 대화가 아닌 일방적인 소리에 속한다. "나팔 소리 같은"의 "~같은"(ὡς / 호스)은 계시록에 10회 나온다. 구약에서는 나팔 소리가 하나님의 음성을 의미했다(출 19:16-19; 레 25:9; 수 6:5; 사 58:1; 그리고 히 12:19 참조). 이스라엘의 제의에서도 사용되었지만(삼하 6:15; 시 81:3; 사 27:13; 욜 2:15) 많은 경우 "나팔 소리"(קוֹר שֹׁפָר / 콜 쇼파르)는 하나님의 현현과 관련되었다(시 47:5; 사 18:3; 욜 2:1; 슥 9:14). 나팔은 하나님의 영광(출 19:16, 19), 승리(수 6:6; 삿 7:18), 절기(레 23:24), 의식(레 25:9), 소집용(민 10:7), 군중 통솔용(민 10:2; 16:2), 군사적 방어용(겔 33:6), 진격용(민 10:9; 겔 7:14)에 사용되었다. 신약에서는 파루시아를 알리는 종말론적 의미를 부가하였다(마 24:31; 고전 15:52; 살전 4:16).

요한은 나팔 소리가 아니라 '나팔 소리 같은 소리'를 들었다. 그것은 "큰 음성"(φωνὴν μεγάλην / 포넨 메갈렌)이었다. "큰 음성"은 계시록에 모두 21회 나온다(1:10, 5:2, 12, 6:10, 7:2, 10, 8:13, 10:3, 11:12, 15, 12:10, 14:7, 9, 15, 18, 16:1, 17, 19:1, 17,21:3). 나팔 소리를 들은 것이 아니라 큰 음성을 들었는데 그 음성이 나팔 소리 같았다. 나팔이 소리를 확대시킴에 비해 큰 소리를 상징한 것이다. 채석장의 돌 깨는 소리와 에게 해의 파도소리만 들리는 곳에서 요한은 열린 귀, 들을 수 있는 귀로 이 놀라운 음성을 들었다. 밧모 섬의 그 누구도 이 음성을 듣지 못했다. 이 음성은 엘리야가 들었던 세미한 음성(왕상 19:12)이 아니라 아주 큰 음성이었다. 말할 수 없는 말을 들었던 바울처럼(고후 12:4) 요한은 표현할 수 없는 소리를 들었다. 하나님께로부터 들려오는 신비한 음성을 들은 요한은 복된 사람이었다. 주님도 자주 하나님의 음성을 들었는데(수세 시, 변화산상에서) 헬라인들과의 면담을 위한 기도 직후에 들린 음성에 대해 사람들은 우레가 울었다거나 천사의 음성이란 반응을 보였다.

11 너 보는 것

요한의 귀를 열어 주신 하나님이 이제 곧 그의 눈을 열어 주어 감추인 것을 보여주시고자 한다. 요한은 눈앞에서 펼쳐지는 환상의 내용을 바로 지금 요한이 "보고 받은 기록 명령"은 자신이 지금 "보고 있는 환상의 내용들"(ὃ βλέπεις / 호 블레페이스)이다. 이것은 환상 자체이기보다 환상을 보면서 인지하는 영적 지각을 일컬음이다. 19절에서 요한에게 다른 기록의 명령이 주어진다. 그것은 "네 본 것과 이제 있는 일과 장차 될 일들"이다. 그렇다면 19절의 기록 명령이 본격적인 알맹이라면, 여기에서의 "너 보는 것"이란 관계절은 12-16절에 나타난 영화로우신 그리스도의 모습에 국한되는 것이라고 이해할 수 있다. 이 내용이 19절에서 언급한 "네 본 것"(ἃ εἶδες / 하 에이데스)에 해당한다는 해석이다(Trench). 그러나 이 해석은 너무나 협의적이다. 오히려 요한이 보고 있는 전체 환상에 대한 언급으로 이해함이 옳다. 19절의 중복된 듯한 언급은 앞의 내용을 더 강화시키고 보충하는 의미로 보아야 한다. 이런 스타일의 묘사는 본서에 반복해서 언급된다(1:4과 1:11, 7:9과 7:13-17, 10:3상반절과 10:6, 12:6과 12:13-17, 13:1-8과 17:7-17, 14:1과 14:4-5, 14:8과 14:18, 15:1과 15:5-8, 16:19하반절과 18:1-24, 또한 21:1-2과 21:9-22:5).

책에 써서

하나님은 당시 박해를 받고 있던 성도들만이 아니라 오고 오는 세대를 통해 박해 받을 교회와 성도들을 염두에 두시고 기록에 남길 것을 명하셨다. 기록은 자기 백성에게 자신의 뜻을 지속적으로 상기시키고자 하시는 하나님의 배려다(사 8:1; 렘 36:2; 합 2:2). "써서"(γράψον / 그랖손)는 단순과거 명령형으로서 요한의 즉각적인 행동을 촉구하신다. 반드시 속히 실행해야 함을 의미한다. 여기서는 단순히 보는 것을 쓰라며 단순한 명령을 전했음에 비해 19절에서는 요한이 써야 할 내용이 구체적으로 언급되었다. "쓰라"(γράψον / 그랍손)는 단순 과거 명령형은 본서에 모두 열두 번 나오는데 일곱 번은 일곱 교회에 대하여(2:1, 8, 12, 18, 3:1, 7, 14) 나머지 경우는 일반적인 사용으로서 책 전체를 의미하였다(1:11, 19, 14:13, 19:9, 21:5).

기록 명령은 하나님에게서 비롯되었다. 요한은 계시의 수령자로서 계시의 내용들을 가감하지 않고 기록해야 하며 그것을 수령인들에게 보내야 한다. 구약에서 예언자들은 하나님께서 자기 백성과 소통하는 인격적 매체였고, 하나님과 이스라엘 백성을 이어 주는 것이 바로 예언자들이 하나님께로부터 받은 신탁의 메시지였다(출 17:14, 34:27; 사 30:8; 렘 37:2, 39:44). 대개의 경우 그 이유는 배역한 이스라엘에 대한 심판의 경고를 위함이었다(사 8:1; 렘 36:2, 28; 합 2:2).

일곱 교회

"일곱 교회"(ταῖς ἑπτὰ ἐκκλησίαις / 타이스 헾타 에클레시아이스)가 수신자로 선정된 이유로서는 황제의 우편로와 행정의 중심지라는 지역적인 중요성(Ramsay)에다 일곱이라는 숫자가 지닌 종교적 의미가 덧붙여졌을 가능성이 있다.

왜 하필이면 여러 교회들 중에서 에베소, 서머나, 버가모, 두아디라, 사데, 빌라델비아, 라오디게아 교회였는가 하는 점에 대해서는 계시록의 해석 방법과 연관하여 추정할 수 있을 뿐이다. 요한이 이 일곱 교회들과 어떤 특별한 관계에 있었을 가능성도 배제할 수 없으며, 일곱 교회가 지닌 특별한 문제 상황이 요한의 관심을 불러일으켰을 수도 있다. 한편 로메이어(Lohmeyer)의 주장에 따르면 에베소가 맨 앞에 위치한 것이 기독교의 중심지가 예루살렘에서 소아시아 지역으로 이동하면서 에베소가 중심교회로 우뚝 솟게 되고, 자연히 교회의 모든 특권과 의무 역시 예루살렘 교회로부터 에베소 교회로 옮겨졌을 것이다. 보다 단순한 이유는 에베소가 당시 소아시아 지역의 수도로서 정치, 경제, 문화, 교통의 중심지였기 때문일 것이다.

12 **일곱 금 촛대를 보았는데**

요한이 본 "일곱 금촛대"(ἑπτὰ λυχνίας / 헾타 뤼크니아스)는 환상의 배경이 성전임을 암시한다. 일곱 금촛대는 본서에서 교회로 상징되었는데(20절) 이는 복음서의 전통과 일치한다(마 5:14; 그리고 엡 5:8-9; 빌 2:15 참조). 구약적인 배경은 다음과 같다.

① 좌우 여섯 가지가 있는 성막의 일곱 등잔(출 25:31-37).
② 솔로몬 성전의 것으로 좌우 각각 순금등대 5씩(왕상 7:49).
③ 스가랴의 환상 중에 나온 일곱 등잔 있는 금 촛대(슥 4:2).

요세푸스가 전하는 전통에 따르면 솔로몬이 모두 일만 개의 촛대를 만들었으나 오직 한 개만 성전에서 온종일 비추도록 했다. 필로는 금촛대가 하늘을, 등잔 자체는 별들이나 일곱 행성을 상징한다고 여겼다. 일곱 금촛대는 포로 후기 헤롯 대왕의 명령으로 만들어졌다(마카비전서 1:21, 4:49). 금촛대는 교회를 상징한다(20절). 구약의 성전은 한 곳으로 모여들었으나(구심적), 신약의 교회는 각 지역으로 분산되었다(원심적). 그러나 빛은 하나였다.

교회는 등잔 불빛처럼 위탁된 하나님의 말씀을 전달하는 것이다(시

119:115). 성도는 세상의 빛인데 이는 그들 자신에게 빛이 있는 것이 아니라 세상의 빛이신 예수 그리스도의 빛을 반사하는 반사경으로서의 빛이다. 그리스도의 빛은 해에 비할 수 있고 성도의 빛은 달에 비할 수 있다. 금은 존귀함과 신성함과 천상적 기원을 상징한다. 땅에 있는 성도는 존귀하므로(시 16:3) 교회는 하나님 앞에서 금같이 소중하다(출 19:6; 신 7:6; 벧전 2:9). 금은 희소성 때문에 가치 있고(욥 28:19; 사 13:12), 보배롭고(애 4:2), 귀하다(딤후 2:20). 성도 곧 그리스도의 교회는 영적인 성전이다(고전 3:16-17, 6:19; 고후 6:16; 엡 2:21-22; 벧전 2:5).

13 촛대 사이에

촛대는 동쪽을 향한 성막의 등대보다 오히려 하늘 성전의 그리스도 앞에 위치하였을 것이다. 촛대의 중심에 그리스도가 계시다. 그리스도의 빛을 받아 촛대는 빛을 발한다. 교회는 그리스도 앞에 있고 교회 안에 그리스도가 현재하신다.

예수 그리스도는 한 교회에 머무시는 법이 없다. 주님은 모든 교회에 동시에 머무시면서 모든 교회들 사이에 존재하신다. 이는 세상 끝 날까지 함께하시겠다던 약속(마 28:20)과 두세 사람이 주의 이름으로 모인 곳에 함께하리라던 약속(마 18:20)의 실현이다. 촛대 사이에 서신 주님의 모습은 교회의 주님 되심을 보여준다. 주님은 교회의 머리요 대제사장으로서 촛대 사이를 거니신다. 영광스러운 교회만이 아니라 문제투성이인 교회 사이를 거니시며 연약한 지체들을 돌아보신다.

인자 같은 이

"인자 같은 이"(ὅμοιον υἱὸν ἀνθρώπου / 호모이온 휘온 안뜨로푸)는 메시아적 표현으로서 시편과 다니엘서에 특히 많이 나오고 복음서에도 80회 이상 나온다. 천사에 관한 것이 아니라 주님 자신에 대한 영광스런 칭호다. 주님은 "인자"라는 칭호를 매우 즐겨 사용하셨다. "인자"란 주님의 인성을 가리키는 것이 아니라 주님의 메시아 되심을 나타내는 표현이다. 여기에서의 인자는 공관복음서에 그려진 겸손함의 인자가 아니라 다니엘서의 영화롭고 존귀하신 인자가 더 적합하다. 하나님은 인간을 자신의 형상을 따라 창조하셨는데 계시록에서 하나님의 아들은 "사람의 아들 같은 이"로 나타나셨다.

"인자"에는 관사가 없는데 이는 이곳의 "인자"가 단 7:13의 인용(**כבר אנש** / 케바르 에나쉬)을 단적으로 증명한다. 여기의 "인자 같은 이"로 소개된 분은 높임 받으신 그리스도로서 1장의 나머지 부분에서 주된 역할을 하신다. 한때는 성육신에 연이은 죽으심으로 낮아지셨으나 지금은 부활하셔서 큰 영광 가운데 거하신다. 인자의 정체성은 높임 받으신 주님으로서 그분의 달라지신 위상을 보여준다. 겸비의 예수와 승귀의 그리스도가 인자 같은 이의 모습에서 선명해진다. 그분은 옛적부터 항상 계신 하나님으로서 천상의 방문자가 되어 환상 중에 요한을 찾아오셨다.

찰스는 여기의 인자가 메시아적 함의를 지닌 단 7:13의 바로 그 인자로 보았다. 주님은 단 7:13의 인자를 자신에게 적용시키셨다(막 13:26). 에스겔서를 비롯한 유대 묵시 문학에서는 '사람'이 천사를 상징하는 경우가 많았다. 여기에서의 "인자"는 초자연적인 존재이지만 천사가 아니다. 천사로 여길지라도 요한이 본 형상은 인자가 아니라 "인자 같은 이"였다. 그렇다면 천사가 아니라 천사 같은 이였다는 말이다. 그는 천사가 아니라 천사 같으신 분으로 나타나신 그리스도시다. 이는 17-18절에 인자 같은 이가 언급한 자기 묘사에 근거하여 확실하다.

발에 끌리는 옷을 입고

여기의 '긴 옷'(ποδήρης / 포데레스)은 신약에서 '유일하게 사용된 단어'(hapax legomenon)이다. 옷은 신분을 상징하였는데 특히 기다란 옷은 신성함과 영예로움의 표증이었다. 주로 신분이 높은 사람들이 입었다(삼상 18:4, 24:5, 12; 겔 26:16). 동방세계에서 긴 옷은 위엄의 표시였다(Charles). 이사야의 환상에서도 성전에 가득한 옷자락이 묘사되었다(사 6:1). 이 "발에 끌리는 옷"을 과연 누가 입었는가?

① 제사장의 의복도 길었다(출 28:4, 29:5, 39:29; 레 16:4). 요세푸스에 의하면 제사장, 대제사장은 언제나 발에 닿는 긴 옷을 입고 있었다.
② 왕복도 길었다(삼상 18:4, 24:5, 11; 겔 26:16).
③ 선지자의 옷도 길었다(슥 3:4; 단 10:5 참조).

제사장과 왕과 선지자가 입었던 긴 옷과 연관하여 바클레이는 본문의 "발에 끌리는 긴 옷"에서 그리스도의 삼중적 직무를 보았다. 십자가에서 옷이 죄다 벗겨지셨던 주님이 이제는 영광의 옷을 두르셨다.

가슴에 금띠를 띠고

가슴에다 화려한 금띠를 두르는 것은 대제사장(출 28:4, 8, 29:5, 39:29; 레 16:4)과 귀인들(마카비전서 10:19)의 전형적인 복장이었다. 팔꿈치보다 윗부분의 가슴 주변으로 몸을 빵 둘러가며 색과 꽃무늬가 있는 금으로 뒤섞여 짠 띠로 긴 옷을 느슨하게 싸고 있었다. 고대의 동방에서도 높은 관직의 대신들과 왕족이나 귀족들이 띠를 두른 긴 옷을 입고 있었음을 알 수 있다. 비슬리-머리는 일꾼들이 일할 때 벨트를 보다 아래쪽으로 옷을 동여맨 것과 비교하여 승천하신 그리스도께서는 구원을 위한 노역을 완수하셨기에 가슴에 띠를 띤 것이라 해석하였으나 이것은 지나친 비약이다. 스웨트는 단 10:5에 언급된 우바스 산 정금 띠를 두른 하나님의 메신저에 연관시켰으나 이 옷을 입은 분은 천사가 아니라 그리스도이시다.

14 그 머리와 털의 희기가 흰 양털 같고 눈 같으며

14-18절에 묘사된 그리스도의 모습이 라오디게아 교회만 제외하고 2-3장의 일곱 교회에 모두 반영되었음이 흥미롭다. “그 머리와 털”(ἡ κεφαλὴ αὐτοῦ καὶ αἱ τρίχες / 헤 케팔레 아우투 카이 하이 트리케스)은 “머리 즉 그의 머리카락”으로 해석함이 옳다. 흰색은 영원성(에녹전서 46:1), 영화로움(레 19:32; 잠 16:31, 20:29) 그리고 성결을 상징한다. 이사야서에서도 흰 눈과 흰 양털이 성결의 상징으로 언급되었다(사 1:18). 바클레이는 이 부분을 그리스도의 영원한 선재성과 무죄성으로 이해했다. 요한은 다시 한 번 높임 받으신 그리스도의 위치를 강조하고 있다. 희고 흰 색깔은 곧 그리스도의 숭고한 지혜와 지위를 상징한다. 단 7:9의 묘사와 거의 같다. 요한은 하나님에 대한 구약적 묘사를

그리스도에게 그대로 적용시켰다. 요한의 기독론적 이해를 한층 돋보이게 하는 부분이다.

그의 눈은 불꽃 같고

사람의 마음을 꿰뚫어보시는 전지(omniscience)의 눈이다(2:18; 단 10:6). 주님은 마음의 비밀을 아시고(사 44:21), 사람의 모든 것들을 감찰하신다(시 139:1-4; 히 4:12 참조). 불꽃 같은 이 눈은 모든 것을 파헤치고 밝히시는 주님의 능력이다. "불꽃 같은 눈"(όι όφθαλμοὶ αὐτοῦ ὡς φλὸξ πυρός / 호이 옾살모이 아우투 호스 플록스 퓌로스)은 나중 원수를 멸하실 심판자로 임하실 주님의 모습에서 다시 한 번 강조된다(19:12). 차가운 가슴에 열정의 불을 지피고 겹겹이 쌓인 마음의 비밀 창고를 여시며 밀봉된 영혼의 핵심을 끄집어내신다. 모든 인간이 처해 있는 상황의 핵심을 꿰뚫으신다. 불꽃 같은 이의 눈앞에서 감출 수 있는 것이라곤 단 하나도 있을 수 없다. 태초의 어둠을 뚫으신 이 영원한 통찰의 눈은 인간과 역사와 우주를 한눈에 관통하시며 세상과 교회에 대한 그분의 한결같으신 주권을 나타낸다. 그리스도의 이런 모습은 두아디라 교회의 사자에게 다시 나타난다.

15 그의 발은 풀무에 단련한 빛난 주석 같고

"빛난 주석 같고"(ὅμοιοι χαλκολιβάνῳ / 호모이오이 칼콜리바노)의 "주석"은 "두드려서 편 구리"(beaten brass), "광택을 낸 구리"(burnished brass)의 뜻으로 금은의 합금 또는 금은보다 더 귀하게 취급되었다. 고대인들은 이를 전설의 합성물로 여겼으며 그 번쩍이는 특성 때문에 많은 사랑을 받았다. 단 10:6에는 "빛난 놋"으로, 겔 1:7에는 "마광한 구리"로 나와 있다. 구리는 하나님의 불변성과 힘을 상징한다. 빛난 주석 같은 주님의 발은 자기 백성을 돕고 죄를 징벌하기에 안정적이며 신속함을 보여준다. 주님은 촛대(교회) 사이로 다니시며 사탄의 능력을 그 발로 밟으신다. 초림의 주님은 사탄의 머리를 깨뜨릴 때 발꿈치를 상했으나(창 3:15), 재림의 주님은 전혀 발꿈치를 상함이 없이 사탄을 짓밟을 것이다(시 110:1; 미 22:44; 행 2:34). 이때 단련한 주석, 마광한 구리 같은 능력의 발로 사탄을 짓밟을 것이다. 포드는 이를 힘(주석)과 안정성(두 발)에 대한 상징으로 해석하였다.

그의 음성은 많은 물소리와 같고

에게 해의 바다 물결이 밧모 섬 해안을 강타하는 소리를 연상시킨다(14:2, 19:6과 비교). 겔 1:24에는 네 생물의 날개 소리로, 43:2에는 하나님의 음성으로, 사 17:12에는 민족의 소동으로 상징되었다. 바다의 거센 파도 소리도 굉장한데 많은 물소리와 같으니 그 장엄함과 소리의 큼을 상상조차 할 수 없다. 참으로 주님의 위엄 있는 말씀은 권세와 능력이 충만하다. 천지에 가득 울려퍼질 이 소리에 천하 만민이 잠잠할 것이다. 세상의 소요를 그치게 하고 온 우주도 적막에 휩싸이게 만들 것이다. 무덤 속에 누워 있던 모든 자들도 이 소리를 듣고 몸을 일으킬 것이다. 다윗은 여호와의 위엄 있고 능력 있는 소리를 뇌성벽력으로 상징했는데(시편 29편), 요한은 신비롭고 형언할 수 없는 권능의 소리를 "많은 물소리 같은" 소리로 적절하게 표현했다.

16 그 오른손에

오른손은 정의가 충만한 손이며(사 48:13) 승리를 쥔 손이다(사

41:10). 보호의 손이요(1:20; 눅 23:46; 요 10:28) 권능의 손이다(겔 1:3; 행 7:50). 사랑의 손이며(롬 10:21) 심판의 손이다(히 10:31). 영광 중의 환상에서는 일곱 별을 "그냥 붙든 정도"(ἔχων / 에콘)였는데 에베소 교회의 사자에게는 더 강한 단어인 "붙잡고"(κρατῶν / 크라톤, 2:1)를 사용하여 붙든 강도를 강조하고 있다(7:1 참조). 2:25에는 두 단어를 함께 사용하여 "굳게 잡으라"(ἔχετε κρατήσατε / 에케테 크라테사테)의 뜻을 더욱 강화하였다.

일곱 별이 있고

일곱 별은 일곱 별의 사자다(20절). '사자'는 천사 혹은 사역자로 번역이 가능하다. 본문에서는 천사라기보다 지상의 사역자로 보는 것이 타당하다(단 12:3). 하나님은 각 교회에 하나의 별인 사역자를 두셨다. 그리스도의 권위를 힘입은 그들 각자는 주의 손에 붙잡혀 있다. 그들이 주님의 말씀에 성실한 이상 아무도 그들을 해할 수 없고 그들의 별빛을 막을 수 없다. 신실한 주님의 종에게는 영원한 영광을, 불충한 종에게는 영원한 형벌을 가하시는 공의와 심판의 손이 사역자들을 붙들고 있다. 일곱 항성(해, 달, 화성, 수성, 목성, 금성, 토성)이나 북두칠성 또는 황소자리의 일곱 별과 같은 신화적이고 점성학적 배경과는 전혀 무관하다.

영광의 그리스도는 일곱 금 촛대 사이에 다니시지만 일곱 별을 붙드신다. 교회를 붙드시는 것이 아니라 교회에 주신 자신의 사자를 붙드신다. '오른손'으로 붙드신다. 모든 성도가 동일한 존귀함과 유업을 나눈다. 주님은 사역자와 일반 회중을 모두 사랑하신다. 주님은 사역을 위해 교회에 직분을 허락하셨다. 일 때문에, 오직 일 까닭에 일하는 사역자를 붙드신다. 하나님은 자신의 사역자를 붙드신다. 붙들어 사용하신다. 그것은 특권이요 책임이다. 사랑이요 사명이다. 별의 직무는 거룩하고 영광스러우며 그만큼 어렵고 힘들다. 완벽한 신실함과 불굴의 의지와 식지 않는 열정을 요구한다.

주님은 이 땅에 세워진 '금 촛대들 곧 교회들'의 머리가 되시고 교회를 위하여 세우신 사역자들 곧 별들은 주님의 손 안에 있다. 반짝이는 별만 별은 아니다. 희미한 별을 붙드시는 것도 주님의 뜻이다. 별과 별의 영광은 다르다. 땅에서의 광채와 하늘에서의 광채도 같지 않다. 금촛대도 주님의 영광이듯 별은 주님의 영광이다. 사람도 천사도, 그 누구도, 그 무엇도 자신의 별을 붙들도록 허락하지 않으신다. 별이 흔들리면 땅에 떨어지고 별이 떨어지면 주님의 오른손이 텅 빈다. 주님은 촛대를 옮기시지(2:5) 별은 옮기시지 않는다.

지난 2000년 세월을 통해 이 땅에 무수한 하나님의 사역자들이 빛을 남기고 사라졌다. 부동의 항성이 되어 여태껏 교회사에 빛나는 별들이 있는가 하면 혜성처럼 나타났다가 유성처럼 사라진 별들도 있다. 별로 태어났으나 별이 되어 살지는 못하고 별똥별로 스러져간 이들도 있다. 찬란히 빛을 남긴 별 중의 별들이 이 시대의 별들을 향하여 '흑암 중에 비치는 별빛이 되라!'고 외친다. 베드로와 바울을 비롯한 사도들, 초대교회 교부들, 성도들, 순교자들, 수도사들, 루터, 칼뱅, 츠빙글리, 웨슬리, 사보나롤라, 조셉 얼라인, 진젠돌프, 청교도 지도자들, 선교사들 등 그들과 함께 무수한 하나님의 사역자들이 동일한 오른손의 권능 안에 붙들려 있다. 세우시는 권능이 주께 있으매 무슨 일인들 감당치 못할 것인가! 영원히 비칠 별빛(단 12:3)을 주님은 지금도 기다리신다.

그 입에서 좌우에 날선 검이 나오고

짧은 단도(μάχαιρα / 마카이라)와는 현저히 구분이 되는 혀 모양의 장검(ῥομφαία / 롬파이아)으로서 양쪽으로 날이 섰다. 트라키아 병사들이 사용한 데서 그 이름이 연유되었다. 고대의 로마 군단에 속한 병사들도 전투 시에 바로 이 칼(a gladius / 아 글라디우스)을 사용하였다. 구약에서는 에훗이 모압 왕 에글론을 척살할 때 우편 다리의 옷 속에 숨겼던 한 규빗(팔꿈치에서 가운데 손가락까지의 길이로 46~56cm)의 "좌우에 날선 칼"(חרב / 헤레브, 칠십인역으로 μάχαιρα δίστομος / 마카이라 디스토모스)로 잘 묘사되었다(삿 3:16). 신약에서는 눅 2:35와 계시록에서만 이 칼이 나오고 있다(1:16, 2:12, 16, 19:15, 21). 아운(Aune)은 칼의 모습이 혀를 본떴으므로 칼은 하나님의 말씀에 대한 상징이라 보았다.

그러나 하나님의 말씀인 성령의 검이나(엡 6:17) 좌우에 날선 어떤 검보다도 예리한 하나님의 말씀(히 4:12)을 상징할 경우에는 '롬파이아'가 아니라 '마카이라'라는 단어를 사용하였다.

그렇다면 본문에서의 검은 전파하는(speaking) 말씀의 칼이 아니라 살육하는(slaying) 말씀의 칼이다. 계시록에서 사용된 검은 모두 심판과 살육에 관계된 긴 칼인 '롬파이아'다. 짧은 칼인 '마카리아'가 살육에 사용될 때에는 늘 '큰'이라는 형용사가 붙는다(계 6:4). 이사야 선지자는 메시아의 강림에 대한 예언을 다룰 때 두 번에 걸쳐 유사한 표현을 사용하였다. "……입술의 기운으로 악인을 죽일 것이며"(사 11:4). "내 입을 날카로운 칼같이 만드시고"(사 49:2).

요한의 환상 중에 나타나신 주님은 종말론적인 심판자의 모습으로 강력하게 비쳐졌다. 요한이 본 칼은 손에 들려진 칼이 아니라 입에서 나오는 칼이다. 이 칼은 말씀의 칼로서 말씀을 거역한 이들을 베는 칼이다. 이것이 "나를 저버리고 내 말을 받지 아니하는 자를 심판할 이가 있으니 곧 나의 한 그 말이 마지막 날에 저를 심판하리라"(요 12:48)의 뜻이다. 생명의 떡이었던 말씀이 마지막 날에는 말씀을 거역한 모든 영혼을 심판하는 날카로운 칼로 돌변할 것이다. 무에서 유를 창조하신 말씀의 권능은 양쪽에 날이 선 칼이 되어 자를 것은 자르고 벨 것은 벨 것이다. 불이요 방망이인 말씀(겔 23:29)은 태울 것은 태우고 부술 것은 부술 것이다.

그 얼굴은 해가 힘 있게 비취는 것 같더라

교회는 촛대요 사역자는 별인데 그리스도의 얼굴은 해와 같다. 주님의 얼굴은 변화산에서 해와 같이 빛났다(마 17:2).

모세가 시내 산에서 내려올 때 얼굴 꺼풀에 광채가 났으며(출 34:29), 드보라와 바락의 합동 찬가 마지막 부분에서 "주를 사랑하는 자는 해가 힘 있게 돋음 같게 하시옵소서"(삿 5:31)라고 기도하였다. 해는 공의의 상징으로도 쓰였다(시 37:6; 말 4:2). 하나님 자신이 해요(시 84:11), 예수 그리스도도 사가랴에 의해 "돋는 해"로 찬미되었고(눅 1:78), 의인들은 천국에서 해같이 빛날 것이라고 주님이 말씀하셨다(마 13:43). 주님은 어둠을 비추는 빛으로 세상에 오셨으나 어두운 세상이 주님을 거절했다.

주님은 세상에 가득한 어둠을 몰아내시고자 십자가의 터널을 지나 부활의 여명에 이르셨다. 의의 태양이신 주님께서 십자가에서 잔인하게 죽임을 당할 때 지상의 해도 빛을 잃었다(마 27:45). 부활로 인해 주님은 세상에 짙게 깔렸던 어둠을 완전히 제거하셨다. 이제 높임 받으신 그리스도에게는 영광의 빛만이 충만하다. 주 하나님께서 친히 비추시기에 천국에는 다시 밤도 없고 등불과 햇빛도 쓸데없게 된다(22:5). 요한은 태양보다 더 밝고 빛난 주님의 영광을 단지 "해같이"라고 표현할 수밖에 없었다.

17 내가 볼 때에

물론 영안으로 바라보는 것이다. 모세도 하나님의 형상을 바라보지 못하고 다만 등만 보았을 뿐인데(출 33:23), 요한은 하나님의 특별한 은총 속에서 영화로우신 모습을 친견하고 있다. 12-16절에 묘사된 주님의 영화로우심을 요한은 너무나도 생생하게 바라보았다. 그가 보려고 해서 본 것이 아니라 성령의 강권하심에 따라 보여서 본 것이다. 이 놀라운 정경 앞에서 요한은 본능적인 반응을 보였다.

그 발 앞에 엎드러져

영화로우신 주님의 모습을 본 요한의 첫 반응은 그대로 주님 발 앞에 엎드림이었다. 이는 그리스도의 영광을 접한 인간이 취하는 자연적인 태도다. 여호수아는 여호와의 군대 장관을 만나자 땅에 엎드려 절을 했다(수 5:14). 이사야는 만군의 여호와를 바라본 후에 엄청난 두려움에 사로잡혔다(사 6:5). 에스겔은 여호와의 영광의 형상을 보고 곧장 엎드렸다(겔 1:28, 3:23, 43:3). 다니엘은 사자굴에서도 낯빛 한 번 변치 않았지만 가브리엘을 만나자 두려움에 사로잡혀 얼굴을 땅에 파묻었다(단 8:17). 시몬 베드로는 주님을 뵙고 주님 무릎 앞에 엎드렸다(눅 5:4). 바울이 된 사울은 다메섹 도상에서 주님을 만나고 땅에 엎드렸다(행 9:4, 22:7, 26:14). 요한은 환상 중 천사 앞에 엎드리고자 했으나 천사가 만류했다(계 19:10). 성도들의 경배를 받으실 분은 오직 주님 한 분이시다.

죽은 자 같이 되매

본 절은 하나님이나 그리스도의 영광을 접한 인간이 보이는 당연한 반응으로서 놀람과 경외심의 결과다(수 5:14; 왕상 19:5; 사 6:5; 겔 1:28; 단 8:17, 10:8-9, 15; 마 17:6; 눅 24:5). 이런 부복(prostration) 행위는 하나님을 보면 반드시 죽을 것이란 믿음에 기인한 것이다(출 33:20; 삿 6:22-23, 13:22).

때로는 천사의 현존 앞에서도 부복하게 된다(계 19:10, 22:8). 엎드려 죽은 자같이 되었다 함은 스스로 통제 불능의 상태에 빠졌음을 의미한다. 하나님의 영광을 접하면 죽는데 죽지 않은 것만 해도 다행이다.

그가 오른손을 내게 얹고

주님의 오른손을 얹으심은 위로와 능력을 부어 주심이며(단 8:17-18, 10:1, 10, 18; 눅 17:7) 사랑의 안수다(마 8:3, 12:49; 눅 5:13, 7:14, 8:54; 막 1:31). 주님은 오른손을 그에게 얹음으로 두려움에 떨던 요한을 안도시키셨다. 대략 65년 전 최후의 만찬 자리에서 요한이 주님의 품에 안겨 느꼈던 그런 평온이 임해왔다. '오른손을 얹음은 무엇인가?' 이는 사명과 같은 대임을 맡기는 행위이다(Aune).

요한은 갑자기 영 안에서 바라본 일련의 환상에 이미 압도되어 있었다. 무엇보다도 영화로우신 주님의 나타나심 앞에서 주님의 지상 생활을 통해 육체로 임하셨던 주님에게 익숙했던 그는 형언할 수 없는 영광의 변화에 할 말을 잃었다.

그것은 인간의 상상을 초월하는 영계의 아름다움이었고 위엄이었다. "두려워 말라"(μὴ φοβοῦ / 메 포부)는 말은 "두려워하고 있는 특정 상태를 당장 중단하라(stop being afraid!)는 강한 명령이다. 요한은 주님 예수와의 생애를 통하여 이렇게 말씀하시며 격려하시던 그때를 상기하였을 것이다(마 14:27, 17:7; 막 6:50; 요 6:20; 그리고 눅 24:38 참조). 그냥 두려워 말라고 하는 게 아니라 두려움을 쫓을 권세가 있으신 주님께서 "내니"(본문에서는 "나는……")라는 말을 덧붙이신다.

하나님은 아브라함(창 15:1)과 이삭(창 26:24)과 야곱(사 41:10)에게도 그렇게 말씀하셨다. "나는……이다"(ἐγώ εἰμι / 에고 에이미)의 전형적인 자기 계시의 형식은 계시록에서만 모두 다섯 번 나온다(1:8, 17, 2:23, 21:6, 22:16). 신약 전체로는 48회 나오며 거의가 하나님이나 그리스도께 대한 신학적이고도 기독론적 관점에서 사용되었다. 마태복음에서는 다섯 번(14:27, 22:32, 24:5, 26:22, 25), 마가복음에는 세 번(6:50, 13:6, 14:62), 누가복음에는 네 번(1:19, 21:8, 22:70, 24:39), 사도행전에는 여섯 번(9:5, 10:21, 18:10, 22:3, 8, 6:29), 그리고 나머지 24번은 모두 요한복음에 나온다. 우리가 두려워해야 할 것은 두려운 어떤 상황이 아니라 두려움 자체다. 주님께서 요한에게 나타나 이렇게 말씀하심은 앞으로 바라볼 일들에 대한 사전격려다. 하나님을 두려워하는 것(awe) 외의 모든 두려움(fear)은 내쫓아야 한다. 모든 두려움에는 반드시 형벌이 뒤따르기 때문이다.

나는 처음이요 나중이니

이사야는 이 표현을 여호와께 세 번 적용했고(사 41:4, 44:6, 48:12), 요한은 그리스도께 세 번 적용하였다(계 1:18, 2:8, 22:13, 그리고 21:6 참조). "처음이요 나중"이란 표현은 주님의 신성과 영원성 그리고 하나님으로서의 절대 주권을 나타낸다. 주님은 또 다른 마지막이 없는 시작이요 또 다른 시작이 없는 마지막이다. 그분만이 진정한 의미에서의 창조자요 구원자며 심판자이시다. 원문의 "두려워말라. 나로다. 나는 처음과 나중이라"(μὴ φοβοῦ ἐγώ εἰμι ὁ πρῶτος καὶ ὁ ἔσχατος / 메 포부 에고 에이미 호 프로토스 카이 호 에스카토스)는 강조형으로서 공관복음에는 10회 정도임에 비하여 요한복음에서는 24회나 사용되었다. 이로 보건대 본문의 표현도 요한이 즐겨 사용한 것이 틀림없다. 창조는 세상의 처음이다. 그러나 하나님은 창조 이전부터 계셨다. 종말은 세상의 끝이다. 그러나 하나님은 창조 이후에도 계신다. 인간적 관점에서 시작과 끝으로 묘사했을 뿐이지 하나님은 시종이 없으신 영원 자존자이시다. 영원한 구원과 심판을 통해 예언의 말씀을 성취하시는 하나님의 무궁한 주권을 이름이다.

18 곧 산 자라

"산 자"(ὁ ζῶν / 호 존)는 하나님의 또 다른 호칭이다. 특히 구약에서는 하나님을 "살아 계신 하나님"(אלהים חיים / 엘로힘 하이임, 삼상 17:36. 칠십인역으로 θεοῦ ζῶντος / 떼우 존토스), "사시는 하나님"

(אלהא חיא / 엘로하 하이야, 단 6:26. 칠십인역으로 θεὸς ζῶν / 떼오스 존), "사신 하나님"(אל חי / 엘 하이, 호 1:10. 칠십인역으로 θεοῦ ζῶντος / 떼우 존토스) 등으로 불렀다. 성경 곳곳에는 살아 계신 하나님을 호칭한 경우가 아주 많다(신 5:26; 32:40; 수 3:10; 삼상 17:26; 왕하 19:4; 욥 19:25; 시 42:2; 84:2; 사 49:18; 렘10:10; 단 4:34; 12:7; 마 16:16; 행 14:15; 롬 9:26; 딤전 4:10; 계 10:6). 태어나지 않았으므로 죽을 수 없는 영생불사의 존재라는 의미이다. '산 자'이신 그리스도 안에 생명이 있으며(요 1:4, 5:26) "살아 계신 하나님"이신 그리스도가 생명 자체이시다(요 14:6; 요일 1:1–2). 또한 "마지막 아담"(ὁ ἔσχατος Ἀδάμ / 호 에스카토스 아담)으로서의 예수 그리스도는 영원 자존하신 생명으로서 "살려주는 영"(a life-giving spirit)이시다(고전 15:45). 산 영(living being)으로서의 인간은 죽어갈 수밖에 없다(dying being). 마귀는 사망으로 말미암아 사망 권세 잡은 자(히 2:14)이나 주님은 생명으로 말미암아 생명의 권세를 잡으신 분이다.

내가 전에 죽었었노라

"내가 전에 죽었었노라"(ἐγενόμεν νεκρός / 에게노멘 네크로스)는 단순과거형으로 십자가의 역사적 사실을 보여준다. 다른 죽음이 아니라 바로 십자가에서의 그 죽음으로 한정하고 있다. 이 죽음은 다음 절의 표현 "이제 세세토록 살아 있어"가 영원한 생명인 것과 대조적으로 일시적인 죽음이었다.

이제 세세토록 살아 있어

부활의 역사적인 사실 이후로 계속 살아있음(ζῶν εἰμι / 존 에이미)을 나타내는 표현이다. 마운스(Mounce)는 이것을 부활이 아니라 그리스도의 계속되는 생명의 실재성을 강조한 것이라 이해했으나, 앞부분의 문장을 고려한다면 부활 이후의 영속적인 생명으로 이해하는 것이 더욱 적절하다. 본서에 네 번 나오는 표현인 "세세토록 사시는 이"(ζῶντι εἰς τοὺς αἰῶνας τῶν αἰώνων / 존티 에이스 투스 아이오나스 톤 아이오논, 4:9, 10, 10:6, 15:7)와 병행을 이룬다. 영원한 생명이신 주님은 죽을 수 없었다. 그 누구도 주님에게서 생명을 앗아갈 수 없었다. 주님의 죽으심은 엄밀한 의미에서 생명의 원천이신 주님이 스스로 생명을 포기한 것이었다(요 10:18). 잠시 육체 속에 거하셨던 주님의 생명은 자연계의 질서에 따라 죽었으니 피조물의 죄 까닭에 창조주가 죽으신 참으로 놀라운 사건이었다. "세세토록 살아 있음"은 영존하신 하나님께 대한 표현이기도 하였다(창 21:33; 신 32:40; 단 4:34, 12:7)

사망과 음부의 열쇠를 가졌노니

사망은 문을 가졌는데(시 9:13, 107:18; 사 38:10; 그리고 벧전 3:18-20 참조) 고대 전통에 따르면 예수께서 하데스에 내려갔을 때 이 문을 열어 아브라함과 주님 이전 시대에 죽었던 하나님의 모든 백성을 이끌어냈다고 한다. 신 28:12의 예루살렘 탈굼(Jerusalem Targum)역은 "다른 통치자들에게 주어지지 않은 네 개의 열쇠 곧 생명, 무덤, 음식, 비의 열쇠가 세상의 주님 손에 들려졌다"고 되어 있다. 주님은 부활로 인해 생명의 열쇠를 가지셨을 뿐 아니라 사망과 음부의 열쇠도 가지셨다. 유대사상에서 열쇠는 '권위'를 상징하였다(마 16:19; 계 9:1, 20:1). 죽음은 인간의 육체를 붙드나 음부(Hades)는 영혼을 붙잡고 있다.

하데스(구약에서는 스올)는 죽은 자의 중간 상태로서 '고통의 장소'인 게헨나(Gehenna)가 아니다(마 5:22, 29, 20). '음부'는 구약에서 간혹 죽음이나 무덤의 뜻으로 사용되었다(창 37:35, 42:38; 삼상 2:6 시 18:5; 잠 5:5). '하데스'는 하계 곧 지하 세계(the nether regions)를 의미하고, 땅의 중앙에 위치해 있다(민 16:30-33; 마 12:40). 하데스에는 '문'도 있고(마 16:18; 행 2:24), 칸막이 둘이 있어(눅 16:19-31) 구원받지 못한 자를 위한 고통의 장소와 구원받은 자를 위한 안식의 장소로 나뉘는데 이런 구분은 단지 일시적이다. 때가 이르면 한시적 나뉨 현상이 철폐되고 신천신지와 불못으로 영원히 나누어진다. "사망과 음부의 열쇠"(τὰς κλεῖς τοῦ θανάτου καὶ τοῦ ᾅδου / 타스 클레이스 투 따나투 카이 투 하두)에서 속격의 사용은 목적적 속격("사망과 음부에 대한 열쇠")으로도 가능하고 소유적 속격("사망과 음부에 소유된 열쇠")으로도 가능하다.

19 네 본 것과 이제 있는 일과 장차 될 일을 기록하라

"네 본 것"은 영화로우신 인자의 환상(1:13-18)과 오른손에 붙들린 일곱 별의 비밀과 일곱 금 촛대(1:20)이다. "이제 있는 일"은 2-3장에 나타난 교회의 현상들이다. "장차 될 일"은 4:1-22:5에 나타난 예언적 계시다(Bousset, Lohse, Charles). 이에 대하여 스웨트와 캐어드와 클라크는 긍정은 하면서도 피상적인 분류일 뿐이라고 연대기적 구분의 적합성에 의문을 제시한다. 4장 이후에는 과거와 현재에 관련된 부분이

분명히 있다는 이유에서다(Clark). 마찬가지로 2-3장에도 미래를 기대하는 부분이 있으며(Beasley-Murray, Caird, Roloff, Swete, Sweet), 4-22장도 역시 마찬가지라는 주장이다(Caird). 한편 래드(Ladd)는 "장차 될 일"이 6장에서 시작된다고 보았다. 본문이 과거와 현재와 미래에 연관된 언급으로 이해하는 것이 보다 자연스럽다.

기록하라

"기록하라"(γράψον / 그랍손)는 11절과 같은 동사이다.

동사의 반복된 사용은 11절에 비하여 19절의 기록을 더 강화시키려 한 요한의 의도가 엿보인다.

20 내 오른손의 일곱 별의 비밀과

성경에서 "별"은 탁월함과 권위를 상징한다. "비밀"이란 말은 원래 바울이 즐겨 사용했으나(22회), 본서에도 네 번이 나 나온다(일곱 별의 비밀 → 1:20/ 하나님의 비밀 → 10:7/ 음녀의 비밀 → 17:5/ 짐승의 비밀 → 17:7). 비밀(μυστήριον / 뮈스테리온)이란 성격상 국외자에겐 무의미하지만 열쇠를 소유한 전수자에게 있어선 매우 의미심장한 것이다. 스웨트는 이 비밀을 요한이 본 환상에 대한 내적 의미로 이해하였다.

이 비밀은 하나님이 오랫동안 감추어 두셨으나 때가 이르매 알게 하신 것이다. 그것이 곧 계시이다. 신약에는 이전에 감추었다가 알려진 비밀에 관한 언급이 아주 많다(롬 11:25; 16:25-26; 고전 2:7; 15:51-52; 엡 3:5, 9-10; 골 1:26-27; 딤후 1:9-10; 딛 1:2-3; 벧전 1:20). 16절에서는 일곱 별이 그리스도의 오른손 '안'(ἐν/ 엔)에 있었는데 여기에서는 오른손 '위'(ἐπὶ/ 에피)에 있다. 그것은 움켜쥔 것과 펴진 팔의 차이에서 비롯된 것이다.

일곱 금촛대라

별과 촛대는 둘 다 어둠이 깃든 곳에 필요하다. 별은 세상을 비추나 촛대는 성소 안을 비춘다. 촛대 자체가 빛은 아니다. 교회는 빛이 아니라 빛을 보존하는 거룩한 도구다. 발광의 유일한 근원은 예수 그리스도시다. 교회는 세상의 빛이신 그리스도를 모신 촛대이다. 왜 여섯이나 여덟이 아닌 "일곱 금촛대"일까? 일곱이 완전수라면 일곱 금촛대는 모든 교회를 상징하는 것일까? 당시의 역사적 정황 속에서 편지를 받아야 했던 일곱 교회는 특정한 교회이면서 온 세상의 교회를 상징한다고 보는 것이 옳다.

사실 일곱 교회에 편지를 써 보낸 최초의 인물은 사도 바울이다. 그는 로마, 고린도, 갈라디아, 에베소, 빌립보, 골로새, 데살로니가에 있는 교회들에게 편지를 보냈다. 이제 요한도 일곱 교회에 편지를 보낸다. 이런 근거에서 빅토리누스(Victorinus)를 비롯한 많은 초대 교회 교부들은 일곱 교회가 온 세상에 있는 모든 교회를 뜻한다고 보았다. 자이스(Seiss)도 같은 견해이다. 특정한 교회가 아니라 보편적인 교회라는 뜻이다. 한편으로 서신의 성격상 일곱 교회는 특정 교회요 다른 한편으로 일곱 교회는 예언의 성격상 보편적 교회이다.

일곱 별은 일곱 교회의 사자요

"사자"(ἄγγελος / 앙겔로스)란 단어는 계시록에만 단수, 복수의 형태로 모두 77회 나온다. 글라슨(Glasson)은 이를 문자적으로 해석하여 수호천사로 이해하였으며, 각 교회는 수호천사인 앙겔로스의 보호 아래 있다고 보았다. 핸드릭슨(Hendriksen)은 '주님의 교회를 섬기는 목회자'로 해석했다.

말라기 2:7에 따르면, 유대의 제사장은 "만군의 여호와의 사자"(מלאך יהוה־צבאות / 말라크 YHWH 체바오트, 칠십인역으로 ἄγγελος κυρίου παντοκράτορος / 앙겔로스 퀴리우 판토크라토로스)로 불렸다. 래드는 교회의 천상적이고 초자연적 성격을 나타낸다고 말했다. 2-3장에서 편지의 수신인이 바로 각 교회의 사자인 점으로 보아 이 "사자"를 각 교회의 대표자로 보는 것이 타당하다.

"사자"에 대한 해석은 다양하게 주장되었는데 이를 대략 정리하면 다음과 같다.

① 성경적인 근거에 힘입어서(시 34:7, 91:11; 단 10:13-21; 마 18:10; 행 12:15; 히 1:14) 이를 수호천사라고 해석한다(Fiorenza, Origen, Andreas, Charles, Rist, Porter, B. Weiss, Bleek, Moffatt, Clement, Beasley-Murray, Justin Martyr, Alford, Johnson, Beale).

② 일반적인 의미에서의 메신저이다(Thomas). 그는 누군가 요한에게 보내졌거나 아니면 요한의 편지를 들고 각 교회에 전달했을 인물로 보았다. 에바브로디도와 에바브라를 예로 들었다(빌 2:25, 4:18; 골 4:12).

③ 메신저 또는 교회의 지도자인 감독이나 목회자를 가리킨다(마 11:10; 눅 7:24, 9:52; 약 2:25). 라틴 교부들이 애용한 해석이다(J. Weiss, Hendriksen, Morris, Lenski, Walvoord, Zahn).

④ 의인화된 교회이다(Arethas, Beatus, De Wette, Düst, Bousset, Lüche, Holtzmann, Hort).

⑤ 유대교 회당에서 '회당의 천사'라 불린 직분이 교회로 전입된 것이다(Lightfoot, Bengel).

⑥ 교회에 대한 천상의 대응적 존재다(Lohmeyer, Beasley-Murray, Giesen, Harrington).

⑦ 교회의 의인화된 영들이다(Mounce, Beckwith, Prigent, Ladd, Swete).

⑧ 아시아 교회에서 보낸 대표자다(Ebrard, Völter, Spitta).

2. 일곱 편지(2:1-3:22)

계시록의 일곱 편지는 성경의 다른 서신들에 비해 묵시문학적 특성으로 인해 흥미를 끄는 만큼 해석상의 어려움을 지니고 있다. 계시록의 해석 방법에 따라서 그 해석의 갈래가 나눠지기 때문에 신중하지 않을 수 없다. 매력적이고 호기심을 끌 만한 해석도 일곱 편지가 역사적 정황 속에서 쓰인 편지인 점을 간과해서는 곤란하다. 어떤 해석 방법을 적용한다 할지라도 본 편지가 당시의 역사적인 상황에서 교회가 맞닥뜨려야 했던 문제들을 해결하기 위한 지침서였음은 결코 부인할 수 없다. 다양한 해석이 가능함을 전제하고 열린 마음으로 시도하는 자세가 바람직하다. 한 예를 들자면 벌링거(E. W. Bullinger)는 일곱 편지가 지나간 이스라엘의 역사의 연대기적 순서에 일치한다면서 다음과 같이 정리하였는데 흥미롭다.

① 에베소는 이스라엘의 결혼기인 출애굽 시대(호 11:1과 렘 2:2의 첫사랑, 에스겔 14장은 출 19:4-6과 함께 읽어야 한다.)

- 이기는 자에 대한 약속인 생명나무(계 2:7과 창 2장)

② 서머나는 이스라엘의 40년 시험기인 민수기 시대

- 발람 사건(민 31:16; 계 2:13, 13:2; 벧후 2:15; 유 10-13)
- 검 심판(계 2:16; 민 31:1-15)
- 10일과 40일(계 2:10; 민 14:34)

③ 버가모는 이스라엘의 실패인 민수기의 방랑 시대

- 약속인 만나(계 2:17; 출 16:32-34; 시 78:24-25)

④ 두아디라는 이스라엘 열왕 시대인 열왕기상/하

- 이세벨(계 2:20; 왕상 16:30-33)
- 통치권 약속(계 2:26-28; 민 24:17-19; 삼하 22:40, 41, 43)

⑤ 사데는 죄악 전성기에서 멸망까지인 역대상/하

- 이름 지움(계 3:5; 신 29:18, 29; 사무엘하 23장)

⑥ 빌라델비아는 유다 열왕 시대, 특히 회복과 축복의 기간인 히스기야 시대

- 다윗 집의 열쇠(계 3:7; 사 22:20-25)
- 성전 기둥(계 3:12; 대하 3:17)

⑦ 라오디게아는 유다의 죄악과 멸망인 소예언자 시대

- 수치(계 3:17; 호 2:3)
- 불로 연단한 금(계 3:18; 말 3:3)
- 사랑의 징계(계 3:19; 신 8:5)
- 보좌에 앉음(계 3:21; 삼하 7:12-16)

스코필드는 일곱 교회를 교회 탄생 이후로 전 시대에 걸쳐 나타난 모든 교회를 대표한다고 보았다. 세속 역사 속에서 기독교 역사를 일궈나간 모습들을 일곱 교회에 견주어 적용시켰다. 자연히 종말론적 의미에서 미래의 교회 시대를 포함한다.

교회	시대	시기	특징적 사건
에베소	사도	100년 이전	니골라당(유대주의+이교주의) : 가룟 유다, 아나니아, 마술사 시몬, 데마, 디오드레베
서머나	박해	100-313	10일 : 303-313(디오클레시안 칙령으로부터 콘스탄티누스 칙령 발표까지)
버가모	황제교회	313-590	
두아디라	교황권	590-1517	이세벨 : 가톨릭제도 일어남. 특별제사직과 우상 숭배 강요
사데	종교개혁	1517-1730	종교개혁 : 두아디라에 대한 하나님의 반응
빌라델비아	선교사	1730-1900	개혁 후 경건주의, 청교도, 감리교도, 100년간 대부흥운동(대각성운동)
라오디게아	배역	1900 이후	평신도계급 부상, 설교는 대중 기호에 편승

일곱 교회에 보낸 편지는 저마다 특징이 있는데, 내용에 따라 정리하면 다음과 같은 도식으로 비교할 수 있다.

	칭찬(Praise)	책망(Reproof)	훈계(Precept)	약속(Promise)
에베소	선행, 수고와 인내 악 미워하고 드러냄	처음 사랑을 버림	회상 (Remember!) 회개(Repent!) 회복(Restore!)	생명나무의 과일
서머나	환난과 궁핍을 견딤	없음	죽도록 충성함	둘째 사망 면제
버가모	믿음을 굳게 지킴	발람의 교훈 지킴 니골라당의 교훈 지킴	회개하라!	감추어진 만나 새 이름 적힌 흰돌
두아디라	처음보다 나중 나음 사업, 사랑, 믿음, 섬김, 인내	이세벨의 용납 (우상 제물과 행음)	회개하라! 믿음을 굳게 잡으라!	철장권세 새벽별
사데	정결하고 합당한 소수	유명무실의 죽은 자	생각하고 회개하라! 죽게 된 것 굳게 하라!	흰옷 생명책에 녹명됨
빌라델비아	말씀 굳게 지킴 주님을 배반치 않음	없음	가진 것 굳게 잡으라!	성전 기둥이 됨
라오디게아	없음	미지근함 무지함	열심을 내라! 회개하라!	보좌에 함께 앉음

일곱 편지는 구조적인 측면에서도 유사점과 더불어 차이점을 보이고 있다. 일곱 교회에 나타나신 주님의 모습이 다르고 다섯 칭찬과 두 책망(五稱二責), 세 책망과 두 교훈(三責二訓), 여섯 책망과 하나의 칭찬(六責一稱)처럼 구별을 보인다. 앞의 네 교회에는 선언이 먼저고 이기는 자에 대한 약속이 나중인데 뒤의 세 교회에는 이것이 역순으로 되었다.

	주님 묘사	五稱二責	三責二訓	六責一稱
에베소	7별, 7금촛대 가진 이	칭찬	책망	훈계(회개)
서머나	시작과 끝, 부활의 주	칭찬	책망 없음	훈계(격려)
버가모	양날 선 검 가진 분	칭찬	책망	훈계(회개)
두아디라	불꽃 같은 눈의 하나님 아들	칭찬	책망	훈계(회개)
사데	7영, 7별 가진 이	책망	훈계(회개)	칭찬
빌라델비아	다윗의 열쇠 가진 이	칭찬	책망 없음	훈계(격려)
라오디게아	아멘, 증인, 창조의 근본	책망	훈계(격려)	훈계(격려)

	삼선사약(三宣四約)	삼약사선(三約四宣)
에베소	"귀 있는 자……" 선언	이기는 자에 대한 약속
서머나	"귀 있는 자……" 선언	이기는 자에 대한 약속
버가모	"귀 있는 자……" 선언	이기는 자에 대한 약속
두아디라	이기는 자에 대한 약속	"귀 있는 자……" 선언
사데	이기는 자에 대한 약속	"귀 있는 자……" 선언
빌라델비아	이기는 자에 대한 약속	"귀 있는 자……" 선언
라오디게아	이기는 자에 대한 약속	"귀 있는 자……" 선언

펜테코스트는 세대주의적 관점에서 일곱 편지를 마태복음 13장의 천국 비유와 비교했다.

마 13장	계 2-3장	이름 뜻	기간	특징
씨 뿌림	에베소	갈망함	오순절-100	교회 탄생, 조직, 전도의 시대
알곡과 가라지	서머나	몰약	네로-300	박해, 원수의 출현시대
겨자씨	버가모	중혼	300-800	급성장, 세속권력과 밀월 교황권 확립(중세암흑시대)
누룩	두아디라	계속제사	800-1517	교리 부패, 교회 타락(중세 암흑)
감추어진 보화	사데	남은 자	개혁시대	교황권 침해 국가교회의 발흥
진주	빌라델비아	형제 사랑	말세	말세의 참된 교회들
그물	라오디게아	백성 통치	말세	배도

A. **에베소 교회**(2:1-7)

위치 : 에베소는 지금의 터키 서부 해안에 위치했다. 세 개의 거대한 무역로(유프라테스에서 골로새 길로 / 갈라디아에서 사데를 통해 / 매안더 계곡에서 남동쪽으로)가 에베소에 집중된 사실로 보아 상업적으로 매우 중요한 도시였다. 지금은 배가 정박할 수 없는 모래사장으로 화했지만, 바울 당시만 해도 에베소는 아시아의 관문이요 항구 도시며 빼어난 무역항이었다. 그래서 플리니(Pliny)는 에베소

를 가리켜 "아시아의 거대한 등불"(Lumen Asiae / 루멘 아시아에)이라 찬양했고, 주전 1세기의 지리학자 스트라보(Strabo)는 "아시아 최대의 중앙시장"이라 불렀다.

사회 : 자유 도시였던 에베소는 경제적으로 번성했고 자의식이 강한 주민들은 도시의 중심부인 피온(Pion) 산에다 최대 수용 능력 25,000명의 대극장을 비롯해 원형경기장과 음악당, 도서관과 드넓은 광장을 건립하여 커다란 행사를 치렀다. 에베소는 학문과 예술의 전당이요 정치, 경제, 종교의 중심지였다. 폭이 11m나 되는 도로는 유명하다. 로마 총독이 부임할 때는 반드시 에베소에 정박해 자기 관저로 향하곤 했다.

종교 : 헬라인들의 이주 직전에는 원주민들이 신들의 어머니 시벨레(Cybele)를 섬겼고, 주전 6세기경 파르테논 신전의 4배 크기에 해당하는 아르테미스 신전을 건설했다. 20m 높이의 원주만 120개에 달한 이 건물은 2km이상 길게 뻗어 있었다. 그런데 기원전 4세기경에 방화범에 의해 소실되었고 알렉산더 대왕이 재정 지원을 하려 했으나 거절했다. 로마제국 시대에 에베소는 황제 숭배의 중심지로서 신전 안에 아우구스투스 황제의 신상이 세워졌고 나중에는 네로와 클라우디스, 그리고 하드리안과 세베루스의 신전까지 추가 건립되었다. 에베소는 "신전수호자"(Temple Warden)로서 "신전수호자의 도시"(civitas neocora / 시비타스 네오코라)란 칭호를 네 번이나 수여받았고, 이 공식적인 칭호는 2세기경의 동전에서 발견되었다. 편지의 첫 수신인인 에베소교회가 있던 에베소는 "아르테미스 여신의 전각지기"(νεωκόρος τῆς Ἀρτέμιδος / 네오코로스 테스 아르테미도스)였다(행 19:35). 자연히 다양한 특혜 아래 에베소에서는 이방 종교가 득세했고

미신과 마술이 흥왕했으며 종교적 혼합주의가 강했다.

초대 교회와의 관계 : 에베소에 복음이 뿌려진 것은 51년 겨울, 제2차 선교 여행 때 바울이 브리스길라, 아굴라 부부를 남겨둠으로 그들이 시작했을 가능성이 높다(행 18:18-22). 2세기경 리용의 감독 이레나이우스에 의하면 에베소 교회는 바울 자신이 세웠다. 바울은 2차 선교여행 때의 약속(행 18:19)에 따라 에베소를 재방문하여 2-3년간 머무르면서(행 19:8, 10, 20:31) 복음을 전하는 중에 핍박을 받으면서도 선교적인 승리를 맛보았다. 병자를 고치고 귀신을 쫓아내고 무당과 마술사들을 이기고 종교개혁을 이루었다. 처음에는 회당을 찾아다니며 복음을 전하다 두란노 서원에서 논쟁도 하며 에베소를 전 아시아 지역의 복음화를 위한 전초기지로 삼으려 하였다. 바울은 에베소에서 고린도의 소식을 듣고 두 개의 서신을 썼다. 이곳에서 바울은 적어도 두세 번 수감되었으며, 옥중서신은 로마가 아닌 에베소에서 썼을 가능성이 크다. 고전 15:32의 "에베소의 맹수"나 고후 1:8-9에 언급된 "아시아에서 당한 환난" 등으로 미루어 볼 때, 에베소에서의 감옥 생활 가능성은 상당히 높다.

이레나이우스와 유세비우스에 따르면 에베소는 사도 요한의 고향이며 밧모 섬에서 출감한 후 에베소로 돌아와 인접지역들을 순회하며 감독을 세우고 교회를 설립하다 트라얀 황제가 통치하던 기간(98-117)에 에베소에서 임종하였다. 주님의 모친 마리아도 이곳에서 여생을 마쳤다. 에베소에는 초대 감독이었던 디모데(딤전 1:3)를 비롯해 막달라 마리아의 무덤도 있다. 1세기 말엽에 에베소의 제자들이 에베소 목회 중에 보내었던 바울의 일곱 교회 편지를 수집하였는데(Pauline Corpus), 이것이 요한의 일곱 편지에 영감을 주었을 가능성도 크다.

이런 측면에서 에베소가 첫 교회로 선정된 것은 결코 우연이 아니다.

교회사 : 약 105년경 안디옥의 성 이그나티우스가 로마로 가던 도중 에베소에서 감독 오네시모를 만난 후에 "놀라운 사랑의 사람"이라 묘사하였고, 후일의 편지를 통해 악한 교리의 창궐에도 불구하고 진리를 따라 사는 에베소 교회 교인들을 찬양했다. 2세기 말엽에는 아시아 교구의 주임 감독에 오른 에베소의 폴리크라테스로 인해 에베소는 일약 기독교인들의 중심지로 각광을 받았다. 430년 11월 키릴이 동방의 감독들을 알렉산드리아에 소집하여서 네스토리우스의 기독론에 관한 교리를 연구하여 이단성을 간파해내자 "12개의 저주문서"(Twelve Anathemata)를 발행하였으나 네스토리우스가 거부함으로 세계교회 회의의 개최가 불가피하게 되었다.

431년 봄 황제 데오도시우스 2세가 에베소의 동정녀교회에서 제3차 에큐메니칼 회의를 소집하여 동방교회의 수장격인 콘스탄티노플의 대감독 네스토리우스와 알렉산드리아의 대감독 키릴 간의 기독론 논쟁을 마무리 짓게 했다. 논쟁이 가열되던 중에 결국 네스토리우스가 출두를 거부함으로 면직과 함께 출교 처분되었다. 5세기 중엽 에베소는 콘스탄티노플 관구의 제2교구로 선임되었고 6세기 초에는 36명의 부감독들을 통괄하는 대교구가 되었다. 에베소는 655년과 717년에 잠깐이지만 아랍인들에게 정복되었다. 8-9세기는 우상파괴주의자들과 성상숭배자들 간의 반목으로 매우 어지러웠다.

에베소는 1090년 셀주크 튀르크 족에게 점령되어 옛 모습을 잃어버렸다. 재탈환되었으나 12세기경 투르크 족의 급습으로 도시는 유린되었고 성 요한의 교회도 파괴되었다. 비잔틴 시대에는 크리스천이 자주 찾는 순례 유적지가 되었으나 거듭된 투르크 족의 침략으로 황폐화되어 버렸다. 19세기 중엽만 해도 10,950명의 신자와 58개의 마을을 관장한 대교구가 있었으나 1922년 이후의 인구 교체로 인해 하나도 남지 않았다.

1 에베소 교회의 사자에게 편지하기를 오른손에 일곱 별을 붙잡고 일곱 금촛대 사이에 다니시는 이가 가라사대
2 내가 네 행위와 수고와 네 인내를 알고 또 악한 자들을 용납지 아니한 것과 자칭 사도라 하되 아닌 자들을 시험하여 그 거짓된 것을 네가 드러낸 것과
3 또 네가 참고 내 이름을 위하여 견디고 게으르지 아니한 것을 아노라
4 그러나 너를 책망할 것이 있나니 너의 처음 사랑을 버렸느니라
5 그러므로 어디서 떨어진 것을 생각하고 회개하여 처음 행위를 가지라 만일 그리하지 아니하고 회개치 아니하면 내가 네게 임하여 네 촛대를 그 자리에서 옮기리라
6 오직 네게 이것이 있으니 네가 니골라당의 행위를 미워하는도다 나도 이것을 미워하노라
7 귀 있는 자는 성령이 교회들에게 하시는 말씀을 들을지어다 이기는 그에게는 내가 하나님의 낙원에 있는 생명나무의 과실을 주어 먹게 하리라

1 **에베소 교회의 사자에게 편지하기를**

요한의 독자들 중에서 최우선적인 수신자는 소아시아에 있던 일곱 교회이다. 그 중에서 에베소 교회가 제일 먼저 등장한다. 그것은 배달의 출발지라는 지리적 이유와 함께 요한이 에베소 교회와 매우 친밀한 관계에 있었다는 개인적 이유에서 수긍이 간다. 에베소 교회에 인사말을 건네는 이는 요한이 아니라 주님 자신이시다. 요한은 대필자의 위치에서 에베소 교회를 향한 그리스도의 마음을 읽는다. "교회"란 말은 이미 전장에서 언급되었지만(4, 11, 20절), 2-3장에서 일곱 번에 걸쳐 되풀이되어 나타난다. 교회는 바울 신학에서 가장 중요한 주제 중의 하나인데, 이에 대해서는 [서론] 중에 'VII 요한계시록의 신학, 제4항목인 교회론'(60-68쪽)을 참조하기 바란다. 동일한 형식의 편지 서문이 일곱 교회에 보내진다.

오른손에 일곱 별을 붙잡고……다니시는 이가 가라사대

요한의 편지를 처음 받게 되는 에베소 교회는 주님이 요한에게 나타나셨던 영화로우신 인자의 모습 중의 하나로 자신을 소개하시면서 편지를 시작하신다. "붙잡고"(ὁ κρατῶν / 호 크라톤)는 1:16의 '에콘'보다 더 강한 단어로서 속격이 올 때는 일부분을 붙잡는 것이며 대격이 올 때는 전체를 붙잡는 것을 의미한다. 여기에서는 후자로서 단단히 붙든 모습을 연상시킨다. 그리스도는 자신의 사자를 능력의 손으로 강하게 붙들어 사용하신다. "다니시는 이"(ὁ περιπαῶν / 호 페리파온)는 그저 서 계시는 것이 아니라 교회들 사이를 분주히 왕래하시면서 그들 가운데 현존하시고 그들의 형편을 구체적으로 살피고 계신 모습을 강조한다.

하나님은 이스라엘 백성들을 향하여 "나는 너희 중에 행하여 너희 하나님이 되고 너희는 나의 백성이 될 것이니라"(레 26:12)고 약속하셨다. 광야를 진행하는 동안 그 백성 사이에서 행하셨던 하나님은 바벨론 포로 시기에도 함께하셨다. 생전에 제자들과 함께 행하셨던 주님은 일곱 별을 붙들고 박해 중에 놓여 있는 자신의 교회 사이를 행하신다. 여기에 사용된 "행하다"(περιπατέω / 페리파테오)란 단어는 요한의 전용어로서 그의 저술에 많이 사용되었다. 복음서에 17회, 서신서에 10회 그리고 계시록에 5회 사용되었다. "(주 혹은 하나님)이 가라사대"(τάδε λέγει / 타데 레게이)의 형식이 계시록에서는 일곱 교회에 보낸 편지 서두마다 나와서 모두 일곱 번이며 구약에는 250회 이상 나온다(כה אמר יהוה / 코흐 아마르 YHWH).

2 내가 네 행위와 수고와 네 인내를 알고

'기노스코'(γινώσκω)가 '획득한 지식'(Lightfoot) 또는 자성적 이해(Bultmann)임에 반하여, 본문의 "알고"(οἶδα / 오이다)는 사실에 관한 절대적인 지식을 뜻한다(히브리어의 "야다"). 스웨트는 '오이다'가 사진처럼 절대적 명확성을 강조하는 것이라고 보았다. 이 단어는 일곱 교회와 관련하여 모두 7회 사용되었다(2:2, 9, 13, 19, 3:1, 8, 15). 스웨트가 지적한 것처럼 계시록에서 주님에게 '기노스코'를 사용하고 있지 않음은 흥미롭다. 주님은 그들의 영적 성취에 관해 아신다. 주님이 지니신 절대적 지식은 완전하고 충만한 지식으로서 일곱 금촛대 사이로 다니시면서 파악한 앎이다. 베드로의 고백같이 주님은 에베소 교회에 관한 모든 것을 익히 아신다(요 21:17).

찰스는 수고와 인내가 행위에 속한다고 보았으나 "행위와 수고와 인내"는 전통적 표현이었다(살전 1:3). 행위란 단순한 행동이 아니라 총체적 삶으로서의 모든 활동을 뜻한다.

육신적인 행위만이 아니라 신앙적인 성실성에 대한 기준을 뜻한다. 서머나와 버가모를 제외한 나머지 교회에 언급된 이 "행위"(τὰ ἔργα / 타 에르가)는 '일'로도 번역이 가능하다. 선악 간에 행한 일을 뜻하였으나 일곱 교회에 사용된 것은 모두 '선한 일'의 의미에서였다. 하나님의 일이란 바로 예수를 믿는 것이다(요 6:29). 수고(κόπον / 코폰)의 원래 의미는 '고난', '피로'를 뜻하였고 거기에서 탈진 상태의 노역이란 의미가 유래하였다.

'코피아오'(κοπιάω)는 70인역에서 전쟁에서의 피곤(삼하 23:10, 노동에서의 수고(수 24:13), 고민으로 인한 신음(시 6:6) 등에 사용되었다. 신약에서는 '수고'(κοπιάω / 코피아오)란 표현이 공동체 안에서의 사역이나 공동체를 위한 사역을 뜻했다(고전 4:12, 15:10; 고후 11:23; 갈 4:11; 빌 2:16; 골 1:29; 살전 3:5; 딤전 4:10). 혹은 복음전파를 위한 수고(행 20:35; 고전 9:15-17; 살전 2:9) 때로는 일반 사역자들의 수고(요 4:38; 살전 5:12; 딤전 5:17)와 성도들의 주의 일을 위한 수고(롬 16:12; 고전 15:58; 16:16)를 뜻했다. 이러한 수고의 원천은 사랑이다(살전 1:3).

여기에 사용된 "인내"(ὑπομονήν / 휘포모넨)란 보통 인내와 확연히 구별되는, 매우 강렬하고도 능동적인 의미를 지닌다. 영웅적인 기상에서나 볼 수 있는 그런 견딤이다. 인내에는 윤리적 중용을 의미하는 '휘포메노'와 용기 있는 견딤을 의미하는 '휘포모네'가 있다. 본문의 '휘포모넨'은 군중의 견해라든가 보상의 희망 같은 외적인 동기에 자극받지 않고 명예나 사랑 같은 내적인 동기에 자극받는 그런 인내다.

공관복음에서 주님은 이 표현을 세 번만 사용하셨고(막 13:13; 눅

8:15, 21:19) 바울은 주로 크리스천의 자세를 나타낼 때 사용하였다(롬 8:25; 딤전 6:11; 딤후 2:10, 12, 24, 3:10; 딛 2:2). 헬라 세계에서의 일반적 윤리는 고난당함을 수치스럽게 여겼으나 크리스천은 고난을 당연한 것으로 간주하였다(행 14:22). 박해를 받고 있던 성도들을 위해 편지를 보낸 히브리서 기자도 휘포모네를 강력하게 권면하였다(10:32, 36, 12:1; 그리고 12:2, 7 참조). 야고보도 욥의 경우를 들면서(약 5:10-11) 시험을 참는 것이 복임을 주장하였다(1:3-4, 12; 그리고 마 5:12 참조).

악한 자들을 용납지 아니한 것

"악한 자"(κακούς / 카쿠스)의 앞에는 관사가 없으므로 '악한 것들'로 번역할 수 있으나 문맥으로 보아 "악한 자들"이 옳은 번역이다. 악한 자들이 공개적으로 악행을 저지르지는 않았을 것이다. 그들이 아무리 교묘하게 악을 도모했을지라도 에베소 교회는 악한 자들의 악함을 파악해냈다. 에베소 교회는 영적인 분별력이 탁월했던 듯하다. 바울이 에베소 교회 장로들에게 행한 고별설교 중에서 "흉악한 이리"에 대해 경고했는데(행 20:29) 그 경고를 잘 지켜 본문의 예언이 이루어지게 된 것이다.

주님도 일찍이 "노략질하는 이리"(마 7:15; 24:11)에 대하여 경고하셨고, 바울은 "십자가의 원수"(빌 3:18)에 대해, 베드로는 "거짓 선생들"에 대해(벧후 2:1), 사도 요한은 서신에서 "거짓 선지자"(요일 4:1)에 대하여 경고하였다. "용납지 않은 것"(δύνῃ / 뒤네)과 "참고"(ἔχεις / 에케이스)가 현재형으로서 그 행위가 지속되는 것임과 비교하여 "시험하여"(ἐπείρασας / 에페이라사스)는 단순과거형으로 과거의 어느 한 시점에서 일단락된 경험임을 가리킨다. 에베소 교회 신자들은 니골라당에 대하여 탁월한 분별력으로 잘 대처하였다. 이것이 그들의 강점이었다.

자칭 사도라 하되 아닌 자들

"사도들"(ἀποστόλους / 아포스톨루스)은 주님의 12사도나 바울의 사도직에서처럼 특정한 의미를 지니지 않고 매우 일반적으로 사용되었다. 본서에서는 단 세 번만 나오는데(2:2, 18:20, 21:14) 각각 다른 의미로 사용되었다. 에베소 교회의 위기는 거짓 사도들로 인한 것이었다. 내부적인 문제도 많았지만 에베소 교회는 자칭 사도들의 정체를 파악하여 지혜롭게 대처했다. 각 시대마다 교회 안에서 거짓 사도나 자칭 사도가 끊이지 않고 활개쳤다. 지금도 자칭 사도, 자칭 선지자, 자칭 하나님의 종을 참칭하는 무리들이 있다. 그러나 그들의 속임은 오래 가지 못한다. 자칭 사도됨을 스스로 주장하지만 그들이 행하는 사역과 열매가 그 거짓됨을 드러내고 하나님 자신이 그들을 거부하신다. 자칭 사도에 대한 해석도 분분하다. 대략 정리하면 다음과 같다.

① 니골라당(Bousset, Charles, Lightfoot, Swete)

니골라당은 순회 복음 전도자들로서 자신들이 사도들과 동등한 사도권을 지녔을 뿐만 아니라 더 뛰어남을 주장하였다. 바울은 에베소 장로들에게 자신이 예루살렘으로 떠난 후에 잠입할 흉악한 이리를 경계하라고 권했다(행 20:29). 그들은 유대주의자들과는 대척점에 선 율법 폐기론자들이었다.

② 예루살렘에서 온 유대주의자들(Spitta)

유대주의자들의 위협은 바울 당시부터 극성을 부렸는데(고후 11:13-14), 특히 에베소 교회와 빌라델비아 교회에서 유별났던 것 같다(계 2:9, 3:9).

③ 바울의 제자들(Holtzmann)

그러나 요한이 60년대 후반 에베소에 도착했을 때 이미 바울에 의해 세워진 교회들로 인하여 많은 유익을 얻었고 좋은 관계를 유지하고 있었다. 바울의 급진적인 복음 이해로 인하여 교회 내부에서 분열이 있었다고 보기에는 어렵다 바울이 에베소를 비롯하여 소아시아 지역에서 막강한 영향력을 지니고 있었지만 그것은 오로지 복음의 진보를 위한 것이었다.

④ 참 복음과 특별 진리를 전한다고 주장한 교사들(Lenski)

⑤ 목회서신, 일반서신에 기록된 영지주의자들(Murray)

⑥ 지역 장로들에 대한 관할권을 주장한 인물(Mounce)

당시에 순회전도자들(itinerant missionaries)을 사도라 칭했음을 고려한다면, 니골라당(2:6)이라는 견해가 가장 가깝다. 바울과 야고보, 바나바와 실라, 안드로니고와 유니아 등은 모두가 순회선교사에 속해 있었다(행 14:14; 롬 16:7; 고전 15:7; 갈 1:19; 살전 2:6). 보다 광범위하게 그룹이 형성된 경우도 있다(고후 8:23; 엡 4:11). 다음으로 가까운 해석은 유대주의자들이다. 이들은 바울의 주요 대적으로서 '궤휼의 역군', '사탄의 일꾼'으로 불려졌다(고후 11:13-15). 그들은 그리스도의 사도로 가장한 자들이었다. 자칭 사도들은 광명한 천사로 분장한 사탄의 술수를 따랐으나 에베소 교회의 영적 분별력 앞에서 그 정체가 드러나고 말았다.

3 네가 참고

"네가 참고"(ὑπομονὴν ἔχεις / 휘포모넨 에케이스)는 에베소 교회의 영웅적인 인내가 지금도 계속되고 있음을 보여준다. 에베소 교회는 악한 자들의 정체를 영적 능력으로 식별해 내고 계속되는 박해에 대해서는 계속 인내함으로 대처하였다. 에베소 교회가 직면한 거짓 가르침의 위기는 당시 소아시아 지역에서 심각한 양상을 띠었지만 에베소 교회는 교리적 순수성으로 잘 버텨냈다. 그들의 인내는 주님의 이름을 위하여 견디고 주님의 일을 위한 부지런함으로 나타났다. 인내는 두아디라 교회와 빌라델비아 교회에도 언급되었는데, 인내가 크리스천의 덕성에 있어 매우 중요함을 알 수 있는 대목이다. 인내의 힘으로 온갖 어려움을 견딘다.

내 이름을 위하여 견디고

"내 이름을 위하여"(διὰ τὸ ὄνομά μου / 디아 토 오노마 무)는 믿음이 있기에 가능한 신앙자세이다. 믿음이 흔들릴 수밖에 없는 환경에서도 그들은 견디고 강인하게 버텨냈다. 버가모 교회 신자들의 주님을 믿는 믿음을 저버리지 않았음(13절)이 이를 증명한다. 적은 능력을 가지고도 빌라델비아 교회 신자들은 주님의 말을 지키고 주님을 배반하지 않았음(3:8)이 이를 증명한다. 그들이 참고 견디는 것은 오직 한 가지 이유, 곧 보배롭고 존귀하신 예수의 이름을 위해서이다(행

5:41; 그리고 요 15:21; 행 15:26 참조). 거룩하신 하나님의 영광을 위해서이다.

예수의 크고 귀한 이름은 온갖 박해를 참고 견딜 만한 값어치가 분명하게 있었다. 주님은 아버지에게서 받은 그 이름을(요 17:11-12) 영화롭게 하셨고(요 12:28), 그 거룩한 이름을(마 6:9) 세상에 나타냈다(요 17:6). 부활로 인하여 아름다운 이름을 지니신 주님은(히 1:4) 모든 것을 아버지의 이름으로 행하셨다(요 10:25). 그리스도의 이름을 위하여 견딘 보상은 분명하였다. "너희가 내 이름을 인하여 모든 사람에게 미움을 받을 것이나 나중까지 견디는 자는 구원을 얻으리라"(마 10:22, 24:9-13). 인내로 얻는 것은 궁극적인 구원이다(눅 21:19).

우리 역시도 주님께로부터 이름을 받았다. 우리가 받은 이름은 예수요(마 1:21) 임마누엘이며(마 1:23) 모든 이름 위에 뛰어난 이름이다(빌 2:9; 엡 1:21). 그 이름은 만왕의 왕이요 만주의 주시며(계 19:16) 하나님의 말씀이다(계 19:13).

우리는 그의 이름과 성령 안에서 씻음과 거룩함과 의롭다 함을 얻으며(고전 6:11) 그 이름을 힘입어 죄 사함을 받는다(눅 24:47; 행 10:43; 요일 2:2). 그 이름을 힘입어 생명을 얻고(요 20:31), 그 이름을 믿음으로써 하나님의 자녀가 되며, 오직 유일한 그 이름만으로 구원을 얻는다(행 4:12). 우리는 그 이름 안에서 영광을 얻기에(살후 1:12) 그 이름으로 범사에 항상 감사하고(엡 5:20), 그 이름으로 기도하여서 응답받으며(요 14:13, 15:16) 말에나 일에나 다 그 이름으로 행한다(골 3:17). 주님 예수의 권세 있는 이름에 귀신들이 항복하고(막 9:38; 눅 9:49, 10:17) 병이 낫고(약 5:14-15) 표적과 기사가 일어난다(행 4:30). 예수 그리스도의 이름은 복음의 중심이다(행 8:12).

게으르지 아니한 것을 아노라

예수의 이름을 아는 자는 게으를 수 없다. 에베소 교회는 예수의 이름을 위하여 열심히 일하였고 부지런히 살았다. 나태는 신앙성장에 있어서 최대의 적이다. 말씀을 듣기만 하고 행치 않는 것은 게으른 증거다. 그레데 섬의 주민들은 게으름으로 유명하였다(딛 1:12). 바울은 일하기가 싫으면 먹지도 말라고까지 했다(살후 3:10). 부지런하여 게으르지 말고 열심을 품고 주님을 섬기는 것은 크리스천의 마땅한 삶이다. 본문의 게으름에 해당한 단어 '케코피아케스'(κεκοπίακες)가 요 4:6에서는 "곤하여"란 뜻으로 사용되었다. 그렇다면 에베소 교회가 주의 일을 행함에 있어 피곤한 상황에서도 전혀 피곤한 줄을 몰랐다는 해석도 가능하다. 지칠 줄 모르는 부지런함이 엄습하는 피곤을 내쫓는 격이다. 거짓 교사와의 영적 싸움은 지치게 할 만도 하였지만 에베소 교회는 부지런함으로 영의 곤고함을 맞받아쳤다. 게으르지 않음은 부지런함보다 더욱 강력한 의미를 풍긴다. 그들은 진리의 바른 정통을 붙들고 이단의 풍조가 스며들지 못하게 하였으며 영적 각성 상태를 계속 유지할 수 있었다.

4 너를 책망할 것이 있나니

원문을 직역하면 "너의……에 대하여 나는 적대적이다"(ἔχω κατὰ σοῦ / 에코 카타 수)는 뜻이다. 비슷한 사용법이 마 5:23과 막 11:25, 그리고 욥 31:35의 칠십인역에도 나오는데 이 모두는 법정용어에 속한다. 주님은 입법자요 재판자이시기에 잘못된 것에 얼마든지 고소할 수 있다(약 4:12). 에베소 교회를 향하여 먼저 칭찬을 하고 나중에 책망을 하신 것은 주님의 용의주도하심을 보여준다. 그들이 비록 신앙적 순결성으로 기독교의 진리를 옹호하고 거짓 사도들을 분별하고 교회의 순수성을 지켜내었다 할지라도 그들에게는 결정적인 약점이 있었다. 어쩌면 그것이 소아시아 교회의 장자 격이라 여기던 에베소 교회에 드러난 '한 가지 부족한 것'이었다.

너의 처음 사랑을 버렸느니라

"너의 처음 사랑"(τὴν ἀγάπην σου τὴν πρώτην / 텐 아가펜 수 텐 프로텐)은 그 옛날 이스라엘 백성들이 광야에서 여호와를 좇았던 결혼 때의 사랑이며(렘 2:2) 성도 간에 나누던 형제 사랑이다(요 13:35; 요일 3:11, 23, 4:7, 11-12; 요이 5). 사실 하나님 사랑과 형제 사랑은 불가분리의 것이다(요일 4:20-21, 5:2). 에베소 교회는 거짓 선지자와 이단적 가르침을 경계하고 증오하는 동안 자신도 모르는 사이에 마음이 굳어져서 형제에 대한 지극한 사랑이 식어지고 말았을 것이다. 교리적 순수를 지키기 위해 형제 사랑을 잃었으니 작은 것을 지키기 위하여 큰 것을 잃은 것에 다름없다 할 것이다. 사랑은 기독교의 교리에 속하면서 모든 교리를 포함하고 뛰어넘는 생명의 충일함 자체였다. 사랑은 마운스가 적절히 지적한 대로 "제자도의 구별된 배지"였다.

터툴리안의 변증서에는 이교도들은 "크리스천들이 자신들의 말대로 얼마나 서로 사랑하는지 보자!" 하면서 신자들의 삶을 관찰한 것으로 나타나 있다. 그들은 종교적 현실주의에 빠져 하나님 사랑도 형식주의가 되어 버리고, 형제 사랑도 빈 껍질만 남게 되었던 것이다. 바울 당시에 에베소 교회의 사랑은 뜨겁고 활기가 넘쳤다. 바울은 고린도전서 13장에서 위대한 사랑의 서사시를 남겼지만 신비한 사랑의 4차원을 논한 것은 에베소서 4장에서였다. 이제 그 사랑이 차디차게 식어버림으로 잃은 자에 대한 사랑의 마음을 기대할 수조차 없게 되었다. 하나님 사랑을 잃으면 형제 사랑도 자연히 잃게 되고, 가까운 형제 사랑이 식으면 먼 이웃에 대한 거룩한 연민이 생겨날 리가 없기 때문이다.

"버렸느니라"(ἀφῆκης / 아페케스)는 단순과거형으로서 그 버린 행위가 결정적이었음을 강조한다. 첫사랑으로부터 멀리 떠났다는 뜻이요 의지적으로 포기했다는 뜻이기도 하다. 가장 거룩하고 소중한 전통인 사랑의 능력을 상실해 버린 에베소 교회는 "생명 없는 형식적인 정통주의에 빠지고 말았다"(Alford). 그들은 믿음의 선진들이 남긴 유산 중에서도 가장 소중한 알맹이를 잃어버리고 말았다. 첫사랑의 상실이라는 이 "에베소 신드롬"(Ephesus Syndrome)을 경계해야 한다. 첫 편지가 보내진 에베소 교회는 첫사랑을 잃었고 반드시 그 첫 행위를 가져야 했다.

이 "첫사랑"이 무엇이었을까? 영혼에 대한 긍휼의 마음에 불타서 때를 얻으나 못 얻으나 항상 복음 전하기에 힘쓰던 구령열이었을 것이다. 그들은 교리의 수호와 거짓 영을 분별하기에 진력하느라고 세상을 향한 보다 공격적인 복음 전파에 열심이지 못하였다. 비얼은 이 "첫사랑"이 그리스도나 그리스도인들에 대한 사랑이 아니라 세상 속에서 그리스도를 증거하던 이전의 열심이 사라진 것으로 이해했다. 그는 근거 구절로 마 24:12-14을 제시했다. 온 세상을 향한 복음전파에 열심내지 못함이 곧 사랑의 식어짐이라는 것이다. 그러나 이 "첫사랑"

은 비얼의 견해까지 포함하여 그리스도와 그리스도인에 대한 사랑으로 두루 해석함이 적합하다.

5 그러므로 어디서 떨어진 것을 생각하고

원문에는 "생각하고"(μνημόνευε / 므네모뉴에)가 현재명령형으로 되어 있다. 이는 계속적이고 습관적인 기억 행위를 촉구하는 말이다(눅 15:17-18). 꺼진 불을 다시 점화하기 위해서는 언제, 어디서, 왜 꺼졌는지를 살펴야 한다. 정확하게 알기까지 계속해서 생각하고 기억해 내야 한다. 처음 행위가 사라진 근본 원인을 찾는 것이 식어버린 열심을 회복하는 유일한 지름길이다. 진지한 생각은 잃어버린 기억을 회상시키고 곱씹어 생각하는 회상은 회개에 이르는 관문이다. 성경에서 생각하고 기억하는 것은 회개를 의미하는 경우가 많다(사 44:21, 46:8-9; 미 6:5; 롬 15:15; 갈 1:6-9, 3:2-3, 5:7; 살전 1:5-10, 2:13-14, 4:1-2). 탕자가 아버지께 실제로 돌이켜 방향을 전환하기 전에 그는 이 진지한 생각의 과정을 거쳤다. 그는 "어디서 떨어진 것"을 깊이 생각하였으며 그것을 찾았다.

회개하여

"회개하여"(μετανόησον / 메타노에손)는 단순과거형으로서 너무 늦기 전에 태도와 행위의 즉각적인 변화가 있기를 기대한 탄원조의 말이다. 이 회개는 습관적인 회개가 아니라 영단번의 결정적인 회개를 지칭한다. 이 회개는 인격적인 결단이 뒤따르는 '경건한 슬픔'이어야 한다. 삼상 26:21에서 보여주었던 사울의 참회와 누가복음 15장의 탕자에게서 느낄 수 있는 그런 회개여야 한다. 회개란 단지 뉘우침(悔)

에 머무르는 것이 아니다. 잘못된 방향으로 가던 걸음을 멈추는 것으로 끝나는 것이 아니다. 뒤돌아서서 바른 방향으로 나아가는 것이 고침[改]이다.

에베소 교회는 선두 교회의 위치에서 회개에서도 솔선수범을 보여야 한다. 에베소 교회의 회개는 나머지 네 교회인 버가모, 두아디라, 사데, 라오디게아 교회에 신선한 충격을 가할 것이다. 회개치 않을 경우에 임할 심판의 규모나 내용이 다른 교회들에 비해 더욱더 거세고 투박한 이유가 바로 여기에 있다. 회개하면 처음 행위를 가질 수 있다. 회개하려면 어디서 떨어졌는지부터 살펴야만 한다. 처음 행위는 첫사랑과 같을 수도 있고 다를 수도 있다. 어떤 경우라 하여도 사랑과 행위는 동전의 양면과 같다(요일 5:2). 신실한 성도의 삶에서 사랑 없는 행위나 행위 없는 사랑은 있을 수 없기 때문이다.

처음 행위를 가지라

"처음 행위를 가지라"(πρῶτα ἔργα ποίησον / 프로타 에르가 포이에손)에서 "가지라"는 단순과거형으로서 즉각적으로 행하라는 뜻이다. 즉시 가져야 할 처음 행위는 바로 그들이 잃어버린 첫사랑이다. 그리스도께 대한 사랑을 회복함이며 그리스도인 형제들에 대한 사랑을 회복함이며 아직 구원 받지 못한 영혼들에게 복음을 전파하는 영혼 사랑의 열심을 회복함이다. 잘못된 원래의 상태로 돌아가는 것은 구태의연함이다. 그렇지만 무너지고 변질되기 전의 본래 상태로 돌아가는 것은 회복이요 갱신이다. 그들이 회복시킬 처음 행위에는 도덕적 선행만이 아니라 영적 능력으로서의 하나님께 대한 순전한 사랑과 형제간에 나누는 거짓 없는 사랑을 의미했다. 에베소 교회는 주님께 대한 첫사랑으로 유명한 교회였고 그것을 잃어버려 책망을 받았으며 이제 다시 본래의 상태로 돌이키도록 권고를 받았다. 그들의 선행이 나쁜 것은 아니었지만 사랑이 빠져버린 선행은 하나님 앞에 무의미한 것이었다(고전 13:1-2).

만일 그리하지 아니하고 회개치 아니하면

회개를 강력히 촉구하는 반어 형식의 단순과거 가정법이다. 미래의 의미가 스며 있다. 어떤 원치 않는 결과가 다가올 것을 예시해 주는 표현이다. "그리하지 아니하고"는 앞에 언급된 "생각지 아니하고"를 생략한 형태다. "만일 너희가 행하던 첫사랑이 어디에서 떨어진 것을 생각하고 회개치 않으면"의 뜻이다. 뒤이어 나오는 심판이 이르기 전에 생각하고 돌이키라는 말이다. 그들이 행한 일과 수고와 인내와 열심이 분명함에도 불구하고 주님의 칭찬을 끌어내지 못한 것은 그러한 삶의 동기가 사랑이 아닌 보다 낮은 수준에 머물러 있었기 때문이다. 회개가 그들의 저급한 영적 수준과 신앙 상태를 '처음 사랑'의 상태로 복원시켜 줄 것이다. 강력한 회개를 권유하는 만큼 주님은 자신의 오심을 언급함으로 그들의 경각심에 불을 붙였다.

내가 네게 임하여

"임하여"(ἔρχομαι / 에르코마이)는 현재시제로 때의 가까움을 강조한다(16, 3:3; 요 14:3). 본서에서 이 동사의 현재시제는 준미래(quasi-future)의 의미로 쓰인다(Swete). 이를 파루시아에 대한 언급으로 이해한 학자도 있으며(Clark), 영적 임재로 해석한 학자도 있다(Charles, Caird, Mounce, Plummer, Alford). 비슬리-머리는 에베소 교회에만 임할 어떤 심판으로 해석하였다. 파루시아나 영적인 임재보다 에베소 교회에 대한 심판과 연관 지어 주님의 임함을 해석함이 본문 이해에 보다 자연스럽다(Thomas). 이런 현재적인 심판은 두아디라 교회에 주신 경고를 살펴보아도 뚜렷하다(2:22). 우주적인 주님의 재림보다 교회가 안고 있는 어떤 문제로 인하여 특별히 임해 심판하시는 지역적 문제에 국한시키는 것이 옳다(Caird).

네 촛대를 그 자리에서 옮기리라

형제 사랑이 없는 교회는 존재할 수 없다. 사랑이 없으면 비록 건물은 존재하고 사람들은 들락거려도 그리스도의 임재가 떠나버린 시랑의 거처, 강도의 굴혈이 되어 버린다. 머리 잘린 시체가 되어 버리고(엡 1:22; 5:23) 포도나무에서 잘려 나간 가지가 되어 버린다(요 15:1-2, 5-6). 이것은 단순한 장소의 이전이 아니라 본질의 제거다. '옮긴다'(κινήσω / 키네소)는 미래적 현재로서 오직 계시록에서만 쓰이고 있는데(6:14) 두 경우 모두 심판의 의미로 사용되었다. 에베소 교회는 흔적도 없이 사라졌다.

경고음이 요란하게 울린다. 아시아의 영적 보루였던 에베소 교회가 유명무실하게 될 수도 있다. 선도적인 위치에서 소아시아 지역의 교회들에게 모범적인 에베소 교회가 하루아침에 뒷전으로 물러날 수도 있다. 하나님의 임재로 충만했던 에베소 교회가 성령의 부재로 인하여 영적 사막화의 진원지가 될 수도 있다. 촛대를 옮김은 뿌리를 아예 통째로 뽑아버리시겠다는 말씀이다. 두 가지 과제가 선결되지 않는다면 경고는 경고로만 그치지 않는다. 첫째는 회개요, 다음은 처음 행위를 회복하는 일이다. 첫사랑의 길에 우뚝 서는 것이다. 주님의 의중은 심판이 아니라 에베소 교회의 전적인 회복에 있다. 어조가 강하면 강할수록 에베소 교회를 향하신 주님의 사랑은 깊고 절실하다.

6 니골라당의 행위를 미워하는도다

에베소 교회는 이단 배격에 있어 주님과 마음이 통하였다. 그들의 증오는 이유가 있었고 잘못된 가르침을 미워하는 그들의 마음은 진리이신 그리스도의 사랑이었기에 주님의 기쁨이 되었다. 첫사랑의 상실을 책망하셨던 주님은 악한 행위에 대한 에베소 교회의 적절한 반응을 칭찬하셨다. 니골라당의 거짓 교훈은 버가모 교회에서도 독버섯처럼 기승을 부리고 있었다(2:14-15). 니골라가 누구이며, 니골라당이 과연 무엇인가에 대해서는 대체적으로 두 가지설이 있다. 하나는 역사적 기원설이요 다른 하나는 상징적 기원설이다.

① 니골라는 안디옥의 유대인 개종자요 일곱 집사 중의 하나였다(행 6:5). 이레나이우스에 따르면 니골라당은 무절제한 방종의 삶을 살았다. 히폴리투스는 자신의 《이단을 반박함》(Refutation of Heresies)에서 "그는 일곱 집사 중의 하나였으나 바른 교리를 떠났다"고 밝혔다. 그는 니골라당을 영지주의 집단으로 보았다. 알렉산드리아의 클레멘트는 니골라가 오해되었다고 변호하면서도 "니골라당은 자기 방종의 삶으로 인도하는 쾌락에 염소처럼 자신들을 내팽개쳤다"고 평했다. 그들은 육체의 자유를 주장했는데(행 15:20; 벧후 2:15; 유 1:11) 발람의 교훈과 무관하지 않다.

② '니골라'(Nicolaus)는 니카(νικâ, '그가 이긴다', '그가 정복한다')와 라온(λαόν, '백성')의 합성어로 된 헬라식 이름(Νικολαίτης

/ 니콜라이테스)이다. '발람'(Balaam)은 "그가 파멸시킨다"는 뜻의 히브리어 발라(בלא)와 '백성'을 뜻하는 아암(עם)의 합성어이다.

어원학적으로 니골라와 발람은 같은 의미라는 뜻이다. 그렇지만 이러한 흥미로운 시도는 지나친 억측일 뿐이다(Aune, Osborne, Beckwith, Swete, Thomas). 이런 등식에 근거하여 니골라를 맹독의 이단 사설설로 백성을 미혹하던 거짓교사로 보았다(Charles, Trench, Ewald, Bousset). 발람이 히브리어로는 '백성을 삼키는 자'란 의미도 내포하고 있으므로(Lange), 왈부어드는 니골라당이 성직 계급의 선구자였다고 주장했다.

니골라당은 영적 자유를 주장하면서 우상 숭배와 성적 부도덕을 방임하였다. 욕망을 정복하는 길은 극기가 아닌 경험에 있다면서 쾌락주의의 길을 열어놓았다. 그들은 영적 자유를 잘못 적용하여 세상과 구별되지 못하고 세속적인 악에 동화되어 버리고 말았다. 구체적으로 그들은 행 15:28-29의 결의를 어겼다. 니골라당은 버가모 교회에 보낸 편지에서 다시 한 번 더 언급되었다(2:15).

본문은 니골라당이 14절의 '발람'과 어떤 연관성을 갖고 있음을 비춘다. 스몰리는 니골라당의 교훈이 성적 부도덕보다는 우상 숭배였을 것이라 주장하였다. 발람의 사건(31:16)을 고려하면 우상 숭배가 틀림없다. 그런데 요한은 발람의 해독을 우상 숭배와 행음으로 규정하였다(2:14). 우상 숭배가 곧 영적 음행이기에 둘은 같을 수도 있고 우상 숭배가 영적 행음으로 이끌었을 수도 있다. 어떤 경우라 할지라도 그들의 교훈은 도덕적 타락과 영적 불결함의 원인이었다. 그들이 주장한 교리를 엿보면 이렇다.

- 율법은 이미 끝났다.
- 육체가 하고픈 대로 해도 영에는 무해하다.
- 은총의 보호로 인해 무슨 짓을 해도 상관없다.

세속 세계와의 합리적 타협을 내세우는 니골라당은 요한에게 있어 이교보다 더 무섭고 나쁜 집단이었다. 문 안의 적이요 실생활에 있어 가장 위협이 되는 이단이었다. 바클레이가 잘 지적했듯이 "만일 그들이 득세했다면 기독교가 세상을 변화시킨 것이 아니라 세상이 기독교를 변화시켰을 것이다."

피오렌자(Fiorenza)는 니골라당을 "신적 통찰력 속에서 자신들이 혼합적인 이교사회의 일부가 되도록 허락받았다고 고백한 소아시아 교회 내의 기독교 집단"으로 설명하였다. 15절을 고려하면 니골라당은 자신들이 기독교를 파괴하는 것이 아니라 보다 개선되고 진보된 입장을 지닌 것으로 생각하고 있었음이 틀림없다.

나도 이것을 미워하노라

그리스도께 대한 사랑은 사탄에 대한 증오에 비례하고 진리에 대한 사랑은 거짓에 대한 불타는 적개심에 비례한다. "이것"은 니골라당에 속한 영혼들이 아니라 그들의 다름, 그들의 행위를 의미한다. 주님은 미혹한 영혼들이라 할지라도 그들을 끝까지 사랑하셨다. 세속주의는 마땅히 경계해야 한다. 사탄은 반드시 대적해야 한다(약 4:7; 벧전 5:9). 악은 미워해야 한다(시 97:10, 101:3; 암 5:15; 롬 12:9). 여호와를 경외하는 것이 곧 악을 미워하는 것이기 때문이다(잠 8:13). 주님의 미움 표시는 에베소 교회에 강력한 메시지로 다가갔을 것이다. 하나님은 죄를 미워하신다. 특히나 자기 백성의 죄악을 증오하신다(사 61:8;

렘 44:4; 암 5:21; 슥 8:17).

7 귀 있는 자는……들을지어다

"들을 귀 있는 자"라는 관용적인 표현은 신약에서 모두 14회 나오는데, 요한복음을 제외하면 공관복음서에서만 6회(마 11:15, 13:9, 43; 막 4:9, 23; 눅 8:8, 14:35) 그리고 계시록에 8회 나온다(2:7, 11, 17, 29, 3:6, 13, 22, 일곱 교회에 보낸 서신 외에 유일하게 13:9에 나옴). 일곱 번 반복된 청취의 초청 중에서 처음의 세 초청은 이기는 자에 대한 약속 이전에 나오고 나머지 네 개의 초청은 이기는 자에 대한 약속 이후에 나오면서 편지를 마무리하는 역할을 한다. 구약에서는 이것이 암시적으로 표현되었다(사 6:9-10; 겔 3:27, 12:2; 렘 5:21). 물론 이 귀는 육신의 귀가 아니라 신령한 음성을 듣고 분별할 수 있는 신령한 귀를 일컬음이다. 신령한 말씀은 성령이 듣는 이의 마음에 진리의 빛을 비쳐주어야 알 수 있다. 성령이 밝히 조명하여 주심으로 그리스도의 말씀을 깨닫게 되는 것이 성경의 변함없는 원리다(요 14:17, 26; 요일 2:27). 오직 "성령이 교회들에게 말씀하신다" (τὸ πνεῦμα λέγει ταῖς ἐκκλησίαις / 토 프뉴마 레게이 타이스 에클레시아이스). 그것이 주님의 말씀이든지 아니면 요한 자신의 언급이든지 성령이 교회들에게 친히 말씀하신다.

결론적인 권고와 승리자에 대한 약속은 일곱 교회 모두가 같은 형식을 취한다. 한 성령에게서 나온 말씀이기 때문이다. 단지 '귀 있는 자'의 권고와 '이기는 자'에 대한 약속이 처음 세 교회와 나중 네 교회 간에 바뀐다. 2-3장의 일곱 서신이 각 교회에 보내는 편지임에도 불구하고 '교회들에게'란 복수를 사용한 점으로 보아 본 서신의 내용이 에베소 교회뿐 아니라 전체 교회를 염두에 두었음이 틀림없다. 각 서신이 해당 교회에 적합한 서신임과 동시에 다른 교회에도 적용 가능한 회람 서신이었을 것이다. "귀 있는 자"(ὁ ἔχων οὖς, ἀκουσάτω / 호 에콘 우스, 아쿠사토)는 단수이다. 이는 경계의 메시지를 각자 크리스천들이 귀담아 들어야 할 것임을 암시하고 있다.

"이기는 그에게"에서 '이긴다'(νικάω / 니카오)는 단어는 요한의 서신과 계시록에 모두 16회 나온다(요일 2:13, 14, 4:4, 5:4; 계 2:7, 11, 17, 26, 3:5, 12, 21, 5:5, 12:11, 15:2, 17:14, 21:7). "이기는 그에게"(τῷ νικῶντι / 토 니콘티)의 시제는 현재 분사형으로서 이김이 계속적임을 보여준다. 특별한 목적이 구체화되지는 않았지만 그리스도께 대한 사랑과 충성의 결과임은 분명하다. 폭력으로 지상의 원수들과 싸워 이긴 것이 아니라 끝까지 그리스도께 충성함으로 획득한 승리이며 이것은 그리스도 자신의 승리와 같다. 승리의 정신은 십자가뿐이다. 그렇다면 이김의 절정은 '순교자의 죽음'이라는 등식이 나온다.

기독교적인 승리의 비결은 십자가 이상도 아니고 이하도 아니다. "승리에 관한 모든 약속들은 현세를 넘어 내세로 집중된다. 그리고 전체의 계시록은 이 개념에 대한 해설이다"(Lilje). 계시록은 결국 그리스도의 승리와 교회의 승리에 대한 종합 보고서다. 크리스천의 승리는 승리의 원천이신 하나님의 도움으로 이기는 은총적 승리다(롬 8:31; 고전 15:57). 이 은총을 끌어당기는 힘이 우리의 믿음이다(요일 5:4). 일곱 교회의 이기는 자들이 받을 상급은 제각기 다른 내용을 담고 있지만, 결국 이기는 자들이 하나님의 아들이 되고 하나님이 저들의 하나님이 되는 유업 상속으로 귀결될 것이다(21:7).

이방의 세력이 득세한 환경에서 복음을 믿고 크리스천의 길을 걷는 자체가 이기는 자에게 속한 것이다. 그렇게 믿고 자부했던 에베소 교회 교인들은 이 메시지에 큰 충격을 받았을 것이다. 교회 구성원 전체가 이기는 자라면 이런 충고가 불필요하였을 것이다. 외형적인 복종을 통한 명목상의 승리자가 아니라 내면에서 우러나온 복종의 삶을 통해 실질적인 승리자가 되려면 그리스도의 명령에 철저히 복종해야 한다. 이것은 특별한 위치의 크리스천이 됨이 아니다. 평범의 수준을 벗어난 비범한 크리스천으로의 부르심도 아니다. 정상적인 크리스천의 삶이 곧 그리스도께 대한 저항 없는 순종이어야 한다.

크리스천은 사탄과의 싸움에서 이기도록 택함 받은 것이 아니다. 크리스천은 그리스도께서 이루신 승리를 모든 전투행위가 종식되는 최후의 순간까지 지키도록 선택되었다. 궁극적인 승리는 어린양을 통해 성취된다. 이 승리는 이미 영원 전부터 예비된 것으로서 과거에 이루어진 역사적인 사실이다. 과거의 승리로 말미암아 미래를 위한 승리의 닻이 이미 내려졌다. 일곱 교회의 이기는 자들은 모두 같은 승리의 토대 위에서 제각각 다른 약속을 받는다. 일곱 교회가 저마다 다른 종류의 약속을, 일곱 유형으로 받는 것이 아니다. 이기는 자는 누구나 일곱 교회에 다르게 표현된 약속을 한 덩어리로 받는다. 한 사람의 이긴 자는 일곱 교회의 이기는 자에게 주신 모든 약속의 수령자가 된다.

하나님의 낙원에 있는 생명나무의……먹게 하리라

"낙원"(παράδεισος / 파라데이소스)은 '벽으로 둘러쳐져 있음'을 뜻하는 페르시아어 '파이리-다이자'(pairi-daiza)에서 나왔다. 크세노폰이 페르시아 왕의 처소에 대하여 말하면서 어디나 선과 아름다운 것들로 가득 채워진 '정원'이라 소개하였다. 본래의 의미도 본문의 "낙원"(pleasure garden)과 동일하다. 히브리어로 "파라데스"(פרדס)인데 구약에 모두 46회 나타난다. 이것이 "여호와의 동산"(גן יהוה / 간 YHWH)이다.

칠십인역으로 παράδεισος κυρίου(파라데이소스 퀴리우 창 13:10; 사 51:3; 겔 28:13, 31:8)이며 에덴 동산(창 2:8, 10, 15, 16, 3:1–3, 8–10; 욜 2:3)이다. 어떤 랍비들은 아담의 낙원, 하늘에 있는 의인들의 중간 보상용으로서의 낙원, 예루살렘 근처의 종말론적인 낙원, 이렇게 세 개의 낙원을 말하기도 하였다.

신약에서는 낙원을 복된 죽음의 상태(눅 23:43)나 초현세적인 삼층천(고후 12:2–4)을 말하는데 이 낙원은 천국과 차이가 있다. 잃어버린 낙원은 천년 왕국을 통해 실현될 것이다. 터툴리안은 족장들과 선지자들이 거하는 곳으로서의 낙원을 지하에 있는 광대한 동굴이라 여겼으며 순교자만이 이 낙원으로 바로 갈 수 있음을 주장했다. 오리겐은 낙원을 죽은 성도가 거하게 될 지상과 비슷하면서도 품격이 높은 영혼의 학교 같은 곳으로 생각했다. 거룩한 마음과 순결한 심정을 닦아가는 중에 급속한 진보를 이루어 갑자기 천국으로 올라갈 것이라 믿었다.

생명나무의 과실

"생명나무의 과실"(τοῦ ξύλου τῆς ζωῆς / 투 윽쉴루 테스 조에스)은 하나님 나라에서 누릴 영원한 생명의 약속을 표현하는 말(22:2)로서 하나님 자신에 대한 상징이기도 하다.

에덴 동산의 중앙에 놓여져 있던 두 그루의 나무 중의 하나가 바로 생명나무다. 생명나무의 과실은 먹을 자유가 있었음에도 먹지 않음으로 영원한 금단의 열매로 남겨졌다(창 3:22). 후기 유대주의 사상에서는 생명나무의 과실이 지혜(잠 3:18), 의인의 열매(잠 11:30), 희망(잠 13:12), 혀(잠 15:4)로 상징화되었다. 묵시 사상에서는 다가올 심판의 때에 의인들을 위한 보상으로서 생명나무가 존재할 것이라고 믿었다(겔 47:12 참조). 지상에 전하는 대부분의 신화와 종교에서는 영생에 참여하는 것이 생명나무의 과실을 먹는 것으로 묘사되어 있다.

B. **서머나 교회**(2:8-11)

위치 : 리디아(Lydia)와 브루기아(Phrygia)가 서로 교차하는 길의 끝인 에베소 북쪽 35마일, 버가모 남쪽 45마일 지점에 위치한 아름다운 항구 도시로서 에베소 다음 가는 도시였다. 지금은 터키 제2의 도시 이즈밀(Izmir)이란 이름 아래 계시록의 일곱 도시 중에서 유일하게 현존해 있으며 에게 해 동쪽 해안에 위치하고 있다. 헤르무스(Hermus) 계곡을 통한 고대 무역로로 인해 자연적인 무역항이었으며 후배지적(後背地的) 위치로 인해 풍성한 포도를 소출하는 아주 비옥한 땅들을 주위에 갖고 있었다.

사회 : 문화가 번성하고 음악의 전당 오데이온(Odeion)이 있었으며, 람제이경에 의하면 '아시아 제일'(프로테 아시아스)의 칭호를 두고 에베소, 버가모와 다툴 정도로 번성한 도시였다. '사랑스런 이', '이오니아의 왕관', '아시아의 장신구'로 불렸던 서머나는 자연 유흥과 환락의 도시였다. 서머나는 운동 경기로 유명했으며 2:10의 면류관은 그런 배경에서 이해될 수 있다. 위대한 서사시인 호머의 출생지이기도 한 서머나는, 스트라보의 보고에 의하면 신당과 사당들이 많이 세워져

있었으며, 아테네를 비롯하여 인근의 도서 주민들이 미신에 푹 젖어 있었다. 서머나는 유명한 스타디움, 도서관 그리고 아시아 최대 규모의 공중 극장을 자랑하고 있었다. 일단의 유대인들을 포함한 20여만 명의 주민들은 언덕과 계곡을 중심으로 하여 살고 있었다. 여신상의 목걸이처럼 파구스(Pagus) 산을 굽이도는 '황금의 거리'는 꼭 캘리포니아의 몬트레이 해안에 펼쳐진 '세븐틴마일'처럼 유명한 도로였고, 양쪽 길 끝에는 신들의 어머니 시벨레(Cybele)와 제우스 신전이 서 있었다. 당시 동전에는 '미와 규모에 있어 아시아 제일'로 서머나가 묘사되어 있었고, 일찍 로마제국과 제휴한 관계로 해운업의 중심지가 되어 있었다. 정치적으로는 자유도시였다.

종교 : 역사가 타키투스에 의하면 주전 195년 셀류키드 왕국이 여전히 전성기일 때, 서머나인들은 로마 여신의 신전을 세워 제사를 드렸고 로마제국 통치 아래에서 황제를 위한 신전이 최초로 세워진 황제숭배의 중심지였다. 주전 26년 아시아의 여러 도시가 티베리우스의 신전을 세우는 영예를 얻고자 치열히 경쟁했을 때, 서머나만이 이 특권을 획득하기도 하였다. 서머나에는 이 밖에도 시벨레, 제우스, 아폴로, 네메시스, 아프로디테, 아스클레피우스 등의 신전들이 있었는데, 주민들은 특히 술의 신 박커스를 열광적으로 섬겼다. 서머나에는 시대를 따라 이교주의가 끊임없이, 그리고 깊숙이 침투되었다. 하드리안 황제 시대에는 젊은이들이 배움을 위해 "현인들의 웅변술이 있는 작은 숲", "이오니아의 박물관", "미의 여신 아글라이아, 우아함의 여신 유프로시네, 기쁨의 여신 탈레이아의 세 자매 여신과 뮤즈 아홉 여신들의 거처"로 알려진 서머나의 대학들로 몰려들었다.

초대 교회와의 관계 : 3차 선교여행 당시 바울이 에베소에 머무는 동안(53-56년경) 복음을 전하여 모든 아시아인들이 복음을 들었을 때(행 19:10, 26) 서머나 교회도 세워졌을 것이다. 피오니우스(Pionius)의 《폴리캅의 생애》에 따르면 바울이 에베소로 가는 도중 잠깐 들르기도 했다. 위경인 《요한행전》에 의하면 요한은 밧모 섬에서 풀려난 후 서머나로 돌아왔다. 그래서 서머나 교회에 보낸 그의 편지는 다른 교회들에 비해 다정다감했을 것이다. 요한이 편지를 보낸 지 몇 년 후인 대략 105년경 안디옥의 3대 감독인 성 이그나티우스가 콜로시움의 야수들에게 던져질 로마로 향하던 중에 서머나를 지나갔다. 그는 소아시아의 여러 교회를 순방했고 서머나에 체류하는 동안에는 에베소, 마그네시아, 트랄레스, 그리고 로마의 크리스천들에게 편지를 써 보냈다. 여행 후 트로이에서 배를 기다리는 동안 서머나인들에게 편지를 보내 그들의 신앙이 마치 주 예수 그리스도의 십자가에 박힌 못처럼 부동인 점을 칭찬했다. 그의 편지에 따르면 서머나 교회는 이미 조직이 잘 되어 감독, 장로들, 집사들이 있었다(12:2). 그는 이단적인 스승들을 조심할 것과 감독과 장로들의 말에 복종할 것을 권고하였으며, 요한의 제자였던 폴리캅에게도 편지를 보냈다.

헬라의 《메노로기온》에 따르면 아벨레(롬 16:10)가 서머나 교회 초대 감독으로 봉직했으며 다른 전통은 아리스톤에게 이 영예를 돌린다. 아리스톤 다음에는 로이스(딤후 1:5)의 아들 스트라타에아스요 그 다음에는 부콜루스인데, 그는 젊어서 기독교 신앙에 입문하여 후에 요한에 의하여 양육되었다. 요한이 편지를 보냈을 때의 서머나 감독이 바로 이 부콜루스였다. 2세기 말엽 리용의 감독이었던 성 이레나이우스는 니케아 이전 교회의 가장 위대한 신학자 중의 한 사람이었는데, 어린 시절을 서머나에서 보냈으며 폴리캅의 설교를 들을 수 있었다. 전통에 의하면 그는 서머나 교회의 장로로 섬겼다. 당시 서머나에는 사회에 정치적 영향력을 행사할 수 있는 유대인 집단이 있었는데, 그들은 이교도들과 결탁하여 크리스천들을 끊임없이 괴롭혔다.

주요 항구 도시로 무역이 성했으므로 신자들 중에서도 무역업에 종사하는 이들이 많았다. 그러나 유대인들의 농간으로 거래처가 끊겨서 문을 닫아야 했고, 크리스천이라는 단 한 가지 이유 때문에 직장에서 부당하게 해고를 당하기도 하였다. 더 나아가 불신 계층에서 일어난 크리스천 상품 불매 운동은 크리스천 사업가들을 경제적으로 몰락하게 만들었다. 당시의 크리스천들은 국가적 차원에서 바라볼 때 황제 숭배를 거절하는 불충 집단이었고, 사회적으로는 일반이 즐기는 공중 오락이나 우상의 신전에 제사하는 것과 같은 전통적인 축제 분위기에 어울리지도 않았다. 그들의 초연한 삶은 대중들에게 분노의 대상이 되어 있었다. 정부의 은근한 묵인 하에 신자들에 대한 폭동이 수없이 발생하고, 군중 폭동의 와중에서 혹자는 불구가 되거나 가족을 잃기도 했다. 또한 간혹 일어난 약탈 방화로 집과 재산을 빼앗겨서는 거리로 내어 쫓기곤 하였다. 그들의 당면 문제는 극심한 환난과 빈곤이었다. 그들이야말로 이리 떼 속에 갇힌 양들이었다.

교회사 : 정복자들이 바뀌면서 숱한 재난과 박해의 역사가 계속되었지만 서머나 교회는 끈질기게 살아남아 레오 황제(Leo the Wise, 886-912)에 의하여 비잔틴 제국 안의 주요 교구의 하나로 인정이 되어 행정적 독립을 허락받기도 했다. 그러나 그 후에도 침략자들의 말발굽에 짓밟히면서 서머나 교회와 신자들은 수난을 견뎌야 했다. 서머나는 1405-1415년까지 술탄의 지배를 받아 오토만 제국에 편입되었고, 회교도들의 서머나 정복은 서머나 교회의 힘과 특권을 자연 약화시켰다. 그래서 1346년 교황 클레멘트 6세에 의하여 세워진 서머나의 라틴 교구는 17세기까지

명의 주교로만 대치가 되었다. 1440년에 최초의 프란시스칸 선교사들이 찾아왔고 1623년에는 최초의 예수회 신부가 찾아왔다. 1636년에는 첫 앵글리칸 군목이 파송되었고 몇 년이 지난 후 네덜란드인들이 서머나에 최초의 신교 예배당을 세웠다.

요한이 에베소에 묻혔다는 강력한 전통이 있음에도 불구하고 17세기경 서머나의 헬라인 신자들은 요한의 무덤이 서머나에 있음을 주장하면서 매우 자랑스럽게 여기고 있었다. 뭐니뭐니 해도 서머나에서 가장 중요한 순례 유적지는 역시 폴리캅의 무덤이다. 회교 탁발승의 조그만 암자에 시체가 없는 폴리캅의 관이 갈색 천에 덮인 채 놓여 있다. 터키인들은 폴리캅이 하나님의 전도자요 마호메트의 친구라고 믿었기에 이 무덤에 상당한 경의를 표해 왔다. 회교의 탁발승들이 보호하던 폴리캅의 무덤은 1657년에 이르러서야 그리스 수도승들의 관리로 이전되었고, 1952년에 이르기까지 폴리캅의 무덤에서 초교파적인 예배가 드려지곤 했다. 17세기경 서머나에는 10,000-12,000명의 크리스천들이 있었으며 교회는 둘뿐이었다. 19세기 중엽에는 일곱 개의 교회에 약 4만 정도의 그리스인 신자가 있었고 최초의 신교 선교사들이 서머나에 도착한 것은 19세기 초엽에 이르러서였다. 1817년에는 영국 선교사가, 1820년에 미국인 선교사가 들어왔으며, 1823년 지중해 지역에서의 선교사역 센터로서 성서공회가 설립되었다.

1906년의 서머나는 135,000명의 그리스 정교회 신자, 11,175명의 가톨릭 신자, 8,500명의 아르메니아인 신자를 이룬 뛰어난 기독교 도시였다. 특히 그리스 정교회는 교구대성당을 사마리아 여인인 성 포티네(Photine)에게 헌정하였고, 많은 교회들이 성인들의 이름을 따라 지어졌으며, 서머나 주위에는 55개의 교회들과 133명의 사제들이 있었다. 1922년 파괴 직전까지 가장 아름다운 교회 중의 하나는 20세기 초엽에 건축된 성 스데반의 아르메니안인 대성당이었다. 그리스 정교회는 네덜란드 개혁교회로부터 99년간 임대받은 예배당에서 약 50년 동안 이즈밀의 나토군과 함께 예배를 드려오고 있다.

순교사 : 유세비우스에 의하면 폴리캅 감독을 포함한 약 160명의 기독교인들을 처형시키는 데 유대인들이 로마 당국자에 적극적으로 협조했다. 서머나의 유아레스테스는 2세기경 서머나 교회에서 비시디아 안디옥 근처 브루기아에 있는 빌로 멜리움 교회에 보낸 편지에서 이 도시의 순교자들에 대해 서술했다. 그들은 대부분 빌라델비아에서 온 11명의 신자로서 지방 총독인 스타티우스 쿼드라투스와 아시아의 행정 책임자인 트랄레스의 필립이 관장하는 한 게임에 출전하였다. 브루기아 출신의 퀸투스는 야수가 뛰쳐나오자 겁에 질려 이내 신들에게 제사드렸으나 야수들과 용감히 싸워 칭송받은 젊은 게르마니쿠스를 비롯한 10명은 순교하였다. 그들은 죽어 가면서 하나같이 폴리캅 감독을 불렀다.

한편 서머나 교회의 감독으로 74년간이나 봉직하고 있던 폴리캅은 감독 아니케투스와 부활절 일자에 관한 문제를 논의하기 위해 80이 지난 노구를 이끌고 로마를 다녀왔다. 연로한 폴리캅은 곧 체포되었다. 총독은 폴리캅에게 기독교 신앙을 철회하고 그리스도에게 욕설을 퍼부으라고 설득하였으나 그는 이를 단호히 거절했다. 폴리캅은 큰 소리로 외쳤다. "86년 동안 내가 그를 섬겨오는 동안 그는 한 번이라도 나를 나쁘게 대하지 않으셨다. 나를 구원하신 나의 왕, 구세주를 어찌 욕보일 수 있으리요." 그러자 총독이 협박조로 말했다. "네가 돌이키지 않는다면 굶주린 야수들에게 던져버리겠다." 두려움 없는 얼굴로

폴리캅이 대답하였다. “그들을 부르라!” 다시 총독은 살기등등한 음성으로 윽박질렀다. “그렇다면 내가 너의 그 고집스런 영혼을 불로 복종시키겠다.” 평정심을 잃지 않은 목소리로 폴리캅이 응답했다. “그렇게 하라! 그럴지라도 그대의 불은 잠시 탄 후 꺼지고 말 것이다. 그대는 정녕 경건치 않은 이를 위해 예비된 영영한 불과 장래 심판에 대해서는 무지할 뿐이구나.” 군중들이 폴리캅을 사자 밥으로 던지라고 요구했으나 아시아의 행정 책임자 필립이 게임은 공식적으로 끝났다고 거절하자 화형을 주장했고 지방 총독도 이에 동의했다. “나는 크리스천이다!”는 말만 수없이 되뇌면서 “아시아의 스승이요 기독교인들의 어버이요 우상 파괴자”인 폴리캅은 성스러운 순교의 최후를 맞았으니, 이 날이 155년 2월 23일 토요일이었다.

이후의 계속된 박해에 서머나 감독 유크테몬은 정부의 요구를 받아들여서 신들에게 제사드림으로 변절했으나, 피오니우스 장로와 그의 동료들은 신실한 순교자의 길을 선택하였다. 중세의 새로운 순교자 그룹 중에는 이슬람을 영접했다가 공중 앞에서 예수 그리스도께 대한 신앙을 천명한 후 순교한 이들이 포함된다. 헤아릴 수 없을 정도로 많은 크리스천들이 서머나 교회의 이름 아래 순교했다.

8 서머나 교회의 사자에게 편지하기를 처음이요 나중이요 죽었다가 살아나신 이가 가라사대

9 내가 네 환난과 궁핍을 아노니 실상은 네가 부요한 자니라 자칭 유대인이라 하는 자들의 훼방도 아노니 실상은 유대인이 아니요 사탄의 회라

10 네가 장차 받을 고난을 두려워 말라 볼지어다 마귀가 장차 너희 가운데서 몇 사람을 옥에 던져 시험을 받게 하리니 너희가 십

일 동안 환난을 받으리라 네가 죽도록 충성하라 그리하면 내가
생명의 면류관을 네게 주리라
11 귀 있는 자는 성령이 교회들에게 하시는 말씀을 들을지어다 이기
는 자는 둘째 사망의 해를 받지 아니하리라

8 **서머나 교회의 사자에게 편지하기를**

"서머나"란 '쓰다'(bitter)는 뜻이다. 칠십인역에는 모르(מוֹר 혹은 מֹר, '몰약'을 의미함)로 번역되었다. 이것은 진이 많은 고무질로 연고나 시체 방부제로 사용됐다(출 30:23; 시 45:8). 서머나의 이름은 성도들이 처한 순교적 상황과도 잘 어울렸다. 이름이 지닌 뜻으로 인해 서머나 교회는 박해와 시련의 대명사 같았다. 심각한 박해는 위협에서 그치지 않았다. 서머나의 감독 폴리캅만이 아니라 크리스천에 대한 대대적인 처형이 있었다(Seiss, Vincent, Barclay). 주님의 위로가 절박한 위기상황에 놓였던 그들에게는 실로 단비와 같았다. 주님은 서머나 교회를 위로하고 격려하기 위하여 찾아오셨다. 그들을 향한 칭찬과 격려에는 주님의 자부심과 애정이 담뿍 담겨 있다. 흠잡을 데 없는 그들의 영적인 현실은 영원한 생명의 약속에서 더 빛이 난다. 그런 그들에게도 고난의 분량은 여전히 남았다. 주님은 서머나 교회 성도들이 이전의 박해 속에서도 주님께 신실하였듯이, 장차 닥쳐올 환난에서도 잘 견딜 것을 믿으면서 그들을 지속적인 경성의 삶으로 이끄신다.

처음이요 나중이요 죽었다가 살아나신 이

이는 1:17-18에 나타난 영화로우신 주님의 모습이다. "처음이요 나중이요"(ὁ πρῶτος καὶ ὁ ἔσχατος / 호 포로토스 카이 호 에스카토스)란 묘사는 오직 그리스도에게만 적용이 되었다(1:17, 2:8, 22:13). 1:8과 21:6에는 "알파와 오메가"란 묘사가 하나님께 적용되었고 22:13에서는 두 묘사가 더해져서 그리스도에게 적용되었다. 이 묘사는 그리스도께서 지나간 역사만이 아니라 다가올 미래의 역사까지도 주관하시는 주권자이심을 강조한다(사 44:6, 48:12).

서머나 교회에 보낸 편지에는 다른 교회들에 비해 구약적 배경이 가장 적은데, 이는 이 교회가 유독 유대인들의 반발이 가장 격심했던 곳임을 반영한다. 주님은 이런 교회에 영원자존자이시며 생명의 주님으로서 나타나셨다. "살아나신"(ἔζησεν / 에제센)은 단순과거형으로서 그리스도의 역사적인 부활을 강조한다. 그리스도의 죽으심과 부활은 순교자들에게 영원한 삶을 얻을 것이라는 확신과 함께 순교자의 태두이신 주님을 따를 수 있음에 한층 고무되었을 것이다. 서머나 교회에 나타나신 주님의 모습은 극도의 고난과 박해와 죽음의 위협에 직면해 있던 성도들에게 크나큰 위로가 되었다.

9 환난과 궁핍

일반적으로 초대 교회의 성도들은 대개 가난하게 살았다(고전 1:26; 고후 6:10, 8:2, 9; 히 10:34; 약 2:5). 서머나 교회의 궁핍은 라오디게아 교회의 부유함(3:17)과 극명한 대조를 이룬다. 환난은 신앙적 박해를, 궁핍은 그로 인한 실생활에서의 어려움을 뜻한다. "환난"(θλῖψῖν. 뜰맆신)은 무거운 돌로 내리누를 때 느끼는 압박감을 나타낸다(고후 1:4, 5, 6, 8; 8:2-5).

1세기경 대부분의 박해와 저항은 유대인들로부터 왔다. 예수를 메시아로 받아들이지 않았던 그들에게 예수를 그리스도로 전파하는 교회에 대하여 적대적이 됨은 피할 수 없는 일이었다. 표면적 유대인들에게 이면적 유대인들의 정체성은 무의미했고 육신의 할례를 중시한 그들에게 마음의 할례는 아무것도 아니었다(롬 2:28-29).

모든 유대인들이 그런 것은 아니지만 서머나의 곤궁한 신자들에 대한 박해를 선동하고 악의로 가득한 중상과 비방을 일삼는 분파가 그들 가운데서 일어났다. 그들은 그리스도에게 속한 자만이 아브라함의 약속을 따라 유업을 이을 자임을 알지 못하였다(갈 3:16, 29). 가난"을 뜻하는 헬라어 단어는 '남지 않음'을 나타내는 페네스(πένης)와 '전혀 없음'을 의미하는 프토코스(πτωχός)가 있는데, 본 절은 후자의 경우로서 서머나 교회 성도들이 얼마나 극심한 빈곤한 형편에 처했는지를 짐작하게 한다. 그들은 환난과 궁핍과 훼방 가운데 있었다. 환난과 궁핍은 훼방 곧 박해의 결과물이었다. 이교도들의 따돌림과 그들보다 더욱 집요하고 조직적인 박해를 가해 온 유대인 집단의 간계로 인해 신자들은 극심한 경제적 빈곤 가운데서 곤란을 당했다. 그것은 피할 수 없는 상황이었고 서머나 교회 성도들이 주님을 따르기 위해 택한 담즙 같은 고통이었다.

내가 아노니

세상 사람 모두가 몰라줘도 주님이 알아주신다. 온갖 풍요의 원천이신 주님이 서머나 교회의 형편을 아신다 함은 현실적인 위로와 함께 보상에 대한 기대를 엿볼 수 있게 한다.

주님은 모든 교회의 모든 것을 아신다. 알지 못하시는 것이 하나도 없으시다. 행위와 수고와 인내를 아시고(에베소 교회), 처해 있는 삶의 환경을 아시고(버가모 교회), 사업 곧 사랑과 믿음과 섬김과 인내를 아시고(두아디라 교회), 살았다 하는 이름을 가진 죽은 자의 행위를 아시고(사데 교회), 적은 능력으로 주님의 말씀을 지키고 그 이름을 배반치 않은 행위를 아시고(빌라델비아 교회), 차지도 않고 더웁지도 않은 행위를 아신다(라오디게아 교회).

실상은 네가 부요한 자니라

서머나 교회 성도들은 물질적인 어려움에 방치되었지만 그들의 영은 한없이 풍요로웠다. 복음을 위해, 그리스도의 이름 까닭에 가난을 겪어야 했던 그들은 하늘에 모든 보화를 쌓아가고 있었다(마 6:20). 그들의 가난은 재앙이 아니라 축복의 증거였다(눅 6:20; 그리고 마 5:3 참조). 핍박은 역설적으로 그들이 기뻐해야 할 이유이기도 하였다(마 5:11-12; 눅 6:22). 스캇은 회심한 서머나 교회 신자들이 주로 사회의 빈곤층을 이루고 있었다고 설명했지만 서머나는 전체적으로 가난한 도시가 아니었다. 혹은 그들이 회당 예배에서 돌이켜 기독교로 개종함으로 재산권을 모조리 박탈당했기 때문이라는 설명도 적합하지 않다. 이방 도시에서 신자를 구성하는 것은 유대인들이 아니라 절대 다수가 이방인들이었다. 그보다는 유대인이나 이방인 폭도들에 의하여 재산이나 상품을 약탈당했을 가능성은 얼마든지 있다(히 10:34).

빈부 문제에 있어 서머나 교회는 라오디게아 교회와 큰 대조를 보였다. 라오디게아 교회는 부요하나 가난한 교회였음에 반해 서머나 교회는 가난했으나 부요한 교회였다. 바른 믿음에 대한 땅의 반응은 지독한 박해와 실생활에서의 견디기 어려운 궁핍이었다. 삶은 고달팠으며 영혼은 곤고하였다. 지칠 대로 지친 그들이었지만 결코 중도에 포기하지 않았다. 풍요와 비천에 처할 수 있도록 그들의 영혼이 이미 부요의 원천이신 주님으로 채워졌기 때문이었다. 이런 내면의 갈등과 외형적인 곤란 중에서도 성도들은 위축되지 않았다. 서머나 교회 성도들은 죽어서도 순교자를 냈지만 모두가 영웅적인 믿음의 싸움에서 죽을 각오로 임하므로 살아 있는 순교자들이 되었다.

자칭 유대인

회당에는 '경건한 유대인들'(God-fearers)이 많았다. 주님의 경우나 바울의 경우에 있어, 언제나 유대인들이 박해의 선동자가 되었다. 유대주의자들의 후손은 서머나 교회에까지 침투해서 적대적인 세력으로 매사에 괴롭혔다. 바울은 그들의 수단 방법을 가리지 않는 선동과 찰거머리 같은 방해 공작을 누구보다 잘 알고 있었다. 바울이 가는 곳곳마다 그림자처럼 따라붙어 괴롭히던 그들이었다. 그들은 악랄한 훼방자였다.

파러(Farrer)가 잘 지적하였듯이 "에베소 교회는 자칭 사도들로 어려움을 겪었지만 서머나 교회는 자칭 유대인들로 어려움을 겪어야 했다." 그들은 참 유대인도 아니었고 참 이스라엘도 아니었다(요 1:47). 그들의 출생과 할례의식은 유대인의 정체성을 갖게 했지만 영적으로는 진정한 유대인이 아니었다(롬 2:28; 갈 6:15; 빌 3:3).

훼방

"훼방"(βλασφημίαν / 블라스페미안)이란 단어는 '욕하고'(reviling) '조롱하는 것'(railing)을 의미한다. 복음을 거절하는 이교도와 유대인의 무리들은 기독교를 국법을 어기는 사회의 암적 집단으로 매도하기가 일쑤였다. 바울은 늘 이런 방해 세력의 끈질긴 추적을 받아야만 하였다. 비시디아 안디옥에서(행 13:50), 이고니온에서(행 14:2, 5), 루스드라에서 (행 14:19), 데살로니가에서(행 17:5) 반대자들의 훼방 놀음에 고통을 당하였다. 당시의 크리스천들을 박해하는 세 개의 주류가 있었다. 유대인(2:9), 이방인(2:13), 이단(2:24)인데 유대인이 가장 득세하였음은 스웨트의 지적처럼 매우 역설적이다.

육신적 계통을 따른 유대인들과 영적 계통에 의한 크리스천 간에 생긴 이런 균열은 참 이스라엘의 정체성으로 인해 불가피한 갈등 구조였다. 아브라함의 자손 여부가 문제의 핵심이 아니었다. 진정한 유대인 됨과 참 이스라엘의 정체성이란 출생과 할례와 같은 종교적 확증에 의해서가 아니라 내면의 존재성을 바탕으로 한 것이었다(롬 2:28-29). 바울이 잘 정리한 것처럼 "하나님의 성령으로 봉사하며 그리스도 예수로 자랑하고 육체를 신뢰하지 않는"(빌 3:3) 이들이 참 유대인이요 참 이스라엘인이며 참 할례당이다.

바클레이는 당시의 크리스천들에 대한 훼방을 다음과 같이 여섯 가지로 정리하였다.

① 성례전을 가리켜 식인주의자의 짓거리라 비난했다.
② 애찬을 욕망의 축제로 격하시켜 방종과 부도덕을 문제삼

았다.

③ 복음으로 가정이 분리될 때 가정 파괴범으로 몰아붙였다.
④ 신상을 갖지 않은 예배로 인해 무신론자라 규정했다.
⑤ 황제를 '주'로 고백하지 않자 정치적 불충자라 비난했다.
⑥ 종말의 불 심판 선언에 근거하여 방화범으로 낙인찍었다.

실상은 유대인이 아니요

그들의 육신적 조상은 아브라함이었지만 그들의 영적 조상은 아브라함이 아니었다. 그들의 진정한 조상은 훼방꾼이요 적대자인 마귀였다(요 8:44). 그들 스스로는 '주의 회중'(συναγωγὴ κυριοῦ / 쉬나고게 퀴리우)이라 불리길 좋아했지만(민 16:3, 24) 그들은 결코 여호와의 총회에 속할 수 없었다.

사탄의 회라

솨탄(שטן)은 '분리자', '고소자', '훼방자', 그리고 '유혹자'를 뜻한다. "사탄의 회"란 표현은 3:9에 다시 나오며, 그 외의 곳에서는 각각 "사탄의 위"(2:13), "사탄의 깊은 것"(2:24)이라 표현했다. 구약에는 "사탄의 회"라는 직접적인 표현은 없고 비슷한 용례의 "악한 회중"(민 14:27, 35), "악한 무리"(시 22:16)라는 표현이 나온다. "사탄"(Σατανᾶς / 사타나스)은 '마귀'를 뜻하는 디아볼로스(διάβολος)에 비하여 더욱 팔레스타인적인 용어다. 요한은 둘 다 사용하지만 바울은 주로 '사타나스'를 애용한다(에베소서와 목회서신에는 디아볼로스가 나옴). 쿰란 사본에서는 빛의 천사와 어둠의 천사 간의 투쟁이 나와 이원론의 색채를 보는 듯하지만 곳곳에서 절대적인 하나님의 주권을 강조하고 있다. 흑암의 천사는 하나님의 피조물로서 하나님께 항거하고 의인들을 압제하지만 결국에는 심판받을 벨리알로 묘사되었다. 벨리알은 신약에서 단 한 번 언급되었다(고후 6:15). 후기 유대교의 문서와 랍비들의 저술에서는 '고소자'(accuser)의 모습이 강하다.

랍비들은 마귀가 타락한 천사란 견해를 견지했다. 그는 쿰란 문서와 욥기에 나타난 사탄과 비슷한 역할을 수행하지만 주님의 중보 기도로 인해 그 악한 계교가 무너진다. 계 12:7 이하에서는 미가엘이 사탄과 더불어 싸운다. 사탄의 분명한 실각은 그리스도의 오심으로 이미 시작되었다(눅 10:18). 광야의 시험에서 주님은 사탄을 이기셨지만 완전히 물러간 것은 아니었고 늘 주님 주변을 배회하고 있었다(눅 4:13). 사탄은 집요하게 주님을 공격하였다. 가룟 유다를 통하여, 베드로를 통하여, 십자가 주위의 군중들을 통하여 주님을 넘어뜨리려고 했다. 사탄은 인간 속에 들어갈 수 있고(눅 22:3) 여러 가지 질병으로 인간을 묶어 놓는다(행 10:38). 복음서에서는 사탄의 기원에 대하여 아무런 설명을 가하지 않지만 그가 악한 자의 정체성을 가지고 말씀을 빼앗아 가고(마 13:19), 가라지를 심는 원수로 현존해 있음을 말한다(마 13:28).

사탄의 목적은 인간 영혼의 파괴에 있다. 영혼을 파괴시키기 위하여 정신을 황폐화시키고 육신을 질병으로 망가뜨린다. 사탄은 완전하게 제거되지는 않았지만 이미 주님에 의하여 패배를 당했다. 사탄은 개인만이 아니라 공동체에 대해서도 날카로운 이빨을 드러낸다. 시험이나(눅 22:31; 고전 7:5) 박해로(계 2:10; 벧전 5:8), 속임이나 올무로서(고후 2:11; 엡 6:11; 딤전 3:7; 딤후 2:26, 5:15) 역사한다. 사탄은 변장의 명수다. 에덴 동산에 뱀의 형체로 나타났던 사탄은 이제 빛의 천사로 나타나기도 하며(고후 11:4; 그리고 롬 16:20 참조), 우는 사자

같이 두루 다니면서 삼킬 자를 찾는다(벧전 5:8).

범죄자인(요일 3:8, 12) 사탄은 거짓말쟁이요 살인자이며(요 8:44), 사망으로 말미암아 사망의 세력을 잡은 자로 묘사된다(히 2:14). 사탄은 복음전파를 위한 여행을 구체적으로 가로막기도 한다(살전 2:18). 하나님께로 돌이키기 전의 모든 인간은 사탄의 통치 아래 있다(행 26:18). 사탄은 이 세상의 왕자 또는 신이라 불리고(눅 4:6; 고후 4:4) 구원받지 못한 이들의 영혼은 모두 그의 수하에 있다(마 6:13; 막 3:27; 골 1:13). 이교주의와 마술의 배후에도 음흉한 사탄이 있다(행 13:10). 성도는 믿음으로 그의 다양한 공격을 무력화시킬 수 있으며(엡 6:16), 그리스도의 보혈과 그의 말씀이 악한 자를 이기되(요일 2:13-14) 넉넉히 이긴다(계 12:11). 예수 그리스도가 친히 하나님의 자녀를 지키므로 악한 자가 손을 못 대며(요 17:15; 요일 5:18), 특별한 경우에 하나님은 사탄의 파괴적인 역사마저 유용하게 사용하신다(고후 12:7).

10 네가 장차 받을 고난을 두려워 말라

지난날의 주를 위한 고난은 훈장이 될 수 없으며 현재의 고난만으로도 만족할 수 없다. 고난은 미래에도 계속된다. 마치 고난은 어디가 시작인지 어디가 끝인지 알 수 없는 원과 같다. 이는 크리스천의 고난이 순환적으로 반복된다는 의미가 아니다. 고난의 발화점을 찾을 수 없다. 무수한 시간선상에서 인간은 고난을 호흡하고 수시로 고난을 겪는다. 인간은 항상 고난에 열려 있는 존재다. 고난을 믿음으로 극복했다고 해서 고난 없는 미래가 보장되는 것도 아니다. 고난은 삶의 모든 부분에 섞여 있다. 고난에서 자유로운 순간은 전혀 없다.

엘리바스의 통찰처럼 "인생은 고난을 위하여 났나니 불티가 위로 날음 같다"(욥 5:7). 주님의 제자가 된다 함은 고난을 자취하겠다는 뜻이다. 빈곤과 감옥과 죽음의 길도 사양치 않겠다는 결의다. 크리스천이 된다 함은 명목상이나 고백만의 신앙 희생이 아니라 실제적이고 행위가 수반되는 희생을 의미한다. 경건하게 살려는 자는 누구든지 고난을 받게 되어 있다(딤후 3:12). 고난은 하나님께서 우리에게 은혜를 주신 목적이다(빌 1:29). 고난은 피할 수 없는 것이지만 결코 두려움의 대상이 아니다. 현실을 현실로 인식하고 신앙으로 대처하는 것이 중요하다. "두려워 말라"(μηδὲν φοβοῦ / 메덴 포부)는 현재 명령형으로 '두려워하고 있는 상태를 그치라'는 말이다. 두려움이 현존해 있는 분위기를 벗어나야 함을 강조하는 말이다. 크리스천은 고난의 현실을 무시하지 않지만 그렇다고 해서 고난을 회피하려 들거나 공포에 질리지 않는다. 크리스천은 고난에 적극적으로 대처하고 오히려 주님의 고난에 동참한다는 차원에서 기쁨으로 감수한다.

마귀가 장차 너희 가운데서……시험을 받게 하리니

유대인들과 이교 세력들이 크리스천들을 괴롭혔지만 박해의 실체, 배후의 원흉은 바로 마귀다. 유대인들은 마귀 자체가 아니라 마귀의 후손이요(요 8:44) 마귀의 하수인에 불과했다. 원문에서는 "시험을 받게 하리니"(ἵνα πειρασθῆτε / 히나 페이라스떼테)가 목적절로서 몇 사람을 옥에 던지는 의도가 바로 시험받게 함에 있음을 보여준다. 숙고할 사실이 있다. 마귀는 결코 성도를 손댈 수 없다. 마귀도 하나님의 수하에 있으므로 욥의 경우처럼 하나님의 허락하에 몇 사람을 시험할 수 있다. 마귀가 시험의 대상으로서 하나님께 그들의 고난을 청구했다면 그들이야말로 신앙 영웅임에 틀림없다. 몇 사람을 뽑아 옥

속에 던져 넣어서 그들이 배교할 수만 있다면 그 미칠 파급 효과는 대단할 것이므로, 마귀는 서머나 교회에서 가장 칭송받고 신앙 깊은 이들을 선정하여 시험의 대상으로 삼았을 것이다.

너희가 십 일 동안 환난을 받으리라

여기에서 "너희"는 옥에 던짐 받을 몇 사람이 아니라 서머나 교회의 전체 교인으로 보는 것이 타당하다. 소수의 교인이 당하는 시험은 전체 교인들이 겪는 환난과 같다. 한 지체가 고통을 당하면 다른 지체들도 고통을 느끼는 것은 자연스러운 일이다(행 12:5; 고전 12:26). "십 일"은 길지 않고 짧은 기일을 의미한 듯하다(행 25:6). 실제의 십 일일 수도 있다. 이것이 정확히 기간을 표시한 것이 아니라면 10이란 숫자는 보다 길고 아주 오래되고 꾸준한 것을 의미한다(민 14:22; 신 23:3; 욥 19:3). 서머나 교회가 당할 환난의 기간은 생각보다 길 수 있지만 하나님께는 분명히 제한적이다. '10'은 완전이나 충족을 나타내는 숫자다. 즉 부족함이 없이 받아야 할 고난을 다 받게 될 것이라는 의미가 가능하다. 그러나 본문의 내용상 십 일을 굳이 상징적으로 해석할 만한 이유나 근거가 확실하지 않다.

스콧과 뉴웰은 "십 일"을 로마 황제에 의한 '십대 박해'로 보고 황제가 즉위한 해를 명기하였다. 즉위 원년부터 박해를 가한 황제도 있겠지만 즉위 이후 어느 시기부터 박해를 가했을 것이다. 박해자인 십대 황제는 이렇다. 네로(54), 도미티안(90-96), 트라얀(98-111), 하드리안(117-138), 마르쿠스 아우렐리우스(161-180), 셉티무스 세베루스(202-211), 막시미누스(235-236), 데키우스(249-251), 발레리안(257-260), 디오클레티안 갈레리우스(303-311)이다. 이것은 역사적 사실에다 기반을 둔 해석으로서 흥미로운 시도이지만 계시록의 집필 시기를 고려하면 해석의 근거로서는 약하다. 이 논리에 따르면 집필시대와 비슷한 시기에 이미 첫째 박해가 끝났고 도미티안의 두 번째 박해도 막바지에 이르러 "십 일 동안 환난을 받으리라"는 미래적 언급을 설명하기가 어렵다. 또한 서머나 교회에게 명시된 십일 간의 환난을 전체 교회가 당한 박해 시기와 연결시켜 해석하는 것도 무리이다.

렌스키는 "십 일 동안에"로 번역하였으며 "일 주 정도"를 의미한 것이라 주장한 학자도 있으며(Charles, Kiddle), "아주 짧게 한정된 기간"이요(Caird), "길긴 해도 하나님 편에서는 짧을 수밖에 없는 기간"이며(Swete), "완벽한 환난에 대한 상징적 숫자"로 보기도 하였다(Summers). "십 일"을 예언적 기일로 간주하여(하루=일년) "십 년"으로 해석한 이들도 있다(Clarke, Lee). 근거로는 겔 4:6과 다니엘서에 나타난 "일 년-하루" 이론이다(단 9:24-26). 디오클레시안 황제(303년 2월 23일부터 313년 6월 13일)나 도미티안 황제의 박해 기간도 실제로 10년이었다. 역사상 나타난 10대 박해로 이해한 이도 있다(Bede).

이 중에서 가장 적합한 해석은 고난의 시간이 상당히 짧음을 강조한 표현으로 여기는 것이다(26:20, 54:8; 마 24:22; 고후 4:17; 벧전 1:6). 일부 학자는 십 일을 상징적으로 해석하되 박해의 특정한 시기와 상관없이 그 기간이 짧고 정도는 제한적인 것이라고 여겼다(Alford, Swete, Walvoord). 성경에서 '10'이란 숫자는 사실 그러한 의미에서 사용되었다(창 24:55; 민 11:19, 14:22; 삼상 1:8, 25:38; 욥 19:3; 단 1:12). 고난은 혹독하지만 결코 길지 않다. 시작이 있었듯이 끝이 있다. 때때로 고난은 크리스천의 영적 성숙을 위한 하나님의 도구로 사용되긴 하지만 크리스천이 숙명처럼 짊어져야 할 짐 같은 것은 아니다. 십 일이란 길지 않지만 신앙의 순도를 검증하기에는 넉넉하고 충분한 시간이다. 십 일간의 환난은 온 세상에 불어 닥칠 대규모의 환난과는 구별된 지엽적이고 일시적인 환난이다.

네가 죽도록 충성하라

"죽도록"이란 '죽기까지', '죽음의 순간에 이른다 해도'의 뜻이다. 이는 충성의 기간을 의미하는 것이 아니며 그 정도를 나타내는 표현이다. 성도는 죽음의 위협 앞에서도 위축되어서는 안 된다. 그것이 주님께 충성함이요 신실함의 증표이다. 이는 모든 성도가 순교해야 한다는 원칙이 아니며 공동체로서의 교회가 그런 자세를 견결히 유지해야 한다는 취지이다. 여기의 "충성하라"(γίνου πιστὸς / 기누 피스토스)는 현재 명령형으로서 '생명을 대가로 지불한다 해도' 충성스러움을 계속하라는 뜻이다. 바울이 빌립보 교회의 교인들에게 촉구했던 "죽기까지 복종하는 자세"가 곧 죽도록 충성함이다(빌 2:8).

그리하면 내가 생명의 면류관을 네게 주리라

"생명의 면류관"(τὸν στέφανον τῆς ζωῆς / 톤 스테파논 테스 조에스)은 주님을 사랑하는 자들에게 주신 약속이다(약 1:12). 서머나는 운동 경기로 유명하였고 우승자는 '관'을 받았다. 이는 왕관(διάδημα 디아데마)이 아니라 우승자가 받는 관(στέφανος / 스테파노스)이다. 당시의 전통에 따르면 경기의 우승자나 자기 일을 충실히 수행한 총독에게 영예의 상징으로 관이 수여되었고 연회석상에서 화관으로 치장하는 것은 관습이었다. 심지어는 이교도들이 제사드릴 때 머리에 화관을 만들어 썼다. 성경에는 다양한 관이 소개되었다. “영화로운 면류관”(사 28:5), “화려한 면류관”(겔 16:12), “의의 면류관”(딤후 4:8), “소망이나 자랑이나 기쁨의 면류관”(살전 2:19), “영광의 면류관”(벧전 5:4), “썩을 면류관”(고전 9:25) 등이다. 시편에서는 명사가 아니라 동사로 사용되었다. 예를 들면 “영화와 존귀로 관을 씌우셨나이다”(시 8:5). “인자와 긍휼로 관을 씌우시며”(시 103:4) 등이다. 순간적인 죽음의 고통을 믿음으로 견디면 영원한 생명의 기쁨이 주어진다. 고귀한 피로 얼룩진 순교의 역사는 모두가 고귀하고 그 영광은 하늘에까지 빛난다.

11 둘째 사망

계시록에 네 번 나오는데(2:11, 20:6, 14, 21:8) 모두가 영원한 죽음을 가리킨다. “둘째 사망”이란 랍비들의 용어에 속하였다. 정통 유대교인들은 의인과 악인의 일반적인 죽음을 첫째 사망으로 보았고 다음 세상에서 악인이 죽는 죽음을 둘째 사망으로 여겼다(신 33:6; 사 52:14; 65:6, 15; 렘 51:39, 57). 이와 같은 개념은 단 12:2에 부분적으로 남아 있다. 사두개파나 에피큐러스 학파는 전 9:4-5에 근거하여 죽음 이후에는 아무것도 없다고 주장했다. 한 번 죽는 것은 사람에게 정해진 법칙이지만 두 번 죽을 하등의 이유가 없다. 두 번째 사망은 육체의 죽음과는 다른, 영원히 지속되는 사망 상태이기 때문에 저주요 재앙이다.

영원한 죽음이란 죽음으로써 모든 것이 소멸되고 잊히는 그런 상태가 아니다. 죽음의 고통을 인식하면서 영원히 고통을 당하는 그러한 죽음이다. 둘째 죽음은 유황불 붙는 못으로 설명되었는데 원래의 배경은 구약에 있다(창 19:24; 겔 38:22). 성도의 순교는 첫째 죽음의 고통을 안기지만 둘째 사망의 고통으로부터 자유롭다. 둘째 사망의 "해를 받지 않음"(οὐ μὴ ἀδικηθῇ / 우 메 아디케떼)은 적대자들의 박해가 지닌 한계를 의미한다. 그들의 해침은 금생에 한해서다. 이중부정은 해를 받지 않음을 강조한다. 참되고 영원한 생명은 하나님의 보호에 의하여 영원히 보장된다.

C. **버가모 교회**(2:12-17)

위치 : 캐이커스(Caicus) 강의 비옥한 계곡을 내려다볼 수 있는, 바다를 면한 높은 언덕의 전망 좋은 곳에 위치해 있었다. 해안에서 15마일, 서머나 북쪽 65마일, 에베소 북쪽 40마일 떨어진 비교적 내륙 도시로서, 지리적 여건으로 인하여 에베소나 서머나처럼 주요 상업도시로 발전하지는 못했다. 반면에 종교와 정치의 중심지로는 각광을 받았다. 현재 터키의 서부 지역에 버가마(Bergama)라는 소읍이 여전히 옛 도시의 아크로폴리스 평원 아래에 자리 잡고 있다. 버가모는 역사가인 크세노폰과 포사니아스의 기록에 버가모스(Pergamos)로, 스트라보, 폴리비우스, 압피안과 같은 나머지 대다수 저자들의 기록에는 버가모(Pergamon)로 나오는데 후자가 보다 보편적인 이름이다.

종교상 : 주전 약 29년 버가모에 최초로 로마 여신과 황제 아우구스투스를 위한 신전이 세워짐으로써 버가모는 그토록 갈망하던 "신전 수호자"(νεωκόρος / 네오코로스)의 칭호를 맨 처음 획득하여 인근 도시들 간에 종교적 수위성을 자랑했다. 서머나는 주전 26년경 에베소는 보다 후기인 클라우디우스 또는 네로 치세에 이 칭호를 획득했다. 버가모인들은 다음 트라얀의 신전과 세베루스의 신전을 연이어 세워 세 황제의 신전을 모신 도시의 주인들이 되었다. 버가모에는

약 300m가 조금 넘는 높이의 아크로폴리스가 있어서 그 안에 많은 신전들과 이방 신상들이 세워져 있었다. 꼭대기에는 아테나, 니케포로스 신전이 그리고 중앙 아래쪽으로는 제우스 소테르의 거대한 제단이 있고 그 외에도 디오니서스 카테게몬, 아스클레피우스 소테르, 데메테르의 신전들이 있는데, 그 중에서도 버가모의 2대 신은 황소로 상징되는 황실의 수호신인 디오니서스와 치료의 뱀신 아스클레피우스이며 그 다음의 수호신은 제우스 소테르였다. 버가모에는 아스클레피움(Asclepium)이라 불리는 유명한 의료 센터가 있었는데 주술적 요소가 강했다. 아스클레피움에는 산 뱀이나 신도들이 경배할 어떤 특이한 물건을 집어넣는 '신비의 주머니'(cyst)가 보관되어 있었다. 버가모 시의 문장 중 하나가 바로 똬리를 튼 뱀의 형상이었다. 이는 원래 유메네스 1세의 갈라디아인에 대한 승리를 기념하기 위해 유메네스 2세가 주전 3세기 초엽에 세운 것이다. 신들과 거인들과의 싸움을 상징적으로 묘사해서 조각한 작품이다.

초대 교회와의 관계 : 기독교의 복음이 언제 어떤 경로를 통해 버가모에 전해졌는지에 대해서는 알 수 없다. 다만 1세기 중엽이 지나면서 신자들이 생겨난 것으로 추정할 뿐이다. 《사도규약집》(Apostolic Constitutions)에 의하면 요한3서에 언급된 가이오가 버가모의 초대 감독이며 그 후임이 존경 받던 치과 의사로서 뜨겁게 달구어진 황소 형상의 놋쇠 안에서 죽임 당한 안디바(Antipas)였다. 기독교의 관점에서 볼 때 버가모는 황제를 위한 신전을 가진 최초의 도시로서 당시 신자들에게 어려운 환경을 제공하였음에 틀림없다. 버가모는 황제 숭배에 있어서 주요한 위치를 차지하고 있었으며 황제 숭배는 단순한 종교 의식이 아니라 제국 통치의 주춧돌이었기 때문에 공식적으로 황제 숭배를 거절한 이들은 누구를 막론하고 대역 죄인으로서 국사범 취급을 당해야 했다. 그러므로 발아기(發芽期)의 크리스천 공동체와 당시의 정치, 사회구조와의 적대감은 불가피한 것이었다. 요세푸스에 의하면 버가모에도 유대인 집단이 있었으나 "발람의 교훈", "니골라당의 교훈"에 미루어 초기 기독교에 큰 해악을 끼친 존재에 불과했다.

교회사 : 2세기 중엽의 버가모 교회에도 이단의 세력들이 기승을 부려 버가모의 감독 데오도투스는 이단적이었던 콜로바시우스를 정죄하였다. 버가모의 감독 유세비우스는 347년 개최된 종교 회의에 참가했다. 거기에서는 이전의 훈련교범들을 재확인하고 고발당한 고위 성직자들을 위한 항소권을 로마 감독에게 부여하였다. 드라콘티우스 감독은 360년 콘스탄티노플에서 열린 종교 회의 논쟁에 참가했다. 버가모의 필립은 자신의 교구를 대표해서 431년 에베소에서 개최된 제3차 세계교회회의에 참가했다. 5세기 중엽부터 버가모 교회는 반로마, 반비잔틴 정책으로 인해 알렉산드리아와 더불어 따돌림을 당하였다. 6세기 말엽에는 부분적으로 반로마적인 신학적 태도 때문이긴 하지만 숫적으로 아르메니아인이 증가하였다. 가장 유명한 버가모의 아르메니아인은 필립피쿠스로 더욱 잘 알려진 바르다네스인데, 그는 황제 유스티니안 2세의 수하에서 뛰어난 장군으로 있다가 황제가 암살된 후 그 자신이 황제로 2년간(711–713) 봉직했다.

716–717년, 버가모가 칼리프(모하메드의 후계자) 술레이만의 동생인 마슬라마에게 포위되었을 때, 한 마술사가 일어나 시민들을 향해 아직 태어나지 않은 태아를 산모의 자궁에서 잘라내어 큰솥에 넣어 끓인 뒤에 모두가 거기에다 오른손을 담그면 도시가 재앙에서 구원될 것이라 주장하였다. 헬라 출신 연대기편자로 알려진 고백자 데오파네스(Theophanes the Confessor, 758–818)는 이 소름끼치는 의식을

행하였던 장로들을 맹비난했다. 결국 그런 흉측한 의식에도 불구하고 도시는 아랍인들에게 함락되고 말았다. 마슬라마의 군대에게 유린된 후 버가모는 결코 원상대로 완전히 회복되지는 못하였다. 10세기의 버가모는 두아디라나 밀레도에 비해 덜 중요하게 취급되어 얼마간 소모스(Somos) 지방에 병합되기도 했다. 버가모는 13세기경 6대에 걸쳐 형성된 비잔틴 제국의 '콤네노스 황제들'(Comneni)의 치세로 짧은 부흥을 경험했으며 네오카스트라 지방의 수도가 되었다. 1211-1214년까지 콘스탄티노플의 라틴 황제인 플란더(Flanders)의 헨리가 버가모를 점령하여 이후 니케아의 비잔틴 제국 통치 아래 두어졌다. 1250년 비잔틴 황제 데오도어 2세가 버가모를 방문하였으며 14세기 초엽 버가모는 터키의 통치 아래로 들어갔다.

1336년 이후로 버가모는 거의 대부분의 시기를 오토만 터키의 수중에 고스란히 남아 있게 되었다. 닐루(Nilu) 총대주교가 관할하던 시절(1380-1388년)의 버가모는 크리스천 공동체가 규모와 힘에 있어 한없이 축소되어서 사제를 지원할 수 없는 지경에 이르게 되어 그 결과로 에베소 교구에 병합되고 말았다. 1398년의 술탄인 바야지드 1세는 성 소피아(Haghia Sophia) 교회를 회교 대사원으로 변형시켰다. 1545년 비잔틴의 크리스천들이 성 데오도어 교회를 재건함으로써 12-15가정이 모여 어느 정도 활기를 되찾았다. 1826년의 보고에 의하면 1,500명의 그리스 정교회 신자, 200명의 아르메니아인 신자, 100명의 유대교 교인이 버가모에 있었다. 1차 대전 직전에는 버가모에 성 데오도어 감독 교회, 성 요한 교회, 성 안디바 교회, 성 파라스케베 교회의 4개 교회가 있었다.

12 버가모 교회의 사자에게 편지하기를 좌우에 날선 검을 가진 이가

가라사대
13 네가 어디 사는 것을 내가 아노니 거기는 사탄의 위가 있는 데라
네가 내 이름을 굳게 잡아서 내 충성된 증인 안디바가 너희 가운
데 곧 사탄의 거하는 곳에서 죽임을 당할 때에도 나를 믿는 믿음
을 저버리지 아니하였도다
14 그러나 네게 두어 가지 책망할 것이 있나니 거기 네게 발람의
교훈을 지키는 자들이 있도다 발람이 발락을 가르쳐 이스라엘
앞에 올무를 놓아 우상의 제물을 먹게 하였고 또 행음하게 하였느
니라
15 이와 같이 네게도 니골라당의 교훈을 지키는 자들이 있도다
16 그러므로 회개하라 그리하지 아니하면 내가 네게 속히 임하여
내 입의 검으로 그들과 싸우리라
17 귀 있는 자는 성령이 교회들에게 하시는 말씀을 들을지어다 이기
는 그에게는 내가 감추었던 만나를 주고 또 흰 돌을 줄 터인데
그 돌 위에 새 이름을 기록한 것이 있나니 받는 자밖에는 그 이름
을 알 사람이 없느니라

12 좌우에 날선 검을 가진 이

버가모 교회에 나타나신 이는 1:16에 묘사된 분이다. "검"(ῥομφαία / 롬파이아)은 70인역에 230번 이상 나오고 있다. 이에 대한 가장 적절한 언급은 "두루 도는 화염검"(창 3:24)이다. 골리앗이 사용한 칼도 이 롬파이아였다(삼상 17:45, 47, 51, 21:9, 22:10). 신약에서는

7회 나오는데 시므온의 예언(눅 2:34-35)을 제외하고는 모두 계시록에만 나온다. 칼의 묵시적인 상징은 선지자의 영향을 의미하며 멸망의 도구인 그리스도의 말씀이다(사 11:4; 암 9:4; 호 6:5). 16절과 19:15, 21에도 언급된 '좌우에 날선(이한) 검'은 그리스도의 말씀이 지닌 능력과 원수를 제압하는 권세를 상징한다.

당시의 전통에 따르면 소위 "칼의 권리"(ius gladii / 유스 글라디이)가 주어진 총독이나 관리들에게는 생사여탈권이 있었다. 체포된 크리스천들이 총독 앞에서 그리스도에 대한 자신의 관계를 천명해야 했을 때 목숨을 버려 신앙을 지키든지 아니면 배도해야 목숨을 건질 수 있었다. 영웅적인 순교자도 있었지만 생사의 갈림길에서 총독의 칼을 두려워한 이들도 적지 않았다. 버가모 총독 역시 이 '칼의 권리'를 소유하고 있었다. 원하기만 하면 언제든지 죄수에게 중형을 선고할 수 있는 이 권리는 그야말로 무소불위의 생사여탈권이었다. 버가모 교회의 사자에게 나타나신 주님은 로마제국이 부여한 막강한 권리에 비할 수 없는 더 높고 영화로운 '양 날 가진 말씀의 권리'를 언급하셨다. 이는 총독의 칼을 피하기 위하여 배도했을 경우에 배도자들을 치기 위하여 좌우에 날선 검을 들고 계신 주님이 서 계심을 강력히 상기시키려 한 것이다.

13 네가 어디 사는 것을 내가 아노니

"사는"(κατοικεῖς / 카토이케이스)이란 단어는 여행자로서 잠시 머무는 '파로이케이스'(παροικεῖς)와는 다르게 영구적인 거주를 의미한다(Thomas, Swete, Barclay). 하나님을 대적하는 무리들로서 "땅에 거하는 자들"은 땅을 영구한 주소지로 삼고 산다. 그곳에 의미를 부여하고 가치를 두고 관심과 영혼까지 거기에 얽매인다. 천상의 삶이 배제된 그들에게는 땅이 유일한 생존의 그루터기이기 때문이다. 그러나 크리스천은 다르다. 시민권을 하늘에다 두고(빌 3:20) 나그네처럼 이 땅을 다만 지나간다(히 12:13). 성도의 주소는 땅에 있지 않다. 하늘나라에 영주할 것을 기다리면서 그들은 지금 왕국의 실체이신 그리스도 안에 거한다.

이러한 관점에서 주님은 사탄의 역사가 수그러들지 않고 세상이 지속되는 한, 버가모에 살고 있는 교인들에게 있어 크리스천의 삶이란 소극적인 탈출이 아닌 보다 적극적이고 공세적인 정복이어야 함을 시사한다. 보다 안전하고 풍족한 곳으로 도피해서 신앙을 지켜야 한다면 모든 크리스천들은 일생 동안 낙원을 찾아서 방황을 계속해야 할 것이다. 오히려 크리스천의 존재 이유는 세상이 바로 악이 지배하는 곳이며 어둠이 짙게 깔린 곳이기 때문이다. 그렇지 않으면 모든 신자는 마땅히 세상 밖으로 탈출해야만 한다(고전 5:10). 주님은 성도가 처해 있는 상황을 모두 아신다. 성도에게 나타나는 모든 삶의 정황을 아시는 주님께서 그들과 함께하심은 크나큰 위로가 된다.

거기는 사탄의 위가 있는 데라

사탄은 단순한 여행자가 아니라 거주자다. "사탄의 위"(ὁ θρόνος τοῦ Σαταvᾶ / 호 뜨로노스 투 사타나)란 표현은 거기가 단순히 사탄이 거하는 곳일 뿐만 아니라 사탄이 실질적인 힘을 발휘하는 권세의 장소임을 보여주고 있다(마 19:28, 25:31-46; 눅 1:32, 52, 22:30; 행 2:30). '뜨로노스'는 국가의 수장이나 특별한 권위 또는 성별되었음을 뜻하였다(Hort). 그 "위"는 단순한 자리가 아니라 보좌(throne)

다. “위”가 이런 의미에서 계시록에 사용된 것만 해도 45회에 이른다. 버가모는 아시아 지역에서 뱀으로 상징된 아스클레피우스 숭배의 중심지였다.

버가모의 아스클레피우스 신전은 델파이의 아폴로 신전이나 에베소의 다이아나 신전과 더불어서 아시아 지역에서도 손꼽히는 신전으로 유명했다. 그리스도와 연합된 성도들에게는 뱀의 형상을 한 아스클레피우스 신전에서 분향한다는 것이 사탄과 직결됨을 의미했기에 배격 의지가 분명했다. 제사를 집전하는 이교의 제사장들에게는 주술적인 힘도 있었지만 불치병에 특효인 약재들을 지니고 있었기에 병약한 사람들에게 있어 치료의 신인 아스클레피우스 숭배는 엄청난 유혹이었다.

‘주’(아스클레피우스 소테르)라는 칭호와 더불어 크리스천들에게 있어서 사탄의 상징이었던 ‘뱀’의 형상은(계 12:9, 20:2) 이곳을 “사탄의 위”라고 부르게 하기에 충분했다. 디오클레시안 치세 하에서 로마 당국에게 체포된 크리스천들은 제국의 여러 지역으로 분산되어 채석장과 같은 형벌과 교화의 장소에서 중노동에 시달려야만 했다. 그들은 아스클레피우스의 신상을 아로새기기를 거절했기에 결국 안디바의 뒤를 이어 죽음에 내던져졌을 수 있다. 버가모에 만연했던 이교주의 특히 황제 숭배에 대한 암시(Alford, Swete)로 이해하는 것도 무방하다. 버가모가 “사탄의 위”라 불린 이유에 대하여 황제 숭배의 중심지였다는 견해가 현재로서는 가장 강력하다(Mounce, Ladd, Morris, Barclay, Beckwith, Hendriksen, Glasson).

이 밖에도 “사탄의 위”가 무엇인지에 대하여 다양한 견해들이 제시되었다. 버가모에 제우스신전이 있었기에(Lohmeyer, (Deissmann, Thompson), 의술의 신 아스클레피우스 신전이 있었기에(Swete, Bousset, Schmitz), 아우구스투스와 로마 여신의 신전이 있었기에(Zahn, Schlier), 우상 숭배가 만연했기에(Beasley-Murray, Swete), 로마 정부의 중심지였기 때문에(Collins) 등 해석이 다양하다. 이외에 박해 중심으로서의 버가모(Eichhorn, Simcox), 그레코로만의 성지인 버가모(Ramsay, Roloff), 도시가 건립된 언덕의 모습(Wood)으로도 해석하였다. 람제이는 이를 상징적으로 해석하여 교회를 대적하는 권력이나 영향력으로 보았다. 렌스키는 이방 교회들 중에서도 버가모가 최악의 상황이었음에 빗댄 표현으로 여겼다. 백위드는 이곳에 사탄의 보좌가 있었으며 여기에서 그가 왕으로 다스리는 근거를 적어도 네 개 이상의 신전(제우스, 디오니소스, 아스클레피우스, 트라얀 황제, 세라피스, 데메테르, 아테나 등)이 있었던 사실을 그 예로 들었다.

아운(Aune)은 '기독교에 적대적인 로마'라는 입장을 지지하였다. 2세기 전에 앗탈루스가 골 족을 섬멸한 승전기념으로 "구원자 제우스"의 거대한 제단이 이곳에 세워져 있었다. 그 규모나 미에 있어 대단했던 신전은 무성하게 꽃피던 이교주의의 상징이었다. 스웨트와 비슬리-머리의 지적처럼 어쩌면 이 거대한 신전이 요한에겐 버가모 교회에 위협적인 사탄의 위로 보였을 수도 있다. 이에 대해 백위드는 제우스 숭배에 있어 버가모가 다른 도시들에 비하여 탁월하였음을 입증할 만한 자료가 없다면서 반박하였다.

실제적으로 남쪽에서 고대의 루트를 따라 버가모를 여행하게 되면, 평원 위로 높이 치솟은 도시의 언덕 모습이 마치 거대한 보좌같아 보임은 흥미롭다. 황제 숭배의 의식이 거행되면 참석자들이 불을 피워

한줌의 향을 던져 넣으며 "시저는 주"(κύριος καῖσαρ / 퀴리오스 카이사르)라 고백해야 했다. 수에토니우스에 의하면 아우구스투스 황제는 회의가 열리는 신전의 제단에 향을 피우고 포도주를 뿌린 직후에 모든 원로원 의원들로 하여금 자기 자리에 착석하게 하였다. "서방에서는 로마가 사탄 활동의 중심지였지만(계 13:2, 16:10 참조), 동방에서는 버가모가 사탄의 위였다"(Mounce). 람제이 경의 보고에 따르면 버가모는 "우상으로 가득 찬"(κατείδωλος / 카테이돌로스) 도시였다. 그는 본 절의 사탄의 위에 대한 다양한 해석들과는 다르게 교회에 적대적인 모든 영향력과 힘에 대한 상징으로 여겼다.

네가 내 이름을 굳게 잡아서

크리스천들은 "시저는 주"(κύριος καῖσαρ / 퀴리오스 카이사르)가 아니라 "예수는 주"(κύριος Ἰησοῦς / 퀴리오스 예수스)를 꼭 붙들고 놓치지 않았다(고전 12:3). 놓치지 않으려고 꽉 붙들었다. 히브리 기자가 박해에 처해 있던 성도들에게 권면한 내용 그대로였다. "우리가 시작할 때에 확실한 것을 끝까지 견고히 잡으면 그리스도와 함께 참예한 자가 되리라"(히 3:14; 또한 고전 15:58 참조). 사탄이 영주하는 암흑의 땅에서 잠시 나그네와 외국인으로 스쳐 지나가던 성도들은 그들의 추파에 어떤 눈길도 주지 않았다. 그들은 오로지 존귀하신 주님의 이름만을 꽉 붙들 뿐이었다.

본 절의 의미에 대하여 렌스키는 주님께서 자신을 계시하신 이름에 대한 교리적 신념으로(Thomas, Lee)보았고, 백위드는 그리스도가 주이심을 인정하여 그에 대한 충성으로서 시저 숭배를 거부한 것으로 달리 해석하였다. 그리스도의 이름을 굳게 잡음이 충성된 믿음이라면 이름에 대한 교리적 신념과 우상 숭배의 거부는 나누어질 수 없는 문제이다. 본문의 내용은 그들이 사탄의 위가 있는 곳에서 주님의 이름을 굳게 잡음이 14-15절의 설명에 의해 바른 진리에 대한 언급임을 보여준다. 그것은 단순히 이름만이 아니라 이름이 지니고 있는 권세와 능력, 은혜와 축복, 기적과 영광을 아우른다. 이름에 담긴 그분의 신성과 주권을 포함한다.

내 충성된 증인 안디바

안디바에 관한 기록은 전혀 없다. 후기의 성인 작가들에 의하면 도미티안 황제 때 놋쇠로 만든 황소 형태의 형구 안에서 천천히 구워 죽어가는 모습이 전해졌다. 3세기경 버가모의 한 비문에 나오며(Deissmann) 터툴리안이 영지주의를 반박하는 글에서 언급했다. 자안(Zahn)이나 클라크는 안디바가 군중 폭동의 희생자였을 것이라 추정한다. 그럴 경우라면 군중 폭동보다는 법적 선고에 의한 것이 유력하다고 주장한 학자들도 있다(Beckwith, Caird). 버가모에서의 적극적인 박해 정책은 당시로선 다른 도시들에서 쉽게 유례를 찾아볼 수가 없었다. 기독교의 초기 역사에서 버가모는 극심한 박해로 유명하였다.

유세비우스의 《교회사》에 의거하면 안디바의 순교 이후에도 박해의 도시 버가모에서는 카르푸스, 파필루스, 아가토니케 같은 순교자들이 나왔다. 안디바(Ἀντιπᾶς / 안티파스)란 이름은 안티파트로스(Ἀντιπατρός)의 약자로 "모든 것을(πᾶς / 파스) 대적하는 자"(ἀντί / 안티)를 뜻한다. 히브리어에는 유사한 이름이 아예 없으므로 이는 순수한 헬라 이름이다. 당시의 헬라와 로마제국권 내에서는 아주 평범한 이름이었다. 에게 해와 키프로스 근처에서 발견된 유적에만 해도 안티파트로스라는 이름이 168명에 이르는 것만 보아서도 알 수 있다. "증인"이 순교자라는 의미에서 사용된 것은 폴리캅 이후의 일이다. 증인의 순교적 의미를 바탕으로 하여서 안디바를 개인이 아니라 집합적으로 해석하는 이들도 있다.

아운은 '증인'이 '순교자'의 의미를 갖게 되기까지 가능한 네 단계의 발전 과정을 정리하였다. 첫째, '말튀스'는 원래의 법정적인 의미에서 '증인'을 뜻하였다. 둘째, 법정에서 소신껏 증언하다가 죽음에 이른 자에게 이 말이 적용되었다. 셋째, 죽음을 증언의 일부분으로 간주하게 되었다. 넷째, 순교자의 의미로 받아들여졌다. 다섯째, 증인의 관점이 희석되면서 '말튀스'는 순교의 의미로 확정되었다. 아운은 이런 단계적인 전개가 히브리적인 사고라고 보기에는 너무 논리적이라는 결론을 내렸다. 어쨌든 "내 충성된 증인"(ὁ μάρτυς μου ὁ πιστός μου / 호 마르튀스 무 호 피스토스 무)은 "나의 증인, 나의 충성스러운 이"라는 뜻이며 유일하신 주님으로서 충성스런 성도에 대한 감격과 사랑이 가득 차 있음을 느끼게 한다. "충성"은 주님 자신의 칭호이기도 하다(계 1:5; 3:4).

너희 가운데 곧 사탄의 거하는 곳

"사탄의 위"를 설명한 것으로 반복적인 언급을 통해 사탄의 역사가 매우 강력함을 강조하고 있다. 사탄의 활동무대는 언제나 복음이 역사하는 곳이다. 죄가 더한 곳에 은혜가 넘치듯(롬 5:20) 은혜가 충만한 곳에 죄가 역사한다. 불굴의 신앙이 있는 곳에 마귀의 역사 또한 막강하다. 사탄은 늘 패하면서도 끈질기게 달라붙어 할 수만 있으면 택한 백성을 쓰러뜨려서 귀한 영혼을 갈취하려고 한다. 사탄의 거하는 곳은 사탄의 영적 사령부가 위치한 곳이다. 여기에서 온갖 술수와 불의한 계책이 논의되고 결정되며 실행에 옮겨진다. 순교가 이곳에서 일어났음은 사탄의 거주하는 곳이 순교의 궁극적인 원천임을 암시한다.

나를 믿는 믿음을 저버리지 아니하였도다

"저버리지 않았다"(οὐκ ἠρνήσω / 우크 에르네소)는 단순과거형으로서 계속되는 일반적 박해가 아니라 분명하고도 절박한 위기의 순간에서 버가모 교회의 신자들이 주님께 대한 믿음을 부인치 않았음을 보여준다. 박해의 물결이 쓰나미처럼 그들을 집어삼킬 듯하고 실제로 순교자들이 생겨나도 그들은 그리스도 안에서 견고한 믿음으로 버티고 견디었다. 버가모 교회는 안디바라는 한 사람의 순교자를 냈으나 서머나 교회는 여럿이었다. 신자들은 자신의 운명이 어찌 될지 모르는 매 순간의 위기상황에서 믿음의 깃발을 든 손을 내리지 않았다.

14 네게 두어 가지 책망할 것이 있나니

"두어 가지"(ὀλίγα / 올리가)란 수에 있어 소수를, 양에 있어 소량을, 시간에 있어 짧음을 나타내는 말이다(욥 10:20; 마 25:21, 23; 눅 7:47). "네게……있나니"(ἔχω κατὰ σοῦ / 에코 카타 수)는 6절의 "네게 이것이 있으니"(τοῦτο ἔχεις / 투토 에케이스)와 대조를 이루고 있다. 에베소 교회의 경우는 니골라당의 행위를 미워한 칭찬의 내용이었으나 버가모 교회의 경우는 발람의 교훈을 지킨 책망의 내용이다. 찰스는 "두어 가지"의 복수형은 사실 한 가지 문제를 강조하기 위한 표현이라고 했으나 하나는 하나, 두엇은 두엇이다. 에베소 교회의 경우에는 첫 사랑의 상실이라는 한 가지 문제가 뚜렷하였으나 버가모 교회는 한 가지를 넘어섰다. 그만큼 그들이 처한 영적 상황이 심각함을 깨우치려는 표현이다. 신자들이 믿음을 지키면서도 주변의 이교 활동에 관용적이 됨으로 자신들의 영적인 기반마저 위태롭게 만들었다. 이것은 매우 우려할 만한 상황이었다. 문제는 그들을 배교로 이끄는 이교적 활동들이 외부가 아니라 그들 내부에 똬리를 틀고 있었다는 점이다.

거기 네게 발람의 교훈을 지키는 자들이 있도다

발람은 꿈을 해석하던 이름난 마술사요, 메소포타미아의 예언자였다(민수기 22-24장). 랍비 문서에는 모세와 대립한 일곱의 이방 예언자 중의 하나로 나타났다. 발람은 불의한 삯으로 어그러진 길로 가서 모압 왕 발락에게 사주되었던 인물이다. 모압 여인들을 통해 이스라엘을 바알브올에게 부속시키는 이른바 브올 사건에 연루되었고(민 31:16), 이 사건으로 인해 이스라엘은 하나님의 진노를 샀고 24,000명이 즉사하는 재앙을 겪었다(민 25:1-9). 벧후 2:15에는 '발람의 길'로, 유다서 1:11에는 '발람의 어그러진 길'로 묘사되었다. 그는 기회주의적이고 물질에 집착된 거짓 예언자였고, "바알브올의 사건과 연관지을 때 발람은 종교적 혼합주의의 시조가 되었다"(Caird).

이방 음식과 이방 여자는 모세 율법의 엄격함에 대항하는 그의 강력한 도구였고(Blaiklock), 돈과 섹스가 그의 종교였으며 "모든 타락한 선생들의 전형이 되었다"(Charles). 발락에게 고용된 발람을 콘스탄틴에게 고용된 이들 곧 정치에 고용된 종교의 모습으로 해석한 이들도 있으나 지나친 면이 없지 않다. 그들의 주장인즉 기독교의 공인 이후에 급증하는 신자들에게 기독교의 진리를 가르치기 위해 영적인 일을 전담하는 소수자들을 선택했으니 이것이 성직 계급의 탄생으로서 정치에 결탁한 종교의 타락으로 이해한 것이다. "거기 네게……있도다"는 "너희 가운데 있게 두었다"는 뜻으로 무모한 방임 자세를 나무라는 어투이다.

올무를 놓아

"올무를 놓아"(βαλεῖν σκάνδαλον / 발레인 스칸달론)는 "부주의하게 걷는 사람이 실족하기 쉽게끔 되어 있는 어떤 것" 곧 일종의 장애물을 뜻한다. 롬 14:13에는 "거칠 것"으로, 벧전 2:8에는 "거치는 반석"에 사용되었다. 걸려 넘어지는 돌을 두었다는 말이다. 배교 행위에서 주도적인 일을 하는 자가 '올무를 둔 자'이다. 그리스도에게서 떨어지게 하는 것이 올무를 놓음이다(마 18:7). 십자가에 못 박힌 그리스도가 유대인에게는 '거리끼는 것'이었으나 여기에서는 거짓 교훈이 십자가에 거치는 것이 되었다.

우상의 제물을 먹게 하였고

예루살렘 총회에서는 우상의 제물과 행음을 금지하는 것을 야고보의 제안으로 가결한 적이 있었다(행 15:29, 21:25).

로마와 고린도 교회는 교회 내에서 우상의 제물을 먹는 이와 먹지 않는 이로 인한 문제가 생겼다(로마서 14장, 고린도전서 8장). 바울 자신은 그 이슈에 대해 자유로웠으나 "고기도 먹지 아니하고 포도주도 마시지 아니하고 무엇이든지 네 형제로 거리끼게 하는 일을 아니함이 아름다우니라"(롬 14:21)며 권고했다. 특히 고린도 교회에 대해서는 아예 금지 쪽으로 기울어졌다(고전 10:18-33). 이방신에게 제사를 드린 제물을 먹는 문제는 초대 교회의 현안 중의 하나였다(행 15:20; 고전 8:1, 4, 7, 10, 10:9). 버가모 교회의 경우에는 제사 이후에 시장에서 파는 제육이 아니라(고전 8:7-13) 이교의 축제나 신전에서 직접 먹는 것이었으므로(고전 10:21) 당연 금지되어야 했다. 우상의 제물을 먹을 수 있는 상황을 아운은 다음과 같이 네 가지 가능성으로 소개했다.

① 신전 예배에 참석하여 제사 음식을 받았을 것이다.
② 공식적인 종교 축제 때 나누어준 제물을 받아먹었을 것이다.
③ 이교 행사에 사용되었던 제물을 시장에서 팔 때 샀을 것이다.
④ 길드처럼 조직(collegia / 콜레지아) 안에서 회원들 간에 제물을 나누었을 것이다.

행음하게 하였느니라

구약 예언자들은 "행음"을 우상 숭배와 동의어로(사 1:21; 렘 3:1-2, 13:27, 16:15-58, 23:37, 43:7; 호 5:4, 6:10) 사용하기를 즐겨했다. 유대 전통에서는 우상 숭배가 음행의 시초요 모든 행악의 어미라는 관점이 지배적이었다. 이런 인식이 자연스럽게 교회에 수용되어 우상 숭배와 음행을 연결시켰던 것이다(행 15:20, 29, 21:25; 롬 1:23-25; 갈 5:19-21; 고전 6:9-11; 살전 1:9, 4:3; 계 22:15). 본문의 행음은 이교의식의 하나로서 신전의 창기와 성스러운 관계를 실제적으로 맺음을 의미했다.

15 이와 같이 네게도 니골라당의 교훈을 지키는 자들

"니골라당의 교훈"(τὴν διδαχὴν τῶν Νικολαϊτῶν / 텐 디다켄

톤 니콜라이톤)은 앞서 4절에 나왔던 "발람의 교훈"(τὴν διδαχὴν Βαλαάμ / 텐 디다켄 발라암)과 동일시되었다. 두아디라 교회에 언급된 이세벨의 추종자들도 같은 행위를 반복하였다. "이와 같이"가 바로 앞 절을 받으면 "발람이 발락을 가르쳐 이스라엘을 꾀인 것같이 너에게도 니골라당이 있다"는 뜻이 된다(Mounce, Plummer, Beckwith, Weiss, Bousset). 반면에 6절을 받으면 "에베소 교회에 니골라당이 있는 것같이 네게도 니골라당이 있다"는 뜻이 된다. 찰스는 "네게도"(καὶ σύ / 카이 수)를 에베소 교회와 관련된 것으로 취하였다. 그렇다면 버가모 교회의 니골라당은 지금 한창 기승을 부리는 상태에 있다. 에베소, 버가모, 두아디라 교회에는 동일한 오류들이 있었으나 각각 다른 명칭들인 "니골라당", "발람의 교훈", "이세벨"로 표현한 것은 주목할 만하다.

16 그러므로

"그러므로"(οὖν / 운)는 그들 죄의 결과로서 추론상의 불변화사(the inferential particle)에 속한다(Robertson). 14-15절에서 그들이 보여주었던 거짓 교훈에 빠져 영적으로 행음한 일이었다. 발람의 교훈과 니골라당의 교훈을 따르고 있는 그들의 삶이 회개의 주요한 이유가 되었다. 배격되어야 함에도 불구하고 관용된 거짓 가르침이 버젓이 교회 안에서 활개 치는 모습에 주님은 격분하셨다.

회개하라

거짓 가르침에 대한 관용의 태도를 회개하라는 말이다. 이는 단순과거 명령형으로서 회개의 긴박성을 나타낸다. 날카롭기 그지없는 명령이다. 버가모 교회를 향한 책망과 칭찬은 에베소 교회의 경우와 정반대다. 에베소 교회는 니골라당의 교훈을 이겼는데 버가모는 니골라당의 교훈에 빠져버렸다. 에베소 교회는 처음 사랑을 버렸는데 버가모 교회는 처음 믿음을 버리지 않았다. 에베소 교회는 사랑의 영을 잃어버렸으며 버가모 교회는 분별의 영을 상실하였다. 칭찬의 이유와 책망의 근거가 달라도 회복의 원리는 같았다. 회개였다.

"회개하라!"(μετανόησον / 메타노에손)는 명령은 단수로 되어 있는데 이것은 버가모 교회의 모든 성도들에게 주시는 메시지이지만 요한의 편지가 바로 버가모 교회의 '사자' 한 인격에게 보내어졌기 때문이다. 단순과거 시제는 이 명령이 특별한 상황에 주어진 것임을 나타낸다. 어긋난 길로부터 돌아서서 이전의 길로 가야 한다. 이 돌이킴은 영적이고 도덕적인 갱신을 포함한다. 이런 일반적 의미를 버가모 교회에 적용시키면 그들이 빠져 있는 거짓 교훈을 떨쳐버리고, 사도의 이전 가르침과 교회의 견고한 교훈의 터에 뿌리를 내리라는 말이다. "그리하지 아니하면"은 5절처럼 "회개하지 아니하면"의 뜻이지만 생략하여 에둘러 표현한 것이다.

내가 네게 속히 임하여

이는 주님의 파루시아가 아닌 심판의 도래를 의미한다. 이 표현은 계시록에서 모두 다섯 번 나온다(3:11, 22:7, 12, 20). 22장의 경우가 모두 그리스도의 파루시아임에 반하여, 본 절과 3:11의 경우는 심판이 곧 찾아온다는 뜻이다. "속히"(ταχύ / 타퀴)는 다가오고 있는 심판의 임박성을 강조하는 표현이다. 이는 급속한 회개를 촉구하는 효과를 지닌다. 역시 5절에 의하면 이 임박한 심판은 현재 교회에 대한 것이면서 파루시아에 이루어질 마지막 심판을 의미한다.

내 입의 검으로 그들과 싸우리라

주님의 대적은 교회를 미혹하는 배후의 세력이다. "그들과 싸우리라"(πολεμήσω μετά / 폴레메소 메타)에서와 같이 전치사 '카타'보다 '메타'의 사용은 칠십인역에서는 매우 일반적이지만 신약에서는 모두 계시록에만 나온다(2:16, 12:7, 13:4, 17:14). 동사 자체로는 약 4:2에만 나온다. 칼을 드신 주님의 모습은 전사로서 영광의 그리스도를 나타낸다. 여호와의 전사 개념은 미리암의 노래에서 맨 처음 나왔다(출 15:3). 발람도 여호와의 사자의 칼에 죽을 뻔했다(민 22:31-33). 영화로우신 주님의 환상 속에서는 입으로부터 좌우로 날선 검이 나왔다(1:16). 편지의 서두에서 버가모 교회에 소개된 주님의 모습이 좌우에 날선 검을 가진 분이었다(12절). 이제 회개하지 않는 이들에게 주님은 입의 검으로 대적하여 싸우신다(19:15, 21).

17 감추었던 만나

유대 전통에 따르면 주전 6세기 초엽 솔로몬 성전이 파괴되었을 때 예레미야(마카비후서 2:4-7) 혹은 천사가(바룩묵시록 6:5-10) 느보 산 지하 동굴의 틈 사이에 만나 항아리를 숨겼다. 이 만나 항아리는 메시아가 올 때 되찾아질 것이라고 전해진다. 유대인들에게 있어 감추인 만나를 먹는다는 것은 메시아 시대의 축복을 누린다는 의미와 같다. 마찬가지로 크리스천에게는 만나를 먹음이 메시아 왕국이 실현되었을 때 새로운 세상의 축복으로 들어간다는 뜻이기도 하다. 랍비의 전설에 따르면 만나와 함께 흰 돌까지 내릴 것이라 한다. 만나(출 16:11-15, 16:33, 34; 히 9:4)는 하늘에서 임한 곡식이요(시 78:25), 생명의 떡이다(요 6:31-35). 만나의 축복은 크리스천이 성찬을 통해 부분적으로 맛볼 수 있다.

"감추었던 만나"(τοῦ μάννα τοῦ κεκρυμμένου / 투 만나 투 케크륌메누)가 의미하는 바는 그 만나가 이 세상에 없다는 뜻으로서 만나가 곧 천상의 양식임을 표현하는 말이다. 신령한 식물인 만나는(고전 10:3) 바로 그리스도이시다(요 6:48-59).

"감추었던 만나"에 대하여 다양한 해석들이 시도되었는데 오스본이 정리한 바를 요약하면 다음과 같다.

① 유대인들의 전통에 따른 감추었던 만나와 연결시키는 것이다(Beckwith, Johnson, Beasley-Murray, Mounce, Caird). 광야에서 중단되었던 만나 항아리는 법궤 안에 안치되었다(출 16:32-34; 히 9:4). 유대 전통에 따르면 솔로몬 성전이 파괴되었을 때 하나님이 예레미야나 천사 중의 하나에게 명령을 내렸다. 그렇게 하여 성막에서 꺼낸 법궤를 시내 산의 어느 지하에 아무도 모르게 감추었다는 것이다(마카비후서 2:4-7; 바룩후서 6:7-10; 시빌린 신탁서 7:148-9). 메시아께서 강림하여 새 성전에 법궤를 둘 때까지 그렇게 했다는 것이다. 그러므로 17절의 내용은 종말의 때에 있을 메시아의 축제와 연관이 되었고 하늘의 영원한 축복에 관한 언급이라 본다(Beale, Aune).

② 바울이 성만찬 기사(고전 10:3-4)에서, 만나를 언급한 사실에 의거해 성만찬 모티브가 있다고 본다(Sweet, Krodel, Roloff, Prigent). 전술한 해석과 함께 이것은 마지막 메시아의 축제를 예상하고 있다.

③ 이긴 자들을 위하여 준비된 천상의 혹은 영적 음식으로서 세상의

모든 남은 무리들에게는 감춰져 있다(Walvoord, Morris).

④ 예수께서 사람들에게 생명을 나눠주시는(요 6:37) “생명의 떡”(요 6:35, 48)이라는 사실에 근거하여서 감추어진 만나를 그리스도로 해석한다. 이것은 불신자들에게 완전히 감추어졌으며 구원받은 자들에게도 완전히 알려지지는 않았다(Wong).

⑤ 시 78:25를 바탕으로 세워진 유대 전통에 따라 메시아 시대에 하나님의 백성들이 먹을 양식인 “천사의 떡”이 있다는 것이다(바룩후서 29:8). 버가모의 크리스천들은 이 하늘의 만나를 먹기 위해 우상에게 바쳐진 제물을 피해야 한다(Charles).

⑥ 황제 숭배 예식 때에 제단에 바쳐지는 유향 과립과 연관시켜서 헬라적 배경이 있음을 주장했다. ‘사탄의 위’인 황제 숭배 예식을 거절한 자들이 메시아 왕국에서 그리스도와 함께 통치하게 될 때 “하늘의 유향”을 받게 되리라는 해석이다(Krodel).

흰 돌을 줄 터인데

승리자에 대하여 삼중 보상이 약속되었다. 첫 번째는 “감추었던 만나”요 두 번째가 “흰 돌”(ψῆφον λευκήν / 프세폰 류켄)이며 세 번째가 ‘새 이름’이다. “흰 돌”은 “영원한 잔치에 들어가는 영구한 입장료요 하늘의 연회석으로 들어가는 승리자의 입장권이다”(Caird). 고대 전통에 따르면 자그마한 조약돌에다 자신들이 섬기는 신의 이름을 기록하여 부적으로 사용하곤 하였다. 고대 법정에서 검은 돌은 유죄, 흰 돌은 무죄 방면하는 데 사용했다(Stuart, Lenski, Clarke). 경기 우승자에게는 흰 돌에다 승리자의 이름을 새겨 평생 지닐 수 있도록 했다(Zahn). 뛰어난 검투사가 찬란한 경력으로 늙어서 은퇴할 때 사각 모양의 대리석 조각(tessera / 텟세라)에다 SP(spectatus / 스펙타투스)를 새겨주었다. 이는 "의심할 여지없이 용맹성이 증명된 사내"라는 뜻이다. 로마의 대저택에 있는 가신들이 매일 아침에 그날 필요한 음식과 돈을 전해 받을 수 있는 텟세라를 간혹 얻곤 하였다.

플리니(Pliny)의 편지에 따르면 발칸 반도의 동부 지역에 있던 트라키아인들의 풍습에는 좋은 날을 흰 돌에 표시하였으며 특별히 즐거운 날을 "흰 날"(a white day)이라 불렀다.

행 26:10에 보면 바울이 성도들을 잡아 죽일 때에 실시한 군중 투표에서 자신의 돌(κατήνεγκα ψῆφον / 카테넹카 프세폰)을 찬성표에 던진 사실을 증거하고 있다. 때로는 계산용(tessera calculus / 텟세라 칼쿨루스)으로 때로는 A학점처럼 우수한 성적을 나타낼 때 흰 돌을 사용하였으며, 초청장이나 공중 연회의 입장권(tessera conviviales / 텟세라 콘비비알레스)으로 사용했다. 가난한 자들이 곡식 특히 옥수수를 배급받을 때에 배급받는 장본인의 이름과 배급량이 그 위에 새겨졌다(tessera frumentaria / 텟세라 프루멘타리아). 우정과 동맹의 표식으로 양쪽의 증언과 계약 내용을 기록하기도 했는데(tessera hospitales / 텟세라 호스피탈레스) 이를 서로 교환하여 여행할 때 제시하면 환대를 받았다. 로마 황제가 극장에서 군중들에게 식량, 의복, 금그릇, 은그릇, 말, 노예들이 새겨진 텟세라를 던져 그것을 주운 사람에게 해당 품목을 하사하였다. 밀리건은 이를 대제사장의 이마에 "여호와께 성결"이라 새겨진 관에 대한 암시로 이해했으나 적절하지 않다. 계시록에서는 흰색이 하늘의 예복 색깔이요(계 1:14, 3:5, 7:9, 14:14, 19:8, 11, 14), 천상의 색깔이며(계 20:11), 거룩함과 아름다움과 영광을 상징한다(계

3:4, 6:2). 흰 색은 승리와 영광의 색이다.

그 돌 위에 새 이름을 기록한 것이 있나니

탈굼의 유대 전통에 따르면 우림과 둠밈에는 하나님의 이름이 새겨졌다. 사람들은 중병에 걸리면 간혹 이름을 바꾸었으며 다행히 환자가 소생하면 그 이름을 생명에 대한 보증이라 생각하였다. 가끔 신의 이름과 섞이는 경우도 있었다. "새 이름"(ὄνομα καινὸν / 오노마 카이논)은 인간의 이름이 아니라 그리스도의 이름 곧 고난을 통해서만 배울 수밖에 없는 이름이다(Caird, Kiddle, Lohmeyer, Hendriksen, Rist). 성경에서는 어느 사람이 새로운 인격으로 변화하고, 새로운 상태나 새로운 관계에 들어갔을 때 새 이름을 받곤 하였다.

아브람이 아브라함으로(창 17:5), 그의 처 사래가 사라로(창 17:15), 야곱이 이스라엘로(창 35:10), 요셉이 사브낫바네아로(창 41:45), 솔로몬이 여디디야로(삼하 12:25), 다니엘과 그의 세 친구 하나냐, 미사엘, 아사랴가 환관장에 의하여 벨드사살, 사드락, 메삭, 아벳느고로(단 1:7) 바뀌었다. 신약에서도 시몬이 베드로로(막 3:16; 눅 6:14; 요 1:42; 그리고 마 16:18 참조), 사울이 바울로(행 13:9) 바뀐 경우다. 심지어는 땅도 새 이름을 받았다. 벧엘(창 28:19), 여호와 이레(창 22:14), 엘엘로헤이스라엘(창 33:20), 헵시바, 쁄라(사 62:4) 등이다. 이 새 이름은 그 누구의 이름도 아닌, 바로 승리자 자신의 이름으로서(Alford, Walvoord, Mounce, Bengel), 신자의 이마 위에 쓰인 이름이다(3:12; 14:1; 22:4). 불신자의 이마에는 표가 있었다(22:4).

D. **두아디라 교회**(2:18-29)

위치 : 두아디라는 오늘날 그 사이로 열차가 지나가는 헤르무스(Hermus)의 계곡들과 캐이커스(Caicus) 강을 연결하는 기다란 계곡 안의 평원에 자리 잡고 있는데 북쪽의 케이커스 강과 남쪽의 헤르무스 거의 중간에 있다. 버가모에서는 내륙으로 남동쪽 45마일 거리에 있으며 버가모와 사데 한복판이다. 특히 소아시아의 수도인 버가모로 가는 전략적으로 중요한 출입구여서 동방의 침략자가 버가모 왕국을 정복하고자 할 때는 반드시 두아디라가 첫 표적이 되었다. 대개의 도시들은 어느 정도 언덕진 곳에 위치했으나 두아디라만은 평원에 있어 자연적 요새가 될 수 없는 유일한 도시였다. 사실상 두아디라는 버가모를 방어키 위한 전초기지로서 사용되긴 했으나 개방된 계곡이어서 장기방어가 불가능했고 요새화할 만한 고지가 전혀 없는 군사적 취약지구에 속했다.

사회상 : 일곱 도시 중에서도 종교적으로나 정치적으로 또는 군사적으로나 행정적으로 가장 중요하지 않은 도시였으나 가장 긴 편지가 보내진 두아디라는 대단한 상업도시였다.

행 16:14에는 두아디라 성의 자주 장사 루디아가 언급되는데, 오늘날의 터키산 자주 옷감(Turkey Red)으로서 염료 산업은 특히 유명했다. 람제이 경에 따르면 그 외에도 모직업, 피혁, 린넨, 피복, 청동세공, 도공, 빵 제조업, 노예 상인들이 대표적인 것들로서는 이들을 중심한 많은 숫자의 무역 조합들이 있었다. 각 조합(Guild)은 저마다 수호신을 가졌고 계절을 따라 다양한 축제를 치르는 등 도시의 사회, 정치, 경제, 종교적 삶에 두드러진 역할을 수행하고 있었다.

종교상 : 두아디라에는 황제 숭배의 신전도 없었고 헬라 제신들을 위한 경배의 중심지도 아니었다. 비록 아폴로와 아르테미스, 아스클레피우스, 디오니소스를 섬겼으며 삼바떼의 사당도 있었으나 종교적으로 그리 중요한 도시는 아니었다. 이 도시의 영웅신으로 추앙된 이는 아폴로와 동일시되었던 타이림누스(Tyrimnus)인데, 당시의 동전에는 전투용 도끼와 곤봉으로 무장한 그가 말들을 타고 있는 모습이 새겨져 있었다. 그래서 제우스의 아들인 태양신 아폴로를 염두에 두고 "눈이 불꽃 같은 하나님의 아들"이라 소개되었던 것이다.

초대 교회와의 관계 : 두아디라 교회의 기원에 대해서는 확실한 정보가 없다. 다만 바울이 에베소에 체재중일 때 그에 의해서 또는 회심한 루디아에 의해 세워졌을 가능성이 높을 뿐이다. 대개 1세기 중엽 이후에 기독교 공동체가 있었던 것으로 추정되고 있다. 두아디라 교회는 다른 교회들처럼 뚜렷한 박해가 없었다. 그러나 내부적으로는 어려움이 있었는데, 그것은 본명을 알 수 없는 이세벨로 인한 것이었다. 당시 교인들 중에서 각종 사업에 종사한 이들이 많았는데 최대의 현안 문제는 길드 가입 여부였다. 길드에 가입할 경우에는 경제적인 이득을 보장받긴 하지만 식사가 꺼림칙했다. 식사는 보통 신전에서 준비했고 모임 초반이나 종반에 반드시 신들에게 제사를 드리고 우상에게 바쳐진 음식들을 나누어 먹곤 했다. 그리고 만취에 뒤따르는 도덕적 퇴폐 현상도 큰 문제였다. 그렇다고 해서 조합원이 되지 않을 경우에는 모든 상업 활동의 제약으로 인한 경제적 파탄을 각오해야만 했다. 이때 두아디라 교회에서 예언자로 자처하던 여인이 세속적 타협안을 들고 나와 많은 어린 신자들을 우상 숭배의 죄에 빠지게 만들었다. 그녀에 대해 단호히 대처하지 못하는 모호한 자세가 두아디라 교회의 문제였다.

교회사 : 역사가 유세비우스에 의하면 3세기 중엽의 데시안 황제(249-251) 박해 시 두아디라의 감독 카르푸스, 집사 파필루스, 평신도인 아가토도루스와 아가토니케가 영광스러운 신앙 고백과 함께 순교했다. 4세기경 키프러스에 소재했던 콘스탄티아의 감독 성 에피파니우스에 따르면 두아디라 교회는 3세기 중엽에 몬타니즘을 받아들였다. 이들은 극단적 종말론자들로서 신비를 강조하며 요한계시록을 가장 중요시했기에, 동방 교회에서는 계시록을 성경의 맨 끝에 영입시켰다. 두아디라는 325년 니케아의 1차 세계교회회의에 소존(Sozon) 감독을 파송했으며, 431년 에베소 회의에는 푸스쿠스(Fuscus) 감독을 파송했다. 다음 몇 세기의 역사는 대체로 사데 교회와 비슷했으며 10세기경 두아디라 교구는 사데의 부교구가 되었다.

최초의 서방 출신 방문객은 11명의 수행원과 함께 1671년 4월 3일에 찾아간 토머스 스미스 목사인데, 그는 8개의 회교 사원은 보았으나 교회는 발견하지 못했다. 1675년 서머나의 영국영사가 아크히사르(Akhisar) 시장에 있는 기둥 주초의 고대 비문에서 두아디라라는 이름을 발견하였으며 10명 정도의 크리스천과 교회로 세워졌던 조그마한 회교 사원들을 찾을 수 있었다. 서머나의 앵글리칸 소속 목사가 1826년 방문하였을 때에는 그리스인들이 초라한 교회 한 곳에 모여 있었다. 1832년에 그리스인들이 세운 성 니콜라스 성당은 극장으로 변하고 말았다. 1922년 8월 28일 아크히사르의 그리스 시장은 모든 그리스인들에게 아크히사르를 떠날 것을 종용했으나 많은 사람들이 떠나지 않다가 며칠 후 진주해 온 터키 군대에 의해 약 7,000명의 신자가 죽임을 당했다. 1922년 이후 이곳에는 기독교인 공동체가 전무하며 영국의 희랍 정교회 대주교가 두아디라 교구의 직함을 가지고 있다.

18 두아디라 교회의 사자에게 편지하기를 그 눈이 불꽃 같고 그 발이
빛난 주석과 같은 하나님의 아들이 가라사대
19 내가 네 사업과 사랑과 믿음과 섬김과 인내를 아노니 네 나중
행위가 처음 것보다 많도다
20 그러나 네게 책망할 일이 있노라 자칭 선지자라 하는 여자 이세벨
을 네가 용납함이니 그가 내 종들을 가르쳐 꾀어 행음하게 하고
우상의 제물을 먹게 하는도다
21 또 내가 그에게 회개할 기회를 주었으되 그 음행을 회개하고자
아니하는도다
22 볼지어다 내가 그를 침상에 던질 터이요 또 그로 더불어 간음하는
자들도 만일 그의 행위를 회개치 아니하면 큰 환난 가운데 던지고
23 또 내가 사망으로 그의 자녀를 죽이리니 모든 교회가 나는 사람의
뜻과 마음을 살피는 자인 줄 알지라 내가 너희 각 사람의 행위대
로 갚아 주리라
24 두아디라에 남아 있어 이 교훈을 받지 아니하고 소위 사탄의 깊은
것을 알지 못하는 너희에게 말하노니 다른 짐으로 너희에게 지울
것이 없노라
25 다만 너희에게 있는 것을 내가 올 때까지 굳게 잡으라
26 이기는 자와 끝까지 내 일을 지키는 그에게 만국을 다스리는 권세
를 주리니
27 그가 철장을 가지고 저희를 다스려 질그릇 깨뜨리는 것과 같이
하리라 나도 내 아버지께 받은 것이 그러하니라

28 내가 또 그에게 새벽별을 주리라

29 귀 있는 자는 성령이 교회들에게 하시는 말씀을 들을지어다

18 그 눈이 불꽃 같고 그 발이 빛난 주석과 같은

이것은 14절 후반과 15절 전반에 묘사된 주님의 모습이다. 버가모 교회는 주님이 유일하게 하나님의 아들로 소개된 교회이다. "하나님의 아들"(ὁ υἱὸς τοῦ θεοῦ / 호 휘오스 투 떼우)은 신약에서 46회 언급되었는데 계시록 전체를 통틀어 이곳에만 나온다(1:6, 2:27, 3:5, 21, 14:1 참조). 제4복음서에서는 하나님의 아들이란 칭호가 주님에게 꽤 많이 적용되었다(1:34, 49, 3:18, 5:25, 10:36, 11:4, 27, 20:31). 누가는 하나님의 아들을 메시아와 동일하게 여겼다(눅 4:41). 베드로도 그런 뜻에서 "주는 그리스도시요 살아 계신 하나님의 아들"(마 16:16)이라 고백했다. 그리스도 곧 메시아는 하나님의 아들이시다. 21:7에서는 주님이 "믿는 자의 아버지"로 불렸다.

신들의 아버지인 제우스의 아들 아폴로가 두아디라 도시의 주신임에 비해 '하나님의 아들'이란 칭호는 가장 적절했다.

아우구스투스 황제가 에베소에 보낸 편지에 "시저 황제 신의 아들 줄리우스"(Αὐτοκράτωρ Καῖσαρ θεοῦ Ἰουλίου υἱὸς / 아우토크라토르 카이사르 떼우 율리우 휘오스)란 표현이 사용되었다. 1:13에는 "인자"로 19:13에는 "하나님의 말씀"으로 나왔다. 주님은 생전에 자신이 하나님의 아들 되심을 암시하셨는데(마 26:63-64; 요 11:4), 이 하나님의 아들이 곧 그리스도요 요한은 바로 이 메시아의 칭호를 염두에 두고 있었을 것이다(Beckwith, Mounce, Clarke). 교회의 사자에

게 나타나신 주님이 묘사적인 속성이 아니라 분명한 칭호 형식을 취한 것은 여기가 처음이다. 이 칭호는 메시아를 하나님의 아들로 인식하고 있던 유대인들이 로마의 황제를 신의 아들이라고 불렀던 이방인들에게 주님의 정체성을 알리기에는 가장 좋은 칭호였다.

19 내가 네 사업과 사랑과 믿음과 섬김과 인내를 아노니

"네 사업"(σου τὰ ἔργα / 수 타 에르가)이 4개의 구체적인 사역으로 확대되었다. "네 사업"(τὰ ἔργα / 타 에르가)과 사랑(τὴν ἀγάπην / 텐 아가펜)……이하를 연결하는 '과'(καὶ)는 '즉'이라 번역함이 자연스럽다. "내가 네 사업 즉 사랑과 믿음과 섬김과 인내"라는 뜻이다. 이것을 네 가지의 구별된 덕목으로 이해하는 것보다는 두 개의 덕목(사랑과 믿음)과 그에 따른 열매(봉사와 인내)로 보는 것이 훨씬 부드럽다.

사랑과 믿음은 사역의 원천이요 봉사와 인내는 그 결과이다. 이는 하나님께 대한 사랑과 봉사, 사람에 대한 사랑과 봉사 그리고 세상의 환난에 대한 인내로서 에베소의 책망 내용과 대조적이다.

바울의 경우에는 믿음이 사랑보다도 앞서지만(살전 3:6, 5:8; 딤전 1:14, 2:15, 6:11; 딤후 1:13, 2:22; 딛 2:2; 그러나 빌레몬서 1:5절은 예외임), 요한의 경우에는 정반대로 사랑이 믿음보다 앞선다(2:13; 13:10; 14:12). 바울이 신앙의 대사도요 요한이 사랑의 대사도인 이유도 있을 것이다. 그러나 바울도 사랑의 위대한 서사시(고린도전서 13장)를 남겼으며 요한도 자신의 복음서에서 믿음에 관한 중요한 언급을 많이 남겼다. '에르가'는 원래 중성적인 단어로서 본문에 따라 선행과 악행으로 해석될 수 있기에 주의를 기울여야 한다. 일곱 편지에서 "에르

가"는 교회의 상태를 보여주는 일종의 거울로 사용되었다(2:2, 5, 22, 26, 3:1, 8, 15). 이런 의미에서 선행과 악행을 두루 포함시킨 것으로 보았다.

네 나중 행위가 처음 것보다 많도다

그들의 사랑과 믿음 그로 인한 섬김과 인내가 계속 성장했음을 뜻한다. 에베소 교회의 경우와는 정반대다(4절). 앞으로 나아가지 못하고 뒤로 물러가는 생활은 주님이 기뻐하지 않으신다(히 10:38). 두아디라 교회에 대한 풍부한 칭찬은 곧 뒤따라올 책망의 서곡이다. 이는 책망의 대상이었던 교회들에게 있어서는 동일한 전형이다. 칭찬이 앞서면서 책망이 뒤를 잇는다(2:2-3과 4절, 2:13과 14-15절, 2:19과 20-21절). 이에 비하여 사데 교회는 책망 후에 칭찬을 받았으며, 라오디게아 교회는 아무런 칭찬 없이 처음부터 끝까지 책망뿐이었다(3:15-17). 그들은 가나 혼인 잔치에서처럼 시간이 지날수록 좋은 포도주를 내었다. 적게 심고 많은 것을 거두고 미약한 것으로 심고 창대한 것을 거두었다.

스웨트는 그리스도께서 각 교회들의 상태를 행위(2:2, 5, 22, 26, 3:1, 8, 15)라는 거울로 비추신다고 보았다. 물론 이 행위는 믿음에 근거한 사랑의 행위이다. 그들의 행위는 뒤이어 나오는 사랑과 믿음, 섬김과 인내에 직접 연관되었다. 사랑은 크리스천이 세상에 하나님의 모습을 보일 수 있는 유일한 수단이다. 믿음의 행위가 사랑으로 드러날 때 희미한 그림자를 통해 사람들은 하나님 사랑의 실체를 접한다. 에베소 교회는 첫사랑을 잃었는데 두아디라 교회는 사랑이 오히려 자라났다. 그들은 탁월한 사랑으로 세상에 주님의 제자임(요 13:35)

을 드러낸 교회였다.

20 자칭 선지자라 하는 여자 이세벨

역사적으로 이세벨은 시돈 왕 엣바알의 딸로 아합의 처가 되었던 인물이다(왕상 16:31). 그녀는 남편인 아합 왕을 여호와 신앙에서 바알 신앙으로 개종시켰고 그 아합을 통해 바알 숭배가 이스라엘 천지에 만연하게 만들었던 대단히 영향력 있는 인물이었다(왕하 9:22). 그녀는 바알과 아세라를 숭배하여 바알 선지자 450명과 아세라 선지자 400명을 거느리고(왕상 18:19) 하나님의 선지자들을 죽이는 데(왕상 18:13, 19:10, 14) 앞장을 섰던 사악한 인물이었다. 이세벨은 음행과 술수의 사람이었고(왕하 9:22) 아합을 충동하여 큰 죄의 사람으로 만들었다(왕상 21:25). 신약의 이세벨은 총명한 여자였는데 하나님의 뜻을 대변하는 달변가로서 이교 세계와의 타협을 이룬 대가로 번영을 보장받았던 인물이다(Blaiklock, Mounce). 루디아는 복음을 받아들여 바울 일행을 도와 복음사역에 지대한 공헌을 했으나, 이세벨은 자신의 부와 사업상 이득을 위해 교회 안에서 엄청난 해악을 끼쳤다. 유대 출신의 여자 점술사라는 주장도 있으나 그녀가 교회의 신자였으므로 그다지 신빙성은 없어 보인다. 자안은 몇 개의 사본과 고대의 역본들에서 '여자'(τὴν γυναῖκα / 텐 귀나이카) 다음에 대명사 '너'(σου / 수)가 있는 것을 발견하고서 "너의 아내 이세벨"로 번역하였으며, 이에 알포드 같은 이는 이세벨을 교회의 수장 또는 감독의 아내로 해석하였다.

이외에도 바벨론의 신 시빌을 섬기다 회심했던 삼바떼(Sambathe)로 보기도 하며(Schürer) 혹자는 가톨릭의 마리아로 보기도 했다. 포드는 엘리야 시대처럼 거짓 선지자들을 지원한 여자에게 붙여진 별명으로 해석했다. 구약에는 미리암(출 15:20)이나 드보라(삿 4:4)와 훌다(왕하 22:14) 같은 여선지자가 있었고 초대 교회에도 남녀 선지자가 있었음이 분명하다. 선지자들은 구약의 선지자들처럼 존경의 대상이었다(행 11:27, 13:1; 고전 12:28; 엡 4:11). 선지자(προφήτης / 프로페테스)의 여성형인 '프로페티스'(προφῆτις / 프로페티스)는 이곳과 복음서(눅 2:36)에만 나온다. 어쨌든 이세벨은 빌립의 네 딸(행 21:9)이나 안나(눅 2:36)와 같은 여선지자에 속한 인물이었다. 22-23절에 비추어 이세벨은 어느 분파나 운동이라기보다 한 사람의 분명한 인격으로 보는 것이 정확하다. 그러나 이름은 실제라기보다 상징일 것이다.

용납함이니

두아디라 교회는 이세벨이 거짓 선지자요 그녀의 가르침이 거짓임을 알면서도 관용했다. 그것은 대단한 잘못이었다. 사랑의 이름으로 모든 것을 관용함은 성경적인 가르침이 아니다. 진리의 경계선은 분명하다. 천국과 지옥을 가르는 경계는 머리카락 한 올보다 가늘다. 서로를 용납하여 비무장 지대처럼 영적 무방비 상태에 놓이는 것이 관용이다. 편협한 기독교이기를 포기하고 세상에 대하여 타 종교에 대하여 이교 문화에 대하여 관용을 외치는 자들의 영은 분리하고 구별하지 않아서 거룩하지 못하다. 그들은 이세벨을 "용납하였다"(ἀπεῖς / 아페이스).

이 동사는 다양한 뜻을 지녔으나 이와 같은 상황에서는 "수용하였다", "허락하였다"를 의미한다. 깊이 관여하지 않을지라도 치명적인 가르침을 내버려두는 것은 크나큰 잘못이다. 두아디라 교회의 결정적인 오점은 거짓된 가르침의 선전원 정도가 아니라 수괴를 용납했다는 사실이다. 버가모 교회에는 니골라당의 분파 운동이 문제였는데, 두아디라 교회에서는 사교 운동의 주역이 구체적으로 거명되었다. 그것은 이세벨이라는 이름이 지닌 역사적인 배경 때문이다. 시돈 왕의 딸로서 아합 왕의 아내가 되었던 그녀는 북왕국 이스라엘을 바알 숭배와 주술 신앙으로 이끌어갔던 장본인이다(왕상 16:31-34, 21:25-26; 왕하 9:22). 영적인 거인 엘리야까지 공개적으로 참살하려 했던 간교하고 악독한 여인이었다.

그가 내 종들을 가르쳐 꾀어

예언의 탁월한 은사를 가진 그녀의 집회에 그 은사를 사모하는 이들이 많이 몰려들었다. 그녀는 그들에게 잘못된 가르침을 퍼뜨림으로 그들을 영적으로 오도했다. 요한이 이 편지를 보내는 순간에도, 거짓 가르침과 사특한 꼬드김을 쉬지 않았다. 두아디라 교회는 자가당착에 빠졌다. 교회의 사려 깊지 못한 관용 정책으로 인하여 가만히 들어온 세력이 점차로 그 마수를 뻗쳐가는 것을 뻔히 바라보면서 수수방관만 하고 있었다. 이세벨의 주장이 지도층에 먹혀들어간 것은 하나님에게서 직접 받은 계시의 메시지라는 주장이었다. 조직적이고 신학적인 골격을 갖추진 못했어도, 신탁이나 선언의 형식을 지닌 그녀의 확언은 진리의 교사들을 많이 무너지게 만들었다. 이세벨의 상에서 음식을 먹던 거짓 선지자가 850명이었던 사실(왕상 18:19)을 염두에 두면 그녀의 사악하고 파괴적인 영향력이 어떠했을지는 능히 짐작할 수 있다.

행음하게 하고 우상의 제물을 먹게 하는도다

이세벨의 가르침은 니골라당이나 발람의 교훈과 일치하는 것이었다. 이교적 삶이란 측면에서 본다면 에베소 교회는 전무하고 버가모 교회는 조금 영향을 받았으며 두아디라 교회는 흠뻑 빠져 있었다. 구약 전통에 따르면 이스라엘은 여호와의 아내였으나(사 54:5; 렘 3:20) 하나님께 불성실함으로 행음하였다(호 9:1; 그리고 렘 3:6과 겔 23:19 참조). 교회는 그리스도의 신부인데(고후 11:1-2; 엡 5:24-28), 두아디라 교회는 그리스도께 불성실함으로 행음케 되었다. 당시 이교의 축제는 반드시 성적 난잡함으로 이어졌다. 두아디라에는 자신들의 수호신들을 섬기는 많은 조합들이 있었음은 이미 밝힌 바 있다.

키들에 따르면 일반적 유행에 동조하지 않으면 쉽사리 추방령의 형벌이 강요되었으며, 누구나 무역조합에 가입하기를 거절하면 심각한 위협을 당할 정도로 조합은 강력하고 철저한 조직이었다. 사회생활을 영위하기 위해선 길드에 속해야 했고, 길드에 속하면 회식에 참가해서 신전에 바쳐진 음식을 먹어야 했던 것이다. 진퇴양난에 빠진 크리스천들에게 이세벨이 나타나 미혹의 가르침으로 그들을 빗나가게 만들었다. 그녀의 주장은 대개 이런 것이었다. "사탄을 이기려면 먼저 그를 알아야 한다. 경험으로 알기 전에는 결코 죄를 정복할 수 없다. 크리스천은 반드시 사탄의 깊은 것까지 알아야 한다. 길드에 속하고 연회에 참석하면 크리스천으로 남을 뿐 아니라 최선의 크리스천이 된다. 이것은 내가 초자연적 계시로 하나님께로부터 받은 진리다."

21 또 내가 그에게 회개할 기회를 주었으되

그리스도의 사랑은 인내하시는 사랑이다. 그러나 죄인의 회개를 기다리시는 주님의 사랑에도 한계가 있다. 이런 사실을 두아디라 교회 교인들도 알고 있었다. 주님께서 두아디라 교회에게 "회개할 기회를 주었다"(ἔδωκα αὐτῇ χρόνον / 에도카 아우테 크로논)는 말은 과거의 어느 '특정한 사건'을 가리킨다. 즉 방문이든지 경고의 메시지든지 그 여인에게 돌이킬 수 있는 기회가 주어졌던 것이다. 래드는 저자 자신이 두아디라에서 목회하면서 책망했지만 실패했을지도 모른다고 말하였다. 종교 개혁자들이나 개혁의 의지를 지닌 설교자들은 당시의 특수한 상황에 적합하게 이를 해석하였다. 이세벨에게 허락된 회개의 기회를, 개혁자를 통해 가톨릭에게 주어진 경고로 보았다(Zwingli, Wycliffe, Luther, Crammer, Calvin, Knox, Savonalora).

세기를 거쳐 이루어진 로마 가톨릭의 사업은 인정할 만하다. 그들은 마리아의 무죄를 주장함으로 여성 하나님의 교리에 길을 터주었다. 마리아는 죽지 않고 하늘로 올려져 천국의 여왕으로 관 씌워졌다는 비판이다. 죄는 반드시 회개해야 한다. "용서는 죄를 옳다 하는 값싼 은총이 아니라 회개한 죄인을 의롭다 하시는 값비싼 은총이다"(Bonhoeffer). 두아디라 교회의 지도자는 이세벨을 경고할 위치에 있었고 얼마든지 치리함으로 교회의 거룩함을 보존시킬 수 있는 능력도 갖추었지만 이세벨을 용납했다.

그 음행을 회개하고자 아니하는도다

"아니하는도다"(οὐ θέλει / 우 델레이)는 '회개치 않는다'는 의지의 표현이다(2:22, 9:20, 16:11). 현재시제는 그와 같은 상태가 계속 진행됨을 가리킨다. 이 편지를 받는 바로 그 순간에도 두아디라 교회는 회개하지 않았다. 그럴 뜻이 전혀 없었다. 이것은 그녀가 회개하지 않을 뿐 아니라 음행하는 상태를 앞으로도 계속하겠다는 의지의 표현으로 간주해야 한다(Swete, Beckwith). 새끼를 품속에 모으려고 암탉이 여러 번 애썼지만 '원치 않는' 병아리처럼(마 23:37) 이세벨은 음행의 지속적인 상태를 고집하였다. 이세벨의 음행은 기본적으로 그녀가 주도하여 가르친 부패한 교훈에 대한 상징으로 보아야 한다. 이세벨이 스스로 창시했던 부도덕한 교리에 입각한 삶이었다.

이스라엘의 역사에서 이세벨은 백성들로 하여금 참 하나님을 버리고 바알을 섬기도록 부추긴 영적 창녀와 같은 인물이었다(왕하 9:22). 그녀는 왕궁에서 야훼 신앙의 흔적을 없애고 바알과 아세라의 거짓 제사장들을 후원함으로 이스라엘의 곳곳에 산당을 세워 거룩한 땅을 영적 매음굴로 변질시켰다. 구약에서는 하나님을 떠난 영적 불충을 자주 음행으로 비유하였다(렘 3:6; 겔 23:19; 호 9:1). 당시 사업가들은 길드 측에서 베푼 축제에 참석하지 않을 수 없었다. 크리스천 사업가로서 거기에 참석한다는 것은 곧 길드(guild)에서 선정해 섬기는 각종 신들을 받아들이는 것과 진배없었다(Mounce). 동업 조합에서 주최한 축제에서 만찬이 종료되면, 자연스럽게 자신의 기업에서 섬기는 종교 창녀들과의 음행이 이루어졌다. 20절의 행음은 영적 음행만이 아니라 실제적인 음행으로도 이해할 수 있다. 실제로 이세벨은 영적인 음행만이 아니라 육체적인 음행을 사주한 매우 음탕한 인물이었다(왕하 9:22, 30; 렘 4:30; 나 3:4). 그녀는 실제적인 음행사건에 주도적인 역할을 하였을 것으로 짐작된다. 이런 삶에서 돌이키기를 그녀는 철석같은 의지로 완강히 버텼다.

22 **내가 그를 침상에 던질 터이요**

실제로 구약의 이세벨은 예후에 의해 창문 밖으로 내던져졌다(왕하 9:33). 침상에서 떨어짐은 병이 든다는 히브리식 표현이다(출 21:18). 여기에서의 침상은 장례용(Hort)도 아니요, 조합원 축제 때 사용되던 식탁(Ramsay, Moulton)도 아니며 병상용이다(Ford). 질병은 죄의 형벌이 분명한데(고전 11:27-30) 분별없는 성만찬으로 인해 병이 들거나 죽은 자들의 사례도 있다. 음행을 나누었던 죄의 장소가 심판의 장소가 되었다. 간음의 침상과 병상이 절묘하게 대조된 것이다(Beckwith). "던질 터이요"(βάλλω / 발로)는 미래적 현재로서 단순한 미래형인 '발로'(βαλλῶ / 발로)에 비해 행위의 급박성과 확실성을 강조한다.

그로 더불어 간음하는 자들

앞에서도 설명하였듯이 이들은 이세벨과 실제로 음행을 한 정부일 가능성도 배제할 수 없다. 우상 숭배를 통해 영적 음행에 참여했던 모든 이들을 포함한다(사 57:3, 8; 렘 3:8, 5:7; 겔 16:22; 호 9:1; 고후 11:2). 백위드는 "그로 더불어 간음하는 자들"을 이세벨과 같이 실제로 간음죄를 저지른 자들에 대한 일컬음으로 보았으며(Alford, Mounce, Beasley-Murray), 오스본은 '간음'(πορνεῖα / 포르네이아)을 은유적이라 보고 영적 음행으로 해석하였다.

큰 환난 가운데 던지고

이 환난이 의미하는 바는 확실치 않다. 하늘로부터 임할 하나님의 심판인 것만은 틀림없다. 바알 선지자와 아세라 선지자는 이세벨의 상에서 떡을 먹음으로, 음행의 동참자가 되었고 모두 죽임을 당하였다.

이세벨은 병상에 던져지고 그의 추종자들은 엄청난 심판에 던져질 것이다. 여기에서의 "던지고"(βάλλω / 발로)는 병상에 누워 있는 환자를 가리키는 표현이다(마 8:6, 14, 9:2; 막 7:30). 호트는 이를 "내가 사망으로 그의 자녀를 죽이리니"란 말과 연관시켜 시체를 싣는 들것으로 보았다. 람제이는 길드 연회 때 식사하는 자들이 앉아 있던 식탁용 소파로 설명했다. 침상을 심각한 질병에 대한 비유(출 21:18; 시 6:6, 41:3)로 보고 병상으로 해석하였다(Charles, Swete, Beckwith, Chilton, Giesen, Osborne, Aune). 그러나 이런 해석들은 이세벨에게 너무 미미한 형벌이라 하여 파루시아 때의 마지막 심판처럼 심각한 환난에 대한 상징으로 해석하기도 했다(Lenski, Thomas).

23 내가 사망으로 그의 자녀를 죽이리니

이에 대한 역사적 성취는 왕상 21:21과 왕하 9:6-37에 나타나 있다. "그의 자녀"는 이세벨과 더불어 간음하는 자들보다 더 철저히 그녀의 사상에 심취되고 영향을 받은 자를 의미한다. 음행의 결과로 태어난 그녀의 자식들로 해석하는 이들도 있고(Vincent, Moffatt, Beckwith, Hendriksen, Bousset, Ewald, Holtzmann) 영적 자손들로 해석한 이들도 있다(Milligan, Mounce, Beasley-Murray, Rist, Charles, Swete, Morris).

자녀에 대한 심판은 이세벨 자신보다 더 중하다. "내가……죽이리니"(ἀποκτεν ἐν θανάτῳ / 아포크텐 엔 따나토)는 문자적으로 "죽음으로 죽인다"는 뜻으로 반드시 죽이겠다는 의지를 담은 아주 강력한 표현이다. 이는 "반드시 죽이겠다"는 히브리식 표현법으로 "그들을 죽음으로 죽게 하라"(θανάτῳ θανατούσθωσαν / 따나토 따나투스또산, 레 20:10)는 뜻이며 겔 33:14에도 "너는 반드시 죽으리라"(θανάτῳ θανατοθήση / 따나토 따나토떼세)로 나와 있다. 겔 33:27에는 사망이 온역 곧 흑사병(θανάτῳ / 따나토)을 뜻하기도 하였다. 어쩌면 아합의 칠십 아들들이 죽임 당한 사건을 반영한 것인지도 모른다(왕하 10:1-11). 부모의 죄가 자녀에게 미칠 수 있다는 신앙은 유대적인 것이며(출 34:7) 한 사람의 범죄가 가족 전체에 미치는 경우도 있었다(수 7장의 아간, 에 9:7-10의 하만 그리고 단 6:24의 다니엘의 경우).

모든 교회가 나는 사람의 뜻과 마음을 살피는 자인 줄 알지라

일곱 교회만이 아니라 모든 시대의 모든 교회에 속한 자들을 의미한다. 주님은 모든 것을 아시며(요 21:17) 뭇 사람의 마음을 아신다(행 1:24, 15:8). 유대교와 초대 기독교에서는 하나님께서 각 사람의 마음과 생각을 아시는 분으로 강조되었다(삼상 16:7; 삼하 14:20; 왕상 8:39; 대상 28:9; 대하 6:30; 시 44:21, 139:1-6, 23; 마 6:4, 6, 8; 행 1:24, 15:8; 롬 2:16; 고전 4:5, 14:25; 히 4:12-13). 여기에 사용된 "알지라"(γνώσονται / 그노손타이)는 관찰과 경험에 의한 앎을 일컫는다(출 7:5, 16:12, 29:46). 마지막 날에 어린양이 심판을 베푸실 때 주님께서는 겉으로 드러난 것만 아니라 속에 품은 사람의 마음과 생각과 동기까지 아시고 그런 지식을 바탕으로 공정한 심판을 행하심을 모두가 알게 될 것이다. '나는……이다'(ἐγὼ εἶμι / 에고 에이미) 형식은 전지하신 그리스도의 능력을 강조한다.

내가 너희 각 사람의 행위대로 갚아주리라

행위에 따른 보상 개념은 성경에 풍부하다(렘 17:10; 마 16:27; 롬 2:6; 그리고 계 18:6, 20:12-13, 22:12 참조). 보상과 형벌이 다 포함되었지만 내용상 후자 곧 형벌의 의미를 염두에 둔 것 같다. 이 표현은 미래의 심판에 연관되어 사용되었다(시 62:12; 잠 24:12; 렘 17:10; 롬 2:6; 딤후 4:14; 계 20:12-13).

24 두아디라에 남아 있어

이세벨에 항거하는 이들로서 꼭 소수자라 볼 수는 없다(9:20, 19:21; 살전 4:13). "남아 있어"(τοῖς λοιποῖς / 토이스 로이포이스)는 이사야를 통하여 보여주었던 남은 자(사 10:22)의 사상과 연관해도 무방하다(왕상 19:18; 롬 11:4-5).

남은 자는 마지막에 구원 받을 자로서(롬 9:27), 하나님이 남겨두신 씨다(롬 9:29). 두아디라의 남은 자는 두 가지 특징으로 구별된다. 하나는 다른 교훈을 받지 않음이요, 다른 하나는 사탄의 깊은 것을 알지 못함이다. "어느 때까지니이까?"를 묻는 이사야에게 주신 하나님의 답변 그대로이다. "밤나무, 상수리나무가 베임을 당하여도 그 그루터기는 남아 있는 것같이 '거룩한 씨'가 이 땅의 그루터기니라"(사 6:13). 두아디라의 남은 자는 사데의 남은 자(3:4)와 함께 소아시아 지역의 거룩한 씨이다.

사탄의 깊은 것

이세벨은 하나님의 깊은 것(고전 2:10)을 가르친다 하였으나 실상은 사탄의 깊은 것에 불과하였다. 그들은 전통적인 윤리를 무시하고 종교적 표현에 있어 용감하였고 해방 의식에 젖었다. 그들은 "사탄의 깊은 것"(τὰ βαθέα τοῦ Σατανᾶ / 타 바떼아 투 사타나)을 안다면서 영의 자유를 만끽하였으나 이는 악령의 영향이 분명하였다. 소위 육체의 죄를 초월한다는 의식을 지니고 있었다. 다시 말해 악이 은총을 무력화시키기에는 은총이 너무 크고 완전하다는 주장이다. "하나님의 은총을 감사하기 위해 사람은 먼저 악의 깊이를 자세히 들여다보아야 한다고 간주했던 것이다"(Caird). 주변의 이교 사회에 과감히 참여하여서 그들의 생활에 동화되는 것은 크리스천의 의무라 생각했다. 크리스천은 이미 세례를 통하여 초자연적인 보호를 받고 있다고 주장하였다. 악에 물듦으로써 자신의 능력이 지닌 한계를 인식하게 되지만 육적 악이 결코 영혼을 더럽히지 못한다고 보았다. 그들의 견해는 명백한 영지주의의 가르침이었다(Kepler).

영지주의자들은 참 고백은 마음에 있지 입술에 있지 않다고 하여 순교를 피해 우상에게 제사 드리는 것을 합법화하였다. 크리스천은 결단코 죄를 지을 수 없다는 일종의 열광주의가 소아시아 교회에는 이미 전부터 존재하고 있었던 것이다(요일 1:10). 이는 풍자적인 반어법으로서 9절에서와 같이 실상은 유대인이 아니요 사탄의 회이듯이 하나님의 깊은 것이 아니요 사탄의 깊은 것이었다. 이 "깊은 것"에 대한 자랑은 후기 영지주의자들에게 있어서는 매우 흔한 현상이었다. "사탄의 깊은 것"을 문자 그대로의 의미로 해석하는 학자들도(Beckwith, Talbert, Morris, Johnson, Chilton, Krodel, Farrer) 있지만 "하나님의 깊은 것"(고전 2:10)을 안다고 떠벌리던 이세벨을 비꼬는 언사로 해석하는 이들도 적지 않다(Ford, Prigen, Hemer, Hughes, Roloff, Beale).

알지 못하는 너희에게

"알지 못하는"(οὐκ ἔγνωσαν / 우크 에그노산)은 그들이 관찰이나 경험으로 알지 못했음을 강조한다. 깨닫지 못하고 이해하지 못함을 이름이다. 두아디라 교회는 사탄의 속성과 그의 사역에 대하여 잘 알지 못한다. 피상적인 앎에만 머물 뿐 깊이 알지 못한다. 영적 통찰력이 부족하다. 자신들의 무지와 부분적이고 피상적인 앎의 상태를 인식하지 못한 데서 야기된 영적 무분별은 결국 이세벨의 그릇된 주장을 받아들이게끔 만들었다.

다른 짐으로 너희에게 지울 것이 없노라

이방 크리스천들에게 무거운 짐은 '토라 전체'였다. "짐"(βάρος / 바로스)은 무거운 짐(마 23:4)이나 중요한 것(마 23:23; 고후 10:10; 살전 2:6)을 의미하였고, "수고"(마 20:12)로도 번역이 되었다. 많은 이들이 이를 사도적 교서의 직접적인 인용으로 보았다(행 15:28). 세 가지 해석이 가능하다. 첫째, 음행과 우상 숭배 금지 외에(20절) 크리스천으로서의 자유를 제한하지 않는다는 뜻이다(Swete, Alford, Vincent). 그러나 이럴 경우에 지역적으로나 시간적으로 너무나 간격이 크다. 다음 절의 "짐" 곧 "너희에게 있는 것을 내가 올 때까지 굳게 잡고 있으라"는 것 이외의 짐을 의미한다(Beckwith, Walvoord). 셋째, 이세벨주의를 거부하는 것 이외의 것을 뜻한다(Holtzmann).

25 다만 너희에게 있는 것을 내가 올 때까지 굳게 잡고

일곱 서신 중에서 재림에 관한 구체적 언급이 나왔다. 여기의 "내가 올 때까지"(ἄχρις οὗ ἄν ἥξω / 아크리스 우 안 헤조)에서 "안"(ἄν)은 조건적 불변화사로서, 주님의 오시는 때가 불확실함을 표시한다. 스웨트는 "너희에게 있는 것"을 19절에 언급된 내용들로 보았다. 두아디라 교회의 문제점을 고려하면 그들이 지닌 것은 바른 교훈 곧 기독교의 근본 진리가 분명하다. 그것은 믿음의 진리요 사도들의 가르침으로 이어진 주님의 말씀이다. "굳게 잡고 있으라"(κρατήσατε / 크라테사테)는 단순과거 명령형으로서 '한번 결정적으로 붙든다'는 뜻이다. 호트는 '영단번의 붙듦'으로 이해했다. 스웨트는 '단 한 번의 결정적인 붙듦'으로 해석했다. 이 표현은 좋은 의미에서의 전통이나 가르침에 대한 엄수를 의미한다(살후 2:15; 계 2:13, 3:11). 부정적인 의미에서 사용된 적도 있다(막 7:3, 8; 계 2:14, 15). 스몰리는 이것이 이전 행위와 대조하여서 행위의 시작을 나타내는 것이 아니라 단지 엄격한 명령의 뜻으로 받아들여야 한다고 주장하였다.

26 이기는 자와 끝까지 내 일을 지키는 그에게

"내 일을 지킨다"는 표현은 신약에서 이곳이 유일하다. "끝까지"는 주님이 올 때까지를 말한다. 여기에서 "내 일"은 19절에 묘사된 내용들이다. 주님이 명하시고 그 자신도 직접 행하신 일 곧 사랑과 믿음, 봉사와 인내다. 이기는 자에 대한 약속 중에서 여기에만 "끝까지……"의 조건이 첨가되었다. 두아디라 교회에만 "이기는 자"에 "내 일을 지키는"이란 표현이 첨가되었다. "내 일"은 22절의 "그의 행위"와 대조를 이룬다.

만국을 다스리는 권세를 주리니

성도는 현재적 통치권(마 5:5, 19:28; 눅 22:30의 약속)만이 아니라 세상에 대한 심판권을 지녔다(고전 6:2). 이는 또한 메시아적인 축복이기도 하다(시 2:8-9). 유대 종말론에는 메시아의 추종자들이 메시아의 통치에 직접적으로 참여하게 될 것이라는 기대가 매우 일반화되어 있다. 이것이 크리스천들의 사고 속으로 들어왔다(마 11:28; 고전 6:3; 딤후 2:11-12; 계 1:6, 5:10, 12:5, 19:15). "권세"(ἐξουσία / 엑수시아)는 요한의 상투어로서 제4복음서에서는 관사가 전혀 사용되지 않았다. 계시록에는 관사가 있는 경우(9:19, 13:4, 12, 16:9, 17:13)와 없는 경우로(2:26, 6:8, 9:3, 13:2, 5, 7, 14:18, 17:12, 18:1, 20:6) 구분하였다. 관사가 있는 경우는 전적 권세를, 관사가 없는 경우에는 제한된 권세를 가리킨다(9:10, 11:6; 22:14는 예외). 본 절은 관사가 없는 경우에 속한다.

27 그가 철장을 가지고……깨뜨리는 것과 같이 하리라

철장(7:17, 12:5, 19:15)은 참나무 막대기에 철통을 씌운 것으로 짐승을 물리칠 때 목자가 사용하는 지팡이나 타봉을 말한다. '포이마네이'(ποιμανεῖ)는 시 2:9의 헬라역으로서 '파괴시킨다'는 뜻과 '돌본다'는 뜻이 있다. 철장으로 다스려 목양하고 깨뜨려 통제한다. 주님의 통치권은 십자가에서의 죽으심으로 말미암아 아버지에게서 받으신 것이다(마 25:21, 28; 고전 6:2; 빌 2:9-11; 계 20:4, 21:5). 또한 '깨뜨리는'(συντρίβεται / 쉰트리베타이)은 '산산조각을 낸다'는 말이다. 새로운 질서가 도래하기 전에 옛것은 반드시 부서져야 한다. 막대기를 목양 이미지에 연결하여 교회 지도자들의 기능에 관한 언급으로 해석한 이들이 있으나(Walvoord, Lee) 너무 협소하다. 철장으로 질그릇을 깨트리는 묘사는 매우 엄정하고 파괴의 양상 또한 매우 심각하다. 부드러운 목양 이미지보다는 파괴적인 이미지가 더욱 알맞다. 같은 동사가 19:15에서도 실제적인 파괴를 언급하는 것으로 사용되었다.

나도 내 아버지께 받은 것이 그러하니라

통치권은 십자가의 죽으심으로 주님이 아버지에게서 받았다. 하나님은 주님의 아버지라 불렸다(1:6, 3:5, 21, 14:1).

아버지와 아들의 관계에서 일치를 이룰 뿐만 아니라 완전한 권세를 공유하는 것은 요한복음의 중요한 주제 중 하나이다(요 5:23-24, 6:38-44 등). 그 주님이 사도들을 파송하실 때에도 완전한 권세를 부여하셨다(요 17:18, 20:21). 주님이 행사하시는 권세의 근원은 아버지께 있다(시 2:7-8). 주님은 아버지에게서 받은 권세를 자신의 종들에게도 임의로 나눠주신다. 성도는 주님에게서 받은 아버지의 권세로 세상을 넉넉히 이긴다. 이 권세는 영적 권세만이 아니라 실질적으로 통치하는 권세이다. 주님은 제자들에게 그들이 이스라엘의 열두 보좌에 앉아서 이 권세를 행사할 것이라 약속하셨다(마 19:28; 눅 22:30). 이는 비단 사도들만이 아니라 신실한 믿음을 지킨 모든 자들에게 수여된 특권이다(딤후 2:12). 성도는 세상만이 아니라 천사들까지 판단(심판)한다(고전 6:2-3). 성도의 권세는 주님이 아버지에게서 받은 권세와 질에 있어 같다.

28 그에게 새벽별을 주리라

병행 구절인 욥 38:7에서 복수로 사용되었는데, 거기서는 "새벽별들"(**כּוֹכְבֵי בֹקֶר** / 코크베 보케르)이 "하나님의 아들들"(**בְּנֵי אֱלֹהִים** / 베네 엘로힘)로 묘사되었다. 여기 "새벽별"(τὸν ἀστέρα τὸν πρωϊνόν / 톤 아스테라 톤 프로이논)에 대해서는 다양한 해석이 주어졌다. 하나님은 다니엘에게 마지막 시대와 연관하여 많은 사람을 옳은 데로 돌아오게 한 자는 별과 같이 영원토록 빛날 것을 약속하셨는데(단

12:3), 두아디라 교회의 이긴 자들에게 주신 약속은 그리스도 자신인 새벽별을 주시겠다는 것이다. 주님은 천국 비유에서 그때에 의인들이 아버지 나라에서 해와 같이 빛날 것을 언급하셨다(마 13:43).

① 루시퍼의 암시(Andreas, Alford)
② 그리스도 자신(Swete, Bleek, Charles, Kiddle, Lee)
③ 그리스도인의 부활(Lee)
④ 첫째 부활(Voctorinus)
⑤ 통치권(Farrer, Lohmeyer)
⑥ 영광의 상징(Stewart)
⑦ 구원의 상징(Moffatt)
⑧ 의인의 불멸성(단 12:3)
⑨ 바벨론 왕(Alford)
⑩ 영원한 생명의 동틈
⑪ 성령
⑫ 화성

승리자는 그리스도와 함께하는 통치뿐 아니라 그리스도 자신을 소유한다. 교회가 촛대고 사자가 별이라면 그리스도는 새벽별이다. 성도의 마음에 떠오를 샛별에 대해서는 베드로도 언급한 바 있다(벧후 2:19). 이럴 경우 "새벽별"은 파루시아에 대한 암시로 볼 수 있다. 가장 약한 도시였던 두아디라에 가장 강력한 권세가 약속된 사실은 흥미롭다.

E. 사데 교회(3:1-6)

위치 : 트몰루스(Tmolus) 산의 기다란 능선을 따라 오르막의 평원 북쪽 경계인 두아디라 남동쪽 35마일 지점에 위치했으며 헤르무스(Hermus) 강 계곡을 지키는 거대한 망루처럼 서 있다. 능선으로부터 언덕들이 생선 가시 뼈처럼 뻗어 나왔고 각각의 언덕들은 좁다란 고원을 이루고 있는데 이러한 돌출부 중 하나인 약 450m 높이의 언덕에 원래의 사데가 서 있었다. 능선 주위는 남쪽을 제외하고는 거의 수직인 암벽들로 되어 있고, 작은 팍톨루스(Pactolus) 강에서 물을 공급받아 사실상 난공불락의 요새였다. 사데(Sardis)는 복수명사인데 이는 고원 지대와 계곡 아래쪽에 각각의 도시들이 있기 때문이다. 고원 꼭대기의 좁은 공간으로는 도시가 확장되지 못했으나 도시의 지형 자체가 아크로폴리스, 아르테미스 신전, 네크로폴리스 건설에는 안성맞춤의 곳이었다. 게다가 사데는 로마로 향하는 다섯 개의 주요 도로가 만나는 곳으로서 중요한 산업 센터이기도 했다.

사회상 : 사데는 면직 무역의 중심지로서 에게 해 도서지방의 무역을 관장했으며 염료 기술이 최초로 발견된 곳이기도 하다. 역사에서는 상업적으로 번성하고 군사적 전략 도시로서 명성을 떨쳤다. 상업적 번성은 도시에 부를 가져다주었는데, 사데의 부는 가히 신화적이라 아직도 크로에수스(Croesus) 왕의 부요함이 잠언으로 얘기될 정도다. 상업적인 번성은 이 도시에 전반적으로 도덕의 타락을 가져왔다. 사데는 한마디로 말해서 점차적으로 쇠잔해가는 도시였고, 당시의 주민들은 도시의 영화로웠던 과거에 묻혀 살았으며, 평화롭긴 하였으나 대체적으로 게으르고 무기력했다. 주전 5세기의 헤로도투스는 당시의 사데인들을 절망적으로 묘사했다. "그들은 하프를 타고 기타를

치며 소매가격으로 물건을 팔 줄 아는 풋내기 리디아인들이다. 사데의 평화는 전쟁을 통해 얻은 값비싼 것이 아니라 꿈이 죽고 마음이 잠들어 버린 사람들의 나른한 평화, 무기력과 도피의 평화에 불과하다." 과거의 영화에 비할 때 현재의 쇠락한 모습이 그토록 대조적인 도시는 사데에 버금할 곳이 없었다(Ramsay, Charles).

종교상 : 아크로폴리스는 사데 북쪽 구역에 240m 높이로 솟아 있고 주위가 가파른 절벽이어서 일단 유사시에는 주민들의 대피소 역할을 하였다. 아르테미스 신전은 완공되지 않았으나 에베소의 유명한 아르테미스 신전만한 크기였다. 사데로부터 약 7마일 떨어진 지평선에서 육안으로도 바라볼 수 있는 흙무덤으로 인하여 이름이 붙여진 "수천의 언덕들"(현대의 Bin Tepe), 즉 네크로폴리스는 상당히 인상적이다. 사데는 티베리우스와 왕후 리비아의 신전을 가졌고 또한 리디아인들의 제우스를 섬겼으나, 보다 잘 알려진 것은 갈리(Galli, 내시 사제들로 이루어짐)로 불렸던 아나톨리아의 시벨레(Cybele)였다. 티베리우스 치세 때 사데의 동전에는 왕후인 리비아의 앉은 모습이 새겨졌는데 손에 곡식 단을 쥐고 풍작을 약속하는 듯한 모습이 데메테르(Demeter) 같기도 하였다. 존슨은 발굴단이 발견한 비문에서 아우구스투스와 클라우디우스의 '신전 수호자'(Temple Warden)로 두 번이나 지정된 사실을 들어 사데가 황제 숭배에 있어 중요한 역할을 했을 것이라 주장했다. 분명한 사실은 사데인들이 황제 숭배에 열성적이었다는 점이다.

교회사 : 2세기경 사데의 감독 멜톤(Melton)이 황제 마르쿠스 아우렐리우스에게 편지를 써 보내어 기독교 신앙을 변호했다. 그는 구약성경 목록을 우리에게 전한 첫 신학자였다. 니케아 이전의 박해 때

사데에서 온 사제 테라폰(Therapon)과 아폴로니우스(Apollonius)가 순교하였다. 325년의 니케아 세계교회회의에 참가한 감독 아르테미도루스(Artemidorus)는 사데의 형편을 소개하였다. 약 400명의 고트인들이 데오도시우스 황제의 유화 정책에 반발해 반란을 일으켰는데 이때 사데를 약탈하여 기독교인들이 수난을 당하였다. 431년 감독 메오니우스(Maeonius)가 에베소의 3차 세계교회회의에 참석하였고, 449년 그의 후임인 플로렌티우스(Florentius)가 에베소의 악명 높았던 로버(Robber)회의에서 알렉산드리아 편을 들었다. 8세기 내내 비잔틴 제국 내의 지배적인 정치 사건은 우상타파주의였다.

레오 3세의 아들 콘스탄틴 5세(741–775)가 우상 타파 정책을 실시했는데, 성상 숭배 지지자들과 자칭 황제인 아르타바스투스(Artabastus)의 공격을 받았다. 그러나 콘스탄틴 5세는 집결된 적의 지원 부대와 아르타바스투스를 743년 사데에서 완전히 격퇴시켰다. 사데의 감독이었던 유티미우스(Euthymius)는 콘스탄티노플의 유명한 신학자인 성 데오도어의 절친한 친구였는데, 우상 타파 논쟁이 두 번째 국면으로 접어드는 동안에 둘 다 유배를 갔다. 유티미우스 감독은 감옥에서 입은 상처로 인해 824년 12월 26일 죽었다.

사데의 기독교 공동체는 14세기 초엽 터키에 점령되면서 급속히 쇠락해졌다. 15세기 초엽 태멀레인(Tamerlane)이 사데를 점령하여 주민들을 학살함으로 사데는 포기되었고 오늘날 사르트(Sart) 마을로 잔존해 있다. 1671년 사르트를 답사한 스미스 목사는 이전 교회로 사용되었던 회교 사원을 발견했는데, 그는 사르트를 "가난하고 처량한 마을"이라 평했다. 17세기 말과 18세기에도 많은 여행객들이 우울한 보고를 계속했다. 1826년 아룬델(Arundell)이 파괴된 두 교회(성모 마리아 교회와 성 요한 교회)에 관하여 보고하면서, 사데에는 터키인이 경영하는 방앗간에서 종살이하는 두 명의 그리스인 신자가 있을 뿐이라 했다.

1차 세계 대전 직전에는 사데 주위에 몇 사람의 크리스천이 남아 있었다. 고대의 사데에 대한 조직적인 탐사는 1910년 프린스턴 대학이 시작하였는데, 그들은 1,000개 이상의 리디아인들 무덤과 아르테미스신전을 발굴했다. 1958년에 동양학연구회, 하버드, 코넬 대학팀이 탐사계시록과 관련된 것으로서 비록 후기의 깃이긴 하지만(2-7세기경) 회당, 체육관, 날개 달린 말, 사도 요한의 초상화와 3세기 중엽 이후의 것으로 보이는 사제의 머리 부분 초상화들을 발견했다.

1 사데 교회의 사자에게 편지하기를 하나님의 일곱 영과 일곱 별을 가진 이가 가라사대 내가 네 행위를 아노니 네가 살았다 하는 이름은 가졌으나 죽은 자로다
2 너는 일깨워 그 남은 바 죽게 된 것을 굳게 하라 내 하나님 앞에 네 행위의 온전한 것을 찾지 못하였노니
3 그러므로 네가 어떻게 받았으며 어떻게 들었는지 생각하고 지키어 회개하라 만일 일깨지 아니하면 내가 도적같이 이르리니 어느 시에 네게 임할는지 네가 알지 못하리라
4 그러나 사데에 그 옷을 더럽히지 아니한 자 몇 명이 네게 있어 흰 옷을 입고 나와 함께 다니리니 그들은 합당한 자인 연고라
5 이기는 자는 이와 같이 흰 옷을 입을 것이요 내가 그 이름을 생명책에서 반드시 흐리지 아니하고 그 이름을 내 아버지 앞과 그 천사들

앞에서 시인하리라

6 귀 있는 자는 성령이 교회들에게 하시는 말씀을 들을지어다

1 하나님의 일곱 영과 일곱 별을 가진 이

일곱 별을 가진 이는 1:16에 나타나신 주님의 모습이다. 일곱 영은 성령에 대한 언급이다(1:4, 5:6). 교회만이 아니라 교회의 사자들도 주님의 손에 있고 성령도 주님의 손에 있다(요 14:16 참조). 영광을 받으신 이후부터 주님은 성령을 부어주셨다(요 7:39; 행 2:33). 일곱 영은 온 세상에 두루 행하는 여호와 눈으로서(슥 4:10) 성령의 전지에 대한 묘사이다. '가짐'(ἔχων / 에콘)이란 권위와 통제를 상징한다(1:16, 18). 주님은 가진 상태를 계속하신다. 영속적인 권위와 통제의 힘은 성령이 (원천이신 아버지에게서) 그리스도로부터 나오며(요 15:26) 교회의 사자를 주님께서 제어하실 수 있음을 뜻한다. 성령이 그리스도에게서 나오기에 그리스도의 영이라 불린다(롬 8:9). 일곱 금촛대 사이로 다니면서 교회의 사자들(1:20)을 붙드신다.

네가 살았다 하는 이름은 가졌으나 죽은 자로다

2절에 비추어 생명이 완전히 죽은 게 아니라 급속히 죽어 가는 중에 있음을 가리킨다. 4-5절에 비추어 완전한 영적 죽음의 상태에 떨어지지는 않았으나 대다수 신자들은 이교의 세력과 타협하여 이름뿐인 크리스천에 불과했다. 그들은 아버지의 품을 떠난 탕자처럼 죽은 자였다(눅 15:22). 행함 없는 믿음은 그 자체가 죽은 것이다(약 2:17, 26). 신약에서는 죄를 죽음에 자주 비유하곤 했다(눅 15:24; 롬 6:13; 엡

2:1, 5; 골 2:13; 딤전 5:6). 그것은 외관상으로 확인이 불가능한 빈사 상태다. 그리스도의 눈에 사데 교회는 생명의 이름 아래 죽어 있는 하나의 역설로 비쳐졌다.

그들은 경건의 겉모습은 있으나 경건의 능력을 부인하는 자요(딤후 3:5), 잎만 무성한 무화과나무였다(마 21:19). 무기력하고 탄력과 야성을 잃어버린 신앙 상태를 빗대는 말이다.

사데 교회에도 신실한 핵심 멤버가 있긴 했지만 다른 여섯 교회에 비해 가장 신랄한 책망을 받았다. 육신의 생명은 지속되었지만 영혼의 생명은 이미 죽고, 산 자 같은 걸음은 있으나 하나님과의 동행은 없고, 호흡은 있으나 기도는 중단되었고, 사람에게는 인정을 받았으나 하나님께는 인정을 받지 못하였다. 혹자는 당시 사데 교회의 감독 이름이 "살았다"라는 뜻의 조시무스(Zosimus)였을 것이라 추정하기도 했으나 신빙성은 없다.

알포드와 리(Lee)는 조시무스와 연관된 해석을 억지스런 것으로 치부하였다. 이름은 지녔는데 생명이 없다는 이 유령같은 영적인 실태는 집합적인 사데 교회이든지 아니면 개인의 경우이든지 둘 다 해석이 가능하다. 트렌치는 평판이 높았던 개인 크리스천으로 보았다. 사데 교회는 생명이란 크리스천의 이름을 가졌지만 실제적으로는 죽음이란 이교의 이름을 지니고 있었다. 교회가 지킨 것은 생명이 아니라 알맹이가 빠져나간 껍질만의 이름이었다. 그들이 주님을 사랑하고 교회를 섬긴 과거의 행위는 좋은 평판의 이름을 얻게 하였지만 현재의 행위는 이전 같지 않았다. 사데의 외곽은 음산한 공동 묘지로 유명했고 사데 교회는 생명 공동체의 정체성을 잃어버린 "죽은 자"(νεκρός / 네크로스)로서 공동 묘지로 채워진 사멸도시(necropolis)가 되어

버렸다. 사데 교회가 새로워져서 이기는 자가 되기 위해선 이름 대신에 생명을 붙들어야 했고 생명을 주시는 영이신 성령께로 돌이켜야 했다.

2 너는 일깨워

2-3절에는 모두 다섯 개의 명령이 연이어 나오고 있다.

"일깨워라"(γίνου / 기누), "굳게 하라"(στήρισον / 스테리손), "생각하라"(μνημόνευε / 므네모뉴에), "지키라"(τήρει / 테레이), "회개하라"(μετανόησον / 메타노에손)이다. "너는 일깨워"(γίνου γρηγορῶν / 기누 그레고론)는 그중에서 첫 번째 명령이다. 이것은 '계속 깨어 있으라'는 말이다. 경성은 주님의 파루시아를 기다리는 신자들로선 마땅한 태도이다(마 24:42-43; 막 13:33-37; 롬 13:11; 살전 5:1-6). 사악한 마귀의 준동(벧전 5:8)과 거짓 교사의 난무(행 20:29-31)와 확고한 신앙을 위해(고전 16:13) 신자는 늘 깨어 있어야 한다. 역사적으로 사데는 파수꾼이 깨어 있지 않아 두 번이나 적들에게 점령당한 뼈아픈 경험을 지니고 있었다.

그 남은 바 죽게 된 것을 굳게 하라

"그 남은 바"(τὰ λοιπά / 타 로이파)란 표현은 계시록에 8회 나오고 있지만 나머지 요한의 저술에는 나타나지 않는다. 죽었다고 선언되었음에도 불구하고 아직도 죽음 직전에 머물러 있는 부분이 남아 있음은 희망적이다. 이는 캐어드가 잘 지적했듯이 숫자상의 남은 자가 아닌 영적 생동력의 잔여분에 대한 표현이다. 남은 자는 단순히 사람들만을 의미하지 않으며 사람이든지 제도든지 크리스천의 삶이 이미 파괴된 사데에 여전히 남아 있던 그 무엇이다(Swete). "굳게 하라"(στήρισον / 스테리손)는 현재 명령형으로서 계속적 행위를 요구한다. 굳게 하지 않으면 죽음이 진행되고 있는 절망적 상황이 가속될 것이다.

내 하나님 앞에 네 행위의 온전한 것을 찾지 못하였노니

이는 '너의 실패를 발견했다'를 뜻하는 일종의 곡언법으로서 유사한 사용이 고전 10:5에도 나타난다. 새번역 영어성경(NEB)에서는 "어떤 행위도 완결된 것이라곤 보지 못하였다"라는 의미로 번역이 되었다. 이 "행위"는 그들의 영적 생활과 관련된 일체의 신앙 생활 전반을 의미한다. "온전한"(πεπληρωμένα / 페플레로메나)은 바울과 요한이 즐겨 사용한 용어로서 요한복음에만 13회 나오고 있다. 비슬리-머리는 사데 교회를 가리켜 "반만 강한"(Halbsträrke) 교회라 불렀다. 이는 보람 있는 어떤 일을 성취하고자 할 때에 충분한 동기를 지니지 못함으로 어정쩡해 하는 사람(wishy-washy man)을 가리키는 말이다.

그들의 종교 생활은 너무도 외적이고 형식적이었기 때문에 하나님 앞에서 온전함을 이룰 수가 없었다. 겉으로 보면 중요한 일도(important) 실제의 내면에서 살피면 무기력하였다(impotent). 하나님의 기준에 불합격이었다. 무게는 가볍고 길이는 짧고 정해진 목표에 미치지 못하였다. 부족함이 완연하게 드러났다는 뜻이다(단 5:27). "찾지 못하였노니"(οὐ γὰρ εὕρηκά / 우 가르 휴레카)는 완료형으로 찾고 있는 상태가 아직도 끝나지 않았음을 강조하는 말이다(막 11:13). "하나님 앞에"(ἐνώπιον τοῦ θεοῦ / 에노피온 투 떼우)나 "주 앞에"(ἐνώπιον τοῦ κυρίου / 에노피온 투 퀴리우)란 표현은 계시록에 모두 열한 번이 사용되었다(3:2, 5, 7:5, 8:2, 4, 9:13, 11:4, 12:10, 15:4,

16:19).

3 그러므로

복음서에처럼 "그러므로"(οὖν / 운)는 계시록에서도 요약과 종합을 나타내는 접속사다(1:19, 2:5, 16, 3:19).

네가……받았으며……들었는지 생각하고 지키어

"받았으며……들었는지"(εἴληφας καὶ ἤκουσας / 에일레파스 카이 에쿠사스)는 완료형으로서 영구적인 보증금 곧 진리를 이미 받았음을 가리킨다. 사데 교회가 인정하든 인정하지 않든 이 사실은 변함이 없다. 그들은 예전 어느 때인가 진리를 받았으며 들었다. 의심할 여지 없이 그들이 복음을 처음 접하였을 때 즐거움으로 듣고 기쁨으로 받아들였다. '에쿠사스'는 그들이 복음을 들었던 바로 그때를 가리킨다(살전 1:5, 6, 2:13). '에일레파스'는 그들이 이 하나님의 선물을 여전히 소유하고 있음을 의미한다. "받았으며"(εἴληφας / 에일레파스)는 뒤의 "들었는지"(ἤκουσας / 에쿠사스)와 관련하여 책임성을 강조한다(Vincent). 원문에서는 "그러므로 생각하라"(μνημόνευε οὖν / 므네모뉴에 운)가 제일 먼저 나온다.

일반적으로 방법(how)을 나타내는 부사 '어떻게'(πῶς /포스)가 여기에서는 "지키어"(τήρει / 테레이)라는 동사와 연관되어서 그 목적이 필요하므로 '무엇'(what)이라 번역하는 것이 보다 적절하다. 굳이 직역을 하자면 "너희가 받았고 들었던 것을 생각하라. 그리고 그것들을 지키라. 그리고 회개하라"이다. 사람을 회개(repent)로 이끄는 첫 단계는 회상(remember)이다. 이는 단순한 생각이 아니라 곱씹어 돌이켜 보는 것이다. "생각하고"는 현재 명령형으로서 계속적이고 습관적으로 기억할 것을 촉구한다. "지키어"도 현재 명령형으로 멈춤 없이 계속해서 지켜나가야 할 것을 말한다. 받고 들은 것을 계속 기억하면서 계속 지켜나가야 한다. "회개하라"(μετανόησον / 메타노에손)는 단순과거 명령형으로 "즉시 회개하라"는 결정적인 한 행동을 가리킨다.

만일 일깨지 아니하면

회개의 부름에 대한 곡언적 촉구인 "만일 일깨지 아니하면"(ἐὰν οὖν μὴ γρηγορήσῃς / 에안 운 메 그레고레세스)이란 문장은 복음서의 분명한 반영이다(마 24:32; 막 13:35; 눅 12:39). 원문에는 "그러므로"(οὖν / 운)가 있는데 이 부분이 요약과 종합임을 보여준다.

내가 도적같이 이르리니……네가 알지 못하리라

주님은 강도(λῃστής /레스테스)처럼 오시지 않고 도적(κλέπτης / 클렢테스)같이 임하신다. 지상에서 가장 고귀한 영혼들을 탈취하시기 위하여 도적같이 오신다(마 24:40-41).

"도적같이"(ὡς κλέπτης / 호스 클렢테스)는 '예기치 않은 때에', '순식간에' 출현할 것을 표현하는 말로서 전통적으로 주님의 파루시아를 나타낼 때 사용됐다(계 16:15; 마 24:43; 눅 12:39; 살전 5:2; 벧후 3:10). 재림의 돌발성보다는 불예기성(not suddenness but unexpectedness)을 강조한 말이다(Ladd). 그러나 엄밀히 말하면 신자에게는 도적같이 임할 수 없다(살전 5:4). 쿰란 회원들은 순번표에 따라서 각자가 밤을 3교대로 나눠 그때 기도와 연구에 몰두했다(Ford).

"어느 시에"(ποίαν ὥραν / 포이안 호란)에서 '호란'은 대격과 함께 쓰여 기간이 아닌 시간의 어느 순간을 가리키는데 이것은 상당히 드문 고전 숙어이다(Charles, Robertson, Swete, Mounce). "네가 알지 못하리라"(καὶ οὐ μὴ γνῷς / 카이 우 메 그노스)는 강한 이중 부정으로서 '너는 결단코 알 수 없다'는 뜻이다. 역사적으로 17년에 갑작스런 지진을 경험하였으므로 사데 교회는 어떤 교회보다도 '갑작스런 임함'의 의미를 잘 알 수 있었다.

4 그 옷을 더럽히지 않은 자 몇 명이 네게 있어

보편적인 오염의 때에도 정결을 유지한 소수의 남은 자는 반드시 있다. 이것은 부패한 시대에 있어서 교회의 소망이다. '더럽힘'이 신약에서 종교적 의미로 사용된 예는 단 3회에 불과하다(고전 8:7; 계 3:4, 14:4). 이 중 계시록에 사용된 언급은 엄격한 의미에서 성적인 금욕에 관한 것이 아니라 그리스도의 신부로서(고후 11:2) 공동체에 보여야 할 신실한 자세에 관한 것이다(Harnack). 옷을 더럽혔을 경우에 예배자로서 부적합하며 신을 모독한 것으로 간주한 사실이 소아시아의 봉헌에 관련된 비문에서 발견되었다. 도덕적 순결은 영적 사귐을 위해 반드시 요구된다(Moffatt). 히브리인들은 성결을 영혼의 의복으로 여겼고 악행으로 이 옷이 더럽혀진다고 보았다. 그들은 전 12:7에 반영된 한 비유를 잘 알고 있었다. "어떤 왕이 왕궁 예복을 종들에게 나누어주었다. 총명한 이들은 그것을 잘 개켜서 금고 안에 보관했다. 어리석은 이들은 매일 자랑삼아 작업장에 예복을 입고 나와 일을 했다. 얼마 후에 왕이 하사한 왕궁 예복을 요구했다. 총명한 이들은 깨끗한 옷을, 우매자들은 더러워진 옷을 가져가서 각각 왕의 칭찬과 노여움을 샀다.”

‘더럽히지 않음’(οὐκ ἐμόλυναν / 우크 에몰뤼난)을 일반적인 죄로부터의 정결로 보기도 하고(Alford), 성적인 죄에 더럽혀지지 않은 것으로 보았다(Zahn, Swete). 대부분의 주석가들은 후자의 견해를 취했다. 백위드도 알포드처럼 7:14과 22:14에 비추어서 이것이 더 일반적인 더럽힘과 관계된 것이라 보았다(유 1:23 참조). 한편 트렌치는 ‘몰루네인’(μολυνεῖν, inquinare /인쿠이나레)과 “미아네인”(μιανεῖν, maculare / 마쿨라레)의 차이를 설명하였다. 70인역에서 보면 후자가 반드시 법적 더러움을 나타낸 데 비하여 전자는 실제적인 오염을 나타냈다.

흰 옷을 입고 나와 함께 다니리니

흰 옷은 세례 받은 자를, 더럽히지 않은 자는 세례 서약을 깨지 않은 자로 보았다(Swete). 믿음을 고백한 신자가 세례 받을 때 물에서 나오면 정결의 표시로 흰 옷을 주는 것이 통례였다. 흰 색은 천상의 정결(Plummer)과 승리(Alford)를 표시한다. 플라토는 흰 색을 신들에게 적합한 색이라 말하였다. 흰 옷은 정결의 상징으로서 천상적 존재들과 복 받은 이들의 변치 않는 특성이며 영광을 의미했다(7:9, 13; 단 7:9; 슥 3:3, 5; 마 28:3). 로벗슨은 흰 옷 입은 자를 부활체에 관한 언급으로 이해하였다(고후 5:1, 4; 계 3:4, 5, 6:11, 7:9, 13-14, 19:8). 그러나 부활체에 대한 언급이라기보다는 부패한 세상에서 정절을 지킨 이들이 주님과의 사귐을 경험하는 메시아 왕국에서의 승리와 정결의 약속으로 이해하는 것이 바람직하다(7:9, 13; 시 104:2).

혹자는 이를 구속함 받은 제사장에 대한 언급으로 해석하였지만 백위드가 이를 반박했다. 한편 마운스는 이를 의롭다 칭함을 받은 자들로 보았다(19:8; 시 132:9; 욥 29:14; 사 59:17; 61:10; 그리고 사 11:5와 엡 6:14 참조). 로마제국의 풍습에도 전쟁에서 승리를 했을 경우에는 연도에 나온 모든 시민들이 흰 옷을 입었다(Ramsay, Mounce). "나와 함께 다니리니"는 동행의 약속이다. 에녹이 300년 동안 하나님과 동행했던 사건(창 5:22, 24)을 반영한다. 고대 페르시아의 궁전에서는 왕의 신임을 받는 신하가 궁궐 내의 정원을 왕과 함께 거닐 수 있는 특권을 지녀서 "정원의 동료"라 불렸다.

그들은 합당한 자인 연고라

이 '합당함'은 그들이 신자로서 합당한 삶을 살았기 때문에 붙여진 서술이다(엡 4:1; 빌 1:27; 골 1:10; 살전 2:12).

하나님과 그리스도에 대한 합당함도 언급되었고(4:11, 5:9), 16:6에서는 원수들이 심판 당하는 경우에 이 표현이 사용되기도 하였다. 이 합당함은 데살로니가 교회 교인들을 위한 바울 사도의 소망이기도 하였다(살후 1:5). 그들이 합당한 이유는 정결함과 거룩함을 지켰고 행위를 온전케 하였기 때문이다. 16:6에서는 심판의 정당성과 연관하여 땅의 거주자들에게 적용되었으나 나머지는 하나님(4:11)과 그리스도(5:2, 4, 9, 12)에게만 적용이 되었다. '합당함'(ἄξιοι / 악시오이)은 '그럴 만한 자격이 있다', '그럴 가치가 있다'는 뜻이다. 그들이 주님과 함께 다닐 수 있음은 그들이 주님을 닮았기 때문이다.

5 이와 같이 흰 옷을 입을 것이요

"이와 같이"(οὕτως / 후토스)는 '앞 절의 약속처럼'이다. 11:5와 요 4:6에도 같은 용법이 쓰였다. 승리자에 대한 삼중적인 약속이 주어졌다. 흰 옷과 생명책에 기록된 이름과 아버지와 천사들 앞에서 시인될 이름이다. 쿰란 공동체의 회원들과 에세네파들은 자신들의 내적인 정결에 대한 상징으로 흰 옷을 입었다(슥 3:3-5에 언급된 여호수아의 옷). 고대인들은 축제에 초대받았을 때 흰 옷을 입었다(전 9:8). 흰 옷의 배경에 대한 다양한 해석들이 제시되었다. '정결'을 상징한다(Robertson). '영광'을 상징한다(Johnson). '승리'를 상징한다(Alford). '빛'(Trench)과 '성결'을 상징한다(Hort). '칭의'를 상징한다(Farrer, Walvoord). '성도의 옳은 행실'이다(Beasley-Murray). 흰 옷 입은 자는 의인이다(Morris). 전가된(imputed) 의로서의 결혼 예복이다(Trench). 세례 예복이다(Roloff, Krodel). 정결과 승리를 상징한다(Caird). 정결과 완전과 영광을 포함한 천상의 색깔이다(Swete, Lee). 승리와 영광에 더불어 천상에서의 상태를 강조하는 천상의 복이다(Charles, Giesen, Swete). 그리고 사데의 의료 산업에 연관된 묘사이다(Moffatt).

승전을 축하하기 위한 퍼레이드가 개최되면 로마 시민들이 모두 흰 옷을 입고 나와 도시 전체가 백색 물결을 이루어 "백색의 도시"(urbs candida / 우르브스 칸디다)라고 불렸다(Ramsay, Ford, Hemer, Beale). 주후 1세기경의 유대교에서는 죽은 자에게 흰 옷을 입혀 장사 지냈다(Krauss). 계시록에 흰 옷 또는 의복은 모두 7회가 언급되었는데 세 가지의 다른 단어들을 사용하였다. 히마티온(3:5, 18, 4:4)과 스톨레(6:11, 7:9, 13)와 뷔시논(19:14)이다.

내가 그 이름을 생명책에서 반드시 흐리지 아니하고

이곳의 "생명책에서"(ἐκ τῆς βίβλου τῆς ζωῆς / 에크 테스 비블리우 테스 조에스)란 표현이 출 32:32에서는 "주의 기록하신 책에서"(ἐκ τῆς βίβλου σου, ἧς ἔγραψας / 에크 테스 비블리우 수, 헤스 에그랖사스)로 나오며 구약 칠십인역에서 간혹 사용되었다. 시 69:28에는 "생명책"(ἐκ βίβλου ζώντων / 에크 비블리우 존톤), 시 139:16에서는 "주의 책"(βιβλίον σου / 비블리온 수), 단 12:1에는 단지 "책"(τῇ βίβλῳ / 테 비블로), 말 3:16에는 "여호와 앞에 있는 기념책"(βιβλίον μνημοσύνου ἐνώπιον αὐτοῦ / 비블리온 므네모쉬누 에노피온 아우투)이라고 불렸다. "생명책" (ספר היים / 세페르 하이임)에는 오직 의인의 이름만 기록된다. 그리고 여호와 앞에 있는 "기념책"(ספר כרון / 세페르 카론)에도 여호와를 경외하는 자와 그 이름을 존중히 생각하는 자의 이름만이 기록된다. 이 '책'은 그리스도의 손에 들려 있다(13:8; 21:27).

성경에는 선행록(시 56:8; 느 13:14)과 악행록(사 65:6)과 둘 다(단 7:10; 계 20:12) 사용된 적이 있다. 렘 22:30에는 저주받은 자의 기록이 나오며, 겔 23:9에 따르면 이스라엘 호적에 기록되지 않는 것이 곧 저주였다. 생명책에 기록된 이들은 의인들이다. 고대세계에서 시청 직원은 오직 산 시민의 이름만을 기록한 문서를 보관하고 있었다. 키들에 따르면 범죄자의 이름이 아시아 타운의 시청 등록부에서 제거될 때 자동적으로 시민권을 잃었다. "반드시 흐리지 아니하고"(οὐ μὴ ἐξαλείψω / 우 메 엑살레잎소)는 아주 강한 이중 부정으로서 결코 지우지 않겠다는 신적 선언이며, 불변의 약속을 의미한다.

제사장들이 범죄하거나 아론의 자손이 아닌 것이 드러나면 제사장 명부에서 그 이름을 삭제하고 흰 옷을 벗겨 검은 옷으로 갈아입혀서는 추방시켰다. 쿰란 공동체나 에세네파의 경우에도 그들의 목록에 이름이 기록되면, 공동체의 물품을 나누어 가질 수 있었으나 이름이 지워지면 즉시 특권을 상실했는데 이는 실제적으로 죽음을 선고 받았음을 의미했다. 민족적으로 그 이름이 지워지는 것은 하나님의 더할 수 없는 저주요 심판이었다(신 9:14, 25:19, 29:20).

그 이름을 내 아버지 앞과 그 천사들 앞에서 시인하리라

이는 복음서에서 주님께서 언급하신 말씀을 회상시킨다(마 10:32; 막 8:38; 눅 9:26, 12:8). 단순히 이름을 지우지 않을 뿐만 아니라 적극적으로 그 이름을 시인해 준다. 그것도 전능하신 하나님 앞과 거룩한 천사들 앞에서 공개적으로 증언해 주신다니 얼마나 크나큰 영광인가! 너는 내 몸의 지체라고, 나의 신실한 종이라고, 나의 요나단이라고, 나의 신부요 열매 맺은 가지라고, 옥에 있을 때 돌아보고, 병들었을 때에 찾아왔고, 나그네 되었을 때에 돌보아 주었노라고 증언하실 때 참으로 그 기쁨은 한량없을 것이다. 주님께서 재림하시면 생명책에 그 이름이 기록된 사람들은 시인의 대상이 되지만 나머지 사람들은 부인의 대상이 되어서 새 예루살렘으로의 입성을 거절당한다(마 7:23, 25:12; 막 8:38; 눅 9:26; 계 20:15, 21:27).

F. **빌라델비아 교회**(3:7-13)

위치 : 트몰루스(Tmolus) 산을 향한 넓은 계곡에서 위쪽으로 완만히 경사진 작은 언덕, 헤르무스(Hermus) 강 지류의 코가미스(Cogamis)

계곡으로부터 남쪽 고원지대에 위치해 있다. 뒤의 언덕편이 붉다 하여 '붉은 도시'(the reddish city)라는 뜻을 지닌 오늘날의 알라세히르(Alasehir)이다. 스웨트는 '하얀 도시'를 뜻한 알라세흐르(Alasehr)로 불렀다. 약 100마일 정서 쪽의 서머나와 북동아시아, 그리고 브루기아와 동방을 연결하는 주도로가 이 도시를 통과하였다. '불타버린 땅'이라는 뜻의 카타케카우메네(Katakekaumene)라고 불린 대평원의 가장자리에 세워진 이 도시에는 용암과 식어버린 화산재들의 흔적이 남아 있고 땅은 비옥하며 포도 농사의 중심지로서 유명한 포도주 산지였다. 포도주는 직물업과 피혁산업과 더불어 도시의 번영에 크게 기여했다. 지형학적으로는 강력한 요새이며 1세기 로마의 치하에서는 드로아, 아드라밋디엄, 버가모, 사데를 거쳐 빌라델비아를 지나 동방으로 연결되는 황제의 우편로였다. 무시아, 리디아, 브루기아의 국경들이 마주치는 위치로 인해 "동방의 관문"이라 불리기도 했으며, 자연히 리디아, 브루기아의 동방 풍습들이 퍼지게 되었다.

종교상 : 이방 종교가 득세하였던 곳이다. 찰스와 스웨트는 포도주의 주요 생산지인 점을 들어 디오니소스 숭배가 두드러졌을 것이라 추정하였는데, 사실 당시의 동전에는 박커스(헬라신화에서는 디오니소스에 해당함) 또는 박카스 신의 여사제 형상이 새겨져 있었다. 이들은 약 211-217년 카라칼라(Caracalla) 황제 치세 하에서 '네오코로스'의 칭호를 획득했다. 5세기경에는 이교 축제와 이방 종교 제의가 번성했으므로 "작은 아테네"(Little Athens)란 별명을 얻었는데 그런 현상이 보다 초기부터 있었는지는 확실치 않다.

초대 교회와의 관계 : 빌라델비아 교회의 기원에 대해서는 아무런 정보가 없지만 100-160년경의 이 교회는 선지자 아가보와 빌립의 네 딸에 비교될 만큼 예언의 은사가 아주 강했던 암니아(Amnia)란 여선지자의 사역으로 크게 번성했다. 바울이 자신의 친족 루기오(롬 16:21)를 감독으로 내정했다는 전통도 있으나 《사도규약집》(Apostolic Constitutions)에 따르면 빌라델비아 초대 감독은 사도 요한이 임명한 데메트리우스(Demetrius)였다. 요한이 빌라델비아에 편지를 보낸 지 약 10년 후인 105년경 빌라델비아 교회는 트로이에서 보낸 성 이그나티우스의 서신을 받게 되었는데, 거기에서 빌라델비아 감독은 "말없이 사람을 감복시키는 인품의 신사"로 묘사되어 있었다. 신자들도 칭송을 받았다. 빌라델비아 교회는 외형적으로는 초라했으나 내적으로는 훌륭한 신자들로 구성되어 있었다. 빌라델비아 교회는 서머나 교회와 비슷하였다. 둘 다 책망이 없고 칭찬만 주어졌다. 자칭 유대인들에게 수난을 당하였고 로마정부로 인한 박해도 받았다. 사탄의 회를 극복했으며 면류관을 약속받았다. 빌라델비아 교회의 주요 문제는 이방 종교들로 인한 것이라기보다는 적대적인 유대인 집단에 의해 당하는 시련이었다. 또한 빌라델비아 교회의 교인들은 당시의 지진으로 인해 자주 성문 밖으로 탈출해야 했고 새로운 이름들을 지녔던 도시의 유래를 아는 고로 "결코 다시 나가지 아니하리라"는 약속과 "새 이름"에 대한 약속의 의미를 누구보다 잘 알 수 있었다.

교회사 : 터키 군대와 회교가 소아시아 지역에 홍수처럼 밀어닥쳤을 때 다른 도시들은 이내 굴복했으나 빌라델비아만은 14세기 말까지 꿋꿋이 남아 있었다. 몇 세기 동안 빌라델비아는 이교 백성들 한가운데 우뚝 솟아난 헬라 기독교의 도시였다. 그것은 실로 람제이 경이 적절히 지적한 것처럼 "아시아 기독교의 마지막 보루"였다. 325년 니케아회의에는 헤티마시우스(Hetimasius) 감독이 참석했는데, 그의 선임자는 키리아쿠스(Cyriscus) → 데오도시우스(Theodosius)였다. 431년 에베소에서 열린 세계교회회의에는 데오파네스(Theophanes) 감

독이 참석했다. 그런데 그는 알렉산드리아의 키릴에 반대하여 콘스탄티노플의 네스토리우스 쪽에 가담하였다. 14세기 중엽 유명한 비잔틴의 찬송가 연구가요 변사였던 데오렙투스(Theoleptus)와 신약 주해로 알려진 신학자요 감독인 마카리우스 2세(Macarius II)가 빌라델비아 출신이었다. 1347년 마카리우스 2세는 빌라델비아에 이어 서머나와 버니게 교구의 책임을 맡았고 대감독 교구를 이끌면서 빌라델비아를 일약 소아시아 제1교구의 하나로 만들었다.

15세기 초엽에는 테멀레인이 소아시아를 유린할 때 많은 기독교인들이 버니게로 탈출함으로 4,000명의 헬라 정착민이 생겼다. 그리고 1578년 콘스탄티노플의 총대주교가 버니게의 총주교로 가브리엘 세베루스(Gabriel Severus)를 파송했는데 빌라델비아 대감독이란 칭호도 함께 주어졌다. 빌라델비아의 마지막 총주교요 대감독은 18세기 초엽의 밀레티우스(Miletius)였다. 1671년 토머스 스미스가 알라세히르를 방문하여서 교회들이 회교 사원으로 바뀐 것과 오직 4개의 교회만 잔존해 있음을 보고했다. 17세기 중엽 빌라델비아의 데메트리우스는 이슬람을 믿었다가 후에 회개하고 순교하였다. 1826년에 그리스의 빌라델비아 감독은 아룬델 목사에게 빌라델비아에 3,000의 터키인과 300의 그리스인이 거주하며 25개 교회가 있는데 다섯 곳만이 사용 중이라 밝혔다. 1922년 이후 알라세히르에는 크리스천이 남아 있지 않았다. 1973년 당시의 전체 인구는 20,300명이었다.

7 빌라델비아 교회의 사자에게 편지하기를 거룩하고 진실하사 다윗의 열쇠를 가지신 이 곧 열면 닫을 사람이 없고 닫으면 열 사람이 없는 그이가 가라사대

8 볼지어다 내가 네 앞에 열린 문을 두었으되 능히 닫을 사람이 없으
리라 내가 네 행위를 아노니 네가 적은 능력을 가지고도 내 말을
지키며 내 이름을 배반치 아니하였도다
9 보라 사탄의 회 곧 자칭 유대인이라 하나 그렇지 않고 거짓말하는
자들 중에서 몇을 네게 주어 저희로 와서 네 발 앞에 절하게 하고
내가 너를 사랑하는 줄을 알게 하리라
10 네가 나의 인내의 말씀을 지켰은즉 내가 또한 너를 지키어 시험의
때를 면하게 하리니 이는 장차 온 세상에 임하여 땅에 거하는
자들을 시험할 때라
11 내가 속히 임하리니 네가 가진 것을 굳게 잡아 아무나 네 면류관을
빼앗지 못하게 하라
12 이기는 자는 내 하나님 성전에 기둥이 되게 하리니 그가 결코
다시 나가지 아니하리라 내가 하나님의 이름과 하나님의 성 곧
하늘에서 내 하나님께로부터 내려오는 새 예루살렘의 이름과 나
의 새 이름을 그이 위에 기록하리라
13 귀 있는 자는 성령이 교회들에게 하시는 말씀을 들을지어다

7 거룩하고 진실하사

여기에 묘사된 주님의 모습에는 네 개의 관사가 붙어 있다. 하나님의 이중 칭호에 아무런 접속사를 사용치 않고 관사를 붙여 연사적(asyndetic)으로 사용한 예는 매우 특이하다(에녹전서 1:3, 14:1). "거룩하고"(ὁ ἅγιος / 호 하기오스)는 '그 거룩하신 분'이란 뜻이다.

이것은 하나님의 전형적인 자기 묘사다(사 6:3, 43:15). 전통적인 유대 사상에서는 "거룩하신 분"은 곧 하나님께 대한 칭호였다(사 40:25; 합 3:3; 요 6:69; 계 4:8, 6:10). 메시아의 칭호로서 '거룩하신 분'이란 표현이 그리스도께 붙여졌다(시 16:10; 막 1:24; 눅 4:34; 요 6:69; 행 2:27, 3:14, 4:27, 30, 13:35; 히 7:26; 요일 2:20). "진실하사" (ὁ ἀληθινός / 호 알레띠노스)는 '그 진실하신 분'이란 뜻이다. 3:14에는 "아멘", 19:11절에는 "진실"로 불렸다.

하나님은 "진실이 많은 하나님"(출 34:6)이요 자신의 언약에 충실하신 "진리의 하나님"(사 65:16)이며 "참되신 대주재"(계 6:10)이시다. 스웨트는 여기에서 사용된 단어인 알레띠노스가 비실재적인 것에 반대되는 실재적인 것으로서의 진실(verus / 베루스, genuine)로서 거짓 진술과 비교하여 바른 진술이란 의미의 알레떼스(verax / 베락스, truthful)와는 구분되어야 한다고 주장했다. 70인역에서 알레떼스가 하나님께 사용된 적은 단 한 번도 없으며 알레띠노스가 간혹 사용되었는데(출 34:6; 시 86:15; 사 65:16) 그렇다면 스웨트의 구분은 숙고할 만하다. 그러나 알레떼스(ἀληθής / 알레떼스)가 비록 계시록에서 전혀 사용되지는 않지만 제4복음서에는 14회나 사용되었다.

한편 트렌치는 하나님이 자기 입술의 약속을 이루신다는 뜻에서의 알레떼스와, 보다 넓은 뜻에서 자기 이름의 약속을 이루신다는 뜻의 알레띠노스를 구분했는데, 찰스는 이러한 구분이 요한복음의 경우에만 옳은 것으로 받아들였다. 빈센트는 이를 부분적 실체화와는 달리 완전한 실체화를 뜻한다고 보았다. 모세를 통하여 떡(만나)을 주었으나 하나님은 '참'(ἀληθινόν / 알레띠논) 떡을 주셨다(요 6:32). 이스라엘은 하나님께서 심으신 포도나무지만(시 80:8), 그리스도는 '참'

(ἀληθινή / 알레띠네) 포도나무요(요 15:1). 주님은 '참'(ἀληθινόν / 알레띠논) 빛이요(요 1:9) '참'(ἀληθινόν / 알레띠논) 하나님이시다(요일 5:20). 이 단어는 요한의 전용어다(공관복음에 1회, 바울 서신에 1회, 히브리서에 4회, 요한복음에 9회, 요한 서신서에 4회, 계시록에 10회 쓰였음).

다윗의 열쇠를 가지신 이……열 사람이 없는 그 이

빌라델비아 교회에 나타나신 주님의 모습에 대한 배경은 사 22:22이다(욥 12:14 참조). 열쇠는 권위의 상징으로서(계 9:1, 20:1, 21:2) 히스기야의 충성스런 궁내 대신 엘리아김(왕하 18:18)에게 다윗 왕가의 열쇠(무거운 열쇠꾸러미)를 어깨에 둔다는 것은 정사의 위탁을 의미한다(사 9:6-7). 이는 메시아 왕국에서의 능력과 권위를 나타낸다(마 16:19, 28:18; 계 5:5). 다윗은 그리스도의 전형이며(시 122:5; 렘 30:9; 겔 34:23, 37:24) 다윗의 집은 메시아 왕국의 전형적인 칭호다. 그리스도는 '다윗 왕가에 속한 메시아'이시다(계 2:26, 3:21, 5:5, 19:11-16, 20:4, 22:16). 엘리아김은 하나님의 집을 다스리실 영광스런 그리스도의 전형이다(엡 1:22; 히 3:6).

하늘과 땅의 권세를 지니신 그리스도께서는 음부의 열쇠까지 지니사(계 1:18; 그리고 롬 14:9와 빌 2:9 이하를 참조) 그 권위를 장차 행사하실 것이다. 에스라 시대에는 네 명의 레위인과 문지기장이 성전 열쇠를 보관했다(대상 9:27).

성경과 랍비 문학에서 열쇠를 양도함은 단순히 문지기로 삼는 것이 아니라 집안에서 온전한 능력을 행사할 권위를 나타내는 은유적인 표현이다. 엘리아김이 히스기야의 궁궐 문을 여닫았듯이, 그리스도도 하나님의 왕국에서 그리하실 것이다. 이것은 왕국의 열쇠이지 교회의 열쇠가 아니다. 마 16:19는 말씀 증거에 의하여 왕국을 여는 권세를 위탁했음을 의미하며 행 1-12장에 베드로를 중심한 초대 교회의 역사를 통해 실제로 사용하는 모습들이 나온다.

8 내가 네 앞에 열린 문을 두었으되

열린 문의 "열린"(ἠνεῳγμένην / 에네오그메넨)과 "두었으되"(δέδωκα / 데도카)는 완료형으로서 열린 문이 주께서 이미 주신 선물임을 강조한다(Charles, Swete). 문은 열렸고 열린 상태는 계속된다. 열면 닫을 자가 없는 주께서 열린 문을 두셨다. "열린 문"(θύραν ἠνεῳγμένην / 뛰란 에네오그메넨)의 은유적인 사용은 상당히 일반적인 현상이었다(요 10:7-9; 고전 16:9; 고후 2:12; 골 4:3; 계 3:20; 4:1). 이 열린 문에 대한 해석도 다양하게 주어졌다.

① 선교 기회의 문(행 14:27; 고전 16:9; 고후 2:12; 골 4:3)을 뜻하는 바울의 은유이다(Holtzmann, Alford, Clarke, Trench, Charles, Robertson, Harrington, Walvoord, Glasson, Ramsay, Caird, Swete, Hort, Lee, Hughes).

실제 빌라델비아는 무시아, 리디아, 브루기아 국경에 위치한 동방 지역의 입구로서 선교적인 측면에서는 전략적인 도시였다. 람제이의 보고에 따르면 실제로 빌라델비아는 헬라의 문화와 언어를 아시아의 전 지역으로 보급할 목적으로 세워진 계획 도시였다. 적대자들 가운데서 얼마를 주어 그들 발 앞에 무릎꿇게 함은 회심에 대한 상징이었다.

② 메시아의 영광이 가득한 하나님의 왕국으로 구속 공동체가 들어

갈 수 있도록 된 입구이다. 많은 학자들이 이 해석을 지지한다(Bousset, Morris, Mounce, Thomas, Krodel, Lohmeyer, Lohse, Beale, Johnson, Prigent, Giesen, Aune, Beckwith, Ladd, Roloff, Kraft). 앞 절과 연결되어 이 해석이 옳다. 그 다음의 "능히 닫을 사람이 없으리라"의 강조에 비추어 하나님 왕국의 문이 틀림없다. 다른 문들은 사람에 의하여, 사탄에 의하여 일시적이나마 닫힐 수 있다.

③ 모팻이나 스윗은 요 10:7-9과 연결하여 그리스도라 해석하였다. 인생의 시련과 난관이 많을지라도 그리스도께서 하나님께로 나아가도록 만든다는 것이다. 그리스도가 말씀하시면서 자신에 대하여 그렇게 표현한다는 것은 이상하다.

네가 적은 능력을 가지고도

"네가 적은 능력을 가지고도"(μικρὰν ἔχεις δύναμιν / 미크란 에케이스 뒤나민)에서 "적은 능력"이란 외적 환경에 있어서의 열악함(Charles), 정치적 영향력이나 사회적인 위치에 있어서의 미약함(Robertson, Collins, 또한 Swete 역시 여기에 가깝다), 수에 있어서 소수요, 부에 있어서 가난함(Mounce), 세상적인 자원에 있어서 부족함(Alford, Trench, Vincent), 지혜의 경험, 정치적 권위와 영향력에 있어서 연약함(Beckwith, Clarke, Hort)으로 이해할 수 있다. 하나님은 인간의 약함을 사용하신다(고전 1:26-28). 혹은 고전 1:26-27에 비추어서 적대자들인 유대인들의 부요함에 비해 크리스천은 하층민 출신이 많았을 수도 있다(Alford, Robertson).

모팻은 교회가 적은 자원을 가지고도 잘 활용한 것으로 이해하였다. 왈부어드는 소극적인 칭찬의 내용에서 빌라델비아 교회가 지닌 영적 활력이 지극히 제한적이었음을 유추하였다. 그러나 뒤이어 나오는 내용에 비추어 왈부어드의 견해는 부적합한 것이라 토머스가 반박하였다. 벡위드도 같은 입장이다. 교회가 적은 능력을 지니고 그리스도의 이름을 부인할 수밖에 없는 상황에 놓임은 참으로 난감한 일이 아닐 수 없었다. 그럼에도 불구하고 신실한 빌라델비아 교회의 성도들은 그리스도의 말씀을 "지켰고"(ἐτήρησας / 에테레사스) 그리스도의 이름을 "배반하지 않았다"(οὐκ ἠρνήσω / 우크 에르네소). 두 동사는 모두 단순과거시제로서 그들이 지금 '가지고 있는'(ἔχεις / 에케이스) '적은 능력'과 날카로운 대조를 이룬다.

내 말을 지키며 내 이름을 배반치 아니하였도다

동사 "지키며"(ἐτήρησάς / 에테레사스)와 "배반치 아니하였도다"(οὐκ ἠρνήσω / 우크 에르네소)는 둘 다 부정 과거형이다. 이미 지난 일이 되어 버리긴 하였지만 과거의 시련에 성실하게 대처한 어떤 구체적 시기를 가리킨다. 아마 유대인들을 통한 시련이 교회에 들이닥쳤으나 잘 견디었을 것이다. 긍정적으로는 그리스도의 말씀을 준수하고 부정적으로는 그리스도의 이름을 배반치 않았다. 접속사 '카이'(καί)는 반의적인 의미로 사용되어 '그럼에도 불구하고'를 뜻한다.

주님의 지상 사역 시 수많은 사람들이 몰려왔다 흩어지곤 하였다. 주님께서 오병이어의 기적 직후에 십자가의 죽음과 살과 피의 교훈, 무익한 육이 아니라 유익한 영에 관해 설교하자 '제자 그룹' 중에서 많은 이들이 물러갔다(요 6:66). 성전 연보궤 옆에서 주님의 천상적 기원과 아버지와 하나 됨, '내가 그'란 선포와 함께 하나님의 임재로 인한 기쁨을 전했을 때 많은 사람이 주님을 믿었다(요 8:30). 믿은 유대인들에게 주님은 참 제자에 관한 언급까지 하셨다. 물러간 제자 그룹들은 주님을 배반하였으나 남은 무리들은 주님의 기쁨이 되었다. 조금만 벗어나도 천 길 낭떠러지인데 빌라델비아 교회 성도들은 그 비좁은 구원과 생명의 길을 좌우로 치우침 없이 잘 걸었다. 그들의 신실함은 능히 하나님의 성으로 들어갈 자격을 구비하게 만든다.

9 사탄의 회 곧 자칭 유대인이라 하나 그렇지 않고

9-10절은 신실한 자들에게 대한 삼중적 보상을 그 내용으로 담고 있다. 유대인들은 육신적으로 아브라함의 후손임에 틀림없었으나 불신으로 인해 그 특권을 잃어버렸고 대신에 교회가 하나님의 이스라엘로 불리게 되었다(갈 6:16). 표면적 유대인이 아니라 이면적인 유대인은 바로 크리스천이었다(롬 2:28-29). 참 유대인이 아닌 자는 그가 비록 혈통으로 유대인이고 할례의 표식이 자신의 유대인 됨을 확증하더라도 거짓이다. 그들이 하나님의 백성이라 주장하지만 하나님께서 보내신 메시아를 거역한다면 이는 거짓이다. 그들이 거짓을 말한다면(요일 1:10, 2:4) 하나님의 참 이스라엘이 아니며 거짓의 아비인 사탄에게 속한다(요 8:44; 고후 11:13-15).

몇을 네게 주어……네 발 앞에 절하게 하고

9절의 "주어"(διδῶ / 디도)는 두 가지 해석이 가능하다. 하나는 문자적으로 "내가 회당의 사람들을……너의 개종자로 주겠다"는 해석이고 다른 하나는 히브리적 표현으로 "내가 회당의 사람들을……만들겠다"는 해석이다. 전자의 해석을 주장하는 이들은 지지 근거로서 고전 14:25를 언급하지만 그것은 하나님께 대한 경배이지 고린도 교회 교인들에 대한 경배가 아님이 분명하다. 후자의 사용은 70인역에 자주 나오며, 여기에서는 미래적 의미를 지닌 후자의 해석이 타당하다. 8절의 열린 문을 '선교 기회의 문'으로 취할 경우 유대인이 기독교인으로 개종한다는 전자의 해석이 맞으나 그런 해석은 개연성이 매우 적으므로 종말론적 해석이 보다 타당성을 갖는다(사 45:14, 60:14, 또한 사 2:3, 49:23; 슥 8:20 이하 참조). 예수께서 메시아이심을 여전히 부인하는 유대인들이 이렇게 되기까지는 오랜 시간이 걸릴 것이기에 종말론적 해석이 적절하다.

내가 너를 사랑하는 줄을 알게 하리라

"내가 너를 사랑하는"(ἐγὼ ἠγάπησά / 에고 에가페사)에서 주어 "내가"(ἐγὼ / 에고)는 강조형이다. 사랑하시는 이의 강력한 의지가 강조되었다. 이 사랑은 "세상에 있는 자기 사람들을 사랑하시되 끝까지 사랑한 사랑"(요 13:1)이요 하나님이 주도권을 쥐고 다가오신 사랑이며(요일 4:10) 십자가 위에서 이루어진 영단번의 사랑이다. 참 유대인의 씨앗이요, 참 이스라엘의 뿌리이신 그리스도는 거짓 유대인들에게 핍박당하던 빌라델비아 교회 성도들을 사랑하신다. 그들을 향한 주님의 사랑은 적대자들인 거짓 유대인들이 깨달을 정도이다. 9절은 '저희를 오게 해서 절하게 하고 알게 하리라'는 해석도 가능하고 '저희를 오게 해서 절함으로 그들이 알게 하리라'는 해석도 가능하다.

스웨트는 본 절이 사 37:20과 43:3-4이 결합된 것이라 보았다. 앞 구절은 히스기야의 마지막 기도문으로서 이방을 꺾어 천하 만국으로 하여금 주만 여호와인 줄을 알게 해달라는 간청이었다. 뒤의 구절은 구원자 하나님의 약속으로서 이스라엘을 보배롭고 존귀하게 여겨서 애굽과 구스와 스바를 속량물로 줄 것이라는 약속이었다. 하나님은 그리스도를 메시아로 인정하고 따르는 자들을 한없이 사랑하신다. 자신에게 속한 자기 사람이기 때문이다(요 13:1). 빌라델비아 교회를 향하신 그리스도의 사랑은 그 무엇으로도 끊을 수 없는 불요불굴의 사랑이었다(롬 8:35-39).

10 네가 나의 인내의 말씀을 지켰은즉

성도의 삶은 인내의 삶이라고 할 수 있다(계 13:10, 14:12). "나의 인내의 말씀"(τὸν λόγον τῆς ὑπομονῆς μου / 톤 로곤 테스 휘포모네스 무)은 그리스도에 의해서 실천된 인내의 복음이다(Charles, Moffatt, Hort, Vincent). 스웨트는 이를 "그리스도의 인내에서 그 진수를 볼 수 있는 인내의 가르침"이라 보았다(살후 3:5; 히 12:1-2). "나의"(μου / 무)는 전체 구절보다 "인내"에 걸리는 것이 정상적이다. 둘 다 걸릴 경우에는 "인내하라는 그리스도의 말씀"이란 뜻이 된다. 그리스도가 인내에 관해 말씀하신 어떤 말씀이 아니라 인내를 요구하시는 그리스도의 말씀이다(약 5:7; 벧후 1:6).

내가 또한 너를 지키어

성도는 주님의 인내의 말씀을 지키고 주님은 그 성도를 지킨다(시 27:1-5, 32:6; 사 26:20, 21; 요 17:15). "~로부터 지키어"(τηρήσω ἐκ / 테레소 에크)가 신약에서는 오직 요 17:15에서만 발견된다. 약 1:27에는 '테레인 아포'(τηρεῖν ἀπό)라는 표현이 사용되었다. 그런데 문제는 빌라델비아 교회 성도들을 무엇으로부터 지키며 무엇으로부터 제거시킨다는 의미인가? 많은 학자들이 본 절의 표현을 요 17:15과 연관하여 해석을 시도한다(Mounce, Moffatt, Gundry, Brown, Beasely-Murray, Giesen, Beale, Hemer, Aune). 전치사 '에크'(ἐκ)를 한정된 의미로 보아 시험 안에서의 보호로 해석한다(Gundry). 그런데 요한복음의 문맥과 본 절의 문맥은 내용상 같지 않다.

요 17:15에서는 주님이 제자들을 세상에서 데려가기를 위하여 기도하지 않으시고 악에 빠지지 않게 보존하기를 위하여 기도하셨다. 요한복음에서는 악으로부터의 보존을 말하였지만 여기에서는 온 세상에 임할 심판에서의 보존을 말한다. 요한복음에서는 제자들이 이미 악의 한가운데 있었으나 여기에서 환난의 시기는 아직 미래에 속한 문제이다. 그래서 '에크'를 좁은 의미에서가 아니라 어떤 시기로부터의 제거로 말미암은 보존이라 해석한다(Winfrey, Thomas, Walvoord, Townsand, Johnson). 문법적으로는 두 가지 해석이 모두 가능하므로 본문 자체에서 보다 적합한 해석을 취하는 것이 바람직하다. "시험의 때"를 어떻게 해석하느냐가 관건이다.

하나님은 경건한 자를 시험에 내버려두지 않으시고 반드시 건지신다. 의인 욥이 지옥 문턱에서도 자신의 순전을 지키며 슬픈 눈으로 하늘의 하나님만을 앙망할 때 와해되기 직전에 그를 건져주셨다. 약속에 대한 믿음이 희미해져 갈 때 그래서 실족할 무렵이 가까웠을 때 하나님은 아브라함에게 약속의 씨를 주셨다. 엘리사가 도단 성에 갇혀 겹겹이 포위되어 있을 때 하나님은 천군 천사를 동원하여 그를 건지셨다. "주께서 경건한 자는 시험에서 건지시고 불의한 자는 형벌 아래 두어 심판 날까지 지키시며"(벧후 2:9). 소돔 주민들의 불법한 행실을 보면서 의로운 심령을 상하던 의인 롯을 하나님께서 건져주셨다(벧후 2:7-8). 빌라델비아 교회 성도들은 최후까지 작은 능력을 가지고도 믿음을 지키며 거룩하신 주님의 이름을 배반하지 않았다. 주님의 말씀을 지키면서 주님의 이름을 배반하지 않았다. 이런 그들을 향하신 주님의 배려는 그들을 지켜 시험의 때를 면하게 하시는 것이었다.

시험의 때

"시험의 때"(τῆς ὥρας τοῦ πειρασμοῦ / 테스 호라스 투 페이라스무)에 대해서는 스바냐 선지자가 아주 적절히 묘사했다(습 1:14-18). 이 "시험"(πειρασμός / 페이라스모스)은 '환난', '시련', '재난'의 뜻으로서 하나님이 자기 백성을 훈련시키는 도구이기도 하다. 주님이 당한 시험과 성도들의 시험에 주로 많이 사용됐다(행 20:19; 고후 11:26; 히 2:18; 벧전 1:6). 초기 유대교에서는 '연단', '박해'의 뜻으로 사용되었다. 본 절의 "시험의 때"를 로마 황제 치하의 박해로 해석하는 학파도 있으나 4장 이후에 있을 미래적인 사건으로 보는 것이 옳다. 이것은 종말의 때에 일어날 세계적인 현상이다(단 12:2; 마 24:31; 막 13:19; 눅 21:36; 살후 2:1-12).

6:1 이하의 내용이 이 시험의 때와 관련이 있다. 대환난에는 두 국면이 있는데 하나는 적그리스도에 의한 교회의 박해요(계 13:7-8), 다른 하나는 하나님의 심판이 부어짐이다(계 9:20, 16:9, 11). 시험은 간혹 유혹을 가져오지만(약 1:2, 13) 그리스도는 잘 견디셨다(히 12:1-2).

여기에서의 "시험의 때"는 일반적인 시험이 아니라 불신자들만을 위한 것이다. 백위드는 "땅에 거하는 자들"을 악한 자들에 대한 언급으로 볼 뿐 아니라(6:10, 8:13, 11:10, 13:8, 14, 17:8에서처럼 언제나 사악한 자임) 때로는 선한 이들이나 온 인류를 의미한다 하여 불신자와 마찬가지로 크리스천도 앞으로 예언될 화의 대상이 될 것이라 주장하였으나 이는 그른 해석이다. "땅에 거하는 자들"(τοὺς κατοικοῦντας ἐπὶ τῆς γῆς / 투스 카토이쿤타스 에피 테스 게스)은 크리스천과 구별되는 불신자 또는 이교 세계로서 전 세계적인 대환난 때에 이마에 하나님의 인을 맞지 않은 이가 바로 그 대상이고 신자는 보호를 받는다 (Charles, Ladd, Mounce). 휴거설의 입장에서 보면 '보호 받는다'는 것도 받아들일 수 없는 해석이다.

면하게 하리니

이를 휴거와 연관하여 해석하면 성도들은 환난을 통과하지 않고 휴거한다(단 12:2; 막 13:39; 살후 2:1–12 참조). 이는 성경적 휴거의 근거가 된다(Walvoord, Rist, Moffatt).

교회에 대한 주님의 약속은 어떤 형태로든 완전한 보호이다. "시험의 때"란 일반적인 시련이라기보다는 그리스도의 재림 직전에 이루어질 특별한 보호를 의미한다. 혹자는 대환난 기간의 중간 시련의 때를 피하게 만든다며 부분적 휴거를 주장하는 이들도 있다. 또는 환난의 절정기에 모든 신자들을 고난의 현장에서 옮긴다는 견해도 있다. 환난 전과 후의 들림 받음에 따라 휴거설도 나뉜다.

"시험의"(τοῦ πειρασμοῦ / 투 페이라스무)에서 이 속격을 설명적 보족어로 취하면 '시험으로 특징지어지는 때'란 해석도 가능하고, 목적격으로 취한다면 '하나님이 시험하시는 때'로도 해석이 가능하다. 브라운은 본 절을 "시험의 때"가 아닌 하나님의 심판과 함께 하는 "환난의 때"로 번역해야 한다고 주장하였으나 별 차이는 없다. 이것이 종말이

오기 직전의 마지막 때에 관한 언급임은 분명하다. 이는 서머나 교회에서 언급한 "십 일 동안"(2:10)처럼 규모가 작은 시험이 아니다. "온 세상"은 이 시험이 세계적인 규모의 시험임을 설명한다. 앞으로 본서에서 일곱 재앙 시리즈를 중심으로 나타날 메시아의 심판을 포함한다(단 12:1-2; 마 24:21-22; 살후 2:1-12). 사탄을 가리켜 "온 천하를 꾀는 자"(12:9)라 했을 때, 사탄의 행동 반경이 전 지구적임을 뜻한다. 세 더러운 영이 전능하신 자의 큰 날에 전쟁을 예비하기 위해 온 천하 임금들을 아마겟돈으로 모은다(16:14)고 했을 때 그것은 전 지구적인 규모를 뜻한다. "온 천하"에 임하는 시험이면 전 지구적이다.

"장차……할"(μελλούσης / 멜루세스)이란 표현은 본서에서 파루시아 직전에 일어날 마지막 사건으로서 종말론적 본문에 나타나고 있다(1:19, 8:13, 10:7, 12:5, 17:8). 이 시험은 땅에 거하는 자들을 위해 준비하신 것이다. 그들은 불신자요 하나님의 원수로서 짐승을 섬겨 따를 뿐만 아니라 성도들을 박해하는 흑암의 군대이다(6:10, 8:13, 11:10, 12:12, 13:8, 12, 14, 17:2, 8). 이 시험은 빌라델비아 교회 성도들이 당하는 어려움이 아니다. 전 지구적으로 그것도 불신자들에게 임하는 재난이다. 성도는 시험에서 면제되는 것이 아니라 보호된다. 비얼은 영적인 보호로 해석하였다. 동시에 하나님의 보호가 박해자들이 가하는 육체적인 위험에서의 기적적인 보호를 보장하는 것은 아니다.

성도에 대한 하나님의 보호가 약속되었음에도 불구하고 용의 출현 이후로 순교의 먹잇감을 찾기 위해, 사탄과 두 짐승은 혈안이 되어 있다. 온 세상의 불신자들에게 임하는 하나님의 진노와 신자들을 향한 용의 분노는 질적으로 다르다.

용은 성도들의 목숨을 취할 수 있어도 영혼에는 손대지 못한다. 이에 비하여 하나님은 대적자들의 영혼과 육신을 더불어 멸하신다. 박해와 순교의 죽음은 성도의 몫이며 그에 합당한 보상은 하나님에게서 주어진다(막 10:29-30; 요 15:18-16:4; 빌 3:10; 골 1:24; 벧전 3:13-14). 계시록에서의 순교는 사탄에 대한 승리이지 결단코 패배가 아니다(6:9-11, 7:14-17, 12:11).

그러나 다수의 학자들은 "시험의 때를 면하게 하리니"란 표현은 시험을 통과하면서 보호한다는 의미가 아니라 시험이 일어나는 곳으로부터 완전히 격리되어 안전한 곳에서 보호된다는 뜻으로 해석한다(Charles, Ryrie, Johnson, Thomas).

그리고 이 면제 사건은 주님께서 오시는 순간 동시적으로 일어난다(3:11). 전 지구적인 시련이 들이닥칠 때에 성도는 안전한 곳인 천상에서 보호되기에 시험에서 면제됨이 분명하다는 것이다.

이는 장차 온 세상에 임하여……시험할 때라

"온 세상"(τῆς οἰκουμένης ὅλης / 테스 오이쿠메네스 홀레스)은 물리적 세계가 아니라 바로 뒤의 "땅에 거하는 자들"이란 표현으로 설명되는 '인간 세상'이다(눅 2:1; 행 16:6; 계 12:19). "땅에 거하는 자들"(οἱ κατοικοῦντες ἐπὶ τῆς γῆς / 호이 카토이쿤테스 에피 테스 게스)이라는 관용구는 구약에서 꽤 많이 사용되어 있는 "땅의 거민"(יושב הארץ/ 요쉐브 하아레츠)에 해당하며(사 24:6, 17, 26:9, 18, 21; 렘 1:14, 25:29, 30, 38:11; 애 4:2; 겔 7:7; 단 4:35; 습 1:18), 보다 후기로 내려올수록 부정적인 의미를 갖게 되었다. 시험의 때는 빌라델비아 교회만이 아니라 온 세계를 향한 것이다. 빌라델비아 교회는 이미 시련의 불을 통과하였으므로 이 혹독한 재난의 시기가 닥쳤을 때 전혀 상관없는 일이 된다. 그들은 어린양의 진노(6:16-17)는 물론이고 사탄의 발악적인 박해의 물결도 피해간다. 주님의 이 약속은 그들이 현재 처해 있는 박해 상황을 극복하는 데 실질적인 힘이 된다. 시험에서의 면제는 실질적이다. 시험의 대상은 모호하지 않고 본 절이 명확히 규정한다. 그들은 "땅에 거하는 자들"이다. 계시록에서 "땅에 거하는 자들"은 지상에 거주하는 모든 인류를 뜻하지 않고 하나님을 거역하는 적대자, 불신자들을 총칭하는 표현이다(6:10, 8:13, 11:10, 12:12, 13:8, 12, 14, 17:2, 8).

11 내가 속히 임하리니

계시록의 중심 내용은 그리스도의 오심이다. "내가 속히 임하리니"(ἔρχομαι ταχύ / 에르코마이 타퀴)란 말은 주님의 재림이 오래 지체되지 않음을 뜻한다(22:7, 12, 20). 주님께서는 속히 오신다. 에베소 교회(ἔρχομαι σοι / 에르코마이 소이, 2:5), 버가모 교회(ἔρχομαι σοι ταχύ / 에르코마이 소이 타퀴, 2:16), 사데 교회(ἥξω / 헤조, 3:3)처럼 세 경우에는 모두가 심판과 경고의 오심이었으나 빌라델비아 교회의 경우는 축복과 위로의 오심이다. 주님께서 임하시면 신실한 자들에게는 축복과 기쁨이 될 것이나 사악하고 불충한 자들에게는 환난과 책벌의 순간이 될 것이다. 우리가 환난과 핍박과 의를 위한 고난을 견뎌야 하는 이유는 결국 주님이 오시기 때문이다. 그때는 우리의 인내가 끝날 때요 우리의 믿음이 완성되고 소망이 실현되며 사랑이 일체를 이룰 때다. 영원이 순간에 침입하여 세상 역사에 종지부를 찍게 될 하나님의 마침표가 될 것이다. 그리스도의 재림은 평안 속에서 나태하게 지내는 이들에게는 경고를 전하는 동시에 압제 당하는 이들에게는 위로를 전한다.

주님의 임하심은 불성실한 자들을 회개로 이끄시고자 하는 경고의 의미로 사용되었으며(2:5, 16, 3:3, 16:5) 신실한 자들을 격려하는 의미로도 쓰였다(22:7, 12, 20). 책망이 없는 빌라델비아 교회의 경우에는 당연히 위로와 격려 차원에서 주님의 임하심이 언급되었다. 물론 이곳에서의 임하심은 주님의 육체적인 강림(19:11-21)을 뜻하는 경우와는 다르다. 왜냐하면 빌라델비아 교회에 주신 약속에서 주님의 임하심은 6-18장에 묘사된 주님의 재림 이전에 있을 모든 사건들보다도 앞서기 때문이다. 이와 같은 임하심이 어떤 형태로 나타날지는 사람마다 상황에 따라 다를 수 있다. 그것이 당사자에게는 주님의 임하심으로 인지될 것은 확실하다. 오히려 순간적이고 즉각적인 주님의 임하심은 일상에서의 보상 성격이 짙고, 이런 임하심은 박해 환경에 놓인 신자들로 하여금 믿음을 지키며 완강하게 버틸 힘을 실제적으로 제공해준다. 그들이 할 일은 단지 하나이다. 가진 것을 굳게 붙드는 것이다. 이는 두아디라 교회에게도 강력히 권고했던 내용(2:25)으로서 아마 당시 초대 교회들이 애용했던 모토인 것 같다. 사데 교회는 가진 것 중에서 남은 바 죽게 된 것을 굳게 하도록 권면 받았다(3:2).

네가 가진 것을 굳게 잡아

"네가 가진 것"(ὃ ἔχεις / 호 에케이스)은 8절의 하나님의 말씀에 대한 복종과 그리스도의 이름에 대한 신앙을 일컫는다. 10절에 묘사된 휴거 약속의 대상이 되려면 계속적으로 가지고 있는 것을 잡아야 하는 책임이 뒤따른다. 사도 바울은 자신이 굳게 잡아야 할 것을 잘 잡아 승리의 함성을 내지를 수 있었다(딤후 4:7-8). 개인이나 공동체 할 것 없이 크리스천에게는 저마다 지켜야 할 영적 유산이 있다(2:25).

아무나 네 면류관을 빼앗지 못하게 하라

영생과 구원은 그리스도 안에서 영원히 안전하다. 그러나 신실치 못하다면 면류관을 빼앗길 수 있다(마 25:28-29; 롬 11:17-18). 이것은 도적이 빼앗아간다는 것이 아니라 우리의 대적이 우승함으로 면류관을 뺏긴다는 것이다. 신앙의 경주에서는 은메달이 없다. 준우승은 존재하지 않는다. 오직 금메달과 우승만이 있을 뿐이다. 전부가 아니면 무다(All or nothing). 랍비 전통에 의하면 이스라엘이 계약을 받을 때 600,000명의 천사들이 두 개의 관을 씌워주었다. 하나는 "우리가 준행하리이다"(출 24:3) 할 때였고, 다른 하나도 "우리가 준행하리이다"(출 24:7) 할 때였다. 그러나 "단장품을 제하라"(출 33:5)는 하나님의 말을 들었을 때에 1,200,000명의 악마가 관을 강탈했다. 메시아 시대에 하나님이 이 관들을 회복시킬 것이란 내용이 전해진다(사 35:10 참조).

성경에는 하나님께 대한 신실함을 지키지 못하고 부족함이 드러남으로 인해 자신의 '면류관'을 타인에게 빼앗긴 인물들이 즐비하다. 에서는 야곱에게(창 25:34, 27:36), 르우벤은 유다에게(창 49:4, 8), 사울왕은 다윗에게(삼상 16:1, 13), 엘리는 사무엘에게(삼상 3:11-21), 셉나는 엘리야김에게(사 22:15-25), 요압 장군과 아비아달 제사장은 브나야와 사독에게(왕상 2:25), 유다는 맛디아에게(행 1:25-26), 유대인은 이방인에게(롬 11:11) 고귀한 면류관을 빼앗겼다.

내 하나님 성전에 기둥이 되게 하리니

"하나님 성전"은 하나님이 친히 거하시는 장소다(7:15, 11:19, 14:15, 15:5, 16:1). 하나님의 장막도 마찬가지이다(21:3). 새 예루살렘에는 성전이 없다(21:10-22:2). 하나님 자신이 성전이다(21:22). 야고보와 게바와 요한은 예루살렘 교회의 기둥이었다(갈 2:9). 성전인 교회의 기초석이 그리스도라면 사역자들은 기둥이다. 교회는 진리의 기둥과 터다(딤전 3:15). 기둥은 안정성과 영구성을 뜻한다. 빌라델비아 주민들은 잦은 지진으로 인해 성을 자주 들락거려야 했는데, 그들의 불안정한 삶과 영구하지 못한 건물을 고려하면 안정성과 영구성의 의미를 공감할 수 있다. 솔로몬 성전에는 야긴과 보아스의 이름이 새겨진 두 기둥이 있었다(왕상 7:15, 21; 대하 3:15 이하). 황제 숭배의 지역 제사장들은 재직 말기에 자신들이 봉직하던 신전 근처에다 자신의 이름이 새겨진 상을 세웠다. 유대교에서는 요하난 벤 사카이를 "바른 기둥"이라 부르고 아브라함을 "세상의 기둥"이라 칭했다.

그가 결코 다시 나가지 아니하리라

들락거리지 않을 것을 강조하기 위하여 "그가 결코 다시 나가지 아니하리라"(ἔξω οὐ μὴ ἐξέλθη / 엑소 우 메 엑셀떼)는 강한 이중부정이 사용되었다. 주격은 기둥이 아니라 승리자이지만 해석상 의미의 차이는 없다. 기둥이 건물을 떠받쳐주어 무너지지 않으면 할 이유가 없다. 빌라델비아에는 위험인물을 조가비나 질그릇의 파편에다 써서 주민 투표를 실시하여 5-10년간 국외로 추방하는 도편추방제도(Ostracism)가 있었다.

종말론적 성전은 단순한 건물이 아니라 구속받은 백성들의 공동체이므로 승리한 빌라델비아 교회의 신자 개개인이 성전의 기둥을 이루게 되므로 결코 나갈 일이 없다. 더구나 새 예루살렘 성에는 성전이 없다. 전능하신 하나님과 어린양이 성전 되신다. 엘리아김에게 주었던 약속은 단단한 못도 삭아서 부러져 떨어짐으로 파쇄된 물건을 밖으로 옮겨야 하지만(사 22:25), 승리자에게 주신 약속인 성전 기둥은 무너지지도 않고 옮길 필요도 없다.

내가 하나님의 이름과……그이 위에 기록하리라

"그이 위에"(ἐπ' αὐτόν / 에프 아우톤)의 주격은 '이기는 자'(ὁ νικῶν / 호 니콘)도 될 수 있고 '기둥'(στῦλον / 스튤론)도 될 수 있다. 전자의 경우 동방 건축술에서 성전에 글을 새겨 넣는 것은 상당히 흔한 일이다. 부세트에 의하면 황제 숭배의 지역 제사장은 임기 말년이 되면 황제에게 봉헌된 신전 안쪽의 경계선에다 자신의 이름과 부친의 이름과 출생지와 재임기간을 새긴 자신의 상을 세우는 풍습이 있었다. 이는 그들이 비록 신전을 떠난다 해도 신전의 신과 계속적인 연합 속에서 보존됨을 의미했다. 혹자는 본 절의 개념이 사 56:5의 발전으로 생각하기도 했다. 후자의 경우 승리자는 그 이마에 이름을 받는다(14:1, 22:4, 그리고 7:3, 17:5 참조). 짐승의 추종자들도 이마에 표를 받았다(13:17, 14:9, 11).

새로워진 자에게는 메시아적 사명을 완수하신 그리스도에게 속한 새 이름을 준다. 새롭고 영구한 도성으로서의 예루살렘의 새 이름을 준다. 그러나 하나님의 이름은 새 이름이 아니다. 옛 이름이나 새 이름으로 구분할 수 없는 영원한 하나의 이름이 있다. 이것은 자신이 친히 모세에게 계시해 주신 이름이다. 처음부터 끝까지 영원 전부터 영원

후까지 그에게는 오직 하나의 이름 '야훼'(YHWH)가 있을 뿐이다. 이름을 받음은 이름의 주인공에게 속함을 뜻한다. 승리자는 하나님의 자녀로서 하나님께 속하고, 예수 그리스도의 신부로서 그리스도께 속하며 천국시민으로서 새 예루살렘에 속한다(갈 4:20; 빌 3:20; 히 11:10, 12:22, 13:14).

역사적으로 빌라델비아는 대지진 후 티베리우스 황제의 원조에 대한 감사의 표시로 받아들였던 '두 개의 새 이름'을 갖고 있었다. 그것은 '네오카레사레아'(Neocaesarea)와 '플라비아'(Flavia)였다. 하늘에서 내려오는 '새 예루살렘'(τῆς καινῆς Ἰερουσαλήμ / 테스 카이네스 예루살렘)은 시간적으로 '젊음'을 의미하는 "네아스"(νέας)가 아니다. 질적 '신선함'을 뜻하는 '카이네스'(καινῆς)다(21:2, 10; 출 4:26; 히 12:22). 성경에서 새 이름을 수여받은 도시나 민족은 그 신분이나 기능이 완전히 새로워짐을 뜻하였다(사 1:26, 60:14, 65:15; 렘 3:17; 23:6, 33:16; 겔 48:35; 슥 8:3). 개인에게 새로운 이름이 주어질 경우에는 성격, 행동, 신분의 변화를 뜻하였다(창 17:5, 17, 32:27-28, 41:45; 단 1:7; 막 3:17; 요 1:42).

G. **라오디게아 교회**(3:14-22)

위치 : 브루기아 남서쪽 메안더(Meander) 강 지류 리쿠스(Lycus)의 남쪽 기슭의 비옥한 계곡에 위치하고 있었다.

이는 빌라델비아 남동 45마일, 에베소 정동 100마일, 히에라볼리 남방 6마일, 골로새 서방 10마일의 거리다. 세 개의 주도로(하나는 남동에서인데 앗달레이아와 버가에서, 두 번째는 북서쪽인 사데와 빌라델비아에서, 세 번째는 북동인데 도릴라에움과 북부 브루기아에서)가 마주치는 교통의 요지였다. 원래는 성채였으나 6마일 남쪽에서 지하 수도관으로 물을 공급해야 하는 식수난으로 인해 적군에 포위되었을 때 아주 위험한 상태에 놓이게 되는 것이 흠이었다. 한편 라오디게아는 에베소로부터 동방과 시리아로 나아가는 아시아에서 가장 중요한 길이었으며 내륙에서 해안쪽으로 나가려던 대상들이 가장 즐겨 이용한 무역로였다.

사회상 : 라오디게아는 당시 은행과 재정의 중심지로서 로마제국 하에서 평화가 보장되어 전략적으로 상업적 번영을 누렸으며 "가장 뛰어난 도시"(Pliny)로 불렸다. 키케로가 소아시아 여행 중에 수표를 상당 액수의 현금으로 바꿀 수 있을 정도로 환전의 중심지요 무역과 통신의 중심지였다. 염색된 것인지 자연산인지 확실치 않으나 매우 부드러우며 보라색과 검정색의 광택 나는 모는 유명하였는데(Strabo) 값싼 외투를 대량 생산했고 융단도 명성이 자자했다. 라오디게아와 브루기아 관문 사이의 서쪽 13마일 지역에 카리안(Carian)의 멘 카루(Men Karou) 신전이 있었다. 이곳은 온갖 종류의 상품을 교환하는 시장터였고 라오디게아로 옮겨진 의료 학교의 중심지였다.

라오디게아는 귀와 눈 고약으로 유명해서 각국으로 수출하였으며 특히 뛰어난 성능의 눈 고약은 "브루기아산 파우더"(Phrygian powder)로 불렸다. 부호들이 많은 도시였으며 주민들은 자신들의 부를 신의 특별한 축복이라 생각하였다. 람제이 경은 이곳을 "타협의 도시"라 불렀다(Ramsay). 그는 나머지 여섯 도시에 대해서도 특징이 있는 이름들을 붙였다.

에베소를 "변화의 도시", 서머나를 "생명의 도시", 버가모를 "고귀한 도시, 권위의 도시", 두아디라를 "약함이 강함을 이루는 도시", 사데를 "죽음의 도시", 빌라델비아를 "선교사의 도시"라 불렀다. 정치적으로는 자유도시였다.

종교상 : 나중에 의술의 신이 되는 아스클레피우스와 동일시된 카리안(Carian)의 '멘 카루'가 주신이었으며 최고의 신 제우스도 경배했다. 2세기의 감독 성 시시니우스(Sisinius)와 장로 아르테몬(Artemon)의 사건에 미루어 아폴로와 다이아나 신전도 있었을 것이다.

초대 교회와의 관계 : 바울이 에베소에 머무르던 비교적 초기에(행 19:10) 아마 에바브라에 의해 교회가 세워졌을 것이다(골 4:12-13). 모임의 장소로는 눔바 집이었을 것이다(골 4:15). 바울은 라오디게아 교회에 대하여 그의 골로새 서신에서 4회 언급하지만(2:1, 4:13, 15, 16) 방문 여부에 대해서는 침묵을 지킨다. 생전에 방문하지 못했을 것이며 다만 신자들에 대해 잘 알고 있었을 것이다. 라오디게아 교회의 문제는 외부적인 로마 정부의 박해나 유대인들로 인한 시련도 아니었고 내부적인 거짓 선생의 위협도 아닌 자기만족에 빠진 신앙 태도였다. 대체적으로 사데 교회와 비슷하나 주요 차이점이 있다. 사데에는 소수의 정예가 남아 있어 그래도 참 신앙을 지켰는데, 라오디게아는 전체 교회가 미지근한 상태에 있었다는 사실이다.

라오디게아의 미지근한 물은 온천에서 오는 도중 식어서이든지, 아니면 냉수가 관을 통해 오는 도중 지열로 인해 따스해져서이든지 둘 중의 하나에 기인했다. 히에라볼리의 95도나 되는 온천수와 골로새의 냉수는 무척 대조적이었다. 히에라볼리는 오늘날 터키의 대표적인 관광 명소로 알려진 파묵칼레(Pamukkale)다. 라오디게아 교회는 히에라볼리 교회나 골로새 교회와 밀접한 관계를 유지하고 있었을 것이다.

라오디게아에서 온 편지(골 4:16)는 그곳에서 복사된 오늘날의 에베소서일 것이라는 설도 있다. 빌레몬은 라오디게아인이었을 것이다. 라오디게아에서 발견된 한 비문에서 주인으로부터 도망친 종의 이름이 '마르쿠스 세스티우스 필레몬'(Marcus Sestius Philemon)이라 새겨져 있었다(Ramsay, Ford). 에바브라의 이름도 대리석 조각에서 발견되었다. 《사도규약집》에 따르면 아킵보(골 4:17)가 초대 감독이었고, 그의 후임 님파스(Nymphas) 감독은 요한이 이 편지를 보냈을 때 현직에 있었다.

교회사 : 라오디게아 교회도 다른 교회들과 마찬가지로 2–4세기 동안의 박해 시에 많은 어려움을 겪었다. 2세기 말엽 사가리스(Sagaris) 감독이 순교하여 라오디게아에 묻혔다. 2세기 성 시시니우스 감독은 장로 아르테몬과 함께 다이아나와 아폴로 신전의 신상들을 깨뜨렸다가 체포되었다. 시시니우스는 믿기로 작정한 백부장 파트리키우스(Patricius)를 안수, 치료해 주어 화를 면했다. 후에 파트리키우스가 배역하여 우상 숭배를 거부한 장로 아르테몬을 죽였다. 아리우스를 정죄한 325년의 니케아 회의에는 누네키우스(Nunechius) 감독이 참석했다. 그의 후임 케크로피우스(Cecropius)가 아리우스주의자임이 드러나자 황제는 즉각 니코메디아(Nicomedia)로 교체시켰다.

라오디게아는 367년경 4차 종교회의가 열렸던 장소이다. 그 회의에서는 고리대금업, 이교도의 성전 사용 금지 등 40개의 훈련 교범이 주제였다. 또한 재혼자들이 비난의 대상이 될 수 없고 이교도와의 결혼 불가, 성직자 주점 출입금지, 교회 내에 침대 설치 금지, 사순절 기간에 결혼예식 거행하기 등을 다루었다. 431년 개최된 에베소 회의에는 아리스토니쿠스(Aristonicus) 감독이 참석하였으며, 449년 에베소의 로버(Robber) 회의와 451년 칼케돈에서 열린 제4차 세계교회회의에는 누네키우스 감독이 참석했다. 1120년 요한 콤네누스 황제(1118-1143)가 라오디게아를 재건하였으나 몇 년 후부터 기독교 인구가 도시를 떠나기 시작했다. 1161년 솔로몬 감독을 비롯하여 숱한 주민이 학살당했다.

12세기 말엽 기독교인들이 새 도시를 지어 라오디게아라 했으나(현대의 데니즐리) 예전의 라오디게아는 아니었다. 1190년 독일의 황제 프레데릭 1세가 제3차 십자군을 이끌고 예루살렘으로 가던 중에 병을 얻어 라오디게아에 들르자 주민들은 열렬히 환영했다. 그러나 몇 년 지나지 않아 전 지역이 터키군에 의해 처참히 파괴되었다. 13세기 몽고의 침입으로 술탄은 이 도시를 비잔틴에 넘겨주었으나 결국 터키군에게로 돌아가고 말았다. 1332년에 탕헤르 출신인 이븐 바투타(Ibn Batuta)가 라오디게아를 방문한 후 황폐하고 소름끼치는 도시로 보고하였으며, 15세기에는 소읍으로 전락하고 말았다. 기록상 마지막 감독은 데오필락트(Theophylact)인데, 그는 1438년에 열린 페라라(Ferrara) 세계교회회의와 1439년의 플로렌스 세계교회회의를 단죄한 1450년의 콘스탄티노플 회의에 참석했다.

17세기 말엽 이후로 19세기에 이르기까지 일단의 여행객들이 끊임없는 보고를 하였으나 침묵과 황폐함에 관한 침울한 소식뿐이었다. 1961-3년 케나다 퀘벡 주의 라발(Laval) 대학 고고학 팀이 고대 라오디게아 지역을 탐사하였다. 그들은 그곳에서 고대 성벽의 흔적, 주민들이 베스파시안에게 바친 원형경기장, 하드리안에게 바친 체육관, 북동쪽과 북서쪽의 고원지대에 있는 두 개의 극장, 작은 음악당, 그리고 지금도 육안으로 볼 수 있는 형태의 수도관을 발견하였다. 그 수도

관은 현재의 데니즐리(Denizli) 위쪽에서 라오디게아로 연결되어 있었다.

14 라오디게아 교회의 사자에게 편지하기를 아멘이시요 충성되고
참된 증인이시요 하나님의 창조의 근본이신 이가 가라사대
15 내가 네 행위를 아노니 네가 차지도 아니하고 더웁지도 아니하도
다 네가 차든지 더웁든지 하기를 원하노라
16 네가 이같이 미지근하여 더웁지도 아니하고 차지도 아니하니 내
입에서 너를 토하여 내치리라
17 네가 말하기를 나는 부자라 부요하여 부족한 것이 없다 하나 네
곤고한 것과 가련한 것과 가난한 것과 눈 먼 것과 벌거벗은 것을
알지 못하도다
18 내가 너를 권하노니 내게서 불로 연단한 금을 사서 부요하게 하고
흰 옷을 사서 입어 벌거벗은 수치를 보이지 않게 하고 안약을
사서 눈에 발라 보게 하라
19 무릇 내가 사랑하는 자를 책망하여 징계하노니 그러므로 네가
열심을 내라 회개하라
20 볼지어다 내가 문 밖에 서서 두드리노니 누구든지 내 음성을 듣고
문을 열면 내가 그에게로 들어가 그로 더불어 먹고 그는 나로
더불어 먹으리라
21 이기는 그에게는 내가 내 보좌에 함께 앉게 하여 주기를 내가
이기고 아버지 보좌에 함께 앉은 것과 같이 하리라
22 귀 있는 자는 성령이 교회들에게 하시는 말씀을 들을지어다

14 아멘이시요

“아멘이시요”(ὁ Ἀμήν / 호 아멘)는 그리스도 예수의 인격적 칭호로서 이곳에 처음 언급되었다. 사 65:16에 언약에 신실한 분으로 ‘아멘의 하나님’(τὸν θεὸν τὸν ἀληθινὸν / 톤 떼온 톤 알레띠논)이 언급되었다. 여기에서 “진리의 하나님을 향하여 복을 구할 것이요”(יתברך באלהי אמן / 이트바레크 벨로헤 아멘)는 “아멘의 하나님에 의해 복을 받을 것이요”라는 뜻이다. 신실하신 하나님께서 복을 약속하셨으므로 복을 주실 것이다. 요한은 복음서에서만 아멘을 24회 사용하고 있다. “라오디게아 교회의 비성실성에 대한 날카로운 대조로서 그리스도의 신실함을 나타내고 있다”(Mounce). 이것은 그리스도의 증거 또는 계시의 진실성에 대한 보장이기도 하다(Swete, Beckwith).

이것은 계시록(1:5, 19:9, 11, 21:5, 22:6)뿐 아니라 성경 전체를 아우른다. 크리스천은 하나님의 모든 약속에 대해 ‘아멘’으로 하나님께 영광을 돌린다(고후 1:20). 아멘은 히브리어로 ‘~이 진실임을 증명하다’는 뜻으로 ‘확실성’을 뜻한다. 진실성에 대한 보증(credibility)으로서 “이 사람이 말한 것은 모두 다 이루어진다는 사실에 대한 확증”을 의미한다(Alford, Moffatt, Beckwith, Swete, Walvoord, Caird). 아멘은 기도(대상 16:36)나 찬양(시 41:13)에 대한 확증의 의미로 사용되었다. 주님은 아멘이란 표현을 애용하셨다. 마태복음에 31회, 마가복음에 13회, 누가복음에 6회 그리고 요한복음에서는 특별하게 중요하거나 진지한 내용에 대해서 아멘을 24회나 사용하셨다.

충성되고 참된 증인이시요

본 절의 표현은 잠언의 두 곳에서 차용했을 가능성이 있다. 두 구절에서 거짓말과 관련된 표현을 삭제하면 정확하게 본문의 표현과 일치함을 알 수 있다. “신실한 증인(עד אמונים / 에드 에무님, 칠십인 역으로는 ὁ μάρτυς ὁ πιστὸς / 호 마르튀스 호 피스토스)은 거짓말을 아니 하여도 거짓 증인은 거짓말을 뱉느니라”(14:5). 이 말이 뒤에 가서는 표현이 약간의 변화를 보였다. “진실한 증인(עד אמת /에드 에메트, 칠십인역으로는 ὁ μάρτυς ὁ ἀληθινός / 호 마르튀스 호 알레띠노스)은 사람의 생명을 구원하여도 거짓말을 뱉는 사람은 속이느니라”(14:25). 일곱 교회 중 마지막 교회에 주신 주님의 칭호 “충성되고 참된 증인”(ὁ μάρτυς ὁ πιστὸς καὶ ἀληθινός / 호 마르튀스 호 피스토스 카이 알레띠노스)은 보다 깊은 의미를 지닌다.

라오디게아 교회에 주신 마지막 경고가 나머지 여섯 교회에도 읽혀질 회람 서신이었음을 감안하고, 또한 각 시대를 아우른 지상의 모든 교회들에게 전하신 메시지임을 고려한다면, 현대 후기로 일컬어지는 이 시대의 교회들은 ‘라오디게아 신드롬’으로부터 반드시 벗어나야만 한다. 교회의 병폐 중에서 가장 고질적이고 악성에 해당하는 것이 바로 첫 교회인 에베소 교회와 마지막 교회인 라오디게아 교회에 나타난 신드롬들이다. 이것이 바로 라오디게아 교회에 은혜로 나타나신 주님께서 영화로운 재림 시에 심판주로 나타나시는 이유이다. 충성되고 참되심은 그리스도의 성품과 증거의 진실성을 잘 나타내는 호칭이다.

만일에 누구든지 회개치 않으면 충성되고 참된 증인이요 “충성된 증인”(ὁ μάρτυς ὁ πιστὸς / 호 마르튀스 호 피스토스, 1:5)으로 죽은 자들 가운데서 먼저 나시고 "충신과 진실"(πιστὸς καὶ ἀληθινός / 피스토스 카이 알레띠노스, 19:11)이신 그분의 공의로운 심판 앞에 직면하게 될 것이다.

그때에 첫사랑을 잃어버리고 미지근한 상태에서 깨어나지 못한 모든 교회들을 토하여 내치실 것이다. 주님께 속한 의의 백성은 이 "충성되고 참된 증인"을 위한 참된 증거자가 되어야 한다. 입술과 몸의 행실을 통해 우리의 모든 삶이 그리스도의 생명으로 충만하고 성령의 통제 아래 있음을 드러내 보여야만 한다. 그래서 새로운 창조의 주역이 되실 그리스도의 나라에 넉넉하게 들어가는 축복을 힘입게 될 것이다.

'증인'에게는 본질적인 조건들이 있다. 첫째, 자신이 말하는 것을 자신의 눈으로 보아야 한다. 둘째, 절대적으로 정직해야 한다. 그럴 때 자신이 듣고 본 것을 정확하게 반복할 수 있다. 셋째, 해야 할 말을 바로 할 수 있는 능력을 지녀야 한다. 그래서 그의 증거가 듣는 이들에게 참된 인상을 심어줄 수 있어야 한다. 신약에서 "충성되고"(πιστὸς / 피스토스)는 두 가지 의미를 지닌다. 하나는 '신실하다'는 뜻이요(마 24:45, 25:21-23; 눅 12:42), 다른 하나는 '믿는다'는 뜻이다(요 20:27; 행 16:1; 갈 3:9). "참된"이란 표현은 진실의 증거를 통하여 자신의 이상을 성취하는 증인에게 붙여진 훈장 같은 묘사이다.

하나님의 창조의 근본이신 이

"창조의 근본"(ἡ ἀρχὴ τῆς κτίσεως / 헤 아르케 테스 크티세오스)은 아리우스주의자나 유니테리언교에서 주장하듯 그리스도가 창조의 첫 피조물(ἕν τῶν κτισμάτων / 헨 톤 크티스마톤)이 결코 아니다. 창조의 원초적 시작(ἀρχὴ τῆς κτίσεως / 아르케 테스 크티세오스)이다. 모든 것이 그에게서 나왔으나 그 자신은 피조되지 않은 창조의 원리 자체시다. 하나님의 아들이신 그리스도는 창조의 시작이시다(21:6, 22:13; 요 1:1; 골 1:15-20). 문법적으로는 "창조의 근본"(ἡ ἀρχὴ τῆς κτίσεως / 헤 아르케 테스 크티세오스)이란 표현이 피조물의 첫째를 의미할 수도 있지만(창 49:3; 신 21:17 의 70인역 참조) 그리스도의 영원성(1:18, 2:8)과 천사 숭배가 금지된 점(19:10)과 아버지와 함께 만물에게서 경배의 대상이 되심(5:13)에 비해 그런 해석은 불가하다. 모든 피조물을 있게 하신 분으로서 그리스도는 창조의 근본이다. '아르케'는 처음과 시작과 알파이신 그리스도에게 매우 적합한 표현이다.

그보다는 "그로부터 창조의 시작이 생겼다"고 해석하는 것이 훨씬 낫다. 잠 8:22에는 "여호와께서 그 조화의 시작 곧 태초(ראשית /레아쉬트)에 일하시기 전에 나를 가지셨으며"라는 표현이 나온다. 그 시기는 세계가 시작되기 전의 태초이며 영원이다. 창세 전부터 이미 하나님과 함께 계셨다. 창조에 관련된 그리스도는 일곱 번째 편지나 계시록 전체의 주제가 아니다. 이는 창조 이전에 있었던 그리스도의 선재성을 의미한다(1:17, 2:8, 21:6, 22:13과 상통함). 그리스도는 창조주 자신은 아니지만(4:11, 10:6에서는 하나님이 창조주이심) 하나님의 창조 대행자다(요 1:3; 골 1:16; 히 1:2). '아르케'는 그리스도의 선재성을 암시하는 단어다. 초대 기독교의 저작들에서 사탄은 죽음의 아르케로 하나님은 만물의 아르케로 묘사되었다.

라오디게아 교회는 골로새 교회와의 지리적 근접성 때문에 상호간에 편지를 돌려볼 수 있었을 것이다. 요한은 골로새 서신이나 라오디게아 서신(골 4:16)에 대해 익히 알고 있었을 것이다. 이와 같은 가설을 위한 증거로서 찰스는 두 서신간의 유사점에 주목했다.

첫째, 그리스도에 대한 묘사가 비슷하다.

(계 3:14c) "하나님의 창조의 근본이신 이"(ἡ ἀρχὴ τῆς κτίσεως τοῦ θεοῦ / 헤 아르케 테스 크티세오스 투 떼우)
(골 1:18) "그가 근본이요"(ὅς ἐστιν ἀρχή / 호스 에스틴 아르케)
(계 1:5) "죽은 자들 가운데서 먼저 나시고"(ὁ πρωτότοκος ἐκ τῶν νεκρῶν / 호 프로토토코스 에크 톤 네크론)
(골 1:15) "모든 창조물보다 먼저 나신 자"(πρωτότοκος πάσης κτίσεως / 프로토토코스 파세스 크티세오스)

둘째, 계시록에서는 그리스도께서 보좌에 앉은 것처럼 승리자도 그리스도의 보좌에 앉았다. 골로새서에서는 그리스도가 하나님의 보좌 우편에 앉으셨고 충성스런 자들은 그리스도와 함께 천상의 위치에 앉혀졌다(계 3:21과 골 3:1; 그리고 엡 2:6 참조).

셋째, 3:17-19에는 진보된 지식과 함께 물질적 부요와 번성으로 자기만족에 빠진 라오디게아 교회를 비난하고 참 부요와 참 지혜의 길로 나아가도록 권고한다. 골로새서에서는 기초 없이 지식을 자랑하는 이들(2:8, 18, 23)에 대하여 대조적으로 그리스도의 비밀을 강조하고(1:26-27), 지혜와 지식의 모든 보화가 감추어져 있는 하나님의 비밀이신 그리스도를 깨닫게 되기를 바랐다(2:2, 3). 그러므로 요한이 골로새서에 대해 직, 간접으로 알고 있었음을 가히 추정할 수 있으며 나머지 여섯 개의 서신은 바울 서신과 아무런 유사성이 없는 점으로 보아서 찰스의 연구는 숙고할 만한 가치가 있다.

15 네가 차지도 아니하고 더웁지도 아니하도다

"차지도 아니하고"(οὔτε ψυχρός / 우테 프쉬크로스)란 표현은 본절과 마 10:42에만 나온다. "더웁지도 아니하도다"(οὔτε ζεστός / 우데 제스토스)는 70인역과 신약을 통틀어 이곳에만 나온다. 15절의 묘사는 생생함을 주기 위한 표현이다. '차가움'(ψυχρός / 프쉬크로스)은 빙점을 의미하고 '더움'(ζεστός / 제스토스)은 비등점을 의미한다. 라오디게아는 히에라볼리와 골로새 사이에 위치한 관계로 히에라볼리의 온천수처럼 영혼을 치유시키든지 그것도 아니면 골로새의 냉각수처럼 사람들에게 신선한 생명을 공급하는 사역으로 특징을 드러내야 했다. 그들은 아무것도 행치 않음으로 주님에게 무용지물이 되어버렸다. 차지도 않고 덥지도 않은 그들의 상태는 다음 절에서 절묘하게 정의 짓는다. 미지근함!

16 네가 이같이 미지근하여

리쿠스 강을 가로질러 6마일 북쪽의 히에라볼리는 온천수가 시내에서 솟아나 광막한 평원으로 흘러 반대편 라오디게아로 약 90m 높이에 1마일 넓이의 절벽에서 똑바로 떨어진다. 미네랄을 듬뿍 함유한 뜨거운 물은 평원의 가장자리에서 폭포가 되어 떨어지기 전에 점차로 미지근하게 되어 버린다(Blaiklock). 이는 마음이 두 동강이 난 것과 마찬가지로서 전혀 마음이 내키지 않고 매사에 열의가 없는 상태다. 미지근함을 치유하기 위해서는 추방된 그리스도를 다시 모셔 들여야 하며(Morgan), 능력과 은혜의 삶을 실제적으로 보여줌으로써만 가능하다(Barclay). 히에라볼리의 온천수는 치료 효과가 뛰어났지만 라오디게아를 지나가면서 열기가 식어버려 미지근한 상태가 되어 버렸다. 히에라볼리 정반대편에 위치한 골로새는 차고 생기를 북돋워지는 물로 유명하였다. 그러나 역시 라오디게아를 지나면서 태양열과 지열로 인해 냉기를 잃어버려 미지근해져 버렸다. 미지근한 물은 마시기에도 역겹고 억지로 마시면 메스꺼움을 유발하였다. 이런 어중간한 지형으로 인하여 라오디게아의 물은 미지근함의 대명사가 되었고 이것을 구토제로 만들어 치부한 사람도 생겨났을 정도이다.

사데 교회의 문제는 이름값을 못하는 '명목상의 크리스천됨'(nominal christian)에 있었으나, 라오디게아 교회의 경우는 '불투명한 크리스천됨'(neutral christian)에 있었다. 라오디게아 교회 신자들은 상대적으로 부요하였고 사회적으로도 높은 위치에 있었을 것이다. 그들의 지위는 이교 풍습에 동화시키고자 하는 압력도 드세지 않았을 것이다. 핍박이나 위기가 없는 가운데 그들은 어느 순간부터 자기만족에 빠지기 시작했다. 복음을 거절치 않았으나 확신도, 열심도, 별다른 헌신도 없었다. 모팻은 "미지근한 종교에 의해서 도덕적 역겨움이 일어난다"고 외쳤다. "미지근함"(χλιαρός / 클리아포스)은 불신자와 아무런 차이를 느낄 수 없는 신앙 상태를 빗대는 말이다.

바클레이는 이 '차이 없음과 애매한 태도'(neutrality)를 오늘날 기독교와 교회의 당면 문제라 꼬집었다. '미지근함'은 종교적인 일에 적대적(antagonism)이지도 않고 그렇다고 열정적(enthusiasm)이지도 않은 '불투명'의 상태다(Caird). 이교도도 아니고 크리스천도 아니며 악하지도 않지만 선하지도 않다. 전혀 구분을 할 수 없을 정도로 뒤섞여 있는 상태다. 라오디게아 교회 신자들은 영적으로 곤한 이에게도 골로새의 생수 같은 신선함을 주지 못하였으며, 영적으로 병든 이에게도 히에라볼리의 온천수처럼 따스한 치료책을 제공하지 못했다. 이 '미지근함'을 아레타스(Arethas)는 성령을 체험하였지만 은혜의 불이 이미 꺼져 버린 사람을 묘사할 때, 그레고리(Gregory)는 회심

후에 차차로 식어진 사람을 묘사할 때, 오리겐(Origen)은 중생치 못한 사람을 묘사할 때로 각각 적용했다.

라오디게아 교회의 신자들은 영적인 열정이 식어 버려서 아무런 감격도 느낄 수 없었다. 불쌍한 이들에 대한 긍휼의 마음도, 하나님의 일에 대한 거룩한 열정이나 헌신의 의욕도 죄다 사라졌다. 매사에 열의가 없었다(halfhearted). 그들의 냉담해진 영적 현실에 주님은 식상하셨다. 주님의 소원은 그들의 회개를 통한 영적 갱신이었겠지만 주님은 차라리 그들이 차든지 더웁든지 하기를 원하셨다. 미지근함보다는 차라리 차디참을 원하셨다. 차가움과 뜨거움은 반대편에 서 있는 진실이요 긍정이었지만 미지근함은 어느 편에도 속할 수 없는 허위요 부정이었다. 물론 주님께서 원하시는 것은 그들의 차가움이 아니셨다. 주님께서 그렇게 표현하신 것은 그들로 하여금 원래의 뜨거움으로 회복하도록 깨우치는 대역설의 힐난이었다.

내 입에서 너를 토하여 내치리라

"토하여 내치리라"(μέλλω σε ἐμέσαι / 멜로 세 에메사이)는 '이제 막……하려고 하는 상태'로서 임박한 미래를 가리키고 있다. 토하여 내침이 시작되기 전까지는 회개와 갱신의 기회는 아직도 남아 있다(18-19절). 회개하면 주님의 결심은 바뀔 수도 있다. '막……하려는'이 '멜로'에서 하나님의 오래 참으시는 사랑과 심판을 유예하시는 긍휼을 찾을 수 있다(Beckwith, Alford, Trench, Moffatt, Lenski). 찰스는 이런 해석을 거부하고 '멜로'는 오히려 이 교회를 향하신 심판이 임박했음을 나타낸 표현이라 여기면서 토해냄이 매우 급박하고 특별한 심판보다 다가오는 종말적 심판에 대한 경고라 보았다. 토마스도 임박한 위험에 대하여 독자들을 경각시키는 표현으로 받아들였다. 심판보다 사랑의 관점에서 '멜로'를 해석했던 트렌치와 백위드와 렌스키도 이 점에서는 공감을 표했다.

미지근한 물이 배에 들어가면 보통은 메스꺼움을 유발한다. 라오디게아 산(産) 미지근한 물은 골로새의 생수와 히에라볼리의 온천수와 함께 구토용 약효로 유명하였다. '토함'(ἐμέσαι / 에메사이)은 신약에서는 이곳뿐이며, 70인역에서도 단 한 번만 나온다. '토함'은 거절을 나타내는 거친 표현이다. 하나님은 가나안 원주민들에게 주셨던 아름다운 땅을 그들의 죄로 인해 토해내셨다(레 18:25). 이스라엘 백성들도 가증한 풍속을 좇아 스스로 더럽히면 동일한 운명에 놓이게 될 것을 강력하게 경고하셨다(레 20:22). "너희도 더럽히면 그 땅이 너희 있기 전 거민을 토함같이 너희를 토할까 하노라"(레 18:28). 매우 모독적인 이 표현을 다른 교회에서는 한 번도 내비친 적이 없었는데, 라오디게아 교회 성도들의 영적인 해이와 야성미를 상실한 안정 추구 위주의 태도가 이런 엄청난 경고를 듣게 만들었다.

그들의 문제는 영적 미성숙이 아니라 영적인 자만심이었다. 입술의 고백을 비롯하여 종교적 외부 활동에는 나무랄 데가 없었지만 그들이 고백하고 크리스천으로 살아왔던 생활의 유형이 어떤 상황에서 구체적인 행동으로 드러나야 할 때에, 그것이 신앙을 위해 무언가 중요한 것을 포기해야 할 때 그들은 '주저 없이' 머뭇거렸다. 그들은 그런 행동을 전혀 예상하지 않았다. 밖으로 드러나지 않던 내면의 진실이 자연스럽게 벗겨진 것에 불과하였다. 미지근함은 이중인격의 온상이다. 라오디게아 교회의 미지근한 상태는 복음서에서 주님의 적대자로 여러 모습을 보였던 바리새인과 여러 면에서 비슷하다. 미지근함보다는 차라리 찬 것이 낫다. 자기만족의 아성에 갇힌 바리새인이나 서기관들보다는 차라리 창기나 세리들의 솔직한 상태가 훨씬 낫다. 주님의 관점에서는 창기들이나 세리들이 바리새인들이나 서기관들보다 천국에 더 가까이 있었다. 라오디게아 교회를 향한 주님의 질책은 그들이 주님 생전에 그토록 경고하셨던 바리새인의 전철을 밟았기 때문이다.

17 나는 부자라 부요하여 부족한 것이 없다 하나

호세아 선지자를 통해 책망을 들었던 에브라임의 자기만족과 비슷하다(호 12:8; 그리고 슥 11:5; 고전 4:8 참조). 라오디게아 교회 신자들은 미지근한 신앙 상태뿐만 아니라 스스로의 상태를 상당히 높이 생각하는 자기만족에 빠져 있었다. 그들은 주님의 평가는 아랑곳하지 않았다. 세상의 비판에도 요지부동이었다. 그들은 자신들이 누리고 있는 현실적 풍요에 눈이 멀고 영적 마비로 인한 마음의 무디어짐으로 잘못된 판단을 내리고 있었다. 그들은 세상에서 자신들이야말로 가장 행복하고 이상적인 상태에 도달했다고 결론을 내렸다. 자신들의 개량된 사상으로 하나님과 세상을 조화시키고 믿음의 도리와 세상의 원리를 통합시켜 만인을 이롭게 한다고 여기고 있었다. 그들이 이런 심리적 안정을 누릴 만한 외적인 환경은 그럴듯하였다. 물질적 풍요와 번성하는 사업이 그들이 지닌 자부심의 근거를 이루었다. 방대한 규모의 방직공장들, 전 세계로 수출되는 대중적인 안약, 은행들과 의과대학 등 이 모든 외부적인 환경에 길들여진 그들은 교회 안에까지 그와 같은 분위기를 끌어들였다. 소수의 정예 곧 남은 자라고는 전무한 총체적인 신앙 난국에 처해 있었다. 영적인 자기만족의 씨앗은 바로 영적 교만에 있었다.

언제나 변함없는 진리가 있다. 영적 교만은 영적 자기만족을 낳고 영적 자기만족이 장성하여 영적인 파멸을 낳는다.

서머나 교회는 물질에 가난했어도 은총에서는 부요했는데, 라오디게아 교회의 상태는 이와 정반대였다. 요한은 17절의 내용을 결과부터 말하고 나중에 과정을 설명하는 이른바, 전후도치(hysteron-proteron)의 방법을 즐겨 사용한다. 본 절을 비롯하여 5:2, 5(인을 뗀 후에 책을 펴는 것이 순서인데 도치되었음), 3:9('사랑하는 줄 알도록……와서 절하게 하리라'가 순서인데 결과와 원인 순으로 도치되었음), 3:17('부요하여 부족한 것이 없어서 부자'가 순서인데 결과와 원인 순으로 도치되었음), 그 외에도 이런 경우는 허다하다(10:4, 9, 12:10, 19:13).

라오디게아 교회는 하나님이 주신 풍요의 축복 속에서 그 풍요를 주신 '풍요의 하나님'을 잃어버렸다. 계시록에서는 부자들이 심판의 대상으로서 그려진다(6:15, 13:16, 18:3, 15, 19). 그들이 말세에 재물을 쌓았기 때문이다(약 5:1-3). 마지막 때는 물질을 쌓아두는 때가 아니라 나누고 베푸는 때다. '부요'(πλούσιος / 플루시오스) 자체로는 축복이 될 수 없다. 하나님이 재물 얻을 능을 주시지만(신 8:18) 지혜로운 청지기의 삶을 살지 않는다면 부가 화의 근원으로 뒤바뀐다. 하나님 안에서 부요 의식을 누리는 자만이 진정한 부를 경험한다. 이것이 풍부와 비천에 처해서도 주님만을 바라보는 시선을 놓치지 않았던 사도 바울의 비결이었다(빌 4:11-12). 진정한 부요는 하나님에게서 온다. 하나님과 바른 관계를 맺음이 풍요한 삶의 비결이다(롬 2:4, 10:12, 11:33; 고후 6:10, 9:11; 엡 2:4; 빌 4:19; 약 2:5).

네 곤고한 것과

"네 곤고한 것"(σὺ εἶ ὁ ταλαίπωρος / 쉬 에이 호 탈라이포로스)에서 "네"(σὺ /쉬)는 강조형이다. '바로 너 자신이 비참한 자'라는 뜻으로서 비참한 모습을 강화시키려는 목적이 배여 있다. '곤고함'은 롬 7:24에서 한 번 더 나오는 희귀한 단어로서 둘 다 실패한 크리스천의 모습을 표현하는 데 사용되었음이 흥미롭다. 이는 배가 난파를 당해 기진맥진한 상태를 의미한다. 바울은 자신의 실상을 알았으나 라오디게아 교회는 그 실상을 몰랐다는 데 그 비참함이 극에 달한다. 곤고함으로 시작해서 벌거벗은 상태에 이르기까지 나열된 다섯 개의 상태가 한 개인이나 공동체를 향해 적용된 예는 이곳이 유일하다. 그들이 그런 상태에 계속 머물러 있는 한 영원한 지옥 형벌이 눈앞에 기다리고 있음을 알기에, 주님은 초강경으로 그들의 상태를 낱낱이 벗겨내셨다. 폭로를 통한 부끄러움이 아니라 자신들의 실상을 제대로 알고 인정하여 천국 백성답고 어린양에게 속한 자답게 변화되기를 바라서이다.

가련한 것과

"가련한 것"(ἐλεεινός / 엘레에이노스)은 모든 사람에게 동정을 살 정도의 불쌍함을 의미한다(고전 15:19). 주님은 그들을 불쌍하게 여기셨다. 자신이 불쌍한 처지에 있는 줄을 모르고 자기만족의 늪에 빠져 허우적대는 그들의 모습에 가슴 아파하셨다. 바람 빠진 풍선의 쭈글쭈글한 모습처럼 그들의 영적 자화상은 주님 앞에서 볼품이 없었다. 그들의 실상은 측은지심을 불러일으킬 만큼 가련하기 그지없었다. 그들이야말로 '레미제라블'(Les Miserables, 비참한 사람들)이었다. 자신들이 가련한 상태에 있음을 전혀 모르고 자족을 노래하는 그들이 주님은 안타까우셨다.

가난한 것과

라오디게아 교회의 부요함은 그 누구도 부정할 수 없었다. 그들은 모두 부자였다. 경제적인 측면에서 그들은 성공한 사람들이었다. 개인적인 삶에서만이 아니라 그들이 속한 교회의 재정도 튼튼하였다. 가난하고 소외된 자들을 위한 구제와 어려움에 처한 교회 공동체에도 나눔을 베풀었다. 프로그램도 잘 돌아갔고 인적, 물적 자원도 부족함이 없었다. 문제는 그들의 영적 상태에 있었다. 주님은 그들의 물질적인 '부요'(πλούσιος / 플루시오스)를 영적 '빈곤'(πτωχός / 프토코스)과 예리하게 대립시키셨다. 그들은 자신들이 누리는 물질적 풍요의 감미로움에 넋을 잃고 영적인 가난의 실체를 전혀 눈치 채지 못했다. 원래 가난을 뜻하는 '프토코스'는 '프톳소'(πτώσσω)에서 유래하였는데, 움츠려들고 굽실거리면서 구걸 행각을 일삼는 걸인을 의미한다.

눈 먼 것과

"눈 먼 것"(τυφλός / 튀플로스)은 육신적 시력이 아니라 영적으로 소경 된 상태를 의미한다(마 23:16, 17, 19, 24, 26에서 주님은 바리새인들을 향해 거듭 질책하셨음). 그들의 시력에 문제가 있었다 해도 넉넉한 재물이 최고의 치료를 보장하였기에 눈이 나빠질 새도 없었다. 그럼에도 그들은 소경이었다. 자신들의 상태를 볼 수 없는 눈, 깨닫지 못하는 마음이 곧 소경의 상태다. 이런 사람들은 그나마 남아 있는 시력을 총동원해서 남의 약점을 찾는 데만 주력하기에(마 7:3) 눈 먼 상태가 더욱 악화된다. 그들은 주님의 일보다는 자신의 일, 영적인 만족보다는 육신적 만족이라는 근시안적 태도에 갇혀 있었다.

베드로 사도의 말씀이 이들의 상태에 적합하다. "이런 것이 없는 자는 소경이라 원시치 못하고 그의 옛 죄를 깨끗게 하심을 잊었느니라"(벧후 1:9). "이런 것"이란 믿음에 덕을, 덕에 지식을, 지식에 절제를, 절제에 인내를, 인내에 경건을, 경건에 형제 사랑을, 형제 사랑에 사랑을 공급하는 삶이다. "이런 것"이 있어야 근시치 않고 멀리 본다. 그리스도를 알기에 게을리하지 않는다. 그 결과로 풍성한 열매를 얻게 된다. 라오디게아 교회는 원시치 못함으로 소경이 되고, 소경이 됨으로 자신만이 아니라 주님을 전혀 알아보지 못하였다.

벌거벗은 것을 알지 못하도다

원문에는 "알지 못하도다"(οὐκ οἶδας / 우크 오이다스)가 먼저 나온다. 벌거벗은 상태는 의의 세마포를 벗긴 상태요, 성결로 옷 입지 못한 상태다. 벌거벗은 상태를 극복하려면 자기 옷을 지켜야 한다(계 16:15). 백위드는 가난한 것과 눈 먼 것과 벌거벗은 것을 실제적 빈곤에 대한 묘사로 보았으나 그렇지 않다. 영적인 측면에서의 상태 묘사이다. 라오디게아 교회 성도들은 총체적으로 부실 상태에 있었다. 칭찬이나 격려는 한 마디도 없이 주님의 자기 소개가 끝나자마자 주님은 맹폭을 퍼부으셨다. 그들은 묘하게도 자기 칭찬의 대가들이었다. 문제는 그들의 칭찬과 주님의 진단이 반대편에서 마주 대하고 있는 상황이라는 사실이다.

그들은 거짓된 진실에서 정확하였다. 즉 그들은 자신들의 상태를 너무나도 정확하게 역으로 표현했던 것이다. 어쩌면 그들이 누리던 물질적 풍요함이 영적인 시력을 앗아갔을 수 있다. 라오디게아는 도시 전체가 경제적 풍요 속에 거하고 있었음도 사실이다. 60년의 지진으로 인해 도시가 폐허가 되었을 때에도 제국의 도움을 일체 거절하고 스스로 재건비용을 충당했을 정도이니 그들의 재정 능력이 얼마나 탄탄했는지를 짐작할 수 있는 대목이다. 그들이 골로새에 보내었던 바울의 편지(골 4:16)를 통하여 크리스천의 삶이 지향하는 바를 조금이라도 적용했더라면 풍족한 환경 속에서라도 크리스천의 본질을 잃어버리는 일은 없었을 것이다. 그들은 나체로 거리를 활보하면서도 호화로운 의복을 걸친 것처럼 행동해서 주님의 역겨움을 더하게 만들었다. 그들은 아예 생각할 머리도, 깨달을 마음도, 바라볼 시력마저 잃어버렸다.

18 내가 너를 권하노니

"내가 너를 권하노니"(συμβουλεύω σοι / 쉼불류오 소이)는 강한 질책이 아니라 부드러운 권면의 모습이다. 17절의 논조에 비하면 엄한 명령조가 뒤따라야 할 것인데 역설적이게도 주님은 아주 좋게 타이르신다(출 18:19; 민 24:14; 요 18:14; 롬 11:34). 긍휼에 풍성하신 우리 주님은 진실로 '탁월한 모사'(wonderful counsel)이시다. 그러나 주님의 권면은 긍휼만이 아니다. 긍휼 속에 감춰진 공의의 번득임이 있다. "너"는 강조형인데 주님께서 라오디게아 교회의 사자에게 손가락으로 지목하면서 말씀하시는 장면을 연상시킨다. 스웻이나 모팻 등은 이를 "그래 바로 너다! 자랑하던 자여, 그렇게 비참한 상태에 놓여 있는 자가 다름 아닌 바로 너!"라고 말씀하신 것으로 이해했다.

내게서 불로 연단한 금을 사서 부요하게 하고

금은 믿음을, 불은 시련을 상징한다(벧전 1:7). 아이언사이드는 불을 하나님의 의로 해석하였다. 불의 연단은 성도의 거룩함과 정결함을 위한 주님의 손길이다(욥 23:10; 시 26:2; 66:10; 슥 13:9; 말 3:2–3). 금덩어리를 불에 녹여 순도 높은 정금을 만들어내듯 믿음의 시련은 영혼의 가치를 높인다. 스웨트는 '금'을 '행위가 수반된 믿음'으로 보았다. 주님은 "사라"(ἀγοράσατε / 아고라사테)고 말씀하시며 아무런 대가를 요구하지 않으신다. 값없이 사는 것이다(사 55:1).

흰 옷을 사서 벌거벗은 수치를 보이지 않게 하고

흰 옷은 '의'의 상징이다(3:4, 5, 4:4, 6:11, 7:9, 13–14, 19:14). 아이언사이드는 이를 실제적 의로 보았다. 라오디게아에서 만들어진 부드럽고 질 좋고 광택 나는 검은 빛의 값비싼 외투와 단색의 수수한 세마포를 대조시킨 것일 수도 있다. 옷이 벗겨짐은 심판과 부끄러움의 상징이었다(삼하 10:4; 사 20:1–4; 겔 16:37–39, 23:26–29; 호 2:3, 9; 미 1:8, 11; 나 3:5). 새옷을 입음은 '영예로움'(창 41:42; 에 6:6–11)과 '존귀함'(에 7:9, 11)을 뜻하였다. 성도는 마음과 생활의 거룩을 통해 영혼의 옷을 하얗게 보존해야 한다. 이는 곧 세속에 의해 더러워지지 않고 그리스도 안에서 지속적인 성결을 추구하는 삶이다(갈 3:27; 약 1:27).

안약을 사서 눈에 발라 보게 하라

이는 곧 성령의 기름부음이요(요일 2:20, 27) 그리스도 안에 있는 참 지혜이다(엡 1:17, 18; 골 2:3). 영적 분별력이 사라져 버린 라오디게아 교회 신자들에게 무엇보다도 우선적으로 필요한 것이 바로 영적인 분별력이다(요 9:39-41). 신령한 눈이 열려야 자신들의 진면목을 제대로 볼 수 있기 때문이다. 자신들의 절박한 영적 위기를 깨닫지 못하는 한 그들에게는 아무런 미래가 없을 것이기 때문이다. 자기만족의 수렁에 빠지면 분별력의 끈을 붙들지 않는 한 파멸만이 있을 뿐이다. 영적인 마비 증세에서 풀려나 무감각과 무감동의 삶을 청산하고 바른 열정을 회복하려면 눈이 열려야 한다. 엘리사의 종은 엘리사의 기도로 말미암아 자신들과 함께한 이들이 그들을 둘러싼 군대보다 많음을 볼 수 있었다(왕하 6:17). 엠마오로 향하던 두 제자는 부활하신 주님께서 말씀을 풀어주시고 떡을 뗄 때에야 비로소 그 눈이 열려 주님을 알아볼 수 있었다(눅 24:29-32). 바울은 눈에서 비늘이 제거되어서야 잃었던 육신의 시력과 함께 영적 식별력을 회복할 수가 있었다(행 9:17-19).

19 무릇 내가 사랑하는 자를 책망하여 징계하노니

람제이는 19-22절을 라오디게아 교회가 아닌 일곱 서신 전체에 대한 종결로 생각했으나 그렇지 않다. 원문에서는 책망하고 징계하는 주체자로서의 "내"가 강조되어 있다. 하나님의 악에 대한 원천적인 증오와 인간에 대한 원초적인 사랑이 충돌하는 모습이다. 찰스는 이를 "사랑은 잔혹하지 않지만 모질기 짝이 없는 것"(Love is never cruel, but it can be severe)이라 말하였다. "책망"(παιδεύω / 파이듀오)은 교육적인 훈련을 암시한다. 이는 하나님의 훈련이다(욥 5:17; 시 94:12). 사랑이 없으면 관심도 없다. 관심이 없으면 아무런 관여도 하지 않는다. 사랑의 반대는 증오가 아니라 무관심이다. 주님은 라오디게아 교회가 지독한 질책의 대상이 되었지만 그들을 사랑하심은 다른 교회들과 전혀 다르지 않다. 그들의 상태가 비록 역겹긴 하지만 그것이 주님의 사랑을 감소시키지는 못한다. 주님은 그들을 혹독하게 질책하신다. 사랑하기 때문이다. 사람이 사랑을 내세워 필요 이상으로 상대를 괴롭히는 것과는 사뭇 다르다.

그러므로 네가 열심을 내라 회개하라

"열심을 내라"(ζήλευε / 젤류에)는 신약 전체를 통틀어서 이곳에만 나온다. 이 단어는 현재 명령형으로서 미지근함을 극복할 때까지 중단 없이 계속 열심을 낼 것을 촉구한다. 에베소 교회와 사데 교회에게는 "생각하고 회개하라" 하였는데 라오디게아 교회에게는 "열심을 내라! 회개하라!" 하셨다. 회개(μετανόησον / 메타노에손)는 단순과거 명령형으로서 단 한 번의 결정적 회개를 언급함이다. 회개에도 열심이 필요하다. 열심이 없으면 진정한 회개는 불가능하다. 결국 열정의 회복이다. 치열하고 처절하게 몸부림칠 수 있음은 내 맘속에 열정이 남아 있을 때의 일이다. 하나님을 섬김에 있어 하나님의 나라를 위한 사역에 있어서 열정 없이 이루어지는 일은 아무것도 없다.

열심이란 불씨와 같아서 꺼지지 않도록 보존하는 것만이 능사는 아니다. 불씨는 불쏘시개에 붙어 불꽃을 일으켜야 한다. 불씨가 불꽃을 일으키지 못한다면 불티만 위로 날려 주변을 상하게 할 뿐이다(욥 5:7). 불씨는 불꽃을 일으켜야 불길처럼 번져갈 수 있다. 회개의 전 과정이 바로 이 불의 비유와 흡사하다. 회개를 통하여 거룩함에 이르는 것은 불씨가 불꽃을 일으켜 불길을 번지게 함이다(사 10:17). 회개하지 않으면 라오디게아 교회는 연기처럼 사라지고 말 것이지만 회개하면 이긴 자로서 요셉 족속처럼 불꽃이 될 수 있다(옵 1:18). 불꽃 가운데 나타나신 하나님(출 3:2)의 눈은 불꽃과 같다(계 1:14, 2:28). 회개하지 않으면 이 불꽃 같은 눈을 피할 수 없다.

20 볼지어다 내가 문 밖에 서서 두드리노니

이를 현재의 회개에 관한 언급으로 해석하는 이들도 있고(Alford, Beasley-Murray, Weiss, Charles, Clarke), 21절과 함께 종말론적으로 해석하는 이들도 있다(Holtzmann, Bousset, Swete, Moffatt, Beckwith, Kiddle). 주님 자신이 문이어서 우리가 문 밖에 서 있어야 함에도 주님이 우리 대신에 문 밖에 서 계시다(Trench). 주인이 길손이 되었고 종이 안방을 차지한 격이다. 연인이 사랑하는 이를 문 밖에서 기다리는 모습은(아 5:2) 곧 인간의 영혼에 대한 목자로서의 호소에 가깝다. 이는 또한 끝이 가깝고 그리스도의 재림이 멀지 않았음을 경고하는 두드림일 수 있다(마 24:33; 막 13:29; 눅 12:36; 약 5:9).

동사 "두드리노니"(κρούω / 크루오)는 현재시제로서 기계적이고 형식적인 두드림이 아니라 응답의 소망 속에서 계속 이어지는 두드림이다(Morris). 길 가던 나그네가 하룻밤 유숙을 위해 문 밖에서 두드리는 건 아주 일상적인 경험이다. 그런데 캐어드는 본 절에서의 두드림이 입장을 구걸하며 조심스럽게 두드리는 것이 아니라 '신적 주도권을 쥐고 라오디게아의 귀머거리들까지 들을 수 있도록 큰 소리로 두드리는 절박한 두드림'이라 해석했다.

누구든지 내 음성을 듣고 문을 열면

그리스도는 어떠한 상황에서도 문을 부수고 들어오시지는 않는다. 주님의 두드리심에 인격적으로 응답하고 안 하고의 여부는 전적으로 인간의 의지에 관한 문제요 그 결과에 대한 책임 소재 또한 인간에게 있다. 헌트(Hunt)가 그린 〈세상의 빛〉이란 그림에서도 인간 마음의 문은 안에서만 열 수 있으며, 바깥 손잡이는 아예 없다. 자신의 마음을 열고 닫을 수 있는 전권은 오직 각자 자신에게 있다. 주님은 "볼지어다"(ἰδού / 이두) 하시며 생생한 어조로 듣는 이들의 주의를 집중시키신다(2:10, 22; 3:8, 9). 중요한 말씀을 기대하게 만드는 외침이다. 주님은 자신의 정체를 밝히시며 각자의 문 밖에 서신 채로 계속 두드리신다. 이는 마치 솔로몬이 술람미 여인을 찾아가 밤새 이슬을 맞아가며 문 열어주기를 간청했던 장면을 연상시킨다(아 5:2).

트렌치는 이를 "열기 거절하는 비통한 특권"이라 불렀고, 마음의 문을 굳게 잠근 사람을 "비참한 정복자"라 칭하였다.

양은 목자의 음성을 알기에 목자의 두드리며 부르는 소리를 듣고, 바로 문을 열어야 한다(요 10:3-5). 진리에 속한 자는 진리의 소리를 알고 사랑하는 자는 사랑의 음성을 안다(요 18:37). 이 문은 집단적으로 열 수 있는 그런 문이 아니다. 이 문은 전적으로 개인적인 문이다. 홀로 하나님 앞에서 그 혼자만이 열 수 있는 단독자의 문이다. 주님은 말없이 문을 두드리시는 것이 아니라 초청 받기를 바라시면서 자애로운 음성으로 기다리신다. 주님은 모든 준비가 되셨다. 우리가 문을 열기만 하면 된다. 구원으로 인도하는 문도 그 길이 좁고 협착하여 찾는 이가 적지만 우리 마음 문으로 주님이 들어오시기도 쉽지 않다. 개인의 회개를 통하여 겨우 열릴 수 있는 문이기 때문이다.

내가 그에게로 들어가……그는 나로 더불어 먹으리라

주님과 신자 간의 복스러운 사귐은(요 15:5; 요일 2:24) 영광의 통치에까지 이른다(계 20:4). 이 부분을 현재적 사귐으로의 초청으로 또는 종말론적 의미로 해석할 수 있다. 메시아 왕국의 애찬은 제자들에게 주신 약속이다(눅 22:30; 그리고 마 26:29; 계 19:9 참조). 당시의 전통에서 공동 식사에 참여함은 신뢰와 애정의 증거였다. 문을 열고 들어와서 함께 거함은 계속되는 능동적 사귐을 강조하는 것이다. 캐어드는 이를 성례전과 연관시켰으나 백위드는 이를 배격했다. 상징은 어디까지나 종말론적이라는 이유에서였다. "나로 더불어"(μετ' ἐμοῦ / 메트 에무)는 강조형이다.

동방에서 식사 초대를 받아 식탁을 함께하는 것은 신뢰와 애정의 표현이었다. 주님이 제자들과 더불어 나누셨던 마지막 만찬은 공동식사의 한 전형을 이룬다. 초대 교회에는 애찬(Agape Meal)과 성찬(Sacrament)은 상호 사귐과 주님과의 친밀함을 돈독하게 하기 위한 축제였다. 공동 식사의 영적 그루터기는 상호 임재에 있다. 제4복음서에서는 특히 상호 임재가 두드러지게 강조되어 있다(6:56, 10:38, 14:20, 15:4, 5, 17:21, 26). 계 19:9에는 어린양 그리스도의 혼인잔치 장면이 나오는데 이는 본 절의 약속이 현실적으로 실현되는 바로 그 순간이다. 메시아 왕국에서 성도들이 그리스도와 함께 먹고 마시는 것은 매우 중요하다. 그것은 지금처럼 육신적인 음식과 음료를 먹고 마심이 아니다. 새롭고 완전한 형태의 공동식사가 메시아를 중심으로 이루어질 것이다. 어린양의 혼인 잔치를 기점으로 한 새로운 세상에서의 먹고 마심은 왕국에서의 통치와도 연관되었다(눅 22:30). 그때까지 그리스도와의 공동식사를 통한 친밀함의 시간은 유보되었다(마

26:29; 막 14:25; 눅 22:16). 주님은 그날을 손꼽아 기다리신다.

21 내가 내 보좌에 함께 앉게 하여 주기를

본 절에서도 "메트 에무"(μετ' ἐμοῦ / 메트 에무)의 강조형이 사용되었다. 이 보좌는 영광의 재림 시에 얻을 보좌다(시편 8편; 다니엘 7장; 마 25:31; 눅 2:32; 행 2:30; 히 2:5). 주님은 메시아 왕국이 이르렀을 때 이런 일이 있을 것임을 제자들에게 누차 말씀하셨다(마 19:28; 눅 22:29-30). 야고보와 요한은 주님의 이 말씀을 문자적으로 수용했다(막 10:40). 이 구절은 완전하게 종말론적이며 그 실현이 20:4이다.

내가 이기고 아버지 보좌에 앉은 것과 같이 하리라

"이기고"(ἐνίκησα / 에니케사)와 "앉은 것"(ἐκάθισα / 에카띠사)은 단순과거형으로서 '이김'과 '앉음'이 이미 과거의 한 시점인 십자가와 부활의 사건에서 영단번으로 이루신 역사적 사실임을 가리킨다. 계 22:1에는 하나님과 어린양의 보좌가 나온다. 20-21절은 눅 22:29-30과 같다. 보좌에 앉는 특권은 천년 왕국에서 실현된 약속일 뿐 아니라(20:4) 영원한 왕국에서도 실현될 약속이다(22:5). 주님은 제자들에게 새로운 세상이 펼쳐지면 인자가 자기 영광의 보좌에 앉을 것이며 주님을 신실하게 따른 그들도 열두 보좌에 앉아 열두 지파를 심판하실 것이라 말씀하셨다(마 19:28). 라오디게아 교회의 '이긴 자'는 그들만의 보좌가 아니라 "나(주님)과 함께" (μετ' ἐμοῦ / 메트 에무) 아버지의 보좌에 앉게 된다. 두아디라 교회의 이기는 자에게 주신 약속에서 주님은 그들이 만국을 철장으로 다스릴 것이라 하셨는데(2:26-27) 라오디게아 교회에는 아예 보좌를 약속하셨다. "보좌"(θρόνος / 뜨로노스)

는 신약 전체에서 55회 나오는데, 그중에서 계시록에서만 44회가 나온다. 그만큼 보좌 이미지는 계시록 이해에 있어서 핵심적이다.

보좌의 약속이 있고 난 이후에 일곱 교회에 대한 편지가 끝나며, 비로소 4-5장의 천상 보좌 장면이 전개된다. 이 보좌는 계시록의 마지막 부분에 가서 다시 하늘의 영원한 보좌로 연결된다(20:4, 11, 21:5). 구약에서 야훼 하나님은 위엄의 보좌에 앉아 심판하신다. 복음서에서 예수 그리스도는 인자로서 하나님의 보좌를 함께하신다. 이와 같은 흐름은 계시록에서 동일하게 전개된다. 4장에서 영광의 하나님은 보좌에 앉아 계신다. 5장에서는 예수 그리스도께서 구속 사역을 마치시고 아버지와 함께 보좌에 앉아 계신다. 이 영화롭고 존귀로 가득한 보좌에 승리한 성도들이 주님과 함께 영광과 심판의 보좌에 앉게 된다(마 19:28; 눅 22:29-30; 고전 6:2; 딤후 2:12; 계 2:26-27, 3:21, 20:4). 만왕의 왕이요 만주의 주이신 그리스도의 군사로 승리한 성도의 보좌는 아마겟돈 전쟁에서 짐승과 사악한 세력을 진멸함으로 시작이 되어(17:14, 19:14-21) 천년 왕국에서 지속된다(20:4). 그리고 영원 세계에서 완전히 성취된다(3:21). "내가 이기고 아버지의 보좌에 앉은 것"은 실로 성도의 보좌 상급을 위한 유일의 본보기가 된다. 주님은 '이기고' '앉으셨다.' 성도 역시 '이기고' '앉는다.'

III. 둘째 환상 : 보좌와 일곱 인(4:1-8:1)

요한은 과거의 어느 시점에서 경험한 영화로우신 그리스도의 환상을 1장에서 자세히 회상하였고, 2-3장에서는 소아시아의 일곱 교회에 주시는 현재의 메시지를 소개하며, 4장에 이르러 그가 받은 묵시적인 환상의 내용들을 근거로 미래에 일어날 일들을 다루고 있다. 전체적으로 보아서 둘째 환상에 포함되는 것은 천상의 보좌 환상(4장)과 일곱 인(5:1–8:1)이다. 이를 자세하게 살펴보면 4:1부터 8:1까지는 첫 재앙 그룹을 이루는 일곱 인의 개봉이 기록되어 있다. 4장의 보좌에 앉으신 창조주 하나님은 일곱 인의 출처가 되시고, 5장의 구속주 어린양은 그 일곱 인을 개봉하신다. 실제적인 개봉은 일곱 봉인이 다 떼어지기 전까지 이루어지지 않는다.

4장과 5장은 보좌가 주제의 중심에 있다(4:2, 3, 4, 5, 6, 9, 10, 5:1, 6, 7, 11, 13). 약간 다르게 묘사된 보좌 장면은 전체적으로 하나의 보좌를 이룬다. 환상 중에 보던 것을 써서 일곱 교회들에게 보내도록 명령받았던 요한(1:11)은, 이제 "이리로 올라오라"는 명령에 이어 장차 일어날 일들에 대한 환상을 보게 된다. 4장의 보좌 장면에서는 하나님의 주권과 위엄이 중심을 이루고 예배 행위가 지배적이다. 5장의 보좌 장면은 어린양이 중심축이 되어서 전개된다. 어린양은 보좌의 중앙에 서 계시고(6절) 예배를 받으신다(9, 12절). 마지막 부분에서는 하나님과 어린양에 대한 경배가 이루어진다(13–14절). 4–5장에서의 예배는 네 생물(4:8), 이십사 장로(4:10–11), 네 생물과 이십사 장로(5:8–9), 보좌와 네 생물과 이십사 장로를 둘러싼 무수한 천사들(5:11–12), 그리고는 만물(5:13)의 순서로 점진적인 변화를 보이고 갈수록 분위기는 더욱 강력해진다.

6장에는 여섯 인의 구체적인 내용이 나오고, 7장은 첫째 막간으로서 구원의 환상을 다루고 있다. 8:1에서 일곱 인의 개봉이 실현됨으로 일곱 인의 재앙이 마무리된다. 일곱 인이 끝나면서 이어 일곱 나팔이 그 뒤를 잇는다(8:1-2, 8:7-11:15). 일곱째 나팔이 울리자(11:15) 곧 이어 마지막 재앙인 일곱 대접이 이른다. 그 사이에 심판의 환상인 셋째 막간(14:6-20)을 포함한 빛과 어둠의 투쟁이 본격적으로 그려진다(12:1-14:20). 6장에서 시작된 일곱 인의 재앙은 16장 마지막 절에 이르기까지 일곱 나팔과 일곱 대접이라는 재앙으로 더욱 강화되고 구체화되면서 매우 극적으로 전개된다.

1. 천상의 보좌(4:1-11)

이 환상의 목적은 모든 것이 보좌에 앉으신 주님에 의해 통치됨을 보여주려는 것이다. 은혜와 평강만이 아니라 시험과 환난까지도 보좌에 앉으신 주님의 통치에 포함된다. 4장과 5장에 나타난 환상의 중심은 어디까지나 보좌와 그 위에 앉으신 분이다. 혹자(Prigent)는 4장과 5장이 유대교 회당의 예전과 초기 기독교의 예전을 보여주는 것이라 주장하기도 한다. 그는 유대 교회당의 기도서 내용이 계시록 4-5장에 그려진 요한 자신의 교회의 유월절 예전에 지대한 영향을 끼쳤을 것이라 보았다. 회당의 아침 기도서에는 첫째, 창조 하나님을 송축함. 둘째, 이스라엘의 구속사에 있어 하나님의 인도하심을 내포하여 율법의 창시자로서의 하나님을 송축함. 셋째, 유월절을 통하여 애굽에서 이스라엘을 해방시키심을 감사함. 넷째, 유월절 구속을 찬양하는 "새 노래"가 포함되어 있다. 사실 여부를 떠나서 마치 모세가 하늘의 식양을 따라 성막 제조에 임하였듯이 요한이 묘사한 보좌와 관련된 환상의 내용은 어느 정도 당시 교회의 예배에 반영되었을 수도 있다. 비얼은 4-5장의 내용이 다니엘 7장의 구조와 유사한 점에 주목하였다.

① 서론적 환상 구절(단 7:9 특히 2, 6-7절 / 계 4:1).

② 하늘에 펼쳐진 보좌(단 7:9a / 계 4:2, 그리고 4절 참조).
③ 하나님이 보좌에 앉으심(단 7:9b / 계 4:2b).
④ 하나님이 보좌에 나타나심(단 7:9c / 계 4:3a).
⑤ 보좌 앞의 불(단 7:9d-10a / 계 4:5).
⑥ 보좌 주위에 있는 천상의 종들(단 7:10b / 계 4:4b, 6b-10; 5:8, 11, 14).
⑦ 보좌 앞의 책(단 7:10c / 계 5:1, 2, 3, 4).
⑧ 책이 개봉됨(단 7:10d / 계 5:2-5, 9).
⑨ 왕국을 다스릴 영원한 권세를 받고자 보좌 앞으로 나아가는 이의 모습(단 7:13-14a / 계 5:5b-7, 9a, 12-13).
⑩ 왕국의 범위 : "각 족속과 방언과 백성과 나라"(단 7:14a / 계 5:9b).
⑪ 환상으로 인한 환상자의 번민(단 7:15 / 계 5:4).
⑫ 천상적 존재가 환상에 관한 조언을 함(단 7:16 / 계 5:5a).
⑬ 성도에게 왕국 통치의 권세가 주어짐(단 7:18, 22, 27a / 계 5:10).
⑭ 하나님의 영원한 통치로 매듭(단 7:27b / 계 5:13-14)
⑮ 바다의 이미지(단 7:2-3 / 계 4:6).

이에 비하여 에스겔 1-2장은 계 4:1-5:14의 단편적 부분과 비교할 때에 상당한 유사점을 보이고 있음에도 불구하고 몇 가지 중요한 요소들이 빠져 있다. 책의 개봉 부분, 왕국을 통치할 영원한 권세를 받고자 보좌 앞으로 나아가는 이 땅의 모든 백성들, 성도의 왕국 통치, 하나님의 영원한 통치 등이다.

4-5장은 전체적으로 볼 때에 주요 환상 중의 두 번째에 해당한다. 인자와 일곱 편지 / 교회에 대한 환상(1:9-3:22)이 끝나자 요한은 새로운 보좌 환상(4-5장)으로 이끌린다. 4장부터 계시록의 전반부에

해당하는 인봉된 책 끝부분(11:10)은 보좌의 장면으로 시작하며, 아버지와 어린양이신 아들이 중심을 이룬다. 이에 비해 본서의 후반부에 해당하는 12:1부터 세 개의 일곱 시리즈 마지막인 16:21까지는 갈등 장면으로 시작하며 '사악한 삼위일체'가 그 중심에 있다. 4-5장을 보좌 환상이라고 부르는 것은 본문에서 보좌란 말이 언급된 횟수도 많고(4:2, 3, 4, 5, 6, 9, 10, 5:1, 6, 7, 11, 13) 온통 보좌와 관련된 장면들이기 때문이다. 별개의 두 장으로 구분되어 있지만 4장과 5장은 서로 연결되어서 하나의 통일된 장면을 보여준다. 다만 비슬리-머리가 잘 지적하였듯이 4장에서는 창조의 하나님이, 5장에서는 구속의 하나님이 강조되고 있음이 차이를 보인다.

1 이 일 후에 내가 보니 하늘에 열린 문이 있는데 내가 들은 바 처음에 내게 말하던 나팔소리 같은 그 음성이 가로되 이리로 올라오라 이후에 마땅히 될 일을 내가 네게 보이리라 하시더라

2 내가 곧 성령에 감동하였더니 보라 하늘에 보좌를 베풀었고 그 보좌 위에 앉으신 이가 있는데

3 앉으신 이의 모양이 벽옥과 홍보석 같고 또 무지개가 있어 보좌에 둘렸는데 그 모양이 녹보석 같더라

4 또 보좌에 둘려 이십사 보좌들이 있고 그 보좌들 위에 이십사 장로들이 흰 옷을 입고 머리에 금면류관을 쓰고 앉았더라

5 보좌로부터 번개와 음성과 뇌성이 나고 보좌 앞에 일곱 등불 켠 것이 있으니 이는 하나님의 일곱 영이라

6 보좌 앞에 수정과 같은 유리 바다가 있고 보좌 가운데와 보좌 주위에 네 생물이 있는데 앞뒤에 눈이 가득하더라

7 그 첫째 생물은 사자 같고 그 둘째 생물은 송아지 같고 그 셋째
생물은 얼굴이 사람 같고 그 넷째 생물은 날아가는 독수리 같은데
8 네 생물이 각각 여섯 날개가 있고 그 안과 주위에 눈이 가득하더라
그들이 밤낮 쉬지 않고 이르기를 거룩하다 거룩하다 거룩하다 주
하나님 곧 전능하신 이여 전에도 계셨고 이제도 계시고 장차 오실
자라 하고
9 그 생물들이 영광과 존귀와 감사를 보좌에 앉으사 세세토록 사시
는 이에게 돌릴 때에
10 이십사 장로들이 보좌에 앉으신 이 앞에 엎드려 세세토록 사시는
이에게 경배하고 자기의 면류관을 보좌 앞에 던지며 가로되
11 우리 주 하나님이여 영광과 존귀와 능력을 받으시는 것이 합당하
오니 주께서 만물을 지으신지라 만물이 주의 뜻대로 있었고 또
지으심을 받았나이다 하더라

1 이 일 후에 내가 보니

"이 일 후에 내가 보니"(μετὰ ταῦτα εἶδον καὶ ἰδοὺ / 메타 타우타 에이돈 카이 이두)는 새로운 환상을 소개하는 전형적인 표현이다. "이 일 후에 내가 보니 (볼지어다!)"는 요한이 바라본 경험을 생생하게 나타내는 감탄적 표현이다. 7:9에도 같은 표현이 나타나지만 나머지 곳에서는 예외 없이 모두 축약형으로 사용되었다. "이 일 후에 내가……보니"(μετὰ ταῦτα εἶδον / 메타 타우타 에이돈, 7:1, 15:5, 18:1)와 "내가……보니"(καὶ εἶδον, καὶ ἰδοὺ / 카이 에이돈, 카이 이두, 6:2, 5, 8, 14:1, 14, 19:11)와 같은 형태다. 다니엘 7장과 에스

겔 1장도 동일하게 서론적 환상의 구절로 시작한다.

"이 일 후에 내가 보니"는 연대기적인 묘사라기보다는 장면의 변화를 나타내기 위한 것이다. "이 일 후에"가 없이 단순히 "보라"(καὶ ἰδου / 카이 이두) 또는 "내가 보니"(καὶ εἶδον / 카이 에이돈)일 경우에는 그 환상이 독립적이지 않고 바로 이전의 환상에 종속된 부분임을 나타낸다. 이런 방식의 표현은 묵시 문학에서 매우 흔한 현상이다(슥 2:1, 5, 5:1, 9, 6:1; 겔 1:4, 2:9, 8:2, 4, 10, 10:1, 9, 4:23-26). 여기에서 "이 일 후에"는 1:12 이하의 환상 후를 뜻한다. 또한 19:1에서는 "이 일 후에 내가 들으니"(μετὰ ταῦτα ἤκουσα / 메타 타우타 에쿠사)란 표현이 나온다. 환상은 단지 보는 것만이 아니라 듣는 것까지 포함한다.

"이 일 후에 내가 보니"를 단순히 환상의 장면에서 다른 장면에로의 이전으로 보는가 하면(Bauckham, Biederwolf, Beckwith), 3:22에서 첫 환상이 끝난 후 요한이 보고 들은 모든 내용을 쓰기 위해 4:1의 "이 일 후에 내가 보니"까지 상당한 시간이 필요하였을 것이라는 주장이 있다(Bullinger, Moffatt). 요한이 시간에 쫓겼다고 추정할 만한 일도 없으며 요한은 자신이 보고 들은 내용을 쓰기에 충분한 시간을 갖고 있었다. 새로운 환상이 펼쳐지자 요한은 즉각적으로 인식하였다. 그것은 육신의 눈이 아니라 환상을 인식할 영적인 시력이었기에 새로운 환상 장면에 머뭇거릴 필요가 없었다.

하늘에 열린 문이 있는데

"하늘"은 12:12을 제외하고는 언제나 단수로 쓰였는데 모두 52회 나오고 있다. 우리가 보는 하늘은 새가 날고 별이 빛나는 곳이지만 요한에게 비쳐진 하늘은 하나님의 보좌가 있는 영계에 속한 하늘이었다. 캐어드는 이 하늘을 "지도와 작은 깃대들이 놓여 있는 최고 사령부의 통제실"로 비유하였다. 12:12은 사 44:23의 영향을 받은 표현이다. "열린"(ἠνεῳγμένη / 에네오그메네)은 완료 분사로서, 문이 이미 열려져(a door standing open) 요한의 도착을 위한 길로 예비되었음을 보여준다.

하나님께서 요한을 위하여 친히 문을 여셨다. 하늘의 이 문은 에스겔에게도(겔 1:1), 주님에게도(마 3:16), 요한에게도(요 1:51), 스데반에게도(행 7:56), 베드로에게도(10:11) 열렸다. 요한이 이 열린 문 안으로 들어갔는지 문 밖에서 안을 들여다보았는지는 불분명하다. 어쨌건 '문'은 요한에게만 허락된 환상의 제한성을 의미한다(Mounce). 닫으면 열 이가 없고 열면 닫을 이가 없는 그리스도께서 요한에게 환상의 열린 문을 두셨다. 다른 그 누가 아니라 오직 요한 한 사람에게만(δείξω σοι / 데익소 소이) 이 환상이 주어진다.

하늘이 열리고 문이 열렸다. 더 정확히 표현하면 보좌가 있는 하늘에 이를 문이 열렸다. 모든 이들이 들어갈 수 있는 하늘의 열림은 마지막 파루시아 때 이루어질 것이다. 지금은 그 하늘에 이르는 문은 요한에게만 환상 중에 열렸다. 신약에는 열린 하늘에 대해 꽤 언급하고 있다(마 3:16; 요 1:51; 행 7:56, 10:11; 고후 12:1-4). 세상에 죄악이 관영하면 하늘이 닫힌다(눅 4:25; 약 5:17-18; 계 11:6). 흥미롭게도 닫힌 하늘에 대한 구절들은 모두 엘리야 시대에 있었던 3년 기간에 관한 것들이다(열왕기상 17장).

이에 비하여 하늘이 열림(창 28:17; 시 78:23)은 하나님께로 나아갈 수 있음과 영원한 복락에 이르게 됨을 뜻한다. "열린"(ἐνεφγμενη / 에네오그메네)은 완료분사로서 문이 이미 열린 상태에 있었음을 뜻한다(Thomas, Mounce, Swete). 넓은 하늘에 들어갈 수 있는 문 하나는 배타성과 수용성을 동시에 지녔다. 들어갈 수 있는 자에게는 더없이 충분하고 넓은 문이지만 들어가지 못하는 이들에게는 더없이 좁은 문이다. 구원에 이르는 문은 좁다(눅 13:24-25).

세대주의자들은 요한의 승천을 교회의 휴거로 해석했다. 왈부어드는 4장 사건 이전으로 휴거의 시기를 잡는다. 이 문은 3:8의 기회의 문이나 3:20의 마음의 문과는 달리 계시의 문이다. 초기 유대교 사상에 의하면 하늘은 하나의 둥근 천장으로서 사각의 편평한 땅을 지붕처럼 덮고 있다고 생각했다. 그들은 하늘 천장 건너에 다른 하늘이 있다고 믿었다. 히브리인들은 하늘과 하늘 간의 소통을 위해선 궁창(창 1:7-8)과 같은 '어떤 틈'(aperture)이 있어야 한다고 믿었다.

누군가 헨델에게 〈메시아〉를 작곡하게 된 동기를 묻자 이렇게 답하였다. "나는 하늘이 열린 것과 하나님이 크고 흰 보좌에 계신 것을 보았다." 그의 진술이 사실이라면 그 역시 요한이 보았던 본 장의 환상을 접한 것이다.

나팔 소리 같은 그 음성

이 음성은 1:10에서의 음성과 일치되는 그리스도의 음성이다(Beckwith, Mounce, Swete, Charles). 천사의 음성이라는 주장도 있다(Bousset, Plummer, Vincent). 그리스도의 음성이 옳은 해석이다. 요한을 소환하는 음성이 나팔 소리같이 들렸음은 소리에 담긴 권세와 능력, 그리고 한없이 퍼져가는 전달 능력을 암시한다. 그리스도는 환상의 일부가 되시면서(5:6-8) 환상의 수여자로 나타나신다. 하나님은 요한에게 환상을 보여주시기도 하고(4:1, 7:1, 9, 15:5, 18:1, 20:3, 15:1), 계시의 음성을 들려주시기도 하며(1:10, 19:1) 때로는 광야나 높은 산으로 이끄시기도 하신다(17:3, 21:10). 나팔 소리는 크고 분명한 소리를 뜻하며 종말 사건과 연관하여 묵시적 선언을 암시한다. 최초에는 인자이신 그리스도의 모습을 소개하는 역할을 맡았는데, 여기에서는 보좌의 장면을 소개하는 역할을 맡는다.

이리로 올라오라

세대주의적 관점에서는 "이리로 올라오라"(ἀνάβα ὧδε / 아나바 호데)가 휴거의 개념이지만 이와 같은 표현은 유대문학에 광범위하게 유포되어 있었다(왕상 22:19; 암 3:7). 이는 보다 높은 경지로 나아가는 초청의 말이다(출 19:20, 24-25와 비교). 요한의 경험과 유사한 것으로 바울의 경험을 들 수 있는데(고후 12:1-4) 이를 육체의 휴거로 볼 수는 없다. 요한의 들림은 에녹(창 5:24)이나 엘리야(왕하 2:11)의 승천 개념과는 구별된다. 매우 드문 육체의 순간적 이동(왕상 18:12; 왕하 2:16; 행 8:39-40)이나 영적인 고양(겔 8:1-4, 11:1-2; 마 4:5, 8; 눅 4:5, 9)의 현상은 하나님의 초자연적인 계시에 속한다. '하늘에 오름'은 천상의 비밀로 진입했음을 의미한다(롬 10:6; 고후 12:1-2). 래드와 마운스는 이 초청을 요한이 금세 받게 될 계시의 새로운 시점을 가리킨다고 보았다.

세대주의자들은 3장까지 교회가 20번이나 언급이 되고 4장 이후부터 22:17까지 한 번도 나오지 않는 사실에 근거하여 요한이 이미 육체의 휴거를 경험한 것이라고 주장한다(Walvoord, Johnson, Gaebelein). 이미 경험하고 있는 상태를 요한은 마치 새로운 상태의 경험처럼 서술하고 있을 뿐이라는 설명이다. 요한은 지상의 가장 침울한 장소였던 밧모 섬에서 가장 영광스러운 하늘의 보좌를 바라보았다. 하늘의 열린 문을 보던 중에 "이리로 올라오라"는 초청을 받았다. 나팔 소리 같은 음성의 주인공은 영광을 받으신 그리스도이시다(1:10). 혹자는 요한을 부르신 이가 동시에 환상의 장면(5:6)에 나타날 수 없다며 반대하지만 4:1에서는 아직 그리스도가 나타나지 않았고 음성만 들렸기에 아무 문제가 될 것이 없다.

"이리로 올라오라"는 초청의 소리는 옛날 모세를 시내 산으로 부르시던 초청의 소리와 엇비슷하다(출 19:20, 24-25).

왈부어드를 비롯한 세대주의 학자들은 "이리로 올라오라"를 그리스도의 재림과 연관된 사건들이 일어나기 직전에 교회를 하늘로 호출하시는 휴거로 해석한다. 이 해석에는 약간의 난점이 있다. '요한의 들림'과 '교회의 휴거'는 분명하게 별개의 사건이라는 점이다. 요한은 지금 영 안에서 천국에 있지만 그의 육체는 아직도 밧모 섬에 갇혀 있다. 그렇지만 휴거 시에는 성도들의 영혼과 몸이 함께 들림 받는다. 성도들은 휴거를 통해 구원의 완성을 이루지만 지금의 요한은 계시를 받기 위한 호출을 받았다.

보좌의 영광은 다채롭지만 어디까지나 그 중심은 보좌에 앉으신 하나님이시다. 천사와 대천사, 스랍과 그룹들에 둘러싸인 보좌의 정경은 그 당시의 메소포타미아나 우가리트나 페니키아인들의 신화에서도 비슷하게 나온다. 시편 기자는 이를 하나님의 "회"(עדה / 에다, 시 82:1)라 부르거나 아니면 거룩한 자의 "회중"(קהל/ 카할, 시 89:7)으로 묘사하였다. 천상의 회원들은 “신들”(출 15:11; 시 8:6, 82:6; 97:7), “거룩한 자”(시 89:7; 슥 14:5), “권능 있는 자”(시 29:1, 89:6), “지존자의 아들들”(시 82:6), 그리고 “성도”(신 33:2–3) 등으로 불렸다.

이 후에 마땅히 될 일을 네게 보이리라

“보이리라”(δείξω / 데잌소)는 1:1에도 나오는 표현이다(17:1, 21:9, 10, 22:1, 6, 8). 요한의 환상은 앞으로도 계속될 것이다. “네 본 것과 이제 있는 일과 장차 될 일”(1:19) 중에 “이 후에 마땅히 될 일” 즉 장차 될 일을 보이시겠다는 말씀이다. 그리스도는 아버지에게서 받은 계시를 자신의 종 요한에게 “보이시겠다”(δεῖξαι / 데잌사이)고 분명한 의지를 표현하신다. 구체적인 집행은 어린양이 일곱 인의 첫 봉인을 떼시면서 시작된다(6:1). 이 환상을 위해서 요한은 밧모의 외딴 섬에 머물러 있어야 하였다. 닫으면 열 이가 없고 열면 닫을 이가 없는 그 이, 곧 그리스도께서 요한에게 요한을 위해 환상의 열린 문을 두셨다. 그것은 이 환상이 다른 그 누가 아니라 오직 요한 한 사람에게만(δείξω σοι / 데잌소 소이) 이 환상이 제한되어 있음을 상징한다.

2 성령에 감동하였더니

‘영 안에 있음’(ἐν πνεύματι / 엔 프뉴마티)은 계시록에 모두 네 번 나온다(1:10, 4:2, 17:3, 21:10). 이 영은 의심할 여지없이 하나님의 성령을 가리킨다(Lohmeyer, Beasley-Murray, Sweet, Mounce, Lohse). 계시의 말씀이 끝나자마자 요한은 갑자기 “성령 안에 있다”(εὐθέως ἐγενόμεν ἐν πνεύματι / 유떼오스 에게노멘 엔 프뉴마티). 성령이 요한에게 임하여 그를 데리고 간 것(17:3, 21:10)이 아니다. 육체의 들림이 아니라 성령 안에서의 들림, 시공을 초월한 일종의 영적 고양의 상태다. 이후로 볼 환상에 대비하여 요한에게는 영적 고양의 보다 높은 차원이나 어떤 단계가 필요했을 것이다(Ebrard, Swete, Hilgenfeld, Weiss). 모팻은 이것을 "황홀 상태의 신선한 고조"라 표현하였다.

찰스와 바이스는 1절과 2절의 환상이 각기 다른 시간대에 이루어진 것으로 해석하였으며 요한이 의도적으로 결합시킨 것으로 이해하였다. 스웨트는 요한이 1:10의 첫 환상을 경험했던 영적 고양의 상태보다 더 강한 힘으로 돌아온 것이라 보았다. 캐어드는 구약의 예언자들이 마치 이스라엘을 위하여 천국의 추밀원 회의에 입장을 허락받은 기자에 비교될 수 있는 것처럼(렘 23:18; 그리고 왕상 22:19과 암 3:7) 요한은 최고 사령부에 계신 하나님의 계획을 교회에 알려주기 위해 뽑힌 기자 격이라 보았다.

하늘에 열린 문을 통하여 천상에 위치한 요한에게 장엄한 환상이 쭉 펼쳐졌다. 보다 고양된 영적 감동의 상태에서 보좌의 영광이 계시되었다. 밧모 섬의 유벽한 곳에서 신비로운 천상 세계로 이끌린 요한은 다시 말로 표현할 수 없는 영의 힘에 사로잡혀서 그 눈과 귀, 마음과 생각, 감정과 영감이 인식의 최고조에 달했다. 성령의 보다 강한 이끄심은 에스겔의 경우에서도 마찬가지였다(겔 11:1, 5). 영화로우신 그리스도의 환상을 접한 요한을 황홀 상태에서 더 높은 경지로 옮겨 새롭고 보다 웅장한 환상을 보게 하신 것은 능히 짐작할 수 있는 일이다. 알포드는 이러한 입장에서 "성령에 감동하였더니"를 이해했지만 백위드는 요한에게 임하였던 힘보다 강한 성령의 힘이 역사하였다는 본문의 암시가 전혀 없다는 이유로 반대하였다. 그래서 찰스나 마운스는 본 절의 묘사가 "이 일 후에 내가 보니"에서의 동일한 환상에 연속된 것으로 보았다.

그러나 이런 해석은 '(영 안에) 있었더니'(ἐγενόμην / 에게노멘)의 의미에도 맞지 않으며, '즉시'의 뜻을 가진 부사 '유떼오스'(εὐθέως)를 도외시한 처사다. 그래서 요한이 첫 환상(1:10-3:22) 후에 정상적인 상태로 돌아갔다가 두 번째 환상을 위해 이전의 원상태로 되돌아온 것이라 해석하였다(Ladd). 이 해석이 본문의 내용상 자연적인 이해라는 점에는 벡위드나 찰스나 마운스도 동의했다. 1:10의 "내가 성령에 감동하였더니"란 표현이 반복된 것도 황홀 상태가 요한에게서 중단된 시점이 있었음을 암시한다. 첫 환상은 완전히 끝났고, 이어서 즉시로 새로운 환상에로의 이끄심이 있었다.

하늘에 보좌를 베풀었고

이는 심판의 보좌로서 하나님의 의를 강조한다. 히브리서 4장에는 은혜의 보좌를 말하면서 하나님의 사랑을 강조하였다. 하늘 자체가 하나님의 보좌로 묘사되었다(사 66:1; 마 5:34, 23:22; 그리고 왕상 8:27 참조). "보좌"(θρόνος / 뜨로노스)는 보통 속격과 함께 왕이나 신들에게 적용된 단어였다. 헬라 신화에서는 신탁의 자리로, 플라토는 선생의 자리로, 호머는 왕좌로 언급했는데 판사석이나 감독석이란 의미로도 사용되었다. 동양에서는 계단 위에 설치된 등이 높고 다양한 조각품으로 다듬어진 용상이라 부르는 보좌에 절대 군주가 앉았다. 보좌는 4-5장에만 17회가 나오는데 온 우주의 중심이 된다.

이 하늘은 달과 별들을 걸어두신 공간이 아니라 하나님의 거처인 하늘이다. 바로 이 하늘에서부터 성도들의 처소인 새 예루살렘이 내려온다(3:12, 21:2). 그리스도께서 부활하여 승천한 곳이 바로 이 하늘이다(행 1:10-11, 3:21, 7:55-56; 롬 10:6; 골 3:1; 살전 4:16). 하나님의 처소를 벗어난 하늘은 갈등과 싸움의 곳으로서(12:7) 새 하늘에 대체될 옛 하늘이다(21:1). 계시록에 언급된 52회 중에서 단 한 번 복수로 사용되었는데(12:12), 이는 사 44:23의 반영인 듯하다. 요한은 땅과 하늘의 환상 가운데 대부분을 하늘에서 환상을 보고 듣는다. 10:1에 땅으로 돌아오고 11:15-19에서는 다시 하늘에 있다. 12장에는 땅에 있지만 다시 14:18-20에서는 또 하늘에 있다.

성경적인 우주관은 지구 중심도, 태양 중심도, 별들 중심도 아닌 보좌에 앉으신 하나님 중심이다. "하늘이 천국의 동의어이듯 보좌는 신성의 동의어이다"(Ford). 보좌는 그리스도의 주되심을 보여주는 것으로 주님의 보좌가 성전 안에 있음은 성경적 상징주의에 확실히 근거하고 있다(시 103:19; 사 6:1; 렘 3:17, 14:21; 겔 1:26, 8:4, 43:7). "보좌"는 계시록 9장, 10장, 15장, 17장, 18장에 계속해서 나타나는데, 때로는 부정적 의미에서 사탄의 "위"로 사용되기도 하였다(2:13, 16:10). 계시록의 보좌에 가장 가까운 언급은 에스겔 1장과 10장에 있다. 구약과 후기 유대 묵시 문학에서 하늘에 있는 하나님의 보좌가 자주 언급이 되었다(출 24:9-11; 왕상 22:9-23; 사 6:1; 겔 1:26; 단 7:9, 에녹전서 14:15-25, 레위 유언서 5:1; 모세승천서 4:2; 에녹후서 22:2). "보좌"는 하나님의 절대 통치권을(Schlatter), 하나님의 위엄을(Barclay), 그리고 하나님의 절대적 주권을(Mounce) 상징한다.

그 보좌 위에 앉으신 이

"보좌 위에 앉으신 분"은 어린양(5:5, 7, 6:16, 7:10)과 구분되고 성령(4:7)과도 엄연히 구분되는 성부 하나님이시다.

본서에서 어떤 때는 하나님의 이름을 그대로 사용하기도 하였으나(7:10, 15, 12:5, 19:4) 하나님의 이름을 되도록 피하려는 후대인들의 통념에 따라 "보좌 위에 앉으신 이"로 표현하였을 것이다. 보좌가 통치를 상징하는 것이라면, 하늘에 베푼 보좌는 현세와 오는 세상을 통괄하는 우주적 왕권을 상징한다. "보좌 위에 앉은"(ἐπὶ τὸν θρόνον καθήμενος / 에피 톤 뜨로논 카떼메노스)이란 말은 하나님의 우주적인 왕권을 보여주는 표현이다.

십자가의 죽으심으로 한 영원한 제사를 드리신 그리스도께서 제사장적인 사역을 마치고 그저 안식하는 것이 아니다.

그분은 아버지의 보좌에 앉아 만물을 붙드시고 다스리신다. 본 절의 성부께서 보좌에 앉아 계신 자세는 통치자로서의 위엄을 보이신다. 네 영물과 이십사 장로들과 만만이요 천천의 천사들은 보좌를 중심으로 하여 서로 가깝거나 먼 거리를 유지하며, 천상의 모든 존재들과 환상자 자신의 시선을 중앙의 보좌로 집중시키도록 만든다. 보좌에 앉으신 이는 요한이 보는 지금의 환상에서 가장 최고조에 해당하는 장면이다.

3 **앉으신 이의 모양이……같고**

이는 그의 인격이 아니라 그의 영광을 묘사하는 말이다(출 24:10; 겔 1:26-28; 단 7:9). 이것은 성부 하나님 자체가 아니라 그의 영광의 광채를 묘사한 것이다. 요한은 신인동형동성적 묘사를 피하려 했다. 주전 1세기에는 "날들의 머리" (the Head of days) 혹은 "날들의 총합"(the sum of days) 같이 조금 다른 표현으로 역시 신인동형동성적 언급을 피하려고 하였다(에녹전서 46:1, 2, 47:3, 48:2). 그분 자체에게서 뿜어져 나오고 주위를 두른 광채의 빛남을 요한은 대제사장의 흉패(출 28:15-21)나 에스겔의 경우(겔 28:13)와 마찬가지로 보석의 광채를 빌려 표현하려고 하였다. 여기에서 요한은 "보좌에 앉으신 이"를 구체적으로 언급하고 있지 않지만 나중에는 "보좌에 앉으신 우리 하나님"(7:10), "하나님의 보좌……보좌에 앉으신 이"(7:15), "하나님 앞과 그 보좌 앞"(12:5)이라고 분명히 밝힌다.

벽옥과 홍보석 같고

하나님을 빛으로 묘사함은 성경적 용례에 속하는데 근원은 겔 1:26-28이다(시 104:2; 딤전 6:16). 플라톤은 《파에도》에서 벽옥(Jasper)과 홍보석(Carnelian, 혹은 Sardian)을 녹보석(Emerald)과 함께 보석의 대표격으로 말하였다. 이 보석들은 대제사장의 흉배에(출 28:17-20, 39:13), 두로 왕의 보물에(겔 28:13), 거룩한 도시의 기초석에(21:19) 포함되었다. 벽옥과 홍보석이 흉배에서는 넷째 줄의 맨 마지막과(베냐민) 첫째 줄의 맨 처음에(르우벤), 거룩한 성에서는 첫째 기초석과 여섯째 기초석으로 배치되었다(계 21:19-20). 대다수의 학자들(Beckwith, Ladd, Mounce, Johnson, Chilton, Krodel, Giesen, Aune)은 계시록에서 언급된 보석들(4:3, 21:19-20)에 특별한 의미는 없고 전체를 하나로 묶어 해석할 것을 주장하였다. 이에 비해 왈부어드나 토마스는 개체의 보석에는 나름대로 의미가 있다고 보았다. 벽옥은 하나님의 위엄과 거룩함을, 홍보석은 진노나 심판을, 그리고 녹보석은 하나님의 은총과 자비를 상징한다고 여겼다. 열두 보석에서 각기 다른 의미를 추구하는 것은 억지 해석에 빠질 우려가 있다. 자주 언급된 보석들의 의미는 사용된 경우에 비추어 의미를 부여할 수 있을 것이고, 그 외에는 전체적으로 한데 묶어 해석함이 정당하다.

찰스는 다양한 '벽옥'(야스피스)들을 소개하였다. 첫째, 흐릿하고 불투명한 돌. 둘째, 부분적으로는 반투명이면서 녹색 빛을 띤 돌(4:3, 21:11). 셋째, 붉은 돌(사 54:12에는 노란 돌이지만 단백색의 돌), 곧 오팔이다. 이중에서 푸른빛의 야스피스가 가장 고가로 취급되었다. 마운스나 헨드릭슨은 벽옥을 흐릿하고 불투명하면서 다이아몬드의 광채와 비슷하다 하여 아예 다이아몬드로 보았다. '홍보석'(σάρδινος / 사르디노스)은 고대 이집트, 바벨론, 앗시리아 등지에서 잘 알려졌던 불투명한 핏빛의 붉은 보석으로 사데 근처에서 발견되었기에 같은 이름이 붙여졌다. 오늘날의 카넬리언에 해당한다. 이는 하나님의 원수를 갚으시는 분노와 진노와 심판을 상징한다.

무지개가 있어

계시록에서는 "무지개"(ἶρις / 이리스)가 이곳과 10:1에만 나온다. 성경에서 무지개는 하나님의 자비로운 언약을 상징한다(창 9:16-17). 창 9:13과 겔 1:28에서는 전쟁용 화살을 의미하는 "톡손"(τόξον, 시 7:13; 합 3:11)이란 단어가 사용되었다(히브리어로는 קשת /케세트). 그렇다면 대홍수 이후에 하나님은 진노를 상징하는 화살 모양의 활을 구름 속에다 걸어두어 분노가 가라앉았음을 노아에게 약속으로 보여주신 것이다. 무지개는 다름 아닌 "언약의 영원성을 의미한다"(Morris). 심판 중에라도 자비와 긍휼을 잊지 않으시는 하나님은 각 시대마다 상징적으로 무지개를 보여주셨다. 노아의 때(창 9:13, 14, 16), 에스겔의 때(겔 1:28), 그리고 요한의 때(계 4:3, 10:1)이다.

보좌에 둘렀는데

원문에는 무지개 바로 뒤에 "둘렀는데"(κυκλόθεν / 퀴클로뗀)란 단어가 나와서 무지개의 모양이 완전한 원형인 것 같은 인상을 준다. 그러한 경우에는 '이리스 퀴클로뗀'(ἶρις κυκλόθεν)은 일종의 후광으로서 태양이나 만월같이 둥근 형태일 것이다. 요한이 환상 중에 본 무지개는 반원형보다 보좌를 둥그렇게 둘러싼 색다른 모양의 무지개일 가능성이 있다. 하늘의 만군은 여호와의 보좌 좌우에 시립했었는데(왕상 22:19), 요한의 경우에 이십사 장로들은 무지개처럼 보좌 주위를 뻥 둘렀음이 분명하다.

4 **이십사 보좌들이 있고**

이 구절은 난해 구절에 속한다. 바이스는 보좌 다음에는 이십사 장로가 아니라 그들보다 보좌쪽에 더욱 가까이 있는(9-10절) 네 생물이 설명되어져야 바른 순서라 보았다. 그래서 그는 본 절이 나중에 첨가된 것으로 여겼다. 찰스는 바이스의 견해를 인정하면서도 다른 편집자가 아니라 요한 자신에 의한 의도적 삽입으로 보았다. 순서도 보좌편이 아니라 외곽 쪽에서 시작한다면 문제될 것이 없다고 설명하였다(7:9-11, 19:1-4). 본 절 이외에서는 항상 네 생물이 먼저 언급되었다(4:9-10, 5:6, 8, 14, 14:3).

이십사 장로들

"이십사"는 이곳에만 그것도 장로들에게만 한하여 언급되었다(4:4, 10, 5:8, 11:16, 19:4). "장로"(πρεσβύτερος / 프레스뷔테로스, 히브리어로는 זקן / 자켄)란 말은 모두 12회가 나온다. 고대 이스라엘이나 여타의 근동 지역에서 "장로"는 가족이나 가문, 종족(삿 11:5–11) 또는 거주하는 도시(삿 8:14, 11:3; 룻 4:1–4) 내에서 권위와 지도력을 나타내는 칭호였다. 이 말은 또한 '이스라엘의 장로'나 '백성의 장로들'처럼 국가적 측면에서 '중요한 지도력'을 나타내는 용어였다(출 3:16, 18, 4:29, 12:21, 18:12; 레 4:15; 민 11:14–17; 수 7:6, 8:10; 삿 21:16; 삼상 4:3; 삼하 3:17; 대상 11:3; 스 5:5, 9; 렘 26:17; 겔 8:1).

어떤 경우에는 특별한 목적을 위해 구성된 '이스라엘의 장로들'이라는 모임도 있었다(왕상 8:1–3; 왕하 23:1–2). 시내 산에서 여호와의 영광을 모세와 더불어 바라본 70인의 "장로들"(זקנים / 자케님)은 모세의 과중한 업무를 분담하기 위한 목적으로 선정되었다(출 24:9–11; 민 11:16–30). 제사장들과 함께 그들에게는 두루마기에 쓰인 율법의 말씀을 맡아서 백성들에게 읽어주는 일이 맡겨졌다(신 31:9–13). 약속의 땅에 들어간 이후에 장로들이 각 도시로 흩어져 일종의 재판관 역할을 담당하였다(신 19:12, 21:19–20, 22:15–18; 수 20:4; 룻 4:2, 4, 9, 11; 왕상 21:8, 11; 왕하 10:1, 5).

쿰란 공동체에서는 장로들이 제사장 다음의 영예를 차지하였으며, 초기 유대교에서는 장로가 다양한 형태의 종교적이고 정치적인 권위를 행사하였다(마 15:2, 16:21, 21:23, 26:3, 47, 57, 27:1, 3, 12, 20, 41, 28:12; 막 7:3, 5, 8:31, 11:27, 14:43, 53, 15:1; 눅 9:22; 20:1, 22:52; 행 4:5, 8, 23, 6:12). 비록 장로라는 명칭을 공식 사용한 최초의 연대가 3세기 중엽으로 추정되지만 초기 유대교의 회당 조직에 있어서 "장로들"은 지역 유대교 공동체의 공회 회원이었다.

유대의 산헤드린은 장로들의 모임을 '장로회'(πρεσβυτήριον / 프레스뷔테리온) 즉 '공회'라 부르기도 했다(눅 22:66; 행 22:5). 초기 기독교에서 '장로'는 의심할 여지없이 지도적인 자리를 의미하였다(행 11:30, 14:23, 20:17; 딤전 5:1, 17, 19; 벧전 5:1, 5; 약 5:14). 이십사 장로에 대한 해석은 다양하다.

① 하늘에 있는 이상적인 교회다(Hendriksen). 헨드릭슨은 구약의 교회를 이스라엘 12족장으로 신약의 교회를 12사도로 보았다(21:13-14 참조). 그러나 24장로를 교회로 해석할 수 없는 이유가 있다. 교회의 머리이신 주님이 영광의 보좌를 취하기 전에 교회가 먼저 보좌를 취할 수 없다. 4:2에 성부의 보좌가 나오지만 어린양은 서 계시다(5:6). 장로들은 구속의 노래를 부르지 않는다. 4:11은 창조의 노래에 속한다. 그리고 5:9-10의 '저들'은 장로들을 가리키는 것이 아니다. 5:8의 하나님께 기도를 운반하는 것은 교회의 행위가 아니다. 천사가 수행할 일이다. 5:8의 '저들'은 교회에 관한 언급인데 장로들은 자신들과 구별하여 부른다. 만일 같다면 '저들'이 아니라 '우리'라 불러야 했다(11:18). 7:13-17에는 장로들, 요한, 흰 옷을 입은 무리들의 세 부류가 나온다. 요한은 장로 중 하나에게 "내 주여"라고 부르는데 이는 장로가 요한보다 월등한 위치에 있음을 보여준다. 장로는 "내 주여"라는 요한의 호칭을 거부하지 않는다. 22:8-9에는 요한이 엎드리자 만류하는 모습이 있다. 그들은 하나님의 봉사에서 천사와 만유를 다스리는 만유의 장로다. 천사들의 왕과 제사장이라 칭할 만하다. 보좌에 앉았으며 금면류관을 썼으니 왕이요 제사장이 입는 흰 옷(출애굽기 28장; 레 6:10, 16:4)을 입고 하프를 갖고 노래하며 금향로를 잡고 있는데, 이것은 제사장직에 대한 증거로 볼 수가 있다. 이들이 하늘에 있으나 타락을 경험하지 않은 영적 존재들이라면, 이들이

부른 노래가 구속의 노래가 아니라 새 노래(5:8-11)임이 설명된다. 구속 받은 백성들에게는 옛 노래일 것이지만 이를 경험하지 못한 이들 존재에게는 새 노래여야 마땅하다.

② 자이스(Seiss)는 아래의 이유에서 이들을 구속 받은 성도들이라 해석한다. "그들은 성도의 육체를 벗어난 영혼도, 천사도, 족장도, 사도도, 구약성도도, 타락하지 않은 천상적 존재도 아니다. 그들은 사람이요 속량 받은 죄인들이다. 알렉산드리아 사본만 제외하고, 그와 대등한 권위를 지닌 시내 사본과 바실리안 사본, 바티칸 사본에는 '우리를 속량하사'(ἠγόρασας ἡμᾶς / 에고라사스 헤마스)란 언급이 있다. 이에 따르면 24장로들은 구속의 노래를 불렀다. 하나님의 신실한 백성들은 모두 흰 옷(3:4)과 면류관(2:10)과 보좌(마 19:27-29)의 동일한 약속을 받았다. 24라는 숫자가 이스라엘 열두 지파와 신약의 열두 사도의 합을 나타내는 것이 아니라면 세세토록 밤낮, 쉼 없이 24시간 계속 찬양하고 예배함을 뜻한 상징일 수도 있다(4:10). 이밖에도 24와 연관될 수 있는 가능성으로는 히브리 구약성경 24권, 24명의 이스라엘 예언자들, 도미티안 황제를 호위하기 위하여 도끼로 무장하였던 24명의 황제 경호단(lictores / 릭토레스) 등이 있다.

③ 아론 자손의 24반열(대상 24:1-19)에 관한 언급으로 이해한다(Ewald, Hilgenfeld, Wellhausen, Vitringa). 그러나 장로들은 부분적으로 그 직분을 취하긴 했지만 제사장직을 수행하지는 않았다(4:10, 5:8). 다윗 시대에 시작된 24반열의 제사장직은 오랫동안 지속된 것으로 보인다.

대략 3-4세기의 것으로 추정되는 가이사랴의 한 명각에 따르면 제사장직이 24개의 "반열"(משמרות / 미쉬메로트, ἐφημερίδες / 에페

메리데스)로 나뉘어졌고, 안식일에서 안식일까지의 한 주 동안 수임 맡은 제사장들은 예루살렘 성전에서 각각 두 번씩 섬기도록 되어 있었다. 레위 지파의 후손 중에 수금과 비파와 제금을 잡고 신령한 노래를 부르던 통칭 "노래하는 자"의 24반열(대상 25:1-31, 35:15; 스 2:41, 3:10; 느 7:44)은 순전히 24반열의 제사장직을 위해 배치된 것이므로 24장로와는 아무런 관련도 없다.

④ 12사도와 12족장을 가리킨다(Hengstenberg, Arethas, Weiss, Alford, Andreas, Bousset, Plummer, Ebrard, Victorinus, Vincent). 그들은 구약의 이스라엘 백성을 대표하고(출 4:29, 12:21, 19:7, 24:1) 신약에서는 교회를 대표한다(행 14:23, 20:17, 21:18)는 해석이다. 21:12-14에 열두 지파와 열두 사도의 이름이 새 예루살렘의 열두 문과 열두 기초석에 있음을 근거로 제시한다. 이 해석을 취할 경우에는 옛 언약과 새 언약이 한 교회 안에서 통일된다. 모세와 어린양의 노래는 하나이다(15:3). 그렇지만 구속받은 이들이 마지막 완성 이전에는 보좌에 앉지 못한다는 사실을 설명하기 어렵다.

⑤ 천사라기보다는 영화롭게 된 성도들이다(Stonehouse). 아이크론(Eichhorn)은 24장로를 순교를 통하여 그 믿음이 인침 받고 이제는 영화로워져서 천상적인 삶에 합류한 개체의 크리스천으로 보았고, 24는 제사장의 반열을 나타내는 자로 보았다(Stuart, Feuillet). 의인이 천사 같은 존재로 변화한다는 사상은 눅 20:36에도 나온다. 본서에서 이십사 장로는 성도들과 구분된다(7:13-14, 14:3, 19:4-8).

⑥ 하나님의 보좌 주위에 있는 천사들 그룹 중에서 왕급이다(Beckwith, Kiddle, Roloff). 그들이 입은 흰 옷과 면류관은 왕적

계급을 보이나 '천사와 같은 왕'(angelic king) 이란 개념은 유대문학이나 어떤 전통에도 나오지 않는다.

사 24:23에 "장로들"이란 표현이 나오긴 하지만 이에 근거하여 24장로를 천사의 등급으로 해석하기에는 빈약하다.

⑦ 등급이 높은 천사들이다(Morris, Caird). 이들이 천사로 해석될 수 없는 이유들이 있다. 첫째, 천사들은 하나님을 섬기기 위해 서 있을 뿐이지 보좌를 점유하지 못한다. 둘째, 천사들을 위한 면류관이 언급된 적이 없다. 셋째, 장로란 칭호는 천사에 비교할 수가 없다. 넷째, 19:4에서 구속받은 그들은 사람이어야지 천사일 수 없다.

⑧ 바벨론 점성학의 24열에 관한 것으로 해석한다(Gunkel, Zimmermann, Moffatt. 그렇지만 Bousset와 Weiss와 Holtzmann은 페르시아의 것으로 받아들였음). 북극성을 둘레로 24별의 신이 남북으로 나뉘어 산 자와 죽은 자를 심판한다는 신화인데 비슬리-머리가 이에 대한 반론을 펼쳤다.

⑨ 신실한 모든 이들을 대표하는 천상적인 존재다(Charles). 이스라엘 열두 지파와 열두 사도를 내포한 24장로가 이에 상응한 천상적 대표라는 해석은 빅토리누스에 의해 창안되었는데, 스웨트는 24장로가 전체로서의 교회를 나타낸다고 해석했다.

⑩ 지상의 24레위 반열과 24제사장 반열(대상 24:4, 25:9-13)에 대응하는 천상의 높임 받은 천사 반열이다(Spitta, Mounce).

⑪ 이스라엘의 장로들에 대응하는 하늘의 천사 집단들이다(Ladd).

⑫ 출 24:11의 이스라엘 장로들이다(Clarke, Rist).

⑬ 구약의 성도들이다(Mitch, Harrington).
⑭ 휴거된 교회다(Walvoord).
⑮ 이스라엘이다(Ford).

흰 옷을 입고

요한은 (옷을) '입는다'는 상징적 표현을 자주 사용하였다. 이를 위하여 두 개의 단어를 사용했는데, 하나는 12회 사용한 '페리발레인'(περιβάλλειν)이요 다른 하나는 3회 사용한 '엔뒤에인'(ἐνδύειν)이다. '페리발레인'은 주로 환상에서 새로운 인물이 등장할 때 사용하였다. 즉 144,000(7:9), 힘센 다른 천사(10:1), 두 증인(11:3), 남아를 밴 여자(12:1), 큰 음녀(17:4), 큰 성 바벨론(18:16), 어린양의 신부(19:8)와 같은 경우이다. '엔뒤에인'은 인자(1:13), 일곱 재앙을 가진 일곱 천사들(15:6), 하늘의 군대들(19:14)에 사용되었다. 옷을 벗는 것은 수치요(3:18) 옷을 입는 것은 개인의 특성을 드러냄에 있어 본질적인 표현 방식이었다.

유대 세계에서는 신분이 낮은 부인들은 검은 옷이든지 색깔이 있는 옷을 입었고 '흰 색'은 기쁨과 정결함과 신성을 의미하였다. 대제사장은 대속죄일에 하얀 에봇을 입고 지성소에 들어갔다(출 28:4; 레 16:4). 다니엘의 환상에서는 하나님 자신도 눈같이 흰 옷을 입으셨다(단 7:9). 요세푸스의 보고에 따르면 아그립바 왕이 산헤드린 공회를 소집했을 때 노래하는 레위인들도 제사장들처럼 흰 옷을 입을 수 있도록 간청했다. 에세네파의 회원들도 공동체 생활을 하면서 흰 옷을 입었다. 플루타크에 따르면 여인들이 곡을 할 때에는 흰 옷(ἱμάτια / 히마티아)을 입었고, 영혼의 정결을 상징하기 위해 시체에는 흰 수의를 입혔다. 헬라와 로마 시대에도 종교적인 제의를 위해 흰 옷을 입었다.

머리에 금 면류관을 쓰고 앉았더라

면류관은 보통 왕권에 대한 상징인데 트렌치는 이십사 장로가 쓴 금면류관을 왕권이 아닌 '영광과 불멸의 면류관'으로 이해하였다. 요한은 왕관의 경우 '디아데마'(διάδημα)를 사용하지만(12:3, 13:1, 19:12) 승리자의 면류관을 나타낼 때는 '스테파노스'(στέφανος)를 사용하였다. 그러나 당시에도 이와 같은 구분을 염두에 두고 사용하였는지는 확실치 않다. 수에토니우스의 보고에 따르면 소아시아 지역에서 거행된 황제 숭배 의식에도 이교의 제사장들이 신들의 형상과 함께 황금 면류관을 쓰고 행진하곤 하였다. 이십사 장로들을 천사로 해석함에 대하여 반론을 제기하는 이들은 그 근거로 그들의 앉은 자세를 내세운다. 유대 전통에 따르면 천사들은 무릎이 없기에 앉을 수가 없다. 겔 1:7에도 "그 다리는 곧고"(ורגליהם רגל ישׁרה / 웨라글레헴 레겔 예솨라흐)라고 묘사되었다.

5 번개와 음성과 뇌성

"번개와 음성과 뇌성"(ἀστραπαὶ καὶ φωναὶ καὶ βρονταί / 아스트라파이 카이 포나이 카이 브론타이)은 11:19과 16:18에도 반복해서 나오는데, 8:5에서는 "뇌성"과 "음성"의 순서가 바뀌었다. 이것은 하나님의 현존(출 19:16), 하나님의 현현(욥 37:4; 시 18:6-16, 77:18; 사 29:6; 겔 1:13), 하나님의 영광(시 18:9-10) 그리고 하나님의 권능(삼상 2:10)을 나타내며 진노와 관련되었다(출 9:23-28; 삼상 7:10,

12:17, 18). 이로 보아 요한이 환상 중에 바라본 보좌는 은총의 보좌가 아니라 심판의 보좌임이 분명하다. 뇌성은 하나님의 능력과 위엄을 뜻한다. 우레와 번개는 계시록에서 언제나 성전 장면과 연관되어 있음은(8:5, 11:19, 16:18) 흥미로운 사실이다.

일곱 등불

여기서 "등불"(λαμπάδες / 람파데스)은 1:12과 20의 "촛대"(λυχνία / 뤼크니아)도 아니다. 복음서에 언급된 것처럼 기름을 채운 "손 램프"(λύχνος / 뤼키노스)도 아니다. 일곱 영(1:4, 3:1)과 동일시된 8:10의 "횃불"(λαμπάς / 람파스)이다. 바벨론의 점성학에서 나오는 일곱 항성의 신격화로 해석하는 이들도 있으나 아무런 근거가 없다. 그보다는 슥 4:1의 "일곱 등잔"과 겔 1:13에 언급된 "횃불"의 영향일 가능성이 짙다. 구약에서 횃불은 태우는 영(사 4:4; 말 4:1)이나, 심판의 영(기드온의 경우, 삿 7:16, 20/ 니느웨 심판의 경우, 나 2:3, 4)을 의미한다. 보통 등잔은 실내용으로, 횃불은 실외용으로 사용했다.

고대 헬라인들이 주로 사용한 것은 기름이 가득 밴 황마나 무명천으로 채운 나팔 모습이었다. 또한 일곱의 불타는 횃불은 성막 안의 법궤 앞에 놓인 등대(좌우편으로 각각 셋씩 가지를 뻗고 중간의 줄기까지 합해서 일곱 가지의 모습을 한 메노라(menorah)와 비슷하다(출 25:31-40, 27:20-21; 레 24:1-4; 그리고 대하 4:7 참조). 로마 군대는 승전을 축하하기 위한 행렬에 횃불을 앞세워 행진하는 습관이 있었다. 흥미로운 사실은 3세기 중엽에도 황제 숭배 의식을 집전할 때에는 신성한 불(πῦρ / 퓌르)을 휴대하고 황제 앞에서 행하였다는 사실이다. 테일러(Taylor)의 주장에 따르면 황제 앞에서 신성한 불을 들고 행진

함은 이미 주전 30년 8월 1일 아우구스투스가 알렉산드리아에 입성할 때부터 시작되었다.

이는 하나님의 일곱 영이라

요한은 편지의 서두에서 "그 보좌 앞에 일곱 영"(1:4)을 밝힌 바 있다. 5:6에서는 어린양에게 있는 일곱 눈을 비유적으로 해석함에 있어서 "온 땅에 보내심을 입은 하나님의 일곱 영"이라 언급하였다. 사데 교회의 사자에게 자신을 계시하실 적에는 "하나님의 일곱 영"을 가진 이로 소개했다(3:1). '일곱 등불'은 하나님의 일곱 영이다. 동사 '에이신'의 현재 직설법은 묘사하는 바가 언제나 사실임을 강조하고 있다.

6 수정과 같은 유리바다

이 표현은 이곳과 15:2에만 나온다. 유리는 4000년 전 애굽에서 만들어졌는데, 여기에서는 유리 자체라기보다 유리 같은 무엇을 의미한다. 바다의 주제는 가나안과 근동 지방의 종교에서는 아주 오래된 것이다. 가나안의 바다 신인 얌(Yamm)은 우가리트의 서사시에서 중요한 역할을 한다. 울브라이트는 《고고학과 이스라엘의 종교》에서 바다가 우주적인 중요성을 지니고 있음을 언급했다. 얌은 모든 생명의 풍성함이 깃들어 있는 바닷물과 성전의 대야에 담긴 성수와 연관된 것으로 청색 빛을 염두에 두었을 것이다.

왜 청색이었을까? "청색은 바다색을, 바다는 하늘색을, 하늘은 사파이어색을, 사파이어는 영광의 보좌 색깔을 반영하기 때문이다"(R.

Meir). 스웨트는 밧모 섬에서 여름날 내려다본 에게 해가 마치 녹아버린 유리처럼 비쳤을 것이라 상상하면서 이 표현의 유래를 그러한 환경에서 찾았다. 모팻은 맑고 고요하며 가물거리면서도 움직이지 않는 창공을 생생하게 묘사한 것이라 이해했다. 출 24:10에도 70장로가 하나님을 보았을 때 "그 발 아래에는 청옥을 편 듯하고 하늘같이 청명하더라"는 묘사가 있다(겔 1:26 참조). 여기에서의 유리 바다는 성막의 놋대야(출 30:18-21)와 솔로몬 성전의 놋바다(왕상 7:23-26; 대하 4:2-6)를 연상시키지만 하늘의 바다(창 1:7)까지 포함한다. 유리 바다에 대한 해석은 다양하다.

① 하나님의 뜻에 반대되는 모든 것(Caird). 캐어드는 바다가 짐승이 올라온 악의 저장소이며 새로운 출애굽에서 구속함 받은 하나님의 백성이 반드시 통과하여야 할 장애물이라는 해석을 주장하였다. 이는 바다를 벗어난 자들만이 약속의 땅으로 들어간다는 설명이다(15:2-3). 새 하늘과 새 땅에는 바다가 없다(21:1). 흥미 있는 접근이나 논리적 비약이 심하다.

② '분리'의 의미와 더불어 하나님의 절대적인 성결(Kiddle, Morris).

③ 악의 세계에서 격리된 신적 성결의 광대한 거리감(Swete).

④ 하나님과 완전한 조화를 이룬 인간성의 바다(Torrance).

⑤ 무질서와 분열에 적대적인 하나님의 통치(Collins).

⑥ 영원히 견고하게 서 있는 말씀(Ironside).

⑦ 그리스도의 보혈로 씻음(Hendriksen).

⑧ 하나님의 섭리(Lenski).

보좌 가운데와 보좌 주위에

이 말은 '보좌를 중심으로 해서 사방의 중앙에'라는 뜻이다(Charles, Swete, Bousset, Vincent, Milligan). 사 6:2에는 스랍들의 위치가 "그(주) 위에"(ממַּעַל לוֹ / 밈마알 로)로 표현되었다. 이것은 보좌 위(above)가 아니라 "그 주위에"(κύκλῳ αὐτοῦ / 퀴클로 아우투)를 뜻한다. 이것은 그들이 있는 위치가 보좌의 근거리임을 뜻한다. 네 생물은 보좌 주위를 빙 둘러가면서 있었는데, 그들 중의 하나는 보좌의 정면에 있고 둘은 좌우편에 그리고 나머지 하나는 보좌 뒤에 위치하였다. 네 생물은 보좌의 가장 안쪽에서 보좌에 앉으신 이에게 경배를 드렸다(5:8, 19:4). 그들이 정지 상태에 있는지 움직이는지에 대하여 본 절은 아무 언급이 없지만, 에스겔의 경우에는 매우 빠른 속도로 회전하고 있었다(겔 1:12). 그들은 맹렬하게 돌아가는 중에도 가장 거룩한 예배를 드렸다.

네 생물

보좌 가운데와 보좌 주위의 "네 생물"(τεσσάρων ζῴων / 텟사론 조온)은 '짐승'(θηρίον / 떼리온)이 아니라 말 그대로 하나의 "생물"(חיות / 하이요트)이다. 약간의 차이에도 불구하고 본 절의 "네 생물"은 에스겔 1장의 그룹(כרובים / 케루빔)과 관계된다(겔 10:14 참조).

여섯 날개는 이사야 6장의 스랍과 관계된다. 네 생물은 그룹과 스랍의 이미지가 복합된 형태로 나타났다. 이것은 그들의 천상에서 지닌 위치가 높음을 암시한다. 마르코비치(Marcovich)의 연구에 따르면 계 4:7을 근거로 하여 치유를 시도하는 일이 고대 세계에서는 매우 보편적인 현상이었다. 일종의 주술적 사각형 놀이로서 다음과 같다.

Α Λ Φ Α	Μόσχος	소의 얼굴
Λ Ε Ω Ν	Λέων	사자의 얼굴
Φ Ω Ν Η	Ἀετός	독수리의 얼굴
Α Ν Η Ρ	Ἄνθρωπος	사람의 얼굴

알파는 히브리어의 알렙에 해당하며 알렙은 '소'다. 레온은 '사자'요, 아네르는 '사람'이다. 포네는 계시록에서 하나님의 음성을 상징한 '독수리'다(8:13). 그러나 요한의 환상 속에 나타난 네 생물이 이런 주술적 놀이로부터 영향 받았을 가능성은 없다.

계시록에서 묘사하는 네 생물은 다음과 같다.

① 보좌와 어린양 곁에 있음(4:6, 5:6, 14:4).
② 여섯 날개와 가득한 눈(4:6, 8).
③ 계속되는 찬양과 경배(4:8, 5:9, 14, 7:11, 19:4).
④ 하나님의 진노의 환상으로 요한을 초대(6:1, 7).
⑤ 그 중 하나가 하나님의 진노의 대접 가짐(15:7).

그룹은 지위가 높은 천사로서 성경에 나타난다(창 3:24; 출 25:18, 31; 왕상 6:25-27; 대하 3:7). 구약에서 하나님은 그룹 위에 앉으신 이로 묘사되곤 했다(왕하 19:15; 시 80:1, 99:1; 사 37:16). 시 18:10에서는 그룹을 타고 날아가시는 분으로 나타났다. 계시록에 나타난 네 생물의 얼굴은 그룹의 것이지만 날개는 스랍의 것으로서 혼합된 형태를 보인다. 에스겔 1장과 계시록 4장을 비교하면 다음과 같다.

① 상징적 숫자, 4가 동일함(겔 1:5; 계 4:6).
② 형상을 사람, 사자, 소, 독수리에 비교함(겔 1:10; 계 4:7).

③ 보좌에 근접함(겔 1:26; 계 4:6).
④ 불이 오르락내리락 움직임(겔 1:13; 계 4:5).
⑤ 사방 주위에 가득한 눈(겔 1:18; 계 4:8).
⑥ 보좌를 둘러싼 무지개와 관련(겔 1:28; 계 4:3).

네 생물에 대한 다양한 해석이 시도되었다.

① 이십사 장로가 구속받은 이들을 대표하듯 창조를 나타냄 (Robertson).
② 성막의 사방에 포진하였던 열두 지파를 세 지파씩 대표하여 기를 세웠던 유다, 르우벤, 에브라임, 단의 네 지파임(Scott).
③ 하늘 네 모퉁이의 네 성운을 나타냄(Beasley-Murray).
④ 바람의 네 방향, 4계절 나타냄(Gunkel, Zimmermann).
⑤ 일곱째 하늘의 머카바(Merkabah)급 불의 천사임(Ford).
⑥ 모든 생존 피조물들의 대표임(Mounce, Kiddle, Farrer, Wall, Beale, Caird, Ladd, Swete, Harrington, Roloff, Giesen).

7 그 첫째 생물은 사자 같고……독수리 같은데

세대주의적 관점에서 네 생물을 민수기 2장에 나타난 포진과 관련하여 시대적으로 구분하였다. 약속의 땅에 정착하기까지의 광야에서 유지해야 할 포진으로서 중앙에는 하나님의 현존을 상징하는 법궤가 있었다(Seiss, Clarke, Scott).

사자	소	사람	독수리
유다 : 동	에브라임 : 서	르우벤 : 남	단 : 북
족장 시대	모세 시대	기독교 시대	천년 왕국 시대

헨드릭슨은 네 생물들에게서 천사의 특성을 찾았다. 사자의 강력함(시 103:20), 소의 봉사 능력(히 1:14), 사람의 지성(눅 12:8, 15:10), 독수리의 신속함(단 9:21) 등이 그것이다. 렌스키는 '하나님의 섭리가 실행되는 네 곳'으로서 황무지의 사자, 경작지의 소, 도시의 사람, 공중의 독수리로 설명했다.

왈부어드는 네 생물들을 천사들 혹은 천사장들로 보았다. 랍비 전통에서는 네 생물들을 가장 강한 것들의 상징으로 해석했다. 곧 야생동물(사자), 가축(소), 조류(독수리), 만물(사람)이다. 교부들을 비롯하여 지난 세기에 속한 학자들은 네 생물을 복음서를 기록한 사도들로 해석하기를 즐겼다. 이레나이우스는 하나님의 주요 언약 넷(홍수 이전의 아담, 홍수 이후의 노아, 모세, 예수)으로 해석하기도 했다.

사자	소	독수리	사람
마가	누가	요한	마태
요한	누가	마가	마태
마태	누가	요한	마가
누가	마가	요한	마태
빅토리누스	이레나이우스	어거스틴	아다나시우스

눈이 가득하더라

6절의 '앞과 뒤에 가득한 눈'은 미래(앞)와 과거(뒤)를 꿰뚫는 통찰의 눈이다. 7절의 '안과 주위에 가득한 눈'은 네 생물들 자신과 주변

사물의 속을 들여다보는 통찰과 분별의 능력을 가리킨다(겔 1:18, 10:12; 그리고 슥 4:10 참조). 벡위드의 표현처럼 '무제한의 지성'을 상징한다.

8 각각 여섯 날개가 있고

이는 하나님의 뜻을 수행키 위한 신속성을 암시한다(시 18:10; 그리고 사 6:2; 겔 10:16 참조). 겔 1:6의 생물들은 네 날개를 가졌으나 사 6:2의 '스랍'은 여섯 날개를 가졌다. 날개는 신속성만이 아니라 하나님의 명령이 떨어지면 즉각적으로 움직일 만반의 태세가 되어 있는 무제한적인 기동성까지 포함하고 있다(Swete, Johnson, Mounce). 이사야의 환상 중에 나타난 스랍 천사는 두 날개로는 얼굴을 가리고 두 날개로 발을 가리고 두 날개로 날았다. 이는 하나님의 영원하신 위엄과 영광(얼굴을 가림), 천사의 무한한 복종과 겸손(발을 가림), 신의(神意)의 수행 의지(날음)를 보여준다.

밤낮 쉬지 않고

원문과 영어 성경에는 밤낮이 아니라 낮과 밤으로 기록되어 있다. '낮과 밤'(ἡμέρας καὶ νυκτός / 헤메라스 카이 뉙토스)은 중언법(hendiadys)으로서 계시록에 자주 나오는 표현이다(7:15, 12:10, 14:11, 20:10). 이는 구약과 초기 유대교의 문서들과 기독교의 문헌들에서도 자주 등장한다(창 8:22; 레 8:35; 삼상 25:16, 28:20; 왕상 8:59; 대상 9:33; 대하 6:20; 시 42:3, 55:10; 사 28:19; 애 2:18; 행 9:24). 반대 형태인 '밤과 낮'도 자주 사용되었다(신 28:66; 삼상 9:24; 왕상 8:29; 에 4:16; 사 27:3; 렘 14:17; 막 5:5; 눅 2:37;

행 20:31; 26:7; 살전 2:9, 3:10; 살후 3:8; 딤전 5:5; 딤후 1:3).

이런 중언법은 기도나 섬김이 오래 지속됨을 나타내기 위한 과장의 형태로도 사용되었다(느 1:6; 시 88:1; 눅 18:7; 살전 3:10; 딤전 5:5; 딤후 1:3).

거룩하다 거룩하다 거룩하다

사 6:3의 찬양과 동일하다. 초기의 교회에서는 영광송(trishagion / 트리쌰기온)을 예전에 사용하였는데 하나님의 거룩하심과 전능하심과 영원하심을 찬양하는 내용이었다. 본 절에서 노래된 3중의 "거룩하다"는 모든 피조물로부터 격리된 하나님 존재의 거룩함으로서 신성의 모든 구별된 성품을 포함한다. 그들은 하나님의 보좌 앞에서 밤낮 쉬지 않고 영원부터 영원까지 찬양을 계속한다. 천상의 존재들의 끝없는 찬양의 모습은 유대 묵시 문헌에서도 자주 나타난다(에녹전서 39:12; 에녹후서 19:6, 21:1; 레위유언서 3:8). 네 생물들에게는 다른 기능도 있지만(6:1, 3, 5, 7) 예배만큼 중요한 직무나 기능은 없다. 다른 기능의 사역도 행하지만 그런 것들이 네 생물의 예배를 중단시키지는 못한다. 왜냐하면 그들은 "밤낮 쉬지 않고" 찬양하기 때문이다. 이것이 그들의 존재 목적이요 존재 이유이다. 8절의 영광송은 계시록에 나타난 17개의 천상의 소리 중에서 첫 번째에 해당한다. 마지막 소리는 19:6-8이다.

전능하신 이

"전능하신 이"는 모두 5회 나온다(4:8, 11:17, 15:3, 16:7, 21:22). 유대교와 기독교 저술가들은 "주 하나님 곧 전능하신 이"(κύριος ὁ θεὸς ὁ παντοκράτωρ / 퀴리오스 호 떼오스 호 판토크라토르)란 칭호를 오로지 하나님에게만 적용시켰다. 이는 구약에 매우 자주 나타나는 표현인 "만군의 여호와"(יהוה צבאות / 체바오트 YHWH, 칠십인 역으로는 κύριος ὁ σαβαώθ / 퀴리오스 호 사바오뜨, 사 6:3; 호 12:5; 암 3:13, 4:13, 5:14-16, 9:5-6; 나 3:5; 슥 10:3; 말 2:16)와 맥을 같이한다. "주 하나님 곧 전능하신 이"란 칭호는 "전에도 계셨고 이제도 계시고 장차 오실 이"란 칭호와 합하여 하나님의 초시간적 절대무궁의 주 되심을 나타낸다.

박해 중에 있는 성도들에게 자신들이 섬기는 분이 역사와 만물을 주관하시는 분이란 인식은 실질적인 인내와 소망의 힘이 되기에 충분했다. 성도들이 이 세상에서 겪어야 하는 박해도 하나님의 영원한 목적 안에서 미리 계획된 복스러운 구속의 필연적 과정이었기 때문이다. 원수의 세력이 아무리 강하고 사탄의 흉계가 제아무리 사특하다 할지라도 자기 백성의 영원한 구원을 이루시는 "주 하나님 곧 전능하신 이, 이제도 계시고 전에도 계시고 장차 오실 이"(1:4, 8)는 예언의 약속을 성취하시기에 충분하시고 충분하시며 여전히 충분하시다.

9 **영광과 존귀와 감사를 보좌에 앉으사 세세토록 사시는**

본 절의 "영광과 존귀"(δόξαν καὶ τιμήν / 독산 카이 티멘)는 순전히 하나님께 속한 속성으로서 그분에게 찬양으로 돌려드리는 것은 너무나 당연하다. 시편 기자는 하나님께 속한 영광과 능력을(29:1-2) 돌리고 영광과 권능을(96:7-8) 돌려드렸다. 신약에서는 "영광과 존귀"가 "영생"(ἀφθαρσία / 앞따르시아, 롬 2:7)과 "칭찬"(ἔπαινος / 에파이노스, 벧전 1:7) 그리고 "권능"(δύναμις / 뒤나미스, 계 4:11, 5:12)

과 연결되어 사용되었다. 영광과 존귀는 바로 앞 절에서 강조되었던 하나님의 거룩하심("거룩하다 거룩하다 거룩하다"), 전능하심("전능하신 이여"), 영원성(이제도 계시고 전에도 계시고 장차 오실 이")처럼 하나님의 완전하심에 대한 반응이다. 그리고 감사는 창조 세계를 허락하신 은총에 대한 표현이다. 이는 여호와께 합당한 영광이요(시 29:1-2), 그의 행하신 일에 적절한 존귀이며(시 111:2), 그의 선하시고 인자하심을 인정하는 당연한 감사이다(시 107:1, 136:1-26).

10 엎드려……경배하고

원래는 신상 앞에 부복하여서 그 발에 입을 맞추거나 그 옷 가장자리에 입을 맞추는 개념을 지니고 있다. 이십사 장로들의 경배는 네 생물의 찬양이 계속되는 중에 이루어진다.

혹자는 여기 "엎드려"(πεσονται / 페손타이)라는 말과 "경배하고"(προσκυνήσουσιν / 프로스퀴네수신)의 시제가 미래형이라는 점을 들어서 이것이 요한의 문법적 오류에 의한 것이라고 보았다. 그것보다는 그들의 지금 행해지는 경배 행위가 앞으로도 계속될 것임을 시사한 것이라 보는 것이 옳다. 엎드림과 경배는 예배라는 단일 행위의 두 국면을 나타낸다. 둘은 같은 의미이지만 한데 묶여서 표현되기도 하였다(5:14, 7:11, 11:16, 19:10, 22:8). 둘의 결합 형태는 성경 곳곳에 나타난다(시 72:11; 단 3:5, 6, 10, 11, 15; 마 2:11, 4:9, 18:26; 행 10:25; 고전 14:25). 동사 "경배하다"(προσκυνεῖν / 프로스퀴네인)는 대격이나 여격의 목적형과 함께 계시록에 모두 19회 나온다.

계시록에서 이십사 장로들은 하나님이나 어린양을 향해 모두 여섯 번 엎드리는데(4:10, 5:8, 14, 7:11, 11:16, 19:4), 세 번의 경우는 네 생물과 함께이며(5:8, 7:11, 19:4), 한 번은 모든 천사들과 함께이다(7:11). 장로들의 이러한 부복(仆伏)과 굴신(屈身)은 완전한 복종과 겸손을 나타낸다. 본 절에서는 그들만 경배를 드리는데 영원하신 하나님 앞에서 네 생물들이 드린 송축에 대한 반응이다. 그들은 자신들의 영화나 아름다움에는 전혀 관심이 없다. 그들은 천상의 예배자로서 경배를 받으시기에 합당하신 하나님과 어린양에게만 관심이 집중되어 있다. 그것은 엎드리고 자신들이 머리에 있던 면류관을 벗어 보좌의 발등상 앞으로 던지는 행위에서 여실히 드러난다. 절대적인 경외와 숭앙의 발현이 아닐 수 없다. 그것이 그들을 더욱 아름답게 한다.

자기의 면류관을 보좌 앞에 던지며

타키투스의 기록에 의하면, 고대 세계에서 패배한 왕이 승리자에게 완전한 복종과 존경을 표하고 자비를 구하는 표시로 왕관을 바쳤다. 승리한 군주는 패배자에게서 왕관을 취하기도 했다(삼하 1:10, 12:30; 대상 20:2; 그리고 겔 21:26 참조). 로마의 원로원이나 각 지역을 대표한 사신들은 승전, 즉위식, 축제일 등을 당하면 황제에게 금관을 헌정하는 풍습이 있었다. 이 면류관(στέφανος / 스테파노스)은 하나님에게서 나온 것으로 하나님께 속한 속성들을 영광송으로 돌려드리듯이, 하나님에게서 나온 영원한 승리와 영원한 생명을 경배로 돌려드린다. 크리스천에게 있어 온갖 좋은 것은 모두가 하나님께로부터 왔다(고전 4:7).

11 우리 주 하나님이여

8절에서의 영광송은 하나님의 본질적 속성이 주제인데, 여기에서는 하나님의 창조 사역에 있어 그의 영광과 존귀와 능력이 주제이다. “주와 하나님”(ὁ κύριος καὶ ὁ θεός / 호 퀴리오스 카이 호 떼오스)은 도미티안의 직함이었다. 로마제국이 살아 있는 황제를 신으로 경배하지는 않았지만, 주전 1세기경 황제의 사후에 신으로 추서하는 작업이 ‘원로원의 결의’(senatus consultum / 세나투스 콘술툼)로 시작이 되었다. 줄리우스 시저가 죽은 후에 추서된 신적 칭호인 “divus Iulius”(디부스 율리우스)는 그의 합법적인 양자였던 옥타비아누스를 “신의 아들”(divi filius / 디비 필리우스)로 부르도록 만들었다. 아우구스투스, 티베리우스, 클라우디우스 같은 초기의 황제들은 생전에 ‘주’(dominus / 도미누스)라는 칭호를 자신들에게 적용하기를 거부했으나 네로는 암묵적으로 동의하였다. 주전 1세기에 이르러 가이우스와 도미티안의 두 황제는 자신들을 신으로 칭했다.

수에토니우스에 따르면 특히 도미티안의 경우 집정관들이 공문서를 보낼 때에는 반드시 “우리 주 하나님”(dominus et deus noster / 도미누스 에트 데우스 노스테르)이란 칭호로 서두를 시작하게끔 하였다. 2세기에 들어서면서 살아 있는 황제들에 대한 신격화 운동은 더욱 보편화되었다. 그러므로 이러한 황제 숭배의 분위기에 역행하는 “우리 주 하나님이여”(ὁ κύριος καὶ ὁ θεός ἡμῶν / 호 퀴리오스 카이 호 떼오스 헤몬) 하는 노래는, 황제의 박해 속에 짓눌려 살아가던 신자들에게 확신과 담대함을 심어주기에 충분했다.

일시적이고 현세적인 왕관에 불과한 도미티안의 왕권은 영원하고 완전하신 하나님의 면류관인 왕권 앞에 흔적도 없이 사라지고 만다. ‘주’라는 칭호를 받을 분은 세상의 그 어떤 황제나 만신전에 장식된 제신들이 아니라 야훼 하나님 한 분이시다. 하나님의 어린양 그리스도만이 '주의 주'가 되실 뿐이다. 본서에서는 끊임없이 '하나님이 주가 되심'(1:8, 4:8, 11, 11:4, 15, 17, 15:3, 4, 16:7, 18:8, 19:6, 21:22, 22:5, 6)과 어린양 그리스도 예수의 주 되심(11:8, 14:13, 17:14, 19:16, 22:20, 21)을 언급한다. 창조로부터 종말에 이르기까지 만인과 만사와 만물을 다스리시고 섭리하시는 분은 영원 전부터 영원 후까지 한 분 하나님이 계실 뿐이다. '주 되심'이야말로 계시록의 중요한 핵심 주제 중의 하나이다.

2. 일곱 인(5:1–8:1)

천상의 보좌를 소개한 후에(4장) 요한은 자연스럽게 보좌의 장면을 지속시키면서 인봉된 책과 어린양의 환상(5장)이라는 새로운 국면으로 독자들을 이끈다. 5장에서는 대관식 같은 어린양의 즉위식 장면을 연출하고 있다. 일곱 인의 재앙은 실제적으로 6장에서부터 시작되는데 굳이 5장을 포함시킨 것은 재앙의 근원이 바로 하나님의 보좌인 점을 강조하기 위함이다. 인봉된 책은 요한으로 하여금 비탄의 눈물을 흘리게 했지만(5:4), 인을 떼시기에 합당한 분이 계심을 선언한 천사의 말에서 요한은 위안을 얻는다(5:5). 어린양이 보좌에 앉으신 이로부터 인봉된 책을 취할 때 네 생물과 이십사 장로들이 새 노래를 부른다(5:8–10). 송영은 무수한 천사와 만물로까지 이어지고 네 생물의 아멘 화답과 장로들의 경배로 보좌의 장면은 끝난다(5:14).

6장은 첫 네 인을 한데 묶고 다섯째 인과 여섯째 인을 따로 구별해서 취급하고 있다. 6장의 전반부를 이루고 있는 첫 네 인의 기사(6:1–8)는 '묵시록의 네 말'로 유명하다. 네 인의 심판은 인이 떼어질 때마다 5장에 나타났던 네 생물들이 말의 출현을 명하고 이내 말이 나타난다.

이로 보건대 5장은 보좌의 장면으로 4장과 연결되는 동시에 일곱 나팔 중의 네 인으로 6장과 연결되어 있음을 보여준다. 네 인의 심판에서 주도권은 어린양이 쥐고 있으며, 이 사실은 세 기수가 면류관을 받고 (2) 큰 칼을 받고 (4) 땅 사분 일의 권세를 얻은 수동성에서 엿보인다. 네 말을 탄 기수들은 오직 하나님의 허락하에서만 행한다. 6장의 후반부는 다섯째 인과 여섯째 인을 다룬다. 다섯째 인은 제단 앞에 엎드린 순교자들의 탄원과 그에 대한 응답이 즉각적으로 주어지고(9–11절), 여섯째 인은 천지의 대격변(마 24:29–30)을 통한 심판의 모습을 그려내고 있다.

7장은 본서에 등장하는 첫 막간으로서 '구원의 환상'을 그리고 있다. 7장의 전반부(1–8절)는 인침의 기사를 다루는데, 하나님의 인 맞은 자를 열두 지파별로 각각 12,000명씩 모두 144,000명이라 기술한다. 후반부에서는 무수한 백의의 무리들이 부르는 찬양과 그에 대한 하늘 영물들의 화답을 기술한다(9–12절). 이십사 장로 중의 하나가 무수한 백의의 무리가 누구인지 요한에게 밝혀준다(13–17절).

8장 1에는 마지막 일곱째 인을 뗌과 함께 찾아온 하늘의 고요 그리고 조금의 쉴 틈도 없이 일곱 나팔의 재앙이 연이어서 나온다. 이 일곱 인의 재앙은 뒤이어 나올 일곱 나팔의 재앙과 일곱 대접의 재앙을 암시하면서 최초의 두려운 재앙들을 생생히 묘사하고 있다.

A. **인봉된 책과 어린양**(5:1-14)

4장 마지막 부분의 장면은 5장 초입에서 아무런 장애물 없이 계속된다. 4장 마지막 부분에서 네 영물들과 이십사 장로들의 찬양과 경배를 받으셨던 그분, 곧 보좌에 앉으신 분은 5장이 시작되면서 오른손에 책을 들고 계신 분으로 소개된다. 5장은 본격적인 환상의 두 번째에 해당하지만 4장의 계속이다. 4장에서는 보좌에 앉으신 분이 중심에 있지만 5장에서는 높임 받으신 어린양이 중심에 있다. 후반부는 온통 어린양이 예배에서 찬양을 받으신다(9-14절). 4장에서는 하나님께 대한 경배가(8-11절), 5장에서는 어린양에 대한 경배가 주축이 되는데, 13절에서 만물이 보좌에 앉으신 이와 어린양께 예배드림으로써 아버지와 아들의 '하나 되심'(요 10:30)을 강조한다. 5장의 일곱 인으로 봉해진 책 이미지는 겔 2:9-10의 책과 비슷하다. 5장에서는 하늘 보좌의 환상 장면이 두 번째 국면으로 들어선다. 인봉된 책의 이미지로 시작된 재앙들은 성도들의 오랜 소망에 대한 응답이면서, 하나님의 무르익은 때에 정확히 나타남이다. 4장의 주제가 창조주 하나님이라면 5장의 테마는 구속주 하나님이다. 5장의 중심 장면은 "어린양"이다.

많은 학자들이 서로 다른 배경을 내세워 5장을 해석하지만, 하늘의 보좌를 중심으로 보인 전체적인 장면은 어린양이 무대의 중심에 있다는 사실이다. 그것이 일곱 인을 떼기에 합당하신 어린양과 관계된 특별한 의식이란 점에서는 대체로 수긍한다. 보좌와 어린양의 장면에 대한 배경을 마르둑 신화(Gunkel, Bousset), 호루스의 즉위식(Lohmeyer), 고대 이집트의 3단계 즉위식(Joachim Jeremias, Holts), 동양 임금의 3단계 즉위식(Roloff)이라며 논전이 벌어졌다. 그것이 즉위식이든 대관식이든 서임식이든 위임식이든 어린양에게 초점이 맞추어져 있는 것만은 일치한다. 콜린스는 다니엘서 7:9-14에 근거하여 5장이 즉위식보다는 서임식에 적합한 논거로 두루마리를 취함에 두었다. 두루마리를 취하신 어린양은 부와 지혜와 힘과 존귀와 영광과 찬송을 받으시기에 합당하다(5:12). 세세토록 돌릴 찬송과 존귀와 영광과 능력은 보좌에 앉으신 이와 어린양에게 헌정된다(5:13). 사실 5장은 단 7:9-28과 에스겔 1-2장의 구조적인 윤곽에서 비슷한 점이 많으나 에스겔 전통보다는 다니엘의 전통에 더 가까운 것 같다. 그러나 다니엘 7장에서는 두루마리로 된 책에 관한 언급이 없다. 그렇다면 왕권 묘사에 관한 것은 다니엘 전통에 더 가깝고 책에 대한 묘사는 에스겔 전통이 더 확고하다고 말할 수 있다.

4장의 마지막 부분은 이십사 장로들의 경배와 송영으로 마무리되었다. 5장이 시작되면서 보좌와 인봉된 책이 나온다. 보좌에 앉으신 이의 손에 들려진 책은 일곱 인으로 봉해졌고 책도 자연히 덮여 있다(1절). 나중의 일이지만 인봉이 떼어진 후에는 책이 펴진 상태로 요한에게 보인다(10:8). 이 책은 구원과 연관된 비밀스런 내용들을 담고 있음이 분명하다.

우주 만물 가운데 책의 인봉을 뗄 사람이 없음을 외치는 천사 앞에서 요한은 크게 운다(2-4절). 장로 중의 하나가 인봉을 떼기에 합당하신 분이 계심을 알린다(5절). 그분은 어린양이다. 일찍 죽임을 당하여 사람들을 자기 죄에서 자신의 피로 구원하신 그리스도이시다. 육신으로 임하시고 십자가에 죽으셨지만 부활 승천하여 지금은 보좌에 하나님과 함께 계신다. 어린양은 보좌에 앉으신 이의 오른손으로부터 책을 취하신다(6-7절). 책을 취하는 순간 네 생물과 이십사 장로들이 어린양 앞에 부복하여 성도들의 기도를 담은 금대접을 들고 노래를 부른다. 구속에서 왕적 통치에 이르기까지 성도의 삶을 묘사한다(8-10절). 수많은 천사들이 천상의 송영에 화답하면서 어린양께 온갖 영예를 다 바친다((11-12절). 이에 만물은 보좌에 앉으신 이와 어린양에게 영예의 찬미를 드리고(13절) 네 생물이 아멘으로 화답하자 이십사 장로들은 엎드려 경배한다(14절).

1 내가 보매 보좌에 앉으신 이의 오른손에 책이 있으니 안팎으로
썼고 일곱 인으로 봉하였더라
2 또 보매 힘 있는 천사가 큰 음성으로 외치기를 누가 책을 펴며
그 인을 떼기에 합당하냐 하니
3 하늘 위에나 땅 위에나 땅 아래에 능히 책을 펴거나 보거나 할
이가 없더라
4 이 책을 펴거나 보거나 하기에 합당한 자가 보이지 않기로 내가
크게 울었더니
5 장로 중에 하나가 내게 말하되 울지 말라 유대 지파의 사자 다윗의
뿌리가 이기었으니 이 책과 그 일곱 인을 떼시리라 하더라
6 내가 또 보니 보좌와 네 생물과 장로들 사이에 어린양이 섰는데
일찍 죽임을 당한 것 같더라 일곱 뿔과 일곱 눈이 있으니 이 눈은
온 땅에 보내심을 입은 하나님의 일곱 영이더라
7 어린양이 나아와서 보좌에 앉으신 이의 오른손에서 책을 취하시니라
8 책을 취하시매 네 생물과 이십사 장로들이 어린양 앞에 엎드려
각각 거문고와 향이 가득한 금대접을 가졌으니 이 향은 성도의
기도들이라
9 새 노래를 노래하여 가로되 책을 가지시고 그 인봉을 떼기에 합당
하시도다 일찍 죽임을 당하사 각 족속과 방언과 백성과 나라 가운
데서 사람들을 피로 사서 하나님께 드리시고
10 저희로 우리 하나님 앞에서 나라와 제사장을 삼으셨으니 저희가
땅에서 왕 노릇하리로다 하더라

11 내가 또 보고 들으매 보좌와 생물들과 장로들을 둘러선 많은 천사
의 음성이 있으니 그 수가 만만이요 천천이라
12 큰 음성으로 가로되 죽임을 당하신 어린양이 능력과 부와 지혜와
힘과 존귀와 영광과 찬송을 받으시기에 합당하도다 하더라
13 내가 또 들으니 하늘 위에와 땅 위에와 땅 아래와 바다 위에와
또 그 가운데 모든 만물이 가로되 보좌에 앉으신 이와 어린양에게
찬송과 존귀와 영광과 능력을 세세토록 돌릴지어다 하니
14 네 생물이 가로되 아멘 하고 장로들은 엎드려 경배하더라

1 오른손에 책이 있으니

이는 손안이 아니라 펴진 손바닥 위에 놓여 있음을 뜻한다(20:1). "책"(βιβλίον / 비블리온)은 원래 작은 책을 의미했다. 계시록 자체가 '비블리온'으로 불렸다(22:7, 9, 10, 18, 19). '비블리온'은 비블로스의 축소형이며, 10:2에서는 "작은 책"(βιβλαρίδίον / 비블라리디온)이 언급되었다. 33회 나오고 있는 '비블리온'의 형태에 대해 여러 견해가 주어졌다. 두루마리는 주로 안쪽에만 쓰는 것이 일반적인 관습이었는데, 이는 두루마리를 돌돌 말았을 때 내용이 숨겨지도록 하기 위함이었다. 그렇지만 경우에 따라 안팎을 다 사용하기도 했다. 두루마리는 파피루스로 만들어진다.

파피루스는 나일 강의 삼각주에서 자라나는 지초의 골수로부터 추출하는데, 지초는 약 4.5m 높이며 1.8m 정도는 물 아래에 있다. 그것은 사람의 손목만큼 굵다. 심을 아주 날카로운 칼로 베어내서는 가느다란

조각으로 자른다. 그 조각들을 수직으로 눕혀서 꼭대기로부터 또 다른 조각들을 수평이 되게 눕힌다. 그런 후에 강물에 적시고 말리고 하는 과정에서 밀착된 상태로 눌려진다. 다시 방망이로 다지고 부선으로 부드럽게 만든다. 그러면 갈색 모양의 종이 형태가 생겨난다. 앞면의 수평 결을 렉토(recto)라 하고 뒷면의 수직 결은 베르소(verso)라 부르는데 수평 결에 쓰는 것이 수월하다. 파피루스는 아주 비싸서 앞뒤로 썼으며 이렇게 앞뒤에 쓴 것을 "오피스또그랍소스"(ὀπισθόγραφος)라 불렀다. 요한이서, 요한삼서, 유다서, 빌레몬서는 한 장에 썼다. 로마서는 3.5m, 마가복음은 5.75m, 요한복음은 7.1m, 마태복음은 9.1m, 누가복음과 사도행전은 9.7m, 계시록은 약 4.5m의 두루마리가 필요했다.

두루마리가 무엇인가에 대해서는 설명이 분분하다. ③번의 해석이 가장 유력하다.

① 일곱 개의 봉인을 한 책장들을 다시 하나로 말은 형태의 두루마리로서의 책이다(Grotius, Zahn, Rissi, Spitta).

② 각 쌍을 인봉한 양피지 조각으로 만든 책이다(Spitta).

③ 양쪽 면으로 기록된 형태의 두루마리 책이다(Beckwith, Bousset, Charles, Swete).

④ 이중으로 기록된 법적 문서로서의 책이다(Lohse).

⑤ 일곱 인으로 봉인된 사실로 보아 유언장으로서의 책일 가능성도 있다(Zahn).

⑥ 각각의 인을 떼어내면 부분이 개봉될 수 있는 형태의 코덱스이다(Zahn, Grotius, Nestle).

두루마리의 내용에 대해서도 다양한 해석이 시도되었다.

① 신구약 곧 성경의 언약에 관계된 약속으로서 하나님이 성도들에게 장차 유업으로 주시려고 확정한 일종의 상속증서임(Zahn, Weiss).

② 이 세상에 대한 종말적인 운명과 하나님의 심판(Bousset, Bengel, Swete, Fiorenza).

③ 인류의 죄를 기록한 책으로서 인봉을 뗌으로 어린양의 구속이 이루어진다고 보았음(Roller, Müller).

④ 계시록에 자주 언급된(3:5, 13:8, 17:8, 20:12, 15, 21:27) 생명책으로서 성도들의 이름이 기록되었음(A. Jeremias). 안팎으로 기록될 만큼(Mounce) '어린양의 생명책'에는 무수한 이름들이 있음(7:9).

⑤ 인류와 세상에 대한 하나님의 예정된 계획이 수록된 '운명의 책'(Swete, Caird, Beasley-Murray, Lohse).

⑥ 이혼 문서로서 인봉들과 나팔들은 아내에게 회개할 기회를 주는 경고일 것(Ford).

⑦ 그리스도가 세상과 맺은 계약서 또는 권리증서(Ironside).

⑧ 안쪽에는 구약, 바깥쪽은 신약인 성경 전체(Victorinus, Origen, Hippolytus).

⑨ 성경 또는 구약(Piper).

⑩ 토라(Mowry, Shepherd, Sweet).

두루마리의 용도에 대해서도 다양한 설명이 가해졌다.

① 아시아에 보낸 일곱 편지 내용이 기록된 예언의 말씀(1:11).

② 생명책(3:5, 13:8, 17:8, 20:12, 15, 21:27; 눅 10:20; 빌 4:3; 히 12:23 참조).

③ 일곱 인으로 봉해진 책(5:1, 2, 3, 4, 5, 8, 9).

④ 어린양의 진노를 담은 일곱 인의 심판 내용(6장).

⑤ 심판의 책들(에 6:1; 사 65:6; 단 7:10; 말 3:16).

일곱 인으로 봉하였더라

"봉하였더라"(κατεσφραγισμένον / 카테스플라기스메논)는 신약에서 이곳에서만 사용되었으며 강력한 뜻을 지닌 복합 동사다. "인"은 증거(고전 9:2), 보증(롬 4:11), 인장(계 7:2)의 여러 가지 뜻으로 쓰였다. 세 가지 해석이 시도되었다.

① 로마법에서 유언은 일곱 증인의 일곱 인으로 봉해졌다(Zahn, Charles, Weiss).
② 일곱 교회와 일곱 영이 한 교회와 한 영을 나타내듯 일곱 인은 한 인이다(Milligan).
③ 신적 목적의 완전성이 완전수 '7'로 나타났다(Barclay, Alford, Clarke).

봉인의 성경적 배경은 매매 계약서다(렘 32:6-15). 이는 계시록의 두루마리와 가장 근사하게 닮은 히브리의 문서로서 접어서 인봉된 묶음 형태다. 문서를 효력 있게 만들기 위해 서명란에다 도장을 찍고 두루마리를 실로 말아 매듭 부분에 인장을 새긴다. 인장은 점토나 밀랍 혹은 부드러운 물체 위에 새기는 것이 보통이었다. 증인의 숫자를 증가하는 목적은 문서에 커다란 명성과 중요성을 주기 위함이었고, 일곱 인이 새겨진 당시의 정상적인 문서는 유언서였다. 그러므로 모든 인봉은 바깥쪽에 있었다. 일곱 인봉을 다 떼어야 내용이 드러나는 것이 아니라 매 인을 뗄 때마다 각 두루마리의 내용을 알 수 있다. 인봉의 종류로는 편지의 인봉(왕상 21:8), 계약서의 인봉(렘 32:10), 책의 인봉(사 8:16; 단 8:26; 그리고 사 29:11 참조), 무덤의 인봉(마 27:66) 등이 있다.

2 힘 있는 천사

"힘 있는 천사"(ἄγγελον ἰσχυρόν / 앙겔론 이스퀴론)는 천사들 중에서도 권능이 탁월한 대천사 혹은 천사장을 언급한 말이다(10:1, 18:21). 5:2에서 힘 있는 천사는 하늘의 궁전에서 메신저 역할을 하고, 10:1에서는 임박한 종말의 계시를 알려주며, 18:21에서는 맷돌을 바다 속에 던지는 상징적 행동을 취한다. 셋은 같은 천사일 수도 있고 아닐 수도 있다. '힘 있는 천사'는 '하나님은 나의 힘'이란 이름 뜻의 가브리엘일 수도 있다. 다니엘이 이상 중에 보았던 "순찰자, 한 거룩한 자"(단 4:13)일 수도 있다. 힘 있는 천사가 출현한 세 경우는 앞에서 밝힌 것처럼 한결같이 중요한 장면과 연관되었다. 이 천사의 정체를 밝히려는 시도는 시간낭비일 뿐이다.

큰 음성으로

이 천사가 천사장의 하나라면(Clarke) 그의 소리는 온 우주에 울려 퍼질 만한 힘찬 소리였을 것이다. 그 소리는 우주의 가장 먼 범위까지(Beckwith), 또한 모든 피조물에게 소식을 전해야 할 정도의(Swete), 천지와 음부 맨 밑바닥까지 울려 퍼질 정도의(Charles) 음성이었을 것이다. "큰 음성"(φωνῇ μεγάλῃ / 포네 메갈레)의 명사형은 계시록에 20회 나온다(1:10, 5:2, 12, 6:10, 7:2, 10, 8:13, 10:3, 11:12, 15, 12:10, 14:7, 9, 15, 18, 16:1, 16:17, 19:1, 17, 21:3). 힘센 천사는 단지 진술하는 것이 아니라 큰 음성으로 '선포한다'(κηρύσσοντα /

케뤼손타). 이는 중요한 내용을 선언함을 강조하기 위함이다. 극도의 중요성으로 인하여 그 소리가 우주의 끝자락까지 울려 퍼지게 하기 위함이다. 이는 제왕의 칙령을 선포하는 사자의 위엄찬 모습이다. 선언의 내용은 합당성을 바탕으로 한 질문으로 이루어졌다.

누가……합당하냐?

'합당함'은 책을 개봉할 능력자의 내적, 윤리적 전제 조건을 의미한다(Charles). 도덕적 적합성을 요구하는 것이다(Swete). 백위드는 합당함과 능력을 같은 것으로 보았다. 즉 "누가 합당하냐?"(Who is worthy?)는 질문은 "누가 뗄 수 있느냐?"(Who is able?)는 질문과 같다는 말이다. 아무도 없다는 대답을 기대하는 질문이다. 하늘과 땅, 우주의 구석구석을 살펴도 인봉을 뗄 만한 존재는 아무도 없었다. 우주는 고요함을 유지했고 인봉된 책만이 굳게 닫혀 있었다. 천상의 지극히 높은 존재로부터 지옥에 이르기까지 나서는 자가 없었다. 피조된 세상에서는 불가능만 확인되었다. 요한은 힘센 천사의 외침을 듣는 동시에 적격자가 전무함을 하나님이 순간적으로 주신 영적 분별력으로 깨달았다.

에스겔의 경우에는 하나님이 책을 펴셨는데(겔 2:10) 본 절의 장면에서는 하나님이 책을 펴지 않으신다. 어떤 존재도 합당하지 않다. 책을 들고 계신 분이 아니면 책을 펼 존재가 없다. 책을 펴기에 합당한 자는 천상의 영물들이 드리는 영예를 받기에 합당한 자여야만 한다. 4:11에서는 주 하나님이 영광과 존귀와 능력을 받으시는 것이 합당하였는데, 5:12에서는 거기에 부와 지혜와 힘과 찬송이 추가된 영예를 받기에 어린양이 합당함을 노래하였다. 그렇다면 장로 중의 하나가 유일한 자격자로 어린양을 암시한 것은 당연하다. 이 합당한 자격은 도덕적이거나 영적인 특질이 아니라 본유적인 충족성의 문제다. 덕보다는 권위, 힘보다는 본성의 문제다. 책을 펴기에 합당하기에 인봉을 떼기에 능력이 아무런 어려움이 없다.

3 하늘 위에나 땅 위에나 땅 아래에

하늘 위와 땅 위와 땅 아래는 전형적인 우주의 세 구분이다(출 20:4, 11; 욥 11:8-9; 시 146:6; 빌 2:10). 창조 세계 전체를 일컫는 표현이다. 땅 아래를 죽은 자들의 세계로 이해하는 이들도 있지만(Lange, Lenski) 여기에서는 하늘 위와 땅 위에 붙어서 온 우주를 나타낸다. 땅 아래를 죽은 자들의 세계로 인정할 경우엔 모든 악령도 포함한다(Moffatt). 이것은 또한 인봉을 뗄 때 이룩될 선포의 우주적 성격을 나타낸다. 하늘과 지상과 지하에 인봉을 떼기에 합당한 자라곤 하나도 없지만 합당하신 어린양이 인봉을 떼시면 책의 내용은 하늘 위와 땅 위에와 땅 아래까지 능히 펴져간다.

능히……없더라

"(아무도) 능히……없더라"(οὐδεύς ἐδύνατο / 우데이스 에두나토)는 미완료 시제인데 만성적이고 지속적인 상태에 대한 표현으로서 인을 떼는 일에 있어서 완전한 불능과 무가치함을 의미한다(마 3:11; 요 1:27). 책을 '폄'은 단순히 하나님의 목적을 계시하는 것일 뿐만 아니라 성취까지 포함한다. 이 일을 능히 하실 수 있는 분은 오로지 메시아 한 분이 있을 뿐이다(Beckwith). "세상의 비밀들은 하나님께 속했고 아무도 그것을 엿볼 수 없다. 힘센 천사도 책을 열 수는 없다.

오직 하나님 단 한 분만이 인봉을 떼거나 읽을 수 있다"(Torrance). 이러한 관점에서 예수 그리스도의 구속 행위와 인격 없이는 인간 역사란 영원히 풀리지 않을 수수께끼에 불과하다(Beasley-Murray). 책을 폄에 대한 언급이 이 짧은 장에서 세 번이나 언급되었는데, 이는 요한의 독자들에게 있어 초미의 관심사가 바로 책의 내용에 있음을 암시하는 것이다.

4 내가 크게 울었더니

요한의 울음은 단순한 흐느낌이 아니라 비탄의 울부짖음이요 통곡이었다. 제어할 수 없는 울음의 형태로서 직업적인 애곡꾼들에게서 그런 모습을 볼 수 있었다(마 2:18; 막 5:38, 39; 눅 7:13, 32, 8:52). 전문적인 애곡꾼은 울음의 달인으로서 상주와 조객 모두가 뜨거운 눈물을 쏟도록 만들었다. 애곡꾼이 비통하게 울면 격한 감정을 이기지 못하여 가슴을 치는 조객들도 생겨났다. 주님은 장차 멸망당할 예루살렘의 미래를 내다보시고 요한처럼 비탄의 눈물을 흘린 적이 있으시다(πόλιν ἔκλαυσεν / 폴린 에클라우센, 눅 19:41). 요한이 울었던 이유에 대해서는 이런 추측이 가능하다.

① 1절의 약속이 좌절된 것 같고(Smalley) 책의 내용을 찾을 수 없어서(Beckwith).

② 하나님의 마지막 왕국이 실현되지 않은 상태로 지나갈 것 같아서(Caird, Beale, Aune).

④ 자신의 부적격성 때문에(Mounce).

③ 피조물로서 도덕적 부적격성 때문에(Swete, Talbert).

⑤ 세상에 하나님의 말씀을 받을 만한 이가 없어서.

5 장로 중에 하나가

일종의 통역사로 나타난 그는 이십사 장로 중의 하나로서 7:13에 다시 나타난다. 대개 천사가 나타나는데 이십사 장로와 천사의 직급 차이는 굳이 따질 필요가 없다. 그들은 모두 천상의 영물들로서 하나님이 세워 주신 자리에서 자신의 일을 수행할 뿐이다. 요한에게 나타나 천상의 중개자 역할을 하는 이는 천사와 장로들 외에도 네 생물(6:1), 독수리(8:13), 음성(16:1)들도 있다. 장로는 하나님의 그리스도를 언급함으로 요한의 눈물을 그치게 한다. 장로의 대답은 힘 있는 천사의 반문에 대한 화답이며 절망적인 비탄감에 젖어 있는 요한에겐 위로의 메시지가 된다.

울지 말라

"울지 말라"(μὲ κλαῖε / 메 클라이에)는 주님이 생전에 나인 성 과부를 향해 던지셨던 위로의 말씀이다(눅 7:13). 하나님의 손에 들린 책은 펴져야 하고 인봉은 떼어져야만 하는데, 천지간의 그 어느 인간도 거룩한 영물이나 천사들도 책을 펴거나 인봉을 뗄 수 없다는 현실 앞에서 요한이 보일 수 있는 유일한 반응은 불가능의 눈물뿐이었다. 그는 크게 통곡하였다(ἔκλαον πολύ / 에클라온 폴루). 요한은 울었으나 그 눈물은 불필요한 것이었다. 인간의 슬픔이란 간혹 부족한 지식에서 흘러나온다. 만일에 우리가 신뢰와 인내로 기다릴 수 있다면 우리에게 눈물을 가져다 준 그 문제에 대하여 하나님이 해결의 열쇠를 쥐시고 우리 곁에 서 계심을 깨닫게 될 것이다. 요한은 울지 말아야 한다. 그가 눈물을 그쳐야 인봉을 떼실 수 있는 어린양이 행동을 취하신다. 책이 영원히 인봉된 상태로 남아 있다 하더라도 하나님의 구속

계획은 차질 없이 진행된다. 승리하신 그리스도를 통한 하나님의 역사는 어떠한 방해나 장애물에도 좌절되지 않는다. 인봉을 떼실 승리자 그리스도께서 요한이 크게 울고 있는 바로 지금 보좌와 영물들 사이에서 계신다. 곧 보좌로 나아와 보좌에 앉으신 이의 손에서 책을 취하여 인을 떼실 바로 그분이 요한의 주님이시다. 이것이 장로가 요한의 울음을 중단시킨 배경이다.

유대 지파의 사자

"유대 지파의 사자"(창 49:9; 또한 겔 19:2, 3, 5-6 참조)와 "다윗의 뿌리"(사 11:1, 10; 롬 15:12)는 유대교의 메시아 사상에 있어 양대 칭호에 해당한다. 후기 랍비 문서에서도 "사자"는 기름부음 받은 자 곧 메시아로 묘사되었다. "사자"는 힘과 위엄과 용기와 위협과 정복자의 기상을 상징한다(잠 22:13, 26:13, 30:30; 계 9:8, 17, 10:3, 13:2). 사자는 담대하다(잠 28:1). 이스라엘의 정복 왕 메시아는 다름 아닌 유대 지파의 사자로서 승리자 그리스도이시다. 사자에게서 느끼는 힘과 위엄, 용기와 위압감은 지적인 탁월함과 함께 정글의 왕다운 특질을 잘 반영한다(Ford).

"사자"는 유다 개인에 대하여(창 49:9), 이스라엘 공동체 전부에 대하여(민 23:24, 24:9), 갓 지파에 대하여(신 33:20), 바로에 대하여(겔 32:2), 사울과 요나단에 대하여(삼하 1:23), 단에 대하여(신 33:22), 하나님 자신에 대하여(사 31:4; 호 5:14, 11:10) 그리고 예루살렘에 대하여(사 29:1) 적용되었다. "사자"는 유다 지파에 속했으며, 다윗의 뿌리이다. 창세기 49장에서 야곱은 유다를 축복하는 예언을 하였다. 젊은 사자가 먹이를 취해서 자신의 굴로 돌아가는 당찬 모습은 메시아가 지닌 불굴의 용기와 적들에 대한 승리를 상징한다. "다윗의뿌리"라는 칭호 역시 "유대 지파의 사자"와 더불어 메시아의 군사적 이미지를 나타낸다.

이기었으니

"이기었으니"(ἐνίκησεν / 에니케센)는 단순과거형으로서 그리스도의 십자가를 통한 영단번의 승리를 뜻한다. 원문에서는 "볼지어다"(ἰδού / 이두)라는 감탄사가 바로 앞에 붙어서 승리의 감격을 증대시킨다. 주님은 거룩한 자기 희생으로 말미암아 인봉을 떼기에 합당한 자로 나타나셨다. 주님의 생애 자체가 승리의 연속이었다. 주님의 승리는 승리에서 승리로 일관된 것은 아니었다. 주님의 승리가 값진 것은 승리할 수 없는 상황과 조건을 깨부수고 하나씩 쟁취하신 이김이었다. 하나님의 원수인 사탄을 십자가 위에서 격멸시키신 그리스도는 그렇게 이긴 자가 되어 아버지의 보좌에 앉으셨다(3:21). 이긴 자이신 그리스도는 일곱 교회의 사자들에게 이긴 자가 되도록 상급과 풍요로운 보상을 반복적으로 약속하셨다.

예수 그리스도는 그렇게 삶의 유혹을 이기시고 광야의 시험을 이기셨다. 그렇게 겟세마네 동산에서의 번민을 이기시고 죽음의 공포를 이기셨다. 역설적이게도 주님은 십자가에서 죽으심으로 죽음을 이기셨다. 음부의 권세를 이기시고 무덤의 결박을 이기셨다. 그리스도는 율법과 죄와 사망과 지옥의 권세를 온전히 이기셨다(마 12:29; 눅 10:18; 요 12:31, 16:11; 골 2:15; 히 2:5-17). 이기셨기에 일곱 교회의 이기는 자들에게 약속을 주실 수 있으셨다. 성도는 승리자 그리스도를 힘입어 그분 안에서 그분과 함께 이긴 자가 된다(2:7, 11, 12:11,

15:2).

6 내가 또 보니……어린양이 섰는데 일찍 죽임을 당한

요한의 복음서와 계시록에서 "내가 보니" 혹은 "내가 들으니"는 서로 밀접하게 연관되어 있다(요 12:45, 47, 20:14, 16; 계 1:10, 12, 7:4, 9). 특히 '보는 것'은 믿는 자의 이해력과 깊이 관련되었다(요 6:36, 14:9-10, 20:8, 29). 스윗은 계시록에서 음성을 들음이 내적인 실재(영)를 나타내고 징조를 보는 것은 외적인 실재(육)라 나누어 설명한 것은 그럴듯하게 보여도 너무 인위적이다. 오히려 들음은 본 것에 대한 해석이요 봄은 들은 것에 대한 확증으로 이해하는 편이 훨씬 낫다. 계시록에는 반드시 본 후에 들음이 뒤따르지 않는다. 22:8에서는 보고 들음과 듣고 봄이 같은 것임을 번갈아 사용하고 있다.

장로 중의 하나가 인을 떼기에 합당한 자로 유대 지파의 사자를 말했을 때에 요한은 '듣고' 곧이어 '보았다.' 요한이 보는 순간 성령에 의하여 주어진 영적 인지력으로 인해 그것이 죽임을 당한 어린양임을 깨달았다. 사자로서 군사적 승리를 이루신 주님의 모습을 알게 되었던 요한은 이제 양으로서 희생적 사역을 성취하신 그리스도를 안다. 유대 지파의 사자(승리하심)와 어린양(죽임을 당하심)은 두 개의 다른 이미지가 아니다. '둘은 하나'이다. 유대 지파의 사자는 어린양의 관점에서 이해되어야 한다. 동전의 양면처럼 사자와 양은 주 되신 그리스도의 진정한 정체성이다.

새 창조와 새 언약과 주체는 땅에 내려 오셨다가 하늘에 오른 하나님의 어린양이다. '죽임을 당하신'(ἐσφαγμένον / 에스파그메논)은 완료시제인데 “섰더라”(ἑστηκός / 에스테코스)는 분사이다. 즉 그리스도의 희생적 죽으심으로 완성하신 그 효력이 지금도 계속되고 있음을 가리킨다. ‘죽임을 당하다’(σφάζειν / 스파제인)는 동사는 요일 3:12을 제외하고는 신약에서 본서에만 나오는데 모두 그리스도의 죽으심을 나타낸다(5:6, 9, 12, 13:8).

‘유대 지파의 사자’에서 ‘어린양’으로의 대변신이 이루어졌다. 승리자(victor)가 희생자(victim)로 나타나셨다. 이것은 하나님이 비밀이며 신비다. 그리스도는 하나님인 동시에 사람이며 사람인 동시에 하나님이시다. 그분은 왕인 동시에 종이며, 종인 동시에 왕이시다. 그는 사자인 동시에 양이시며 양인 동시에 사자이시다. 주님께서 스스로 고난 받는 종으로 오지 않으셨으면 영광의 주님이 되지 못했을 것이다. 죽음을 자처하지 않았으면 부활의 첫 열매가 되지 못했을 것이다. 십자가에서의 일시적 패배를 경험하지 않았으면 영원한 승리를 얻지 못했을 것이다. 세상 죄를 지고 가는 ‘하나님의 어린양’(lamb)이 아니었다면 ‘유대 지파의 사자’(Lion)도 되지 못하였을 것이다. 구약의 유월절 제사에서 ‘희생으로 드려진 양’을 역사적인 배경으로 지닌(사 53:7; 고전 5:7) 어린양 이미지는 신약에서 그리스도의 구속 사역과 연관하여 절대적 의의를 갖는다(요 1:29, 36; 벧전 2:14).

계시록에서 “양”은 짐승에 관한 언급(13:11)을 제외하면 모두 높임 받으신 그리스도의 모습으로 나타난다. 주님의 승귀는 보좌를 버리고 세상에 하강하신 성육신, 십자가에서의 죽으심을 통하여 처절하게 싸우심으로 죄의 세력을 원천적으로 봉쇄하고 이김으로 정복하여 획득하신 전리품이다. 어린양은 실제로 보배로운 피를 흘리셨다(7:14). 이제 주님은 보좌에서 땅에 거하는 자들에게 진노를 숨기지 않으신다

(6:16). 신들을 벌하시며 용과 짐승들을 제거하시고 땅의 임금들과 왕족들과 장군들과 부자들과 강한 자들과 각 종과 자주자들을 징벌하시는 어린양은 '주 중의 주시요 만왕의 왕'이신 통치자이시다(17:14).

일곱 뿔

성경에서 "뿔"(κέρατα / 케라타)은 '힘'과 '권위'를 상징한다(민 23:22; 신 33:17; 삼상 2:1; 왕상 22:11; 시 75:4; 단 7:7, 20, 8:3, 5; 슥 1:21). 계시록에서는 이런 의미로 하나님께 적대적인 용이나 짐승들과 연관해 사용되었고(12:3, 13:1, 11, 17:3, 7, 12, 16), 어린양과 연관해서는 본 절이 유일하다. 완전수 7과 합해져서 일곱 뿔은 어린양의 완전한 능력 곧 전능을 나타낸다. 본 절의 일곱 뿔은 슥 4:2에서 스가랴가 본 다섯 번째 환상 중에 나타난 순금 등대의 모습을 연상시킨다. 이 순금 등대에는 일곱 등잔이 있고 등대 꼭대기의 등잔에는 일곱 관이 있었다.

일곱 영

어린양에게는 일곱 뿔과 일곱 눈이 있었다. 뿔은 힘과 권위를 상징하고 눈은 통찰력과 지혜를 상징한다. 완전수 7과 합해져서 역시 어린양의 속성인 '전능하심'과 '전지하심'을 드러낸다(Swete, Beckwith, Charles, Moffatt, Lenski, Robertson). 역시 슥 4:10을 배경으로 하고 있다. 천사는 일곱 등잔이 무엇인지 몰라 의아스럽게 여기는 스가랴에게 그것이 "온 세상에 두루 행하는 여호와의 눈"이라고 설명하였다. 여호와의 눈은 곧 여호와의 영이다. 본 절에서는 "하나님의 일곱 영"이라 분명하게 밝힌다.

7 어린양이 나아와서 취하시니라

요한은 책을 받았으나(10:8) 어린양은 책을 스스로 취하셨다. 구약에서는 단 7:13에서만 메시아 같은 이가 하나님의 천상 보좌로 나아가 권세를 받는 것으로 묘사되어 있다. 어린양은 이미 승리하여 아버지의 보좌에 함께 앉은 자로서(3:21) 유일하게 그 책을 펴거나 볼 수 있는 분이시다. 구원에 관한 모든 비밀을 담고 있는 그 책은 아버지의 계획하심에 따라 모든 것을 순종하심으로써 새 창조의 구원 사역을 온전히 행하여 성취하신 그리스도만이 취하실 수 있다. 아버지는 팔을 내려뜨리지 않고서 책이 떨어지지 않게 붙든 상태로 손을 무릎 위로 길게 내뻗은 모습이다.

보좌에 함께 계시던 어린양은 보좌에 앉으신 이의 앞으로 나아와서 손을 내밀어 그 책을 취하셨다. 실로 그림처럼 선명하고 실물처럼 생생한 장면이다. 오른손은 힘과 권위를 상징한다. 오른손에 책이 들려 있음은 책에 들어 있는 모든 내용을 하나님이 통제하심을 나타낸다. 그 힘과 권위가 책을 취하심으로 이제 어린양에게로 전이되었다. 이 장면에 근거하여 5장의 내용을 하나님께로부터 그리스도께로 권위가 양도된 서임식이라고 해석하는 학자들이 있다(Müller, Beale, Aune). 아버지와 하나이셨고(요 10:30) 아버지에게서 나와 아버지께로 돌아가신 그리스도(요 16:28)는, 아버지와 보좌에 함께 앉으셨던 그리스도(3:21)는, 이제 아버지와 동등한 권위를 지니고 계심을 천상계와 지상계에 두루 통고하신다.

9 새 노래

이 노래는 구속의 노래다(출 15:13 참조). 네 생물들과 이십사 장로들의 노래는 '구원을 위한 대가'(price)가 테마였으나 천사들의 노래는 '구원의 능력'(power)이 그 테마를 이룬다. "새"는 시간적 면에서의 새로움을 의미하는 '네오스'(νέος)가 아니라 양적인 면에서의 새로움을 뜻하는 '카이노스'(καινός)가 사용되었다. 실로 예전에는 결코 있어본 적이 없는 새로움이다. 최근의 것(recent)이 아니라 전혀 신선한 것(fresh)이다. "새 노래"란 표현은 이곳과 14:3에만 나오는데 둘 다 거문고가 언급되었다. 구약에는 일곱 번 나오는데 사 42:10을 제외하고는 모두 시편에만 나온다(33:3, 40:3, 96:1, 98:1, 144:9, 149:1). 새 노래는 구원의 완성에 참여한 새 창조에서의 새 백성들이 부를 천상의 찬가이다.

거문고와 향이 가득한 금대접을 가졌으니

보좌 앞의 네 생물과 이십사 장로들은 제각기 거문고와 향이 가득한 금대접을 쥐었다. 성도들의 기도로 가득 채워진 금대접과 거문고를 양손에 든 자세로 그대로 엎드려 한없는 경의와 존경을 표했다. 금대접의 향은 하나님께 마땅히 올려 드려야 하는 것이요(8:3-4), 거문고 역시 '하나님의 거문고'이다(15:2). 열 줄이나 열두 줄로 된 거문고는 찬양시에서 가장 기본적 악기였으며(시 33:2, 57:8, 98:5, 147:7), 노래하는 다윗의 악기였다(삼상 16:16). 성전의 찬양대는 축제의 흥을 돋우기 위해 이 악기를 동원하였다(대상 25:1-6; 느 12:27). 금대접은 신약에서 오직 계시록에만 나오고 있다(5:8, 15:7, 16:1, 2, 3, 4, 8, 10, 12, 17, 17:1, 21:9). 금대접은 정금으로 목이 넓은 형태로 만들어서는 숟가락, 붓는 병, 붓는 잔과 함께 진설병 위에 두었다(출 25:29, 37:16).

각 나라와 족속과 백성과 방언

이는 구속함 받은 백성들의 인종적, 언어적, 정치적, 사회적 배경을 표현한 말이다(Hendriksen). 교회의 우주적인 성격을 나타낸다. 이와 유사한 표현은 계시록에서 모두 일곱 번 나온다(5:9, 7:9, 11:9, 10:11과 13:7에는 다니엘서처럼 '족속'이 빠졌음 / 14:6에는 '나라'가 빠졌음 / 17:15에는 "백성과 무리와 열국과 방언들"이라 표현했음). 민족에 대한 4중 언급은 다니엘서에는 '족속'이 빠진 채 "백성, 나라, 방언"이란 3중의 언급으로 표현되었다(3:4, 5:19, 6:25).

그것들을 도표를 통해 서로 비교하면 다음과 같다.

5:9	족속	방언	백성	나라
7:9	나라	족속	백성	방언
10:11	많은 백성	나라	방언	임금들
11:9	백성	족속	방언	나라
13:7	족속	백성	방언	나라
14:6	여러 나라	족속	방언	백성
17:15	백성	무리	열국	방언들

사서

"사서"(ἠγόρασας / 에고라사스)는 단순과거형으로 십자가에서의 구속 역사가 영단번에 이루어진 행위를 강조한다. '속량'은 바울의 용어이지만(고전 6:20, 7:23; 갈 3:13, 4:5), "기업을 무를 자"(고엘, 룻 2:20, 4:1)라는 구약적인 배경을 지니고 있다. 희생 제사와 거래의 이미지는 구원론에 있어 중심을 이룬다. "사서"는 종을 자유케 하거나 전쟁 포로를 노예 신분으로부터 벗어나게 할 때 그에 상응한 대가를 지불하는 관습에서 유래되었다. 그리스도의 자발적 죽으심은 하나님이 자신을 위하여 자기 백성을 사신 속전(贖錢) 또는 배상금을 의미하였다(고전 6:19, 7:23; 벧후 2:1; 계 14:3, 4). 속죄금에 해당하는 것이 그리스도께서 흘리신 피인데, "당신의 피로"(ἐν τῷ αἵματί σου, 엔 토 하이마티 수)란 말에는 속죄 행위 자체와 속죄금의 의미를 모두 내포하고 있다. 역시 그리스도의 희생('바로 당신 자신'을 의미하는 σου / 수)이 강조되었다.

그리스도의 희생적 피는 한 영혼을 죄의 노예 상태로부터 벗어나 하나님의 자유로운 백성이 되게 하는 해방의 능력이다. 하나님의 백성이 되어 하나님의 뜻에 자신을 복종시키는 새로운 멍에가 지워졌다. 이것은 이전의 구속과는 다른 구속이다. 구속(救贖)으로 인해 죄의 구속(拘束)에서 벗어나 자발적인 하나님의 종이 되는 것이다. 더 생생하게 표현하면 사탄의 종 노릇에서 벗어나 하나님의 노예가 되었다는 말이다. "사서"란 말의 강조점은 노예에서 벗어나 하나님과의 새로운 관계로 들어가게 하는 최종 행위이다. 그것은 노예 상태에 있는 자의 뜻이 아니라 새로운 주인이 되실 하나님과 그 뜻을 가능하도록 실제로 이루신 그리스도에게 달려 있다. 피의 값을 치르시고 새로운 신분을 지닌 자로서 하나님께 드려졌다. 그들이 하나님 앞에서 '나라'가 되고 그 나라 안에서 하나님을 섬기는 '제사장'이 된다.

하나님께

이제 인간 영혼에 대한 소유권은 원래의 소유주이신 하나님께로 넘어갔다. 대가는 그리스도의 보혈이다(행 20:28; 고전 6:19-20). 9-10절은 예수 그리스도의 죽으심이 가져온 결과들을 보여준다.

(1) 그리스도의 죽음은 희생적 죽음이다.
(2) 그리스도의 죽음은 해방적 죽음이다.
(3) 그리스도의 죽음은 우주적 죽음이다.
(4) 그리스도의 죽음은 효용적 죽음이다.
① 우리를 왕 삼고자
② 우리를 제사장 삼고자
③ 우리에게 승리를 주고자

10 우리

KJV의 번역처럼 "우리"(us)가 옳다면 이십사 장로들은 구속함 받은 이들이다. 허나 RSV의 번역처럼 "그들"(them)이 옳다면 이십사 장로들은 구속함 받은 이들과는 구별된다. 장로들은 '자신들의 구속' 때문이 아니라 '교회의 구속'을 인하여 경배, 찬양하였다.

나라와 제사장을 삼으셨으니

"나라와 제사장"(1:6, 20:6; 출 19:6)이란 표현은 그리스도의 종말적 통치에 참여할 자격을 뜻한다(2:26-27, 20:4, 22:5). 성도는 왕국으로서 다스리고 제사장으로서 섬긴다. 유대 지파의 사자와 어린양이라는 주님의 양면적 정체성처럼 어린양에게 속한 자들은 다스리는 왕과 섬기는 제사장의 정체성을 갖는다. 구속받은 자들이 그 나라에서 지닐 두 가지의 특권을 분명하게 한다. 옛 세상에서는 다스리는 자들의 횡포로 늘 불이익을 당하고 짓눌려 살아 억압되었던 자들이 이제 새로운 세상에서 다스리는 자가 되어 이전의 다스리는 자들을 통치한다. 늘 희생을 강요당하던 양의 상태에서 벗어나 이제는 하나님께 희생 제사를 드릴 제사장이 된다. 왕권과 제사장직은 그리스도에게서 나오고 그것은 하나님에게서 비롯된다.

왕 노릇하리로다

ASV는 현재형인 '바실류우신'(βασιλεύουσιν)을 취해 현재적 통치로 번역했으나(엡 2:6) RSV는 미래형 '바실류수신'(βασιλεύσουσιν)을 취하여 천년 왕국과 신천신지에서 행사될 통치의 의미로 번역하였다. 권위 있는 사본들에서는 둘 다 나온다. 미래형을 취함이 내용상 적합하다. 설사 현재라 해도 미래적 현재이며 확신의 어조가 담겨 있다(Moulton).

11 그 수가 만만이요 천천이라

여기 언급된 "만만이요 천천"(μυριαδες μυριαδων καὶ χιλιαδες χιλιαδων / 뮈리아데스 뮈리아돈 카이 킬리아데스 킬리아돈)은 일억과 백만의 숫자가 아니라 헤아려 셀 수 없음을 뜻한다. 단 7:10에서는 이를 "천천과 만만"이라 역으로 표현하였다. 그레코로만 시대에서 가장 높은 수의 단위가 바로 10,000이었다. 수를 헤아릴 수 없는 천사들에 대해서는 구약(신 33:2; 욥 25:3; 시 68:17, 89:7; 단 7:10)과 중간사 시대의 묵시 문헌(에녹전서 14:22-23; 40:1; 바룩후서 48:10; 제4에스라서 8:21-22)에서 자주 언급이 되었다. 실로 무수한 천사들이 천상에서 부르는 함성은, 그것이 단지 외침이든지 노래이든지를 막론하고 위엄과 경이로 가득 찬 장관이 아닐 수 없다. 한쪽에는 네 생물과 이십사 장로들이 부르는 새 노래가 있고 다른 쪽에는 무수한 천사들의 화답이 있다.

12 능력과 부와 지혜와 힘과 존귀와 영광과 찬송을

다윗의 감사시(대상 29:10-12)를 상기시킨다. 이는 예수 그리스도의 영광을 찬송한 것으로 일곱 가지의 덕성을 열거함으로 그분의 영광이 완전함을 강조한다. 모리스는 처음의 넷을 스스로 소유하신 특성으로 나중의 셋을 인간이 그리스도께 표하는 태도로 설명했다.

① 능력(고전 1:24; 빌 4:13)
② 부요(고후 8:9; 엡 3:8; 빌 4:19)
③ 지혜(고전 1:24, 3:19)
④ 힘(막 12:30; 눅 11:22; 엡 6:10; 살후 1:9)
⑤ 존귀(빌 2:11; 히 2:9)
⑥ 영광(요 1:14; 벧전 4:11; 히 2:9)
⑦ 찬송=축복(εὐλογία / 율로기아, 막 11:9-10; 롬 15:29)

13 모든 만물이 가로되

피조 세계 전체가 천상의 존재들과 함께 보좌에 계신 이와 어린양에게 바치는 노래를 부른다. 이는 성부 하나님과 성자 하나님에게 바쳐진 우주 만물의 대합창이다. 이는 피조물로서 당연한 모습이다. 이것은 타락한 천사까지 포함시킨다는 의미가 아니라 그리스도의 주권과 그분이 이룩하신 구원의 보편성을 묘사한 것이다(빌 2:10-11; 골 1:20). 천사와 천군을 비롯한 천상의 존재들이 부른 찬양은 만물에까지 미친다(시 103:20-22). 본 절에서도 비슷하게 보좌와 네 생물과 이십사 장로들을 둘러싼 무수한 천사들이 먼저 찬양하고, 이어서 만물들이 화답하는 형식으로 송축을 올린다. 이곳에서는 보좌에 앉으신 하나님만이 아니라 어린양도 송축의 대상이다.

14 네 생물이 가로되

본서에서는 각각 1장과 4장과 6장과 7장에 걸쳐 송영이 네 번 나온다. 네 생물은 두 번째 송영(4:8)의 주인공들이다. 송영을 시작하였던 그들이 아멘으로 '영광의 노래'를 마무리하는 것은 매우 자연스럽다. 네 생물의 아멘은 세 번째 송영의 마무리일 뿐만 아니라 4-5장의 보좌 장면에 대한 결론이다. 계시록에서 아멘은 언제나 경배를 마무리 짓는 기능을 한다(1:6, 7, 3:14, 5:14, 7:12, 19:4, 22:20, 21). 네 생물의 아멘 화답은 이십사 장로들의 경배로 이어진다. 장로들의 엎드림은 보좌에 앉으신 이와 어린양에게 최대의 경의를 표시하는 경배 자세이다(4:10, 5:8). 4-5장의 보좌 환상은 열린 문으로 시작해서 경배로 끝난다.

B. 첫 네 인 : 네 말 탄 자들(6:1-8)

4-5장의 보좌 장면이 끝나면서 바로 이어 일곱 인의 재앙이 구체적으로 제시된다. 인을 떼기에 합당하신 어린양이 첫 네 인을 떼실 때마다 네 생물 중의 하나는 "오라!"고 외친다. 6장의 위치는 계시록의 심장부에 해당하면서 본격적인 세 재앙 그룹인 일곱 인, 일곱 나팔, 일곱 대접(6-16장)의 발화점이 된다. 세 재앙은 분명히 다른 그룹을 형성하지만 마지막 일곱 번째의 재앙은 다음에 나올 일곱 재앙을 품고 있다. 어린양이 취하신 책은 일곱 인을 모두 떼기 전에 펴지지 않는데, 이는 일곱 인의 재앙이 세 재앙 중에서도 준비 단계에 속하며, 책의 내용은 잇따른 일곱 나팔과 일곱 대접의 재앙임을 짐작할 수 있다.

일곱 인의 재앙은 공관복음서에 나타난 주님의 종말론 강화(마태복음 24장; 마가복음 13장; 누가복음 21장)에서 언급된 파루시아 직전에 일어날 사건들과 동일한 유형을 따른다(Lohmeyer, Giesen, Glasson, Charles, Beasley-Murray). 병행된 주제들은 놀라울 만치 비슷하다. 문자적인 유사성보다는 그것이 담고 있는 메시지에서 동일한 유형을 본다. 전쟁, 국제적인 분쟁과 갈등, 폭동, 기근, 죽음, 박해, 자연 재해와 같은 종말적 현상에 있어 특히 그러하다. 여기 6:1–8에 수록된 네 인은 부분적으로 슥 1:7–11과 6:1–8에 그 배경을 두고 있다.

6–18장은 주로 대환난의 내용을 다루고 있다. 6–7장에는 일곱 인의 재앙이 수록되어 있는데, 6장은 그 중에서 첫 네 인의 재앙을 소개한다. 대환난은 일곱 인(6–7장)과 일곱 나팔(8–14장)과 일곱 대접(15–18장)으로 나누어지는데 서로가 연결되어 있다. 일곱 인의 마지막은 일곱 나팔의 전주곡이 되고 일곱 나팔의 마지막은 일곱 대접의 서곡이 된다. 일곱 인과 일곱 나팔과 일곱 대접은 공통적으로 4와 3의 구조를 따른다. 첫 여섯 인까지 연속적으로 진행된다. 계시록에서 특징적인 '일곱' 시리즈(heptad)는 일곱 나팔(8:2–9:21, 11:15–18)과 일곱 대접(15:1–16:21)에서도 반복되어 나타난다. 인을 떼는 것에 대한 해석 차이는 신학적 입장에 따라서 다르다.

① 역사주의적 관점 → 인을 떼기 시작함으로 로마제국의 멸망이 시작된 것으로 본다. 첫 인의 시기를 도미티안 황제로 본다. 그로부터 4–5세기경, 고트족과 반달족에 의하여 멸망을 당하기까지 로마제국은 쇠퇴의 길을 걸었다고 주장한다.

② 과거주의적 관점 → 인을 떼는 것을 예루살렘 멸망으로 보고

144,000명의 유대 크리스천들이 펠라(Pella)로 도주한 것으로 해석한다. 네 말과 기수들을 66년부터 시작된 로마 군대의 예루살렘 침공으로 보며 살육과 내란과 기근과 죽음을 가져왔던 이 전쟁은 70년 예루살렘 멸망으로 종지부를 찍었다는 해석이다.

③ 미래주의적 관점 → 작은 책과 인 뗌을 교회와 성도들의 휴거와 연관 짓는다. 4:1의 "이리로 올라오라"를 휴거에 대한 부름으로 보고 대환난이 시작되며 144,000은 대환난 기간에 회심하여 구원(인침)받는다. 교회는 이미 휴거되어 지상에 존재하지 않으므로 144,000은 교회가 아니라 이스라엘의 일부로서 유대 크리스천이다. 네 말과 기수들은 적그리스도가 출현하여 전쟁과 기근과 핵전쟁 같은 엄청난 재앙을 세상에 몰아올 것이라는 해석이다.

④ 이상주의적 관점 → 책과 인 뗌이 인류의 전 역사를 통해 끊임없이 반복되는 것으로서 정복, 전쟁, 기근, 죽음 등으로 인류를 다스리는 하나님의 손길로 이해한다. 흰 말을 탄 첫째 기수도 세상을 정복해 가는 그리스도의 복음으로 해석하여 미래주의 진영의 적그리스도라는 해석과 정면으로 충돌한다.

일곱 인과 일곱 나팔과 일곱 대접의 상관성은 다음과 같은 구조를 이룬다.

일곱 인	1 2 3 4 5 6 7(첫 네 인)
일곱 나팔	1 2 3 4 5 6 7(첫 네 나팔)
일곱 대접	1 2 3 4 5 6 7

	인	나팔	대접
네 재앙	(6:1-2) 흰 말 활, 면류관, 이김	(8:7) 피섞인 우박, 불	(16:1-2) 독한 헌데
	(6:3-4) 붉은 말 화평 제거의 칼	(8:8-9) 불 붙는 산 1/3 (땅, 수목, 바다)	(16:3) 피로 변한 바다
	(6:5-6) 검은 말 저울	(8:10-11) 큰 별 (쑥), 1/3 (강)	(16:4-7) 피로 변한 강, 물들
	(6:7-8) 청황색 말 칼, 흉년, 사망, 들짐승	(8:12) 1/3 (해,달,별들)	(16:8-9) 해의 열기
세 화	(6:9-11) 순교자들의 호소	(9:1-12) 첫째 화 무저갱에서의 황충	(16:10-11) 흑암 왕국 죽음 같은 고통
	(6:12-17) '양'의 진노 지진, 천체의 변화	(9:13-21) 둘째 화 이만만의 마병대	(16:12-16) 세 영 동방의 왕(아마겟돈)
	(8:1) 일곱째 인	(11:15-19) 셋째 화 일곱째 나팔	(16:17-21) 번개, 음성, 뇌성, 지진, 우박
막간	(7:1-17) 구원의 환상 144,000 무수한 백의의 무리	(10-11장) 사역의 환상 작은 책 성전 척량	없음

1 내가 보매 어린양이 일곱 인 중에 하나를 떼시는 그때에 내가 들으
니 네 생물 중의 하나가 우렛소리같이 말하되 오라 하기로
2 내가 이에 보니 흰 말이 있는데 그 탄 자가 활을 가졌고 면류관을
받고 나가서 이기고 또 이기려고 하더라
3 둘째 인을 떼실 때에 내가 들으니 둘째 생물이 말하되 오라 하더니
4 이에 붉은 다른 말이 나오더라 그 탄 자가 허락을 받아 땅에서
화평을 제하여 버리며 서로 죽이게 하고 또 큰 칼을 받았더라
5 셋째 인을 떼실 때에 내가 들으니 셋째 생물이 말하되 오라 하기로
내가 보니 검은 말이 나오는데 그 탄 자가 손에 저울을 가졌더라
6 내가 네 생물 사이로서 나는 듯하는 음성을 들으니 가로되 한 데나
리온에 밀 한 되요 한 데나리온에 보리 석 되로다 또 감람유와

포도주는 해치 말라 하더라

7 넷째 인을 떼실 때에 내가 넷째 생물의 음성을 들으니 가로되 오라
하기로

8 내가 보매 청황색 말이 나오는데 그 탄 자의 이름은 사망이니 음부
가 그 뒤를 따르더라 저희가 땅 사분 일의 권세를 얻어 검과 흉년과
사망과 땅의 짐승으로써 죽이더라

1 어린양이 일곱 인 중에 하나를 떼시는 그때에

봉인된 책을 떼시는 어린양의 모습이 권위로 충만하다. 유대 지파의 사자가 하나님의 어린양이 되어 십자가의 죽으심으로 구속을 이룩하신 그리스도께서 인봉을 떼실 권세자로 서신다. "떼시는데"(ἤνοιξεν / 에노익센)는 일곱 인을 개봉하시는 어린양이 주체임을 가리키는데 본서에 모두 여섯 번 더 나온다(6:3, 5, 7, 9, 12, 8:1). 계시록에서는 28회에 걸쳐 그리스도를 양으로 표현한다(13:11 제외). 이는 본서에 지배적인 기독론적 상징이다. 요한은 어린양이 짐승을 뜻하는 '떼리온'(θηρίον)의 마지막 음절과 같으므로 '아르니온'(ἀρνίον, 어린양)이란 단어를 선택했을지도 모른다(Glasson). 희생을 통한 승리는 계시록의 중심적 주제에 속한다. 강대국들은 강한 짐승으로 국가의 힘을 상징하곤 했는데(예를 들어 러시아는 곰, 영국은 사자, 프랑스는 호랑이, 미국은 독수리), 천국은 '죽임을 당한 어린양'으로 그 힘을 상징하려 한 것은 매우 역설적이다.

심판의 주제로 살핀다면 지금까지의 내용은 6장부터 본격적으로 시작되는 일곱 인, 일곱 나팔, 일곱 대접의 심판 재앙 그리고 그 재앙

의 결과로 바벨론이 패망하고 사악한 삼위일체의 비참한 결국으로 마감되는 사건들을 가능케 하는 시동기 역할을 한다. 1장에서는 계시의 수령자인 요한에게 계시의 수여자이신 주님의 영화로우신 모습을 보여서 계시록의 전체 분위기를 주님께서 장악하고 계심을 보여준다. 2-3장에서는 주님의 몸 된 교회가 현재의 박해 상황을 잘 견디고 다가올 재앙에서 피할 수 있도록 필요한 영적 준비를 점검한다. 4-5장에서는 심판을 뜻하고 실행하는 주체자로서 하나님과 어린양이 소개된다. 6장이 열리면서 본격적인 심판이 연이어 계속된다.

양은 보좌 주위에 서 있고(7절), 네 생물들과 이십사 장로들의 경배를 받으며(8절), 친히 구원자와 인도자와 목자가 된다(7:10, 17절). 시온 산에 서시며(14:1-5) 전쟁에서 승리하신다(17:14). 친히 심판을 베푸시고(13:8, 14:10, 21:27) 왕들은 그의 진노에서 숨는다(6:16). 죽임을 당한 것 같고(5:6) 실제로 죽임을 당하셨으며(5:9, 12, 13:8) 자신이 흘린 피로 자기 백성을 이끌어(5:9) 그들을 나라와 제사장을 삼는다(5:10). 백성들은 그의 피로 옷을 씻고(7:14) 그의 피로 마귀를 이긴다(12:1). 그가 곧 성전인데(21:22) 성전 안에 있는 희생양의 모습은 이삭의 희생 제사를 상기시킨다.

일곱 인을 떼시는 동안 한 번도 책 안에 있는 내용들이 공개되지 않았다. 이는 인을 떼고 난 이후에 벌어진 일들이 책 안의 내용과 동일하므로 다시 부연할 이유가 없었기 때문이다. 처음의 네 인은 내용의 차이만 보이고 그 과정은 거의 동일하다. 네 인은 일곱 인에 속하여 있지만 네 인은 나머지 세 인과 구별된다. 보좌 환상(4-5장)에서 보좌에 계셨던 어린양이 인을 떼실 수 있는 유일한 권위자로서 매 인을 떼신다. 일곱째 인을 떼시면서 일곱 천사들에게 일곱 나팔을 주어 자신의 심판을 대행하게 하신다. 네 인의 재앙(1-8절)은 슥 1:7-11의 네 말을 연상시킨다. 스가랴의 환상 속에 나타난 네 말은 땅에서 평화를 보았지만 요한의 환상 속에 나타난 네 말은 땅에서 화평을 제하고 전쟁과 기근과 죽음을 가져온다.

네 생물 중의 하나가 우렛소리같이 말하되

계시록에서 보좌 앞의 네 생물은 천상 예배에서 주도적인 역할을 감당하며(4:6, 5:6, 11, 7:11, 14:3) 하나님의 심판 수행에서 중요한 위치를 차지한다. 첫 네 인에서는 괄목할 만한 화자로서(6:1, 3, 5, 6, 7, 15:7), 일곱 대접의 환상에서는 재앙을 담은 금대접을 일곱 천사에게 나눠주는 역할을 한다(15:7). 본 절에서는 그가 어느 생물인지 분명하게 밝히지 않았으나 다음에 순서적으로 생물들이 언급된 점으로 보아 사자의 모습을 한 첫째 생물로 간주하여야 한다. 본서에서 "우레"(βροντῆς / 브론테스)는 상당히 큰 음성을 상징한다(14:2, 19:6). 구약에서 우레는 '하나님의 음성'으로 비유되었는데(삼하 22:14; 욥 37:2-5; 시 18:13, 29:3-9; 사 29:6, 30:30-31; 렘 25:30), 이는 시내 산의 현현 이후로 성경에서 전형적으로 사용된 표현으로 이해하여야 한다. 신약에서는 폭풍 같은 기질을 지녔던 야고보와 그의 형제 요한에게 적용되었고(막 3:17), 주님의 영광의 기도에 대한 아버지의 영광스런 응답이 어떤 사람들에게는 천사의 음성으로, 어떤 사람에게는 우렛소리로 들렸다(요 12:28-29).

오라 하기로

"오라"("Ερχου / 에르쿠)는 현재 명령형으로 소환의 뜻이 강하다.

우레 같은 소리 역시 온화함이 아니라, 심판의 위엄찬 목소리임을 나타낸다. 우렛소리(14:2, 19:6)는 폭풍우가 다가옴을 암시한다. 천둥 번개가 치는 날이면 심한 비바람이 이어짐은 자연계의 현상이다. 일곱 인 중에서 우레가 동반된 경우는 첫째 인이 유일하다. 본 절의 "오라!"는 계속 오라는 뜻보다는 신속하게 달려올 것을 명령한 것으로 보아야 한다. 숨어 있지 말고 공개적으로 자신을 보이라는 뜻이다. 장엄한 심판의 현장으로 초청받은 이가 누구인지에 대한 해석은 다음의 셋으로 갈린다.

① 요한이다(Barnes, Walvoord). 이는 본문에서 "오라!"에 대한 반응으로 다음 절의 "내가 이에 보니"와 자연적으로 연결되어 대상이 요한임을 보여준다. 요한은 이미 영 안에 있는데 어디에서 어디로 왔다는 것인지에 대한 설명을 할 수 없다.

② 그리스도이다(Alford, Swete). 22:17과 20절에서는 똑같은 "오라!"가 나오는데 이것이 대상을 그리스도로 보는 이유이다. 계시록에서는 오시는 그리스도가 자주 언급되지만 본문의 상황과는 거리가 있다.

③ 첫째 말을 탄 기수이다(Robertson, Moffatt, Beckwith, Ladd, Mounce). 이 부름에 응하여 흰 말과 탄 자가 바로 나타난 사실이 이를 증명한다. 이는 나머지 세 말의 경우에도 마찬가지다(4, 5, 8절).

2 흰 말이 있는데 그 탄 자가

본 절은 계시록에서 해석상 가장 논쟁적인 것들 중의 하나이다.

백마를 나머지 세 말들과 연관하여 일률적으로 해석해야 한다는 관점에서는 부정적인 입장을 취한다. 문제는 본서에서 흰 색은 언제나 그리스도나 성도들, 그리고 영적 승리의 상태를 의미하였다(1:14, 2:17, 3:4-5, 18, 4:4, 7:9, 13-14, 20:11). 그리고 첫 말의 경우에는 재앙이 언급되지 않았다는 사실이 부정적인 해석에 어려움을 제공한다. 백마를 탄 자가 적그리스도라는 일부 미래학파(Lindsey, Ryrie, Walvoord)의 주석은 네 말과 그 기수들이 지상의 악인들, 적그리스도까지 포함하여 지상의 모든 악인을 심판하도록 어린양으로부터 직접 보냄을 받았다는 사실로 인하여 무위에 그친다. 첫 기수를 적그리스도라 주장하는 이들은 이기고 또 이기는 권세를 세상 만국의 권세를 지닌 사탄(눅 4:6)이 준 것이라 주장하지만 그럴 만한 본문에서의 근거가 없다. 주님의 재림 직전에 거짓 그리스도들이 숱하게 등장할 것이지만(마 24:5, 24; 막 13:6; 눅 21:8) 본 절의 백마 탄 자를 적그리스도(Rissi, Thomas, Beale, Johnson)로 여기는 것은 무리가 있다. 백마 탄 기수를 부정적으로 보아 개괄적으로는 군사적인 정복(Swete, Mounce, Roloff) 또는 더 구체적으로 파르티아인의 침공(Ramsay, Charles, Boring, Lohse)으로 해석하기도 했다. 모팻은 백마 탄 자를 로마의 황제로 보았다. 혹자는 백마를 탄 기수가 화살 없는 활을 가진 사실에 근거하여 국제간에 이루어진 평화 협정이란 해석도 내놓았으나 상상에 불과할 뿐이다.

과거주의적 입장에서는 말을 탄 기수는 로마제국이며 1세기경의 황제들에 의해 유혈 낭자한 반목, 페스트, 순교와 다른 유형의 소동들이 있었던 것으로 해석하였다(Moffatt, Lenski). 그러나 인 재앙을 요한 당시의 최근에 지나간 역사적 사건에 연관시키는 것은 너무 인위적이다. 렌스키는 세상을 심판하는 하나님의 말씀을 묘사한 것으로 보았으나 본문의 내용이 가리키는 것은 그런 추상적인 실체가 아니라 뚜렷한 인물 혹은 적어도 의인화될 만한 구체적 힘을 가리킨다. 백위드는 정복자의 모습을 심판의 의인화로 보았다. 스가랴 선지자의 예언(1:8, 6:1–8)을 참조하면, 이 해석은 강점을 지니지만 심판 내용의 구체성이 없고 너무 일반화되었음이 약점이다. 나머지 세 인들의 경우에 심판은 매우 특정화되었다.

다른 미래 학파의 학자들(Kuyper, Morris, Bachmann, Hodges, Ladd, Heil, Hendriksen, Alford)은 본 절의 백마 탄 기수가 다름 아닌 그리스도라 해석한다. 흰 색은 언제나 그리스도 또는 그리스도와 관련된 어떤 것을 상징한다는 주장에서다. 영화로우신 인자의 환상에서 그리스도는 흰 양털 같은 머리카락을 지녔고(1:14), 신실한 자들은 새 이름이 기록된 흰 돌의 약속을 받았고(2:17) 모두 흰 옷을 입었다(3:4, 5, 18). 이십사 장로들은 흰 옷을 입었으며(4:4), 순교자들에게도 흰 두루마기가 주어졌다(6:11). 큰 환난에서 나온 헤아릴 수 없이 많은 무리들은 모두 흰 옷을 입었으며(7:9, 13), 환상 중에 나타난 인자는 흰 구름 위에 앉아 있었다(14:14). 하나님의 말씀으로 칭하여진 '충신과 진실'은 백마를 탔으며(19:11), 하늘 군대들은 모두가 희고 깨끗한 세마포를 입었다(19:14). 또한 하나님은 크고 흰 보좌에 좌정하셨다(20:11).

이런 해석의 전통은 멀리 이레나이우스까지 이른다. 그러나 인을 떼는 자가 동시에 백마를 탄 기수일 수 없다는 반론과 더불어(Zahn) 메시아가 재앙이 끝나기 전까지 등장할 수 없다는 반박도 있다(Charles). 또한 메시아의 통치가 전쟁, 기근, 분쟁 등과 연관될 수 없음도 이 해석을 어렵게 만든다.

이에 대하여서는 백마를 탄 기수를 복음 전파와 그로 인한 승리로 해석한 헨드릭슨이 잘 정리했다. 자안(Zahn)과 바이스(J. Weiss)와 같은 견해이며, 알포드와 래드도 이 입장에 섰다. 복음의 편만한 전파를 예언하신 주님의 종말론 강화(마태복음 24장; 마가복음 13장)와도 조화를 이룬다. 그러나 역사적 현실은 복음의 승리가 지속적이지 않았으며 승리를 얻기까지 박해와 고난과 같은 많은 부침의 세월이 있었다. 이기고 또 이기려고 한 본 절의 정복력과는 일치하지 않음은 이와 같은 해석의 취약한 부분이다.

① 5:5의 승리자와 비교할 때 본문의 내용과 조화를 이룬다.

② 조심스런 단어 연구와 조화를 이룬다.

(1) 흰 색은 거룩하고 천상적인 것에 관련이 있다

(2) 면류관을 받은 사실은 14:14과 조화를 이룬다.

(3) 이김이 계시록에서는 언제나 그리스도와 신자에게 연관되었다(3:21, 5:5, 6:2; 그리고 요 16:33 참조. 그러나 11:7과 13:7은 예외임).

③ 병용 구절인 19:11의 백마 탄 기수는 그리스도이시다.

④ 백마를 탄 정복자가 그리스도라는 개념은 계시록의 특성과 목적에 부합한다(1:13-15, 2:26, 27, 3:21, 5:5, 6:16, 11:15, 12:11, 14:1-3, 14:14-16, 17:14, 19:11).

⑤ 백마를 탄 자는 마 10:34의 "칼을 든 자"와 조화를 이룬다(계 19:15 참조).

⑥ 시 45:3-5과 유사하다.

⑦ 스가랴의 환상에 나온 기수의 배경(슥 1:8-10)과도 잘 어울린다.

해석의 다양함 속에서 본 절을 보다 일반적으로 취하여 전쟁을 향한 인간의 근본적인 탐욕과 그 결과로 해석하는 입장도 있다(Swete, Morris, Beasley-Murray, Roloff, Aune, Giesen, Mounce, Metzger,

Talbert). 네 인의 재앙을 통해 인간의 타락에 따라 하나님의 심판이 자연스럽게 진행되는 것이라 보았다. 이 재앙은 악마적이 아니라 인간적인 것이다. 이러한 심판은 특히 1세기경의 로마제국에 의한 정복 역사에서 뚜렷하다. 칼 위에 세워진 로마제국의 평화 체계는 외관만 그럴싸할 뿐 정작 진정한 평화가 아니었다. 19:11-16의 백마 탄 자와의 유사성에 근거하여 본 절의 기수를 메시아로 간주하는 입장도 있으나 백마를 타신 어린양 그리스도는 인을 떼시는 분으로서 첫째 인을 떼실 때에 백마 탄 자로 갑자기 변환될 수 없다. 19장에 묘사된 백마 타신 분의 이름은 "충신과 진실"로 밝혀졌음도 본 절의 백마 탄 기수와의 동일시를 어렵게 하는 부분이다.

활을 가졌고 면류관을 받고

"받고"(ἐδόθη / 에도떼)란 표현은 일곱 인의 재앙 중에서 첫 네 인을 다루고 있는 1-8절에서만 모두 다섯 번 사용되고 있다. 이는 면류관을 주는 과정에서 하나님만이 전적인 통제권을 지니고 있음을 가리키는 '신성한 수동태'(passivum divinum / 팟시붐 디비눔)에 해당한다. 이 같은 용례는 이곳(6:2, 4, 8)에서만이 아니라 계시록 전체에 거듭해서 나온다(6:11, 7:2, 8:2, 3, 9:1, 3, 5, 11:1, 2, 12:14, 13:5, 7, 14, 15, 16:8). 본서에서 22회 나오는 중에 3인칭 복수로 사용된 경우도 두 번이다(8:2, 12:14). 이는 악의 힘을 포함하여 만물에 대한 하나님의 주권 능력을 상징한다. 사탄과 짐승들과 사악한 세력들이 교회와 어린양께 속한 이들을 박해하고 괴롭히는 모든 활동까지 하나님의 묵인과 허용하심 속에 있다. 백마 탄 기수를 제외한 나머지 기수들에게 신적 권위를 부여하거나 또는 신적인 권능과 연관되어 사용되었다.

많은 학자들(Swete, Mounce, Charles, Boring, Aune, Lohse, Harrington)은 역사상 유일하게 강력한 로마제국의 황제 군대를 두 번이나 패퇴시켜(주전 55년과 주후 62년) 두렵게 만든 파르티아인들에 대한 언급으로 해석한다. 그들은 로마제국의 동쪽 국경인 유프라테스에 거주하던 아주 호전적인 종족 연합체로서 그들의 기마부대는 전설적이었다. 파르티아 병사들은 달리는 말 위에서 적에게 화살을 정확히 날렸다. 그들은 휴대한 활로 이기고 또 이기려 하였다. 그러나 파르티아 병사들의 전투 습성이 비록 본 절의 묘사와 비슷하여 어떤 역사적 연관성에 빌미를 제공하긴 하지만, 이기고 또 이기려 하는 타락한 인간성에 대한 일반적 진술로 이해하는 것이 바람직하다. 그들이 수차례나 로마의 영토를 침범하여 결국 로마제국으로부터 독립을 쟁취한 사실을 면류관으로 본다면 그들에 대한 역사적 적용은 어느 정도 힘을 받는다.

이기고 또 이기려고 하더라

"이기고 또 이기려고"(νικῶν καὶ ἵνα νικήσῃ /니콘 카이 히나 니케세)는 문법적으로 해석할 때 "이기기 위하여 이기고 있는"으로서 그 뜻이 모호하고 불분명하다. 내용적으로 보아서는 많은 승리나 확실한 승리로 이해함이 바람직하다. "이기고 또 이기려고 함"은 일종의 추정분사(circumstantial participle)와 주인공의 극단적인 행동과 목표가 오로지 군사적인 승리임을 강조하는 목적절을 활용한 관용구다. '이김'은 일곱 교회에 보낸 편지(2-3장)와 본서의 곳곳에서 사탄과 하나님의 백성 간에 벌어진 싸움과 연관하여 열쇠가 되는 주제이다. 사탄은 늘 이김의 주체가 되려 했지만 늘 패장으로 남겨졌다. 미가엘과의 싸움이 그러했고(12:7-8) 성도들과의 싸움도 그러하였다. 심지어 성도들과의 싸움에서 적그리스도가 짐승의 권세를 힘입어 다 이긴 것 같았지만(13:7) 실제로는 성도들이 짐승과 사탄을 이김이었다. 그들은 죽기까지 사탄에 대항하여 궁극적인 승리를 쟁취하였다.

4 붉은 다른 말

둘째 말에만 "다른"(ἄλλος / 알로스)이란 형용어가 붙었는데 이는 붉은 말이 다른 세 말과 다름을 보여준다. 일반적으로 붉은 색은 피와 전쟁과 죽음을 상징한다. 본문에서는 종교적 박해나 종교적 학살을 의미한다. 기독교의 복음이 전해지는 곳이면 어느 곳이나 어느 시대나 할 것 없이 박해는 있어 왔다.

① 둘째 말은 첫째 말을 뒤따른다. 그리스도의 복음이 전파되는 곳은 어디나 반드시 박해가 뒤따른다(마 5:10, 11; 눅 21:12; 행 4:1; 5:17).

② 병용 구절인 마 10:34에도 화평이 제한당한다.

③ 13:3만 제외한다면 그리스도의 죽음이나 신자의 처형에 사용되었다(요일 3:12; 계 5:6, 9, 12, 6:9, 13:8).

④ "서로 죽이고"(σφάξουσιν / 스팍수신)는 다섯째 인을 떼었을 때 "죽임을 당한"(ἐσφαγμένων / 에스파그메논)과 같은 단어이다.

⑤ "칼"(μάχαιρα / 마카이라)은 희생용 칼을 뜻한다.

큰 칼을 받았더라

칼은 무인에게 있어 명예와 권위를 상징했다. 로마제국에서는 사형을 집행함에 있어 오직 황제 한 사람만이 '칼의 법'(ius gladii / 유스

글라디이)을 지니고 있었다. '칼의 권리'란 생사여탈권의 상징이다. 로마제국에 칼을 차는 권리는 고급 장교에 한했으며 지방의 총독이나 집정관들은 황제로부터 형을 집행할 수 있는 칼의 권한을 위임받아 제국의 영향력이 미치는 영토 내에서 황제의 통치권을 대행하였다. 아우구스투스에 의하여 정착된 로마의 평화(Pax Romana / 팍스 로마나)는 역설적이게도 '칼의 법'으로 지탱되고 있었다. 제국이 형성되기 직전의 공화국에서는 평화의 때에만 서열이 높은 장군들만이 칼을 찰 수 있었다. 병사들은 전쟁 시에만 칼을 휴대하고 싸움에 임했다. 몸젠(Mommsen)에 의하면 제국에 이르러서는 황제만이 칼을 휴대할 수가 있었다. 몸젠의 언급은 상시 휴대가 아니라 궁정 내에서의 휴대를 의미했을 것이다. 이와 같은 배경에 비추어본다면 본문의 기사는 전능자의 뜻을 수행하기 위하여 일시적으로 칼의 권한을 위임받았음이 틀림없다.

큰 칼의 직접적인 영향력은 화평의 제거로 확연히 드러났다. 혹자는 이를 살후 2:6-8에 언급된 "불법한 자"가 나타나 불법의 비밀이 활동하는 것과 연관시켰다. 이것은 6:4의 사건이 역사의 마지막 시대를 묘사한 것이라 볼 때에만 가능한 해석이다. 그렇지만 "난리와 난리 소문"(막 13:7-8)은 재난의 시작에 불과하다. 비얼은 "내가 세상에 화평을 주러 온 줄로 생각지 말라 화평이 아니요 칼을 주러 왔노라"(마 10:34의 말씀에 근거하여 이것이 내란이 아니라 크리스천이 받을 핍박에 관한 언급이라 이해했다. 그러나 본문에 크리스천이라 여길 만한 내용이 없으므로 이 해석은 타당하지 않다. 처음의 네 인을 박해의 원인으로 다섯째 인의 순교자를 박해의 결과로 설명하는 것도 수용할 만한 해석은 아니다.

"화평"(τὴν εἰρήνην / 텐 에이레넨) 앞에 붙은 정관사는 이 화평이 모든 사람들이 열망하는 특정한 화평임을 구체화시킨다. '사람들이 서로 죽이는' 상황은 전쟁 징후로서의 내란 내지는 시민 전쟁을 의미한다. 이는 난리와 난리 소문이 민족이 민족을, 나라가 나라를 치는 전쟁 상황으로 치닫게 되는 경우와 비슷하다. 역사적으로는 알렉산더가 죽자 제국이 붕괴되어 네 장군이 다스리는 네 개의 제국으로 분산되었다. 그때로부터 약 200년간 서로 싸움을 멈추지 않았다. 로마제국 역시 그치지 않는 내란으로 홍역을 치렀고 베스파시안이 권력을 잡기 직전인 68-69년에는 한 해 사이에 네 명의 황제가 뒤바뀌곤 했다.

5 검은 말이 나오는데 그 탄 자가 손에 저울을 가졌더라

검은 색은 '슬픔'과(렘 4:28) '기근'을(말 3:14) 나타낸다. 총담 같이 검은 색깔의 옷은 유대인들이 애곡할 때에 입는 일종의 상복이었다(6:12). 둘째 인의 붉은 말이 전쟁이라면 셋째 인의 검은 말을 기근으로 해석하는 것은 아주 자연스럽다. "한 데나리온에 밀 한 되요 한 데나리온에 보리 석 되로다"는 음성은 그 기근이 매우 처참할 것임을 의미한다. 저울은 막대기 양 끝의 서너 가닥으로 길게 연결한 줄에 접시처럼 편평한 도구를 매단 형태로서 한쪽에는 다른 쪽에 올린 물건의 무게를 달기 위하여 반드시 추를 올려놓았다. 성경에는 예언자들이 기근을 예언하였고 그 예언이 성취된 경우들을 분명히 기록하고 있다(레 26:26; 왕하 6:25, 7:1; 겔 4:10, 16-17; 행 11:28). 본문의 언급은 기근 상태가 매우 극심하여 공급량이 부족함으로 양식을 저울에 달아야 할 만큼의 긴박한 상황을 강조한 것이다. 그러나 붉은 말을 종교적 박해로 해석하여도 크리스천에 대한 조직적인 경제 봉쇄 정책으로 인하여 빈곤을 경험할 것이므로 전쟁 이후의 기근이든지 아니면

박해로 인한 기근이든지 어느 쪽의 해석도 가능하다.

저울은 주로 기근 상황에서 식량의 균등한 분배를 위하여 필요한 생활필수품이었다. 사는 자나 파는 자의 입장에서는 "공평한 저울"(잠 16:11)은 모두의 희망 사항이었다. 파는 자는 저울을 인색하게 달고 사는 자는 저울을 넉넉하게 달기를 바랐다. 구약에서는 저울이 부당한 조작의 수단으로 사용된 경우를 여러 번이나 예로 들었다(창 11:1, 16:11, 20:23; 사 40:12, 46:6; 호 12:7; 암 8:5; 미 6:11). 본 절에서 흑마의 기수가 손에 저울을 들었음은 기근으로 인해 부당한 가격앙등이 일어나고, 그 결과로 음식 공급이 할당제로 바뀔 것을 강력히 암시한다. 전쟁이 일어나면 침략군이 농촌을 지나면서 식량이 될 만한 모든 곡물들을 약탈해갈 뿐 아니라 나머지는 소각 처분했으므로 그들이 진군하는 방향 근처의 모든 농지는 쑥대밭이 되어 버리는 일이 비일비재했다. 기근은 자연적인 재앙이었으나 기근 상황을 더욱 참혹하게 만드는 것은 인간의 탐욕에 근거하였다.

6 내가 네 생물 사이로서 나는 듯하는 음성을 들으니

요한은 음성이 난 곳을 어렴풋이 묘사할 뿐이지 확신 있게 밝히지 못한다. 이 땅에 임하는 일곱 인의 재앙을 환상으로 바라보는 요한의 마음은 두렵고 떨렸을 것이다. 중단 없이 전개되는 환상 중에 갑자기 들려온 음성의 진원지를 정확히 알아내는 것도 쉽지만은 않았을 것이다. 이는 천사의 음성이 아니다. 이십사 장로들의 음성도 아니다. 보좌에 가장 근접한 네 영물의 소리도 아니다. 네 생물은 네 인의 개봉과 연관하여 각자가 내야 할 소리를 맡았다(1, 3, 5, 7절). 그들 사이에서 나는 소리이므로 이것은 보좌 앞에 서 계신 어린양 그리스도의 소리일 것이다. "듯 하는"(ὡς / 호스)은 요한이 자주 쓰는 어투(8:1, 14:3, 19:1, 6)로서 음성의 신비로운 출처를 가리키는 표현이다.

한 데나리온에 밀 한 되요 한 데나리온에 보리 석 되

네 생물 사이로서 흘러나온 이 음성은 그 기근이 매우 처참할 것임을 의미한다. 밀 한 되의 가격인 한 데나리온은 평상시의 8배에 해당하며, 보리 석 되의 가격은 보통 거래가의 5.3배에 이른다. 하필이면 "밀 한 되와 보리 석 되"를 언급한 이유는 기병과 말 또는 한 사람의 평민과 가축용 사료로 그것이 정량이기 때문이었다. 역사가 헤로도투스의 기록에 따르면 "밀 한 되와 보리 석 되"는 장정 한 사람의 하루치 식량에 해당하였다. 그리고 한 데나리온은 노동자의 하루 임금이기도 했다(마 20:1-16). 6절 내용은 전쟁의 결과로 야기된 기근과 연관된 언급이지만(Charles, Beasley-Murray, Hughes) 어느 특정한 시대의 사건인지는 밝히기가 어렵다(Beckwith, Charles, Aune).

밀과 보리는 로마제국에서 가장 중요한 곡물에 해당하였다. 로마제국 산하의 각 지역을 다스리던 통치자들은 원활한 곡물 보급을 위해 해당 지역의 빈민들에게 연차적으로 일정량의 곡물을 분배하였다. 밀은 최상의 곡식으로서 주요곡물이었고 보리는 그보다는 덜했고 당시의 기준으로는 영양가치 또한 밀에 미치지 못했다. 빈곤층에서는 주로 보리를 식물로 삼았고 부자들은 밀을 선호하였다. 밀 한 되는 성인 한 끼의 식사로 충분하였고 보리 석 되는 단출한 가족의 한 끼 식사 분이었다. 감람유와 포도주는 밀과 보리처럼 생존을 위한 필수 식량은 아니었지만 일상생활에 매우 긴요한 식품이었다.

또 감람유와 포도주는 해치 말라 하더라

감람유와 포도주의 황폐로 인한 재앙은 수년에 미칠 것이므로 이와 같은 금지의 명령이 기수에게 전해졌다. 보통 감람유는 5년 동안 열매를 맺고 15-20년이 걸려야 다 자라며, 포도원 역시 흉작에서 회복하려면 여러 햇수가 소요된다. 또한 감람나무나 포도나무는 뿌리가 깊어서 제한적인 기근에 의해 곡식이 결딴나도 살아남는다. 이는 땅 4분의 1의 인 재앙에서(8절), 3분의 1의 나팔 재앙(8:7-12)을 거쳐 모든 것이 해를 입는 대접 재앙(16:3-4)으로의 점증하는 심판 구도와도 어울린다. 그러므로 감람유와 포도주와 관련된 금지 언급은 기근의 재앙 중에서도 최악의 상황을 모면시키려는 명령으로 보인다. 이럴 경우에 셋째 인의 기근 재앙은 부분적이라 할 수 있다. 그러나 로제(Lohse)는 감람유와 포도주를 밀과 보리와는 달리 사치품으로 규정하였고, 이에 근거하여 기근이 완화되어도 생필품의 품귀 현상과는 정반대로 사치품들이 부족하지 않은 이유를 논리적으로 설명하였다(Moffatt).

감람유와 포도주는 밀과 보리에 비할 때 생존에 필수적이지는 않았지만 상당히 중요한 품목이었다. 감람유와 포도주에 대한 해악 금지령은 원문에서 매우 강조가 되어 있다. 이에 대한 해석들은 상당히 다양하다. 오스본이 간략하게 잘 정리하였다.

① 부자가 자신들의 필요에 따라 감람유와 포도주를 즐길 때 가난한 자에게는 아무것도 남지 않았다는 사회적 메시지로 본다(Moffatt, Boring, Thomas). "해치 말라"는 명령이 보좌로부터 나온 본문의 상황에 맞지 않는다. 왜 하나님께서 가난한 자들이 고통 당할 때 부자를 번성하게 내버려 두셨겠느냐는 질문이 당연히 따른다. 본문의 심판

상황에 부적합한 해석이다.

② 감람유나 포도주 같은 산물이 당시에 유효한 점으로 보아 하나님께서 기근이 그리 심각하지 않음을 보장한 것으로 본다(Roloff, Beckwith, Beasley-Murray). 구약에서 감람유와 포도주는 제2차적인 식물로 분류되었다(신 7:13; 시 104:14-15; 욜 1:10). 본 절의 선포는 제한적인 심판을 가리킨다. 혹은 밀과 보리철인 한 해에만 있을 짤막한 기근이므로 다음해에는 걱정 없는 것으로 간주한다. 그렇지만 전체적인 맥락에서 이것은 본문의 상황과 배치된다. 넷째 인으로 인해 인류의 4분지 1이 멸절을 당하는 근접 현실로 볼 때 너무 느슨한 해석이다.

③ 감람유와 포도주를 성만찬적으로 해석하여서 신자가 기근에서 보호될 거란 해석이다(Lohmeyer, Ford, Prigent).

이 짧은 소리에서 그런 메시지를 끌어낼 수가 없다. 신자가 감람유와 포도주의 수령이란 근거도 없고 휴거론의 입장에서는 신자가 이때까지 남아 있지도 않다.

④ 예루살렘이 포위당하였을 때의 상황에 연결시키는 과거주의적 접근이다(Gregg). 요세푸스의 《유대 전쟁사》에 따르면 장기간의 포위로 인하여 기근이 성을 엄습했을 때, 요한 기샬라(John Gischala)가 이끄는 반군이 성전 내소의 제물용으로 비치되었던 감람유와 포도주를 훔쳐내서 먹고 마셨다는 기록이 있다.

⑤ 이 환상 뒤에는 역사적인 배경이 있다(Osborne). 92년경 식량부족 사태가 발발하자 도미티안 황제는 식량 증산을 위하여 포도주

경작지의 절반을 없애라는 칙령을 내렸다. 이에 반발하여 사람들은 칙령을 취소케 만드는 대소동을 일으켰다. 포도 경작지의 형질 변경은 수년간 생산 격감을 가져왔고 이것은 기근 상황을 더욱 악화시켰다. 그런 배경하에서 기근 상황의 심각성과 고난을 경감시키고자 사람들이 극단적이 된 사실을 강조한 언급이라는 것이다. 도미티안 칙령이 반포되었을 당시에 공교롭게도 소아시아 지역에는 기근이 있었다.

7 **넷째 인을 떼실 때에**

네 말로 이루어진 첫 네 인의 마지막 재앙이다. 날으는 독수리 같은 넷째 생물이 요한을 "오라"(ἔρχου / 에르쿠)하면서 또 다른 장면으로 초청한다. 넷째 말을 탄 기수에게만 '사망'이란 죽음이 주어졌고 하데스가 그 뒤를 따랐다. '사망과 음부'(θάνατος καὶ ὁ ᾅδης / 따나토스 카이 호 하데스)는 사탄의 힘을 상징하지만 보좌에 앉으신 이와 어린 양에게 철저한 통제를 받는다. 사망과 음부는 호 13:14의 음부와 사망을 연상시킨다.

8 **청황색 말이 나오는데**

"청황색"(χλωρός / 클로로스)은 잔디나 초목의 연록빛깔을 묘사할 때 사용되었으며(창 1:30; 겔 17:24; 막 6:39) 푸른 색으로도 번역이 가능하다(마 6:39; 계 8:7; 9:4). '클로로스'는 병자의 해쓱한 얼굴 모습이나(Hippocrates) 공포에 질린 낯빛을 뜻하기도 하였으나(슥 6:3과 6절에는 "어룽진 말"이 나오는데 이것에 해당하는 히브리어 '아무침'(אמצים)은 얼룩얼룩한 회색의 살빛을 뜻한다), 일반적으로 시체에서 볼 수 있는 그런 종류의 짙은 푸르스름함에 매우 가깝다. 두려운 일을 당했을 때 얼굴이 새파랗게 질린 것과 같은 반응에도 사용되었다.

말의 음울하고 우중충한 색깔(클로로스)은 기수의 이름인 '사망'과 아주 잘 어울린다. '따나토스'에 해당하는 히브리어 '데베르'(דֶּבֶר)는 유행병(pestilence, 고대 세계에서 흑사병은 치료가 불가능하여 치사율이 매우 높은 치명적 병이었음)을 뜻한다. 다른 곳에는 염병(레 26:25)과 온역(겔 14:19-21)으로도 번역되었다. 특히 에스겔은 예루살렘에 임할 하나님의 심판 도구를 칼, 기근, 사나운 짐승, 온역의 네 가지로 묘사했다(겔 14:15, 21).

토마스(Thomas)는 이를 상당히 부패한 시체의 창백한 색깔로 보았다. 어쨌든 "검과 흉년과 사망과 땅의 짐승"이란 구절과 연관하여 넷째 말은 흑사병으로 인한 죽음이든지, 전쟁과 기근으로 인한 죽음이든지, 박해와 기근으로 인한 죽음이든지, 이처럼 음산한 시체의 색깔은 이전의 재앙으로 인한 여파임에 틀림없다. 넷째 말은 땅의 4분의 1의 권세를 얻었으며, 검과 흉년과 사망과 땅의 짐승이라는 네 가지 도구를 지니고 세상을 유린한다. 세대주의자들은 이 재앙이 7년 대환난의 비교적 초기에 발생하는 것이라고 말한다. '땅의 짐승'을 정치적, 군사적 악한 지도자로 해석한다.

그 탄 자의 이름은 사망이니 음부가 그 뒤를 따르더라

"사망"(ὁ θάνατος / 호 따나토스)은 의인화되어 본서에 여러 번 나타난다(1:18, 6:8, 20:13, 14). 역시 의인화된 음부(ὁ ᾅδης / 호 하데스)와 연결되어 사용되는데, 이는 일종의 중언법이라는 문학적 기법에 속한다. 아운은 언제나 사망이 음부 앞에 나온 점을 들어서 사망이 인물을 뜻하고 음부는 그 인물의 왕국이라 보았다. 사망과 음부의 동시 사용은 초기 랍비의 문헌에서도 나타나는 현상이다. 대부분의 주석가들은 성도들이 나팔 재앙에서처럼(9:18) 이 심판 역시 면할 것이라 해석한다(3:10, 7:3, 8:13, 9:4).

비얼은 에스겔 14장에 근거하여 성도 역시 이 심판의 일부일 것이라 주장하였다. 그렇다면 그리스도의 정결한 신부도 우상 숭배를 한 사악한 무리들과 함께 6:1-8의 네 말로 인한 환난을 겪을 것이라는 설명이 된다. 그럴 수도 있겠지만 비얼은 본 절의 해석을 위하여 에스겔의 자료를 너무 의지한 것으로 오스본에 의해 비판되었다. 계시록의 더 많은 근거 구절들은 성도들이 "네 인의 재앙"에서 벗어날 것임을 시사한다. 네 인의 재앙이 전하는 메시지는 명확하다. 하나님을 적대하는 자는 어떠한 모양으로든지 합당한 심판을 맞이하게 된다. 이 심판은 궁극적으로 현세와 내세의 죽음으로 이어지고 마지막 심판을 거친 두 번째 사망에서 확증된다. 심판의 과정에서 하나님은 자신의 신실한 백성들을 보호하시고 생명으로 갚으신다. 현세에서의 박해를 통한 죽음도 하나님의 이런 의지를 꺾지 못한다. 계시록 전체를 흐르고 있는 일관된 메시지는 하나님의 불꽃같은 공의와 불변의 사랑이다.

검과 흉년과 사망과 땅의 짐승으로써 죽이더라

이 네 가지 재앙이 네 명의 기사와 관련된 것으로 볼 수도 있지만 네 번째 기사에게 속한 재앙으로 해석하는 것이 타당하다. 검과 흉년(기근)과 사망(온역)의 3중적 재앙은 구약에 자주 등장하는 관용적인 표현에 해당한다. 예레미야서에는 "칼과 기근과 염병"이라는 표현을 계속해서 언급하였고(14:12, 21:9, 24:10, 27:8, 13, 29:17-18, 32:24,

36, 38:2, 42:17, 44:13) 에스겔서에서는 "칼과 기근과 온역"으로 표현하였다(6:11, 12:16). 가장 유사한 구절로서는 겔 5:17과 14:21의 네 재앙 곧 "기근, 악한 짐승, 온역, 칼"을 들 수 있다.

① 역사주의적 관점 → 반즈는 역사가 기본(Gibbon)의 보고에 근거하여서 248-268년 사이에 일어난 재앙으로 해석한다. 이 시기에는 데키우스(Decius), 갈루스(Gallus), 아에밀리아누스(Aemillianus), 발레리안(Vallerian), 갈리에누스(Gallienus)의 집권기였는데, 특히나 갈리에누스의 사후에 로마제국의 영토는 이민족들의 빈번한 침공과 군사 독재자들로 인해 황폐화되다시피 하였다. 기본에 따르면 248-296년 기간에는 로마에서만 매일 5,000명의 사람이 죽어 나갔고 야만족의 침입에서 벗어나고자 도시를 탈출해서 주민 없는 도시가 숱하게 많았다. 그가 기록한 문서에는 칼과 기근과 온역으로 인하여 제국 인구의 절반 가량이 몰살을 당했다. 유세비우스는 이에 덧붙여 아무렇게나 내버려진 시체가 '땅의 짐승'인 개의 밥이 되었음을 기록에 남겼다. 한편 엘리엇(Elliott)은 8절의 "땅 사분 일"을 벌게잇(Vulgate) 역처럼 "땅의 네 구역"으로 번역해서 네 개의 행정 구역으로 나누어진 로마로 이해하였으나 그렇게 해석할 근거는 전혀 없다.

② 과거주의적 관점 → 겔 14:21의 재앙이 주전 586년 바벨론의 예루살렘 멸망으로 성취되었듯이, 본 절의 재앙을 주후 70년의 예루살렘 멸망과 연관시켜 해석하였다. 로마 군대에 의해 포위되었을 때에 초기에는 창고에 저장된 식량으로 인해 별 어려움이 없었으나 로마군이 포위를 풀지 않자 강화파와 주전파의 대립이 생겨나고 결국 반대파의 심술로 인해 곡식 창고가 소실되자 식량난으로 인한 재앙이 급속히 들이닥쳤다. 요세푸스의 기록에 따르면 어미가 자식을 잡아먹는 비극

적인 사건도 발생하였다(신 28:53; 왕하 6:28-29).

③ 미래주의적 관점 → 카이퍼나 왈부어드 같은 미래주의자는 "땅 사분 일"의 땅을 지구로 취하여서 실제적으로 유럽과 남미의 전체 인구에 해당하는 엄청난 재앙이라고 보았다. 이 인구는 노아 당시의 세계 인구를 훨씬 능가할 것이므로 '큰 환난'으로 불린다(마 24:21). 11장에서 시작되는 "대환난"과 연관하여 왈부어드는 인의 재앙들을 엄격하게 종말 시기에다 적용시켰다.

④ 이상주의적 관점 → 스웨트(Swete)는 네 인들에 의해 표현된 재앙들이 어느 특정한 시기가 아니라 인류 역사에 늘 반복되어 온 현상으로 보았다. "땅 사분 일"은 지구적 재앙이 아니라 국부적인 재앙을 의미한다. 헨드릭슨은 일곱 나팔이 불신자들에게 대한 심판임에 비하여 일곱 인의 심판을 교회와 연관시켰다. 특히 "검과 흉년과 사망과 땅의 짐승"으로 표현된 넷째 인의 재앙을 인간 역사를 통틀어 신자가 겪어야 하는 보편적 재난으로 해석했다.

C. **다섯째 인 : 순교자들의 호소**(6:9-11)

두 그룹으로 나누어진 일곱 인 중에서 네 말과 말을 탄 자들의 환상인 네 인은 끝났다. 이제 세 개의 인만 남았다. 다섯째 인을 떼자 이전의 네 인과는 성격이 완연히 다른 장면이 나타난다. 땅에 한바탕 심판의 재앙이 휘몰아친 다음에 무대는 다시 땅에서 하늘로 바뀐다. 하늘에 있는 제단 장면이 요한 앞에 펼쳐진다. 하늘을 하나님의 성전으로 이해하는 개념은 유대교의 사상에서는 매우 흔한 일이다(시 11:4, 18:6; 사 6:1; 미 1:2; 합 2:20).

본서에도 성전으로서의 하늘 개념이 자주 나온다(11:19, 14:17, 15:5, 16:17). 제단은 언제나 천상의 성전이다(8:3, 5, 14:18). 순교자들이 제단 아래에서 탄원을 올리고 위로와 격려의 말씀이 주어진다. 이들 순교자들은 이미 이전의 박해를 통해 죽임을 당하였다. 그들은 이전에 암시된 '순교'의 말씀(1:9, 2:9-11, 13, 3:8)을 구체적으로 이룬 인물들이 되었다. 그들은 하나님의 말씀을 지키고 그 말씀을 이루기 위해 죽임을 당하신 어린양의 뒤를 따랐다. 이제 그의 동료들도 그들이 걸어온 순교의 길을 걸을 것이다. 동무 종들과 형제들의 순교도 매우 임박하였다(11절). 죽임을 당해야 이긴 자가 된다(5:5). 순교가 있어야 하나님의 나라가 속히 이루어진다.

세대주의 입장에서는 이 사건이 휴거 직후에 발생한 것이므로 기독교 시대를 통한 순교자로 해석하지 않는다. 원수에 대한 신원의 기도 또한 성격상 크리스천의 것이라 보기가 어렵고 유대 신자들의 기도로 해석한다(Gaebelein). 인침으로 보호받은 유대인들을 제외하고는 휴거 이후에 믿는 이는 누구든지 순교를 당하게 되어 있다는 가정에서 이런 해석이 가능하다(Phillips). 순교가 대환난 기간의 이전 삼 년 반인지 후 삼 년 반인지 아니면 전체 기간을 통틀었는지에 대해서는 학자들마다 입장 차이가 있다. 한편 마운스(Mounce)는 이들을 크리스천 순교자로 해석한다.

① 역사주의적 관점 → 다섯째 인의 재앙을 284년 황제 위에 오른 디오클레티안(284-304)의 박해로 해석하는데, 실제적인 박해는 303년에 이르러서야 시작되었다. 그의 박해는 로마제국의 10대 박해 중 마지막에 해당한다. 306년에는 교회의 보호자로 나설 콘스탄틴이 황위에 올랐기 때문이다.

② 과거주의적 관점 → 아벨의 피로부터 사가랴의 피에까지 땅 위에서 흘린 의로운 피가 유대인들에게 돌아갈 것이라는 주님의 예언에 따라(마 23:35-36), 70년의 예루살렘 멸망으로 하나님의 형벌이 이루어진 것으로 보았다. 그것은 눅 13:1-3의 말씀에 대한 성취이기도 했다.

③ 미래주의적 관점 → 순교자의 영혼들이 넷째 인의 재앙 직후에 나타난 점으로 미루어 대환난 기간에 순교를 당한 것으로 해석한다(Walvoord).

④ 이상주의적 관점 → 순교자들을 믿음으로 인하여 당시까지 죽임을 당한 크리스천으로 해석한다. 이들은 이른바 "육체로는 사람처럼 심판을 받으나 영으로는 하나님처럼 산"(벧전 4:6) 것이다. 단지 다섯째 인에서의 순교 장면은 제단 아래 뿌려진 희생 제물의 피처럼(레 4:7) 죽음의 희생적인 성격을 강조하기 위함이라는 것이다. 순교자들은 그리스도 까닭에 죽임을 당한 모든 순교자들을 의미하는 것이거나(Wilcock) 도미티안 황제의 박해 때 순교한 이들에 국한되기도 한다(Hobbs).

9 다섯째 인을 떼실 때에 내가 보니 하나님의 말씀과 저희의 가진
증거를 인하여 죽임을 당한 영혼들이 제단 아래 있어
10 큰 소리로 불러 가로되 거룩하고 참되신 대주재여 땅에 거하는
자들을 심판하여 우리 피를 신원하여 주지 아니하시기를 어느
때까지 하시려나이까 하니
11 각각 저희에게 흰 두루마기를 주시며 가라사대 아직 잠시 동안

쉬되 저희 동무 종들과 형제들도 자기처럼 죽임을 받아 그 수가 차기까지 하라 하시더라

9 하나님의 말씀과 저희의 가진 증거를 인하여

"하나님의 말씀과 저희의 가진 증거"는 순교의 정확한 원인을 보여준다. 하나님의 말씀과 그 말씀에 대한 담대한 증거가 악인들의 살의를 북돋운다. 말씀이 있어도 증거가 없으면 순교는 일어나지 않는다. 항상 말씀의 증언자(μάρτυς / 마르튀스)가 순교자이다(μάρτυς / 마르튀스). 교회가 세워진 이후로 이 땅에 뿌려진 순교자의 피는 실로 엄청나다. 그 거룩한 순교의 피를 먹고 교회는 자랐다. 마치 작은 겨자씨가 자라서 공중의 새들이 와서 깃들일 만한 안식처와 피난처가 된 것이다. 스웨트는 순교자들이 말씀의 증거를 품고 그것을 위해 순교한 것으로 보았다. 그렇지만 "가진"(εἶχον / 에이콘)의 미완료 시제는 증거 행위의 계속성을 강조한다. 순교자들이 예수께로부터 받은 증거를 붙들고 있었음(Mounce, Morris, Lee)은 사실이다. 하지만 예수의 증인으로서 증거를 가슴에 품은 것으로는 충분하지 않다. 그들이 그리스도께 연합된 자로서 세상에 드러날 유일한 길은 마음에 품고 붙든 증거를 다른 사람들에게 증언하는 것이었다. 이것이 박해자들로 하여금 그들을 죽음의 길로 내몰게 한 것이다.

죽임을 당한 영혼들이 제단 아래 있어

"생명"(ψυχή / 프쉬케)이 히브리어로는 네페쉬(נפש)인데 이곳에서는 "영혼"으로 번역이 되었다. 세대주의자들은 이미 크리스천들이

휴거했으므로 이들을 칠년 대환난 초기에 크리스천이 된 무리로 본다. 이 기간에 유대인의 구원이 이루어지고(7:4), 결국 수다한 무리가 구원을 받을 것이라는 주장이다(7:9). 크리스천의 증거는 죽음의 원인이 되며 순교는 당연한 결과이다. 요한은 예수의 증거를 인해 밧모섬에 귀양 보내졌고 많은 순교자들은 말씀과 그들이 지닌 내적 증거로 인하여 목숨을 버렸다. 요한은 제단 앞에 엎드린 영혼들을 순교자로 인식한다. 순교한 영혼들은 죽음과 동시에 하늘 제단으로 옮겨진다. 그들은 주님께 속한 자로서 하늘 처소로 들여지기에 합당하다(요 14:1-2, 17:24; 고후 5:1, 8; 빌 1:23; 살전 4:14, 17).

본 절의 제단을 번제단으로 이해하는 이들(Swete, Lee, Aune, Sweet, Krodel, Thoams)과 향단이라 주장하는 이들(Beale, Ladd, Beckwith, Charles, Johnson, Morris)이 있다. 후자의 지지자들은 이에 대한 근거로 본서에 향단의 의미로 사용된 구절들을 제시한다(8:3, 5, 9:13, 11:1, 14:18, 16:7). 마운스는 9-10절의 희생과 기도는 번제단과 향단의 두 의미를 다 포용하는 것이라 주장하였다. 4-5장에서 보좌가 있던 방이 이제는 하나님의 성전이다(시 18:6; 미 1:2; 합 2:20; 계 11:19, 14:15, 17, 15:5, 8). '왕궁'과 '성전'으로서의 하늘 개념은 다른 곳에서도 발견된다(시 11:4, 29:9-10; 사 6:1).

10 큰 소리로 불러 가로되

그들은 주님을 위해서는 거룩한 희생자였지만 그들 자신의 입장에서는 억울한 희생자였다. 의인이 악인에 의하여 죽임을 당한 불공정성을 하나님께 토로하는 소리는 크고 웅장하여서 비탄감을 더하였다. 큰 소리는 1절에서 네 생물 중의 하나가 우레와 같은 소리를 발했던 장면을 연상시킨다. 하늘의 제단에 엎드린 영혼들이 한 목소리로 외치는 소리는 하늘에 울려 퍼질 정도로 매우 컸다. “큰 소리”는 본서에 상당히 자주 나타나는 표현이다(1:10, 5:2, 12, 7:2, 10, 8:13, 10:3, 11:12, 15, 12:10, 14:7, 9, 15, 18, 19:1, 17, 21:3).

10절의 울부짖음은 계시록에서 유일하게 나오는 간구의 형태이다. 그들은 우선적으로 4절의 붉은 말이 받은 권세 곧 ‘큰 칼’에 의한 희생자일 것이다. 박해자들은 그들에게 칼을 휘둘러 붉은 피를 흘리게 했지만, 대주재이신 그리스도는 그들에게 흰 옷을 주신다. 땅의 증거자로 살았던 그들은 이제 천상의 간구자로 바뀌었다. 땅에서는 죽은 자로 아무렇게나 내던져졌던 시체들이었지만 하늘에서는 다시 살아나 제단에 엎드려 기도하는 자가 되었다. 계시록에서 하늘은 성전 혹은 성전의 제단일 경우가 많고(11:19, 14:17, 15:5, 16:17) 단은 항상 천상의 성전을 의미한다(8:3, 5, 14:18). 이런 식의 암시는 구약에 그 배경을 갖고 있다(시 11:4; 사 6:1; 미 1:2; 합 2:20).

물론 4절의 희생자들만이 아니라 신실한 증인이 되어 그리스도와 복음을 위하여 죽임 당한 모든 시대의 순교자들로 이해하는 것이 안전하다. 어쨌든 순교자들의 영혼은 짧은 간구 속에서 그리스도와 박해자와 자신들의 관계를 잘 요약한다. 먼저 거룩하고 참된 대주재로서의 그리스도에 대한 놀라운 정체성이 고백된다. 다음에 의로운 증거자들을 참살한 악의 세력으로서 땅에 거하는 자들을 언급한다. 마지막으로는 피의 신원을 호소하며 하나님의 때를 상기시키는 것으로 마무리한다. 그들의 큰 소리는 하늘의 보좌만이 아니라 지옥의 문지방까지 흔들 정도로 크고 우렁차다. 복수심에 끓어오른 살기 때문이 아니라 의의 궁극적인 승리에 대한 확신이 그들의 소리를 힘차게 만들었다.

순교자들의 탄원은 억울한 죽음을 당해 하나님께 호소하였던 아벨의 울부짖음을 연상시킨다(창 4:10). 주님도 의인 아벨의 피로부터 성전과 제단 사이에서 죽임을 당한 사가랴의 피를 언급하시면서 울부짖는 순교자의 피는 필히 신원될 것임을 증거하셨다(마 23:35-36).

거룩하고 참되신 대주재여

"대주재"(δεσπότης / 데스포테스)는 신약에서 오직 이곳과 시므온이 부른 찬가(눅 2:29)에서만 나타난다. 보통 이 말은 노예를 거느린 주인의 권위를 나타낼 때 쓰였으며(딤전 6:12; 딛 2:9; 벧전 2:18) 가장의 의미에서도 사용되었다(딤후 2:20). 구약에선 하나님께 적용되었다(창 15:8; 수 5:14; 욥 5:8; 잠 17:2; 사 3:1; 렘 15:11; 욘 4:3). 신약에서는 주님 예수께 적용되기도 했다(벧전 2:1; 유 1:4). 본 절에서 "대주재"는 어린양이신 그리스도이시다. 그리스도에게 묘사된 "거룩하고 참되신"(3:7, 14)이 바로 대주재 앞에 붙어 있음도 대주재의 정체성을 명확하게 해준다. "거룩하고 참되신"이란 표현은 "참되고 의로우신"(16:7, 19:2)과 의미적으로 일맥상통한다. 그리스도를 알지 못하는 헬라인들을 비롯한 이방인들은 도미티안 황제를 '데스포테스'(δεσπότης)와 '떼오스'(θεός)로 불렀다.

땅에 거하는 자들

그리스도의 복음을 거절하는 불신 세력들을 총칭하는 요한의 전용어다(3:10, 8:13, 11:10, 13:8, 12, 17:2, 8). 땅에 거하는 자들은 천명되고 공인된 교회의 박해자요 성도의 원수이다. 바다와 땅에서 올라온 두 짐승만이 성도들의 원수가 아니다. 세상의 모든 거민들은 크리스천을 증오한다. 영계에 속한 악령들까지도 성도 박멸의 강도를 최고 수준으로 맞춘다. 성도들을 향한 적개심과 파멸 의지는 전 우주에까지 미친다. 땅에 거하는 자들은 집단적이고 조직적으로 하늘에 속한 성도들을 핍박한다. 하나님께 등을 돌린 적대자들은 할 수 있는 한 많은 성도들을 파멸시키기 위하여 성난 사자처럼 눈에 불을 켜고 달려든다. 그들은 하나님의 심판을 머리에 이고 살아간다. 심판의 시위는 이미 당겨졌다. 심판은 미구에 반드시 이루어질 것이다. 하늘에 계신 자를 비웃고 천상의 세계를 추구하며 사는 성도들을 박해하던 그들의 운명은 이제 초읽기에 들어갔다. 해산에 이른 여인에게 고통이 홀연히 임하는 것처럼 아무런 예고 없이 전대미문의 재앙이 그들의 영혼을 삼켜버릴 것이다. 그렇지만 하나님은 그들에게 돌이킬 수 있는 기회를 충분히 주셨다. 그들은 아무런 핑계도 하지 못할 것이다.

심판하여 우리 피를 신원하여 주지 아니하시기를

이들은 복수를 포기하고 자신들의 생사를 하나님께 맡기며 살아왔던 인내자였다. 원수를 위하여 기도하고 그들의 영혼을 위해 죽음의 길을 자처하였던 무력한 증거자였다. 목자이신 어린양의 양떼였던 그들이 이제 복수를 위하여 하나님께 탄원하고 있다. 얼핏 보기에는 순교자들의 탄원 내용이 기독교적인 가치관의 알맹이라고 할 수 있는 사랑의 명령(요 15:12; 롬 13:8; 엡 5:2; 벧전 1:22; 요일 4:11-12)에 배치되는 것처럼 보인다. 주님이 십자가에서 드리신 용서의 기도나 스데반이 순교하면서 드린 용서의 기도에 정면으로 배치되는 듯이 보인다.

그렇지만 신약에는 축복만이 아니라 저주의 엄연한 현실이 있다(마

25:41; 행 13:10-11; 고전 16:22; 갈 1:8-9; 계 22:18-19). 성경에는 사랑만이 아니라 심판의 현실이 있다. 성도들이 부당하게 당하는 고난에 대한 하나님의 신원하심이 없다면 세상은 불공평하기 짝이 없다. 구약에는 하나님께 복수의 탄원을 호소한 예들이 많이 있다(삼하 3:28-29; 대하 24:22; 렘 15:15; 느 4:4-5; 암 7:16-17). 특별히 시편에는 다른 어느 곳에서보다 복수를 위한 기도들이 반복적으로 언급되었다(시 7:6-9, 58:3-11, 73:2-20, 74:10-11, 79:5-7, 109:7-20, 112:8, 119:154-58).

복수를 금하고 "복수는 나의 것"이라면서 자신에게 맡기기를 명했던 하나님의 공의로운 속성(렘 5:9; 호 4:9; 나 1:2; 롬 12:19; 히 10:30)은 복수를 위한 탄원에 정당성을 부여한다. 순교자들의 탄원은 복수가 복수를 낳는 고리를 완전히 단절하고 인간에게 복수의 영을 심어준 사탄의 궤계를 박멸시키기 위함이다. 반역한 인류에게 최종적으로 주어질 것은 하나님의 무조건적인 사랑이 아니라 이유 있는 정당한 형벌이다. 복음의 시대가 끝나고 하늘 문이 닫히면 엄정한 심판만이 남겨진다. 이스라엘 백성을 위해 바로를 심판하시고 앗수르, 바벨론, 메대와 파사, 헬라, 로마에 대한 하나님의 심판이란 역사적 사실은 마지막 심판에 대한 밑 그림자가 된다. 순교자들은 사사로운 복수심보다 세상을 공의로 다스리시는 하나님의 속성에 의지하여 탄원드렸다.

은혜의 때에는 용서를 위한 기도가 마땅하다. 그러나 은혜의 때가 끝나면 성도들을 위한 신원의 측면에서 악한 자들을 위한 심판이 남는 것은 당연하다(Lenski). 악인의 형벌을 위한 성도의 기도가 응답됨은 불의한 자들에 대한 의인의 항거를 하나님께서 받으셨다는 증거이다. 그것은 단순히 '이에는 이'와 같은 식의 보복이 아니라 신적인 공의가 실현됨이다. 계시록에는 사랑의 명령이 없다. 대신 계시록의 전체적인 분위기는 하나님의 통쾌한 복수로 충만하다. 의인을 위해 신원과 보수하시는 하나님이 환상의 시초부터 마지막까지 세밀하게 그려졌다. 죽임을 당한 어린양은 백마를 타시고 이한 검과 함께 자신의 군대를 거느리고 마지막 전쟁을 지휘하신다. 네 말과 기수들의 재앙은 인류가 잘못된 사탄적인 힘을 오용한 결과로서 전쟁, 기근, 질병, 죽음의 참상을 보여준다. 뿌린 대로 거두는 형국이다.

다섯째 인의 내용은 전적으로 순교자들의 탄원과 그들에 대한 하나님의 약속으로 이루어져 있다. 이것을 전환점으로 하여 우주적인 대파국의 서막이 울려 퍼진다. 전쟁, 기근, 질병, 죽음의 재앙들이 땅에 거하는 자들에게 사정없이 쏟아진다(5:1, 6:1–8). 존귀한 자로부터 노예에 이르기까지 모든 사람들은 하늘의 징조로 드러난 하나님의 진노를 피해 숨는다(6:12–17). 일곱 천사는 우박과 불, 피와 하늘의 갖가지 재앙들을 땅에 쏟는다(8:8–12). 세 화의 재앙이 뒤이어 선포된다(8:13). 그것은 견딜 수 없을 만큼 죽음 같은 고통에 더하여 불과 연기와 유황으로 인하여 땅에 거하는 자들 중에서 삼분의 일이 파멸당한다(9:1–21).

하늘의 전쟁에서 패퇴한 사탄과 그의 수하들은 천상에서 쫓겨난다. 땅으로 내려간 용은 남자아이를 낳은 여자를 맹추격하며 핍박한다(12:1–17). 각각 바다와 땅에서 나온 두 짐승이 사탄에게 받은 권세를 휘둘러 땅에 거하는 자들을 미혹하고 통제하며 세상의 체제를 완전히 사탄의 영향력 아래 있게 한다(13:1–18). 짐승을 경배하며 하나님을 거역하던 무리들은 어린양과 재앙의 사자인 천사들 목전에서 끝없는 고통을 당한다(14:9–11). 하나님의 진노를 담은 일곱 대접이 땅에 연거푸 쏟아지고 이로 인하여 지상에 엄청난 고통이 중첩된다(16:1-21).

큰 음녀의 출현으로 인하여 세상은 더욱 망가지게 되고(17:1-18), 하나님의 권위에 지속적으로 도전하고 항거해 오던 악의 집결지인 바벨론에게, 신원의 울부짖음 사이로 극적인 파멸의 그림자가 내려 덮친다(18-1-24). 짐승과 거짓 선지자와 그들을 따르던 땅의 거주자들은 백마를 타신 주님에게 완패를 당하고 두 우두머리들은 불못에 던져진다(19:11-21). 인류의 영원한 원수였던 사탄이 체포되어 무저갱에 천 년 동안 구금된다. 잠시 놓여나 재기를 위한 반역의 불씨를 지피지만 역시 불못으로 던져지고 창세 이후로 하나님의 백성과 교회를 괴롭히던 사악한 자들에 대한 마지막 심판이 진행된다(20:1-15). 결국 순교자들의 영혼이 울부짖던 모든 신원은 의의 궁극적 승리라는 대단원으로 막을 내린다.

어느 때까지 하시려나이까

화급을 다투는 듯한 순교자의 외침은 가해자들의 영혼을 위하여 용서의 기도를 드리셨던 주님(눅 23:34)과 스데반(행 7:60)을 무색하게 하는 것 같아 보인다. 순교자의 탄원은 정확하게 시편 기자들의 전형적인 '저주 기도' 형식을 따르고 있다(시 6:3, 74:10, 79:5; 80:4). 그러나 다윗이 드렸던 많은 저주 시처럼 순교자들은 자신들의 윤리적인 부족을 드러내는 것이 아니라 하나님의 공의를 호소한다. 캐어드는 순교자의 탄원이 개인적인 원한이 아니라 공적 정의에 대한 절규라 보았으나, 그것보다는 하나님의 공의를 추구하는 마음이다. 오스본이 적절하게 표현했듯이 "이것은 윤리의 최저치가 아니라 신적 공의의 최고치, 성도의 삶에서 하나님의 주권이 중심을 이룸에 대한 최고치를 보여준다." 하나님은 밤낮으로 부르짖는 자기 백성들의 탄원을 지나치지 않으신다. 들으시고 속히 그 원한을 풀어주신다(눅 18:7-8).

"어느 때까지"를 외치며 하나님의 공의를 호소하던 의인의 목소리는 멀리 아벨에까지 거슬러 올라간다. 의인이 보기에는 더디게 보일지라도 한 번 작정된 심판은 반드시 실행된다. 뱀들과 독사의 자식들은 장차 받을 판결을 피하지 못한다. 주님께서 말씀하셨다. "그러므로 의인 아벨의 피로부터 성전과 제단 사이에서 너희가 죽인 바라갸의 아들 사가랴의 피까지 땅 위에서 흘린 의로운 피가 다 너희에게 돌아가리라"(마 23:35). "어느 때까지"에 대한 대답은 '하나님의 정하신 때'까지이다. 이 시간은 결코 '이르지도 늦지도 않은' 가장 완벽한 시간이다.

스가랴의 환상에서 여호와의 사자는 예루살렘을 향한 진노가 끝나고 긍휼의 역사가 이루어지기를 여호와께 간곡히 호소했다. 여호와께서는 그 천사에게 선한 말씀, 위로의 말씀으로 임하셨다(슥 1:12-13). 하나님께서 징계의 막대기로 사용한 열방은 지나치게 이스라엘을 괴롭히고 정복자의 평화를 즐기고 있었다. "어느 때까지 하나님의 백성이 고통을 당해야 하는가?"라는 반문에 하나님은 이스라엘을 과도히 징치한 이방 민족이 누리던 평화를 제하고 심판하실 것을 약속하셨다. 제단 앞에 엎드린 순교자들의 영혼에 대한 하나님의 응답도 마찬가지다. 원수의 세력을 꺾고 그들을 반드시 격렬한 심판으로 응징하실 것이다. 그러나 좀 더 기다려야 한다.

11 동무 종들과 형제들도……그 수가 차기까지 하라

"동무 종"과 "형제들"은 별개의 다른 두 그룹을 지칭하지 않는다.

“동무 종들 곧 형제들”로 이해하여야 한다. 그들은 하나님의 신실한 종들인 동시에 믿음 안에서 한 형제 된 자들이다. 순교자의 숫자는 정해졌다. 지금까지 순교자는 안디바 한 사람만이 언급되었다(2:13). 세례 요한(막 6:14–29)과 요한의 형제 야고보(행 12:1–2)가 복음서와 사도행전에서 거명된 순교자였다. 바울과 베드로도 순교하였고, 교회가 탄생한 이후로 약 100년의 시간을 지나오면서 로마 황제들에 의한 10대 박해를 통해, 폴리캅을 비롯하여 헤아릴 수 없이 많은 순교자가 생겨났다. 그럼에도 불구하고 하나님께서 정하신 순교자의 숫자에는 미치지 못하였다.

순교자의 죽음이 아무리 억울하고 그들이 드리는 탄원이 아무리 가슴 저려도 하나님의 작정하신 뜻을 변경할 수는 없다. 구원받을 의인의 숫자를 정하셨듯이 하나님은 거룩한 순교자의 숫자도 정하셨다. 정해진 의인들의 숫자 사상은 후기의 유대 묵시 문헌에서도 발견된다(에녹전서 37–71장; 제4에스라서). 순교자들에게는 그들을 위한 신원이 더디게 이루어지는 것처럼 느껴질지라도 늦는 것은 아무것도 없다. 모든 것은 하나님의 때에 가장 완전한 형태로 이루어진다. 순교자의 숫자가 채워지기까지 세상의 박해는 계속될 것이며, 거룩한 피는 강물이 되고 바다가 되어서 세상의 중심에서 변방으로 계속 흘러갈 것이다. 이 숫자가 산술상의 개념이 아니라는 주장도 제기되었다. 여하튼 순교자들의 처지에서는 당장 신원이 필요할지 몰라도 하나님 편에서는 아직도 진노의 대접을 퍼붓기는 이르다. 순교자가 흘린 피와 하나님의 참으시는 때가 하나 될 때에 충만한 진노가 남김없이, 아낌없이 쏟아진다. 그때까지 순교자들은 순교 동지들을 맞을 준비를 하면서 기다려야 한다. 서머나의 감독 폴리캅은 자신이 거룩한 순교자의 숫자에 포함됨을 인하여 감사드렸다. 그들은 잠시 쉬어야 한다(14:13).

D. 여섯째 인 : 어린양의 진노(6:12-17)

12–17절에 수록된 장면은 순교자들의 탄원에 대한 직접적인 응답이다. 털 깎는 자 앞에서 잠잠했던 온순한 양이 포효하는 사자로 돌변했다. 양으로 죽으셨다가 사자로 일어나신 그리스도께서 이한 검을 휘두르신다. 하나님의 작정하신 때가 익은 것이다. 순교자들의 호소에 답하시고자 사악한 박해자들에게 진노를 쏟으신다. 종말의 날이 시작되었다. 이때는 세계사에 있어 가장 잔인하고도 혹독한 살육의 시간이 될 것이다. 크리스천 순교자가 많이 일어나 거룩한 숫자를 채워야 하기 때문이다. 이 희생의 피는 하나님의 나라를 앞당기는 촉매 역할을 할 것이다. 세상은 어린양의 진노로 인하여 "진노의 큰 날"에 두려움으로 떨 것이다.

역사주의적 해석에 따르면 이 놀라운 묵시적 징조는 콘스탄티누스 황제의 회심과 연관하여 이교 세력이 기독교에 굴복될 것을 상징한 것이다. 이럴 경우에 지진은 정치적 또는 영적인 혁명에 대한 비유가 된다. 해와 달과 별들은 정부의 고관이나 고위 성직자들을 나타낸다. 반즈는 조금 달리 해석하여 여섯째 인을 376년과 418년 사이에 로마 제국의 북쪽 경계를 침범한 고트족과 반달족으로 말미암은 제국의 재앙으로 보았다. 클라크(Clarke)는 이 부분에 있어 70년의 예루살렘 멸망으로 해석하는 과거주의자의 견해와 전통적인 역사주의적 견해 사이에서 모호한 태도를 보인다.

과거주의자는 여섯째 인을 말라기 선지자와 세례 요한이 예언하고, 바울과 베드로가 자신들의 서신 속에서 밝힌 바로 그 "두렵고 큰 주의 날"로 해석한다. 대자연의 파국적 현상은 나라나 민족의 멸망에 대한 예언적 표현으로 구약에는 풍성하다. 바벨론의 멸망(사 13:10), 애굽의 멸망(겔 32:7–8), 에돔의 멸망(사 34:4) 같은 경우다. 이와 같은 표현은 우리 주님의 종말 강화에서도 뚜렷하다(마 24:29, 34). 그러나 요세푸스의 기록에 의하면 굴과 바위틈에로의 도피(15절)는 상징이 아니라 현실적으로 이루어졌다.

미래주의자는 여섯째 인의 환상을 상징적으로 해석하여 현존하는 정치, 사회, 교회의 질서가 혼란해지고 굳건하였던 권위와 제도가 붕괴되는 것으로 해석했다(Ironside). 마운스는 소위 하늘의 징조들을 상징적인 해석과 함께 문자적인 현상으로서의 재앙으로 받아들였다. 문자적인 해석을 취할지라도 거기에는 상징적 의미가 들어있음을 언급했다. 그는 자세히 국한시키지 않았지만 지진이 언제나 심판을 위한 하나님의 강림과 연관된(출 19:18; 사 2:19; 학 2:6) 사실을 주목했다.

이에 반하여 극단적 세대주의자인 벌링거(Bullinger)는 상징적 해석을 거부하고 모든 묘사를 문자적으로 취한다. 대다수의 학자들은(Ryrie, Walvoord, Morris) 재앙의 대부분을 상징적으로 이해한다. 말세의 징조인 파국적 현상이 간헐적으로 일어나는 것이 아니라 여러 재앙들이 겹쳐서 동시다발적으로 발생함으로 사람들은 여섯 가지의 파국적 현상들로 '진노의 큰 날'임을 깨닫고 대환난이 이미 시작되었음을 알게 될 것이다. 린제이는 여섯째 인을 핵 전쟁과 연관시켰다.

이상주의자들은 여섯째 인을 요한 당시 곧 로마제국 시대에 교회를 박해하던 이들에 대한 하나님의 심판으로 해석한다. 첫째 인부터 다섯째 인까지는 역사 속에 나타났던 사회적이고 정치적인 대격변을 나타내며, '진노의 큰 날'은 그리스도의 영광스러운 재림이 임박했음을 알리는 모든 심판의 최고 절정을 의미한다. 창조와 관련된 땅, 해, 달, 별들, 하늘, 산들, 섬들의 7중적 언급과 인간 계층에 있어 임금들, 왕족들, 장군들, 부자들, 강한 자들, 각 종과 자주자의 7중적인 언급은 이 재앙이 보편적임을 상징한다.

12 내가 보니 여섯째 인을 떼실 때에 큰 지진이 나며 해가 총담같이
검어지고 온 달이 피같이 되며
13 하늘의 별들이 무화과나무가 대풍에 흔들려 선 과실이 떨어지는
것같이 땅에 떨어지며
14 하늘은 종이 축이 말리는 것같이 떠나가고 각 산과 섬이 제자리에
서 옮기우매
15 땅의 임금들과 왕족들과 장군들과 부자들과 강한 자들과 각 종과
자주자가 굴과 산 바위틈에 숨어
16 산과 바위에게 이르되 우리 위에 떨어져 보좌 위에 앉으신 이의
낯에서와 어린양의 진노에서 우리를 가리우라
17 그들의 진노의 큰 날이 이르렀으니 누가 능히 서리요 하더라

12 내가 보니 여섯째 인을 떼실 때에 큰 지진이 나며

제단 아래 엎드린 순교자들은 하나같이 "어느 때까지?" 하며 초조함과 조급한 마음을 토해냈다. 그에 하나님의 답변이 있었고 그 답변을 위한 첫 징조로 만드신 만물의 급격한 변화를 일으키셨다. 많은 이들이 이런 현상이 문자적으로 이루어질지 아니면 단순히 상징적인 것인지에 대하여 지루한 논쟁을 벌였다. 무엇보다 중요한 점은 계시록에

나타난 환상 속의 한 장면에 초점을 맞추지 말고 전체적인 맥락에서 큰 그림을 그려야 한다는 점이다. 문자적이든 상징적이든 그것은 해석자의 몫이다. 하나님께서 의도하신 바는 당시 요한의 독자와 마찬가지로 오늘의 독자가 계시록을 대하면서 어느 한쪽으로 치우쳐서 잘못된 방향으로 나아가기를 원치 않으신다는 사실이다.

캐어드는 지진이 인간 교만의 전복을 상징(사 2:12-19)하고 하늘과 별들의 흔들림이 왕들의 권위 배경에 있는 정사와 권세에 대한 심판을 상징하듯(사 34:2-4), 본 절의 자연 현상 역시 상징적으로 해석해야 한다고 주장하였다. 주님도 궁극적인 우주적인 대파국을 예루살렘의 멸망에 적용시키신 것과 같다(눅 23:28-31). 여섯째 인의 내용을 상징적으로 해석함에 있어서 최대의 난점은 그 내용이 하늘의 대격변(12-14절)만이 아니라 그와 더불어 민족들의 대격변(15-17절)도 문자적으로 이미 묘사되고 있다는 사실이다. 주님도 종말론 강화에서 분명한 지진을 언급하셨으므로(마 24:7; 막 13:8; 눅 21:11) 여섯째 인도 문자적인 언급으로 보는 것이 정당하다. 주님의 말씀마저 상징적으로 취급하는 것은 곤란하다.

본 절에서 큰 지진을 비롯하여 연속적으로 이어지는 자연계의 놀라운 변화가 문자적일 수도 있고 상징적인 의미를 지닐 가능성을 배제해서는 안 된다. 정확하게 어떤 일이 벌어질 것인지는 하나님께 맡기고 우리는 이미 다섯 인이 떼어져 일어난 사건들을 되돌아보아야 한다. 그와 동시에 앞으로 남은 마지막 일곱째 인을 조심스럽게 살펴야만 한다. 역사의 마지막 순간은 아직 이르지 않았지만 종말의 시계는 벌써 작동하고 있음을 유의하면서 여섯째 인으로 인한 우주적 대파국을 음미해야 한다.

일단의 학자들(Charles, Lohmeyer, Krodel)은 요한이 여러 가지 자료들을 첨가하면서 유예시킨 종말의 미래 사건들에 대한 우주적인 통고로 이해한다. 요한은 중첩된 재앙을 일곱 인, 일곱 나팔, 일곱 대접이라는 사이클에 따라 순환적 구조를 이루면서 갈수록 정교하게 다듬는다. 분명히 우리는 역사의 종말이라는 벼랑 끝에 서 있으며 우주적인 대파국 현상은 그리스도의 다시 오심을 통고하고 있다. 하늘이 흔들리고 땅이 꺼지는 천지의 격동 현상은 일곱째 나팔(11:13, 19)과 일곱째 대접(16:18-21)에서도 되풀이된다. 모든 경우에서의 강조점은 심판주로 오시는 하나님의 모습이다. 이것은 6장 전반부와 연관하여서 제단 아래의 영혼들이 부르짖던 탄원에 대한 확고한 응답이 된다.

계시록에서 지진은 모두 일곱 번이 나오는데(6:12, 8:5, 11:13[2], 19, 16:18[2]) 그 중에서 네 번은 '큰'(μέγας / 메가스) 지진이다. 8:8을 제외하고 모든 지진은 폭풍 현현을 동반한다. 지진은 하나님의 강림이나 임재에 수반된 자연계에서의 초자연적인 현상이다. 묵시 문학에서 지진은 전형적인 종말 현상으로 다루어진다. 지진은 원수들을 심판하고 진멸하기 위해 오시는 하나님의 첨병 노릇을 한다(삿 5:4-5; 시 78:7-8; 욜 2:10). 시내 산에서의 현현 시에도 하나님의 거룩하심을 견디지 못한 하늘과 땅이 심하게 떨었다(시 68:8, 77:17-18; 합 3:6, 10). 지진은 여호와의 날에 반드시 일어나는 핵심적 현상이 되었다(욜 2:1-2; 미 1:3-4; 나 1:3-6; 슥 14:4-5).

해가 총담같이 검어지고 달이 피같이 되며

우주의 와해는 종말론적인 심판의 가장 기본적인 현상으로 구약에 자주 등장하고 있다(사 13:10-13, 24:1-6, 17-23, 34:4; 렘 4:23-28; 겔 32:7-8; 호 10:8; 욜 2:2, 10, 30-31, 3:15-16; 암 8:9, 10; 미 3:6; 나 3:12; 합 3:6-11; 습 1:15; 학 2:6). 벌링거는 본 장면과 대응되는 구약의 본문으로 학 2:21-22을 꼽았다. 이는 주님의 종말 강화에서도 선명하게 나타난다(마 24:29; 막 13:25). 12-14절에 묘사된 표현은 단순히 시적, 상징적, 영적 실재의 표현이 아니라 실제적인 우주의 대파국을 나타내는 것이다. "총담"(σάκκος / 삭코스)은 상복에 사용되는 굵은 베(sackcloth)를 의미한다. 염소의 머리털로 만든 거친 코트는 주로 상복으로 입었다.

총담의 개념은 "내가 흑암으로 하늘을 입히며 굵은 베로 덮느니라"(사 50:3)던 하나님의 선언에서 영향을 받았을 수 있다. '상복 이미지'는 17절에 묘사된 '진노의 큰 날'과도 조합이 잘된다. 잃은 것 때문에 세상이 통곡할 때 걸칠 의복으로서는 아주 적절하다. 해는 검어지고 달은 붉게 변한다. 총담과 피는 해와 달의 변색을 가장 적절하게 표현한다. 고대 세계에서 일식과 월식은 종종 불길한 재앙으로 간주되었다. 아이언사이드는 해를 기독교로, 핏빛으로 변한 달을 기독교 국가의 변질로, 떨어지는 별들을 종교 지도자의 타락 또는 배교로 해석하였다.

13 **하늘의 별들이 무화과나무가 대풍에 흔들려……떨어지며**

역사의 종말에 일어날 뚜렷한 묵시적 종말 현상을 묘사한다. 이는 에돔의 최후를 그린 "하늘의 만상이 사라지고 하늘들이 두루마리같이 말리되 그 만상의 쇠잔함이 포도나무 잎이 마름 같고 무화과나무 잎이 마름 같으리라"(사 34:4; 그리고 겔 32:7; 욜 2:10, 3:15 참조)던 말씀을 연상시킨다. 12절에 이어 재앙의 정경을 강화시키기 위해 요한은 다시 이사야 예언의 비유를 활용한다. 이사야는 에돔에 대한 심판을 비유했지만 여기에서는 마지막 심판에 대한 것이다.

주님은 종말 강화에서 재림 시에 일어날 우주의 대격변을 예고하셨다(막 13:24-25). 베드로는 오순절 성령 강림 직후에 행한 대중 설교에서 성령의 강림이 요엘 선지자가 예언하였던 천지개벽의 부분적인 성취임을 분명히 했다(행 2:19-20; 그리고 욜 2:30-31절 참조). 본서에서 별이 떨어진 경우는 앞으로 세 차례나 더 나온다(8:10-11, 9:1, 12:4). "선 과일"은 설익은 실과로서 익어 저절로 떨어지기 전에, 강풍으로 인해 떨어지는 자연 현상으로 별들의 추락을 묘사했다.

자연계의 대격변 현상은 하나님의 현현(theophany)과도 연관되어 있다. 심판은 하나님의 나타나심이 멀지 않았다는 조짐이었다. 하나님의 진노와 강림 사이에 자연계의 격변이 있다(삿 5:5; 시 18:7; 사 54:10; 렘 4:23-26; 겔 26:18; 미 1:4; 합 3:6; 습 2:11; 슥 14:4). 자연계의 격변 현상을 문자적으로 해석해야 함에도 불구하고 요한이 이 부분에서 어느 정도 상징적 의미를 부여했음도 간과할 수 없다. 12-17절의 묘사에도 불구하고 끝은 아직 아니며 사건들이 연이어 생겨난다. 지진, 해와 달과 별들의 흔들림, 산과 섬들의 이동과 같은 징조들은 연대기적이나 역사적인 서술 없이 다가오는 파루시아를 가리킨다.

일곱째 나팔을 불 때에 하나님의 왕국은 도래할 것이지만(11:15-19) 땅에 반영된 하늘의 징조들은 12장에 나타나고(미가엘과 용의 싸움, 용과 여자의 갈등) 연이은 일곱 번째 대접의 재앙(16:17-21)은 여섯 번째 인과 흡사하게 반복하여 진행된다. 그 뒤로 바벨론의 영화와 파멸이 뒤따른다(17–18장). 그리스도의 재림 실현과는 상관없이 세 번이나 반복해서 요한의 독자들은 종말의 벼랑 끝에 선다. 비슬리-머리의 지적이 옳다면 요한은 각기 다른 관점에서 마지막 때를 묘사한 것이다. 이것은 비단 계시록만이 아니라 요한복음에도 특징적인 것으로서 현재와 미래, 일시적인 것과 영원한 것의 긴장이 요한의 사고 속에 녹아 있고 언제나 그것들이 강조하고 의미하는 바는 '마지막'이다.

14 하늘은 종이축이 말리는 것같이 떠나가고

천체의 이변은 전형적인 종말 현상에 속한다(시 102:26; 사 13:3). "떠나가고"(ἀπεχωρίσθη / 아페코리스떼)는 갈라지거나 산산조각이 나는 것을 의미한다. 백위드는 "다른 장소로 옮겨진 것"으로 해석하였고, 아운은 "시야로부터 사라진 것"으로 해석했다. 주님이 세례를 받으실 때 하늘이 갈라졌고(막 1:10), 히브리서 기자는 옷처럼 갈아입을 것으로 말하고(히 1:12), 베드로는 하늘이 큰 소리로 떠나가는 것 같다고 했으나(벧후 3:10) 여기서는 종이가 말려드는 것으로 표현하였다. 두루마리로 만든 책을 펴서 읽다가 한쪽을 놓으면 원래 말려 있던 힘의 작용으로 인하여 잡고 있는 쪽으로 갑자기 감겨버린다.

이사야 선지자도 에돔의 최후를 선포하는 가운데 하늘들이 두루마리처럼 말릴 것으로 묘사하였다(사 34:4). 하늘의 뭇별들이 녹아 없어지고 무수한 별들 역시 포도나무 잎사귀가 떨어지고 무화과나무 열매가 떨어지듯 그렇게 사라져 버릴 것이다. 이사야의 예언은 국지적인 것이었으나 본 절에 서술된 자연계의 격변은 최후의 심판과 연관된 것이다. 요한은 하늘이 사라지는 초유의 사태를 실감 있게 서술하고 있다. 하늘이 갈라지는 특이한 현상은 심판만이 아니라 하나님의 계시와 연관하여 사용된 전형적인 이미지였다(출 19:16-20; 삼하 22:10; 시 18:9; 사 64:1; 겔 1:1; 마 3:16; 막 1:10; 요 1:51; 행 7:56).

15 땅의 임금들과……자주자가 굴과 산 바위 틈에 숨어

임금들, 왕족들(정치), 장군들(군사), 부자들, 강한 자들(사회), 각 종과 자주자(경제)는 '7중'의 언급으로서 높고 낮은 자 할 것 없이 모든 인간들을 의미한다. 요한이 즐겨 사용한 일곱 숫자다. 처음에 등장하는 "땅의 임금들"(οἱ βασιλεῖς τῆς γῆς / 호이 바실레이스 테스 게스)은 로마 황제를 섬기는 분봉왕을 의미한다(1:5, 6:15, 17:2, 18, 18:3, 9, 19:19, 21:24). 황제에게 예속되어 칭신(稱臣)하며 왕의 칭호를 하사받은 일종의 제후급 통치자였다. "땅의 임금들"은 하나님과 그의 신실한 백성들을 대적하는 "세상의 군왕들"(시 2:2)이다. 그들은 얼마 지나지 않아 짐승에게 자신들의 권세를 양도한다(17:12-13).

"왕족들"(οἱ μεγιστᾶνες / 호이 메기스타네스)이란 도시 관료들이거나(Swete) 박해자로서의 총독들이다. 찰스는 파르티아의 왕자들로 보았다. 18:23에는 땅의 '상고들'이 왕족으로 불렸다. "장군들"(οἱ χιλίαρχοι / 호이 킬리아르코이)은 천부장(막 6:21)을 의미하는데, 서열이 높은 장군들로서 로마제국의 정예 병사 600명을 거느리던 주요 지휘관이었다. 모팻은 평민 출신의 호민관이나 6명이 교대로 지휘권을 행사하던 군단(legion)급 사령관으로 보았다. 로마의 1군단 병력이 6,000명이니 최소한 1,000명의 부하를 거느린 로마 군대의 핵심층 장수에 해당한다.

16 보좌에 앉으신 이……어린양의 진노에서

땅의 임금들은 부자들과 강한 자들과 종들과 자주자들과 함께 산과 바위에게 청하여 하나님의 낯과 어린양의 진노의 열기에서 벗어나려 하지만 소용없는 짓이다. 어린양의 진노로부터 피하여 숨을 사람도 없고 피하여 숨을 만한 장소도 없다. 이것은 1:7의 성취이기도 하다. 아구까지 물을 채운 돌 항아리처럼 하나님의 진노로 채워진 심판의 돌 항아리가 한 번 기울어지면 악인들은 피할 길이 없다. '전능하신' 하나님이 심판하시므로 모면할 악인은 전혀 없다. 그들은 심판의 무게를 감당하지도 못한다. 하나님의 능력이 그들을 무릎 꿇게 만든다. 하나님의 권능이 빛을 발하게 되는 날에 자신들의 죄와 악행으로 힘을 키웠던 땅의 유력자들은 무기력해지고 만다.

'진노' 혹은 '분노'로 번역된 '오르게'(ὀργή)와 '뛰모스'(θυμός)는 계시록에 5회(6:17, 11:18, 14:10, 16:19, 19:15)와 10회씩(12:12, 14:8, 10, 19, 15:1, 7, 16:1, 19, 18:3, 19:15) 사용되었다. 상호 전용이 가능한 표현이다. 찰스는 어린양의 평화적 이미지와 '어린양의 진노'는 조화시키기 힘든 묘사라고 보았지만 죽임을 당하신 어린양은 이기사 뿔을 지니신 분이다(5:5). 그리스도는 양일 뿐 아니라 사자이시다. 그 분 안에 내재된 신성과 인성의 신비처럼 성도를 위해 죽으셨으나 원수를 진멸하시는 어린양의 진노하시는 모습은 역설적 신비이다.

17 큰 날

"진노의 큰 날"(ἡ ἡμέρα ἡ μεγάλη τῆς ὀργῆς / 헤 헤메라 헤 메갈레 테스 호르게스)은 '진노의 그 큰, 그날'로 날의 크기가 강조되었다. 크고도 중한 '심판의 한 날'을 가리킨다(욜 2:11, 30-31; 사 2:11-11, 19-21, 13:9-13, 34:4, 8; 겔 32:7-8; 호 10:8; 습 1:14; 유 1:6). 진노가

지 겹쳤으니 그 심판의 엄중함을 상상하기가 매우 어렵다(사 22:5; 습 1:15). 어느 누구도 심판을 제대로 직면할 수가 없다. 요한은 이 극적인 상황을 "누가 능히 서리요?"(τίς δύναται σταθῆναι / 티스 뒤나타이 스타떼나이)라는 반문으로 표현한다. 이는 아무도 설 수 없음을 강조하는 말이다(욜 2:11; 나 1:6; 말 3:2).

하나님을 끝없이 반역하고 회개를 거부하던 자들에 대해 쏟아 붓는 진노는 보좌에 앉으신 분에게서 나오는데 우주적이고 전 지구적으로 임하는 재앙이다. 사람들은 여섯째 인을 뗄 때에 나타난 만물의 대격변에서 이 사실을 새삼 인식한다(6:12-14). "이르렀으니"(ἦλθεν / 엘뗀)는 단순과거 직설법으로서 진노가 이전에 임했으며 새롭게 일어나는 것이 아님을 가리킨다. 진노의 결과는 이미 인구 4분의 1의 멸절(6:7-8), 세계적인 기근(6:5-6), 전 지구적인 전쟁(6:3-4)의 현실을 통해 감지된다. 이 모든 일들의 연속적인 돌발은 누구나 인식할 정도이며 여섯째 인의 심각한 현상에서 절정에 이른다.

성경에는 보다 넓은 의미에서 '주의 날'을 적대자들에게 쏟아지는 '하나님의 진노'로 묘사한다(사 3:16-24, 13:9-11; 렘 30:7; 겔 38-39장; 암 5:18, 19; 습 1:14-18). 신약에서는 '여호와의 날'을 암시하는 언급들이 많다(고전 1:8, 5:5; 빌 1:6, 10, 2:16; 살전 5:2; 벧후 3:10). 진노의 격심함을 인해 인류가 당하는 고통은 해산한 여자의 아픔에 자주 비교되었다(사 13:8, 26:17-19, 66:7-9; 렘 30:6-8; 미 4:9, 10; 마 24:8; 살전 5:3). 이렇게 점증하는 인류의 고통은 그리스도의 재림으로 인하여 극점에 이를 것이며 마지막 심판을 통하여 혼란의 시간이 종결될 것이다.

그에 앞서 아마겟돈 전쟁(16:16, 19:11-21)과 대환난의 사건들은 주의 날로부터 분리시킬 수 없는 부분이다. 이것으로 주의 날이 모두 끝나는 것은 아니다. 그리스도의 재림 이후에 새롭게 된 세상은 형언할 수 없는 축복과 풍요를 경험하게 된다(사 30:23-25, 35:1-10; 욜 3:18; 슥 14:6-11). 이처럼 주의 날에는 어둡고 밝은 면이 공존한다. 주의 날은 다니엘의 칠십 주와 그리스도의 재림과 그리스도의 통치 모두를 포함한다. 역사의 종말과 그것에 수반된 하나님의 진노가 가시화되고 점차 확대되어 갈 때에 누가 감히 견딜 수 있겠는가? '전능자'(9회 언급됨) 하나님은 정복왕으로서 모든 적대자들의 무릎을 꿇게 하실 것이다. 진노의 심판이 부어질 때 아무도 견뎌나지 못할 것이다.

심판은 성경에서 상당히 중요한 주제 중의 하나이다. 이 심판은 현재적임(롬 1:18)과 동시에 종말론적이다(계 19:15).

하나님의 심판은 인간의 반역과 거역, 불순종과 교만 등 온갖 행악들에 대한 최종적 다스림이시다. 이방들의 분노에 대한 주님의 진노이시다(11:18). 막 3:5의 노하심을 제외하고는 '어린양'이 진노하신 적은 한 번도 없다. 이날은 곧 전능하신 하나님의 큰 날이기도 하다(16:14). 공중의 모든 새들이 왕들과 장군들과 장사들과 말들과 그 탄 자들과 자유자들과 종들의 고기를 마음껏 뜯어먹을 '하나님의 큰 잔치'이다(19:17-18).

3. 첫째 막간 : 구원의 환상(7:1-17)

첫째 인으로 시작된 일곱 인의 재앙이 여섯째 인까지 연속적으로 떼어지고 난 후에 일곱째 인을 떼기까지(8:1), 바로 그 사이에 막간이 자리 잡고 있다. 이는 구원에 관련된 환상으로서 144,000과 흰 옷을 입은 무수한 무리들의 광경으로 되어 있다. 하나는 분명한 숫자를 밝히고 다른 하나는 정확한 숫자로 나타내지 않았다. 이전의 재앙과는 엄연히 구분되는 축복의 모습이다. 이 환상은 이전의 여섯 인과는 성격이 전혀 다르다. 첫 장면은 이스라엘 중에서 인 맞은 자의 숫자요, 둘째는 이방인 가운데서 구속받아 어린양에게 속한 자들이다. 이 구별된 두 무리는 구속받은 하나님의 백성이라는 측면에서 하나를 이룬다. 주님께서 십자가의 죽으심으로 성소의 휘장을 찢으신 것처럼 교회 안에서 이미 선민과 이방인의 구별은 사라졌다.

7장은 땅과 하늘이 교차되면서 환상의 장면이 매우 빠른 속도로 바뀐다. 네 천사가 땅의 네 모퉁이에서 바람을 붙들고 통제하는 모습이 땅에서 전개된다. 다른 천사가 하나님의 인을 다 치기까지 네 천사에게 아무것도 해하지 못하도록 전갈하는 장면이 하늘에서 전개된다. 열두 지파 중에 인 맞은 자 144,000이 확보되는 일이 땅에서 일어난다. 수를 능히 셀 수 없는 큰 무리가 찬양하고 보좌 주위에 있던 모든 천사가 경배하며 화답한다. 장로 중 하나가 큰 무리의 정체성에 대한 정보를 알려주는 일이 하늘에서 일어난다. 전반부에 해당하는 1-8절에는 '땅-하늘-땅'의 배열로 일어난 중요한 사건들이 묘사되었다. 그리고 후반부에 해당하는 9-17절에서는 '큰 무리가 보좌와 어린양' 앞에 서서 구원의 찬가를 외친다(9-10절). 보좌 주위에 있던 모든 천사가 엎드려 경배하며 아멘으로 시작해서 아멘으로 매듭짓는 송축의 화답을 외친다(11-12절). 장로 중의 하나와 요한 사이에 큰 무리에 관한 문답이 있고(13-14절) 장로의 해설과 함께 그들이 누리는 보좌 주위의 삶을 정리한다(15-17절).

A. 144,000(7:1-8)

7장은 두 무리에 대한 환상으로 이루어져 있다. 각 나라와 족속과 백성과 방언 중에서 나온 두 번째 무리인 셀 수가 없는 백의의 무리(7:9-17)와는 다르게 첫 번째는 열두 지파 중에서 각각 12,000씩 모두 144,000이 천사를 통하여 하나님의 인을 맞는다. 7:1-8의 내용은 인침의 과정을 설명함으로써 신자들이 6장에 열거된 첫 네 인의 재앙을 견딜 수 있도록 하기 위함이다. 그리고 끝까지 견딘 자에 대한 하늘의 보상은 7:9-17에 나타나 있다. 만일 "온 세상에 임하여 땅에 거하는 자들을 시험할 때 시험을 면하게 하리라"(3:10)는 약속이 세대주의자들의 견해처럼 휴거라면, 인침의 대상은 이방인 신자를 제외한 모든 회심한 유대인들이 된다. 그러나 이방인 신자들도 대환난을 통과해야 한다는 주장을 받아들인다면 이 인침의 대상에 이방인 신자들까지 포함시켜야 한다.

144,000(1-8절)과 무수한 무리들(9-17절)을 어떻게 해석하느냐 하는 문제는 쉬운 일이 아니다. 이스라엘 열두 지파의 인침이 상징적인 것인지, 아니면 문자적인 것인지를 비롯하여 두 무리가 동일한 집단에 대한 다른 묘사인지, 아니면 구별되는 그룹인지에 대해서도 의견이 분분하다. 14절에 언급된 "큰 환난"이 의미하는 바는 무엇인지도 논쟁의 핵심에 속한다. 큰 환난에서 나온 자들이 9절에 언급된 무리와 동일한지, 그리고 그들이 순교자들을 의미하는지에 대해서도 견해차가 많다. 미래주의적 관점에서는 두 그룹을 두 개의 시점에서 바라본 교회에 대한 언급이라 본다. 나팔 심판 이전에 마지막 세대의 신자 그룹이 인침을 받아 임박한 파멸의 재앙에서 벗어나와 하늘 왕국으로 안전하게 옮겨진다. 불가피한 순교자도 있지만 하나님은 자기 백성을 심판의 재앙으로부터 안전히 보호하신다. 두 번째 환상(9-17절)에서는 모든 신자들이 누리게 될 영원한 축복이 시작된다. 인침은 하나님의 보호를 나타내는 강력한 상징이다.

7:14에는 시험의 면제와 다르게 "큰 환난에서 나오는 자들"이란 표현이 나오는데, 이는 신자들(구속을 받아 어린양의 피에 그 옷을 씻어 희게 된 자들)이 대환난을 통과해야 함을 시사한다. 중요한 것은 휴거인가 통과인가가 아니다. 신실한 성도들을 다루시는 하나님의 손길이다. 신학적 입장과 해석적 차이에도 불구하고 인침의 역사가 보여주는 것은 하나님의 철저한 보호하심이다. 또 한 가지 문제, 즉 본 장에서의 인침이 설령 유대인의 구원과 연관이 있다 할지라도 하나님의 인을 맞은 열두 지파의 이름이 구약의 목록과 비교할 때 차이가 있으므로 이들이 이스라엘 열두 지파를 실제적으로 대표한다고 결론 내리기는 쉽지 않다. 영혼과 육체를 온전히 보호받는 휴거가 아니라 대환난을 통과하는 자들에게 인침의 의미는 과연 무엇일까? 신비로운 보호의 기적일까? 아니면 육신의 고난은 피할 수 없고 순교에 직면하게 되어도 영혼을 보존하심일까? 성경은 영혼의 보호와 함께 성도가 이 세상에서 엄청난 고난에 처하게 될 것임을 자주 언급한다(롬 5:3-5, 8:12-39; 고전 4:8-13; 살전 1:4-7; 히 12:4-11; 약 1:2-4; 벧전 1:6-7, 3:13-4:19). 하나님의 은혜로운 임재는 성도가 극심한 환난 가운데 있을 때 더욱더 확실하다. 1-8절의 인침이 주는 메시지는 성도가 여섯째 인과 같은 재앙(6:12-17)에 처하거나, 설혹 6장 이후 16장까지 계속되는 심판 상황에 직면한다 할지라도 두려워할 이유가 없는 것은, 그들이 하나님께 사랑받는 백성으로서 인침을 받았다는 사실에 있다. 어린양이 인을 떼시면서 악한 자들에게 심판의 인이 찍히는 동안 하나님은 구원받은 자기 백성에게 영원한 보호의 인을 치신다.

7장의 전반부에 속하는 1-8절은 6장에서 열거된 네 인의 환난을 잘 견딜 수 있도록 어떻게 신자들에게 인침의 역사가 일어나는지를 설명한다. 그리고 후반부에 속하는 9-17절은 잘 견딘 자들이 어떤 보상을 받게 되는지를 밝혀준다.

6:9-11에는 그들에게 부과된 고난의 짐을 잘 지고, 제 몫의 십자가를 잘 지고, 달려갈 길을 다 달리고, 성공적으로 믿음을 지킨 이들이 하늘 처소에 들어갔음을 묘사하였다. 역시 7:9-17에도 만국 가운데 큰 무리가 큰 환난을 지나서 하나님의 보좌가 있는 천상계에 입성하여 누리게 될 영광과 축복을 묘사하고 있다. 그리고 6:9-11에서 소개된 주제를 약간 확대시켜 악의 온상인 세상이 잘못 내린 평결에 대하여 하나님께서 언제, 어떻게 신원하시는지를 다룬다.

성도의 인침은 성도를 박해하는 땅의 거주자들을 시험하게 될 환난의 때에 그리스도께서 어떻게 보호하실 것인지를 알려주시는 사건이다(Lohmeyer, Rissi). 대환난에 대해서는 이미 다니엘을 통하여 그리고 본서에서도 간혹 언급된 주제이며(단 12:1, 3:10, 6:10, 7:14), 주님의 종말론 강화에서도 단호한 어조 속에서 다루어졌다(마 24:21-22; 막 13:19-20; 눅 21:22, 35). 마지막 심판과 보상에 앞서 7장은 하나의 삽입구로서 이 주제들을 아주 밀도 있게 연관시킨다. 그럼에도 불구하고 7장은 미래적인 관점을 내포한다. 특히 15-17절의 내용이 그러하다.

이런 관점에서 7장은 6장 마지막 절에서 내걸었던 질문, "그들의 진노의 큰 날이 이르렀으니 누가 능히 서리요?"에 대한 아주 명쾌한 답변이 된다. 마지막 심판의 진노를 극복하고 하나님 앞에 능히 설 자를 요한은 7:9 이하의 진술에서 분명히 설명하고 있다. 6:1-17에 기술된 여섯 인의 재앙으로 인하여, 이미 세상에 마지막 심판이 박두했음을 알린다. 그렇지만 궁극적인 멸절을 이루시기 전에 하나님께서 하실 일이 남아 있다. 대재앙으로부터 자기 백성을 보호하기 위하여 인침의 역사를 마무리하는 일이다. 7장의 장면에서 요한이 의도하는 바는 연대기적인 사건들의 진술이 아니라 책 전체를 흐르고 있는 뚜렷한 주제이다. 불의와 악을 제압하고 하나님의 의와 진리가 승리하는 것이다. 그리스도께 붙은 자의 승리와 보상이다.

열두 지파에 대해서도 원본에 해당하는 야곱의 열두 아들과 예언서에서의 언급 간에는 서로 차이를 보인다. 원래의 족보에서 빠진 이름이 있고 추가된 이름이 있으며 순서도 다르다. 에스겔 48장과 계시록 7장의 내용을 창세기의 족보와 비교하면 그 차이를 알 수 있다. 육적 장자 르우벤이 에스겔서에는 들어갔는데 계시록에는 빠졌다. 레위는 계시록에 들어갔고 에스겔서에서 빠졌다. 단이 에스겔서에는 들어갔는데 계시록에는 빠졌다. 요셉은 계시록에 들어갔는데 에스겔서에서 빠졌다. 므낫세와 에브라임은 창세기의 원본과 계시록에는 들어가지 않았으나 에스겔서에는 둘 다 들어갔다. 이것을 도표로 정리하면 다음과 같다.

계 7장	창 49장	겔 48장
유다	르우벤	단
르우벤	시므온	아셀
갓	레위	납달리
아셀	유다	므낫세
납달리	스불론	에브라임
므낫세	잇사갈	르우벤
시므온	단	유다
레위	갓	베냐민
잇사갈	아셀	시므온
스불론	납달리	잇사갈
요셉	요셉	스불론
베냐민	베냐민	갓

1 이 일 후에 내가 네 천사가 땅 네 모퉁이에 선 것을 보니 땅의
사방의 바람을 붙잡아 바람으로 하여금 땅에나 바다에나 각종 나
무에 불지 못하게 하더라
2 또 보매 다른 천사가 살아 계신 하나님의 인을 가지고 해 돋는
데로부터 올라와서 땅과 바다를 해롭게 할 권세를 얻은 네 천사를
향하여 큰 소리로 외쳐
3 가로되 우리가 우리 하나님의 종들의 이마에 인치기까지 땅이나
바다나 나무나 해하지 말라 하더라
4 내가 인 맞은 자의 수를 들으니 이스라엘 자손의 각 지파 중에서
인 맞은 자들이 십사만 사천이니
5 유다 지파 중에 인 맞은 자가 일만 이천이요 르우벤 지파 중에
일만 이천이요 갓 지파 중에 일만 이천이요
6 아셀 지파 중에 일만 이천이요 납달리 지파 중에 일만 이천이요
므낫세 지파 중에 일만 이천이요
7 시므온 지파 중에 일만 이천이요 레위 지파 중에 일만 이천이요
잇사갈 지파 중에 일만 이천이요
8 스불론 지파 중에 일만 이천이요 요셉 지파 중에 일만 이천이요
베냐민 지파 중에 인 맞은 자가 일만 이천이라

1 이 일 후에 내가 보니

"이 일 후에 내가 보니"(Μετὰ τοῦτο εἶδον / 메타 투토 에이돈)는 요한의 환상이 새로운 국면에 돌입했음을 보여주는 전형적 표현이다.

이는 7:1-8의 사건이 6장에 연대기적 결과로서 계속되는 것이라기보다 6장의 환상이 끝나고 새로운 환상이 시작됨을 의미한다. 요한은 6장 말미에 기록한 것처럼 엄청난 재앙의 실상에 마음이 무거웠을 것이다. 땅에 거하는 자들로 인한 박해를 견디며 분투하고 있을 자신의 독자들을 생각하면, 요한이 환상을 통하여 겪는 고통이나 기쁨도 그만큼 점증될 수밖에 없는 것이다. 그런 그에게 새로운 환상이 위로와 환희의 상태로 그를 이끌었다. 악의 세력들은 무서운 재앙을 두려워하여 숨어서 차라리 죽기를 바라지만 성도들은 하나님이 치신 장막에서 만족함을 누린다.

일곱째 인을 떼시기 전에 가공할 셋째 화로부터, 자신의 총애하는 성도들을 보호하시려는 하나님의 배려가 돋보인다.

요한은 독자들을 땅의 장면으로 이끈다. 7장은 두 부분으로 구성되었다. 전반부는 이스라엘 자손 중의 인 맞은 자 십사만 사천 인에 관한 내용이요(1-8절), 후반부는 무수한 백의의 무리에 관한 내용이다(9-17절). 십사만 사천 인의 인침 장면(1-8절)에서는 세 개의 움직임이 눈에 띈다. 첫째는 네 천사가 땅의 사방에서 바람을 잡고 있는 모습이다(1절). 둘째는 하나님의 인을 가진 다른 천사가 동편에서 태양처럼 솟아올라 네 천사를 향하여 인치기까지 땅과 바다와 나무를 해하지 말 것을 외친다(2-3절). 셋째는 열두 지파 중에서 인 맞은 자 십사만 사천 인에 관해 요한은 듣지만 보지는 못한다. 그리고 인침은 시작되었지만 그 과정은 전혀 묘사되지 않았다. 후반부의 장면은 하늘로부터 시작한다. 무수한 백의의 무리가 보좌 앞에 서서 찬양하고 무수한 천사들이 이에 화답한다(9-12절). 무수한 백의의 무리를 장로 중의 하나가 설명하고 하늘의 성전이 보인다(13-15절). 후반부의 장면에서 초점이 되는 이는 역시 보좌에 앉으신 이와 어린양이시다.

네 천사가

그들은 땅의 바람을 잡은 천사들이다. 동서남북 사방의 바람을 잡아 자연계에 하나님의 뜻을 실행하는 천사들이다. 계시록에는 불을 맡은 천사(14:18)와 물을 맡은 천사(16:15)도 언급되었다. 땅의 사방의 바람을 잡은 네 천사는 땅의 숫자인 '4'와 연관이 되어 있다. 모리스는 네 말을 "하늘의 네 바람"으로 묘사한 슥 6:1-5의 표현에 주목하면서 계 7:1의 네 바람을 6장에 나타난 네 말에 대한 언급으로 보았다. 하늘의 네 바람에 대한 언급은 이외의 예언서에도 간혹 나타난다(겔 37:8; 단 7:2; 슥 2:6). 땅의 바람을 관장한 네 천사는 바람을 붙잡아서 땅과 바다와 각종 나무에 불지 못하도록 한다. 바람을 놓으면 그 바람은 땅과 바다와 각종 나무에 심각한 해를 입히게 된다. 그들은 정한 시기까지 제어를 당한다. 네 천사는 이 일을 수행하고 난 이후 더 이상 나타나지 않는다.

땅의 네 모퉁이란 표현이 지구를 편평한 사각형으로 이해하고 있던 고대 세계인들의 한정된 묘사이기는 하지만 '사방'과 함께 이 표현은 온 세계를 가리키는 것으로 부족함이 없다. 넷은 일곱과 함께 본서에서 핵심적인 숫자로서 그 기능을 다하고 있다. 일곱이란 숫자도 넷과 셋이 더해진 것이며 12의 숫자는 넷에다 셋을 곱한 것이다. 셋이 하늘에 속한 것을 의미하듯이 넷은 항상 지상에 속한 것을 의미한다. 유대인들은 바람이 북-남이나 동-서로 불면 도움이 되지만 서로가 뒤섞여 불면 해로운 것으로 여겼다(Charles, Mounce). 본 절의 "네 바람"의 배경은 슥 6:5의 "네 바람"일 가능성이 크다. 이런 근거를 바탕으로 본 절의 네 바람을 6장에 나타난 네 말 탄 자와 동일시하였다(Morris, Johnson, Farrer, Caird, Beasley-Murray, Beale).

2 다른 천사가

"다른 천사"(ἄλλον ἄγγελον / 알론 앙겔론)는 네 천사들을 향해 명령을 전하고 하나님의 인을 지니고 있는 점으로 보아서 그들보다 직급이 높은 천사인 것이 틀림없다. "다른"(ἄλλος / 알로스)은 같은 종류에서의 다름을 뜻한다. 그러므로 사방의 바람을 잡은 천사들을 악한 천사로 볼 수는 없다. 그들이 악한 천사라면 하나님의 인침 사역을 관장할 다른 천사도 한 천사여야 한다.

다른 천사의 명령은 땅 네 모퉁이에 섰던 천사들에게 바람을 붙잡도록 한 이유가 드러난다. 하나님의 인을 치기까지는 땅과 바다와 각종 나무에 해를 입히지 않기 위해서다. 다른 천사는 인침을 인하여 동원된 천사들과 더불어 144,000에게 하나님의 인을 새긴다. 네 천사는 그 사역이 끝나기까지 세상의 모든 광풍을 붙잡아 매어둔다. 모두가 하나님의 명령을 수행한다.

하나님이 그들에게 명령을 내리셨고 순종하며 수행할 수 있는 능력을 주셨다. 백마의 기수도 면류관을 받았다(ἐδόθη / 에도떼, 6:2). 붉은 말의 기수도 지상에서 화평을 제하는 권세를 받고(ἐδόθη / 에도떼, 6:4) 큰 칼의 권세를 받았다(ἐδόθη / 에도떼, 6:4). 검은 말의 기수도 기근을 상징하는 저울의 권세를 받았다(ἔχων / 에콘, 6:5). 청황색 말의 기수도 땅 사분 일의 권세를 받았다(ἐδόθη / 에도떼, 6:8). 땅 네 모퉁이에 선 천사들도 땅과 바다를 해할 권세를 받았다(ἐδόθη / 에도떼, 7:2). 다른 천사 역시 하나님의 인을 치는 권세를 받았다(ἔχοντα / 에콘타, 7:3).

하나님이 이 모든 권세를 주신다.

살아 계신 하나님의 인

살아 계신 하나님의 인을 맞은 자만이, 영원한 생명에 참여할 것이다. 하나님의 인은 세상의 악을 인해 탄식하며 우는 긍휼의 사람에게 표시된다(겔 9:4). 구약의 롯이 그 전형적인 인물이다. "무법한 자의 음란한 행실을 인하여 고통하는 의로운 롯을 건지셨으니 이 의인이 저희 중에 거하여 날마다 저 불법한 행실을 보고 들음으로 그 의로운 심령을 상하니라"(벧후 2:7-8). 휴거든 통과든 경건한 자를 시험에서 건지시는 것은 주님의 긍휼이다. 불의한 자는 형벌 아래 버려두어서 심판 날까지 지키시는 것이 주님의 의로우심이다(벧후 2:9).

"인"(σφραγίς / 스프라기스)이란 보호를 뜻한다. 9:4에 근거하면 인이 지닌 보호의 기능을 잘 알 수 있다.

하나님은 에녹을 그렇게 영원히 보호하셨고 노아와 그의 식구들을 그렇게 온전히 보호하셨다. 에녹에게는 승천이, 노아와 그의 식구들에게는 방주가 인침이었다. "인"(σφραγίς / 스프라기스)은 보증과 소유권(딤후 2:19)을 뜻한다. 구속함을 받은 주님의 백성들은 모두 "그 이마"(ἐπὶ τῶν μετώπων αὐτῶν / 에피 톤 메토폰 아우톤)에다 "어린양의 이름과 하나님의 이름"(τὸ ὄνομα αὐτοῦ καὶ τὸ ὄνομα τοῦ πατρὸς αὐτοῦ / 토 오노마 아우투 카이 토 오노마 투 파트로스 아우투)이 새겨진 인을 품고 있다(14:1, 22:4). 이 사람들만이 아버지와 아들에 대한 참 계시를 소유한다(눅 17:22). 이것은 '이긴 자'에게 주어지는 보상으로 "흰 돌 위에 새겨진 이름"(2:17)이다. 인침 받은 자는 그리스도의 보배롭고 존귀하신 이름을 굳게 지킨다(2:13). 이것이 주님의 대제사장적 중보기도에서 계시하신 이름의 축복이다.

주님은 아버지께서 자신에게 주신 사람들에게만 아버지의 이름을 계시하셨다(요 17:6). 주님은 생전에 자기 사람들을 아버지의 거룩하신 이름으로 지키셨다(요 17:12). 주님은 자신에게 속한 자에게 아버지의 이름을 계시하셨고 계시하시며 온전한 구속이 이루어질 때까지 끊임없이 계시하실 것이다. 인침이 없으면 구속도 없다. 어린양과 하나님의 이름이 그 이마에 표시된 자들만이 하늘에 기록될 것이다(눅 17:20). 살아 계신 하나님의 인은 멸망 받을 적그리스도의 인(13:16)과 극명한 대조를 이룬다. 짐승의 표는 보호의 기능이 없어 적그리스도의 인을 받은 자들은 누구든지 하나님이 예비하신 불과 유황의 고통을 당한다(14:9-11). 짐승이나 적그리스도는 생명적 존재가 아니라 사망적 존재다. 우리에게 인친 이만이 '살아 계신'(ζῶντος / 존토스) 하나님이시다.

속격의 사용은 살아 계신 하나님이 모든 생명의 원천이심을 밝힌다. 하나님과 그리스도는 "산 자"(1:18)요 "세세토록 사시는 이"(4:9-10, 10:6, 15:7)시다. 성도는 살아 계신 하나님으로부터 이 풍성한 생명을 받아 누리며 장차 영원한 생명 안으로 들어가게 될 것이다(2:7, 10-11, 3:5, 11:11, 20:4, 6, 21:6, 27, 22:12, 14, 17). 자기 백성들 가운데 거하여 가나안의 원주민을 쫓아내고 그들로 하여금 약속의 유업을 얻게 하신 분은 살아 계신 하나님이셨다(수 3:10). 앗수르 왕의 교만을 부끄럽게 만드신 이스라엘의 구원자도 바로 살아 계신 하나님이셨다(왕하 19:4, 16). 살아 계시기에 참 하나님이요 영원한 왕이시며(렘 10:10) 살아 계시기에 생수의 근원이 되신다(렘 17:13).

3 우리 하나님의 종들

하나님은 개체 신자의 하나님이실 뿐 아니라 구속함 받은 공동체의 하나님이시다. '하나님의 종들'(τοὺς δούλους τοῦ θεοῦ / 투스 둘루스 투 떼우)은 "하나님께 속한 종들"이란 뜻이다. 특별한 사역을 위해 부름 받은 종들이 아니라 신실한 모든 성도들을 의미한다. 천사들은 구속함 받을 성도들과 자신들을 동일시함으로 천사들이나 성도들이 다 같이 하나님의 종임을 보여준다. 그래서 천사는 동료 종의 경배를 거부하였다(19:10, 22:9). 살아 계신 하나님께 속했으므로 소유됨의 표시로 인을 치는 것이다. 생명의 하나님께 대한 믿음을 죽음의 환경에서도 지켰으므로 영원한 생명의 보증으로 인을 치는 것이다. 4절 이하에서 인침 받은 이들이 이스라엘의 열두 지파이므로 문자적으로 "우리 하나님의 종들"은 유대인에게만 국한된다.

바울은 이방인 신자들로 구성된 교회를 "하나님의 이스라엘"(τὸν Ἰσραὴλ τοῦ θεοῦ / 톤 이스라엘 투 떼우)이라 불렀다(갈 6:16). 야고보 사도는 이방 땅 여러 곳에 퍼져서 살던 크리스천들을 포괄적으로 한데 묶어서 "흩어져 있는 열두 지파"(ταῖς δώδεκα φυλαῖς ταῖς ἐν τῇ διασπορᾷ / 타이스 도데카 퓔라이스 타이스 엔 테 디아스포라)라 불렀다(약 1:1). 이면적 유대인인 크리스천이야말로 참 유대인이요(롬 2:28-29), 하나님의 선택한 백성이며(벧전 1:1), 왕 같은 제사장이다(벧전 2:9). 이런 이름으로 불린 크리스천들은 나중 영광의 나라에 들어갈 때에도 이스라엘 열두 지파의 이름이 새겨진 열두 문을 통해 들어갈 것이다(21:2, 12).

4 이스라엘 자손의 각 지파 중에서……십사만 사천이니

이를 문자적으로 해석해서 유대인 신자로 이해하는 이들도 있고 영적 이스라엘로서의 모든 믿는 신자를 의미한다고 주장하는 이들도 있다. 14:1의 144,000에 비추어 보면 이들은 승리한 성도들의 무리다. 7:9-17에 나오는 무수한 백의의 무리가 이방인 가운데 구속함 받은 하나님의 백성이라면 여기에서의 144,000을 유대인 신자로 해석하여도 무방하다. 144,000을 구원받은 모든 성도들로 상징할 것이라면 구태여 표현을 달리하여 반복적으로 그 사실을 서술할 필요가 없을 것이다.

물론 144,000이라는 숫자 자체는 실제 숫자라기보다는 상징적이다. 많고 많음을 상징한다. 구원받을 숫자가 많을 것임을 보여주는 표현이다. 비얼이 144,000에 대하여 간략히 정리한 내용에다 다른 자료들을 첨가하여 재정리하면 다음과 같다. 크게는 유대 크리스천이라는 배타적 접근(①②③)과 이방인까지 포함한 포괄적 접근(④⑤)의 관점에서 해석상의 차이를 보인다. 그리고 144,000명이 실제적인 숫자인지(①③), 아니면 상징적인 숫자인지(②④⑤)에 대한 차이도 해석의 방향을 가른다.

① 이것을 문자적으로 취하여 십사만 사천을 이스라엘의 "남은 자"(ὑπόλειμμα / 휘포레임마)로 해석한다. 미래주의적 해석의 입장에서는 4:1-22:5을 그리스도의 재림 직전에 일어날 대환난에 관한 것으로 이해하기에 이 해석을 견지한다. 자연히 7:4-8의 인침도 대환난 기간 동안에 회심하여 하나님의 보호를 받게 될 유대인 크리스천에 대한 언급으로 본다. 그들은 이스라엘 중에서 신실함으로 남은 자에 속한다. 야고보가 자신의 편지 서두에서 "흩어져 있는 열두 지파"라 하였을 때, 그것은 분명히 유대 그리스도인들을 의미하였다. 롬 11:7의 "택하심을 입은 자들"이 예수의 그리스도 되심을 믿은 자들이라면

그들은 재앙의 시대에 그리스도께 대한 믿음을 고백함으로써 원 둥치의 밑동이 다시 살아난 것에 비유할 수 있다.

② 7:3-8의 내용을 롬 11:24-26과 연관시켜 그리스도의 재림 시에 모든 이스라엘이 구원받을 것으로 본다. 로마서 11장에 대해 미래주의적 입장을 취하는 대부분의 학자들은 11:26의 "온 이스라엘"을 "남은 자"(계 7:3-8)가 아니라 모든 이스라엘 내지 그때에 살아 있을 대다수의 이스라엘인으로 본다. 물론 144,000을 상징적 숫자로 받아들인다. 이는 바울이 로마서 9-11장에서 다루었던 주제, 곧 모든 유대인이 복음을 거절함으로 진정한 이스라엘이 아니지만 하나님의 섭리로 종말의 때에 유대인들의 개종과 그로 말미암아 구원이 이루어질 것이라는 종말론적 희망과도 모순이 되지 않는다.

③ 1세기경에 살고 있던 유대인들 중에서 복음을 받아들인 크리스천의 남은 자로 본다. 이들은 70년의 예루살렘 멸망으로 남은 자가 되었다. 초대 교회에서 극심한 박해에도 불구하고 복음이 융성한 기운을 발산할 때에 유대인들 중에서 믿는 자의 수가 수만 명에 달하였다(행 21:20). 자안의 설명에 따르면 요한이 본서를 집필할 당시의 유대인 출신 신자들의 숫자는 거의 144,000명에 가까웠으리라 추정할 수 있다.

④ 비얼 자신이 지지한 이 견해는 계시록의 다른 숫자들과 마찬가지로 144,000을 상징적으로 해석한다. 곧 하나님의 구원받을 모든 백성으로 이해한다. 12라는 숫자를 사용한 것은 '완전'의 상징적인 의미를 더욱 강화시켜 하나님의 구원이 '충분하고 완전함'을 강조하기 위함이다(12×12×1,000 혹은 12,000×12,000 혹은 12×12×10×10×10). 열

두 지파에 열두 지파를 곱하든지 열두 지파에 열두 사도를 곱하든지 구속함 받은 백성의 완전을 강조하기 위함이다. 하늘의 숫자 '3'과 땅의 숫자 '4'를 곱하면 영적인 완전수 '12'가 되고 더해도 완전 수 '7'이 되는데, 여기에 지상의 완전수 '10'을 세 번씩 곱하면 144,000이 된다. 모두 '완전'의 의미를 보여준다. 열두 지파와 열두 사도는 하나님의 도성에서 상징적 구조의 일부를 이루고 있다(계 21:9-10, 21:12-22:5). 또한 성경에서 아주 많은 숫자를 나타내고자 할 때는 '1,000'이란 표현을 사용하였다(출 20:6; 민 10:36; 신 7:9; 삼상 18:7; 시 84:10; 단 7:10). 144,000은 당시의 사람들에게는 인간이 인식할 수 있는 범위를 훨씬 초월한 불가측의 상태를 상징하는 표현이다.

⑤ 거룩한 전쟁을 위해 예비된 군대로서 구속함 받은 모든 이들에 대한 상징적인 숫자이다. 보컴(Bauckham)은 계 7:4-8의 숫자가 군대 계수임을 다음의 몇 가지 근거를 들어 주장했다. 첫째, 구약에서 인구조사는 항상 군대의 능력에 대한 척도가 되었다(민 1:3, 18, 20, 26:2, 4; 대상 27:23; 삼하 24:1-9). 계 7:4-8의 반복된 "지파 중에"(ἐκ φυλῆς / 에크 퓔레스)라는 표현은 민 1:21, 23에 나오는 '지파의'(ἐκ τῆς φυλῆς / 에크 테스 퓔레스)라는 표현과 거의 동일하다. 둘째, 구약에서 군대에 징집된 자들은 모두가 남자였다. 계 14:1-4에 나타난 144,000은 모두 정절이 있는 남자였다. 셋째, 민수기 1장의 군대 계수는 임박한 메시아의 전쟁에서 약속의 땅을 되찾을 것이라는 인식을 쿰란 공동체에 남겼다. 넷째, 종말의 때가 이르면 열 지파가 돌아와 하나님의 원수를 멸하는 마지막 전쟁에서 결정적인 역할을 할 것이라는 기대감이 넘쳐났다. 열방을 향하여 세운 기호인 "이새의 뿌리에서 난 한 싹"(11:10-14)은 계 5:5의 "유대 지파의 사자 다윗의 뿌리"에 대한 암시이다. 유다에서 나올 이스라엘의 목자는(미 5:2)

그 양떼를 목양할 것이며(미 5:4), 이스라엘의 지파들(미 5:3)과 양의 남은 자 또한 사자의 남은 자가 될 것이다(미 5:7-8).

한 가지 고려할 중요한 문제가 있다. 7:1-8의 인침이 6:9-11에 언급된 순교자들의 탄원에 대한 하나님의 명확한 답변이라면, 144,000명은 기독교 순교자들의 숫자로 해석되어야 한다는 점이다. 이럴 경우 각 지파에 따라 기계적으로 정확히 12,000명씩의 순교자가 생긴다고 보기보다는 열두 지파에 의해 대표되는 전체 교회의 순교자로 이해하는 것이 바람직하다. 제단 아래에 엎드린 순교자들이 숫자를 채울 동무들이 충족되기 전까지는 기다려야 하였다.

144,000(12×12×1,000)이란 숫자 자체가 '완전'을 의미하는 동시에 그렇게 한정된 숫자가 실제적인 수이든 상징적인 수이든지 채워진 어떤 숫자임에는 틀림없다. 한쪽에서는 하나님의 심판으로부터 보호받고, 다른 한쪽에서는 땅에 거하는 자들로부터 죽임을 당한다. 인침의 보호와 순교의 죽음이 과연 동시에 일어날 수 있는 일일까? 성도들은 하나님의 진노로부터는 보호받지만 짐승의 진노로부터는 보호받지 못한다. 일곱 인, 일곱 나팔, 일곱 대접의 재앙에서는 벗어나지만 땅에 거하는 자들의 박해에서는 자유롭지 못하다.

주님이 제자들에게 주신 말씀이 이 문제에 빛을 비춰줄 수가 있다. "몸은 죽여도 영혼은 능히 죽이지 못하는 자들을 두려워하지 말고 오직 몸과 영혼을 능히 지옥에 멸하시는 자를 두려워하라"(마 10:28). 이 시점에서 요한은 자신의 독자들에게 하나님의 초자연적인 보호라는 당근으로 그들을 무작정 위로하려고만 들지 않는다. 박해의 현실은 엄정하고 처참하기 짝이 없다. 계시와 환상의 순간이 끝나면 성도들은 다시 이전의 박해 상황이라는 현실에 놓여진다. 지금 이 순간도 하늘과 땅에서 어떤 일이 벌어지고 있는지 자신의 독자들이 제대로 직시하기를 바란다. 하나님은 가장 치명적인 영혼에 있어서는 철저한 보호를 하시지만 세상의 지독한 박해는 허락하신다. 영혼 구원의 확신으로 이 상황을 견디고 믿음의 싸움을 부단히 싸워나가야 한다.

이러한 취지의 가르침은 성경에 흘러넘친다(롬 5:3-5, 8:12-39, 고전 4:8-13; 살전 1:4-7; 히 12:4-11; 약 1:2-4; 벧전 1:6-7; 3:13-4:19). 하나님의 부재를 느낄 수밖에 없는 절체절명의 순간에 하나님의 실제적인 사랑의 임재는 더더욱 충만하다. 성도는 어떤 크기의 박해나 환난의 정도를 두려워할 이유가 없다. 12-17절에 묘사된 사건들을 비롯하여 6-16장에 묘사된 심판의 재앙으로 인한 여파들을 무서워할 필요가 없는 것은 자신들이 하나님께 속한 언약의 백성이기 때문이다. 승리하신 그리스도가 그들 곁에 계시다. 어린양이 그들의 진정한 목자이다. 어린양은 땅에 거하는 자들에게 내릴 심판의 '인'을 떼시는 동안에 하나님은 자기 백성들을 구원하실 '인'을 치신다.

5-8 **유다 지파 중에 인 맞은 자가 일만 이천이요**

유다 지파를 시발점으로 하여 열두 지파에서 각각 일만 이천씩 하여 모두 144,000명이 인을 맞는다. 길게 나열된 열두 지파와 일만 이천이 반복적으로 표현되었다. 그동안 학자들 간에 열두 지파의 언급에 대한 토론이 활발하게 진행되어 왔다. 문자적이 아니라 상징적으로 보아야 한다는 전제하에 이스라엘 열두 지파를 통하여 세상에 실현하실 하나님의 정부라는 해석도 주어졌고, 하나님의 선택된 백성들을 집합적으로 묘사한 것이라는 해석도 주어졌다. 결국은 열두 지파가 이스라엘인가 아니면 교회인가 하는 문제인데, 이에 대한 해석은 7:1-8에 나타난 그룹이 7:9-17에 나온 아무라도 능히 셀 수 없는 큰 무리와 같은지 다른지의 여부에 달려 있다. 해석상 간격은 깊고 방향도 완전히 정반대이다.

열두 지파를 유대인 신자로 보는 측과 두 그룹이 연합된 교회로서 한 그룹으로 보는 측으로 첨예하게 나뉜다. 이들을 유대인 신자로 보는 입장(Walvoord, Pentecost, Thomas, Seiss)에서는 "이스라엘 자손의 각 지파 중에서"란 구절에다 시선을 둔다. 신구약에서 이스라엘은 늘 유대 백성을 의미하였다는 설명이다. 이에 "각 지파"라는 표현을 교회에 대한 상징으로 적용하기 어려움을 지적한다. 영적인 의미의 새 이스라엘로 적용하여 해석하면 문자적인 의미를 무시하는 처사라는 반박도 잊지 않는다. 토마스는 이스라엘을 교회에 적용시키는 풍토는 서기 160년대에 이르러서야 가능했다며, 왈부어드와 함께 유대인 신자에 국한시키는 해석의 선봉에 섰다.

그러나 4-8절을 제외하고는 본서에서 이방인과 구별된 유대 신자에 대한 언급이 전혀 없다. 21:12-14에는 새 예루살렘의 문과 기초석에 열두 지파와 열두 사도의 이름이 기록되었다. 그것이 구약 성도와 신약 성도를 대표하는 상징임은 자연스런 해석이다. 계시록 전체에서 풍기는 분위기는 언제나 그룹, 이긴 자의 그룹, 땅에 거하는 자들과 대칭을 이루는 하나님의 백성으로 나타난다. 2-3장에 나타난 교회의 구성원은 이방인 신자를 주로 하고 유대인 신자가 섞인 공동체였다. 신약에서는 새 이스라엘 또는 참 이스라엘로서의 교회에 관한 암시들이 적지 않다(롬 2:29; 갈 3:29; 빌 3:3; 벧전 2:9). 열두 지파의 언급은 하나님께 신실한 자들을 보호하시는 인치심이 완전한 성취임을 강조하는 것이다.

이스라엘 열두 지파는 야곱이 두 아내와 두 여종에게서 낳은 열두 아들들이다. 그들에 관한 기사는 구약성경에 모두 열아홉 번 나오고 있다(창 35:22-26, 46:8-25, 49:3-27; 출 1:2-5; 민 1:5-15, 2:3-31, 13:4-15, 26:4-51, 34:19-28; 신 27:12-13, 33:6-25; 수 13:7-22:34; 삿 5:12-18; 대상 2:1-8:40, 12:24-37, 27:16-22; 겔 48:1-7, 23-28, 31-34). 기록 순서도 다르고 삽입되거나 누락된 이름들 간에도 차이를 보인다. 계 7:5-8에 언급된 열두 지파 역시 구약에 언급된 경우들과 다르다. 이스라엘을 문자적으로 취하기 어려운 이유는 순수한 의미에서의 이스라엘이 1세기경에는 이미 존재하지 않았다는 엄연한 사실에 근거를 둔다.

14장에서는 '구속받은 전체로서의 숫자'를 십사만 사천으로 표현하는데, 여기에서의 십사만 사천 인을 이스라엘인에게만 국한시키는 것은 일관적인 해석을 불가능하게 만들며, 9절과 14절의 무수한 백의의 무리와 연결 짓는 문제에도 결정적인 어려움을 제공한다. 십사만 사천 인을 교회로 간주하는 배경에는 교회의 자아 인식에 있다. 구속사의 과정에서 스스로를 영적인 이스라엘이라 여긴 확신이 자신들을 스스럼없이 이스라엘의 적법한 계승자로 여기게끔 하였다. 신약에는 그런 인식이 도처에 깔려 있다(마 10:5-6, 19:28; 눅 1:68-79; 요 1:47; 5:43-47; 행 26:14-23; 로마서 9-11장; 약 1:1; 벧전 2:9-10).

이런 사실도 열두 지파의 인침이 육적 이스라엘에 관한 것이 아니라 영적 이스라엘에 관한 것임을 시사한다. 순수한 열두 지파라면 적어도 므낫세 대신에 중요한 단 지파가 빠질 이유가 없다. 이에 관하여서는 사본을 번역하던 과정에서 생긴 우발적 사고라거나, 단 지파에서 적그리스도가 나올 것이라 여기던 유대 전통과 초기 교회의 분위기 때문이라거나, 야곱이 유언할 때 그를 뱀에 비유했기 때문이라는 설명은 흡족하지 않다. 이러한 모든 정황들을 고려할 때 7장에 나타난 두 그룹은 둘이 아니라 하나로서 연합된 교회를 가리킨다.

아운은 4-8절의 그룹과 9-17절의 그룹을 완전하게 다른 별개로 취급한다. 근거는 본문의 내용에서 얼마든지 추정할 수 있다. 첫 그룹이 숫자가 밝혀졌음에 비해 둘째 그룹은 수를 헤아릴 수가 없다. 첫 그룹은 이스라엘 열두 지파로부터 나왔는데, 둘째 그룹은 각 나라와 족속과 백성과 방언으로부터 나왔다. 첫 그룹은 땅에 있으나 둘째 그룹은 하늘에 있다. 첫 그룹은 임박한 환난으로부터의 보호가 필요하지만 둘째 그룹은 큰 환난에서 이미 벗어났다. 이런 차이는 실제보다도 더 실제적이다.

스몰리는 7장의 두 그룹이 묘사는 달라도 둘 다 완전한 크리스천 공동체를 나타낸다고 보았다(Beckwith, Hughes, Hendriksen). 그는 144,000이 결코 비얼이 주장하는 것처럼 이스라엘 중에서 신실함으로 남은 크리스천도 아니요 마운스와 아운의 주장처럼 마지막 때에 땅에서 보호받는 마지막 시대의 신자도 아니라고 보았다. 또는 키들의 해석처럼 효과적인 증거를 마치기까지 특별한 보호를 받는 순교자 그룹도 아니라고 보았다. 스몰리의 이런 비평은 그들의 해석이 너무나 배타적이라는 이유에서 주어졌다. 그러면서도 거룩한 전쟁을 위해 예비된 군대로서의 구속함 받은 모든 자들에 대한 상징으로 간파한 보컴을 지지하였다. 이유는 아운이나 마운스나 키들과는 달리 포괄적인 해석을 가하였기 때문이다.

B. 무수한 백의(白衣)의 무리(7:9-17)

이들이 대환난을 통과한 자들이든지 아니면 이미 휴거한 자들이든지 간에 그 숫자는 실로 엄청나다. 창세 이후로 각 나라와 족속과 백성과 방언을 총망라한 하나님의 구속된 백성들이다. 144,000이 상징적임에도 불구하고 한정적인 숫자를 제시했음에 비할 때, 여기에서는 아예 "능히 셀 수 없는"(ὄχλος πολύς, ὅν ἀριθμῆσαι / 오클로스 폴뤼스, 혼 아리뜨메사이)이란 표현으로 그 숫자가 앞의 경우보다 훨씬 능가함을 내비치고 있다. 144,000은 순교자(Caird, Harrington, Bauckham)이거나 유대 크리스천(Aune, Prigent, Mounce, Charles, Beasley-Murray, Lohmeyer)이며, 무수한 백의의 무리는 모든 신자(Gundry, Glasson, Thomas, Walvoord, Kraft)로 보는 해석이 대세이다. 또는 이 두 그룹이 다른 관점에서 바라보았을 뿐 같은 그룹이라는 주장도 있다(Beale, Beasely-Murray, Sweet, Aune, Giesen, Lohse, Metzger, Beckwith, Chilton, Roloff).

이것은 7:1-8에 언급된 지파들을 순수하게 문자적으로 적용하여 환난의 때에 그리스도에게로 돌아온 유대인으로 보느냐, 아니면 새로운 이스라엘로서 모든 교회를 상징한 것으로 보느냐에 따라 해석의 방향이 달라진다. 문자적으로 취하여서 그들을 유대인으로 보기에는 어려운 점이 있다. 열 지파는 이미 앗수르 제국의 강제 이주와 이민족들의 혼혈 정책으로 인하여 이지러지고 말았다. 요한 당시에는 대다수의 열두 지파가 현실적으로는 더 이상 존재하지 않았다. 그러므로 유대인들만의 인침으로 보기 어렵고 본문의 전체적인 분위기도 전체 교회를 내포한다. 7:3에 나온 "하나님의 종들"처럼 6:11에는 "동무 종들"이란 표현이 나온다. 이런 이유를 고려한 가장 바람직한 해석은 그들을 심판 직후의 마지막 지복의 상태에서 하나님 앞에 영광스럽게 구속함 받은 모든 백성이라는 관점이다. 마운스나 오스본의 견해처럼 7:1-8의 인침 받은 144,000은 7:9-17의 무수한 큰 무리에 포함되어 그들은 모든 시대에 걸쳐 구원받은 전체 교회의 신자를 이룬다.

그들은 유대인, 이방인 할 것 없이 각 족속과 방언과 백성과 나라에서 나온 자들이다(5:9, 13:7, 17:15). 그들을 굳이 순교자들로 간주할 이유가 없다. 순교자들은 그들이 지닌 하나님의 말씀과 자신들의 증거로 인하여 죽임을 당한 영혼들이며(6:9), 예수의 증거와 하나님의 말씀을 인하여 목 베임을 받은 자의 영혼들이다(20:4). 이에 비하여 이곳의 무수한 무리들은 큰 환난에서 나오는 자들로 어린양의 피에 그 옷을 씻은 자들이다(7:14). 그들은 주님이 친히 피로 사서(5:9), 죄로부터 해방시키신(1:9) 하나님의 성도들이다. 병행 구절인 14:1-5과 15:2-4에서도 그들은 순교자들이 아니라 땅에서 구속함을 얻은 자들이며(14:2) 짐승의 수를 이기고 벗어난 자들이다(15:2).

오스본은 7장을 6:9 이하까지 확대시켜 순서적인 측면에서 내용을 관찰하면서 세 개의 구별된 장면이 있음을 설명했다. 첫째, 대환난 전에 성도들이 인을 맞는다(1-8절). 둘째, 대환난 중에 그리스도께 붙어 있어 순교한 자들을 하나님께서 인 치신다(6:9-11). 셋째, 전쟁에서 승리한 성도들이 하늘에 있다. 성도들이 승리자로 천상에 체재할 때 지상에는 한창 대환난이 진행 중이라 보는 이(Thomas)가 있고 천년 왕국중이라는 이(Krodel)도 있다. 7:1-8의 묘사를 지상에서의 전투하는 교회, 9-17절을 싸움을 끝내고 승리한 천상의 교회로 이해한 이(Boring)도 있다.

1-8절의 144,000에 대하여서는 해석의 논란이 많으나 9-17절의 무수한 백의의 무리에 대하여서는 상대적으로 해석의 방향은 순조로운 편이다. 본문 자체가 그들의 정체성에 대해 시원하게 밝혀준다. 그것도 요한 자신이 아니라 장로들 중의 하나가 묻고 대답하는 형식을 통해 요한에게 알려준다.

그들은 "큰 환난에서 나오는 자들로서 어린양의 피에 그 옷을 씻어 희게 한 자들"이다. 어린양이 이끄는 대로 따라가는 이들은 온전히 주님께 착 달라붙은 자들로서 온전한 크리스천의 무리이다. 그들은 주님에게 속한 자들로서 메시아 왕국에서 기업을 함께 누릴 자들이며 믿음 안에서 아브라함의 아들이 되어 아브라함의 복을 함께 받은 자들이다(갈 3:7, 9). 이 약속과 약속의 성취는 성경에서 수없이 반복되고 강조되는 주제다(출 32:13; 신 10:22; 왕상 3:8; 느 9:23; 사 10:22; 롬 9:27; 히 11:12).

이들 무리는 '순교자들'만을 지칭하는 것(Caird, Kiddle)이 아니며 종말의 때에 '마지막 세대의 크리스천'을 의미하는 것(Aune, Mounce)도 아니다. 사도 요한은 자신의 독자들을 격려하며 신앙의 싸움에서 당당히 이겨 남은 자로 천상의 구원받은 무리에 속하기를 간절하게 염원한다. 그것은 지금 당하는 박해만이 아니라 미래의 더 크고 무시무시한 환난이 있을 때도 마찬가지다. 죽임을 당하고 다시 살아나신 그리스도를 신실하게 따르는 자는 주님을 본받아 가장 극심한 어려움도 능히 극복하고 이긴 자가 될 것이다. 천상에서 주님이 이끄시는 대로 따라가는 무리들은 지금 현세에서의 갖가지 어려움에도 불구하고 주님께 붙어서 떨어지지 않는 성도들의 모습이다. 지금 싸우는 교회의 지체인 성도들은 영원의 관점에서 이미 승리한 교회의 지체이다.

9 이 일 후에 내가 보니 각 나라와 족속과 백성과 방언에서 아무라도
능히 셀 수 없는 큰 무리가 흰 옷을 입고 손에 종려 가지를 들고
보좌 앞과 어린양 앞에 서서
10 큰 소리로 외쳐 가로되 구원하심이 보좌에 앉으신 우리 하나님과
어린양에게 있도다 하니
11 모든 천사가 보좌와 장로들과 네 생물의 주위에 섰다가 보좌 앞에
엎드려 얼굴을 대고 하나님께 경배하여
12 가로되 아멘 찬송과 영광과 지혜와 감사와 존귀와 능력과 힘이
우리 하나님께 세세토록 있을지로다 아멘 하더라
13 장로 중에 하나가 응답하여 내게 이르되 이 흰 옷 입은 자들이
누구며 또 어디서 왔느뇨
14 내가 가로되 내 주여 당신이 알리이다 하니 그가 나더러 이르되
이는 큰 환난에서 나오는 자들인데 어린양의 피에 그 옷을 씻어
희게 하였느니라
15 그러므로 그들이 하나님의 보좌 앞에 있고 또 그의 성전에서 밤낮
하나님을 섬기매 보좌에 앉으신 이가 그들 위에 장막을 치시리니
16 저희가 다시 주리지도 아니하며 목마르지도 아니하고 해나 아무
뜨거운 기운에 상하지 아니할지니
17 이는 보좌 가운데 계신 어린양이 저희의 목자가 되사 생명수 샘으
로 인도하시고 하나님께서 저희 눈에서 모든 눈물을 씻어 주실
것임이러라

9 종려가지

흰 옷과 함께 종려가지는 승리를 상징한다. 주님이 예루살렘으로 승리의 입성을 할 당시 군중들이 종려나무 가지를 흔든 모습을 연상시킨다(요 12:13). 이들은 주님의 보혈로 값을 치르고 사서 하나님께 바친 바로 그 무리들이다(5:9). 두 무리가 같음은 둘 다 어린양과 관련이 되었다는 점이다(5:9과 12절에는 "일찍 죽임을 당하신 어린양"으로 7:9-10에는 "보좌 앞의 어린양"으로 되어 있다). 종려나무 가지가 축제일에 즐거움의 상징으로 사용된 것은 구약뿐만이 아니라 마카비 왕조 시대에도 마찬가지였다. 예루살렘이 시리아 군대로부터 탈환되었을 때 병사들은 종려나무 가지를 흔들며 환호하였다. 그래서 일부 학자들(Kraft, Aune, Beale, Sweet, Chilton)은 이 장면이 전통적으로 수확과 애굽에서의 해방을 축하하던 장막절(레 23:40-43; 느 8:15; 마카비후서 10:7)을 암시하는 것이라고 보았다. 여하튼 이곳에서의 흰 옷과 종려나무 가지는 승리를 상징한다.

아무라도 능히 셀 수 없는 큰 무리

"아무라도 능히 셀 수 없는 큰 무리"(ὄχλος πολύς, ὅν ἀριθμῆσαι αὐτὸν οὐδείς / 오클로스 폴뤼스, 혼 아리뜨메사이 아우톤 우데이스)는 하나님이 아브라함과 야곱에게 후손의 번성을 약속하신 역사적 사실을 상기시킨다(창 13:16, 15:5, 22:17, 26:4, 32:12, 16:10; 호 1:10). 이 약속은 이스라엘이 애굽에서 종살이를 한 지 430년에 이르러서야 실현되기 시작하여(출 1:7; 신 1:10, 10:22) 솔로몬 통치하에서 절정을 이루었다(왕상 3:8). 그렇다면 9절의 이 무리는 믿음으로 그의 후손된 모든 크리스천들에게 있어 아브라함의 약속이 실현된 것과 마찬가지다. 약속의 성취자로서 "어린양이신 그리스도"는 아브라함의 유일한 씨앗이요(갈 3:6), 약속 성취의 수혜자로서 "셀 수 없는 큰 무리"는 믿음으로 그리스도 안에서 하나님의 아들이 되어(갈 3:26) 약속의 유업을 이을 아브라함의 자손이 되었다(갈 3:29).

본 절의 '무수한 백의의 무리'는 최후의 승리를 통하여 구원에 이르게 된 모든 성도들을 대표한다(Alford, Lenski, Hailey). 문제는 14절의 큰 환난에서 나오는 자들과 어떤 관련이 있는가 하는 질문이다. 특정한 그룹을 지칭한 이 무리를 뭉뚱그려서 해석하는 것은 본문의 내용을 무시한 것이라고 왈부어드는 비판하였다. 이들을 이스라엘 자손의 인 맞은 자 144,000(7:4-8)과 동일시하는 입장(Beckwith, Johnson, Beasley-Murray)도 있지만 둘을 같은 그룹으로 보기는 어렵다. 이스라엘 자손의 인 맞은 자의 숫자는 십사만 사천 인으로 한정되었고 본 절의 그룹은 능히 셀 수 없는 무리로서 극히 대조적이다. 이것은 마치 하나와 무한을 동일하게 여기는 것과 같은 처사이다.

전자는 배타적으로 유대인들에게만 국한되고 후자는 그렇지가 않다. 전자는 진노의 시기를 직면하게 되지만 후자는 벗어났다. 그래서 일부 주석가들은 이들이 순교를 통하여 흰 옷을 입은 자들이라 해석한다. 본문은 명확하게 표현하고 있지 않지만 그들의 죽음이 대환난과 연관이 있으며, 엄청난 박해의 시기에 순교를 당한 것을 암시한다고 여긴다(Johnson, Ladd). 흰 옷을 입은 무리에 대하여 이곳을 제외하고는 성경 어디에도 없다는 설명이다(Smith). 궁극적으로 모든 성도들 역시 흰 옷을 입게 되겠지만, 순교하지 않은 성도들은 최후의 심판이 끝날 때까지 기다려야 한다는 주장이다(Charles).

그러나 백위드와 모리스는 어린양의 피에 그 옷을 씻은 자는 순교자만이 아니라며 반박하였다. 요한은 순교자의 경우에는 "죽임을 당한 영혼들"(6:9)이라든지 "하나님의 말씀을 인하여 목 베임을 받은 자의 영혼들"(20:4)처럼 분명하게 서술한다(Beckwith). 순교자들은 자신들이 흘린 순교의 피로 그 옷을 깨끗하게 하는 것이 아니라 순교하지 않은 성도들과 마찬가지로 오직 어린양이 흘리신 보혈로만 그 옷을 씻어서 깨끗하게 한다. 무수한 백의의 무리 속에는 순교자들도 당연히 포함되어 있다. 토마스는 이 모든 해석상의 어려움을 중재하는 입장에서, 그들이 자연사를 했건 폭력적인 죽임을 당했건 간에, 여섯 인의 재앙들을 겪고 대환난을 거친 이방인과 유대인 신자의 무리라 보았다. 지상에서 인침 받은 십사만 사천 인이 동시에 하늘에서 보이는 것이라는 뜻이다.

10 큰 소리로 외쳐

제단 아래 엎드려 무죄한 피의 신원을 위해 탄원했던 순교자들의 "큰 소리"(φωνῇ μεγάλῃ / 포네 메갈레)에 섞여서 셀 수 없는 큰 무리가 역시나 "큰 소리로"(φωνῇ μεγάλῃ / 포네 메갈레) 외친다. "외쳐"(κράζουσιν / 크라주신)는 현재형으로서 쉼 없이 이어지는 소리를 의미한다. 그들은 계속해서 구원의 위대성을 "큰 소리"(6:10, 7:2, 10:3, 19:17)로 찬양한다. 잠깐의 중단도 없이 이어지고 목소리도 가라앉지 않는다. 그것은 구원을 위한 절규가 아니라 구원자이신 하나님과 어린양을 찬양하는 영광의 함성이다. 제단 앞에 엎드린 순교자들의 영혼은 큰 소리로 공의를 위한 탄원을 올렸었는데, 여기에서는 하나님의 공의가 실현되었음을 찬양한다.

구원하심이……우리 하나님과 어린양에게 있도다

구원의 창안자로서의 성부 하나님과 구원의 집행자이신 성자 하나님은 성도들로부터 능하신 구원자로서 영광을 받기에 합당하다. 이는 성도의 구원이 완성됨을 기쁨으로 찬양하는 것이다(12:10, 19:1). 성도의 구원이야말로 찬양에 있어서 으뜸가는 주제가 아닐 수 없다. 그들은 구원하시는 권세가 하나님에게서 비롯되었으며, 그의 아들이 이루신 구속 사역으로 말미암아 고귀한 구원이 성취되었음을 안다. 웨이마우스는 이를 "우리는 우리 하나님과……어린양에게 구원의 빚을 졌다"고 번역하였다. 성도들의 믿음을 꺾으려 하던 흉악한 원수의 세력을 극복함으로 이긴 자의 반열에 들게 된 성도들은 하나님이 자신들에게 이길 힘을 주신 사실을 알고 있다(12:11). 캐어드와 보컴은 여기에서의 '구원'이 시 3:8에 관련되었음을 지적하였다. '해방'의 의미가 강하다(시 38:22, 42:11, 43:5; 욘 2:9). 구원(σωτηρία / 소테리아)은 헬라어로 '해방'과 '승리'를 의미한다. 그들의 승리는 그들 자신에게 속한 것이 아니라 구원의 원천이신 하나님께 속한 것이다(12:10, 19:1).

11 모든 천사가 경배하여

땅의 사방 바람을 잡은 네 천사와 다른 천사와 힘센 천사와 하늘의 모든 천군천사들이 하나님과 어린양에게 경배를 드린다. 찬양을 드린다. 경배와 찬양은 천사의 영원한 직무다. 네 생물(4:8, 5:9–10)과 24장로들(4:11, 5:9–10)과 만물(5:13)의 찬양을 받으신 하나님이 이제는 구속함 받은 모든 성도들(10절)과 모든 천사들의 찬양을 받으신다(12절, 그러나 5:12에서는 천천이요 만만의 천사들이 '하나님'이 아니라 '어린양'을 찬양하였음).

천사들이 구속함 받은 무리들의 뒤를 이어 하나님께 경배를 드림은 성도의 구원이 그들에게는 진정한 기쁨이 되었기 때문이다(눅 15:10). 네 생물 주위에 서 있던 영광의 자리에서 만만이요 천천의 천사들이(계 5:11) 엎드려 얼굴을 대고 가장 겸비한 자세로 높으신 하나님께 예배를 드린다. 창조 당시에 품으셨던 하나님의 구속의지가 궁극적으로 실현되는 바로 그 순간을 바라본 수많은 천사들은 7중의 영광송을 전능하신 하나님께 바친다. 그것은 승리의 소리요 즐거움의 소리다.

14 큰 환난

"큰 환난"(τῆς θλίψεως τῆς μεγάλης / 테스 뜰립세오스 테스 메갈레스)이란 지금까지 일어났던 다른 어떤 환난들과 비교할 수 없는 구별되는 대환난이다. 규모에 있어 크고 강도에 있어 세고 대상에 있어 넓다. 그리스도의 지상 재림 직전에 온 세상에 임할 대재앙이다. 정관사와 함께 사용된 "큰 환난"은 세상의 종말이 이르기 직전에 있을 전체로서의 화를 의미한다.

이는 "장차 온 세상에 임하여 땅에 거하는 자들을 시험하는 때"(3:10), "창세 이후로 없었던 환난"(마 24:21, θλῖψις μεγάλη / 뜰립시스 메갈레)이다. 다니엘이 예언했던 "개국 이래로 그때까지 없었던 환난"(단 12:1)이며, 예루살렘 멸망(70년)으로 그 참혹한 그림자를 비춰주었던 환난이다.

역사상 전무후무할 이 환난(막 13:19)은 창세 이후로 가장 큰 환난이 될 것(마 24:21)임을 주님께서도 미리 말씀하셨다. 사도 바울은 이 환난이 매우 임박한 것이라 보았다(고전 7:26). 계시록에 현저한 요한의 종말론은 선형적인 것이 아니라 원환적이라 할 만큼 생동적이다. 요한은 현재의 시점에서 미래의 종말을 읽으며 영원의 관점에서 역사를 이해한다. 현재의 박해를 견디면서 성도들은 미래의 큰 환난으로부터 벗어난다. 그들은 영원의 조감도에서 이미 이긴 자가 되어 그리스도와 함께 보좌에 앉힌 바 되었다. 큰 환난은 미래의 확실성일 뿐만 아니라 현실 속에서의 실제상황이다. 그것은 박해, 기근, 투옥, 구타, 소외, 관계 단절, 결국 최종적으로 죽음의 형태로 확연히 드러난다. 환난이나 박해는 크리스천의 길이다(요 16:33; 행 14:22; 롬 5:3; 딤후 3:12).

어린양의 피로 그 옷을 씻어

성도의 의는 그리스도께서 이룩하신 십자가와 부활로 말미암는다. 십자가의 죽으심으로 인간의 죄를 처리하신 주님은 부활하심으로 말미암아 하나님의 의를 이루셨다. 이 놀라운 의는 믿음으로 인해 순간적으로 우리 안에서 영원히 단번에 이루어지는 영적 변화다. 우리의 의를 실제적으로 가능케 한 주님의 사역도 우리의 믿음도 전적으로 하나님의 은혜이다. 성도는 하나님의 의로 만들어진 의의 세마포를 입고 있다. 각자에게는 단 한 벌의 옷이 있을 뿐이다. 갈아입을 옷이 없다. 우리의 죄 까닭에 그리스도께서 다시 죽고 사는 일은 불가능하다. 다시 말해서 우리가 하나님의 의를 입고 난 이후에 범죄한다면 더러워진 그 옷을 씻을 뿐이다. 그리스도의 보혈로만 깨끗이 씻긴다. 이것이 성도의 회개이다.

히브리서 기자는 짐승의 희생을 통한 정결 예식에 근거하여 그리스도의 죽음이 가져온 진정한 정결의 능력을 강변하였다. "염소와 황소의 피와 및 암송아지의 재로 부정한 자에게 뿌려 그 육체를 정결케 하여 거룩하게 하거든 하물며 영원하신 성령으로 말미암아 흠 없는 자기를 하나님께 드린 그리스도의 피가 어찌 너희 양심으로 죽은 행실에서 깨끗하게 하고 살아 계신 하나님을 섬기게 못하겠느뇨"(히 9:13-14).

큰 환난에서 나온 자들, 곧 어린양의 피에 그 옷을 씻어 희게 한 자에 대한 언급은 구약에 광범위하게 퍼져 있는 사상이다(출 29:10-21, 24:48; 레 8:30). 이는 하나님의 현존 앞에 거하기 위해 자신들을 성결케 해야 했던 이스라엘 백성을 상기시킨다(출 19:10, 14).

15 **하나님의 보좌 앞에 있고**

누가 능히 하나님의 보좌 앞에 있을 수 있겠는가! 물로 씻어 말씀으로 깨끗하여 거룩함을 이루고 티나 주름 잡힌 것이 없이 거룩하고 흠이 없어야 한다(엡 5:25-27). 믿음으로 은혜의 보좌 앞에 나아가기를 주저하지 않은 믿음의 사람이다(히 4:16). 죄에 속한 사람은 진노에 대한 두려움 때문에 보좌에 앉으신 이의 낯으로부터 얼굴을 가렸지만(6:16-17), 의에 속한 성도는 두려움을 이긴 사랑 때문에 보좌에 앉으신 이의 지근지지(至近之地)에 있다. 그들은 보좌 앞으로 담대하게 나아가 전능하신 하나님을 섬길 특권을 누린다.

그의 성전에서 밤낮 하나님을 섬기며

하늘에 있는 하나님의 성전과 제단은 본서에 자주 등장한다(11:19, 14:15, 17, 15:5, 6, 8, 16:1, 17). 성전에서 주야로 하나님을 섬김은 제사장의 직분이며 특권이었다. 이 거룩한 직분과 특권이 구속함 받은 성도들에게 주어졌다. 아무런 장애나 시험도 없이 하나님과 동행하는 삶을 누리게 된다.

하나님께서 친히 장막을 치신 "그의 성전 안에"(ἐν τῷ ναῷ αὐτοῦ / 엔 토 나오 아우투) 있는 큰 무리는 이스라엘의 회복에 대한 예언을 잘 반영하고 있다. "내가 그들과 화평의 언약을 세워서 영원한 언약이 되게 하고 또 그들을 견고하고 번성케 하며 내 성소를 그 가운데 세워서 영원히 이르게 하리니 내 처소가 그들의 가운데 있을 것이며 나는 그들의 하나님이 되고 그들은 내 백성이 되리라 내 성소가 영원토록 그들의 가운데 있으리니 열국이 나를 이스라엘을 거룩하게 하는 여호와인 줄 알리라 하셨다 하라"(겔 37:26-28). 본 절에서의 '섬김'은 현재형으로서 그들의 제사장적 직무가 계속됨을 뜻한다. 이 천상의 섬김은 이스라엘의 제사제도에서 모형으로 따라 제정되었던 것으로서(히 8:5) 원형에 해당한다.

16 다시 주리지도 아니하며 목마르지도 아니하고

일곱 교회를 비롯한 초기 기독교는 극심한 박해의 환경에서 고초를 겪고 있었다. 빈곤으로 표시되는 모든 경제적 압박은 그들의 생활 전체를 마비시키고 파괴시키는 고통이었다. 이제 그 모든 악몽 같은 경험은 사라졌다. 의에 주리고 목마름으로 하나님의 나라가 임하기만을 애타게 기다렸던 거룩한 백성이 이제 절대적인 풍요 속에 거하게 되었다. 이는 회복된 이스라엘이 누릴 지복의 성취다. "그들이 주리거나 목마르지 아니할 것이며 더위와 볕이 그들을 상하지 아니하리니 이는 그들을 긍휼히 여기는 자가 그들을 이끌되 샘물 근원으로 인도할 것임이니라"(사 49:10). 이는 생명의 떡 되신 주님께서 약속하신 바에 대한 성취다. "예수께서 가라사대 내가 곧 생명의 떡이니 내게 오는 자는 결코 주리지 아니할 터이요 나를 믿는 자는 영원히 목마르지 아니하리라"(요 6:35).

17 어린양이 저희의 목자가 되사

이스라엘의 목자였던 그분이 병들고 약하여 죽어가던 양들을 위해 '죽임을 당하신 양'이 되셨다. 이제 그분은 회복된 모든 양떼들을 위한 목자로 나타나셨다. 목자이신 그분이 양이 되셨다가 다시 양들을 위한 목자가 되셨다. 그리스도는 선한 목자이시다(시 23:1; 요 10:7, 14). 우리의 주님이신 그분은 양의 큰 목자이시며(히 13:20) 목자장이시다(벧전 5:4). 15-16절에 묘사된 천상의 지복을 누리는 이유와 근거가 바로 어린양 그리스도가 이룩하신 사역과 하나님 자신에게 있다.

"이는"(ὅτι /호티)은 원인을 나타내는 접속사이다. '사자요 어린양' 이었던 6장의 모습이 7장에서는 '어린양과 목자'의 모습으로 바뀌었다. 구약에서 야훼 하나님은 이스라엘의 목자이셨다(창 48:15, 49:24; 시 80:1). 여호와는 양떼 앞에서(시 68:7) 그들을 인도하시고(시 23:3), 초장(렘 50:19)과 물가(시 23:3; 사 40:11)로 이끌어주시고, 막대기로 지켜주시고(시 23:4), 흩어진 그들을 모으시고(사 56:8; 슥 10:8), 품에 안으신다(사 40:11).

생명수 샘물로 인도하시고

큰 무리의 목자가 되신 주님은 그들을 해갈시키실 뿐만 아니라 아예 생수의 근원으로 인도하신다. 이 생명수 곧 영생의 원천은 유일하다. 오직 하나님과 어린양 그리스도에게만 있다(21:6, 22:1, 17; 또한 시

36:8-9, 46:4-5; 잠 14:27; 사 12:3, 33:21, 49:6, 55:13; 렘 2:13; 욜 3:18; 요 4:14, 7:38 참조). "인도하시고"에 해당하는 단어 '포이마네이'(ποιμανεῖ)는 목자가 양을 돌보듯 목양하신다는 뜻이다. 어린양의 우선적 기능 중의 하나가 바로 목자이시다. 주님은 자신을 선한 목자로 천명하셨다(요 10:11, 14). 선한 목자이신 주님은 양의 큰 목자이시다(히 12:20). 주님은 영혼의 목자와 감독이시다(벧전 2:25). 주님은 목자장이시다(벧전 5:4).

하나님은 이스라엘의 목자이셨다(사 40:11; 겔 34:31). 하나님은 요셉을 양떼같이 인도하시던 이스라엘의 목자이셨다(시 80:1). 하나님은 모든 믿는 자의 목자시다(시 23:1-4).

메마른 사막을 지나면서 하나님은 불기둥과 구름기둥으로 자신의 백성을 생명수 샘물로 친히 인도하셨다(출 13:21-22; 신 1:33). 그곳은 주님의 성결한 처소였다(출 15:13). 반석과 산성이 되어 이끄실뿐더러(시 31:3) 주의 길로 인도하시고(시 27:11) 의로 인도하신다(시 5:8). 자신을 그렇게 인도하신 하나님 앞에서 다윗은 자기에게 맡겨주신 양떼를 마음의 성실함과 손의 공교함으로 이끌었다(시 78:70-72).

하나님은 이스라엘이 포로 생활을 하는 그 기간 동안에도 그들을 이끄셨다. 심판의 때가 끝나자 그들을 430년 만에 바로 쇠 풀무 애굽에서 이끄셨듯이 70년 만에 바벨론에서 풀어 생명수 샘물로 이끄셨다. 목자이신 하나님은 그들을 '목양하실'(ποιμανεῖ / 포이마네이) 뿐만 아니라 친히 '이끄셨다'(ὁδηγήσει / 호데게세이). 하나님의 어린양은 선한 목자로 죽으심으로써 성도들의 영혼을 이끄는 영혼의 목자장이 되셨다. 어린양이신 그리스도는 자신의 양들을 안내하는 것이 아니라 이끄신다. 생명수 샘물은 생명의 원천이신 주님 홀로 아신다. 오직 그분만이 이끄실 수 있다. 이끄실 수 있기에 그분은 목자가 되고 왕이 되신다.

어린양이 이끄신 곳은 생명수 샘물이었다. 정확히 표현하면 "생명의 샘물들"이다. 몇 군데 정도가 아니라 모든 샘물들이 생명의 원천수가 된다. 생명수 샘물은 복락의 강수이며(시 36:8), 영원한 생명의 상징일 뿐만 아니라 성령에 의한 하나님의 계시를 의미한다. 이 샘물은 성도에게 생명의 원천이며 지극히 높으신 하나님의 성소를 기쁘게 한다(시 46:4). 이제 어린양은 더러운 물을 마시던 자기 백성들(겔 34:19)을 생명의 물이 치솟는 분천으로 이끄신다.

C. **일곱째 인**(8:1)

일곱째 인은 일곱 인의 마지막이면서 동시에 일곱 나팔재앙의 서곡에 해당한다. 마지막 인도 이전의 여섯 인의 경우처럼(6:1-12) 어린양이신 그리스도가 떼었다. 6장과 7장은 세상을 구원하기 위한 하나님의 의도를 상징한 '책'이 담은 종말적 내용의 개요를 알려준다. 여섯 인의 경우에 요한은 환상을 보거나(6:9, 12), 음성을 듣거나(6:3) 아니면 보고 들었다(6:1, 5-6, 7-8절). 그런데 8:1의 일곱째 인의 경우에는 보거나 들음이 없고 오직 하늘의 고요함만 있다. 고요함은 거대한 폭풍이 들이닥치기 전의 고요함처럼 긴장과 극적인 기대감으로 충만하다. 뒤이어 전개되는 일곱째 나팔의 불어짐(8:6-12)은 5절에 묘사된 향연의 쏟아짐에 따른 부수적인 현상들로 인해 가히 폭발적이다. 여섯 인과 일곱째 인 사이에 삽입된 7장의 막간은 큰 재앙이 있기 전의 침묵 같은 것이다.

일곱째 인은 이전 인들에 비해 구체적인 내용이 없다. 굳이 말하자면 일곱 나팔이 곧 일곱 인의 내용에 해당한다. 일곱 나팔은 '나팔'이 상징하듯 임박한 심판의 예고를 의미한다. 일곱째 인을 떼자 아무런 사건도 일어나지 않고 무거운 정적만이 하늘을 감돈다. 인 재앙으로 인해 두려움을 겪은 사람들에게 이 반 시 동안의 고요함이 갖는 효과는 매우 강력하다. 그것은 커다란 소리나 기묘한 색깔 이상으로 극적 효과를 전해준다. 이 고요함은 매우 신비롭고 대기 상태의 긴장감을 극도로 고조시킨다. 온 천하가 하늘 성전에 계신 여호와의 침묵 앞에서 잠잠하다(합 2:20). 하나님 앞에 시위한 일곱 천사는 마냥 기다린다. 그들은 하나님께서 움직이기 전까지는 한 치도 미동할 수 없다. 천사도 기다리고 성도들도 기다리고 재앙 받을 땅의 거주자들도 기다린다.

일곱 째 인을 떼실 때에 천상에서 일어난 이 "반 시 동안의 고요함"에 대해서는 다양한 해석이 제시되었다. 몇 가지 간추려 보면 다음과 같다. 오스본과 비얼과 아운과 스몰리의 요약을 참조하였는데, 스몰리는 ⑧과 ⑨의 해석을 가장 자연스러운 것으로 여겼다. 교부 이그나티우스는 하나님을 예전적으로 대표하고 가르치는 감독의 가장 중요한 특질로 침묵을 지적했다. 감독의 사역이 하나님의 침묵을 반영하기 때문이라는 이유인데 흥미로운 사실이다.

① 이 고요함은 창세기 1장에 나타난 첫 창조 이전의 고요함처럼 찾아온 종말론적 회귀에 대한 약속이다(Beale, Sweet, Wilcock). 그러나 본 절의 고요함을 태초의 고요함에 연결시키려는 시도는 무리이다.

② 세상이 재창조되는 시점에서 첫 창조를 맞이하는 태고의 고요함이 반복된 것이다(Rissi, Roloff, Sweet).

③ 찰스는 고난 받는 성도들이 드리는 기도(3-4절)를 듣기 위한 하나의 수단이라 간주하였다(Charles,) 캐어드와 보컴도 비슷한 입장을 견지했다. 그러나 하나님께서 성도들이 드리는 기도와 함께 세상의 모든 소리를 듣기에 고요함이 구원에 필요한 것은 아니다. 하나님은 어떠한 상황에서도 들을 소리를 들으신다.

④ 그레코로만 세계와 유대교의 의식에서 예전적인 침묵은 기도의 전조이다(Malina, Aune).

⑤ 땅이 아니라 천상에서 일어난 이 고요함은 계시의 잠정적 중단으로 보아야 한다(Swete).

⑥ 이 극적인 쉼은 다가올 사건을 기다리는 하늘의 만군들이 보인 탁월한 외경심이다(Thomas, Mounce, Giesen, Beckwith).

⑦ 계시록의 첫 주석자로 알려진 페타우(Pettau)의 감독 빅토리누스는 이 고요함을 "영원한 안식의 시작"(initium quietis aeternae / 이니티움 퀴에티스 아에테르나에)으로 보았으나 스웨트는 주석학적으로 전혀 무관한 것이라 비판했다.

고요함은 천상의 안식에 특징적인 것이 아니며 곧이어 하늘과 땅에서 들을 수 있는 일들이 계속 드러난다. 본 절에서의 고요함은 심판과 새 창조에 연관되어 있음이 틀림없다.

⑧ 구약에서는 하나님의 현현 이전에 늘 어떤 고요함이 있었다(욥 4:16-21; 겔 3:15-16; 합 2:20, 3:16; 습 1:7; 슥 2:13). 에스겔은 여호와의 권능에 힘있게 감동되어 델아빕에 도착하여 칠 일을 "민답

히” 지냈다. 이는 ‘압도당했다’는 뜻으로 할 말을 잃어버린 고요함을 능히 추정케 한다. 칠 일 후에야 고요함을 깨고 하나님의 말씀이 그에게 임했다(겔 3:15-16). 스웨트는 이에 대하여 본 절의 고요함은 땅이 아니라 하늘에서의 상태임을 강조하였다.

⑨ 고요함은 구약과 유대 사상에서 심판과 연관되었다. 우상 숭배자와 함께 하나님의 백성들을 박해하는 자들은 스올의 고요한 심판 속에서 거한다(삼상 2:9-10; 시 115:17, 31:7). 이스라엘과 바벨론은 하나님의 심판에 고요함을 유지할 수밖에 없었다(사 47:5; 애 2:10; 겔 27:32; 암 8:2-3). 천상의 성전에서 비롯된 하나님의 심판에 대한 반응으로 고요함은 경외감으로 인한 정숙을 의미했다(사 23:2; 41:1-5; 합 2:20; 슥 2:13). 홍해에서 이스라엘이 구원되고 애굽인들이 심판을 당할 때 고요함이 있었다(출 14:14, 15:118).

이외에도 다양한 해석들이 소개되었다. 프리겐트와 비얼은 여섯째 인을 통하여 정죄받은 이들이 하나님의 심판을 기다리는 침묵(사 47:5; 암 8:2-3; 제4에스라서 6:39, 7:30; 바룩후서 3:7)으로 보았다. 스캇은 천상에서는 찬송이 계속됨으로 반 시 동안의 침묵을 문자적으로 취할 것이 아니라 심판의 잠정적 중단으로 보아야 한다고 주장하였다. 인 심판이 완전히 끝났음을 알려주는 표식이다(Krodel). 혹은 타이터스 장군이 로마의 최정예 군단 병력을 이끌고 예루살렘을 완전 포위했을 때에, 멸망을 앞둔 예루살렘의 숨 막힐 듯한 상황으로 보는가 하면 고트 족의 로마 침공 직전의 긴장 국면으로도 보았는데, 이는 너무 지엽적이고 역사적인 적용의 한계를 드러낸다. 헨드릭슨은 하나님의 최후 심판을 기다리는 악인들의 공포와 놀라움에 대한 표현으로 여겼다. 바클레이는 일곱 나팔의 재앙이 도래할 것을 암시하는 하나의 장치로서 본 절에 묘사된 고요함을 이해하였다. 바클레이의 견해가 가장 설득력이 있다.

오스본이 결론적으로 말하였듯이 반 시 동안의 침묵은 곧 드러날 하나님의 심판을 기대하는 고요함으로, 향연과 성도들의 기도(5:8, 6:9-11, 7:3-4)의 빛 아래서 이해하면 천상의 고요함은 필요했을 것이다. 다니엘은 느부갓네살이 꾼 꿈을 해몽하기 전에 깨달은 내용의 충격으로 인하여 "얼마 동안"(ὡσεὶ ὥραν μίαν / 호세이 호란 미안) 놀라 벙벙하였다(단 4:19). 유대 전통에서는 다섯째 하늘에서 천사들은 밤을 지새우며 하나님을 찬양하는데 낮에만은 침묵을 지킨다. 이는 이스라엘의 찬양이 하나님께 들리도록 하기 위함이라는 것이다. 찰스는 4:9-11의 찬양과 5:9-14의 찬양, 7:11-12의 찬양이 일시적으로 중단된 것은 고난 받는 자기 백성의 기도를 하나님께서 듣기 위함이라고 주장하였다. 이는 ③번에서 이미 언급하였다.

1 일곱째 인을 떼실 때에 하늘이 반 시 동안쯤 고요하더니

1 하늘이 반 시 동안쯤 고요하더니

지상 성전의 원형인 하늘의 성전에 일순간 고요가 찾아들었다. 일곱째 인을 뗄 때에 반 시 동안의 고요함이 찾아들었다. 바로 그때 요한은 환상 속에서 하나님 앞에 시위한 일곱 천사들이 일곱 나팔을 받는 정경을 바라본다. 하나님의 처소에 찾아든 고요함에는 구약적인 배경이 있다. 합 2:20과 슥 2:13이다. "오직 여호와는 성전에 계시니 온 천하는 그 앞에서 잠잠할지니라." "무릇 혈기 있는 자들이 여호와 앞에서 잠잠할 것은 여호와께서 그 성소에서 일어나심이니라 하라 하더

라.” 하나님이 행하시는 심판 앞에서 ‘천하’와 ‘백성’(무릇 혈기 있는 자들)은 고요함으로 반응한다. 이것은 경외의 결과다(사 23:2, 41:1-5).

하나님이 이방 민족(바벨론)을 청하여 배역한 자기 백성을 심판하실 날이 다가오면(사 13:6; 욜 1:15; 암 5:18), 모두가 잠잠할 수밖에 없다(습 1:7). 일곱 인의 재앙은 마감되었지만 주님의 파루시아 이전에 아직도 일곱 나팔과 일곱 대접의 재앙이 남아 있으므로 온 우주가 고요할 수밖에 없다. 구원의 환상인 막간이 삽입되긴 했지만 8:1은 분명히 6:1-17까지 계속되어 온 여섯 인에 정확히 연결된다.

하늘이 유지한 잠깐 동안의 고요함을 성도들이 누릴 영원한 평화로 보는 것은 맞지 않다. 성도의 평안은 영원한 평안이다. “반 시”란 지상의 시간 개념과는 다르겠지만 여하튼 한정적인 어느 시간의 길이를 나타내는 말이다. 이것이 천년 왕국의 기간이란 해석도 주어졌으나 미흡하다. 새로운 환난이 시작되기 전의 짤막한 고요로 이해하는 것이 적절하다(Barclay). 한편 비얼은 유대 전통과 랍비 문헌을 두루 인용하면서 본 절의 고요함이 다음과 같이 심판과 관련된 의미를 지닌 비유로 취했다.

① 고요함은 하나님이 성도의 기도를 들으신다는 암시다.
② 고요함은 하나님의 계시적 말씀이 선포되기 때문이다.
③ 고요함은 성전 정결과 관련이 있다.

왜 “반 시 동안쯤”(ὡς ἡμιώριον / 호스 헤미오리온)이었는지는 불분명하다. 마운스는 “숨죽인 고요함”(breathless silence)이라 표현했는가 하면, 키들은 “긴장감을 높이는 놀라운 장치”로 불렀는데, 거반 한 시의 의미로 보는 것이 자연스럽다. 이 표현은 “장차 땅에 임할 심판에 강한 인상을 심어준"(Ladd) 매우 "극적인 쉼"(Mounce)이다. 당연히 래드는 이 고요함이 성도들을 위하여 마련된 영원한 안식의 시작이라는 견해를 반박하고 성도들의 기도를 듣기 위한 침묵이라는 해석도 거부했다. 하나님의 현존 앞에서 이루어진 이 침묵은 마치 폭풍 전야의 고요함과 같은 것이다. 지나간 찬양과 닥쳐올 파국 사이에 고요함이 자리를 하고 있다. 이 고요함을 깨뜨릴 것은 어디에도 없다.

본서에서도 '시'(때)는 불경건한 자에게 임할 확정된 심판의 당연한 위기감과 예측불허의 돌발성을 뜻한다(3:3, 10, 11:13, 14:7, 15, 18:10, 17, 19). 갑자기 무너진 큰 성 바벨론의 경우도 이에 속한다(14:8, 18:2). "반 시 동안의 고요함"은 하나님을 예배하기 위한 막간(Smalley)이요, 심판을 행하시기 전에 하나님의 백성들을 인치기 위한 막간(Osborne)이며, 성전에서 매일 드리는 제사 예전과 연관시킨다면 3-4절에 나타난 성도의 기도와도 무관하지 않다(Sweet, Chilton).

이 고요함은 6:12-17에 언급된 임박한 심판 장면으로 독자들을 이끈다. 고요함 이후의 예상된 장면은 경건치 않은 자들에게 임할 심판의 예정표가 갑작스럽고 연속적 위기일 것임을 상징한다.

IV. 셋째 환상 : 일곱 나팔(8:2-11:19)

일곱 인과 일곱 나팔과 일곱 대접의 상관성에 대해 많은 해석상 논란이 있어 왔다. 예를 들면 세 재앙의 주제가 전적으로 다른 시기에 일어날 사건이라는 주장과 함께 '인'과 '나팔'과 '대접'이 각기 다른 표현으로 나타나지만 같은 시대에 발생할 사건을 강조하기 위한 것이란 반론도 제기되었다. 찰스를 비롯한 대부분의 주석가들은 이 재앙들이 연대기적 순서를 따라 진행되는 것으로 여겼다. 이 경우에 새로운 재앙의 시작은 언제나 먼젓번의 마지막 재앙과 더불어 시작된다.

파러는 세 개의 재앙 주제가 연속적인 시간은 아닐지라도 분명한 역사적 전후 관계가 있는 것으로 받아들였다. 캐어드는 이 재앙들이 연대기적 순서를 따른 것도 아니요 산술적 개념도 아니라 예술적 구조를 따랐다고 주장하였다. 헨드릭슨은 세 재앙 주제가 주님의 초림으로부터 재림에 이르기까지 전 시대에 미치는 일곱의 동일한 구조를 지니고 있음을 주장했다. 그러나 일곱 나팔과 일곱 인과 일곱 대접 간에 분명히 어떤 상관성이 있긴 하지만 이들은 각각 다른 시기에 일어날 재앙이다.

재앙의 강도도 갈수록 더욱 거세어진다. 일곱 인을 떼기 전에 성도들의 기도가 먼저 나오고(8:1-5) 일곱 천사가 일곱 나팔 불기를 준비한다(8:6). 첫 네 나팔이 울려 퍼지면서 두 번째 재앙이 시작된다(8:7, 13). 나머지 세 나팔은 세 화로 구별되면서 재앙은 뚜렷한 상승곡선을 그린다. 다섯째 나팔과 둘째 화는 황충의 재앙으로(9:1-12), 여섯째 나팔 곧 둘째 화는 마병대의 재앙으로 진행된다(9:13-21). 일곱 인에서처럼 사역의 환상인 둘째 막간이 삽입되고(10:1-11:13), 둘째 화의 완료를 선포하고 셋째 화의 경고가 있은 후(11:14) 일곱째 나팔 소리와 함께 셋째 화가 임한다(11:15-19).

1. 성도들의 기도(8:2-5)

인침의 막간이 끝나자 유예되었던 일곱 인이 지체 없이 떼어진다.

그리고 지금까지 있어 보지 못했던 하늘의 고요상태가 잠시 지속된다. 요한은 하나님 앞에 시위한 일곱 천사들이 각기 나팔을 잡고 있음을 본다. 그발 강가에서 에스겔에게 나타났던 네 생물의 다리들은 곧았다(straight, 1:7). 굽지 않고 쭉 뻗어 있었다는 말이다. 이에 근거하여 천사에게는 무릎이 없어 늘 서 있다는 유대인의 전승은 그럴듯하다.

천사는 엎드리면 하나님을 향한 경배요, 서면 하나님의 명을 집행하는 수종드는 존재이다.

일곱 나팔을 받은 일곱 천사만이 아니라 다른 천사 역시 선 채로 많은 향을 받고 제단 곁에 섰다. 긴박감이 보좌 주위를 흐른다. 일곱 나팔이 본격적으로 불어지기 전에 성도들이 드린 기도들이 향연과 함께 천사의 손에서 하나님 앞으로 올라간다. 천사가 향로 안에다 단 위의 불을 담아 땅에 쏟자 뇌성과 음성과 번개와 지진이 일어난다. 그것은 기도 응답에 대한 천상의 반응으로서 세상의 사악한 자들에게는 두려움의 이유가 된다. 땅에 거하는 자들을 향한 심판이 더욱 거세어지기 전에 성도들의 기도에 응답하시는 것은 하나님의 변함없는 의지이다.

계시록에서 지상을 중심으로 펼쳐지는 사건들을 제외하면 천상의 '보좌와 성전/제단'이 그 중심에 있다. 지상에 심판이 집중되는 동안에도 천상에서는 기쁨이 가득하다. 땅에 거하는 자들이 전무후무한 고난으로 인하여 죄를 꼭 붙들고 하나님을 더욱 훼방한다. 하늘은 그럴수록 영화로운 예배와 송축들로 충만하다. 계시록은 땅에 대한 심판과 하늘에서의 예배로 특징지어도 무방하다. 악한 자들에 대한 징벌은 의인이 하나님을 찬송할 빙거가 된다. 그것은 사랑과 공의로 표현된 하나님의 존재 양식에 부합한다. 하나님의 공의는 불의와 죄를 다루셔야 하고 하나님의 사랑은 예배에서 피조물과 일치를 이루게 만든다.

제단 앞에 엎드린 순교자들의 영혼과 모든 성도들이 드린 기도에는 하나님의 공의를 충족시키기 위한 탄원들로 가득하다. 그 기도들이 향연에 휩싸여 보좌 앞의 금단에 올려진다. 하나님은 성도들의 탄원을 모두 들으시고 공의의 실현을 위한 심판을 집행하신다. 하나님이 신원하시는 날, 공의가 하수같이 흐르게 되는 날, 의인이 보상받고 악인이 정죄를 당하는 여호와의 크고 큰 날은 하나님께 달려 있다. 세상의 악이 하늘 끝에 가 닿아도 하나님께서 정하신 마지막 선에 닿지 않으면 심판은 이르지 않는다. 모든 것은 전적으로 하나님께서 정하신 '때'에 맞추어져 있다(6:11). 이것이 성도의 삶에 인내가 그토록 필요한 이유이다.

2 내가 보매 하나님 앞에 시위한 일곱 천사가 있어 일곱 나팔을 받았더라
3 또 다른 천사가 와서 제단 곁에 서서 금 향로를 가지고 많은 향을 받았으니 이는 모든 성도의 기도들과 합하여 보좌 앞 금단에 드리고자 함이라
4 향연이 성도의 기도와 함께 천사의 손으로부터 하나님 앞으로 올라가는지라
5 천사가 향로를 가지고 단 위의 불을 담아다가 땅에 쏟으매 뇌성과 음성과 번개와 지진이 나더라

2 하나님 앞에 시위한 일곱 천사

'시위함'은 '섬김'의 의미도 있지만 하나님을 섬기는 일반적인 천사들보다 특별한 역할을 수행하는 직급이 높은 천사로 이해하는 것이 타당하다. 여기서 "일곱 천사"(τοὺς ἑπτὰ ἀγγέλους / 투스 헵타 앙겔루스)는 정관사를 동반하여 수신인들에게 상당히 친숙한 천사들이다. 보좌 앞에 있던 일곱 영(1:4, 4:5) 또는 일곱 교회의 사자(1:20)일 가능성도 있다. 현재의 의미를 지닌 "시위한"(ἵστημι / 이스테미)의 완료형 에스테카신(ἑστήκασιν)은 일곱 천사가 하나님 앞에 '지속적으로 시위하고 있음'을 알려준다.

후기 랍비 문서에서는 일곱 천사들의 이름이 우리엘, 라구엘, 미가엘, 라파엘, 사리엘, 가브리엘, 레미엘로 언급되었다. 일곱 천사들 앞에 붙은 정관사와 유대인들의 전통에 힘입어 본 절의 일곱 천사를 7대 천사라 해석하는 이들이 있다(Alford, Mounce, Morris, Robertson, Beckwith). 그들이 하나님 앞에 시위한 사실도 이러한 해석을 뒷받침하는 듯이 보인다. 눅 1:19에는 가브리엘이 사가랴에게 자신을 알리면서 "나는 하나님 앞에 섰는 가브리엘"이라 밝혔다. 가브리엘을 천사장이라 언급한 성경구절은 없지만 전통적인 견해에 따르면 대천사 곧 천사장이며 일곱 천사를 천사장이라 해석하는 배경에 힘을 실어준다. 그러나 4-5장의 장면에서 천상적 존재들이 나타났을 때 이 그룹이 빠져 있음(Beckwith)과 7대 천사에 대해서도 정확한 일치가 이루어지지 않음(Alford)은 이 해석의 약점이다.

유대 전통이나 본 절의 희미한 언급과 상관없이 그들은 일반 천사들과는 구별된 존재로서 특별한 사명을 맡았다. 일곱 나팔을 부는 특권이 그들에게 부여되었으며 그들은 그 일을 수행하기에 가장 적합한 위치에 서 있다.

희년서 2:1-2에는 비슷한 범주의 천사들이 언급되어 있다. 시위천사나 성결천사, 불천사, 바람천사 등이다. 천사들 그룹 중에서 가장 높은 것이 바로 시위천사와 성결천사이다. 모리스나 마운스와 토머스는 이에 근거하여 본 절의 일곱 시위천사를 희년서의 시위천사와 연관시켰다. 어쨌든 이 일곱 천사가 보좌의 환상(4-5장)에서는 나타나지 않았지만 보좌에 앉으신 하나님 앞에 서서 보좌 주위에 시립한 네 생물, 이십사 장로와 다른 천사들과 연결되어 있는 모습이다.

"일곱 천사" 앞에 붙은 정관사 "그"(τοὺς / 투스)는 일곱 교회의 사자(2:1, 8, 12, 18, 3:1, 5, 7, 14)들을 가리키는 것일 수도 있다. 비얼은 이들을 일곱 교회의 수호천사로 보았으며 아운은 하나님의 일곱 영으로까지 보았다(1:4, 3:1, 4:5, 5:6). 그보다는 새로운 일곱 천사의 그룹으로 이해하는 것이 옳으며 정관사의 사용은 그들 일곱 천사를 요한의 독자들이 잘 알고 있었음을 반영한다. 그들은 하나님 앞에 시위한 일곱 천사였다. 본 절에서의 이런 묘사는 이들을 7대 천사로 해석하는 근거를 제공한다. 유대 묵시 문헌들에서는 그들 이름이 자주 등장하는데 우리엘, 라파엘, 라구엘, 미가엘, 사리엘, 가브리엘, 레미엘로 이름이 불렸다. 시위천사는 이 일곱 천사가 다른 무수한 천사들과는 달리 고유한 직무와 함께 보좌 앞의 지근지지(至近之地)에 있을 만한 천상의 지위를 갖고 있었음이 분명하다.

일곱 나팔을 받았더라

보좌 앞에 시위한 일곱 천사는 애초에 일곱 나팔을 들고 있지 않았다. 그들은 다만 하나님의 보좌 앞에 시위하고 있었다. 그들의 영구한 직무는 하나님 앞에서 시위함이며 일곱 나팔의 수여는 그들이 특별한 시기에 특별한 목적을 위하여 선택되었음을 가리킨다. 나팔은 제의나 전쟁 등의 환경에서 다양하게 사용되었으나 전쟁시 나팔 신호는 매우 유용하였다. 나팔은 경고 전달로(겔 33:3-6), 공격 신호로(삿 7:8-22), 구조 요청 신호로(민 10:9-10), 후퇴 신호로(삼하 18:16) 그리고 승전 소식의 전달(시 47:1-5)에 두루 사용되었다. 이스라엘 백성은 나팔 소리를 통해 기쁨과 슬픔, 승리와 패배, 전진과 후퇴를 거듭하며 살았다.

아운은 본 절의 나팔이 전쟁 배경을 지니고 있다고 생각했으나, 나팔이 전쟁 시(삼상 13:3; 렘 51:27)에만 사용된 것은 아니다. 성전 봉헌에 사용되었고(대하 5:12), 왕의 즉위식(왕상 1:34, 39)이나 여호와를 경배할 때에도 사용되었다(시 98:6). 번제를 드리기 직전(민 10:10)과 절기를 맞이하여서(레 23:24, 25:9), 재앙의 때에 민족의 회심을 촉구하기 위해(사 58:1; 렘 4:5), 법궤를 메어올 때(삼하 6:15) 나팔을 불었다. 유대인의 생활에서 평상시에는 매일 21회, 절기 때에는 무려 48회까지 나팔이 불어졌다. 역사적으로 살펴보면 여리고 함락 시에는 일곱 제사장이 여호수아 앞에서 일곱 양각나팔을 불었으며(수 6:4, 8), 예루살렘으로 법궤를 옮길 때 나팔을 불었고(대상 15:24), 예루살렘 성벽을 봉헌할 때 나팔을 불었다(느 12:41). 캐어드는 요한이 심중에 여리고를 염두에 두고 있었을 것이라 주장하였으나 모를 일이다.

양각 나팔을 든 일곱 제사장이 일곱 나팔을 들고 '언약궤 앞에서' 성을 돌았는데(수 6:4), 8절에서는 그들이 '여호와의 앞'에서 진행하며 나팔을 길게 불었다. 본 절의 장면도 언약궤가 비치되어 있을 하늘의 성전이 열리고(11:19) 하나님 앞에 선 일곱 천사가 나팔을 받아서 불었다. 아마도 길게 불었을 것이다. 우주의 변방 끝자락까지 울려 퍼질 만큼 크고 길게 불었음이 틀림없다. 절기 때 뚜렷한 목적으로 사용되었던 나팔 붊이 예언 전통에서는 여호와의 날이 다가옴을 알려주는 나팔 선포(사 27:13; 욜 2:1; 습 1:16; 슥 9:14) 이미지의 근거가 되었을 가능성도 있다. 유대의 묵시 문학에서도 나팔은 종말론적 심판의 예고와 연관하여 사용되었다(제4에스라서 6:13; 시빌 신탁서 4:173-4; 아브라함 묵시록 31장). 신약에서도 나팔은 종말의 파루시아와 관계되어 있다(마 24:31; 고전 15:52; 살전 4:16).

3 다른 천사

이 천사는 성도들의 기도를 하나님의 보좌로 운반하는 일을 수행한다. 6:10에 나타난 순교자들의 탄원과 구별되는 성도의 기도가 심판을 촉구한다는 측면에서 성격상 동일하다. 찰스는 이 "다른 천사"(ἄλλος ἄγγελος / 알로스 앙겔로스)를 이스라엘을 보호하고 하나님과의 사이에서 중보자의 역할을 감당했던 '평화의 천사'로 이해하였다. 가능한 추정이지만 증명된 바는 없다. 후기 랍비 문서에서는 천사장의 하나로 간주되었다. 하나님과 인간 사이에서 유일한 중보자는 그리스도 한 분밖에 없으므로 다른 천사를 그리스도라 주장하는 해석도 있다(Seiss, Walvoord, Beale). 하나님께 기도를 바치는 중재자로서의 사역이 그런 해석을 가능하게 만든다. "다른 천사"는 2절의 다른 천사와 구별되지만 본질상 다르지 않고 같다. "다른"(ἄλλος / 알로스)은 종류가 달라서 다른 것이 아니라 '같은 종류이지만 다른'의 뜻이다.

그러나 계시록에는 천사들이 제사장의 기능을 하고 있음이 선명하게 드러났다(4:8-11, 5:8-14, 7:11-12). 5:8에는 네 생물과 이십사 장로들이 성도들의 기도, 곧 향이 가득 담긴 금대접을 들고 있었다. 계시록 자체가 성도의 기도를 하나님께 드리는 '다른 천사'가 유일한 중보자 그리스도가 아닌 증거를 밝힌 셈이다. 천사는 천사요 그리스도는 그리스도이다. 하나님 앞에 시위한 일곱 천사만이 아니라 제단 곁에 다른 천사가 서 있음은 큰 위로가 된다. 심판은 진행되어도 성도를 향하신 하나님의 배려는 끝이 없다. 하나님은 환난과 질고 속에서 드리는 간청을 물리치는 법이 없으시다.

많은 향을 받았으니

요세푸스는 향이 바다와 광야와 비옥한 도시로부터 모은 13가지 성분으로 구성되었으며, 이는 모든 것이 하나님께 속하고 하나님만을 섬기게끔 되어 있음을 나타내는 것이라고 설명했다. 필로는 향이 공기, 땅, 물, 불의 네 요소로 되어 있다고 말했다. "향"은 성도들의 기도를 상징한다. 향은 성전에 늘 비치되어 있었다(출 30:8; 히 13:15). 피 뿌린 제단 곁에 향이 있다. 하늘 보좌에 이를 성도의 기도는 그리스도의 대속적인 죽음에 뿌리를 두고 있다. 그리스도의 보혈로 인친 성도의 기도는 하늘 보좌에까지 이를 만큼 고귀한 것이며 하나님은 기쁨으로 흠향하신다.

'향로'로 번역된 리바노톤(λιβανωτόν)은 향(유향)을 뜻한다(대상 9:29; 마 2:11). 고대 헬라인들은 향나무(λίβανος / 리바노스)와 향목이나 향초에서 나온 엑기스(λιβανωτός / 리바노토스)를 구분하였지만 일반적으로는 서로 호환적으로 사용하였다. 이스라엘 전통에서는 향을 드리는 세 가지 경우가 있었다. 첫째, 소제의 예물을(번제로) 드릴 경우(레 2:1, 15)이다. 둘째, 기다란 손잡이가 있는 향로에 불을 담아서는 향을 태워 분향하였다(레 10:1; 민 16:6-7). 셋째, 아침저녁으로 정해진 향을 태워 분향단에 드렸다(출 30:7-9). 번제단에서 피운 불을 향로에 채우고 곱게 간 향기로운 향을 그 위에 뿌렸다(레 16:12).

향로는 위가 탁 트인 일종의 냄비 모양으로 성막에서는 구리 제품이(출 27:3) 솔로몬 성전에는 금 제품이(왕상 7:50) 비치되었다. 향로에는 늘 번제단에서 옮긴 타는 숯불이 있었다. 향을 살라 여호와께 드리는 일은 아론 제사장직에 있어 누구도 넘볼 수 없는 특출한 사역이었다(민 16:6-7). 아운은 두 번째 향을 "바깥 향"이라 하고 세 번째 향을 특별한 제조법에 따라 제작한(출 30:34-38) "안쪽 향"이라 구분하면서 본 절이 셋째의 경우라 보았다. 하나님 앞에 바쳐진 기도의 향은 성도가 드린 공의의 실현과 보수의 심판을 간청한 내용일 것이다.

다른 천사는 많은 향을 받았으나 누가 주었는지는 언급되지 않았다. "받았더니"(ἐδόθη / 에도떼)는 신적 수동태로서 본서에 사용된 용례로 보아(6:2, 4, 8, 11, 7:2, 9:1, 3, 5, 11:1, 2, 13:5, 7, 14, 15, 16:8, 19:8, 20:4) 수여자가 하나님이심을 짐작할 수 있다.

제단 곁에 서서……금단에

본 절에는 제단과 금단이란 표현이 나온다. 이것이 과연 하나의 단에 대한 다른 표현인지 두 개의 단인지에 대해 학자들 간에 견해를 달리한다. 어렵게 추정할 필요 없이 제단과 금단을 뜰에 위치한 번제단과 성소 안의 금향단으로 보는 해석이 훨씬 자연스럽다. 제단은 제단이요 금단은 금단이다. 동일하다면 굳이 달리 표현할 이유가 없다. 성막이나 성전에서 제단과 금향단은 위치, 용도, 상징적인 의미가 전혀 다르다. 찰스는 천상에 두 개의 단이 존재한다는 어떤 자료도 고대의 유대 문헌에서 찾을 수 없음을 내세워 '하나의 단' 이론을 주장하였다. 래드는 천사가 제단으로 가서(8:3상반절) 향단에 드릴 번제용 숯을 취했으며(8:3하반절), 최종적으로 번제단에 되돌아가서 번제단의 불을 땅에 쏟은 것(8:5)으로 설명하였다. 그렇지만 이 해석은 4절의 '향단'과 5절의 '제단'이라는 본문의 흐름에 맞지 않는다고 반박되었다(Beale, Thomas). 본문은 그런 움직임의 변화를 암시하지 않는다.

백위드는 밀리건과 함께 뒤에 나온 언급들(9:13, 14:18, 16:7)에 비추어서 이 단이 번제단일 것이라는 가능성을 완전히 배제시킨다고 보았다. 비얼과 마운스는 본 절의 두 단이 예루살렘 성전의 향단과 번제단을 결합시킨 것으로 이해하였다. 금단의 금향로는 5:8에서 장로가 향이 가득 담긴 금대접을 지닌 것과 병행을 이루고 있다. 거기에서도 향이 가득한 금대접(금향로)이 성도들의 기도와 연관되었는데, 여기에서도 다른 천사가 가진 금향로에는 향이 가득하고 보좌 앞의 금단에 드리는 성도들의 기도와 연관되었다. 천사들의 제사장적인 기능에 대해서는 이미 앞부분에서 살펴본 바와 같다(4:8-11, 5:8-14, 7:11-12).

모든 성도의 기도들과 합하여……드리고자 함이라

"모든 성도"(ἁγίων πάντων / 하기온 판톤)라는 표현은 하나님의 백성을 나타내는 보배로운 칭호로서 본서에 매우 두드러지게 사용이 되었다(8:3, 4, 11:18, 13:7, 10, 14:12, 16:6, 17:6, 18:20, 24, 19:8, 20:9). 크리스천들을 나타내는 바울의 전용어이다. 성도는 짐승의 핍박을 받고(13:7, 10) 대환난 때 순교를 당하지만(17:6) 결국에는 하나님이 건지신다(18:20). 세대주의자들은 이 "성도"를 크리스천이 아니라 회심한 이스라엘로 해석한다.

4 향연이 성도의 기도와 함께

이 기도는 주님의 재림을 촉구하는 기도로서 주님의 재림으로 이루어질 악인에 대한 심판까지 포함한다. 교회가 오랫동안 계속해 온 기도이다. "나라이 임하옵시며 뜻이 하늘에서 이루어진 것처럼 땅에서도 이루어지이다" 하는 신의(神意)의 성취를 위한 기도이다. 지금까지 기도가 응답되지 못했던 것은 하나님이 의도하신 목적 안에서 '때'가 무르익지 않았기 때문이다. 향연을 받으심은 이제 하나님의 때가 이르러 수용하시겠다는 표시이며, 향연이 보좌에 앉으신 하나님 앞으로 올라감은 신속한 응답을 보장한다. 너무 오랜 기도도 없고 너무 느린 응답도 없다.

사람들은 신속한 응답에는 불평하지 않지만 지체된 응답에는 반드시 불평한다. 빠르고 늦음은 하나님께서 정하신 시기를 바라보지 못하는 인간의 조급함 때문이지 응답 자체에 문제가 있는 것은 아니다. 사람은 설익은 실과에도 만족할런지 몰라도 하나님은 익은 실과만을 원하신다. 구원도 심판도 하나님께서 정하신 때를 앞당길 수 없으며 뒤로 미룰 수도 없다. 이제 성도들의 기도가 향연과 함께 보좌 앞으로 올라감은 그때가 충분히 무르익었음을 나타낸다. 오랜 기다림은 끝나고 보좌에서 내려주시는 응답을 받기만 하면 된다.

한편 향연과 기도가 별개의 것으로서 서로 뒤섞인 것인지 아니면 향연이 곧 기도인지의 해석상 차이가 있다. 그렇지만 "기도들과 합하여"나 "향연이 성도의 기도와 함께"라는 본문의 표현은 이 둘이 같지 않음을 분명히 한다. 5:8에는 네 생물과 이십사 장로들이 성도들의 기도를 담은 금대접을 가지고 있어 본 절의 다른 천사와 어떤 관계가 있는지도 궁금증을 자아낸다. 그곳에서는 "향이 곧 기도"로 설명되었다. 그렇다면 네 생물이나 이십사 장로와 본 절의 다른 천사는 동일하지 않음이 분명하고 향연과 기도가 달리 표현된 이곳의 금향로는 5장의 금대접과 다를 수 있다.

5 향로를 가지고 단 위의 불을 담아다가 땅에 쏟으매

제단의 피를 묻혀 성도들의 기도를 담아 하늘로 올릴 때에는 향기로운 연기를 발하지만 제단의 불을 담아 세상에 내려 보낼 때에는 재앙의 연기를 발한다. 성도들의 기도는 향연이 되어 하늘에 오르고 땅에 거하는 자들에게는 재앙이 내려 검은 연기로 자욱하게 된다. 하나님은 성도의 기도를 들으실 뿐 아니라 즉각적으로 응답하신다. 때로는 지체되는 것같이 보일지라도 그것은 기도의 응답이 필요한 성도들의 입장에서 느끼는 조급함일 뿐 하나님 편에서는 조금도 이르거나 늦은 것이 아니다. 가장 완벽한 때에 가장 완전한 모습으로 응답은 실현된다.

성도의 기도를 하나님께 드리는 중보 사역에 임했던 '다른 천사'가 세상을 향해 심판의 전주곡을 알릴 향로를 쏟아 붓는다. 장면은 무척 선명하다. 벌겋게 달아오른 숯불에 향을 뿌려서 성도의 기도를 하나님께 드린 천사가 향로에 새로운 불을 담아 땅에 쏟는다. 이전의 불은 성도의 기도를 열납하게 하는 것이었으나 나중의 불은 땅에 거하는 자들을 소멸할 심판의 불이다. 마이클스(Michaels)가 잘 지적한 대로 은혜의 보좌로 상징되던 제단이 심판의 원천이 되었음은, 자비와 심판이 별개의 것이 아니라 하나님의 양면적인 성품을 보여주는 것이다.

뇌성과 음성과 번개와 지진이 나더라

천사가 단 위의 불을 담은 향로를 땅으로 기울이자 자연계에 여러 징조들이 나타났다. 계시록에서의 이런 현상은 보좌와 하늘의 성전과 연관해 묘사되었다(4:5, 11:19, 16:18). 네 군데의 묘사는 모두 다르며 특히 본 절의 경우는 향로를 땅에 부은 결과로 나타난 현상이었다. 그러므로 본 절의 네 현상은 하나님의 심판을 암시하는 것일 수도 있다(16:18-21; 삼하 22:8; 사 24:18-20; 학 2:6-7; 히 12:26). 또는 심판하실 여호와의 강림과 연관시킴도 가능한 해석이다(삿 5:4; 왕상 19:11-12; 시 114:7-8; 겔 38:19-23; 마 28:2). 특히 지진은 곧 일어날 어떤 중요한 사건의 전조로 사용되었다. 주님이 십자가에서 돌아가실 때에 자연계가 보인 반응이라든지(마 27:51-54), 출애굽 당시에 나타났던 여러 가지 현상들(시 77:18, 114:1-8; 합 3:6)이 그러하다.

2. 일곱 나팔(8:6-11:19)

일곱 인이 끝나면서 잠시의 틈도 없이 일곱 나팔의 재앙이 시작된다. 일곱 나팔은 일곱 인에서처럼 4와 3의 구조로서 구별된 형식을 취한다. 일곱 인의 경우와 마찬가지로 일곱 나팔이 이어지다가 일곱 나팔이 불리기 전에 막간이 삽입된다. 일곱 나팔의 재앙은 일곱 인에 비하여 무겁고 강하다. 일곱 나팔은 불신자들이 회개하지 않으면 마지막 심판을 면치 못할 것임을 경고하는 일종의 경고 심판이다. 첫 다섯 나팔은 출애굽 당시 애굽에 내렸던 다섯 재앙들과 유사하다.

첫째 나팔(8:7) → 출 9:22-25
둘째와 셋째 나팔(8:8-11) → 출 7:20-25

넷째 나팔(8:12) → 출 10:21-23
다섯째 나팔(9:1-11) → 출 10:12-15

출애굽 재앙은 계시록의 나팔 재앙의 모델이 된다. 애굽에 내린 재앙이 애굽인들에게 화를 가져오고 이스라엘 백성들에게 경각심을 불러일으켰듯이, 나팔 재앙은 우선적으로 땅에 거하는 자들에 대한 실제적 심판이면서 남은 자들에게는 경고의 의미를 지니고 있다. 8:7=9:21에 나타난 제한된 심판은 하나님께서 회개를 기다리시며 자신의 진노를 억제하고 있음을 암시한다. 9:20-21에 묘사된 회개 거부는 나팔 심판의 목적이 바로 그들의 회개에 있었음을 반증한다.

나팔을 쥔 일곱 천사들이 모든 준비를 마치고 막 나팔을 불 태세를 취한다. 일곱 나팔이 불어지면서 종말 사건이 뒤따른다. 일곱 나팔은 일곱 인의 경우에서처럼 네 나팔(8:7-12)과 세 나팔(9:1-19, 11:15-19)의 두 부분으로 나뉜다. 6장의 인 시리즈에서 네 기수는 땅에 영향을 끼치는 어두운 요인들을 드러냈는데, 8장의 네 나팔은 자연계에 미칠 신적 심판을 알린다. 다섯째 인과 여섯째 인 그리고 다섯째 나팔과 여섯째 나팔은 일곱째 인과 일곱째 나팔 사이에 삽입된 내용으로(7:1-17과 10:1-11:14) 인해 이전의 네 인이나 네 나팔과 떨어져 있다.

그럼에도 불구하고 8:7-15의 나팔 심판은 6:1-8:1의 인 심판을 연대기적으로 따르지 않는다. 첫 네 인이 인간의 악행에 따른 불가피한 결과를 묘사함에 비해 나팔 심판은 하나님을 거역하는 세상을 심판함에 있어 하나님의 능동적인 개입을 보여준다. 나팔 심판에서 잇따르는 재앙들은 네 인의 경우에 비하여 여파가 더욱 심각하고 범위 또한 보다 우주적이다. 첫 네 재앙은 성격상 초자연적이며 마지막 세 재앙에서 둘은 명백히 악마적이다. 일곱 나팔은 일곱 인 재앙을 강화시키고 나중의 일곱 대접은 일곱 나팔 재앙을 강화시킨다. 일곱 나팔 심판은 땅의 3분의 1에 영향을 미치고 일곱 대접 심판은 그 영향이 온 땅에까지 미친다.

A. **준비**(8:6)

하나님 앞에 시위해 있던 일곱 천사는 하나님에게서 나팔을 받았다(2절). 제단 곁에 서 있던 다른 천사가 많은 향이 담긴 금향로를 들고 성도들이 드린 기도를 합한다(3절). 향연이 성도들의 기도에 섞여서 천사의 손에서 하나님께로 올라간다(4절. 천사가 향로에 단 위의 불을 담아 땅에 쏟자 뇌성벽력과 함께 지진이 난다(5절). 그것은 반 시 동안 고요하던 하늘의 침묵을 깬다. 그와 동시에 일곱 나팔을 가진 일곱 천사가 나팔 불기를 준비한다(6절). 모든 것이 나팔이 불어질 순간을 향하여 착착 진행된다. 보좌 주위는 고요하다. 한층 더 강화된 재앙으로 인하여 생물들도 이십사 장로들도 천군천사들도 침묵을 지킨다. 요한은 재앙의 일곱 나팔을 불기 직전의 숨막히는 이 순간을 "나팔 불기를 예비하더라!"는 말로 시작한다. 이것은 하나님께서 예비하신 최고의 적절한 순간이다.

3–5절의 향연 장면으로 잠시 뒤쳐졌던 일곱째 인이 막 떼어지려는 순간이다. 모든 준비는 끝났다. 일곱 제사장들은 함께 나팔을 불었는데, 일곱 천사는 순서에 따라 하나씩 나팔을 분다. 일곱 천사의 예비된 동작은 나팔을 받고나서부터 한순간도 중단된 적이 없음을 보인다. 심지어 다른 천사에 의한 성도의 기도가 하나님께 바쳐지는 순간에도 일곱 천사는 나팔을 불 마지막 준비를 하고 있었다. 일곱 인의 재앙은

일곱 나팔의 재앙과 구조적으로 매우 비슷하다. 둘 다 '넷'(6:1–8 / 8:7–12)과 '셋'(6:9–17, 8:1 / 9:1–19, 11:15–19)의 구조로 나누어진다. 네 인의 네 말 탄 자들이 땅에다 재앙을 가져왔듯이(6장), 네 나팔은 자연계에 대한 하나님의 심판을 드러내었다(8장). 다섯째와 여섯째의 인과 나팔은 삽입구들로 인하여 마지막 인을 떼고 마지막 나팔을 불기까지 시간적 간격이 생긴다(7:1–17 / 10:1–11:14).

6 일곱 나팔 가진 일곱 천사가 나팔 불기를 예비하더라

다른 천사의 향로 사역으로 인해 잠시 주춤했던 극적 행위가 제자리를 찾았다. 그것은 우발적인 지연이 아니라 하나님의 의도에 따른 자연스러운 과정이었다. 일곱 천사가 나팔 불 모든 준비를 마치면서 세상은 6장에서 그려졌던 재앙보다 더욱 끔찍한 재앙에 직면하게 된다. 회개하지 않는 영혼에 대한 하나님의 억제되었던 진노는 가차 없이 쏟아진다. 심판은 엄정하기 이를 데 없고 재앙은 혹독하기 짝이 없다. 그러나 일곱 나팔의 불어짐은 구원사적인 측면에서 볼 때 구원의 완성을 향한 계획이 아무 차질 없이 수행됨을 의미한다.

B. **첫 네 나팔 : 네 재앙들**(8:7-13)

일곱 나팔은 일곱 인의 재앙보다 훨씬 강도가 세서 인류의 3분의 1에 이르기까지 영향을 미친다. 일곱 나팔 후에 들이닥칠 일곱 대접은 더욱 강해서 세상 전체에 영향을 미친다. 재앙들은 하나님께 적대적인 불신자들을 향한다. 순교자들의 탄원에 대한 응답으로서 8:3–5의 향연과 기도 장면이 주어졌고, 바로 일곱 나팔 재앙이 심판의 서곡을 울린다. 일곱 천사는 이 일을 위해 철저히 준비되었고, 자신들에게 맡겨진

일을 수행하기 위해 오래 전부터 기다리고 있는 중이다. 나팔은 이미 입가에 닿아 있으며 숨을 불기만 하면 온 세상에 울려 퍼질 상태이다.

일곱 나팔 재앙은 첫 네 나팔(8:7-12)과 나중의 세 나팔(9:1-19, 11:15-19)로 구분된다. 나중의 세 나팔은 세 화라 불리면서 재앙의 극심함을 암시하고 있다. '4+3'의 형식은 첫 네 인이 네 마리의 말과 기수들로 나머지 세 인과 명백하게 구별되었던 일곱 인의 경우와 매우 유사하다. 그러나 두 개의 시리즈는 다르다. 제각기 다른 관점에서 하나님의 심판을 다룬다. 첫 네 인은 인간의 악행에 따른 불가피한 심판에 초점이 맞추어져 있지만, 첫 네 나팔은 자신을 거역하며 반항하는 세상에 대한 심판에서 하나님은 보다 능동적인 모습을 보이신다. 심판 내용의 강도나 재앙으로 인한 피해의 영역에서 인 재앙보다 나팔 재앙이 훨씬 크고 광범위하다. '점점 강하고 세게'의 형태를 취하는 심판의 재앙은 일곱 나팔과 일곱 대접의 경우에도 일곱 인과 일곱 나팔처럼 격차를 보인다.

처음의 네 나팔은 나팔을 불어갈수록 재앙의 강도나 피해의 규모면에서 더욱 확대되는 모습을 보인다. 첫 나팔(8:7)은 땅 위에 환난이 임하게 하지만 아무런 피해가 없다. 둘째 나팔(8:8-9)은 생물의 피해를 가져오고, 셋째 나팔(8:10-11)은 자연재해를 통한 인명 피해가 발생하며, 넷째 나팔(8:12)은 천체의 재앙을 몰고 온다. 이 네 나팔 재앙들은 출애굽 당시 애굽 천지에 임했던 재앙과 흡사하다. 네 재앙은 강도가 매우 혹독하지만 온 땅에 미치지는 않고 3분의 1로 제한적이다. 3분의 1이란 표현이 7-12절에서만 무려 12회나 언급되었다.

겔 5:1-12에도 이와 유사한 장면이 나온다. 하나님의 명령에 따라 에스겔 선지자는 날카로운 칼로 자신의 머리털과 수염을 깎아서 3분의

1씩 저울에 나눈다. 예루살렘 성이 포위되는 날에 터럭 3분의 1을 성읍 안에서 불사르고, 3분의 1은 성읍 사방에서 칼로 치고, 3분의 1은 바람에 흩뿌린다. 이것은 이스라엘 백성들이 '3분의 1'씩 각각 세 가지 다른 운명에 처하게 될 것을 경고하는 예표적 행동이었다. 나팔 재앙에 대해서도 신학적 입장에 따라서 다양한 해석을 보이고 있다.

① 역사주의적 관점 → 나팔 재앙을 반달족, 고트족, 훈족, 사라센족, 투르크족 등이 계속해서 로마제국을 침입한 사건으로 이해한다. 3분지 1의 재앙 범위는 로마제국의 서부 지역에 대한 것으로 이해한다. 매튜 헨리는 수목과 각종 푸른 풀을 성직자 계급과 높고 낮은 계층의 일반 평신도로 여기면서 로마제국만이 아니라 교회에 대한 심판의 재앙으로 보았다. 역사적 해석에서는 여섯째 인을 1453년에 발생한 투르크족의 콘스탄티노플의 함락으로 본다.

② 과거주의적 관점 → 첫 네 나팔을 유대 전쟁 때에(66-70) 로마 군대에 의한 유대인들의 재앙으로 해석한다. 다섯째 나팔은 유대인들을 자멸하도록 내버려둔 악마적인 영으로 본다. 여섯째 나팔은 예루살렘을 멸망시킨 로마군대의 유대인 학살과 그들의 강제이주로 이해한다.

③ 미래주의적 관점 → 문자적으로 해석하든 상징적으로 해석하든 일곱 나팔 재앙을 7년 대환난 기간 중에도 회개하지 않는 불신자들에게 임할 재앙으로 해석한다. 이것은 하나님의 직접적인 재앙일 수도 있고 인간의 기술 남용으로 인한 지구적인 재앙일 수도 있다고 본다. 핵무기가 좋은 예에 속한다.

④ 이상주의적 관점 → 일곱 나팔의 재앙을 회개하지 않는 인류에

대해 더 무서운 재앙이 임할 것이라는 경고로 이해한다. 일곱 나팔 재앙의 배경은 애굽에 내린 재앙들인데, 그와 같은 재앙들은 역사 속에서 자주 경험된 일이었다. 회개하기를 거절하는 인간의 죄성은 이런 재앙을 당하고 견딜 뿐이지 아무런 대책도 없다.

7 첫째 천사가 나팔을 부니 피 섞인 우박과 불이 나서 땅에 쏟아지매 땅의 삼분의 일이 타서 사위고 수목의 삼분의 일도 타서 사위고 각종 푸른 풀도 타서 사위더라
8 둘째 천사가 나팔을 부니 불붙는 큰 산과 같은 것이 바다에 던지우매 바다의 삼분의 일이 피가 되고
9 바다 가운데 생명 가진 피조물들의 삼분의 일이 죽고 배들의 삼분의 일이 깨어지더라
10 셋째 천사가 나팔을 부니 횃불 같이 타는 큰 별이 하늘에서 떨어져 강들의 삼분의 일과 여러 물샘에 떨어지니
11 이 별 이름은 쑥이라 물들의 삼분의 일이 쑥이 되매 그 물들이 쓰게 됨을 인하여 많은 사람이 죽더라
12 넷째 천사가 나팔을 부니 해 삼분의 일과 달 삼분의 일과 별들의 삼분의 일이 침을 받아 삼분의 일이 어두워지니 낮 삼분의 일은 비췸이 없고 밤도 그러하더라
13 내가 또 보고 들으니 공중에 날아가는 독수리가 큰 소리로 이르되 땅에 거하는 자들에게 화, 화, 화가 있으리로다 이 외에도 세 천사의 불 나팔소리를 인함이로다 하더라

7 첫째 천사가 나팔을 부니 피 섞인 우박과 불이 나서

첫째 나팔부터 넷째 나팔의 재앙은 자연계에 나타난 재앙으로 서로 연관되어 있다. 그러나 나머지 세 재앙은 서로 독립적으로 존재한다. 특히 8:13에서 독수리가 나머지 나팔 재앙을 '화, 화, 화'라고 하면서 세 개의 화로 따로 구분한다. 일곱 나팔 재앙은 성도들과는 무관하며 하나님께 적대적인 세상을 향한 것이다. 재앙의 목적은 불신자들의 회개에 있지만 재앙이 극심해질수록 그들의 반응은 더욱 악화일로를 걷는다. 이는 일곱 인에, 일곱 나팔 그리고 가장 혹독한 심판의 재앙이 담긴 일곱 금대접으로까지 이어지게 만든다. 이처럼 '점점 강하고 세게' 진행되는 하나님의 심판은 뒤돌아설 줄을 모른다. 작정된 목표 지점을 향해 예정된 수순을 밟아 착착 진행된다. 하나님의 종들이 하나님의 인을 맞기까지 유예되었던 심판이 이제 막 시작된다.

열 재앙의 일곱째(출 9:13-35)와 유사하다. 그러나 애굽의 재앙에는 피가 섞이지 않았다. 스윗과 스웨트는 "피 섞인 우박과 불"에 대하여 사하라 사막의 붉은 모래 입자가 공기에 뒤섞이던 지중해의 현상에 요한이 영향을 받아 피와 같은 붉은 비로 표현했을 것이라 추정했으나 지나친 비약이다. 화산재로 인한 것이라는 설명도 미흡하다. 이것을 핵무기와 같은 최첨단 미사일로 해석하는 것은 역사적인 해석의 입장에 따라 피 섞인 우박과 불의 재앙을 고트족의 로마 침공에 적용시킨 것처럼 매우 인위적이고 황당하기까지 하다. 마운스는 요한이 애굽에 내렸던 재앙을 염두에 두었을 것이라 여겼다.

우박은 구약에서 자주 심판의 도구로 상징되었는데, 신약에서는 오직 계시록에만 언급되었다. 폭풍 현현의 장면에서는 번개와 음성과 뇌성이 동반되었는데(4:5, 8:5, 후자의 경우에는 지진이 더 추가되었

음) 11:19의 폭풍 현현에서는 '큰 우박'이 첨가되었다(11:19). 여호수아가 기브온 거민의 요청에 따라 아모리 군대와 싸울 때에, 하나님이 하늘에서 큰 덩어리의 우박을 내려 칼에 죽은 자보다 더 많은 적들을 죽였다(수 10:11). 시편 기자는 두 번씩이나 출애굽 당시 애굽에 우박 재앙을 내리신 하나님을 찬양했다(시 78:47-48, 105:32-33). 하나님은 욥에게 눈 곳간과 우박 창고를 보았는지 물으시면서, 그것이 '환난 때'와 전쟁과 격투의 날을 위해 저축된 것임을 밝히셨다(욥 38:22-23).

이로 보건대 '우박'은 구약에서 하나님이 행하신 심판의 도구였다. 첫째 나팔로 인한 재앙은 단순히 우박만이 아니라 피 섞인 우박에 불까지 붙어 재앙의 두려움을 더했다. 종말을 노래했던 요엘 선지자는 하나님의 신을 만민에게 부어주실 그때에 하늘에서 피와 불과 연기 기둥의 이적이 나타날 것을 예언하였다(욜 2:30-31). 베드로는 요엘 선지자의 예언을 인용하면서 오순절의 성령 강림이 그에 대한 부분적 성취라고 선언했다(행 2:16-21). 성경에서 피와 불은 하나님의 심판을 상징한다(사 9:5; 겔 21:32, 38:22). 비얼은 첫째 나팔로 인한 재앙이 겔 38:22의 반향이라고 보았다. 곡을 파멸시키는 여호와의 심판이 행해졌을 때에 하늘로부터 온역과 피와 큰 우박덩이와 불과 유황이 폭우처럼 쏟아졌다. 유대 문헌들에 의하면 랍비들은 겔 38:22의 말씀을 출애굽의 재앙과 연관시켜 종말의 때에다 적용시키곤 하였다.

8 **둘째 천사가 나팔을 부니 불붙는 큰 산과 같은 것**

8-9절은 둘째 나팔로 인한 재앙으로서 바다에 대한 심판인데, 열 재앙의 첫째(출 7:14-21)와 유사하다. 그러나 애굽의 재앙은 나일 하수의 물이 변하여 피가 되었음에 비하여, 이곳에서는 불붙는 큰

산과 같은 것이 바다에 던져짐으로써 바다의 삼분지 일이 피가 되고 어족의 삼분지 일이 죽고 선박의 삼분지 일이 파괴된다. 바다에 떨어진 물체를 산 같은 것으로 묘사했음은 어마어마한 크기 때문일 것이다. 산은 영구한 것이 아니라 뿌리가 뽑히고(욥 28:9) 진동으로 인하여 심히 흔들린다(삿 5:5; 렘 4:24; 나 1:5). 곡의 침공 때에 이스라엘에 큰 지진이 나서 산들이 무너진다(겔 38:20). 하나님은 지렁이 같은 야곱을 이가 날카로운 새 타작기계로 삼아서 산들을 부스러기로 만들 것을 약속하셨는데(사 41:15) 이것도 심판과 연관되었다.

일부 학자들(Mounce, Swete, Aune)은 둘째 나팔로 인한 재앙의 내용 배경이 베스비어스 화산과 같은 지각 변동의 결과였을 가능성을 제시하였지만 너무나 지엽적인 해석이다.

모팻도 지역의 화산 활동으로 이해하였다. 알포드와 왈부어드는 화염에 휩싸인 혹성으로 해석하였다. 비얼은 본서에서 불이 '심판'을 상징하듯이(1:14, 8:7, 13:13, 14:10, 18), 산들은 통치자가 다스리는 영역의 상징(6:14, 14:1, 17:9, 21:10)으로 보고, 본 절의 "큰 산 같은 것"을 왕국에 대한 비유라고 보았다. 18:21에 힘센 천사가 맷돌 같은 돌을 들어 바다에 던짐으로써 큰 성 바벨론이 파멸된다. 본 절의 배경은 예레미야 51장인 듯 보인다. "온 세계를 멸한 멸망의 산", "불탄 산"(렘 51:25), "돌을 하수 속에 던짐"(렘 51:63-64) 같이 불과 산과 던짐과 하수의 이미지는 계시록 18장과 어울려 본 절의 재앙 내용과 매우 흡사함을 알 수 있다. 비얼은 불붙는 큰 산 같은 것이 바다에 떨어진 것을 '사악한 왕국인 바벨론=로마'에 대한 심판을 나타낸 것이라고 결론지었다.

요한은 나팔 재앙에서 계속해서 듣고 본다. 천사의 나팔을 듣는 순간 재앙의 내용이 될 장면들이 그의 눈앞에 펼쳐진다. 불붙는 큰 산과 같은 것의 정체가 무엇인지는 확실하지 않지만 그로 인한 처참한 결과로 미루어 보아 엄청난 재앙이었던 것만은 분명하다. 혹자는 산이 간혹 왕국을 의미했기에, 이것이 영적 바벨론이거나 어떤 거대한 제국을 나타낸다고 보았다. 혹자는 시온이나 로마로도 보았다. 그러나 본 절에서의 산은 실제의 산이 아니라 산 "같은"(ὡς / 호스) 것이었다. 불붙는 큰 산과 같은 이것의 정체가 화산과 연결되었든 혹성이든, 분명한 것은 그것이 지중해와 같은 어느 한 지역에 국한된 것이 아니라는 사실이다. 그것이 바다에 떨어짐으로 인하여 인류적인 재앙이 들이닥쳤음은 일단 우리의 일반적인 상상을 뛰어넘는다. 그리고 그로 인해 출애굽의 첫째 재앙에서처럼 바닷물이 비유가 아니라 실제 상황에서 피로 변하였다.

10 셋째 천사가 나팔을 부니 횃불같이 타는 큰 별이

셋째 천사가 나팔을 불자 횃불같이 타는 큰 별이 하늘로부터 강과 여러 물샘으로 떨어진다. 물에 대한 하나님의 심판이다. 땅은 첫째 나팔의 심판과 둘째 나팔의 심판으로 인한 재앙에서 미처 회복되기 전이다. 조금의 쉴 틈도 없이 하나님의 심판은 작정된 시간표를 따라서 전진을 계속한다. 이것도 역시 애굽에 내린 '물 재앙'을 연상시킨다(출 7:14-21). 둘째 나팔 재앙이 바다였음에 비하여 셋째 나팔 재앙은 강과 여러 물샘들이다. 물들을 오염시켜 사람들을 죽음으로 이끈 이것의 이름은 '쑥'이다.

역사적으로 하나님은 우상 숭배의 죄로 오염된 이스라엘에게 그에 합당한 재앙을 내리셨다. 예레미야 선지자는 수차례나 쑥과 독한 물을 상징적으로 사용하여 하나님의 심판이 적절했음을 보여주었다. "우리 하나님 여호와께서 우리를 멸하시며 우리에게 독한 물을 마시우심이니라"(렘 8:14). "보라 내가 그들 곧 이 백성에게 쑥을 먹이며 독한 물을 마시우고"(렘 9:15). "보라 내가 그들에게 쑥을 먹이며 독한 물을 마시우리니 이는 사악이 예루살렘 선지자에게로서 나와서 온 땅에 퍼짐이라"(렘 23:15).

한편 아운은 10절의 횃불같이 타는 별과 그로 인해 물이 쑥처럼 쓰게 되었음을 8절의 반복으로 보았다. 그러나 둘은 분명한 차이를 보인다. 둘째 나팔 재앙의 영역이 바다임에 비해 셋째 나팔 재앙은 강물과 물샘에만 국한되었다. 아이언사이드는 "횃불 같이 타는 큰 별"을 상징적으로 해석하여 '거짓 종교 지도자'라 보았고, 렌스키는 사람들을 심판으로 이끄는 '미혹의 영향력'으로 보았으며, 존슨은 '천사'로 보았다. 토마스는 이들의 그런 해석을 도울 어떤 본문도 없다고 비판하면서, 문자적으로 취해 '별'이나 '유성'으로 해석한 왈부어드를 지지하였다. 고대인들은 하늘을 가로지르는 유성을 "횃불"(λαμπάς / 람파스)로 표현하였다는 근거에서다. 그러나 별은 넷째 나팔을 불기까지 하늘에 있었다.

첫째부터 넷째 나팔까지 재앙의 범위는 삼분의 일로 제한되었다. 이것은 진노 중에라도 긍휼을 베푸시는 하나님의 성품이다. 사람들은 여전히 회개할 수 있고 회개하면 재앙에서 벗어날 수 있다. "삼분의 일"(τὸ τρίτον / 토 트리톤)이란 표현은 7-12절에서 무려 열두 번이나 사용되었다. 이것은 정확히 인류 인구의 삼분의 일이란 의미라기보다, 하나님의 심판이 제한적이며 최종적이 아님을 나타내는 표현으로 보아야 한다. 지금까지는 하나님의 심판 재앙이 모두 위로부터 아래에 떨어졌다. 이는 심판의 근원이 오로지 하나님께만 있음을 보여준다. 애굽에 내린 재앙과 계시록의 재앙을 비교해 보면 비슷한 면이 꽤 있다. 애굽에 내린 재앙 중에서 2~5번째 재앙들은 계시록에 전혀 나타나지 않음은 흥미로운 일이다.

출애굽 재앙		계시록 재앙	
7	우박	1나팔	땅의 1/3
		2나팔	바다의 1/3
1	물이 피로 변함	3나팔	강의 1/3
		4나팔	하늘의 1/3
8	메뚜기 떼	5나팔	황충
10	처음 난 것들 사망	6나팔	사람의 1/3 죽음
		7나팔	고요함
6	독종	1대접	악하고 독한 헌데
		2대접	바다가 피로 변함
1		3대접	강이 피로 변함
		4대접	해가 사람들 태움
9	홍해가 마름	5대접	흑암
		6대접	유브라데스가 마름
		7대접	지진

11 이 별 이름은 쑥이라 물들의 삼분의 일이 쑥이 되매

"쑥"(ὁ Ἄψινθος / 호 앞신또스)은 다북쑥속(屬)의 식물(Artemisia)이다. 이 식물은 엄청 쓰며 장에 기생하는 벌레를 죽일 약을 만들 때에 쓰이는 검푸른 기름을 낸다. 그래서 이름도 '벌레 (죽이는) 나무'란 뜻의 wormwood이다. 횃불같이 타는 큰 별이 각종 수원지에 떨어져 물이 쓰게 됨을 인해 붙여진 이름이다. 본래 식물 자체는 맹독성이 없으나 물을 오염시켜서 그 물을 오래도록 마시는 사람을 죽음으로까지 이끈다. 구약에서 "쑥"은 죄에 대한 하나님의 심판으로 인하여 야기된 심각한 재난 재해를 의미한다. 우상 숭배로 인한 저주(신 29:18)와 음녀로

인한 재앙(잠 5:3-4)과 공법의 변질로 인한 저주의 독(호 10:4; 암 5:7, 6:12) 등이다. 예레미야는 자신이 당하는 고통을 쑥으로 표현하였다(애 3:15, 19). 아운은 1온스(약 28.35그람)의 '앞신또스'는 524갤런(약 1,983리터)의 물에 타도 그 성분이 검출될 만큼 아주 지독함을 언급하였다. 쑥의 독성도 그렇지만 바로 그 "쑥"이 물샘의 근원들에 떨어졌다는 것이 엄청난 재앙이다.

하나님은 이스라엘의 역사를 통해 마라의 쓴 물을 단물로 만드시고(출 15:23-25), 지독한 냄새로 인하여 사람들이 마시지 못하던 여리고 성의 물을 고치신 적이 있으시다(왕하 2:19-21). 그런데 본 절에서는 마실 수 있는 물을 쓰게 만드셨다. 하나님을 적대하는 땅의 거주자들에게 내린 심판의 형벌이다. 이스라엘은 반역의 대가로 독한 물을 마시기도 했는데(애 3:15, 19), 그것은 죄에 대한 심판의 형벌이었다. 키들은 본 절의 표현이 반역하던 옛 이스라엘에게 억지로 쓴 물을 마시게 하였던 장면을 연상시킨다고 보았다. 물들이 쓰게 됨을 인하여 '많은'(πολλοί / 폴로이) 사람이 죽었는데, 키들과 마운스는 이것이 삼분의 일이란 표현에 문체적 변화를 꾀한 것이라고 보았다. 그러나 이미 물들의 삼분의 일이 쑥이 되었기 때문에 죽은 자까지 삼분의 일에 국한시킬 이유는 없다. 여섯째 나팔을 불 때는 죽은 사람이 삼분의 일이라고 밝혔는데(9:18), '많은'을 삼분의 일로 해석할 수 없음을 반증해 준다. 삼분의 일은 삼분의 일이고, '많은'은 적지도 않고 모두도 아닌 상당수를 의미한다.

하나님은 예레미야에게 이스라엘 백성이 독한 물을 마시고 쑥을 먹게 된 이유를 분명히 밝혀 주셨다(렘 9:15, 23:15. 이유 없는 형벌은 없었고 원인 없는 결과도 없었다. 이스라엘의 고질적인 반역과 불순종에 더하여 율법을 버리고 하나님께 불순종할 때 받을 저주에 아멘으로 화답하였던 그들에게 임한 당연한 응보였다. 스스로 생수의 근원 되신 하나님을 버린 그들에게는 걸을 수 있는 길이 남아 있지 않았다. 그들은 물을 저축하지 못할 터진 웅덩이를 파서 생수가 모여들 기회마저 가질 수 없었다(렘 2:13).

마실 수 없는 물을 마시고 먹을 수 없는 풀을 먹어야 하는 것은 그들 앞에 놓인 유일한 외길이었다. 그들의 범죄는 포도나무와 무화과나무의 열매를 금지 당했을 뿐 아니라 독한 물을 마시게 되었다(렘 8:14). 그들은 차라리 견고한 성읍에 들어가서 죽기를 바랐을 정도로 독한 물을 마심으로 인해 엄청난 고통을 당하였다. 이스라엘의 종교 지도자들은 하나님 신앙을 포기하고 바알을 섬김으로써 민족의 영적 자부심을 더럽히고 선민의 자부심을 오염시켰다(렘 9:13-14).

12 넷째 천사가 나팔을 부니 해 삼분의 일과 달 삼분의 일

넷째 천사의 나팔이 울리자마자 해와 달과 별들이 즉각적으로 재앙의 선공을 받는다. "침을 받아"(ἐπλήγη / 에플레게)의 명사는 '플레게'로서 '화' 또는 '재앙'이라는 뜻이다. 출애굽 당시의 재앙에서는 우박 재앙으로 인해 곡식의 '상함'(출 9:31-32)을 나타낼 때 쓰였다. 다윗은 자신이 처했던 극심한 고난 상황을 풀같이 '쇠잔함'으로 표현하였다(시 102:4). 알포드는 무엇이 해와 달과 별들을 쳤는지 알 수 없지만, 재앙을 가한 실체보다 재앙 당한 현상을 더욱 강조한 것으로 보았다. 천체의 광명을 주관하던 해와 달과 별들은 원래의 발광 능력에서 삼분의 일을 잃었다. 즉각적인 어두움이 온 세상을 뒤덮었다. 잠깐의 일식, 월식이 아니라 계속되는 어두움으로 인해 지구가 온갖 재난에 휩싸일 것은 명약관화한 일이다. 흑암은 애굽에 내린 재앙

중에서 아홉 번째로서 마지막 재앙의 선도 역할을 하였다. 예언자들은 '여호와의 날'을 '어두운 날'로 표현했다(사 13:10; 겔 32:7; 욜 2:2; 암 5:18; 습 1:15). 주님도 환난 이후의 상황을 해와 달과 별들의 변화로 말씀하셨다(막 13:24-25).

흑암은 하나님의 손길이 임하기 전, 입김이 불리기 전인 창조 이전의 혼돈 상태(창 1:2)와 연관되어 있다. '빛과 어두움'은 선신과 악신의 이원론적 체계에 대한 상징이 아니다. 빛과 어두움은 하나님이 창조하고 다스리신다. 저물 때, 황혼 때, 깊은 밤 흑암을 정하시는 것은 하나님이시다(잠 7:9).

어두움은 환난의 상징이다(사 45:7). 하나님은 빛으로 낮을 만드시듯 흑암으로 밤을 만드신다(시 104:20). 어두움은 악인의 길을 상징한다(잠 4:19). 어둠은 죽음의 그늘과 병치되어 죽음을 의미하였다(욥 12:22). 어두움은 빛으로 오신 주님과 적대적 관계에 있는 세상의 죄성을 뜻한다(요 3:19-20). 발광체의 삼분의 일이 광명을 잃어버림은 하나님께서 자연계에 허락하신 은총을 거세하셨다는 의미도 담고 있다. 낮에도 어두컴컴하고 밤에는 달과 별들이 빛을 잃어 그 캄캄한 상태를 더욱 악화시킨다.

주님은 빛으로 세상에 임하셨지만 사람들의 본성적인 악이 그 빛을 싫어하고 미워하여 배척하고 죽이기까지 하였다.

빛이 물러가고 어두움이 온 땅을 뒤덮는 순간에도 빛은 결단코 죽지 않는다. 소멸되지 않는다. 어둠은 빛을 깨닫지도 못하고 이길 수도 없다(요 1:5). 어두움이 땅을 뒤덮고 캄캄함이 만민을 가릴 그때야말로 여호와의 영광이, 영광의 빛이, 빛의 능력이 나타날 적시다(사 60:2). 악은 스스로의 어두움을 조절할 능력이 없다. 덜 캄캄하고 더 캄캄하게 하는 것도 하나님의 손안에 달려 있다. 악인이 악한 날에 쓰임 받는 것이나, 악한 천사가 주의 날에 심판의 도구로 쓰임 받는 것은 선악 간의 모든 일에 하나님만이 주권을 갖고 계심을 의미한다. 본 절에 묘사된 흑암은 세 화가 임할 장면 배치로서 매우 적합하다. 다섯째 대접이 땅에 있는 짐승의 보좌에 쏟아졌을 때에도 흑암이 세상을 뒤덮었다(16:10). 본 절에서의 흑암은 고통을 동반하지 않았지만, 다섯째 대접 시의 흑암은 지극한 고통을 수반한다. 역설적으로 사람들은 너무 아파서 오히려 하늘의 하나님을 훼방하고 회개하지 않는다(16:11).

13 내가 보고 들으니

"내가 보고 들으니"처럼 '봄'과 '들음'이 결합된 형태로 나타난 것은 이곳과 5:11뿐이다. 6:5과 7-8절에 "들으니"와 "보니"가 거의 동시에 언급되었으나 본 절의 형태와 약간 다르다. 이 장면에서는 공중을 날으는 "하나의 독수리"(ἑνὸς ἀετοῦ / 헤노스 아에투) 형상 자체보다 그가 전하는 메시지에 더욱 무게가 있는 듯하다. "독수리"(ἀετός / 아에토스, 히브리어로는 נֶשֶׁר / 네세르)는 '독수리' 또는 '콘도르'로 둘 다 번역이 가능한데, 본 절의 해석은 이 단어를 어떻게 보느냐에 따라 요점이 달라진다. 예를 들어 마운스는 독수리가 강함과 신속함의 상징이라면 콘도르는 임박한 파멸을 상징한다고 보았다. 히브리어나 헬라어로는 두 해석이 모두 가능하며 크기와 강함과 먹이를 낚아챔에 있어서 신속함이 그 특징이었다. 독수리는 로마의 상징이었으며 신들의 메신저로 간주되었기에 독수리로 해석하는 것이 보다 자연스럽다.

구약이 보여주는 독수리에 대한 의미는 매우 다양하다. 독수리의 힘과 신속한 비상이 때로는 '해방'을 상징하지만(출 19:4; 잠 23:5; 사

40:31), 어떤 때는 죽음과 파괴의 전조(렘 48:40-42; 호 8:1)가 된다. 그리고 독수리의 보금자리는 하나님의 창조 능력(욥 39:27-30), 또는 돌보심(신 32:11)을 상징한다. 또한 제왕다운 풍모(겔 1:10, 10:14)와 청춘의 박력과 힘(시 103:5; 사 40:31)을 상징한다. 독수리는 계시록을 제외하고는 신약에서 오직 복음서에만 나타나는데, 두 군데 다(마 24:28; 눅 17:37) '파멸'과 연관되었다. 계시록에서 독수리는 네 생물의 위풍당당함(4:7), 신속한 비상력과 힘(12:14), 파멸과 심판의 전조(8:13)로 상징되었다.

땅에 거하는 자들에게 화, 화, 화가 있으리로다

독수리는 공중에 떠 있는 것이 아니라 공중을 난다. 여기에서 '공중'(μεσουρανήματι / 메스우라네마티)은 정오에 태양이 떠 있는 곳으로 천사가 날아가는 위치를 정확히 묘사한다. 그것은 굉장히 높은 곳이면서 지상의 모든 사람이 한눈에 볼 수 있고(Alford, Swete) 그가 전하는 메시지를 들을 수도 있다.

공중에 날아가는 거대한 독수리의 모습은 괴이하고 그의 활력 넘치는 움직임을 연상시킨다. 큰 독수리가 온 우주에 울려 퍼질 "큰 목소리로 외친다"(λέγοντος φωνῇ μεγάλῃ / 레곤토스 포네 메갈레, 5:12; 6:10; 7:2, 10; 11:15; 12:10; 14:7, 9, 18; 19:1, 17 그리고 18:2). 이전의 네 나팔과는 판이하게 다른 막중한 재앙이 셋이나 더 남아 있다.

9장에 들어서면서 독수리가 전한 메시지의 실상이 완연한 모습으로 나타난다. 네 개의 나팔 재앙을 통해서도 회개하지 않던 이들은 이제 세 개의 준비된 화의 현실에서 계속 재앙에 머물러 있든지, 아니면 하나님께로 돌이키든지 둘 중 하나를 선택해야 한다(9:20-21). 그들은 '하나님의 인을 맞지 않은 자들'로서 세 화의 재앙을 벗어날 수 없다(9:4). 이미 받은 재앙들과는 비교도 되지 않을 정도의 엄청나고 막강한 화가 여전히 남아 있다는 사실 자체가 세상으로서는 견디기 어려운 고통이 될 것이다. 가슴을 치면서 회개해야 당연한 반응인데 땅에 거하는 자들은 이를 갈면서도 행악으로 인한 파멸에의 길을 고집한다.

죄를 견딜 수 없어 하시는 하나님의 거룩함으로 인해 심판은 불가피하다. 성경이 전하는 메시지는 한결같다. 하나님의 거룩하심이 때로는 거룩한(불같은) 사랑으로 때로는 엄정한(불같은) 공의로 드러나지만, 사랑이 중단되고 공의가 번득이는 경계에는 늘 죄가 도사리고 있다. 하나님의 거룩함에는 거룩한 자의 거룩함조차 더러운 옷과 같다(사 64:6). 하나님의 눈은 정결하기 그지없어 악을 차마 보지 못하시며 패역을 차마 보지 못하신다(합 1:13). 거룩한 말씀에 저촉되면 심판이 임한다(약 2:10-11). 신실하지 못한 예루살렘은 우상 숭배와 부도덕함 때문에 이중의 화를 당해야 했다(겔 16:23). 붕괴된 바벨론의 모습을 보면서 땅의 임금들과 상인들과 선원들은 "화 있도다! 화 있도다!"라며 이중 장송곡을 읊었다(18:10, 16, 19). 삼중의 화는 아직도 그 가공할 위력을 드러낼 순간을 손꼽아 기다린다(9:1, 12, 20).

독수리가 전한 메시지는 짧지만 치명적이다. 그 내용을 이루고 있는 심판의 내용과 이유는 명확하다. 원문은 "화 화 화"(οὐαὶ οὐαὶ οὐαὶ / 우아이 우아이 우아이)가 "땅에 거하는 자들" 바로 앞에 있어 화가 강조되어 있다. "화"의 선언은 구약적 배경을 지니고 있다(사 5:8-9; 암 6:1-2; 합 2:9-10).

땅에 거하는 자들은 그들이 저지른 죄악뿐만 아니라 돌이키기를 거절하는 고질적인 완고함 때문에 화를 피할 수 없다. 땅에 거하는 자들의 정체는 그들이 짐승을 따르고 경배함에서 원래의 모습이 뚜렷이 드러나고(13:8), 성도들을 적대하고 죽인 자들이다(6:10, 11:10). 그들을 위하여 영구하게 준비된 처소는 무저갱이다(17:8). "땅에 거하는 자들"은 "하늘에 거하는 자들"(12:12, 13:6)과 대조를 이룬다. 나팔을 불 준비가 완료되었으므로 세 화의 심판은 속히 이른다.

C. **다섯째 나팔과 첫째 화 : 황충**(9:1-12)

네 나팔이 단지 여섯 절에서 다루어졌음에 비해 두 나팔, 곧 두 화의 재앙은 9장 전체를 차지하고 있다. 8:13에서 예고했던 것처럼 다섯째 나팔부터 일곱째 나팔까지는 각각의 화로서 매우 독립적인 성격을 띠고 있다. 이전의 네 나팔은 모두가 자연에 대한 재앙이라는 측면에서 서로 연관이 되어 있다. 이에 비하여 뒤의 세 나팔은 전체적으로는 땅의 거주자들에 대하여 직접적이고 더욱 강화된 하나님의 심판이라는 형태를 갖는다. 하지만 내용적으로는 모두 별개이다. 일곱째 나팔은 일곱째 인이 그랬던 것처럼 다음에 도래할 일곱 대접의 심판을 내포한다. 다섯째 천사가 나팔을 불자 요한은 색다른 광경을 목격하였다. 가장 높은 하늘에서 떨어진 별과 가장 깊은 무저갱에서부터 황충이 올라오는 모습을 연이어 보았다. 그 별은 무저갱의 열쇠를 받아 그것으로 무저갱을 열었다. 황충-전갈-사람의 모습이 뒤섞인 변종으로서 괴이한 형체의 전사 집단이 지상에 출현하였다. 하늘에서 떨어진 별은 천사로서 하나님의 심판을 집행하는 도구로 쓰임 받는다. 그가 선한 천사이건 악한 천사이건 상관없이 심판 집행자로서 그가 맡은 역할만은 분명하다.

요한은 하늘에서 별이 떨어지는 장면을 실제로 목격하지는 못했으나 그로 인한 결과를 정밀하게 묘사한다. 이 별은 여섯째 인의 결과로 무화과나무가 대풍에 흔들려 떨어지는 것처럼 떨어지던 그 별들(6:13) 중의 하나가 아니다. 셋째 천사가 나팔을 불 때 떨어진 횃불같이 타는 큰 별도 아니다(8:10). 별은 이미 떨어졌다. 별은 자연적 성운이 아니라 초자연적 별인 것은 뒤이어 나오는 구절들의 묘사로 분명하다. 인격적 존재로서 무저갱의 열쇠를 받는다. 거의 동시에 지금까지 일어난 자연 재앙들과는 달리 지하 세계로부터 초자연적 재앙의 세력이 돌출한다. 그 무시무시한 존재의 출현은 돌발적이며 다섯 달 동안 땅에 거하는 자들을 죽음 같은 고통으로 괴롭힌다. "황충"의 진원지는 무저갱이다. 무저갱은 사탄의 처소다. 그러므로 황충은 마귀적인 세력이다. 이 세력은 스스로 나타나 가공할 만한 힘을 과시하는 것이 아니다. 하나님의 허락하심 속에서 황충은 제한적으로 활동하며 하나님이 선고한 멸망 재앙의 정당성과 하나님의 주권을 다시 강조한다.

황충의 공격 목표는 명확하게 정해졌다. 꺾을 수 없는 지옥의 이 군세는 하나님의 인을 맞지 아니한 땅의 거민들을 괴롭힌다. 황충의 급습은 그 고통이 너무 극심해서 사람들이 차라리 죽기를 구하지만 죽음이 이들을 피한다. 9장 전반부에서 묘사된 황충의 재앙은 애굽의 재앙(출 10:4-15)과 요엘의 예언을 상기시킨다(욜 1:7-12, 2:4-10). 이것은 다시 두 부분으로 나뉘는데 전반부에서는 황충으로 인한 충격(1-6절)을 묘사하지만 후반부에서는 황충의 특징들을 서술한다(7-12절). 요한은 황충으로 인한 피해를 다루기 전에 하늘로부터 떨어지는 별을 소개한다(1절).

1 다섯째 천사가 나팔을 불매 내가 보니 하늘에서 땅에 떨어진 별

하나가 있는데 저가 무저갱의 열쇠를 받았더라
2 저가 무저갱을 여니 그 구멍에서 큰 풀무의 연기 같은 연기가 올라
오매 해와 공기가 그 구멍의 연기로 인하여 어두워지며
3 또 황충이 연기 가운데로부터 땅 위에 나오매 저희가 땅에 있는
전갈의 권세와 같은 권세를 받았더라
4 저희에게 이르시되 땅의 풀이나 푸른 것이나 각종 수목은 해하지
말고 오직 이마에 하나님의 인 맞지 아니한 사람들만 해하라 하시
더라
5 그러나 그들을 죽이지는 못하게 하시고 다섯 달 동안 괴롭게만
하게 하시는데 그 괴롭게 함은 전갈이 사람을 쏠 때에 괴롭게 함과
같더라
6 그날에는 사람들이 죽기를 구하여도 얻지 못하고 죽고 싶으나 죽
음이 저희를 피하리로다
7 황충들의 모양은 전쟁을 위하여 예비한 말들 같고 그 머리에 금
같은 면류관 비슷한 것을 썼으며 그 얼굴은 사람의 얼굴 같고
8 또 여자의 머리털 같은 머리털이 있고 그 이는 사자의 이 같으며
9 또 철흉갑 같은 흉갑이 있고 그 날개들의 소리는 병거와 많은 말들
이 전장으로 달려 들어가는 소리 같으며
10 또 전갈과 같은 꼬리와 쏘는 살이 있어 그 꼬리에는 다섯 달 동안
사람들을 해하는 권세가 있더라
11 저희에게 임금이 있으니 무저갱의 사자라 히브리 음으로 이름은
아바돈이요 헬라음으로 이름은 아볼루온이더라

12 첫째 화는 지나갔으나 보라 아직도 이 후에 화 둘이 이르리로다

1 하늘에서 땅에 떨어진 별

8:10에도 셋째 천사가 나팔을 불 때 "쑥"이란 별명의 횃불같이 타는 큰 별이 떨어져 강과 여러 물샘의 3분의 1을 쓰게 만들어 사람들을 죽게 만들었다. 이곳에 나오는 별은 무저갱의 열쇠를 받아 무저갱을 연 인격적 존재다. 떨어진 별이 타락한 천사를 가리키는 것은 자명하다. 그는 새벽의 아들 계명성으로서(사 14:12) 그 꼬리로 하늘 별 곧 천사들 중의 3분의 1을 땅에 떨어지게 만든 장본인이다(계 12:4; 그리고 유 1:6 참조). '떨어짐'은 하강보다는 타락의 의미가 더 가깝다. 찰스를 선두로 하여 하강천사를 선한 천사로 해석한 이들(Ladd, Mounce, Beckwith, Rist)은 모두 비얼로부터 신구약 성경과 유대 문헌들에서도 그와 같은 해석을 지지할 근거가 없다는 전제하에 호된 비판을 받았다. "떨어진"은 단순히 '하강한다'는 의미보다 문맥상으로 비추어볼 때 '쫓겨나고' '추방당한다'는 의미가 더 적합하다.

찰스는 별을 천사로 상징할 때 '떨어짐'은 단순히 '내려옴'을 의미하는 것이라며 타락의 해석을 경계하였으나, 여기에서 떨어진 별을 천사의 타락으로 해석함에는 아무런 무리가 없다. 렌스키는 찰스의 입장에 동조하였으나 천사의 타락으로 해석하는 편이 더 우세하다(Walvoord, Kiddle, Sweet, Lee, Alford). 이 별을 사탄이라 단정한 이들이 있는가 하면(Alford, Swete) 모호하게 그냥 정체불명의 악한 천사라 표현한 이들도 있다(Simcox, Beale). 그가 타락한 천사라면 그야말로 11절에서 묘사하고 있는 황충의 임금인 아바돈이요 아볼루온이다. 그가 사탄이 아니라면 적어도 사탄의 앞잡이임에는 틀림없다(Beale). 신중

한 독자라면 9장 전체에 드리워진 분위기는 보좌에 앉으신 분과 어린양의 주권임을 알 수 있을 것이다. 사탄에게 권세를 주어 일시적으로 성도들을 괴롭게 하거나 사악한 무리들의 죄를 쌓아 합당한 심판을 당하게 하는 일에 이르기까지 하나님은 선악 간 고유한 주권을 활용하신다. 천상의 왕국만이 아니라 깊은 무저갱에 이르기까지 하나님과 어린양의 주권은 완벽하게 미친다.

"떨어진"(πεπτωκότα / 펲토코타)은 완료형으로서 별이 이미 떨어진 상태를 강조하고 있다. 요한은 '이전에 떨어진' 별을 '이제' 보고 있다. 이 떨어진 별을 주님은 이미 보셨다.

70인 제자들이 전도 여행을 마치고 주님께 승리의 보고를 드렸을 때 그들은 귀신들을 제압할 수 있었던 능력 사역으로 인하여 기뻐하였다. 이때 주님은 그 원인을 사탄이 하늘로부터 떨어졌기 때문이라고 설명하셨다(눅 10:18). 토머스는 이 별이 타락한 천사가 아니며 하나님의 형벌을 집행하려고 다음 단계의 사명을 위하여 급파된 천사로 보았다(Ladd, Morris, Giesen).

렌스키와 존슨은 "무저갱의 열쇠를 받았다"는 표현에서 이 별이 인격적 존재임을 유추하였다. 미래주의적 관점에서는 이 별을 역사에 출현했던 '구체적 인물'로 본다(Beasley-Murray, Lee). 스캇은 적그리스도로 이해하였으며 기독교에 심대한 피해를 끼친 모하메드로 해석한 이들도 있다(Barnes, Elliot). 이것은 그가 군대를 집결시켰던 탁월한 능력이나 타락한 기독교에 대항하였던 역사적 사실에 힘입은 해석이다. 별을 사람에게 적용하는 예는 구약(삿 5:20; 욥 38:7)과 유대묵시문학(에녹전서 88:1, 90:24)에도 나온다. 그러나 별을 사람에게 적용하는 데는 본 절의 내용상 문제가 있다. 별의 근원은 하늘이다. 천상적인 기원을 갖고 있는 이 별을 사람에게 적용하는 것은 무리이다.

무저갱의 열쇠를 받았더라

"무저갱"(ἀβύσσου / 아뷧수)은 밑이 없는 구덩이로서(bottomless pit) '물의 깊음'(창 1:2, 7:11; 시 42:7, 107:26; 사 51:10)이라 불린다. 신약에서 이 단어는 모두 아홉 번 사용되었고 계시록에만 일곱 번 나타난다(9:1, 2, 11, 11:7, 17:8, 20:1, 3). 이곳에는 장차 전갈과 같은 꼬리로 다섯 달 동안이나 사람들을 괴롭게 할 황충들이 있으며, 아바돈 곧 아볼루온을 임금으로 섬기는데 그가 바로 무저갱의 사자다(9:11). 바울은 이곳이 죽은 자들의 영역을 의미한다고 이해했다(롬 10:7). 공중에는 독수리가 날고 땅에는 거주자들이 모여 있다. 하늘로부터 별이 땅에 떨어지고 무저갱으로부터 황충이 땅 위로 올라온다. 결국 셋째 화의 집결지는 땅과 땅에 거하는 자들이다. 하늘과 땅과 땅 아래라는 고대의 우주관이 여기에 보인다(10:6, 12:12, 14:7, 21:1).

시편에도 그런 의미에서 "땅 깊은 곳"이란 표현으로 사용되었다(63:9, 71:20). 지상에 출현하기 전까지는 짐승 곧 적그리스도가 머물던 곳이며(계 11:7) 무저갱은 천년 왕국 때에 사탄의 임시감옥(계 20:2-3)으로서 사탄과 그의 수하들이 영원히 머물게 될 지옥이나 음부와는 구별된다. 신약에서 무저갱은 범죄한 천사들을 가둬 지키는 어두운 구덩이로 묘사했다(벧후 2:4; 유 1:6). 유대 묵시록에도 감옥(에녹전서 18:14), 타락한 천사들이 수감된 감옥(에녹전서 10:4-6; 18:9-16; 희년서 5:3-11)으로 언급되었다.

복음서에서 무저갱은 악령들, 곧 귀신들이 감금당하는 곳으로 언급되었다(눅 8:31). 하늘과 지상과 지하로 우주를 나누는 것이 고대에는 흔한 일이었다. 계시록에서 말하는 하늘이 단순히 우리가 지금 바라보는 대기층의 하늘이 아니라 보이지 않는 세계의 영적 공간이라면, 이 지하의 유별난 공간도 지구의 깊은 어느 곳이 아니라 어두운 영적 공간으로 이해해야 한다. 이 세상에는 밑이 없는 구덩이가 존재하지 않는다. 이를 문자적으로 적용하고자 한다면 해석상의 곤경에 직면하게 된다. 영적인 실재를 우주적 관점에서는 도저히 이해할 수가 없다.

'무저갱'은 사탄과 두 짐승(적그리스도와 거짓 선지자)이 장차 던져질 불못과는 다르다. 불못에는 무저갱보다 지옥이 더욱 합당한 이름이다(마 25:41; 계 19:20, 20:10). 귀신들은 자신들의 활동이 억제당하기에 흑암의 깊은 곳에 들어가기를 싫어한다. 무저갱은 타락한 천사들을 임시로 감금시키는 곳이며, 천사의 나팔로 인하여 일부가 풀려나는데 그 중에 짐승이 포함된다(17:8). 이 무저갱은 짐승의 처소로서 두 증인의 사역이 한창 무르익을 때에 무저갱으로부터 올라온 짐승은 두 증인과 싸움을 벌여 두 증인을 죽여 온갖 모욕을 가한다(11:7, 10). 벧후 2:4에 따르면 무저갱은 지옥에 속하였으며 어두운 구덩이로 묘사되었다. 무저갱의 최고 우두머리는 아바돈 혹은 아볼루온이다(9:11).

2 큰 풀무의 연기 같은 연기

요엘 선지자는 하나님의 신이 만민 위에 임할 때 늙은이는 꿈을 꾸고 젊은이는 이상을 보며(욜 2:28), 하늘에서는 피와 불과 연기 기둥의 이적이 나타날 것을 예언했다(욜 2:30). 그리고 그는 종말의 때에 메뚜기 떼가 천지를 뒤덮은 상황을 "땅이 진동하며 하늘이 떨며

일월이 캄캄하며 별들이 빛을 거두도다"(2:10, 31)라고 묘사하였다. 이는 분명한 심판의 상징이다(요엘 3:15; 사13:10). 본 절의 메뚜기는 요엘 1-2장에 나오는 메뚜기와 출애굽 당시 내렸던 여덟 번째 재앙을 연상시킨다(출 10:14). 현대에 이르러서도 전 세계적으로 메뚜기 떼로 인한 엄청난 피해가 보고될 정도이니 고대인들의 관점에서 메뚜기 떼로 인한 공포는 상상을 초월할 것이다. 무저갱은 지옥만큼은 아닐지라도 지옥의 화염이 충천하는 곳이다. 화염이 있는 곳에는 반드시 연기가 피어오른다. 무저갱에서 피어오른 그 연기가 세상을 뒤덮어 밝은 해와 공기를 어둡게 만든다.

무저갱의 연기는 지옥의 불꽃에 기인한다(눅 16:23-24). 무저갱의 불꽃은 지옥의 불못(계 20:10, 14-15)에서 나왔다. 시내 산의 현현에서처럼 연기는 하나님의 영화로운 임재를 상징하지만(출 19:18; 시 104:32, 144:5) 하나님의 진노를 나타내기도 하였다(삼하 22:9; 시 18:8; 욥 41:20). 소돔과 고모라에 하나님의 심판이 이르렀을 때는 그 주변에 옹기점 연기 같이 치밀어 올랐다(창 19:28). 무저갱에서 피어오른 연기는 복음서와 계시록에 묘사된 '불못'과 연관되었다(계 19:20, 20:10, 14, 15). 구멍에서 계속 올라오는 지독한 연기로 인해 해가 어두워지고 공기도 오염되었다. 계시록에서 연기는 거룩한 일과도 연관되었지만(8:4, 15:8), 대부분의 경우에 심판이나 파멸 또 고통과 연관되었다(9:17, 18, 18:9, 18, 19:3).

3 **황충이 연기 가운데로부터 땅 위에 나오매**

"황충"은 성경에서 멸망의 상징으로 묘사된다(신 28:42; 왕상 8:37; 대하 7:13; 시 78:46; 욜 2:25). 그들은 수를 헤아리지 못할 정도로 많다(시 105:34; 나 3:15). 요한은 광야에서 메뚜기로 음식을 대신하였다(마 3:4; 막 1:6). 메뚜기는 사막 지대에서 자라며 먹을 것을 위해 농경지를 덮친다. 그들이 떼를 형성하면 대략 30m 깊이에 7.5km의 길이에 달하며 그들이 스쳐 지나간 자리에는 모든 채소와 초목이 껍질만 남는다. 이 시커먼 메뚜기 떼가 하늘을 새까맣게 뒤덮어버리면 누구나 이를 자욱한 연기처럼 볼 수밖에 없다.

전갈의 권세와 같은 권세를 받았더라

전갈은 팔레스타인 지역에서는 매우 흔한 곤충이다. 바다 가재처럼 생긴 이 해충은 길이가 대략 10-12cm 정도다. 꼬리 끝에 달린 집게발에 독이 들어 있고 독침에 찔리면 매우 고통이 크다. 전갈은 보통 돌이나 담벼락의 틈새에 숨어 있다가 밤에 나와서 활동하며 작은 벌레들을 잡아먹는다. 황충처럼 전갈도 하나님의 심판을 대행하는 도구로 사용되었다(왕상 12:11-14; 겔 2:6; 눅 10:19, 11:12). 정확하게는 황충과 전갈이 아니다. 황충이 전갈과 같은 권세를 받았다. 황충도 무서운 재앙의 도구이며 전갈도 두려운 심판의 도구인데 둘이 결합되었으니 그 재앙의 집행 능력이 얼마나 대단할 것인가! 다섯째 나팔을 첫째 화라 구별하여 부를 만하다.

"권세를 받았더라"(ἐδόθη αὐταῖς ἐξουσία /에도떼 아우타이스 엑수시아)는 황충들이 누군가에 의하여 반드시 수행하여야 할 사명을 부여받았음을 의미한다. 그들에게 엄중한 심판의 권세를 행사할 힘을 주실 분은 하나님이시거나 어린양이시다. 이런 신적 수여는 앞에서도 나타났다(6:2-8, 8:2). 13장에서는 용이 자기의 능력과 보좌와 큰 권세를 바다에서 나온 첫째 짐승에게 주었는데(13:2, 7), 여기에서 권세 수여자는 용이 아니라 하나님 혹은 어린양 그리스도이시다. 백마를 탄 자는 면류관(권세)을 받고 승승장구한다(6:2). 붉은 말의 기수는 땅에서 화평을 제거함과 함께 살해 허락의 권세를 받는다(6:4). 검은 말의 기수는 기근 재앙을 상징하는 저울의 권세를 받는다(6:5-6). 마지막으로 청황색 말의 기수는 땅 사분의 일을 해롭게 할 검과 흉년과 사망과 땅의 짐승의 권세를 얻는다(6:8).

본 절의 군대를 연상시키는 메뚜기 떼의 이미지는 요엘서 1-2장으로부터 영향을 받은 듯하다. 특히 2:1의 파수꾼이 부는 경고의 나팔은 다섯째 천사의 나팔 부는 것에 비교된다. 재앙의 시기에 이스라엘은 마치 하늘을 뒤덮은 메뚜기 떼처럼 천군이 자신들을 도우려 올 것이라 기대하였지만, 요엘 선지자는 그러한 그들의 헛된 희망을 무참히 짓밟아버렸다. 오히려 파멸의 심판으로 임해 올 것이다. 본 절의 메뚜기로 인한 재앙은 요엘 시대의 것에 비교가 되지 않는다. 당시의 메뚜기 떼는 하늘 사방에서 모아진 것이지만 계시록의 메뚜기 떼는 저 깊은 무저갱으로부터 나오기에 더욱 끔찍하고 치명적이다.

바다에서 나온 짐승(적그리스도)은 용의 능력과 보좌와 큰 권세를 받고(13:1-2, 4, 5), 성도들과 싸워 이기며, 각 족속과 백성과 방언과 나라를 다스릴 권세를 받는다(13:7). 황충에게 권세를 준 이가 과연 누구인가? 사탄인가? 적그리스도인가? 하나님이시다. 황충이 하나님의 대적자를 해하게 하셨다. 하나님이 동풍으로 메뚜기 떼를 불러들여서 애굽 천지에 전무후무한 재앙을 내리게 하신 것처럼 황충의 이 모든 권세는 전능하신 하나님이 허락하신 것이다. 참으로 하나님과 어린양의 권세가 어디까지 미칠 것인지 아무도 예상 못할 일이다. 사탄의 영역까지 하나님의 궁극적인 권세가 미치는 사실을 요한의 독자는 1절의 묘사에서 깨달았을 것이다. 하나님은 천국 열쇠만이 아니라 지옥문의 열쇠도 통제하신다. 성도들이 원수들의 압제 아래 놓이며 박해자들에게 괴롭힘을 당하는 환경에 놓일 때 그 배후에서 악한 자들의 망동 수위를 조절하시는 분이 하나님이심을 인식하는 것은 적지 않은 위로가 된다. 하나님이 성도의 편에 있으므로 절체절명의 순간에도 희망의 끈을 놓지 않는다.

4 하나님의 인 맞지 아니한 사람들만 해하라

하나님이 사탄적인 권세로 하나님께 속하지 않는 자들을 징치하신다. 메뚜기 떼가 지나가면 반드시 땅의 풀이나 푸른 것이 피해를 당한다. 그러나 이 황충은 다르다. 풀이나 푸른 채소류는 건들지도 못한다. 그들은 황충의 본성에 어긋난 별다른 먹잇감을 덮쳐야 한다. 사람 그것도 하나님에게 속하지 않아 땅에 거하는 모든 자들이다. 하나님의 백성들은 이 때문에 이미 7장에서 하나님의 인을 맞았다. 하나님의 백성은 하나님의 특별한 보호 속에 안전히 거할 것이지만, 대환난 속의 교회는 인류 역사의 전 과정을 통해 늘 그러했듯이 혹독한 박해를 받게 될 것이다.

"저희에게 이르시되"(ἐρρέθη / 에르레떼)는 수동형으로 사용되어 이 재앙이 전적으로 하나님의 주권 아래 예속되어 있음을 보여준다. 사탄적 권세의 활동도 하나님이 허락해야 가능하다. 인간 세상이나 영계에 이르기까지 하나님의 주권적 허용이 없이는 그 누구도 지극히 작은 일 하나도 행할 수 없다. 황충에게 권세를 주신 분은 '전능하신 주 하나님'이시다(4:8, 11:17, 15:3, 16:7, 21:22). 요한은 세 번에 걸쳐서 신적 수동태인 '에도떼'(ἐδόθη)를 사용함으로 그 권세를 주시고 제어하시는 배후의 하나님을 강조한다. 하나님의 억제에 대하여 황충은 아무런 항의도 할 수 없다. 구원도 파멸도 하나님이 통제하시고 보호도 심판도 하나님이 주관하신다. 사탄이나 사탄의 대리자, 황충이나 짐승들까지라도 하나님께서 허락하는 기간 안에서 활동하며 허용된 범위 내에서만 활동한다.

5 죽이지는 못하게 하시고 다섯 달 동안 괴롭게만 하게

하나님께서는 재앙의 권세를 "그들에게(황충) 수여하셨다"(ἐδόθη αὐτοῖς / 에도떼 아우토이스). 황충에게 전갈과 같은 권세를 주어서 하나님의 인 맞지 않은 사람들을 해롭게 하게 하였지만 그것은 어디까지나 극심한 고통이지 죽음은 아니었다. 어쩌면 죽음을 원할 만큼의 고통이었으니 살아있음이 더 크고 무서운 재앙이었다.

"괴롭게 함"(βασανισθήσονται / 바사니스떼손타이)의 명사형은 '고난'으로 번역되어 본서에 모두 11회(11:10, 14:10, 11, 18:7[2], 10, 15, 20:10) 나오는데 본 절에서만 세 번 반복되어 나온다. 원래는 금속을 분석할 때 사용된 단어였으나 법정 수사의 뜻으로도 쓰였다. 그 외에도 '고통'의 의미로도 응용되었다. 남자 아이를 낳은 여자가 겪었던 출산의 고통(계 12:2), 질병으로 인한 극심한 고통(마 8:6), 롯이 당했던 정신적이고 영적인 고통(벧후 2:8)의 의미로도 사용되었다.

그들에게 주어진 권세는 매우 한정적이었다. 자연이 아니라 사람이요 그것도 하나님의 인을 맞지 아니한 사람들이었다. 그 기간도 다섯 달로 정해졌다. 다섯 달의 개념은 메뚜기의 수명이 다섯 달이요 건기 또한 5개월간이므로 문자적으로 다섯 달로 보는 것이 자연스럽다. 상징적인 의미로 해석하여도 내용상으로 배치될 일은 없다. 본서에서 숫자는 16절의 "이만만"처럼 언제나 상징적으로 사용되었다. 하나님은 사탄에게 욥을 해할 권세를 주셨지만 사탄이 허용 받은 범위는 오직 물질과 건강과 가족의 생명뿐 욥의 영혼은 손댈 수 없었다.

6 죽기를 구하여도 얻지 못하고 죽고 싶으나

여기에서의 "……구하여도"(ζητήσουσιν / 제테수신)와 "……싶으나"(εὑρήσουσιν / 휴레수신)는 표현의 차이에도 불구하고 거의 같은 의미를 나타낸다. 비슷한 언급의 반복을 통하여 그들의 죽음을 동경하는 갈망의 수준이 얼마나 대단한가를 여실히 보여주고 있다. 목마른 사슴이 시냇물을 찾아 갈급한 것처럼 그들은 죽음을 찾아 구했다. 인간에게서 자살의 능력이 거세되는 사상 초유의 현상이 다섯 달 동안 계속된다.

성경에는 육신적인 것이든 정신적이고 영적인 것이든지 고통이 극심할 경우에는 죽음을 갈망한 사례들이 있다(왕상 19:1-4; 욥 3:1-26, 6:8-9, 7:15-16; 렘 8:3, 20:14-18; 욘 4:3, 8; 눅 23:27-30). 이 재앙의 시기에 죽음을 갈망하는 이들은 그리스도와 함께 거하기 위하여 육신의 장막을 벗고 싶어 했던 바울의 태도(빌 1:23)와 너무나도 대조를 이룬다. 인간의 죽음이 모두 같지는 않다. 죽음이 성도들에게는 영생의 관문이지만 어둠의 자식들에겐 고통의 도피 수단이 된다. 죽음으로 지상의 고통을 피할지라도 영원한 불못의 더 극심한 고통이 그들을 기다린다.

죽음이 저희를 피하리로다

'피하리라'(φεύγει / 퓨게이)는 현재시제로 다섯 달 동안 죽음이 죽음의 갈망자들을 습관적으로 피하고 있음을 보여준다. 로벗슨은 '퓨게이'를 "생생한 미래적 현재"라 불렀다. 그들은 더욱 두려운 재앙의 때를 위하여 남겨졌다. 하나님께서 순교자의 죽음을 허락하시고 악인들의 죽음을 허락하지 않으심은 매우 역설적이다. 이것이 순교한 영혼들의 탄원을 하나님의 신원으로까지 이어지게 하였고, 이 '복수의 법'(lex talionis / 렉스 탈리오니스)은 16:6과 18:6에도 다시 나온다. 악인들은 자신들이 저지른 죄에 상응하여 순교자들이 당한 고통 이상으로 보응을 받게 될 것이다. 그때까지는 죽음이 그들을 피한다. 감히 죽을 수 없다. 아무리 죽으려고 발버둥을 쳐도 죽음이 요리조리 피하는 모습은 요한이 선택한 그림 언어이다.

7 전쟁을 위해 예비한 말들 같고……같은……같고

황충의 모습에 대해 상세한 설명이 더해진다. 7-10절까지의 묘사는 황충이 얼마나 흉악하고 두려우며 파괴적인 존재인가를 강조한다. "……같고"(ὁμοιώματα / 호모이오마타), "같은"(ὅμοια / 호모이아), "같고"(ὁμοιοι / 호모이오이) 등의 반복적 사용은 요한이 환상 중에 본 황충의 정확한 모습을 표현하기 어려움을 반영한다. 메뚜기의 머리와 말의 머리는 실제로도 비슷하게 생겼다. 아랍의 격언에 "메뚜기의 머리는 말 같고, 가슴은 사자 같고, 발은 낙타 같고, 몸은 전갈 같고, 암컷의 머리카락은 안테나 같다"는 표현이 있다. 안테나는 곤충의 촉각을 일컬음이다.

독일어로 메뚜기를 '건초-말'(Heupferd / 호잎페르트)이라 부르며, 이탈리아어로 '작은 말'(Cavalletta / 카발레타)이라 부름은 흥미로운 사실이다. 면류관 같은 것을 쓰고 사람의 얼굴 같은 메뚜기의 얼굴 모습은 황충이 악마적 존재임을 시사한다. 신화의 세계에서 반신반수는 언제나 악마적이다. 7-9절의 묘사는 문자적이든 상징적이든 메뚜기 떼의 습격을 받았던 이스라엘의 경험인 요엘 1-2장의 배경을 가진다. 역시 요엘 1-2장의 배경은 출애굽기 10장의 역사적인 경험에 근거하고 있다(욜 1:2, 2:2과 출 10:6, 14 / 욜 1:3과 출 10:2 / 욜 2:27과 출 10:2, 8:18, 22절).

전쟁의 날에 드러나는 말의 힘과 유용성에 대해서는 욥에게 반문하신 하나님의 묘사에서 잘 드러났다. 긴 구절이지만 본 절의 이해를 돕기 위해 전재한다. "말의 힘을 네가 주었느냐 그 목에 흩날리는 갈기를 네가 입혔느냐 네가 그것으로 메뚜기처럼 뛰게 하였느냐 그 위엄스런 콧소리가 두려우니라 그것이 골짜기에서 허위고 힘 있음을 기뻐하며 앞으로 나아가서 군사들을 맞되 두려움을 비웃고 놀라지 아니하며 칼을 당할지라도 물러나지 아니하니 그 위에서는 전동과 빛난 작은 창과 큰 창이 쟁쟁하며 땅을 삼킬 듯이 맹렬히 성내며 나팔 소리를 들으면 머물러 서지 아니하고 나팔 소리 나는 대로 소소히 울며 멀리서 싸움 냄새를 맡고 장관의 호령과 떠드는 소리를 듣느니라"(욥 39:19-25).

8 **여자의 머리털 같은 머리털이 있고**

메뚜기의 안테나처럼 길게 뻗어 나온 촉각을 제외하고는 여자 같은 머리털이라는 표현은 사실적이 아니다. 사자의 이 같은 표현은 욜 1:6에도 나온다. 전쟁 중에 장발을 흩날리며 말을 달렸던 용맹무쌍한 정복자 파르티아 군대와 연관 짓는 사람들도 있으나 근거 없는 상상에 불과하다. 역사적으로 1세기경의 파르티아인들은 로마제국의 동쪽 유프라테스 유역의 국경 지대에 거하면서 위협을 가하였다. 삼손(삿 16:13, 19)이나 압살롬(삼하 14:25-26)의 경우에서처럼 여자의 머리털 같은 장발은 여성스러움보다는 '활력'에 대한 상징이었다(Mounce).

9 **철흉갑 같은 흉갑이 있고**

사자의 이 같은 모습이 황충의 무시무시한 공격력을 상징한다면, 철흉갑 같은 흉갑은 황충의 견고한 방어력을 상징한다. 철로 만든 흉배는 적들의 창칼이나 화살로부터 병사의 가슴을 지켜주는 기본적인 무장이었다. 때로는 말의 가슴을 철흉갑으로 싸서 철갑 기마 부대를 형성하기도 했다. 원래 흉갑은 가슴과 등을 보호하는 호신용 무장으로서 적의 공격으로부터 치명적인 부위를 보호하기 위하여 사용되었는데 바울은 이를 영적 무장에다 적용하였다(엡 6:14; 살전 5:8). 엄청난 메뚜기 떼들이 하늘을 뒤덮으며 날아갈 때 그 날갯짓하는 소리가 전쟁의 소용돌이 속에서 전차나 말이 달리는 소리와 같음은 매우 사실적인 표현이다(욜 2:4-5). 예레미야도 비슷한 표현을 사용했다(렘 51:14, 27).

10 **전갈과 같은 꼬리와 쏘는 살이 있어**

전갈의 힘은 악어처럼 그 꼬리에 있다. 꼬리 부분에 달린 집게발에 맹독이 숨겨져 있다. 황충의 모습이 두려운 외적 형상이라면, 전갈의 꼬리는 무서운 내적 능력이다. 7-10절의 묘사를 1절과 11절에 연관시키면 다섯째 나팔, 곧 첫째 화의 황충은 적그리스도와 마귀의 영적 권세임이 분명하다. 황충이 사람들을 다섯 달 동안 괴롭힐 수 있는 전갈의 꼬리 같은 권세는 지금 사용되기만을 학수고대하고 있다. 원문에서는 "전갈과 같은 꼬리의 쏘는 살을 가지고"(ἔχουσιν / 에쿠신)가 현재형으로서 황충이 지닌 권세의 생생함을 강조하고 있다.

"전갈과 같은 꼬리"는 '전갈의 꼬리 같은'이란 뜻이다. 쏘는 살의 목적은 죽음이 아니라 죽음 같은 고통이다. 고통을 통해 하나님께로 돌이키게 하기 위함이다. 그들이 이 맹독을 휘두르는 이유는 인 맞지 않은 자들의 회개를 촉구하려는 목적 때문이다(20-21절). "쏘는 살"(κέντρα / 켄트라)은 짐승을 어거하는 자갈(goad)로 표현되었고(잠 26:3), 신약에서는 바울의 교회 핍박을 마치 가시채로 뒷발질하던 것에 비유하였다(행 26:14). 바울은 부활의 기다란 논증에서 사망의 독을 "쏘는 것"으로 묘사하였다(고전 15:55). 1절과 11절에 근거하여 비얼은 다섯째 인의 심판이 어쩌면 사탄이나 적그리스도 혹은 둘 모두가 지닌 영적 기세일 수 있음을 내비쳤다(요일 2:18-26, 4:1-3 참조).

11 저희에게 임금이 있으니 무저갱의 사자라

황충의 배후가 밝혀진다. 곤충학상으로 메뚜기 집단에는 임금이 없으나(잠 30:27) 이 사탄적 황충에게는 섬기는 왕이 있다. 메뚜기가 그냥 메뚜기가 아님을 메뚜기 떼의 우두머리가 밝혀준다. 황충의 임금은 황충이 나온 곳인 무저갱의 사자이다. 이 무저갱의 사자는 하늘에서 떨어진 별로서 무저갱의 열쇠를 지녔다. 히브리어로는 '파멸자'(Destroyer)를 뜻하는 아바돈(אבדון)이요 헬라어로는 죽은 자의 영역인 '스올'(욥 26:6, 28:22; 시 88:11) 또는 '죽음'을 뜻하는 아볼루온(Ἀπολλύων / 아폴뤼온)이다.

아바돈은 "멸망하도록 사르는 불"(욥 31:12)로도 표현되었다. 음부(스올)나(욥 26:6; 잠 15:11) 사망으로도 번역되었으며(욥 28:22), 무덤으로도 번역되었다(시 88:11). 이 명칭은 이 임금이 사탄적인 인물임을 암시한다. 신약에서는 "멸망의 아들"(요 17:12; 살후 2:3)로 묘사되었다. 그는 마귀 자신이거나 마귀를 대행하는 존재이다. 무저갱의 사자로서 지하세계를 관장하는 사탄적 천사이다. 이 황충의 임금은 12:3-4에 묘사된 붉은 용일 수도 있다. 토마스는 본 절의 아볼루온을 헬라 신화의 태양신인 '아폴로'에 연결시킨 시도(Johnson, Moffatt, Kiddle, Beasley-Murray, Ounce)를 그른 것이라 비판하였다. 존슨이 지적한 바와 같이 두 개의 다른 언어를 사용하여 정보를 제공한 것은 신약 전체를 통해 제4복음서와 계시록뿐이다(요 1:38, 42, 4:25, 6:1, 9:7, 11:16, 19:13, 17, 20, 20:16; 계 1:7, 3:14, 12:9).

일부 학자들은 이 임금의 정체를 명시하길 원하지 않고 상징적인 망상으로 분류시킨다(Mounce, Charles, Lenski, Swete). 그러나 9:6의 묘사는 이것이 결코 망상이 아니라 실재임을 보여준다. 그는 천사이며 악마적인 메뚜기 떼의 왕이다. 왈부어드는 귀신의 왕인 사탄으로 간주했다(마 12:24). 하지만 사탄은 공중 권세를 잡은 자로(엡 2:2, 6:12) 마지막 전쟁에서 체포되어 무저갱에 구금되기까지(20:1-3) 무저갱과 연관된 어떤 언급도 찾아볼 수 없다. 사탄은 아직 나타나지 않았다(Beckwith, Mounce).

12 아직도 이 후에 화 둘이 이르리로다

12절은 첫째 화에서 둘째 화로 이행하는 구절로서 첫째 화는 완료되었지만 둘째 화(9:13-22)와 셋째 화(11:15-19)가 뒤따름을 요약하고 있다. 첫째 화가 지나갔음은 역사적 성취라는 사건의 측면보다 새로운 환상의 시작을 알리기 위한 이전 환상의 종료를 뜻한다. 첫째 화가 지나가야 둘째 화가 이른다. 역시 셋째 화가 둘째 화의 뒤를 따른다. 이는 사건의 발생보다 환상으로서의 '세 화'를 강조함이다. 어쩌면 요한이 저 멀리서 다가오고 있는 둘째 화와 셋째 화를 연속적으로 보고 있는지도 모른다. 환상 속에서의 사건 진행이란 의식 세계에서의 진행과는 상당히 다르기 때문이다. 네 나팔의 재앙으로 혼비백산하였던 사람들은 이전의 화와 비교도 되지 않을 첫째 화의 재앙이 지나자 안도의 한숨을 돌렸다. 그러나 채 숨 돌릴 틈도 없이 둘째 화와 셋째 화가 빠른 속도로 다가오고 있었다. 계시록이 기록될 당시에는 화가 아직 지나지 않은 상태에 있었다(Beckwith, Lenski, Ladd). 메뚜기에 대해서는 다양한 해석의 입장이 제시되었다.

① 역사주의적 관점 → 엘리엇과 반즈는 메뚜기 떼로 묘사되었던 미디안 군대처럼(삿 6:5), 이슬람 군대의 상징으로 보았다. 그들이 머리에 두르는 전통적인 터번은 면류관 같아 보였고, 사람의 얼굴에 여자의 머리털 같은 머리털은 그들의 얼굴과 턱에 길게 자란 수염을 가리킨다. 사라센 군대는 쇠비늘 갑옷을 입었기에 철흉갑으로 묘사하였으며, 말꼬리 위의 후미에서 싸우는 기술이 탁월하였기에 꼬리와 쏘는 살을 언급한 것이라 보았다.

② 과거주의적 관점 → 메뚜기 떼를 악마적인 군대로 이해하였다. 예루살렘이 로마의 포위를 받았을 때에 열심당들이 보인 '복장도착'(transvestitism)을 여자의 머리털로 표현했다. 요세푸스도 《유대전쟁사》에서 그들이 게릴라전을 펼치며 보인 기행을 기술하였다. 황충의 임금은 사탄이다(Chilton).

③ 미래주의적 관점 → 상징적 해석을 거부하고 문자적 해석을 취한다. 아이언사이드는 미래에 일어나 배도의 길을 걸을 이단자 교황으로 해석하였다. 황충의 임금은 무저갱을 열었던 천사라 보았으나 사탄의 고위급 부하로 여기기도 하였다. 마운스는 아볼루온이 아폴로신을 경멸스럽게 표현한 것이라 여기면서 아폴로의 환생이라 믿고 있던 도미티안 황제를 가리켰다.

④ 이상주의적 관점 → 메뚜기는 사탄에 대한 상징이다. 금과 같은 면류관은 겉치레의 권위를 가리킨다. 여자의 머리털은 유혹하는 힘을 상징하고(딤전 4:1) 사자의 이 같음은 잔인한 말투를 의미한다(벧전 5:8). 전갈과 같음은 그들의 심술궂음을 나타내고 철흉갑 같음은 인간의 수단으로서는 감히 대항할 수 없는 불굴성을 뜻한다. 메뚜기에게는 왕이 없으므로(잠 30:27) 이는 사탄을 의미한다.

D. **여섯째 나팔과 둘째 화 : 마병대**(9:13-21)

여섯째 나팔과 다섯째 나팔의 내용은 악마적 군대를 동원해 하나님의 인 맞지 않은 이방 세계에 심판을 행사하신다는 측면에서 성격상 흡사하다. 이로써 첫째 화와 둘째 화가 끝난다. 둘째 화는 첫째 화에 비하여 훨씬 그 내용이 격렬하다. 요한은 이전의 환상에 비하여 이 환상에서 듣는 요소가 상당히 강한데 시간이 지나면서 보는 환상과 자연스럽게 결합된다. 요한은 다섯째 나팔부터 일곱째 나팔까지 세 개의 화라 지칭함으로써 이전의 네 나팔 재앙과 차이가 있음을 암시했다. 강도에 있어 더욱 드세고 파괴의 성격은 요한의 독자들을 압도한다. 황충과 마병대는 꼬리로 사람들을 해한다.

차이가 있다면 황충이 고통을 가하기 위한 것임(5절)에 비하여 마병대는 사람 삼분의 일을 죽이기로 예비한 자들이며(15절), 황충의 꼬리는 전갈과 같은 꼬리인데(10절) 마병대의 꼬리는 뱀과 같다(19절). 꼬리의 권세가 비슷하지만 황충이 꼬리로 해함에 비하여 마병대는 꼬리에 달린 머리 곧 입의 권세로 해한다(19하반절). 황충의 말들은 전쟁을 위해 예비되었지만 마병대의 말들은 입에서 사람 삼분의 일을 죽이는 불과 연기와 유황이 직접 나온다. 마병대의 개념 역시 이 재앙이 전쟁과 연관되었음을 암시하고 있다. 헨드릭슨은 여섯째 나팔을 전쟁으로 해석하면서 이는 특정한 전쟁이 아니라 과거와 현재와 미래를 통틀어 인류에 재앙을 가져다주었고, 지금도 주고 있으며 앞으로 가져다줄 모든 전쟁을 의미한다고 설명하였다. 재앙의 열쇠는 사탄이 아니라 하나님이 틀어쥐고 계신다.

여섯째 천사가 나팔을 불므로 둘째 화의 실체가 드러난다. 하나님 앞에 있는 금단 네 뿔로부터 한 음성이 유브라데 강에 결박되어 있던 네 천사들에게 명령을 하달한다. 음성의 주인공이 누구인지는 당장 밝혀지지가 않는다. 6:6의 "네 생물 사이로서 나는 음성"처럼 하나님이 아니면 하나님과 함께하신 어린양의 음성일 가능성이 높다. 아니면 8:3-5의 금단과 연관된 '다른 천사'일 가능성도 배제하지 못한다. 둘째 화를 제단 앞에 엎드린 순교자들의 탄원에 대한 응답으로 보는 것은 너무 단견이다. 오히려 모든 시대의 모든 성도들이 드린 간구에 대한 응답으로 여기는 편이 옳다.

> 13 여섯째 천사가 나팔을 불매 내가 들으니 하나님 앞 금단 네 뿔에서
> 한 음성이 나서

14 나팔 가진 여섯째 천사에게 말하기를 큰 강 유브라데에 결박한
네 천사를 놓아 주라 하매
15 네 천사가 놓였으니 그들은 그 년 월 일 시에 이르러 사람 삼분의
일을 죽이기로 예비한 자들이더라
16 마병대의 수는 이만만이니 내가 그들의 수를 들었노라
17 이같이 이상한 가운데 그 말들과 그 탄 자들을 보니 불빛과 자줏빛
과 유황빛 흉갑이 있고 또 말들의 머리는 사자 머리 같고 그 입에
서는 불과 연기와 유황이 나오더라
18 이 세 재앙 곧 저희 입에서 나오는 불과 연기와 유황을 인하여
사람 삼분의 일이 죽임을 당하니라
19 이 말들의 힘은 그 입과 그 꼬리에 있으니 그 꼬리는 뱀 같고
또 꼬리에 머리가 있어 이것으로 해하더라
20 이 재앙에 죽지 않고 남은 사람들은 그 손으로 행하는 일을 회개치
아니하고 오히려 여러 귀신과 또는 보거나 듣거나 다니거나 하지
못하는 금, 은, 동과 목석의 우상에게 절하고
21 또 그 살인과 복술과 음행과 도적질을 회개치 아니하더라

13 금단 네 뿔

여섯째 나팔을 불자 요한은 하나님의 보좌에 있는 금단 네 뿔로부터 나는 한 음성을 듣는다. 이 음성의 주체가 누구인지 밝히지 않았지만 하나님이 아닌 것만은 확실하다. 음성은 하나님 앞 금단 네 뿔에서 나왔다. 정확하게 표현하면 금단의 네 뿔 중앙으로부터 나왔다고 보아

야 할 것이다. 그렇다면 네 뿔에서 나는 음성은 그리스도의 음성이거나(6:6) 아니면 그룹의 음성일 것이다(9:13). 금단은 번제단이 아니라 향단이다. 향단은 성도들이 드리는 기도가 향연이 되어 하나님의 보좌를 향하여 끊임없이 올라가는 곳이다. 향단이 둘째 화와 연관이 되었음은 악한 자들에 대한 징벌이 성도들의 부르짖음에 대한 하나님의 응답이라는 사실을 확신케 한다.

순교자들은 제단 아래서 부르짖고(6:9–10) 성도들은 향단 앞에서 부르짖는다. 두려운 심판은 순교자들과 성도들의 '복수'(vengeance)를 위해 드린 기도에 대한 응답이다(6:10, 8:3–4). 이 향단은 일곱 인을 뗄 때 요한이 환상 속에서 이미 보았다(8:3). 성막의 향단에는 '네 뿔'이 있었다(출 30:1–10, 37:25). 금단 네 뿔에서 난 음성을 성도의 기도로 해석하면 그 '음성'이 단수인 점을 설명할 길이 없다. 금단 네 뿔에서 난 음성은 제단이 말하고(16:7) 보좌가 말한(19:5) 점에 비추어 매개체를 이용하여 하나님 자신이 말한 것으로 이해할 수 있다. 이것이 말하는 이가 천사라 밝히지 않은 이유일 수 있고, 명령의 배후에 하나님이 계심을 더욱 강조하는 효과도 준다. 아운은 이를 문자적으로 해석하여 금단 네 뿔에 말하는 능력이 주어진 것이라 보았다. 불가능한 추정만은 아니다.

14 큰 강 유브라데

서아시아 지역에서는 가장 긴 강으로서 무려 길이가 장장 1,700마일까지 뻗친 유브라데(유프라테스)는 약속의 땅이 끝나는 경계 지역이었다. 역사적으로 유프라테스는 강이라는 자연적 조건으로 인하여 이스라엘과 적국들의 경계를 이루었다(사 5:26–29, 7:20, 8:7–8,

14:29-31; 렘 1:14-15, 4:6-13, 6:1, 22, 10:22, 13:20; 겔 38:6, 15, 39:2; 욜 2:1-11, 25). 지리적으로 유프라테스는 로마제국의 동쪽 변방이었고 건너편에 호전적인 파르티아인들이 거주하고 있었다. 이미 주전 53년과 서기 62년에 강력한 로마군을 패퇴시켰던 파르티아 군대는 로마에 타격을 주기 위해 호시탐탐 침략의 기회를 엿보고 있었다. 역사적인 해석에서 6:2에서의 적용과 더불어 이곳에서도 그 배경이 나타난다.

성경에서 유프라테스는 일찍부터 관심의 대상이었다. 에덴에서부터 발원한 강들이 지류를 형성했고(창 2:14), 하나님은 아브라함과 언약을 맺으며 그의 후손들에게 나일 강으로부터 유프라테스에 이르는 땅을 주시겠다고 하셨다(창 15:18; 그리고 신 11:24; 수 1:4 참조). 앗수르 군대는 창일한 큰 하수 곧 유프라테스 강을 건너서 다메섹과 사마리아를 유린하였다(사 8:7). 역사적으로도 이스라엘을 침공하였던 모든 대적들(앗수르, 바벨론, 페르시아)은 유프라테스 강을 건넜다. 이처럼 유프라테스는 이스라엘이나 로마의 국경선 역할을 하였을 뿐만 아니라 이민족들로 인한 침략의 상징이 되었다. 유프라테스는 여섯 번째 대접이 쏟아지는 종말의 때에 이르러 다시 한 번 강물이 메말라서 동방에서 오는 왕들의 길을 예비하였다(16:12).

전쟁과 연관하여 유브라데 강을 지칭함은 여섯째 대접에서 다시 언급된다. 다섯째 나팔과 여섯째 나팔은 다섯째 대접과 여섯째 대접에 필적할 만큼 유사점이 많다. 이만만의 마병대와 온 천하 임금들과 군대들, 뱀 같은 꼬리의 살상력과, 아픈 것과 종기와 '불과 연기와 유황'의 세 재앙과, 용과 짐승과 거짓 선지자의 입에서 나오는 '세 더러운 영', 하나님을 훼방하고 회개치 않음 등이다. 그래서 비얼은 유브라데 강의 언급은 16:12-14에 언급된 여섯째 대접으로 인한 전쟁이 시작된 것으로 이해하였다. 여섯째 나팔과 여섯째 대접은 같은 사건을 다른 관점에서 바라보고 서술한 것일 수도 있다는 전제 하에서다.

결박한 네 천사를 놓아주라

정관사의 사용은 "네 천사"(τοὺς τέσσαρας ἀγγέλους / 투스 텟사라스 앙겔루스)가 특정한 천사 그룹임을 나타내며 요한의 수신자들이 이미 잘 알고 있는 천사 그룹을 뜻하지만, 어떻게 그들이 친숙하게 되었는지는 알 길이 없다. 이 네 천사를 7:1의 '땅 모퉁이에 섰던 네 천사'와 동일시하는 이들도 있지만(Wall, Charles, Aune) 실은 다르다. 그들은 하나님의 뜻을 수행하던 선한 천사였지만, 이곳의 네 천사는 유브라데에 결박되어 있다. 그들은 정해진 날까지 감금 상태에 있는 천사들이다. 선한 천사라면 감금될 이유가 전혀 없다(벧후 2:4; 유 1:6; 계 20:1-3). 네 천사는 여섯째 나팔에서 침공하는 마병대를 돕는 위치에 있다. 마병대와 네 천사의 관계가 명시되어 있지는 않지만 네 천사의 결박이 풀리자마자 이만만의 마병대가 등장한 것으로 보아 네 천사가 그들을 활동케 한 것이 분명하다.

그들은 하나님의 뜻이 아니라 자신의 의지를 수행하려는 악한 천사들로서, 심판의 대행자로 쓰임 받기 위해 정해진 시간까지 감금되어 있었다(Swete, Beale, Alford, Robertson, Morris, Thomas, Roloff, Ladd). 그들이 결박되었다는 사실이 이것을 증명하고 있다. 클라크는 유브라데 강에 결박된 네 천사를 유프라테스 유역의 4대 강국으로 해석하였는데 취할 바는 못 된다. 그들은 무저갱에 갇혔던 황충처럼(9:1-2) 하나님에 의해 활동을 통제받는 악한 천사다. 1세기경을 살아가던 계시록의 수신자들은 당시의 정황에 따라 유브라데에 결박된 네 천사를 쉽게 파르티아인들로 생각할 수 있었겠지만 이를 요한의 원래 의도라 볼 수는 없다. 랑게는 네 천사를 이교주의에 대한 상징으로 여겼지만 계시록에서는 천사가 상징으로 사용된 예가 없다.

15 **그 년 월 일 시에**

원문에서는 하나의 관사만을 사용하여 "그 시, 일, 월, 년에" 라고 표현한다. 악한 천사들의 활약은 시간대로 나눌 만큼 철저히 하나님의 통제 아래 있다. 정해진 해, 정해진 달, 정해진 날, 정해진 시간이다. 유브라데에 결박된 네 천사는 바로 이 정해진 시간을 기다리고 있다. 그들은 피에 굶주린 짐승처럼 사람 삼분의 일을 죽이기로 예비되었던 심판의 도구들이다. 넷째 인(6:7-8)과 셋째 나팔(8:10-11)을 통해 이미 죽음이 휩쓸고 지나갔지만, 더 참혹하고 무시무시한 죽음의 회오리가 다가온다. 다섯째 나팔 때에는 형언하기 힘든 고통이 세상을 덮쳤는데(9:5) 그토록 구해도 도주하던 죽음이 폭풍처럼 휘몰아 닥친다. 첫째 화의 여진이 아직도 기억에 선명한데 둘째 화를 잠정 중단하신 하나님이 여섯째 나팔을 불도록 허락하셨다. 결박된 천사들이 활동할 시간이 되었기 때문이다. 하나님께서 그들을 결박 상태나 감금 상태에서 풀어주시는 것은 하나님이 행하려고 작정하신 심판의 대행자로 그들을 삼았기 때문이다. 하나님께서 시간을 다스리신다. 그분은 모든 시대, 모든 시간의 주님이시다. '시대의 왕'(King of the ages)이시다(15:3). 역사의 매 순간이 철저히 하나님의 통제하에 있다.

네 천사는 사람 3분의 1을 죽이기로 예비된 자들이다. 인류의 3분의 1은 엄청난 숫자임에 틀림없지만 인류의 멸절에 비해서는 적다. 이미 인류는 넷째 인의 재앙을 통해 4분의 1이 죽임을 당했다. 어떻게 이와 같은 살육이 일어날지에 대해서는 명확하지 않다. 말들의 입에서 나오는 불과 연기와 유황으로 인해 죽임을 당한다고 언급은 하지만 그 실체는 알기 어렵다. 이 재앙의 메시지는 분명하다. 하나님의 백성은 심판의 대상이 아니다(9:4, 20-21). 하나님의 사랑과 긍휼을 거절하는 완고한 백성에게 임하는 대재앙이다. 래드는 예언자나 묵시주의자들이 이방 군대의 침입을 하나님의 백성에 대한 공격으로 이해함에 비해, 요한은 타락한 문명에 대한 하나님의 심판으로 보는 차이를 강조했다.

예비한 자들이더라

"예비한 자들이더라"(οἱ ἡτοιμασμένοι / 호이 헤토이마스메노이)는 완료분사로서 그들이 오랜 기간 동안 둘째 화의 수행을 위해 준비해 오고 있었음을 강조한다. 결박된 네 천사는 이 목적만을 위해 오랜 시간을 기다려 왔던 것이다. 그들의 파괴력과 분노는 기다려온 시간에 비례하여 산을 덮고 바다를 말릴 만큼 다져지고 축적되어 왔다. 결박당한 네 천사의 살상 능력은 대단하여서 하나님의 살인병기로 준비되었다. 그들은 속성상 파괴를 계속 행사했어야 한다. 그러나 하나님의 종들이 인을 맞기까지 하나님께서 억제시키셨다.

이제 하나님의 종들은 모두가 안전하게 인을 맞았고 드디어 억제되었던 가공할 파괴력을 풀어놓은 때가 되었다. 셋째 천사가 나팔을 불었을 때 '쑥'으로 인하여 많은 사람들이 죽었음을 보았다(8:10-11). 다섯째 천사가 나팔을 불었을 때는 황충의 쏘는 권세로 인해 죽음보다 더한 고통을 다섯 달이나 견뎌야 하였다(9:1-6). 이제 여섯째 천사가 나팔을 불자 셋째 나팔과 다섯째 나팔 재앙으로 땅에 임하였던 모든 죽음과 고통이 결합된 형태로 드러난다. 세상은 인류의 3분의 1일 멸절당하는 엄청난 재앙에 휩싸인다.

2013년 9월 16일 현재의 세계 인구가 무려 71억 1,153만 2,039명에 달하니 3분의 1이면 23억 7,048만 6,975명에 이른다. 약 24억에 가까운 인구가 몰살당한다고 하니 상상만 해도 소름 끼칠 일이 아닌가! 인의 재앙은 인구 사분의 일의 멸절이었는데 이제 그 규모가 삼분의 일에 이르렀다. 주님의 재림이 가까울수록 재앙의 강도는 더욱 심해져 간다. 사분의 일을 멸하실 때나 삼분의 일을 멸하실 때에도 하나님의 심판이 지향하는 목적은 단 한 가지, 남은 자들의 회개를 통한 구원에 있다. 사분의 삼과 삼분의 이를 향하신 하나님의 구속 의지가 사분의 일과 삼분의 일에 해당하는 악행자들을 진멸토록 하신 것이다.

16 이만만

문자적으로 계산하면 2억이다. 요한이 직접 센 것이 아니라 간접적으로 들은 것이다. “내가 그들의 수를 들었노라”는 표현으로 보아 이 숫자 역시 계시의 일부로 보는 것이 당연하다. 시 68:17에도 비슷한 표현이 나오는데 대재앙의 마병대가 아니라 주 하나님의 병거 숫자가 그려졌다. “하나님의 병거가 천천이요 만만이라 주께서 그 중에 계심이 시내 산 성소에 계심 같도다.” 1세기 당시의 로마군 병력은 정규군이 25군단(legion)에 125,000명이었고 엄청난 지원군이 그 뒤를 받쳐주고 있었다. 세계 최강이었던 로마 군대에 비하여 정확하게 800배나 많은 숫자가 마병대의 군세였다. 마병대는 단순 보병이 아니라 기마 부대 또는 전차 부대였을 테니 그 막강한 전력은 상상을 초월한다. 용맹무쌍한 파르티아 기마병의 위세에 대하여 잘 알고 있던 당시 소아시아 지역의 독자들이 본 절의 내용을 읽었을 때 자연적으로 파르티아인들을 떠올렸을 것이다.

토머스는 이 마병대를 인간병사가 아니라 악마적 군대라 보았다. 악령세계에서 2억이란 숫자는 아무 문제가 될 수 없다. 믿을 수 없을 만큼 거대한 군대는 세상의 누구라 해도 막을 수가 없었다. "이만만"(δύο μυριάδες μυριάδων / 듀오 뮈리아데스 뮈리아돈)은 정확히 2억이라기보다 무수한 숫자에 대한 상징으로 이해하는 것이 자연스럽다(Beale). 현대에 이르러 2억에 해당하는 군대를 보유할 수 있는 나라는 중국뿐이므로 본 절의 마병대를 중국과 연관시키려는 시도도 있었으나 본 절의 의미를 곡해한 것이다. 요한 당시의 사람들이 과연 이 숫자가 의미하는 바를 이해할 수 있었을까? 물론 없었다. 사람들이 셀 수 있는 숫자의 한계를 '만'으로 알고 있었기에 그들은 2×10,000×10,000으로 묘사했던 것이다.

셀 수 없는 숫자의 한계인 만에다 만을 곱하여 중복적으로 사용한 것은 셀 수 없이 무수히 많음을 최고조로 강조한 것이다. 이와 비슷한 표현이 5:11에도 나온다. 요한은 거기에서 네 생물과 이십사 장로들이 부른 새 노래에 대한 화답송을 합창하던 보좌를 둘러싼 천사들의 숫자를 "만만이요 천천"이라고 표현하였다. 마병대의 숫자를 천사의 숫자에 비하여 두 배라는 식의 산술상 계산은 사실 무의미하다. 그만큼 무수한 숫자를 강조한 표현이다. 셀 수 없을 만큼 많은 숫자를 이런 식으로 표현하는 것이 구약 시대에는 꽤 보편적이었다(창 24:60; 레 26:8; 민 10:36; 신 32:30, 33:2, 171; 왕상 18:7-8; 시 3:6, 91:7; 단 7:10). 계산을 할 수 없을 정도로 무한하고 광대함을 상징한다.

17 불빛과 자줏빛과 유황빛 흉갑

마운스와 모팻은 9장의 황충과 마병대가 다른 상징들에 비해 한층 상징적이라 보았지만 그렇게 생각할 이유가 없다. 요한은 지금 자신이 보고 들은 것을 정확히 그대로 옮기고 있는 것이다. 상징적 묘사가 희미하든 선명하든 그 모습과 정경이 평이하든 특별하든 상징은 환상 속에서의 감추어진 메시지로서 동일한 의미와 가치를 지닌다. 요한은 마병대를 이루고 있는 말들과 기수들을 계속해서 본다. 보인 대로 마병대와 그 기수들의 모습을 묘사한다. 요한이 보는 것은 지금 환상 속에서 신령한 눈으로 보는 중이다. 무장의 묘사는 일치하지 않지만 그 두렵고 악마적이며 흉측한 정경에 있어서만은 3-10절의 경우와 비슷하다. 말들과 기수들의 무장이 같은 색깔로 섬찍지근함을 더한다. 말들의 머리가 실제 말의 머리가 아니라 사자 같음은 그 악마적 군세의 흉포함과 용맹성을 돋보이게 만든다. 말들의 입에서 나오는 불과 연기와 유황은 그 치명적인 살상력을 절감케 한다.

"불과 유황"(πῦρ καὶ θεῖον / 퓌르 카이 떼이온)이 본서에서는 언제나 불경스러운 우상 숭배자들(14:10, 21:8)이나 용과 짐승과 거짓 선지자들(19:20, 20:10)에 대한 심판에 연관되었다. 구약에서는 불과 유황처럼(유 1:7) 연기도 치명적인 심판과 관련해서 사용이 되었다(창 19:24, 28; 신 29:23; 삼하 22:9; 시 18:8; 사 34:9-10; 겔 38:22). 이 구체적인 재앙의 세 도구들이 입에서 나옴은 그 재앙의 파괴적 성격을 더욱 강화시킨다. 불과 불붙은 유황이나 연기는 하나님이 행하시는 심판을 나타내는 상징이었고(시 11:6; 사 30:35; 겔 38:22), 소돔과 고모라 심판에서 여실히 드러났다(눅 17:29).

18 세 재앙 곧 저희 입에서 나오는 불과 연기와 유황을

요한은 말들의 입에서 나오는 불과 연기와 유황을 반복해서 언급함으로 그 악마적인 재앙을 상기시키고 있다. “불”(πῦρ / 퓌르)과 “연기”(καπνός / 카프노스)와 “유황”(θεῖον / 떼이온)이 함께 사용된 예는 여기만이 유일하다. ‘죽이다’(ἀποκτείνω / 아포크테이노)는 동사가 실제적인 죽음을 의미하는지, 상징적인 죽음을 의미하는지에 대한 문제가 있다. 9:15-20의 경우를 제외하고 나머지 9번은 모두 문자적인 죽음을 의미했다. 육체적이고 영적인 죽음으로 보아도 무방하다. 황충에게는 용인되지 않았던 인간 살해가 마병대와 기수들에게 허락이 되었다. 세 재앙을 통한 인류 삼분의 일에 대한 대학살은 하나님의 용인하에 끔찍하게 저질러졌다. 그것이 마지막 심판은 아니었으나 그것과 연관되어 땅의 거주자들에게 행해졌다. 그들의 최후는 이미 영적으로 죽었던 죽음과 함께 육체적인 죽음으로 나타났으며, 그들에게 남은 것은 마지막 심판을 거친 영원한 죽음뿐이었다. ‘불과 유황’은 이후에도 두 번 더 나오는데, 모두 완고한 우상 숭배자들에게 내리는 최종적이고 영원한 심판의 의미에서 사용되었다(14:10, 21:8).

“재앙”은 출애굽 당시에 내렸던 “재앙”과 같은 단어이다(출 11:1의 칠십인역). “재앙”(πληγή / 플레게, plague)이란 말은 본서에 자주 나타난다(9:20, 11:6, 13:3, 12, 14, 15:1, 6, 8, 16:9, 21, 18:4, 8, 21:9, 22:18). 황충의 모습보다 더 끔찍스런 형상을 한 마병대의 기수들은 정작 이 재앙에서 수행한 일이 없었다. 모든 재앙은 그들이 타고 있는 기묘한 형체를 하고 있는 말들의 입에서 나왔다. 불과 연기와 유황의 세 재앙이 미친 여파는 참으로 끔찍했다. 전체 인류의 삼분의 일이 멸절되었다. 땅에는 그들의 시체가 산을 이루고 통곡 소리가

온 하늘에 메아리쳤다.

19 이 말들의 힘은 그 입과 꼬리에 있으니 그 꼬리는

이것은 말들이 머리 달린 뱀과 같은 꼬리를 갖고 있다는 것이 아니다. 말들의 꼬리에 뱀 같은 머리가 달려 있다는 표현이다. 요한의 이러한 묘사는 기묘한 형상의 말들이 지니고 있는 괴이한 능력을 더욱 강조하기 위함이다. 여기서 "뱀 같고"(ὅμοιαι ὄφεσιν /호모이아이 오페신)는 말들이 '사탄적인 세력'임을 암시한다. 사탄은 옛뱀이라 불렸다(12:9, 14, 15, 20:2). 말의 꼬리 끝은 뱀과 같은데 꼬리에 달린 머리로 사람들을 해하였다. 이 해함은 육체적이면서 영적이고 고통과 죽음을 동반한다. 같은 날 같은 시간대에 인류의 삼분의 일이 몰살당하는 대참극이 순식간에 벌어진다. 하나님의 인 맞은 자들은 이 재앙과 무관하다(7:3-8, 9:4).

황충보다 더 악마적이고 흉포하다. 사자의 머리 같은 입에서 나오는 불과 연기와 유황, 그리고 뱀 같은 꼬리에 달린 머리의 양대 무기로 사람들을 마음껏 괴롭히고 사정없이 죽인다. 혹자는 버가모에 세워진 제우스 신전에 있는 거상의 다리 부분이 뱀 같음을 상기시켰고, 파르티아인들이 말을 달리며 등 뒤로 화살을 날리는 습관과 연관시키기도 했다. 한편 성경은 사탄을 뱀으로 상징하는데, 옛뱀인 사탄은 간교한 짐승으로서 첫 사람들을 유혹하였다. 뱀 같은 꼬리에 달린 입의 묘사는 간교한 언사로 사람들을 해치는 기마들의 악마적 권능을 가리킨다. 캐어드와 마운스는 이것을 19:11-21에서 암시되고 20:8에서 사탄의 마지막 반역 때 이용되는 곡과 마곡에 연관시켰다.

20 이 재앙에 죽지 않고 남은 사람들은……회개치

땅에 거하는 자들 중의 3분의 1이 멸절을 당했다. 신실한 성도들은 이미 휴거했거나(4장) 하나님의 보호를 통해 보좌 앞에 있다(7장). 그들은 끝까지 살아남았으나 끝까지 회개하지 않았다. 전대미문의 대재앙에서 살아남은 자들은 죽임 당한 3분의 1의 시체를 바라보며 충분히 회심하고 하나님을 두려워해야 할 것이다. 인류의 3분의 1이 대재앙의 희생물이 되어 충분한 경고가 되었음에도 불구하고 그들은 아무런 도덕적, 영적 영향력을 받지 않았다. 결과는 정반대였다.

애굽의 바로는 하나님의 크신 능력을 접할 때마다 두려워 떨면서 그 권능을 인정했지만, 이내 그 마음을 강퍅하게 만들었다. 장자의 재앙을 내리기까지 그의 마음은 완고하기 짝이 없었다. 결국 이스라엘 민족을 애굽에서 떠나가게 했지만 다시 그 마음을 돌이켜 하나님을 대적했고 홍해에서 바로의 군대는 하나님의 심판에 의해 수장되고 말았다. 이제 재앙에서 살아남은 자들 역시 회심이 아니라 더욱 마음을 완고히 함으로 마지막 심판을 통해 멸절을 당하게 될 것이다.

"그 손으로 행한 일"(τῶν ἔργων τῶν χειρῶν αὐτῶν / 톤 에르곤 톤 케이론 아우톤)을 그들은 회개하지 않았다. 손으로 행한 일은 마음의 뜻이 구체적으로 결과로 드러났음을 의미한다. 그들은 마음으로만 악을 도모하지 않고 실제적으로 행하였다. 구약에서 손을 씻음은 회개의 상징으로 쓰였다(시 24:3-4). 손으로 행한 일을 회개하지 않음은 실제적으로 범한 죄를 후회하지도 않고 인정하지 않겠다는 태도다. 본 절에는 손으로 행한 일들이 우상 숭배와 연관되어 표현되었다. 성경에서는 손으로 행한 일을 특히 우상 숭배와 관련시킨 예가 허다하다(신 4:28, 27:15, 31:29; 왕하 19:18, 22:17; 대하 32:19, 34:25; 시 115:4, 135:15; 사 2:8, 17:8, 37:19; 렘 1:16, 10:3, 9, 25:6, 7, 14, 32:30, 44:8; 호 14:3; 미 5:13; 학 2:14; 행 7:41).

21 회개치 아니하더라

그들은 귀신 숭배와 우상 숭배와 복술로 지칭되는 영적 죄악과 살인과 음행과 도적질로 드러난 부도덕한 삶을 회개하지 않았다. 회개하기는커녕 즐기며 환호작약했다. 회개하고 회개해야 당연한 그들은 회개치 아니하고(20절) 회개치 아니하였다(21절). 그들의 회개치 않음을 두 번이나 반복했음은 그들이 얼마나 완악하며 하나님의 심판이 얼마나 엄중할 것인가를 능히 상상케 한다(롬 1:18-20). 이들 술객들과 행음자들과 살인자와 우상 숭배자들은 거룩한 성에 들어가지 못하고(계 22:15) 불과 유황으로 타는 못에 참여한다(계 21:8). 회개치 않는 자의 보응은 번복될 수 없는 영원한 파멸이다.

우상 숭배는 하나님께서 엄금하셨는데, 인간이 우상을 섬기지 말아야 할 이유를 아무 도움도 베풀 수 없는 우상 자체의 무력함에다 두었다(시 135:17; 렘 10:1-16; 단 5:4, 23; 합 2:18-19; 에녹전서 99:7; 시빌신탁서 5:77-79). 인간이 제조하여 의미를 부여하고 섬기는 온갖 우상은 모두가 "공중 권세 잡은 자"(엡 2:2)요 "이 세상 임금"(고후 4:4)인 사탄의 앞잡이다. 이방인의 사도였던 바울은 옛 생활에서 개종한 이교 출신 성도들에게 우상 숭배가 끼치는 실제적인 해악들을 자주 경고했다(롬 1:29-31, 13:13; 고전 5:9-11; 갈 5:19-21; 엡 4:25-32; 5:3-5).

3. 둘째 막간 : 사역의 환상(10:1–11:13)

일곱 인과 일곱 나팔 사이에는 구조적인 유사점이 있다. 막간의 삽입이다. 첫째 막간은 '구원의 환상'이요 둘째 막간은 '사역의 환상'이다. 여섯째 인(6:12–17)과 일곱째 인(8:1) 사이에는 십사만 사천(7:1–8)과 무수한 백의의 무리(7:9–17)를 내용으로 한 구원의 환상(7:1–17)이 삽입되었다(7:1–17). 여섯째 나팔(9:13–21)과 일곱째 나팔(11:15–19)은 비슷한 구조를 보이는데 그 사이에 힘센 천사와 작은 책(10장), 성전 척량(11:1–2), 두 증인(11:3–14)을 내용으로 하는 사역의 환상(10:1–11:13)이 삽입되었다. 이는 여섯째 인과 일곱째 인 그리고 여섯째 나팔과 일곱째 나팔의 앞뒤를 맞물리게 하는 일종의 문학적 장치이다. 이것은 일곱 인과 일곱 나팔 사건에서 성도의 역할을 명료하게 만든다.

10장과 11장에서 주요한 연결부는 10:8–10과 11:1–2의 예언적 행위다. "예언"(10:11, 11:3, 6)이란 말과 함께 예언적 행위의 주체인 "선지자"(10:7, 11:10, 18)가 두 연결부분을 전후하여 나오고 있다. 10:11에는 "네가……다시 예언하여야 하리라"는 표현이 나오는데, 이는 이전에 요한이 예언 사역에로 부름 받은 적이 없기에 매우 흥미로운 진술이다. 직접적인 언급은 아니지만 요한이 보고 들은 환상의 내용을 기록하라 하신 말씀(1:19)을 예언적 행위로 간주한다면 10:11의 표현도 이해가 된다.

막간의 전반부를 이루는 10장의 구조를 주제에 따라 다시 네 부분으로 나눌 수 있다. 즉 힘센 다른 천사(1–2절), 일곱 우레와 인봉 금지(3–4절), 바다와 땅을 밟은 천사의 선언(5–7절), 작은 책을 받아먹음

(8–10절)이다. 막간의 후반부를 이루고 있는 11:1–14의 구조 역시 주제에 따라 다시 다섯 부분으로 나눌 수 있다. 즉 성전 척량(1–2절), 두 증인의 출현(3–4절), 두 증인의 사역과 순교(5–8절), 두 증인의 부활 승천과 지진의 강습(9–13절) 그리고 요약(14절)이다.

A. **힘센 천사와 작은 책**(10:1-11)

7장이 여섯째 인과 일곱째 인 사이의 삽입구 역할을 했던 것처럼 10:1–11:13은 여섯째 나팔과 일곱째 나팔 사이에 길게 자리한 삽입구에 해당한다. 10장은 삽입구의 주 내용인 11:1–13에 대한 서론격이다. 10장에서의 핵심은 이미 위탁받은 예언의 직무를 요한에게 다시 확인함에 있다. 7장에서는 일곱째 나팔이 울리기 전에 하나님의 종들에게 인침의 역사가 있고, 삽입의 본론에 해당하는 11:1–13에서는 하나님 경배자들에 대한 척량의 역사가 나온다. 한편 10장의 힘센 다른 천사와 작은 책의 장면은 5장의 보좌 장면을 연상시킨다. 두 곳 모두에서는 힘센 천사가 등장하고(5:2, 10:1) 책이 나온다(5:1, 10:8). 굳이 다른 점이 있다면 일곱째 인을 뗄 때에 하늘이 잠시 고요한 시간이 있었지만(8:1) 일곱째 나팔은 지체하지 않는다(10:6–7)는 사실이다. 10장은 네 부분으로 구성되어 있다.

① 힘센 천사의 하강(1–3상반절)
② 일곱 우레의 인봉(3하반절–4절)
③ 천사의 맹세 선언(5–7절)
④ 요한의 예언 위탁(8–11절)

요한은 다시 하늘 장면으로 이끌린다. "힘센 다른 천사"가 하늘에서 내려온다. 이는 '다른 천사 곧 힘센 천사'란 뜻이다. 계시록에는 힘센 천사가 세 번 출현한다(5:2, 18:21). 18장에 나타난 힘센 천사는 큰 소리를 외치지 않고 큰 맷돌 같은 돌을 바다에다 던져 바벨론의 패망을 암시한다. 본 절의 힘센 천사와 5장에 나타난 힘센 천사는 어떤 연관이 있어 보인다. 둘 다 큰 소리로 외치며(5:2, 10:3) 둘 다 '책'과 관련되었다. 다른 점은 5장에서는 책이 인봉되었는데(1절) 이곳에서는 책이 펴져 있다(2절). 두 천사가 동일하지 않다 할지라도 어떤 관계가 있는 것만은 분명하다. 천사는 구름을 입고 머리 위에 무지개가 있으며(겔 1:28), 발은 불기둥과 같고(단 10:6; 계 1:15), 얼굴은 해같이 빛났는데(마 13:43) 이런 모습은 하나님이나 인자에 대한 전형적인 묘사다(출 19:9-18, 24:15-18; 레 16:2; 민 10:11-12; 느 9:12; 시 18:11; 렘 4:13; 단 7:13; 마 17:5; 막 13:26; 행 1:9; 고전 10:1-2; 계 1:7; 11:12, 14:14-16).

1 내가 또 보니 힘센 다른 천사가 구름을 입고 하늘에서 내려오는데 그 머리 위에 무지개가 있고 그 얼굴은 해 같고 그 발은 불기둥 같으며

2 그 손에 펴 놓인 작은 책을 들고 그 오른발은 바다를 밟고 왼발은 땅을 밟고

3 사자의 부르짖는 것같이 큰 소리로 외치니 외칠 때에 일곱 우레가 그 소리를 발하더라

4 일곱 우레가 발할 때에 내가 기록하려고 하다가 곧 들으니 하늘에서 소리나서 말하기를 일곱 우레가 발한 것을 인봉하고 기록하지 말라 하더라

5 내가 본 바 바다와 땅을 밟고 섰는 천사가 하늘을 향하여 오른손을
들고
6 세세토록 살아 계신 자 곧 하늘과 그 가운데 있는 물건이며 땅과
그 가운데 있는 물건이며 바다와 그 가운데 있는 물건을 창조하신
이를 가리켜 맹세하여 가로되 지체하지 아니하리니
7 일곱째 천사가 소리 내는 날 그 나팔을 불게 될 때에 하나님의
비밀이 그 종 선지자들에게 전하신 복음과 같이 이루리라
8 하늘에서 나서 내게 들리던 음성이 또 내게 말하여 가로되 네가
가서 바다와 땅을 밟고 섰는 천사의 손에 펴 놓인 책을 가지라
하기로
9 내가 천사에게 나아가 작은 책을 달라 한즉 천사가 가로되 갖다
먹어 버리라 네 배에는 쓰나 네 입에는 꿀같이 달리라 하거늘
10 내가 천사의 손에서 작은 책을 갖다 먹어 버리니 내 입에는 꿀같이
다나 먹은 후에 내 배에서는 쓰게 되더라
11 저가 내게 말하기를 네가 많은 백성과 나라와 방언과 임금에게
다시 예언하여야 하리라 하더라

1 힘센 다른 천사

계시록에는 강한 천사가 단지 세 번만 나온다(5:2, 10:1, 18:21). 본 절의 힘센 다른 천사를 1:12-16에 묘사된 그리스도와 비슷한 점을 근거로 내세워 그리스도라 해석하는 이들도 있으나(Robertson, Sweet, Seiss, Moffatt, Vincent, Kraft, Scott, Beale) 6절의 맹세

언급이 이 해석의 불가함을 보여준다. 비록 이 천사에 대한 묘사, 즉 머리 위에 무지개가 있고(무지개는 하나님 현현과 관계 있음. 4:3; 겔 1:28), 해 같은 얼굴과 불기둥 같은 발에 구름을 입고서 하늘로부터 내려오는 모습이 그리스도라는 해석을 가능케 할지라도 특별한 한 천사로 이해하는 것이 자연스럽다. 사자 같이 울부짖는 모습(3절) 또한 구약에 묘사된 하나님의 음성(호 11:10; 암 1:2, 3:4, 8)을 연상시키지만 역시 6절의 맹세 언급에서 걸린다.

6절에 언급된 '천사의 맹세'를 단 12:7의 천사가 하늘의 하나님께 맹세한 사실과 연관시켜 가브리엘 천사로 해석하는 학자들이 많다(Beasley-Murray, Lohmeyer, Charles, Sweet, Lohse, Kraft). 그러나 단 12:1에서 언급된 이름은 미가엘이므로, 본 절에서 하늘의 하나님께 맹세한 천사를 가브리엘이라 단정할 근거가 약하다. 크래프트와 스윗은 두 가지 해석이 모두 가능하다고 보았다. 보컴이나 아운은 이 천사를 1:1과 22:16에 나오는 중심적인 계시천사로 이해했지만 증명할 길이 없다. 알포드는 5:2에 등장하는 "힘 있는 천사"와 동일하게 여겼지만 '다른'이란 표현이 빠져 있으므로 같다고 단정하기는 어렵다. 본 절의 힘센 다른 천사를 굳이 다른 힘센 천사와 동일시할 이유가 없는 것은 우리가 생각하는 이상으로 힘센 천사들이 많을 것이기 때문이다.

하늘에서 내려오는데

일단의 주석가들(Beckwith, Newell, Morris)은 지금까지 하늘에 있던 요한(4:1-2)이 더 이상 하늘에 있지 않다고 주장한다. '내려오는 모습'을 보려면 하늘이 아니라 낮은 위치일 것이라는 논리적 결론 때문이다. 요한의 상태가 육체의 이동이 아니라 영의 유체 이탈 내지 영 안에서의 천상적 공간 점유라 하면 굳이 그렇게 하늘의 위치 여부에 주시할 필요가 없다. "내려오는데"(καταβαίνοντα / 카타바이논타)는 현재완료형이다. 하강의 정경이 눈앞에 선하다. 천사의 하강은 짐승과 매우 대조적이다. 짐승은 아래로부터 올라오지만(11:7, 13:1, 11) 힘센 천사는 위로부터 내려온다.

그 머리 위에 무지개가 있고

노아에게 주신 언약(창 8:13-14, 16)과 에스겔이 보았던 환상(겔 1:26-28)을 상기시켜 준다. 이런 모습은 그가 나머지 두 경우의 강한 천사에 비해서 탁월한 위치를 소유하고 있음이 틀림없다. 그가 만일 그리스도가 아니라 천사가 분명하다면 최고의 위치에 속하는 하나님의 천사일 것이다. 구약에서 하나님의 천사는 간혹 하나님 자신으로 나타나셨다(창 16:10, 22:11-18, 24:7, 31:11-13; 출 3:2-12, 14:19; 삿 2:1, 6:22, 13:20-22; 그리고 단 3:25; 슥 3:1-3; 행 7:30, 35, 38; 유 1:7 참조).

그 발은 불기둥 같으며

광야에서 자기 백성을 보호하고 인도하신 하나님의 임재를 연상시킨다(출 13:21-22, 14:19, 24). "그 발이 빛난 주석 같은"(1:15, 2:18) 모습이 아니라 "그 발이 불기둥 같은 모습"(οἱ πόδες αὐτοῦ ὡς στῦλοι πυρός / 호이 포데스 아우투 호스 스튈로이 퓌로스)으로 나타난 것도 광야에 있는 자기 백성을 보호하시는 하나님의 이미지를 염두에 둔 듯하다. 비록 비슬리-머리는 이 부분의 구약적 연결 가능성을 배제하지만, 계시록에 풍성히 나타나는 구약적 배경들을 감안한다면 불가능한 것만은 아니다. 광야에 나타나신 하나님의 불기둥과 얼마든지 연결이 가능하다.

2 펴 놓인 작은 책

본 절의 "작은 책"(βιβλαρίδιον / 비블라리디온)은 '책'(βιβλίον / 비블리온)의 축소형인 '비블라리온'(βιβλάρίον)이 다시 축소된 것으로서 '아주 작은 책'을 의미한다. 아마 '비블리온'의 두 배 정도로 작은 책일 것이다. 이는 5:1의 '인봉된 책'보다도 작은 책이다. 보컴은 이런 구별을 반대하였다. 8절 자체에서도 비블리온과 비블라리디온이 동의어로 사용되고 있다. 작은 책은 장차 요한이 "많은 백성과 나라와 방언과 임금"에게 다시 예언해야 할 것이므로(11절) 그 내용이 적어도 11–16장을 포함해야 한다. "펴 놓인"(ἠνεῳγμένον / 에네오그메논)은 과거완료 분사로서 책이 펼쳐진 상태로 남아있음을 뜻한다. 5장의 두루마리와는 차이를 보인다. 에스겔의 환상과 유사하다(겔 2:8–3:3).

많은 학자들은 5장에 나타난 책과 10장의 책을 다른 것으로 보지만(Charles, Lohmeyer, Mounce, Lohse, Roloff, Kiddle) 이를 반박하는 이론도 만만하지가 않다(Bauckham, Sweet, Boring, Wall, Beasley-Murray). 5:2과 10:1은 요한이 힘센 천사를 본 것으로 기술한 점이 일치한다. 그리고 5:1의 내용과 10:2–3의 내용은 각각 에스겔의 소명 부분을 다룬 '두루마리 환상'인 겔 2:9–10과 겔 3:1–3에서 유래한 점도 유사하다. 5장에서는 책이 보좌에 앉으신 이의 오른손에 봉인된 상태로 놓여 있었다(5:1). 일곱 봉인은 어린양이 인을 떼심으로써 책의 내용도 점차로 펴진다(6장).

10장에 와서 요한이 책을 취하려고 할 때는 바다와 땅을 밟고 선 천사의 손에서 이미 펴진 상태에 있었다.

책의 내용에 대하여서는 해석이 다양하다. 5:1의 책과 연관시켜 “작은 책”을 땅에 대한 권리 증서로 해석하는 이들이 있다(Swete, Alford, Seiss, Ironside, Mounce). 혹자는 펴진 책의 내용을 12–22장이라고 보며, 5장의 책은 1–11장이 그 내용이라고 주장한다. 이와는 다르게 ‘작은’의 표현을 염두에 두고 11:1–13의 내용으로 축소하며 5장의 책과도 다른 것으로 간주한다(Bullinger, Charles). 5장의 책과 10장의 책이 같지 않다고 보는 학자들도 많다(Lohse, Kiddle, Lohmeyer, Court, Roloff, Mounce). 5:1의 ‘책’은 비블리온(βιβλίον)이란 단어를 사용했으나, 이곳의 ‘책’은 비블라리디온(βιβλαρίδιον)으로 표현하였다. 첫 책은 하나님의 오른 손에 있고 일곱 인으로 봉해졌다. 이곳의 책은 힘센 천사의 손에 펴진 상태에 있다. 더욱이 5장에서는 어린양이 책을 취했는데 10장에서는 요한이 책을 취한다. 비블라리디온은 비블리온의 형태에서 두 단계를 거쳐 줄어졌다. 다시 말하자면 비블리온의 축약형이 비블라리온(βιβλάριον)이고 그 비블라리온의 축약형이 비블라리디온이다.

그러나 상이한 점을 제외하면 유사한 점 또한 적지 않다(Beale, Prigent, Beasley-Murray, Sweet, Boring, Wall, Bauckham). 비얼은 두 책 간의 유사점을 다음과 같이 간략하게 정리하였다.

① 둘 다 책이 펴졌다.
② 둘 다 주님에 의해 붙잡혔다(10장에서는 주님의 사자).
③ 둘 다 사자의 상징이 언급되었다.

④ 둘 다 에스겔 2장의 책을 암시한다.

⑤ 둘 다 힘센 천사가 큰 소리로 외친다.

⑥ 둘 다 '세세토록'의 묘사가 있다.

⑦ 둘 다 다니엘 12장의 마지막 때의 예언에 직접 관련되었다.

⑧ 둘 다 누군가 천상의 존재에게 다가가 그 손에서 책을 취했다.

⑨ 둘 다 요한의 사명에 대한 하늘에서의 소리가 있었다(4:1, 10:8).

⑩ 둘 다 백성과 나라와 방언과 족속과 임금의 운명을 언급한다.

"작은 책"에 대하여서는 계시록을 해석하는 관점에 따라 다르다.

① 과거주의적 관점 → 인쇄술의 발명으로 유럽 전역에 성경을 보급할 수 있었던 것으로 본다.

② 역사주의적 관점 → 계시록의 남은 부분의 내용으로 본다.

③ 미래주의적 관점 → 하나님의 말씀에 대한 상징으로 해석한다.

④ 이상주의적 관점 → 은혜와 심판이 담긴 하나님의 메시지로 본다.

오른발은 바다를 밟고 왼발은 땅을 밟고

이는 복음의 보편성을 상징한다(Morris). 바다와 땅은 오대양 육대주를 포함한 전 세계를 뜻한다. 짐승이 바다에서 나오고(13:1), 다른 짐승이 육지에서 나오지만(13:11), 하나님의 천사는 바다와 땅을 밟고 섬으로 짐승과 적그리스도를 능가함을 보여준다. "밟고"(ἔθηκεν / 에떼켄)는 그의 우주적인 주권의 강건함을 보여준다. 구약에서 '바다와 육지'는 하나님의 창조를 총칭한 표현으로 사용되었다(욥 11:9; 시 146:6; 잠 8:29; 사 42:10; 욘 1:9). 바다와 육지에 대한 전적인 통치권이 아담(창 1:26, 28)과 노아(창 9:2)와 솔로몬(시 72:8)과 왕이신 메시아(슥 9:10)에게 주어졌다. 하나님은 이스라엘 백성에게 발바닥으로 밟는 곳은 다 그들의 소유가 될 것이라 약속하셨다(신 11:24). 천사가 바다와 땅을 밟음은 땅과 바다로 상징되는 세상의 심판에 대한 권리를 하나님이 소유하고 있음을 상징한다. 요한은 5절에 이어 8절에서도 굳이 "바다와 땅을 밟고 섰는 천사"를 반복한다. 천사의 위치와 엄청난 크기를 강조한 것이지만 요한이 장차 많은 백성과 나라와 방언과 임금에게 다시 예언해야 할 '온 세상에 대한 관할권'을 하나님이 소유하고 계심을 암시한 것이다. 계시록에서는 원래 땅이 바다에 먼저 언급되는 형식이 대부분인데(5:13, 7:1, 2, 3, 12:12, 14:7) 10장에서는 세 번 모두 바다가 땅 앞에 나왔다.

3 사자의 부르짖는 것같이

"부르짖는"(μυκᾶται / 뮈카타이)이란 소가 '음매!' 소리 내듯 가축이 우는 소리를 나타내는 의성어다(욥 6:5). 이것을 사자의 울부짖음에 적용하였는데, 이 힘센 다른 천사가 그리스도가 아니라도 그리스도의 모습을 상당하게 반영하는 높은 지위의 천사임에는 틀림없다. 사자의 울부짖음은 우주적 권세를 지니신 메시아의 자태를 반영하며 하나님에 비유되었다(사 31:4; 호 11:10). 아모스 선지자는 하나님의 말씀에 비유하였다. "사자가 부르짖은즉 누가 두려워하지 아니하겠느냐 주 여호와께서 말씀하신즉 누가 예언하지 아니하겠느냐"(암 3:8). 사자의 울음을 보다 특징적으로 서술한 것이 벧전 5:8의 "포효하는"(ὠρυόμενος /오뤼오메노스)이다. 스웨트는 천사의 소리가 단지 성량만이 아니라 음성의 깊이를 나타내며 주의를 집중시키고 심원한 경외심을 불러일으키는 것이라 설명하였다.

일곱 우레가 그 소리를 발하더라

정관사의 사용은 이 일곱 우레가 익숙한 것임을 알 수 있다. 일곱 우레가 "그 소리"(ἑαυτῶν φωνάς / 헤아우톤 포나스), 곧 각각의 소리를 발한 것이다. 이는 하나님의 심판에 대한 전조로서 이해할 수 있다(4:5, 8:5, 11:19, 16:18). 복음서에서는 천사의 음성으로 간주하기도 하였다(요 12:28-29).

시편에서는 "여호와의 소리"(시 29:3-9)로 표현되었다. 본서에서 우레는 심판과 연관되었다(4:5, 6:1, 8:5, 11:19, 16:18). 구약에서도 우레는 하나님의 심판을 나타냈다(출 9:23-24; 삼상 7:10; 시 77:17-18; 사 29:6). 일곱은 완전수로서 일곱 우레는 다가올 심판이 하나님에게서 비롯되는 것임을 확정한다. 아운은 일곱 우레를 시편 29편에 나타난 여호와의 일곱 소리(3, 4[2], 5, 7, 8, 9)와 연관 가능성이 있음을 내비쳤다.

하늘에서 소리 나서

이 음성의 주체는 하나님이나 그리스도(1:11, 12, 4:1, 14:13, 18:4, 21:5, 15) 혹은 천사(14:13, 19:9)나 네 생물들(6:6) 중의 하나일 것이다. 찰스는 일곱 우레가 발한 것을 인봉하고 기록하지 못하게 한 것을 고후 12:4의 빛 아래서 해석했다. 그는 이 음성의 주인공이 그리스도라 주장한다.

5 오른손을 들고

이는 맹세를 할 때 취하는 자세다(창 14:22-23; 출 6:8; 민 14:30;

신 32:40; 겔 20:5, 15, 23, 28, 42). 마지막 때에 관한 다니엘의 환상에서 천사는 좌우 손을 들고 영생하시는 하나님께 맹세하였는데(단 12:7) 이곳의 천사는 하늘을 향해 오른손을 들고 맹세한다. 사람에 대한 맹세는 "모든 다투는 일에 대한 최후의 확정"(히 6:16)이다. 하나님께 대한 맹세는 언질에 대한 책임성을 나타낸다.

6 지체하지 아니하리니

본 절의 "지체하지 아니하리니"(χρόνος οὐκ ἔσται ἔτι / 크로노스 우크 에스타이 에티)를 KJV는 '더 이상 시간이 없으리라'로 직역했다. 그러나 쿨만은 '크로노스'가 시기에 관한 것이 아니라 늦어짐의 의미에서 사용된 것이라 주장하였다. 주님의 영광스런 재림이 가깝고 심판이 멀지 않았음은 탄원을 올리던 순교자들(6:9-12)의 입장에서는 더없이 반갑고 좋은 소식이다.

세세토록 살아 계신 자

여기에서의 "세세토록 살아 계신 자"(τῷ ζῶντι εἰς τοὺς αἰῶνας τῶν αἰώνων / 토 존티 에이스 투스 아이오나스 톤 아이오논)는 영원 자존자로서(1:18, 4:9-10, 15:7)의 창조주를 일컫고 있다(창 1:1; 출 20:11; 느 9:6; 시 33:6, 146:6; 사 37:16, 42:5; 렘 10:10, 32:17; 행 14:15, 17:24; 히 11:3).

7 일곱째 천사가 소리 내는 날

원문에는 강한 비교를 나타내는 반의 접속사인 "그러나"(ἀλλ' / 알라)가 "소리 내는 날" 앞에 붙어 있다. 주님의 재림으로 인한 심판은 멀지 않았다. 그렇지만 오랫동안 복음을 통해 전해졌던 하나님의 비밀이 성취될 때가 다가올 것이다.

그날은 일곱째 천사가 나팔을 부는 날이요 하나님의 뜻이 온전히 이 땅에서 실현될 것이다. 이 비밀은 사탄의 추방에 관한 것(12:8-9)이 아니라 종말에 관한 하나님의 청사진이다(Charles). '하나님의 비밀'은 그리스도로서(골 2:2) 하나님의 계획과 계시의 수렴이다. 그리스도를 통한 궁극적 승리가 귀결될 것이기에 하나님의 비밀은 교회와 성도들에게는 복음이다. 하나님의 비밀은 "결국엔 계시될 수밖에 없는 하나님의 계획이다"(Bornkamm). 롬 11:25에서는 이스라엘의 마지막 운명이 신비로, 살후 2:7에는 불법의 비밀에 관한 언급이 있다. "역사 속에 감추어진 하나님의 목적은 전적으로 알 수 없어서가 아니라 만일 하나님이 그것을 계시하지 않으면 모른 채로 남겨지기에 신비이다"(Hendriksen).

전하신 복음

선지자들과 사도들을 통해 전해진 복음, 그리스도에 관한 예언의 말씀들이다. 그리스도를 증거해 왔던 모든 메시지다.

이루리라

예언도 이루어지고 계시도 이루어지고 증거도 이루어지고 약속도 모두다 이루어진다. 모든 성취는 선언된 그대로 하나도 남김없이 이루어진다(왕하 17:13, 23; 렘 7:25, 25:4; 겔 38:17; 암 3:7; 단 9:10). 하나님의 생각하신 바와 경영한 바는 반드시 이루어진다(사 14:24).

하나님이 스스로 흡족해 하시는 모든 뜻은 필경 이루어진다(사 46:10). 하나님이 말씀하신 것은 반드시 이루어진다(겔 17:24).

8 책을 가지라

일곱 우레는 인봉되었으나 '책'(βιβλίον / 비블리온)은 허락되었다. 이 책이 무엇인지에 대해 다양한 해석이 시도되었다.

① 구원의 신비가 설명된 복음, 하나님의 말씀(Hendriksen, Lenski, Walvoord).
② 요한에게 주신 하나님의 말씀(Morris).
③ 사탄의 패배(12:8-9)에 관한 말씀(Bousset).
④ 메시아의 탄생(Vischer).
⑤ 재앙에 대한 일반적인 메시지(Summers).
⑥ 11:1-13의 말씀(Bruce, Behm, Lohse, Rissi, Kiddle, Mounce, Beasley-Murray, Lohmeyer).
⑦ 세상을 향한 하나님의 전체 목적

9 갖다 먹어버리라

하나님의 말씀은 소유하고 소화해야 한다. 말씀을 소화하는 비유는 성경에 간혹 나타난다. 말씀을 마음과 생각에, 육비와 심비에 인같이 품고 도장같이 새겨야 한다. 말씀 전하는 자가 진리와 계시의 내용을 제대로 소화하지 않고는 백성들에게 전할 수 없다. 먹음은 소화를 당연한 전제로 한다. 하나님은 에스겔에게 입을 벌리고 하나님께서 주시는 것, 곧 두루마리 책을 먹도록 명령하셨다(겔 2:8-9). 소화된 후에 세상을 향해 가서 전해야 한다(겔 3:1).

입에는 꿀같이 다나……배에서는 쓰게 되더라

진노의 선포와 구원자의 약속을 내포하기에 한편으로는 쓰고 한편으로는 달다. 약속의 말씀은 달콤하지만 말씀의 준행은 쓰다. 구약에서는 하나님의 말씀을 단맛으로 표현했다. 하나님의 말씀은 꿀보다(시 119:103), 송이꿀보다(시 19:10; 잠 24:13-14) 더 달다. 주의 말씀을 얻어먹는 자로서 예레미야는 그 기쁨을 토로하였다(렘 15:16). 유대인들의 교육 풍습에 따르면 어린아이가 알파벳을 배울 때 석판 위에다 밀가루와 꿀을 배합시켜 글을 적고 강의가 끝난 후에 선생의 질문에 바른 대답을 한 아이는 상으로 맞춘 글자를 핥아먹게 했다(Barclay). 요한에게 단맛 외에 쓴맛이 첨가된 것은 그것이 멸망의 예언을 담고 있었기 때문이다. 요한의 모습은 두루마리 책을 먹음으로 입에서 단맛을 느꼈던 에스겔의 경험과 비슷하다(겔 3:2-3).

11 백성과 나라와 방언과 임금에게

이처럼 네 부류로 계층을 분류하는 것은 본서에 5회 나온다(5:9, 7:9, 11:9, 13:7, 14:6). 앞의 두 경우(5:9, 7:9)는 땅에서 구속함을 받은 크리스천에 관한 언급이지만 본 절로부터 나머지 세 경우는 모두 하나님께 거역하는 집단으로 그려졌다. 여전히 그들은 마지막 붕괴의 시점에 이르기까지는 영원한 복음을 들어야 할 대상이다(14:6). "~에게"로 번역된 전치사 '에피'(ἐπί)는 어떻게 번역하느냐에 따라서 해석의 방향이 완전히 엇갈린다. 이를 '관하여'(about)로 번역하면 백성과 나라와 방언과 임금을 향한 교회의 긍정적인 사명을 언급하는 것이 된다. 반대로 '대(항)하여'(against)로 번역하면 그들에 대한 심판의 선언이 된다. 본 절의 의미는 구원의 복음 전파가 아니라 심판의 선언이다. 11장에 나오는 두 증인의 사역을 감안하면 '에피'가 부정적 해석에 연관되었음을 알 수 있다.

다시 예언하여야 하리라

"~하여야 하리라"(δεῖ / 데이)는 언제나 어떤 종류의 강요를 뜻한다. 그것이 내적 필요에서든지 사회적 요구이든지 하나님의 명령이든지 반드시 수행하여야 한다. 지금까지 예언해 오던 것에 더해 방금 받아먹은 책의 내용 곧 달고 쓴 그 메시지를 반드시 전해야 한다. 이전에 받았던 예언 사역의 사명에 대한 갱신을 선포하신다. 다시 예언할 내용은 이전에 비해 더욱 부담이 된다(Beckwith, Beasley-Murray).

그가 마주칠 대상들은 이전에 비해 더욱 드세고 하나님을 반역하고 예언자를 핍박하는 정도도 극심해진다(11:9, 13:7). 그래도 요한은 이 사역에 적극적으로 임하여야 한다. 아직도 하늘에는 세상에 전할 영원한 복음이 있다(14:6). 백성과 무리와 열국과 방언을 음녀가 좌지우지하여도 다시 예언해야 한다. 예언 사역의 갱신으로 인하여 요한은 확실히 구약 예언자들의 반열에 서게 되었다.

B. **성전 척량**(11:1-2)

11장에는 성전의 척량(1–2절), 두 증인의 활동 그리고 여섯째 나팔에 이어 마지막 일곱째 나팔과 셋째 화가 소개되어 있다. 여기에는 '때'와 관련된 해석상의 난점으로 인하여 주석가들로 하여금 본 장을 매우 어려운 장으로 인식하게 만든다. 과거주의자들은 문자적 해석을 받아들이되 70년의 예루살렘 멸망 사건과 연관하여 이해하였다. 이에 반하여 키들은 상징적으로 해석해서 성전은 교회요, 두 증인은 순교를 당할 교회의 일부요, 성은 하나님의 뜻을 거스르는 문명으로 보았다. 대부분의 주석가들은 성전, 제단, 경배자를 모두 믿는 자로서의 크리스천 공동체로 받아들인다. 신약이나 초기 기독교문서들에서는 '성전'이 '그리스도의 교회'로 비유되었다(고전 3:16-17; 고후 6:16; 엡 2:19-22; 벧전 2:5; 이그나티우스의 에베소서신 9:1; 바나바서 4:11). 성전 밖 마당과 거룩한 성은 하나님의 대적자들에 의해 고난과 죽음으로 드러난 교인들로서, 교회의 외형적 삶이라 이해하였다(Hendriksen, Bauckham, Boring, Sweet, Mounce, Hughes). 헨드릭슨은 성전을 참 교회로, 성전 밖 마당을 세상에 타협하다 세상에게 짓밟힐 명목상의 기독교로 보았다.

왈부어드와 자이스는 '세대주의적 미래주의'의 입장에서 문자적 해석을 적용하여 대환난 기간 동안에 성전이 실재할 것이며 두 증인도 실제 인물이요 제단도 옛 제사 행위가 치러질 장소요, 성전 안에서 경배하는 자들도 종족적 의미에서의 남은 자인 유대인으로 보았다. 즉 세대주의적 전천년설자들의 입장은 예루살렘에 실제로 성전이 재건될 것으로 믿는다. 이스라엘의 영적 갱신이 있기 전에 하나님의 특별하신 보호가 임한다는 주장이다(Walvoord). 적그리스도는 첫 삼년 반 동안에 예루살렘에서의 성전 건립을 허락하며 유대인들의 예배도 금지하지 않는다. 칠년의 반이 끝나면서 언약을 파기하고 그리스도의 재림이 이루어지기까지 거룩한 성과 성전 일부를 짓밟는다(단 9:27). 백위드는 성전, 제단, 경배자들은 모두 유대인의 남은 자를 언급하는 것이며 전체로서의 성전 밖 마당과 거룩한 성은 심판으로 이방인에게 넘겨진 것으로 이해하였다. 래드는 네 개의 가능한 해석을 정리했다. 래드 자신은 마지막 네 번째 입장을 취하여 11장을 해석했다. 래드와 벡위드의 해석적 입장은 미래주의적 관점을 약간 수정한 것이다.

① 성전 파괴 이전에 쓰인 초기 유대교 묵시록으로서 역사적 의미를 취한다.
② 유대 성전의 회복에 관한 회복으로서 회복된 유대인들과 적그리스도 간의 종말론적 투쟁으로 본다.
③ 악한 세상에서 겪는 교회의 운명에 관한 예언으로 본다. 극심한 반대와 박해의 격랑 속에서도 증거자로서의 정체성을 포기할 수 없는 교회의 운명을 상징한 것이라 여긴다(Mounce, Beasley-Murray, Johnson).
④ 유대인들의 보호와 궁극적 구원에 관한 예언으로 본다.

10장 말미에서 환상 속의 수동적 방관자로 머물던 요한은 천사에게서 받은 책을 받아먹음으로 능동적 참관자로 변신했다. 11장이 열리면서 천사는 요한에게 지팡이 같은 갈대를 주었다. 성전과 제단과 그 안에서 경배하는 자들을 척량키 위함이다. 이는 예언자들의 상징적 행위들을 연상시킨다. 이사야는 벗은 몸, 벗은 발로 3년간 행함으로 애굽과 구스에 대하여 하나님의 예표와 기적이 되었다(사 20:2-5). 에스겔은 예루살렘 포위에 대한 상징으로서 공격용 무기들을 설치해야 했고, 우편과 좌편으로 누워 각각 사십 일과 삼백구십 일이나 불편한 잠을 자야 했다(겔 4:1-3, 4-8). 또한 멸망의 상징으로서 이사하는 행구처럼 꾸며 이스라엘 백성들 앞에서 행했다(겔 12:3-7).

신약 시대에도 선지자 아가보가 바울의 띠로 자신의 수족을 묶어 바울이 예루살렘의 유대인들에 결박당할 것을 상징적으로 보여주었다. 이런 관점에서 1-2절에 나타난 성전 척량의 환상도 보호에 관한 상징으로 보아야 한다. 물론 이 보호는 육체적인 해악으로부터의 보호가 아니라 영적 해악으로부터의 보호다. 7:1-8의 인침과도 유사한데 144,000은 죽음에서 보호받은 것이 아니라 하늘 왕국으로 들어가는 보증을 얻었다. 슥 2:1-5도 성전 척량이 보호를 위한 예증임을 분명히 한다.

포드는 성전 척량에 관해 네 가지의 설명을 가한다.

① 재건 혹은 회복을 위한 것(겔 40:2, 41:13; 슥 2:2-8).
② 파괴를 위한 것(왕하 21:13; 사 34:1).
③ 육체적 해악으로부터의 보호(삼하 8:2).
④ 영적 해악으로부터의 보호.

1 또 내게 지팡이 같은 갈대를 주며 말하기를 일어나서 하나님의
성전과 제단과 그 안에서 경배하는 자들을 척량하되
2 성전 밖 마당은 척량하지 말고 그냥 두라 이것을 이방인에게 주었
은즉 저희가 거룩한 성을 마흔두 달 동안 짓밟으리라

1 **지팡이 같은 갈대**

10장에서 11장으로 바뀌었지만 환상의 장면은 끊어지지 않고 계속 이어진다. 천사에게서 두루마리 책을 취해 먹었던 요한은 또 천사에게서 "지팡이 같은 갈대"(κάλαμος ὅμοιος ῥάβδῳ / 칼라모스 호모이오스 흐라브도)를 받는다. 요한이 환상 중에 능동적인 행위의 주체자

로 드러나는 순간이다. 다윗도 모압을 친 후에 줄로 사람을 재어 죽이고 살릴 자를 정한 경우가 있다(삼하 8:2). 요한의 경우에 척량 대상인 성전과 제단과 경배자는 새 이스라엘(고전 3:16; 고후 6:16; 엡 2:19-22)로서 하나님의 신실한 백성에 해당한다. 척량은 보호를 상징하는데 육체적인 고난이나 죽음으로부터의 보호라기보다 영적 위험에서의 보호를 뜻한다. 갈대는 요단 계곡에 서식한다. 작고 가벼우며 속이 빈 갈대는 "지팡이"(ῥάβδος / 흐라브도스)처럼 곧았다. 대나무처럼 마디가 있는 줄기는 길고 딱딱하여서 흔히 척량용으로 사용되었다(겔 40:3; 계 21:15). 길이는 약 3m 15cm에 달했다. 바람이 불 때는 촘촘히 붙어 자라난 갈대가 흔들리며 서로 부딪혀 서걱거리는 소리를 내었다(눅 7:24).

하나님의 성전과 제단과 그 안에서 경배하는 자들

"하나님의 성전"(τὸν ναὸν τοῦ θεοῦ / 톤 나온 투 떼우)이라는 말은 성전(ἱερόν / 히에론) 자체가 아니라 성전 안에 있는 성소를 가리킨다(19, 3:12, 7:15). 성전은 유대 그리스도인과 이방 그리스도인으로 이루어진 메시아적 구속 공동체로서 12장에 나타난 여자의 남은 후손과 같다. 에스겔 40-42장에 나타난 성전 척량은 하나님의 소유권과 자기 백성에 대한 보호를 상징하였다. 스가랴 선지자가 본 셋째 환상에서 한 사람이 척량줄로 예루살렘의 장광을 척량했는데(슥 2:1-5) 역시 거룩한 성에 대한 하나님의 보호를 상징하였다. 비얼은 척량에 대하여 네 가지 가능한 해석을 소개하였다.

① 교회의 재건 내지 회복(겔 40:3-5).
② 배역자들의 파멸(암 7:7-9).

③ 육체적 해악으로부터 하나님의 백성을 보호함.
④ 영적인 해악으로부터 성도를 보존함.

그러나 본 절의 강조점은 하나님의 심판이 아니라 이방인들의 박해에 있으므로 ②번은 불가한 해석이다. 2절에 의하면 이방인들이 성도들을 박해하도록 하나님께서 허용하셨으므로 ③번의 해석은 해당이 되지 않는다. ①번은 그럴 가능성이 보이지만 본 절에서 강조하는 내용은 아니다. 본 절의 척량은 다가올 큰 박해에서 성도들을 영적으로 보존하는 ④번의 해석이 가장 타당하다. 오스본의 이런 정리에 동조하는 이들도 많다(Johnson, Swete, Prigent, Mounce, Loisy, Harrington, Talbert, Boring, Caird, Sweet, Aune).

2 성전 밖 마당

성전 밖 마당은 이방인의 뜰을 의미한다. 솔로몬 성전은 안뜰과 바깥뜰, 둘로 되어 있었으나(왕상 6:36) 헤롯 성전은 여인의 뜰, 이스라엘 백성의 뜰, 제사장의 뜰, 셋으로 구분되어 있었다. 세 뜰은 또 이방인의 뜰과 나뉘어져 있었으며 그 경계를 넘어서는 이방인은 죽임을 당했다. 바깥마당은 발람(2:14)과 이세벨의 추종자들(2:20)로서 세상과 타협한 교회를 상징하고, 성전 안에서 경배하는 자들은 짐승의 표를 거절하고(13:7, 16-17) 고난 속에서도 신앙을 변절하지 않는 참 교회를 상징한다. 많은 주석가들은 바깥 마당을 교회에 적을 두고 있으나 참 신자가 아닌 이들로 보았다(Hendriksen, Charles, Swete, Kiddle, Lenski, Rissi, Beale, Harrington). 이방인에게 허용된 마흔두 달에 걸친 성전 밖 마당 유린은 그들의 박해가 분명한 한계가 있음을 뜻한다. 그들은 하나님의 정한 자녀들을 해하지 못한다. 그들은 이미 보호의 척량을 받았다. 적대자들이 아무리 강하고 포학해도 외적인 교회가 아니라 내적인 교회를 해할 수 없음은 그들이 이미 하나님의 갈대에 의해 척량되었기 때문이다.

거룩한 성

예루살렘은 거룩한 성으로 불렸다(느 11:1; 사 48:2; 마4:5; 그리고 솔로몬 시편 8:4). 8절에 의하면 거룩한 성은 주님께서 못 박히신 곳으로서 영적으로는 소돔과 애굽으로 간주되었다. 사 48:2에서 최초로 언급된 "거룩한 성"은 다시 52:1에서 "거룩한 성 예루살렘"으로 구체화되었다. 그때 이후로 거룩한 성은 곧 예루살렘을 의미하게 되었다. 이 땅에 세워진 한시적인 거룩한 성은 마흔두 달 동안 이방인들에게 짓밟힌다. 앞으로 다가올 '거룩한 성 새 예루살렘'은 외부로부터의 공격이나 내부로부터의 자중지란이 전혀 없는, 가장 안전하고 영구한 거처가 될 것이다.

마흔두 달 동안 짓밟으리라

이 말씀의 배경은 단 8:9-14에 나온 안티오코스 에피파네스 4세(Antiochus Epiphanes IV)에 관한 예언이다. 역사적으로 예루살렘 성전은 주전 167-164년 동안 시리아의 폭군 안티오코스 에피파네스 4세의 말발굽 아래 처참하게 유린당했다. 성소는 2,300일 동안 작은 뿔에 의하여 짓밟히지만 이내 정결케 된다(단 8:14). 마흔두 달(13:5)은 1,260일로(11:3, 12:6) 한 때와 두 때와 반 때로도(12:14) 표현되었다. 여기에서 마흔두 달이란 표현은 길면서도 결코 길지 않은 한정된 고난의 시기를 뜻한다.

구약에서 '42'와 관련된 중요한 사건이 둘 있다. 하나는 엘리야 시대에 3년 6개월 동안 이스라엘을 덮쳤던 심각한 기근(왕상 17:1; 18:1; 눅 4:25; 약 5:17)이고 다른 하나는 출애굽에서 가나안에 이르기까지 광야 진행 중에 진을 쳤던 곳이 모두 마흔두 곳이었다(민 33:5–49). 이렇듯 42는 고난과 심판에 연관된 숫자이다. 하나님의 묵인 아래에서 악이 득세하는 소위 "이방인의 때"(눅 21:24)이다. 휴거설에 반대하여 통과설을 주장하는 입장에서는 성도들이 대환난을 겪을 것이지만(11:2, 12:14, 13:5–6) 영적인 해악으로부터 철저히 보호받는다. 공동체로서의 그들 존재는 주님의 파루시아까지 온전히 보장받으며 두 증인으로서의 집합적 사명을 수행할 수 있다.

C. **두 증인**(11:3-14)

1–2절에는 성전 척량과 거룩한 성이 이방인들에게 마흔두 달 동안 짓밟히는 내용이 들어 있는데, 그에 대한 기본 의도가 3–6절에서 밝혀진다. 척량은 증거와 연관이 있다. 마흔두 달과 1,260일은 같은 기간의 다른 표현이다. 척량 대상자에게는 하나님의 보호가 있다. 척량에서 제외된 성전 밖 마당은 이방인들에게 짓밟힌다. 보호와 방치는 척량의 유무에 있고 그 경계지점에 두 증인의 존재가 있다. 이방인의 박해 중에 증인의 사역은 계속된다. 두 증인의 예언사역은 박해 시기에 집중되어 있다. 이방인의 두려운 박해에도 불구하고 두 증인의 증거는 거침없이 진행된다. 그들에게는 세상이 감당치 못할 권세가 있기 때문이다. 두 증인은 미래의 예언자다. 권세를 "주리니"라고 약속하셨으니 권세를 받으면 "예언하게 될 것이다"(προφητεύσουσιν / 프로페튜수신).

그들은 하나님의 법정에 선 검사로서 세상의 죄를 정죄하고 고소하였다. 두 증인의 사실 심리와 논고는 피의자의 행위에 근거하고 있었으므로 강력한 증거 자료로 채택될 수밖에 없었고 그들의 최종 선고에 합법성을 부여할 수 있었다. 성경에서 둘은 증인의 수다(민 35:30; 신 17:6, 19:15; 마 18:16; 눅 10:1; 요 3:26-33). 두 천사가 나타날 때는 증거자로서의 의미가 컸다(눅 24:4-7; 행 1:10-11).

"나의 두 증인"에는 정관사가 붙어 '나의 그 두 증인'의 뜻이 되는데 이는 요한의 독자들이 두 증인의 정체를 잘 알고 있었음을 암시한다. 성경은 세상 종말이 닥치기 전에 모세와 엘리야가 돌아오리라는 언급을 하였고(신 18:18; 말 4:5), 메시아의 강림 전에 엘리야와 에녹이 출현할 것이라는 믿음은 후기의 유대 문헌들 속에서도 나타난다(엘리야묵시록 4:7; 바룩전서 90:31). 본문도 모세와 엘리야를 두 증인으로 생각하도록 여길 만한 내용이 많다. 두 증인의 경우도 엘리야처럼 하늘에서 불이 내려와 적들을 제거하였고(왕하 1:10-17; 계 11:5) 하늘을 닫아서 땅에 비가 내리지 못하게 하였다(왕상 17:1; 계 11:6상반절). 또한 두 증인은 모세처럼 물을 변하여 피가 되게 하였다(출 7:14-20; 계 11:6하반절; 모세승천서 12:13).

"두 증인"에 대한 해석은 그렇게 쉬운 것이 아니다. 두 증인을 개인적으로 보느냐, 집합적으로 보느냐의 문제 역시 간단하지 않다. 계시록의 많은 부분이 상징과 숫자와 언어 외적인 환상으로 이루어져 있어 해석상의 어려움과 더불어 학자들 간에 많은 논쟁을 불러일으켰다. 해석하기 힘든 난해 구절들 중에서도 특히나 11장의 "두 증인"은 13장의 "666"과 함께 논쟁의 쌍봉이라 할 수 있다. 비얼은 집합적인 개념을 선호하는 이유를 다음과 같이 정리하였다.

① 두 증인을 4절에서는 두 감람나무라 부르는데 두 감람나무를 교회로 보아야 한다. 슥 4:2-3의 순금등대는 종말의 때에 있을 의로운 이스라엘이며 더욱이 계 1:20에서는 "일곱 촛대는 일곱 교회니라"고 밝힌다. 두 곳의 촛대가 달리 해석되어야 할 이유가 없다.

② 두 증인은 삼 년 육 개월간 예언하는데 그것은 "거룩한 성"(11:2)과 "여자"(12:6, 14)와 "하늘에 거하는 자들"을 핍박하는 기간과 같다. 이들이 개인이 아니라 신앙 공동체를 의미한다면 두 증인 역시 집합적으로 해석해야 자연스럽다. 스몰리는 두 증인의 개인적인 적용을 부인하며 집합적으로 해석해야 함을 강변하였다.

③ 7절에서 짐승은 두 증인과 더불어 전쟁을 일으키는데, 개인을 대상으로 전쟁을 일으켰다고 보기 어렵고 집합적으로 보아야 자연스럽다. 그 배경인 단 7:21에서도 뿔과 싸우는 전쟁의 당사자는 개인이 아니라 이스라엘 민족으로서의 성도들이다.

④ 9-13절의 진술은 세상의 불신자들이 두 증인의 죽음에서부터 부활 승천까지의 장면을 볼 수 있다. 요한이 최첨단의 위성 중계로 개인으로서의 두 증인의 죽음을 방영할 것을 마음에 그리고 있었다는 주장은 억지에 가깝다.

⑤ 계시록에서 신앙공동체는 예수의 확고한 증인으로 그려진다(6:9, 12:11, 17, 19:10, 20:4).

3 내가 나의 두 증인에게 권세를 주리니 저희가 굵은 베옷을 입고
일천이백육십 일을 예언하리라

4 이는 이 땅의 주 앞에 섰는 두 감람나무와 두 촛대니
5 만일 누구든지 저희를 해하고자 한즉 저희 입에서 불이 나서 그
원수를 소멸할지니 누구든지 해하려 하면 반드시 이와 같이 죽임
을 당하리라
6 저희가 권세를 가지고 하늘을 닫아 그 예언을 하는 날 동안 비
오지 못하게 하고 또 권세를 가지고 물을 변하여 피 되게 하고
아무 때든지 원하는 대로 여러 가지 재앙으로 땅을 치리로다
7 저희가 그 증거를 마칠 때에 무저갱으로부터 올라오는 짐승이 저
희로 더불어 전쟁을 일으켜 저희를 이기고 저희를 죽일 터인즉
8 저희 시체가 큰 성 길에 있으리니 그 성은 영적으로 하면 소돔
이라고도 하고 애굽이라고도 하니 곧 저희 주께서 십자가에 못
박히신 곳이니라
9 백성들과 족속과 방언과 나라 중에서 사람들이 그 시체를 사흘
반 동안을 목도하며 무덤에 장사하지 못하게 하리로다
10 이 두 선지자가 땅에 거하는 자들을 괴롭게 한 고로 땅에 거하는
자들이 저희의 죽음을 즐거워하고 기뻐하여 서로 예물을 보내리
라 하더라
11 삼일 반 후에 하나님께로부터 생기가 저희 속에 들어가매 저희가
발로 일어서니 구경하는 자들이 크게 두려워하더라
12 하늘로부터 큰 음성이 있어 이리로 올라오라 함을 저희가 듣고
구름을 타고 하늘로 올라가니 저희 원수들도 구경하더라
13 그 시에 큰 지진이 나서 성 십분의 일이 무너지고 지진에 죽은

사람이 칠천이라 그 남은 자들이 두려워하여 영광을 하늘의 하나
님께 돌리더라
14 둘째 화는 지나갔으나 보라 셋째 화가 속히 이르는도다

3 나의 두 증인에게 권세를 주리니

구약에서는 증언으로서 법적인 효력을 발생하려면 두 사람의 증거가 필수적이었다(신 17:6, 19:15; 민 35:30). 주님께서도 법정 소송에 있어 두세 증인의 중요성에 대하여 말씀하셨다(마 18:16; 요 8:17). 바울도 심판의 정당성을 확보하기 위해서는 복수의 증인이 필요함을 언급하였다(고후 13:1; 딤전 5:19). 본 절의 두 증인은 천상의 증인으로서 세상 한가운데 세워졌다. "권세를 주리니"와 "예언하리라"는 둘 다 미래시제로서 그들이 미래의 예언자임을 보여준다. 두 증인이 정확히 누구를 가리키는지에 대한 정체성의 문제는 다양한 해석을 시도하게 만들었다.

두 증인이 행한 기적을 근거로 해서 이들을 모세와 엘리야로 보는 견해가 있다. 두 증인은 엘리야처럼 능력을 지녔으며(6, 왕상 18:46) 불로 적들을 살랐고(5, 왕하 1:10-12), 하늘을 닫아 비가 오지 못하도록 하였다(6, 왕상 17:1). 모세처럼 물을 피로 변하게 하였고(6, 출 7:14-18) 재앙으로 땅을 쳤다(6, 출 8:12). 그들도 엘리야처럼 승천하였다(12, 왕하 2:11). 하지만 엘리야나 모세는 두 증인과 같은 죽음을 당하지 않았다. 유대인들은 메시아의 강림 전에 모세(신 18:18; 요 6:14, 7:40)와 엘리야의 출현(말 4:5; 마 11:14; 막 9:11)을 믿고 있었다. 실제로 모세와 엘리야는 변화산에서 그 모습을 드러내었다(막

9:4). 백위드는 모세와 엘리야의 심령으로 종말에 나타나 이스라엘에게 회개의 복음을 전할 예언적 인물로 보았다. 마운스는 실제의 인물이라기보다는 종말 직전의 대격변기에 증거하는 교회를 상징한다고 보았다.

세대주의자인 왈부어드는 본 절의 두 증인이 휴거 이후에 주님께로 돌아올 사람들 중에서 일어날 두 선지자라 주장하였다. 교부 히폴리투스와 터툴리안은 두 증인을 에녹과 엘리야로 보았다. 이들의 입장을 정리하면 이럴 것이다. 성경에서 승천한 인물로는 에녹과 엘리야와 주님이 있다. 죽음을 보지 않고 승천한 인물은 오직 에녹과 엘리야 둘뿐이다. 하나님의 아들까지도 죽음을 통과하셨다. 마지막 심판이 이 땅에 이르기 전에 승천했던 에녹과 엘리야가 지상에 다시 나타나 완고한 유대인들에게 그리스도의 복음을 증거하다 죽음으로써 "죄의 삯은 사망이요"(롬 6:23) "한 번 죽는 것은 사람에게 정하신 것이요 그 후에는 심판이 있으리니"(히 9:27) 하신 하나님의 불변하는 말씀을 이루실 것이다. 두 증인에 대한 다양한 견해는 다음과 같다.

① 성전, 제단, 성전 밖 마당, 거룩한 성처럼 두 증인은 "증거하는 교회"를 상징한 것이다(Swete, Mounce, Giesen, Talbert, Beale, Wilcock, Metager, Lohse, Aune). 아운은 두 증인의 정체성을 역사적인 인물에 적용하려는 일체의 시도를 무모한 수고로 치부하였다. 두 증인은 역사적 인물이 아니라 사악한 세상에서 하나님의 백성들이 행하는 증거에 대한 상징이며, 증거 자체이신 그리스도처럼 고난과 죽음까지도 극복하는 것으로 보았다. 그는 3절의 "두 증인"을 10절의 "두 선지자"로 간주하였다. 실제적으로 본문 자체가 예언사역(3, 6절)과 증거사역(7절)을 번갈아가며 사용하고 있다. 아운은 하나님의 사

람들이 죽음을 각오하면서까지 세상에 대해 구원과 심판의 복음을 끊임없이 전하는 것으로 두 증인을 이해했다. 오스본도 두 증인을 증거하는 주체로서의 교회에 대한 상징으로 보았다.

② 에녹과 엘리야(Hippolytus, Tertullian). 초기 기독교의 대다수 교부들이 이 견해를 전폭적으로 지지했다. 오직 에녹과 엘리야만이 죽지 않고 살아서 승천하였다. 한 번 죽는 것은 하나님께서 정하신 철칙이다. 주님도 죽으셨다. 에녹과 엘리야가 어떻게 어떤 모습으로 나타나 복음을 증거하다 죽을는지는 모른다. 갑자기 승천함으로 다 이루지 못했던 증거의 사명을 마지막 때에 나타나 이룰 것이라는 당시의 보편적 믿음이 이런 해석의 배경이 되었다.

③ 예레미야와 엘리야(Victorinus). 빅토리누스는 예레미야가 죽지 않고 승천했다고 믿었다. 사람들이 주님을 누구로 생각하는가의 질문에 베드로는 "예레미야나 선지자 중의 하나"(마 16:14)라 답변하였다. 요세푸스의 《고대사》에도 당시의 유대인들 사이에 이런 믿음의 전승이 있었음을 언급하였다.

④ 폭군 네로에 의하여 순교 당한 베드로와 바울(Boismard, Munck). 뭉크는 확실하지 않은 승천 인물인 예레미야 대신에 아주 확실한 순교자요 각각 유대인의 사도와 이방인의 사도로 활약하였던 베드로와 바울을 두 증인으로 내세웠다.

⑤ 예루살렘 감독 야고보와 사도 요한(Bacon). 세베대의 두 아들인 야고보와 요한이 순교의 죽음을 당할 것이라는 주님의 예언(마 20:20-28; 막 10:35-40)에 근거하여 그들을 두 증인의 모델로 보았다.

⑥ 대제사장 아나누스와 여호수아(Berger). 요세푸스의 《유대 전쟁사》에 따르면 둘 모두 이두메인들에게 살해당하여 시체가 길가에 버려졌다.

⑦ 슥 4:1-2의 두 감람나무와 연관시켜 제사장적 메시아인 아론과 쿰란 공동체의 평신도 메시아인 이스라엘(Ford).

⑧ 스데반과 의인 야고보(Eusebius). 둘 다 순교의 과정에서 계시록 11장의 두 증인처럼 심한 폭행을 당했다.

⑨ 타이터스 황제에게 순교 당한 두 지도자(Zahn, Gelin).

⑩ 스룹바벨과 여호수아(Beasley-Murray, Zahn).

⑪ 의인 야고보와 세베대의 아들 야고보.

⑫ 베옷을 입었던 엘리야와 세례 요한.

⑬ 서머나 교회와 빌라델비아 교회.

⑭ 이스라엘과 하나님의 말씀.

⑮ 엘리야와 모세(Osborne).

⑯ 엘리야와 엘리사.

⑰ 이스라엘과 교회.

⑱ 율법과 예언서.

⑲ 율법과 복음.

⑳ 구약과 신약(Tyconius, Beatus, Bede). 스트랜드는 두 증인을 하나님의 마름과 예수 그리스도의 증거 곧 구약의 예언적 메시지와 신약의 사도적 증거로 보았다.

그 외에도 "두 증인"을 교회의 예언적 증거에 대한 상징(Swete, Metzger), 사람들의 증거와 성령의 증거에 대한 상징(Lacy), 기독교 전도자들과 교사들의 보편성에 대한 상징(Considine), 기독교에 완전한 형태로 보존된 이스라엘의 영적 가치에 대한 상징 등 다양한 해석을 선보였다(Feuillet).

권세를 주리니

자신의 권세를 자신의 두 증인에게 주시겠다고 말씀하신 분은 하나님(Beckwith)이시거나 그리스도(Swete)이시다. 그분은 10장 말미와 11장 초두에서 말한 천사가 아니다. 천사는 두 증인을 내게 속한 자라 부를 수 없고 그들에게 줄 "나의" 권세도 없다. 증인을 종으로 두실 분은 오직 하나님과 그리스도뿐이시다. 자신의 종들에게 권세를 주실 분도 하나님과 그리스도뿐이다. 그러나 8절에서 그리스도는 "저희 주"라 불림으로 그리스도는 배제된다. "나의"(μου / 무) 두 증인에게 권세를 "주신다"(δώσω / 도소). 계시록에서 "내가 준다"고 할 때 그 주체는 언제나 하나님이시다. 2절에서는 성전 밖 마당을 이방인에게 '주어' 마흔두 달 동안 짓밟게 하셨는데, 여기에서는 자신의 두 증인에게 예언하고 이적을 행할 능력을 '주신다.' 주신 내용과 대상은 달라도 그럴 권세를 주신 분은 동일하신 하나님이시다.

굵은 베옷을 입고

"굵은 베옷"(σάκκους / 삭쿠스)은 회개할 때의 전형적인 복장이었다(왕하 1:8; 사 22:12; 렘 4:8; 욘 3:5; 마 3:4).

회개자는 불편한 옷을 걸치고 머리를 풀어 헤쳐서 가슴을 치며 재를 머리 위로 날리면서 통회 자복하였다. 두 증인의 사역과 일치하는 복장이다. 거친 옷은 선지자들이 걸치던 전형적인 의복이었다(슥 13:4). 엘리야도(왕상 1:8) 세례 요한도(막 1:6) 약대 털옷을 입었다. 계시록에서는 6:12에 여섯째 인을 떼실 때에 해가 "총담같이" 검어진 것으로 표현할 때에 유일하게 사용되었다. '총담'은 염소 머리털로 짠 거친 옷인데, 장례식 때 주로 유족들이 입었으며 회개와 비탄을 상징하였다. 두 증인이 굵은 베옷을 입었음은 그들의 말씀 사역에서 핵심이 무엇임을 잘 암시한다. 다시 말해 엘리야나 세례 요한처럼 하나님께 대한 회개를 외쳤음을 의미한다. 그리고 '예언하니'라는 말씀 그대로 다가오는 심판과 구원을 예언하였다. 하나님께로 돌이켜 회개하면 다가오는 심판에서 벗어나 구원을 얻을 것이지만, 그렇지 않으면 여지없이 심판을 직면하게 될 것이다.

일천이백육십 일

앞 절의 마흔두 달, 12:14의 한 때와 두 때와 반 때와 그 의미가 상통한다. 이것은 곧 3년 반이다(왕상 18:1; 눅 4:25; 약 5:17 참조). 7년 대환난을 전반과 후반으로 나누면 두 증인의 1,260일은 전반기의 삼 년 반에 해당한다. 1,260일이란 매우 장구한 날들처럼 여겨지지만 한 때와 두 때와 반 때는 매우 짧게 느껴진다. 1,260일이란 증거자나 박해자들에게 있어서 한정적으로 주어진 시간이다. 땅의 거주자들은 그 기간 동안에 두 증인의 증언을 듣고 악행에서 돌이켜 회개하든지 그렇지 않으면 자신들이 택한 파멸의 길을 고집하게 될 것이다. 두 증인의 사역은 세상 법정에서 죽음으로 끝나지만 천상의 법정에서는 박해자들의 그러한 악행이 마지막 심판의 근거가 된다.

① 역사주의적 관점 → 성전 척량을 종교 개혁이 진행되던 교황 시대에 참 교회를 결정하던 사건으로 본다. 1,260일은 하루를 일 년으로 계산하는 원리에 따라(겔 4:6), 문자적인 의미에서 교황들의 재임 기간인 1,260년으로 해석한다. 두 증인은 발도파(Waldenses, 12세기에 프랑스에서 일어났던 반교황주의 교단임)와 알비주아파(Albigenses, 12세기와 13세기 프랑스의 Albi 지방에서 일어났던 반로마교회 교단임) 그리고 종교 개혁 직전까지 교황권에 저항했던 이들로 본다. 12장의 여자를 313년까지 로마제국에 의해 핍박받았던 가시적인 교회로 보고, 남자 아이를 그 안에 있는 참 교회로 보며 콘스탄틴 대제의 등극으로 교회는 옹호를 받는다. 두 짐승은 각각 교황권의 정치 권력 행사, 교권 행사로 이해한다.

② 과거주의적 관점 → 1,260일을 유대 전쟁 기간이나 네로의 박해 기간 또는 둘 다의 의미로 받아들인다. 두 증인을 예루살렘 멸망 직전에 예언적 활동을 한 인물로 간주한다. 여자는 이스라엘이요 남자 아이는 유대 전쟁 때 예루살렘을 탈출한 교회로 이해한다. 첫 짐승은

교회를 박해한 로마나 네로 황제요, 둘째 짐승은 황제 숭배, 로마의 악랄한 총독 아니면 이스라엘의 거짓 선지자라고 본다.

③ 미래주의적 관점 → 1,260일을 대환난과 관련된 3년 6개월의 기간으로서 4:1에서부터 19장까지 계속되는 것으로 본다. 후반기에 해당하는 3년 반을 대환난이라 부른다(7:14). 두 증인을 장차 나타날 예언자로서 모세와 엘리야 아니면 에녹과 엘리야로 해석한다. 여자는 신실한 이스라엘이요 대환난 기간에 적그리스도의 박해를 피해 광야로 도피할 것이다. 첫 짐승은 정치적 세계 지도자요, 둘째 짐승은 첫 짐승에게 세계적 경배를 이끌어낼 종교적 지도자이다.

④ 이상주의적 관점 → 1,260일을 전체 교회 시대로 여기며 두 증인도 교회 시대의 교회로 본다. 여자도 같은 의미로 받아들인다. 첫 짐승은 전체 역사를 통해서 교회를 박해한 정치 세력으로, 둘째 짐승은 정치 권력을 흠모하는 거짓 종교로 이해한다.

4 두 감람나무와 두 촛대

정확하게는 올리브나무다. 배경은 스가랴 선지자의 환상에서 일곱 등잔을 지탱해 주는 하나의 황금 촛대이다(스가랴 4장). 스가랴의 환상에서 두 감람나무는 스룹바벨 총독과 대제사장 여호수아를 가리켰다. 1장에서 촛대는 교회를 상징했다. 주님의 촛대인 교회는 주님의 빛을 지녔다(마 5:15-16). 이 촛대는 감람나무 곧 올리브나무이다. "그 안에 생명의 빛을 밝히는 성령의 기름이 들어있다"(Swete). 두 감람나무와 두 촛대의 정체성은 바로 앞 절에서 언급된 두 증인과 동일하므로 두 증인의 해석을 그대로 적용해야 한다.

5 입에서 불이 나서 그 원수를 소멸할지니

엘리야는 아하시야 왕이 보낸 100명의 사자들을 하늘에서 내린 불로 진멸시켰다(열왕기하 1장). 두 증인의 예언적 활동이 진행되는 동안 초자연적인 권능이 그들에게 임하여 적대자들을 태우게 된다. 영적으로 적용한다면 두 증인의 입에서 나오는 말씀의 능력이 대적을 삼키는 불이다. 그들은 적대자들에게 겹겹이 싸여 있었고, 그들의 삶은 빈곤과 박해로 인한 고통의 연속이었지만 영원한 언약적 신분은 굳건했다. 그들에게는 세상이 감당치 못할 하늘의 불, 하나님의 불이 있었다. 핍박과 환난이 그들의 예언적 사역을 위축시키지 못했고, 어둠의 권세가 그들 영혼에 내재된 빛의 권세를 뒤흔들지 못했다. 그러나 불의 소멸은 특별한 예언 사역을 위해 두 증인에게 주어진 초월적인 권능이기도 하지만 하나님이 그들을 보호하신다는 관점에서 이해하는 것도 유익하다. 두 증인의 입에서 불이 나왔음은 그리스도의 입에서 이한 검이 나온 장면(1:16)을 연상시킨다. 계시록에서 '입'은 심판을 상징하는 묵시적인 이미지로 사용되었다(2:12, 16, 9:17-19, 12:15-16, 16:13, 19:15, 21).

6 비 오지 못하게 하고……물을 변하여 피가 되게 하고

엘리야 시대의 기근(왕상 17:1)은 3년 반 동안이나 계속되었다(눅 4:25; 약 5:17). 두 증인이 예언하는 동안인 1,260일간 하늘은 비를 내리지 않을 것이다. 모세가 나일 강의 물을 피로 변하게 했듯이(출 7:20) 두 증인 역시 물을 변하여 피가 되게 할 것이다.

7 저희가 그 증거를 마칠 때에

1,260일이 끝날 때를 말한다. 칠 년 대환난 시기의 전반부가 이로써 종료된다. "마치다"(τελέσωσιν / 텔레소신)는 일시적 완료가 아니라 목적한 바를 성취함을 의미한다. 그들은 정해진 시간 동안 자신들이 증거해야 할 모든 것들을 남김없이 증거하였다. "그 증거를 마칠 때에"란 표현은 곧이어 무저갱에서 올라온 짐승이 두 증인을 죽이고 다시 그들이 승천하고 땅은 큰 지진으로 큰 재앙을 입을 연속적인 사건의 이어짐을 예고한다. 역사의 종말 직전에 일어날 일련의 사건들은 이미 주님께서 종말론 강화를 통해 언급할 내용들이다(마 24:9-22). 이 사건들은 주님 재림 이전에 발생하며 결국 성도의 궁극적인 승리로 마무리될 것이다. 죽었다 다시 살아나서 승천한 두 증인이 이에 대한 표징이 된다(11:11-12).

무저갱으로부터 올라오는 짐승

종말의 때에 교회의 적대자로 나설 짐승의 정체가 처음으로 소개된다. "짐승"은 계시록에 모두 36회나 나온다. 짐승은 하나님의 백성을 괴롭히는 대적 중의 대적이다. 이 짐승에 대해서는 13장과 17장에서 보다 상세히 묘사된다. 짐승은 용으로 상징된 사탄과는 전연 다르다. 다니엘서에서는 짐승이 하나님의 성도들에게 적대적인 지상의 왕국들로 그려졌다(단 7:17-18). 여기의 "짐승"은 보좌 앞의 '생물'(ζῷον / 조온)들과 대조적인 '들짐승'(θηρίον / 떼리온)이다. 중성적인 표현인 "짐승"은 적합한 번역이 아니다. 정관사의 사용은 이 짐승이 당시 크리스천들에게 매우 익숙한 인물임을 뜻한다. 다니엘 7장에서 묘사된 짐승의 역사적인 정체성으로 인해 당시의 신자들은 적그리스도 혹은 적그리스도의 대행자가 누구인지 쉽게 상상할 수 있었을 것이다.

13장에 나오는 두 짐승(바다에서 나온 짐승과 땅에서 나온 짐승)과 비교할 때 본 절의 짐승이 무저갱에서 나온 점으로 보아 적그리스도 자신으로 여기는 것이 자연스럽다. 세심한 요한은 13장과 17장에 구체적으로 언급될 짐승의 존재를 미리 살짝 밝혀서 독자들로 하여금 마음의 준비를 하게 만든다. 이 짐승은 사역이 끝난 두 증인과 더불어 전쟁을 일으킨다. "전쟁을 일으켜"라는 표현에 근거하여 두 증인이 개인이라기보다 집합적인 인격으로서 신앙 공동체라는 해석을 가능하게 만든다. 다니엘의 환상에서 짐승의 뿔은 성도들과 싸워 이기는데(단 7:21), 본 절의 짐승도 두 증인과 싸워 이긴다. 뿔에게 패배했던 성도는 옛적부터 항상 계신 자의 개입으로 극적인 반전을 이루었듯이(단 7:22), 두 증인도 부활 승천의 반전을 경험한다(11-12절).

저희를 죽일 터인즉

그들의 최후는 복된 순교자의 죽음이다. 사역은 끝나고 두 증인은 최후를 맞이하게 된다. 생명의 증거(μάρτυς / 마르튀스)가 끝나면 순교(μάρτυς / 마르튀스)가 기다린다. 그들은 하나님의 메시지를 증거하다 죽음으로써 복음을 증거하다가 죽임 당하신 주님의 길을 답습한다. 그들은 그리스도의 고난에 참예한 자들이다(빌 3:10). 결과적으로 두 증인의 죽음은 기적적인 부활과 승천으로 이어진다. 불과 연기와 유황의 세 재앙에서 살아 남았지만 회개하지 않았던 사람들도(9:20-21), 두 증인이 다시 살아나 승천할 때 일어난 큰 지진으로 인해 하늘의 하나님께 영광을 돌리는 변화가 생겨난다(11:11-13). 그들은 죽었어도 살았을 때 이상으로 하나님의 강력한 메신저였다.

예언자들이 세상에 의하여 거부당하고 적대자들에게 폭력적인 죽음을 당하는 것은 예외적인 일이 아니었다. 그것은 의의 증거자에게는 흔한 일이었다. 성경에는 그런 예가 많다(대하 36:15-16; 느 9:26; 마 5:11-12, 23:34-37; 행 7:52; 살전 2:15). 예언자들과 사도들 그리고 복음 전도자들이 그리스도의 십자가를 통한 구원, 하나님과의 화해, 우상 숭배를 버리고 거룩한 삶을 살아야 함을 타협 없이 증거하는 한 그들을 기다리고 있는 것은 조롱과 멸시, 극심한 박해, 심지어는 죽음이었다. 순교의 역사는 예언자들의 영을 가진 증인들이나 교회가 두 증인과 같은 길을 걸었음을 여실히 보여주고 있다.

8 큰 성

이 성을 요한 자신은 소돔, 애굽, 주께서 십자가에 못 박히신 곳이라 주를 달고 있다. 대부분의 주석가들은 본 절의 경우를 제외하고 "큰 성"이 계시록에서 언제나 로마를 지칭하고 있음(16:19, 17:1, 18:10, 16, 18, 19, 21, 또한 큰 성 바벨론이라고도 불렀다. 14:8, 16:19, 17:5, 18:2)에도 불구하고 이 큰 성을 예루살렘으로 간주한다(Charles, Barclay, Moffatt, Walvoord). 요한은 큰 성의 영적인 이름을 소돔과 애굽으로 불렀다. 물론 실제의 이름은 아니며 "큰 성"을 굳이 소돔과 애굽이라 칭한 것은 타락의 극심한 상태를 강조하기 위한 비유 내지 은유이다. 이런 상징법은 예언자들이 자주 사용하였다. 이사야는 소돔과 고모라를 멸망의 상징으로 언급하였다(사 1:9). 에스겔은 음행의 상징으로 소돔을 언급했다(겔 16:46). 마지막 부분인 "저희 주께서 못 박히신 곳"은 이곳이 예루살렘임을 분명히 한다.

9 그 시체를 사흘 반 동안을 목도하며

두 증인의 시체는 큰 성에 방치되어 백성들과 족속과 방언과 나라에 속한 사람들에게 구경거리가 된다. 매장 금지는 수치와 모욕의 표시였다(왕상 13:22; 시 79:3). 그들은 자신들이 증거했던 날 수 1,260일에 상징적으로 부합한 사흘 반 동안 매장되지 못한다. 큰 성에 두 증인의 시체가 버려진 상황은 땅의 거주자들이 얼마나 두 증인을 증오하였으며, 그의 죽음을 통쾌해 하는지를 보여준다. 두 증인은 서머나 교회에 주신 권면을 따라 죽기까지 충성한 주님의 증인이다.

10 **땅에 거하는 자들을 괴롭게 한 고로**

두 증인의 증거가 그들에게는 실로 무지막지한 고문이었다. 어둠의 자식들에게 빛의 도래는 곧 죽음을 의미하고 사탄의 앞잡이들에게 그리스도의 복음은 사형선고와 같다. 그들의 죽은 양심은 양심을 깨우는 복음의 능력에 몸서리쳤고, 삼년 반에 걸친 영적 각성의 외침은 죄에 물든 그들의 영혼을 찌르는 고통으로 작용하였다. 십자가의 복음과 그리스도를 믿음으로 말미암아 구원을 얻는 도리와 우상 숭배자들에게 임할 하나님의 진노는, 그들에게 큰 기쁨의 좋은 소식이 아니라 흉측하고 불길한 소문이었다. 두 증인의 죽음과 사흘 반 동안에 걸친 매장 금지는 그리스도의 죽으심과 사흘만의 부활을 비웃는 상징적 행위였다. 두 증인도 주님께서 못 박히셨던 바로 그 성 곧 소돔·애굽에서 죽임을 당하였다.

저희의 죽음을 즐거워하고 기뻐하여

순교자의 죽음에 교회는 슬퍼해도 세상은 환호작약한다. 땅에 거하는 자들은 하늘에 속한 자의 죽음에 대단히 기뻐하였다. 그들은 이

날을 세계적인 축일로 선포하며 기념하려 했을 것이다. 의인의 죽음에 그들은 서로 예물을 주고받으며 자신들의 즐거움을 만방에 선포했다. 두 증인의 죽음에 보인 그들의 반응은 하만을 비롯한 유대의 대적자들을 죽인 후에 유대인들이 기뻐했던 부림절의 반대 현상이다(에 9:19, 22). 주님도 자신의 죽음에 제자들은 슬퍼해도 세상은 기뻐할 것을 언급하셨다(요 16:20). 느헤미야의 인도로 예루살렘 고토를 찾은 유대인들은 본 성에서 초막절을 지키며 기쁨의 표시로 음식을 나눴다(느 8:10-12). 하만의 궤계에서 놓여난 유대인들이 인종 청소의 위기에서 벗어난 기쁨을 표현하며 서로 예물을 전한 것이 부림절의 기원이 되었다(에 9:18-22). 본 절의 이 모습은 사악한 부림절인 셈이다.

11 생기

"생기"(πνεῦμα ζωῆς / 프뉴마 조에스)는 생명의 바람이다. 두 증인의 시체는 삼일 반 동안 유린을 당하지만 부활한다. 주님이 사흘 만에 부활하셨듯이, 요나가 사흘 만에 회생하였듯이 두 증인은 살아 일어난다. 살리는 영이신 주 예수 그리스도께서(고전 15:45) 그들 가운데 들어가자 산 영으로 일어난다. 에스겔 골짜기의 마른 해골들에게 여호와의 생기가 들어가자 그들이 살아 일어나 여호와의 큰 군대를 이루었던 것처럼(겔 37:10) 두 증인은 그렇게 일어난다. 7년 대환난의 후반부에 길거리에 내팽개쳐졌던 두 증인의 시체가 거룩함으로 보존되어 살아 일어난다. 세상의 대축일이라면서 기뻐 날뛰던 땅의 거민들에게 두려움이 엄습한다.

12 구름을 타고 하늘로 올라가니

두 증인은 하늘로부터 들려온 음성에 따라 갑자기 일어선다. "이리로 올라오라"(Ἀνάβατε ὧδε / 아나바테 호데)는 '커다란 음성'(φωνῆς μεγάλης / 포네스 메갈레스)는 두 증인만이 아니라 모두에게 들려졌을 것이다(ἤκουσαν / 에쿠산). "구름"은 정관사와 함께 특정한 구름을 뜻한다. 요세푸스는 모세가 제자들과 함께 얘기를 나누고 있을 때 구름이 그들 사이를 격하여 하늘로 올라간 사실을 언급했다. 엘리야는 불병거를 타고 승천하였는데(왕하 2:11) 얼마든지 구름 이미지를 상상할 수 있다. 주님께서 승천하셨을 때도(행 1:9) 재림하실 때도 구름과 함께 나타나실 것이다(행 1:11; 계 1:7). 성도들도 구름 속에 끌어올려질 것이다(살전 4:17). 두 증인의 부활과 승천은 세기적 장관이 될 것이다. 땅의 모든 거민이 이 놀라운 광경을 동시에 목격하게 될 것이다. 엘리야의 승천은 그의 후계자 엘리사와 선지자의 생도 오십 인에게만 목격이 제한되었고, 모세의 베일에 싸인 임종은 아무도 지켜본 자가 없었다. 주님의 승천 목격도 제자들에게만 국한되었다. 그러나 두 증인의 승천은 온 세상이 알게 된다.

13 큰 지진이 나서

지진은 하나님의 강림뿐만 아니라 하나님의 진노를 나타낼 때에도 상징적으로 사용되었다(겔 38:19-20; 슥 14:4; 그리고 마 27:54 참조). "큰 지진"은 계시록에 단 세 번 나온다(6:12, 11:13, 16:18). 하나님의 현현 장면과 연관해서는 두 번 나온다(8:5, 11:19). 16:18-19에 언급된 '큰 지진'과는 매우 흡사하다. 다만 지진의 강도에 있어 역사상 전무후무한 대지진으로 묘사된 후자의 경우가 월등하다. 에스겔 선지자는 종말 직전에 있을 지진을 언급했고(겔 38:19-20), 스가랴 선지자는 하나님이 원수를 궤멸할 때에 감람 산이 동서로 갈라질 것을 예언했다(슥 14:15). 두 증인이 하늘의 음성을 듣고 승천하는 바로 그 시간에 땅에는 거대한 지진이 임하여서 큰 성의 10분의 1이 무너지고 7,000명이 죽는 대재앙을 겪는다. 여기서 10분의 1과 7,000은 산술적 개념이 아닌 상징적 숫자다. 인 재앙에서 4분의 1이 멸절되고(6:8), 나팔 재앙에서는 3분의 1이 파멸되듯이(7:7-10, 12), 10분의 1이나 7,000이란 숫자는 심판의 정도가 한정적임을 의미한다. 엄청난 재앙이 들이닥쳤지만 마지막 대재앙은 아직 오지 않았다.

영광을 하늘의 하나님께 돌리더라

땅에 거하는 자들이 회개할 리는 만무하다. 이미 회개의 영은 떠났다. 극도의 두려움이 그들로 하여금 일시적 경외감을 표시하게 했을 것이다. 외경심에서 우러나온 전인적 회개이기보다는 공포심에 사로잡혀 엉겁결에 뱉어낸 어투임이 틀림없다. 그것은 의식적인 회개의 감정이 아니라 충동적 두려움의 돌출에 가깝다. 그들은 두 증인의 죽음을 누구보다 기뻐하였고 그들의 시체가 사흘이나 길가에 방치되는 동안 어느 누구도 돌아보지 않았다. 오히려 두 증인의 죽음을 즐거워하며 서로 예물을 주고받을 정도였다(9-10절). 그랬던 그들이 두 증인이 다시 살아나 승천하고 동시다발적으로 일어난 지진 현상으로 인하여 하나님께 영광을 돌린다는 것은 완전히 앞뒤가 맞지 않는 일이다. 그것은 자신들도 통제할 수 없는 어떤 힘이 그들의 입술을 순간적으로 주장했을 수 있다. 왜냐하면 십자가 처형의 현장에서 그리스도를 찌르고 박해하고 죽였던 자들도 모두 예수 그리스도 앞에 무릎을 꿇고 자신들의 입으로 부인했던 바로 그 이름을 주로 시인하며 하나님께 영광을 돌리게 될 것이기 때문이다(빌 2:10-11).

한편 두려움과 하늘의 하나님께 영광을 돌렸다는 두 가지 관점에서 이를 진실한 회개로 해석한 이들도 있다(Swete, Beckwith, Chilton, Charles, Prigent, Fiorenza, Krodel, Thomas, Beasley-Murray, Giblin, Caird, Sweet, Lohse, Roloff). 왜냐하면 땅에 거하는 자들에게 전할 영원한 복음을 가진 천사가 공중을 날아가면서 큰 소리로 외쳤던 내용이 바로 "하나님을 두려워하며 그에게 영광을 돌리라"(14:6-7)였기 때문이다. 짐승과 그의 우상과 그의 이름의 수를 벗어난 자들이 불렀던 '모세의 노래/어린양의 노래'에서도 "누가 주의 이름을 두려워하지 아니하며 영화롭게 하지 아니하오리이까?"라고 하였다(15:4). 16:9에는 넷째 대접으로 인한 재앙에 살아남은 자들이 여전히 회개하여 주께 영광을 돌리지 않았다고 묘사하였다. 두려워하여 영광을 돌렸다 함은 회개하여 영광을 돌리지 않았다는 말과 정반대의 상황이라는 것이다. 물론 구약에서도 사람들에게 회개를 권할 때에 '하나님께 영광을 돌리라'는 표현을 사용하였다(수 7:19; 삼상 6:5; 시 42:12; 렘 13:16).

그러나 애굽의 술사들도 하나님의 권능을 인정했지만 회개하지는 않았다(출 8:19). 느부갓네살이 일곱 해 만에 짐승의 상태에서 벗어나 잃었던 인간의 총명을 되찾았을 때에 하나님을 찬양하고 존경하였는데(단 4:34) 그것은 회개의 표식으로 볼 수 없다. "하나님을 두려워함"은 강제적 요인에 의한 반응이었던 때도 있다(잠 1:24-32; 욘 1:16; 행 12:23). 때때로 하나님은 회개에 관한 아무 언급도 없이 영광 돌리기를 요구하신 적도 있으시다(삼상 6:5; 시 96:7-8; 사 42:12).

하나님의 메시지에 대한 긍정적 응답에서가 아니라 심판의 결과로 인한 영광 돌림은 순수한 회개와 분명하게 차이가 있다. 느부갓네살이 하나님의 심판을 통한 권능에 압도되었듯이 본 절의 무리들도 심판의 무시무시함에 압도되었을 뿐이다. 그들은 회개하지 않았다.

14 둘째 화는 지나갔으나

둘째 화는 여섯째 나팔을 불었을 때 임했던 것으로 마병대의 화다(9:13-21). 10:1-11:13까지는 계시록의 두 번째 막간으로서 지금까지 사역의 환상을 다루어 왔다. 힘센 천사와 작은 책의 사역(10장), 성전 척량의 사역(11:1-2), 두 증인의 사역(11:3-13)이 막간에서 다루어졌다. 둘째 화보다 더 지독한 셋째 화가 미구에 들이닥칠 것이다. 요한이 "둘째 화는 지나갔으나 보라 셋째 화가 속히 이르는도다" 했을 때 요한의 독자들은 일순 당황하였을 것이다. 왜냐하면 둘째 화(9:13-21)가 끝난 이후에 일곱 우레와 두 증인의 엄청난 환상에 몰입되었고 삽입된 장면들이 숙고할 만큼 길었기 때문이다. 어떤 이는 이러한 삽입을 셋째 화의 선언과 자료를 연관시키기 위한 수사학적인 시도로 보았으나 요한이 의도적으로 둘째 화와 셋째 화 사이에 삽입한 것으로 보는 것이 적절하다.

14절은 두 증인에 대한 삽입부의 결론이면서 셋째 화에 대한 서론의 위치에 있다. 다섯째 인으로 첫째 화가 지나가고 여섯째 인의 둘째 화도 지나갔다(8:13). 다섯째 인 재앙이 끝났을 때 요한은 "첫째 화는 지나갔으나 보라 아직도 이후에 화 둘이 이르리로다"(9:12)라며 지나간 화와 남은 두 화에 대해 독자들의 주의를 환기시켰다. 둘째 화로 인하여 인류의 삼분의 일이 멸절당하는 혹독한 재앙을 겪었지만 남은 자들은 회개하지 않았다(9:20-21). 두 증인의 승천 시에 일어난 대지진으로 엄청난 희생자를 냈지만 그들 역시 진정한 회개에는 이르지 못했다. 계속되는 심판과 이어지는 회개치 않음 속에서 마지막 셋째 화의 재앙인 일곱 나팔은 상당히 중요하다. 찰스는 셋째 화가 전체로서 계시록의 둘째 부분에 해당하는 12:1-22:17의 내용을 드러내는 일종의 '신곡'(divine drama)이라 보았다. 그럴 경우 하늘의 찬양들은 2부의 내용들에 대한 서론으로서 중요한 의미를 갖는다.

셋째 화가 속히 이르는도다

셋째 화는 일곱 나팔의 재앙이다. 그러나 내용적으로 살피자면 일곱째 나팔에 해당하는 14-19절은 천상의 광경이므로 실제적인 화와는 거리가 멀다. 결국 다섯째 환상에 속하는 마지막 재앙인 일곱 대접(15-16장)이 실질적인 셋째 화에 속한다고 보아야 할 것이다. 셋째 화의 선언 이후 심판 대신에 그리스도의 나라와 왕적 통치가 언급됨으로써 15-19절의 부분은 해석하기에 어려움을 제공한다. 그래서 많은 학자들은 '셋째 화'의 내용이 이 시점에서 일어나지 않고 12-13장의 막간을 이룬다고 보았다(Sweet). 혹자는 셋째 화를 16장의 '일곱 대접'으로 보거나(Beckwith, Walvoord, Thomas, Ladd) 12-20장에 열거된 사건들이라 이해하였다(Charles). 심지어 셋째 화는 나타나지 않았다고 주장하는 이도 생겼다(Harrington).

이런 견해와 달리 15-19절이 '셋째 화'의 내용을 지니고 있음을 선호하는 그룹도 나타났다(Beasley-Murray, Beale, Johnson). 오스본은 전술한 모든 견해 중에서도 그나마 마지막 견해를 가장 개연성이 있는 것으로 인정하면서도 다른 입장을 제시한다. 셋째 화는 단지 묘사된 것이 아니라 선포되었다는 관점에서 그는 자신의 논점을 시작한다. 왜냐하면 심판하고 보상하고 파괴하는 3중의 모습이 이십사 장로들에 의하여 찬양되고(18절) '진노'가 이미 성취되었음을 놀라운 환상에서 회상한 것이라 여기기 때문이다. 그는 셋째 화는 마지막 심판에서 발견되고 본 절에서 찬양되고 있으며 20장에서 그 내용이 상세히 설명되고 있는 것이라고 보았다.

셋째 화는 "속히" 다가온다. "속히"(ταχύ / 타퀴)는 본서에서 여섯 번 나오는데, 본 절만 제외하고는 모두 그리스도의 파루시아와 연관하여 자주 사용되었다(2:16, 3:11, 22:7, 12, 20). 순서에 따라서 일곱째 나팔은 불어졌지만 실제적인 화에 해당하는 일곱 대접은 나중에 언급된다. 첫째 화와 둘째 화의 경우에는 나팔을 붊과 동시에 재앙이 임하였지만 셋째 화는 많은 사건들을 내포하고 있다. 12:1부터 15:8까지의 내용들이 넓은 의미에서는 하나의 삽입부로서의 기능을 하고 있다. 11:19의 장면과 15:8의 장면이 매우 유사한 것도 이런 설명에 힘을 실어준다. 일곱째 천사가 나팔을 불자(15:8) 이전의 두 화처럼 재앙이 나타나야 하지만 오히려 땅에서 일어난 심판의 정당성을 천상의 관점에서 선포한다. "속히"는 시간의 화급을 다투는 것과 같은 '즉시로'의 의미로 사용되지 않았다.

D. **일곱째 나팔과 셋째 화**(11:15-19)

이 부분은 계시록을 '인봉된 책'(1–11장)과 '개봉된 책'(12–22장)으로 나누었을 때 인봉된 책의 결론부에 해당한다.

일곱째 나팔을 불자 하늘의 음성이 들리며(15절) 이십사 장로들의 경배(16–18절)가 뒤를 잇고, 세상에 심판을 가져올 하늘의 성전이 열린다(19절). 일곱 인을 떼기 직전의 고요함과는 달리 일곱째 천사가 나팔을 불자 하늘로부터 큰 음성들이 들린다.

복수의 음성은 천사들 혹은 천상의 무수한 성도들에게 속한 소리(7:9–10, 19:1, 6)를 암시한다. 이 음성들을 네 생물에게 속한 것으로 여기는 학자들이 많다(Swete, Charles, Roloff, Beasley-Murray, Prigent).

사실 큰 음성들은 그리스도의 왕적인 통치를 송축하는데, 이어서 이십사 장로들의 화답이 나오고 있음은 4-5장의 보좌 환상 장면과 유사하다. 즉 네 생물들이 부른 송영에 역시 이십사 장로들이 화답하거나(4:8-10) 함께 노래를 부른 사실로 보아 '큰 음성'을 네 생물에 속한 것으로 이해함도 가능하다(5:8-10). 그것이 이십사 장로들에게서 나온 음성이 아닌 것은 나중에 이십사 장로들이 하나님을 경배하는 내용으로 확인된다(16-18절). 백위드와 아운은 음성의 주인공을 밝히지 않고 그저 '천상적' 존재로 남겨둔다. 일곱 나팔은 넷째 환상인 빛과 어둠의 투쟁(12-14:5)과 심판의 환상을 내용으로 한 셋째 막간(14:6-20)이 끝나면서 자연스럽게 마지막 재앙인 일곱 대접에 연결된다. 바클레이는 이 부분을 앞으로 다가올 모든 일들의 요약이라 말했다.

둘째 화인 여섯째 나팔의 재앙을 종결짓고 임박한 셋째 화의 도래를 예고하는 11:14의 말씀은 일곱째 나팔을 잡은 천사에게 행동할 준비를 하게 만든다. 여섯째 나팔 이후에는 작은 책과 두 증인의 삽입(10:1-11:14)에 뒤따르는 활발한 움직임이 제자리를 잡는다. 일곱째 인을 뗄 때와 같이 일곱 나팔 잡은 천사가 나팔을 불자 땅을 향한 심판이 당장 속개되지 않는다. 일곱째 인의 경우에는 보좌의 장면에서 성도들의 기도가 금단에 올려졌는데(8:2-5), 이곳에서는 천상의 장면과 함께 송축과 경배가 올려진다(15-18절). 이 극적인 장면은 하나님의 성전이 열리고 언약궤가 보임으로 절정을 이루고(19절) 이어서 본서의 핵심적 부분이 전개된다(12:1-14:20). 하늘의 큰 이적 속에 여자의 영광과 고난이 묘사되고 여자와 그녀가 낳은 남자 아이와 여자의 남은 자손을 향한 사탄의 악착스런 공격이 드러난다.

지상에서 사탄과 그의 사자들이 적나라하게 활동하는 배경에 하늘의 전쟁이 있다. 사탄은 패하여 쫓겨났다. 악의 창시자요 온갖 불의의 조장자인 사탄은 두 짐승을 하수인으로 삼아서 조직적이고 미증유의 파괴 공작을 획책한다. 땅에서는 악의 삼총사가 전대미문의 폭거를 휘두를 때에 하늘에는 십사만 사천 인이 시온 산의 어린양 곁에 있다. 곡식 추수와 포도 수확의 환상을 다룬 삽입을 지나면서 인류를 향한 마지막 일곱 대접의 재앙이 소개된다(15:1). 일곱째 나팔은 내용적으로 일곱 대접에 자연스럽게 연결된다.

15 일곱째 천사가 나팔을 불매 하늘에 큰 음성들이 나서 가로되 세상 나라가 우리 주와 그 그리스도의 나라가 되어 그가 세세토록 왕 노릇하시리로다 하니

16 하나님 앞에 자기 보좌에 앉은 이십사 장로들이 엎드려 얼굴을 대고 하나님께 경배하여

17 가로되 감사하옵나니 옛적에도 계셨고 시방도 계신 주 하나님 곧 전능하신 이여 친히 큰 권능을 잡으시고 왕 노릇하시도다

18 이방들이 분노하매 주의 진노가 임하여 죽은 자를 심판하시며 종 선지자들과 성도들과 또 무론대소하고 주의 이름을 경외하는 자들에게 상 주시며 또 땅을 망하게 하는 자들을 멸망시키실 때로소이다 하더라

19 이에 하늘에 있는 하나님의 성전이 열리니 성전 안에 하나님의 언약궤가 보이며 또 번개와 음성들과 뇌성과 지진과 큰 우박이

있더라

① 역사주의적 관점 → 9:13에서 울린 여섯째 나팔은 그로부터 11:14에 이르기까지의 모든 사건을 내포한다. 1260년으로 묘사된 이 기간에 교황권이 참 교회를 박해하고 종교 개혁이 일어났다. 특기할 점은 투르크족이 교황의 관할권 밑에서 유럽을 침략해 인류의 3분의 1을 점령하는 전쟁의 시기였고, 1062년에 시작된 이 재앙은 1699년의 칼로비츠(Carlowitz) 조약이 맺어지기까지 지속되었다. 일곱째 나팔이 울림으로 첫 환상은 마지막을 고한다. 복음의 오랜 숙적에 대한 심판이 거행되고 끈질긴 박해 속에서도 순전함을 지켰던 성도들이 신원될 때 교회의 이야기는 비로소 완결된다.

일곱째 나팔은 이런 단계에서 하늘에 있는 즐거움과 예배를 그리고 있다. 일곱째 천사가 나팔을 불자 하늘에서 큰 음성이 들린다. 그것은 세상 나라가 그리스도의 나라로 바뀌고 그리스도가 왕 노릇하신다(15절). 배교한 교회의 반역을 견디시던 그리스도께서 모든 경건한 자들의 바람을 이루신다. 주 그리스도는 큰 권능을 잡으시고 왕 노릇하신다(17절). 일곱 나팔은 세상의 종말을 가져오면서도 돌풍 같은 각일각의 종말적 사건보다 이 세상에 실질적인 종말을 가져오는 마지막 일곱 대접의 쏟아짐을 포함하여 광범위한 시기를 다룬다.

② 과거주의적 관점 → "세상 나라가 우리 주와 그 그리스도의 나라가 되어 그가 세세토록 왕 노릇하시리로다"(15절)는 선언이 있었음에도 종말의 때에 그리스도의 실질적 통치가 이루어졌다는 뜻은 아니다 시간의 축은 70년에 있었던 예루살렘 멸망을 가리킨다. 클라크의 언급처럼 '이 세상 임금'인 원수는 제거되었다. 승천으로 인해 왕국은

사실상 그리스도에게 주어졌다. 그러나 세상의 실질적 지배권이 확립되기 위해서는 두 가지 사실이 전제되어야 한다. 첫째는 영적으로 오순절에 성령 강림이 이루어져야 하고, 둘째는 물리적으로 첫 반대자의 멸망을 통해 유대교의 경계가 허물어져야 한다. 그래야 기독교가 세계의 종교로 우뚝 서게 된다. 이 관점에 따르면 이 세상의 왕국은 성전 파괴로 인해 신정 국가처럼 이미 끝난 것처럼 폐기되었다. 이로 인해 다니엘의 예언(2장)에서 그려진 다섯째 왕국인 하나님의 나라가 세워져서 통치 중에 있다.

기독교는 70년에 유대교로부터 완전 분리됨으로 인해 세계적인 종교로 발돋움하게 되었다는 주장이다. 이들은 18절의 "죽은 자를 심판하시며"를 그리스도의 재림 시에 죽은 자가 부활하고 심판받는 사실에 대한 언급으로 이해하지 않고, 6장의 순교자들의 탄원에 대한 보복 내지 순교자들에 대한 역사적 신원으로 이해한다. 따라서 지상적인 성전에 대한 심판의 결과로 19절의 "하늘에 있는 하나님의 성전"이 열린다는 주장이다. 땅에 있는 첫 성막이 사라지기 전에 하나님의 성전은 열릴 수 없다는 논리이며, 이제 우리는 열린 하늘의 성전으로 그리스도 예수의 보혈을 힘입어 지성소까지 나아갈 수 있다는 설명이다.

③ 미래주의적 관점 → 대부분의 미래주의파 학자들은 일곱째 천사의 나팔을 그리스도의 재림을 알리는 것으로 해석한다. 재림으로 모든 원수를 굴복시키고 지상에 천년 왕국을 세우는 사실과 연관시킨다. 이럴 경우에 세상 나라가 그리스도의 나라가 되는 것이 연대기적으로 언제 이루어지는가 하는 의문이 야기된다. 왈부어드는 일곱 대접이 아직 쏟아지지 않았다는 사실에 주목하면서, 일곱 인 안에 일곱 나팔이 내포되었듯이, 일곱 대접도 일곱 나팔 안에 내포되었다는 설명으로 이 문제에 대한 답변을 시도했다. "세세토록 왕 노릇하시리로다"(15

절)는 언급은 1000년 통치라는 한정적 묘사와 모순되는 듯하지만, 1000년 이후에도 결코 인간에 의한 통치가 이루어지지 않을 것이기에 불일치를 능히 극복할 수 있다.

전천년설자들의 관점에 따라 18절의 "죽은 자에 대한 심판"도 논란의 소지가 된다. 세대주의자들은 대환난(4:1)에 앞서서 휴거 시에 성도들의 부활이 있고 악인들의 부활은 천년왕국 이후에 있을 것이라 주장한다(20:12-13). 세대주의적 관점을 고려한다면 7년은 너무 늦어 교회를 포함시키기 어렵고, 1000년은 너무 빨라 악인들을 포함시키기 어렵다. 왈부어드는 본문의 죽은 자들이 의인이며 악인에 대한 언급이 아닌 점이 분명하다고 했으나 이들이 교회가 아니라면 어떤 의인이란 말인가? 홀 린제이는 이들이 구약의 성도들과 대환난 기간 중에 믿은 신자들로서 대환난이 끝나갈 때에 예수께서 왕중왕으로 지상에 강림하실 때 부활하여 보상을 받는다고 주장하였다. 이럴 경우에 종말과 연관하여 부활사건은 적어도 '셋'이 있게 된다. 하나는 대환난 직전의 교회의 부활이요, 다른 하나는 구약 성도들과 대환난 기간에 형성된 성도들의 부활이며, 나머지는 천년 왕국이 끝날 때에 있을 악인들의 부활이다. 만일에 대환난 중간 시기에 있는 두 증인의 부활까지 포함시킨다면 네 개의 부활이 있게 된다. 이런 난제를 해결하기 위해 게벨레인, 아이언사이드, 모리스를 비롯한 일단의 학자들은 일곱째 나팔이 천년 왕국의 시작과 끝을 아우른다고 보았다.

④ 이상주의적 관점 → 일곱째 나팔은 하나님 통치의 마지막 성취를 가져온다. "그가 세세토록 왕 노릇하시리로다." 그것은 드라마 3막의 종장이다. 또한 계시록에 나타난 종말의 두 번째 묘사다(6:12-17 참조). 일곱째 나팔은 재앙이나 심판 장면에 대한 구체적인 묘사가

없는데, 이에 대하여 렌스키의 설명은 이렇다. "일곱째 나팔은 실제적인 재앙의 묘사보다 더 놀라운 장면을 보여준다. 즉 심판 이후에 나타난 하늘의 장면이다. 심판이 하나님과 그리스도에게 어떤 의미를 지니고 있는지 완고한 세상과 그리스도의 선지자들과 그의 성도들에게 어떤 의미가 있는지를 우리에게 알리기 위함이다."

이십사 장로들의 송축(16-18절)에서 그리스도는 단지 "옛적에도 계셨고 시방도 계신 주 하나님"만으로 소개되었는데, 이는 그리스도의 재림이 이미 이루어졌기에 "장차 오실 이"가 당연히 생략된 것이다. 하늘의 성전에서 보이던 하나님의 언약궤는 자신과 계약을 맺은 백성, 곧 교회에 대한 하나님의 신실성을 강조하기 위함이다. 11장은 "번개와 음성들과 뇌성과 지진과 큰 우박"(19절)의 형태로 하나님의 능력을 나타내는데, 알포드는 이를 가리켜 "신성한 축포"(solemn salvos), 곧 "천상의 대포"라 불렀다.

15 하늘의 큰 음성들이

이는 천상의 어느 특정한 영적 존재가 내는 음성이 아니다. 보좌 주위의 네 생물들과 이십사 장로들과 천천이요 만만의 천사들이 함께 내는 소리일 것이다. "큰 음성들"(φωναὶ μεγάλαι / 포나이 메갈라이)은 계시록에서 모두 열아홉 번 나온다(1:10, 5:2, 12, 6:10, 7:2, 10, 8:13, 10:3, 11:12, 15, 12:10, 14:7, 15, 18, 16:1, 17, 19:1, 17, 21:3). 큰 음성이 그룹에 적용될 때는 늘 예배 장면과 연관되었다(5:12, 7:10, 11:15, 19:1). 순교자들의 탄원도 큰소리로 이루어졌다(6:10). 본 절의 경우에만 "큰 음성들"이라고 복수가 사용되었는데, 이는 하나님의 종말적 승리에 대한 그들의 찬양과 천상의 코러스가 매우 특별함을 강조하는 것이다.

요한은 찬양단이 많음을 숫자로 표기하는 대신에 "큰 음성"이라 표현함으로, 노래 부르는 자들보다 그들이 부르는 찬양 자체에 주의를 기울이게 만드는 용의주도함을 보인다. 오스본은 찬양의 내용에 근거하여 그리스도의 재림(19:11-12) 시에 불릴 찬양이라고 단정하였다. 일곱째 인을 떼었을 때는 하늘이 반 시쯤 고요하였는데, 일곱 나팔을 불자 큰 음성들이 천상에 메아리친다. 큰 음성들의 주인공은 네 생물과 이십사 장로와 모든 천사들을 포함한다. 알포드는 이십사 장로가 바로 다음 부분(16-18절)에서 찬양하는 당사자인 관계로 "큰 음성들"의 범주에서 당연히 빼야 한다고 주장하였으나 이유가 빈약하다. "큰 음성들"은 하늘의 모든 영물이 어우러져 내는 소리로 이루어졌다. 토머스는 하늘의 전체 만군들이 송축하는 것으로 해석하였다.

16 이십사 장로들이 엎드려 얼굴을 대고

일곱째 천사가 나팔을 불자 하늘에 큰 음성들이 왕의 왕이신 그리스도의 통치를 노래한다. 때로는 천상의 경배자로(4:10, 5:8, 14, 19:4) 때로는 요한의 위로자로 나타나서 인을 떼기에 합당한 어린양의 존재를 알려주기도 하였고(5:5), 해석자로 나타나 흰 옷 입은 자들이 누구인지를 설명해 주었다(7:13-14). 그런데 이곳에서의 경배 자세는 엎드릴 뿐만 아니라 얼굴을 바닥에 대기까지 하였다. 이는 지극한 경배 자세이다. 신들에게 속한 모든 것들을 하나님께 드리고 자신들의 얼굴을 하나님의 발등상에 대게 함으로 하나님의 주권과 위엄을 한층 더 부각시킨다. 그들의 완전한 복종의지는 계시록에 유일하게 언급된 "우리가 감사하옵나니"로 시작되는 송영의 내용이다. 큰 음성들의 찬양을 재확인하고 왕적인 통치와 연관된 중요한 종말론적 사건들을 언급한다. 마지막 심판과 보상이 그 주요내용이다.

우리 주와 그 그리스도의 나라가……세세토록 왕노릇 하시리로다

16-17절은 종말론적인 완성에 관한 언급이다. 부활 승천 이후에 높임 받으신 그리스도는 주와 그리스도가 되어 하나님의 보좌 우편에 계시다(행 2:34-36; 히 1:3; 계 3:21). 주님의 통치는 불신자의 눈에는 불가시적이지만 신자의 눈에는 가시적이다. 신자는 주님의 통치를 믿음의 눈으로 바라보고 다스림을 받는다. 세세토록 왕 노릇할 이가 '우리 주'인지 아니면 '그 그리스도'인지 분명치가 않다. 5:12-13에는 그리스도가 영원한 통치자로 칭송을 받으시므로(눅 1:33) 통치자는 성부와 불가분리인 성자의 당연한 몫이다(12:10). 그리스도가 실질적으로 통치하실 천년 왕국(20:1-6)까지 미래적인 현실도 포함한다.

'우리 주와 그 그리스도의 나라가 되었으면' 왕 노릇하실 이도 복수여야 한다. 그런데 요한은 갑자기 3인칭 단수로 바꾸어 '그가' 왕 노릇는 것으로 표현하였다. 이는 하나님과 그리스도가 하나이심을 강조하는 요한 특유의 표현 방식이다(20:4, 22:5). 시간의 반대적 개념인 "세세토록"(εἰς τοὺς αἰῶνας τῶν αἰώνων / 에이스 투스 아이오나스 톤 아이오논)이라는 표현 속에는 '하나님의 영원성'(1:6, 4:9, 10, 5:13, 7:12, 10:6, 15:3, 7)과 '그리스도의 영원성'(1:18, 5:13)과 '왕국의 영원성'(11:15)이 모두 포함되어 있다.

비슬리-머리와 킬튼은 "나라"(ἡ βασιλεία / 헤 바실레이아)를 추상적 의미로 보고 이것이 현 시대의 교회를 일컬은 것이라 해석하였으나 이는 억지이다. 그 나라를 한정짓는 '세상에 속한'(τοῦ κοσμου / 투 코스무)이 그와 같은 해석을 불가능한 것으로 만든다. "나라"를 추상적으로 이해하려면 '세상의' 역시 추상적으로 해석해야 하는 모순에 빠진다.

악에 찌들고 사탄이 제공하는 원동력으로 굴러가던 이 세상의 체제는 하나님의 공의가 실현되고 성령 정권에 의해 가동될 새로운 질서로 완전하게 재편될 것이다. 세상 나라가 주와 그리스도의 나라가 되는 것은 지금의 세상 그대로가 아니다. 옛 하늘과 옛 땅은 사라지고 새 하늘과 새 땅이 도래한 완전히 새로운 세상 나라로 바꾸어진 세상이다. 계시록의 중요한 주제 중의 하나가 바로 세상에서 악을 소멸하고 왕중의 왕이시요 주중의 주이신 그리스도께서 통치하시는 왕국의 실현에 있다.

17 옛적에도 계셨고 시방도 계신

"장차 오실 이"(ὁ ἐρχόμενος / 호 에르코메노스)가 생략되었다. 이 칭호는 개봉된 책의 부분인 12-22장에는 나오지 않는다. 포드는 이에 근거하여 메시아가 이미 12장 이전에 오셨을 가능성을 언급하였으나 그렇지 않다. 백마를 타고 원수를 진멸함으로 자신의 왕국을 완성하실 그리스도는 아직 오시지 않았다. "옛적에도 계셨고 시방도 계신"이란 표현은 아주 중요한 구속사적인 묘사이다. 구원의 창시자로서 시방도 살아서 세상 역사를 주관하시지만 구원의 완성자로서 주님은 가까운 미래에 다시 오신다. 과거는 물론이고 현재와 미래를 통틀어 통제하시는 그리스도는 천상천하에 유일하신 주권자이시다. 전에도 계시고 지금도 계시고 앞으로도 계실 존재가 아니라면 전능자일 수 없다. 그리스도는 창조 이전부터 아버지와 함께 계셨고, 아버지와 동일한 권세와 능력으로 세상만물을 통치하신다. 시작도 없고 끝도 없으신 무시무종(無始無終)의 그리스도는 영원무궁하게 존재하신다. 이 주님이 만왕의 왕으로 통치권을 행사하실 때 그를 따르던 의의 백성도 영원무궁하게('세세토록') 통치한다(22:5).

18 주의 진노가 임하여……멸망시킬 때로소이다

본 절은 불신자들에 대한 진노로 시작하여 그들의 멸망으로 끝난다. 서두의 심판과 말미의 심판 중간에 '상'이 자리를 잡고 있다. "상 주시며"(μισθόν / 미스똔)는 신실한 자들이 받을 보상을 불신자들이 받을 심판과 적절하게 대조시킨다. 악한 자들을 진멸하고 의로운 심판의 칼을 그들에게 덧씌우는 것이 의인들에겐 보상이 된다. 이 상은 실제 6:9-11에 나오는 순교자들의 탄원에 대한 응답이기도 하다.

10:1부터 11:13까지 사역의 환상을 통해 하나님은 자신이 어떻게 인간 역사 속에서 그들의 기도에 대한 응답을 시작하셨는지 잘 보여주신다. 17-18절에 나타난 이십사 장로들의 경배 내용은 그 기도 응답의 절정을 이루고 있다. 이 상은 천년 왕국에서 그리스도와 더불어 영광스러운 통치에 참여하는 것이 될 것이다. 17-18절과 병행 구절인 18:24- 19:5에도 땅을 파멸시킨 큰 음녀인 바벨론에 대해 자기 종들의 피를 신원하시는 하나님이 허다한 무리들과 이십사 장로들과 네 생물에 의하여 역시 찬양되고 있다.

일부 학자들(Charles, Lohmeyer, Lohse, Krodel)은 17-18절이 20장을 가리킨다고 주장한다. 17절은 천년 왕국을(20:1-6), 18a절은 곡과 마곡의 일어남을(20:7-10), 18b절은 보좌 앞의 마지막 심판을

(20:11-14), 18cd절은 새 예루살렘에서의 성도의 지복을(20:10)을, 18e절은 악한 권세들의 마지막 파멸을(20:10) 가리킨다는 설명이다. 그렇지만 비슬리-머리의 지적처럼 17-18절의 배경은 시편 2편이다. 20장의 사건들보다는 주님의 재림 이전에 열방들이 분노하는 것을 묘사한 시 2:1과 5절이 더 그럴듯하다.

19 하늘에 있는 하나님의 성전이 열리니……언약궤가 보이며

이십사 장로들의 경배에 대한 화답으로 19절의 장면이 전개된다. "성전"은 성전 안의 성소를 일컬음이다(11:1). 첫째 화와 둘째 화의 시작이 '성전의 제단'과 연관되었듯이(8:3, 9:13), 셋째 화는 '지성소의 언약궤'와 연관되었다. 구약에서 언약궤는 언제나 하나님 임재를 상징하였다. 이 언약궤는 느부갓네살의 왕궁 수비대 장관이었던 느부사라단이 예루살렘을 침공해 성전을 불태웠을 때 소실되었다(왕하 25:8-10). 느부사라단 일행이 바벨론으로 약탈해 간 성전 기물 목록에도 법궤는 전혀 보이지 않았다(왕하 25:13-17).

마카비후서 2:4-8에 수록된 한 전설에 따르면, 예레미야가 회막과 향단과 언약궤를 느보 산 동굴 속에 감추었는데, 하나님이 마지막으로 자기 백성을 모으시고 자비를 보이실 때까지 숨겨진 상태로 있을 것이라고 했다. 바룩후서 6:7에는 느부사라단이 성전의 기물들을 바벨론으로 옮겨가기 전에 천사가 지성소의 언약궤를 옮긴 것으로 되어 있다. 바벨론 포로기에는 이미 언약궤의 존재가 희미하였다(렘 3:16-18). 물론 이 언약궤는 잃어버린 언약궤가 아니다. 성막의 원형이 하늘 성전이듯이 잃어버린 언약궤의 원형은 하늘의 언약궤다.

구약에서 언약궤(법궤)는 자기 백성들 중에 거하시는 하나님 임재의 상징으로 매우 중요하다. 이스라엘 종교 생활의 중심이었으며 특히 출애굽 이후부터 가나안에 입성하기까지 법궤는 이스라엘 백성에게서 떼려야 뗄 수 없는 실체였다. 가나안 입성 이후 사사시대에는 에브라임 영지 내의 실로에 회막이 세워졌고(수 18:1; 삿 18:31), 사울 치세에는 올리브 산의 동쪽 기슭에 위치한 놉에 레위 제사장들이 섬기는 작은 성전이 있었는데(삼상 21:1-6) 여기에 진짜 진설용 금상이 있었다.

그러나 여호와의 궤는 이스라엘 영토 내에 형성되었던 기브온 거민의 거주지 중의 하나였던 기럇여아림에 있었다(수 9:17). 기럇여아림의 산지에 있는 아비나답의 집에 모셔진 이후로 20년이나 그곳에 머물렀다(삼상 7:1-2). 기럇여아림은 수 15:9에서는 바알라로, 삼하 6:2에서는 바알레유다로, 수 15:60에서는 기럇바알로 다양하게 표현되었다. 고대 가나안 원주민들의 산당이 있던 기브온에는 여호와의 장막과 번제단이 보관되어 있었는데(대상 16:39, 21:29; 대하 1:3, 5), 솔로몬이 이 번제단에서 일천 번제를 드렸다(왕상 3:4-5).

여호와의 궤는 오벧에돔의 집에서 예루살렘의 다윗 성에 보관되었다가(삼하 6:12, 7:2), 솔로몬이 여호와의 궤와 회막과 성막 안의 모든 거룩한 기구들을 7년 6개월 만에 완성된 성전의 지성소로 옮겼다(왕상 8:4-6). 열왕기상 6-7장에 따르면 여호와의 궤를 제외한 모든 기구들 곧 그룹 둘, 번제단, 놋바다, 금단, 진설병의 금상, 다섯씩 있는 정금등대 둘, 기타의 기구들을 다시 만들었으니 이전의 것들은 오랜 세월이 지나면서 부패해졌거나 못쓰게 되었는지 모른다. 그러나 여호와의 궤 안에는 '두 돌판' 외에 아무것도 없었으니(왕상 8:9) 만나가 들어 있던 항아리와 아론의 싹난 지팡이는 언제 분실되었고 소멸되었는지는 자세히 알 수 없다.

언약궤의 환상은 하나님이 자기 백성과 체결하신 언약(출 24:3-8, 25:22, 34:27-35)에 신실하심을 보여주는 장면이다. 그 언약은 그리스도 안에서 갱신이 되었고(히 8:1-9:28), 성도들은 새로운 계약 백성으로서 하나님과의 약속 가운데 거한다. '언약'(διαθήκη / 디아떼케)이란 표현은 계시록에 처음 등장하지만, 그리스도 안에서 새 언약으로 말미암아 하나님의 백성이 된 성도들과의 계약적 관계를 암시하는 내용이 본서 여러 곳에 나타난다(3:20, 5:9-10, 7:15-17, 21:3-4). 바로와 그의 군대를 향한 심판이 서릿발 같을 때에도 자기 백성을 위한 구원은 착착 진행되었듯이, 화의 재앙이 들끓는 가운데서도 새로운 출애굽으로 새로운 계약 관계에 들어선 성도들에게 하나님은 언약의 하나님으로 심판에서의 구원을 약속하신다. 불벼락이 쏟아지는 중에서라도 하나님은 자기 백성을 반드시 구하신다.

번개와 음성들과 뇌성과 지진과 큰 우박이 있더라

번개와 뇌성은 본서에서 하나님의 진노를 상징한다(4:5, 6:12, 8:5, 7, 11:13, 16:18, 21). 구약에서 이와 같은 우주적 현상은 언제나 '신현'(theophany)과 연관되었다. 일곱 인과 일곱 나팔의 완료로 하나님이 최후의 심판을 집행할 시간이 박두했음을 암시하고 있다. 일곱째 나팔에 나오는 천상의 노래 내용은 모세의 노래(출 15:13-18) 중 일부와 그 맥을 같이한다. 특히 지진은 시내 산 영광의 현현을 종말론적으로 재해석한 히브리서 기자의 언급에서처럼(12:25-29) 하나님의 심판을 상징한다.

이방들의 분노(18절)와 열방들의 분노(시 2:1)에 대해 하나님은 자신의 진노로 화답하신다. 지진은 하나님의 진노를 나타내는 가장 분명하고 강력한 도구이다. 언약궤가 이스라엘에게는 구원이었지만 적대자들에게는 재앙의 상징이었다. 언약궤 앞에서 다곤 상은 고꾸라지고 블레셋을 비롯한 만국은 두려움으로 떨었다. 하늘의 열린 성전으로 언약궤가 보이고, 동시에 번개와 음성들과 뇌성과 지진과 큰 우박이 있음은 언약궤의 이중적인 기능을 여실히 보여준다. 하나님의 언약 백성에게는 구원과 안전이지만 사악한 적대자들에게는 심판과 파멸일 뿐이다.

■ 참고도서

Achtemeier, Paul J. "The New Testament Becomes Normative," *Understanding* the New Testament. ed. Howard C. Kee. Englewood Cliffs : Prentice-Hall. Inc., 1983.

Ahn, J. Y. *The Parousia in Paul's Letters to the Thessalonians, the Corinthians, and the Romans, in Relation to Its Old Testament-Judaic Background.* UMI. Ph.D. dissertation at the Fuller Theological Seminary, 1988.

Alford, H. "Apocalypse of John," *The Greek Testament.* Chicago : Moody, (1958) 4 : 544-750.

Anderson, R. A. *Signs and Wonders : A Commentary on the Book of Daniel.* Grand Rapids : Wm.B. Eerdmans Publishing Co., 1984.

Angus, S. *The Religious Quest of the Graeco-Roman World.* New York : Charles Scribner's Sons, 1929.

Arndt, W. F., & F. Gingrich. *A Greek-English Lexicon of the New Testament.* 2nd ed. Walter Bauer's 5th ed. revised and augmented by F.W. Gingrich and F.W. Danker. Chicago : University of Chicago, 1979.

Aune, David E. "Revelation," *Word Biblical Commentary.* 2 vols. Dallas : Word Book, Publisher, 1997 & 1998.

_______, *Prophecy in Early Christianity and the Ancient Mediterranean World.* Grand Rapids : Wm.B. Eerdmans Publishing Co., 1983.

_______, "The Form and Function of the Proclamamation to the

Seven Churches(Revelation 2–3)," New Testament Studies 36 (1990) : 182–204.

_______, "The Apocalypse of John and Graeco–Roman Revelatory Magic," *New Testament Studies* 33 (1987) : 481–501.

Averky, Archibishop. *The Apocalypse of St. John*. Platina : St. Herman of Alaska Brotherhood, 1985.

Baldwin, J.G. *Daniel*, Downers Grove : InterVarsity Press, 1978.

Balge, R.D. "The Bible through the Ages : I. The Canon of Scripture," *Wisconsin Lutheran Quarterly* 88 (1991) : 280–293.

Barclay, William. *The Revelation of John, 2 vols. Philadelphia* : The Westminster Press, 1976.

_______, *Seven Churches. New York* : Abingdon Press, 1957.

Barnes, Albert. "Revelation," *Barnes' Notes on the Old & New Testaments*. Grand Rapids : Baker Book House, 1980.

Barnhouse, D.G. *Revelation : An Expository Commentary*. Grand Rapids : Zondervan Publishing House, 1971.

Batto, Bernard F. *Slaying the Dragon : Mythmaking in the Biblical Tradition*. Louisville : John Knox Press, 1992.

Bauckham, R.J. *The Climax of Prophecy : Studies on the Book of Revelation*. Edinburgh : T.&T. Clark, 1993.

_______, "Apocalyptic," *The Illustrated Bible Dictionary*, vol. 1. ed. J.D. Douglas. Wheaton : Tyndale House Publishers, 1980.

Bauer, Walter. *A Greek–English Lexicon of the New Testament*. trans. W.F. Arndt & F.W. Gingrich. Chicago : The University of Chicago Press, 1957.

Baumeister, T. "Martyrdom and Persecution in Early Christianity,"

Concilium 163 (1983) : 3–8.

Baxter, M. *The Formation of the Christian Scripture*. Philadelphia : The Westminster Press, 1988.

Beagley, Alan J. *The "Sitz im Leben" of the Apocalypsewith Particular Reference to the Role of the Church's Enemies*. New York : Walter de Gruyter, 1987.

Beale, G.K. "The Book of Revelation," *The New International Greek Testament Commentary*. Grand Rapids : Wm.B. Eerdmans Publishing Co., 1999.

_______, *The Use of Daniel in Jewish Apocalyptic Literature and in the Revelation of John*. Lanham : University Press of America, 1984.

Beardslee, W. "New Testament Apocalyptic in Recent Interpretation. *Interpretation* 25 (1971) : 419–435.

Beasley–Murray, G.R. "Revelation," *The New Century Bible Commentary*. Grand Rapids : Wm.B. Eerdmans Publishing Co., 1983.

Becker, Siegbert W. *Revelation. The Distant Triumph Son Song*. Milwaukee : Northwestern Publishing House, 1987.

Beckwith, Isbon T. *The Apocalypse of John*. Grand Rapids : Baker Book House, 1979.

Bell, Albert A. "The Date of John's Apocalypse : The Evidence of Some Roman Historians Reconsidered," *New Testament Studies* 25 (1978) : 93–102.

Benko, S. *Pagan Rome and the Early Christians*. Bloomington : Indiana University Press, 1984.

Blaiklock, E.M. *The Seven Churches*. London : Marshall, Morgan & Scott, 1951.

Blaney, Harvey J.S. "Revelation," *The Wesleyan Bible Commentary*, vol. VI. General ed. C.W. Carter. Grand Rapids : Wm. B. Eerdmans Publishing Co., 1966.

Blevins, J.L. *Revelation as Drama*. Nashville : Broadman 1984.

Boettner, L. *The Millenium*. *New Jersey* : Presbeterian and Reformed Publishing Co., 1984.

Boring, M. Eugine. "Revelation," *Interpretation*. Louisville : John Knox Press, 1989.

______, "The Theology of Revelation 'The Lord Our God the Almighty Reigns,'" *Interpretation* 40 (1986): 257–269.

Botha, P. J. J. "God, emperor worship and society : Contemporary experience and the book of Revelation," *Neotestamentica* 22 (1988) : 87–102.

Boutflower, C. *In and Around the Book of Daniel*. Grand Rapids : Kregel Publications, 1977.

Bowman, J.W. "Revelation of John : Its Dramatic Structure and Message," *Interpretation* 9 (1955) : 436–453.

______, "Revelation, Book of," *The Interpreter's Dictionary of the Bible*, vol. 4.

Brown, C. "Revelation," *New International Dictionary of New Testament Theology*, vol. 3. ed. C. Brown.
Grand Rapids : Zondervan Publishing House, 1981.

Bruce, F.F. "Revelation," *The International Bible Commentary*. Gen. ed. F.F. Bruce. Marshall Pickering : Zondervan, 1986.

______, *The Canon of Scripture*. Downers Grove : Inter–Varsity Press, 1988.

Brunk, M.J. "The Seven Churches of Revelation Two and Three,"

Bibliotheca Sacra 126 (1969) : 240–246.

Bullinger, E.W. *Number in Scripture*. Grand Rapids : Kregel Publications, 1980.

Campenhausen, H. *von. The Formation of the Christianm Bible*. Philadelphia : Fortress Press, 1972.

Carson, D.A., D.J. Moo & L. *Morris. An Introduction to the New Testament*. Grand Rapids : Zondervan Publishing House, 1992.

Charles.R.H. "Revelation," *The International Critical Commentary*, vol. I. Edinburgh : T.& T. Clark, 1979.

Childs, B.S. *The New Testament as Canon. An Introduction*. Philadelphia : Fortress Press, 1985.

Chilton, D.C. *The Days of Vengeance : An Exposition of the Book of Revelation*. Fort Worth : Dominion Press, 1987.

Clark, Adam. "The Revelation of St. John the Divine," *The New Testament of Our Lord and Saviour Jesus Christ*. vol. VI. N.Y. : Abingdon–Cokesbury Press, n.d.

Cohen, Gary. *Understanding Revelation*. Chicago : Moody Press, 1978.

Collins, Adela Y. *Crisis and Catharsis : The Power of the Apocalypse*. Philadelphia : The Westminster Press, 1984.

_______, *The Combat Myth in the Book of Revelation*. Missoula : Scholars, 1975.

_______, *Apocalypse*. Wilmington : Michael Glazier, Inc., 1983.

_______, "The Political Perspective of the Revelation to John," *Journal of Biblical Literature* 96(1977) : 241–256.

_______, "Reading the Book of Revelation in the Twentieth World,"

Interpretation 40 (1986) : 229–242.

_______, "The Apocalypse," *The New Jerome Biblical Commentary*. eds. R.E. Brown, S.S., J.A. Fitzmyer, S.J., & Roland E. Murphy, O. Carm. Englewood Cliffs : New Jersey : Prentice–Hall, 1990.

_______, "The History–of–Religion Approach to Apocalypticism and the 'Angel of the Waters'(Rev. 16 : 4–7)," *The Catholic Biblical Quarterly* 39 (1977) : 367–381.

Collins, J.J. "Apocalyptic Eschatology as the Transcendence of Death," *Visionaries and Their Apocalypses*. ed. Paul D. Hanson. Philadelphia : Fortress Press, 1983.

_______, *The Apocalyptic Imagination*. New York : Crossroad, 1984.

_______, Daniel : *A Commentary on the Book of Daniel*. Minneapolis : Fortress Press, 1993.

_______, Daniel, *First Maccabees, Second Maccabees with an Excu–rsus on the Apocalyptic Genre*. Delaware : Michael Glaxier, Inc., 1981.

Conzelmann, Hans. *History of Primitive Christianity*. trans. J.E. Steely. Nashville : Abingdon Press, 1984.

_______, *An Outline of the Theology of the New Testament*. trans. John Bowden. New York : Harper & Row, Publishers, 1969.

Court, John M. *Myth and History in the Book of Revelation*. *Atlanta* : John Knox Press, 1979.

Coward, P.C. *Revelation Systematically Studied*. Cleveland : Pathway Press, 1974.

Crowe, J. "How the Bible Came About–Old Testament and New Testament," *Melanesian Journal of Theology* [Papua, New Guinea] 6 (1990) : 7–16.

Cullmann, Oscar. *Christ and Time*. trans. F.V. Filson. London : SCM Press, 1951.

_______, *Salvation in History*. trans. S.G. Sowers. New York : Harper & Row, Publishers, 1965.

Dunn, James D.G. *Unity and Diversity in the New Testament*. London : SCM Press, 1990.

Easley, K.H. "Revelation," *Holman New Testament Commentary*. Nashville : Holman Reference, 1998.

Ellul, Jacques. *Apocalypse. The Book of Revelation*. trans. G.W. Schreiner. N.Y. : The Seabury Press, 1977.

Farmer, W.R. & D.M. Farkasfalvy. "The Formation of the New Testament Canon. An Ecumenical Approach," *Theological Inquiries*. ed. H.W. Attridge. New York : Paulist Press, 1983.

Farrar, F.W. *The Early Days of Christianity*. New York : Funk & Wagnalls, 1883.

Farrer, A. *The Revelation of St. John the Divine*. Oxford : Clarendan, 1964.

Feinberg, C.L. *Millenialism, the Two Major Views*. Chicago : Moody, 1980.

Feuillet, A. *The Apocalypse*. trans. Thomas E. Crane, S.S.L. Staten Island, N.Y. : Alba House, 1964.

Fiorenza, Elizabeth S. *Revelation : Vision of a Just World*. Minneapolis : Fortress Press, 1991.

_______, *The Book of Revelation. Justice and Judgment*. Philadelphia : Fortress Press, 1985.

_______, "The Quest for the Johannine School : The Apocalypse and the Fourth Gospel," *New Testament Studies* 23 (1976–

1977) : 403–411.

Fishwick, D. *The Imperial Cult in the Latin West Studies in the Ruler Cult of the Western Provinces of the Roman Empire*, vol. I. New York : Brill, 1991.

Ford, J.M. "Revelation," *The Anchor Bible*. New York : Doubleday & Company, Inc., 1984.

_______, "Persecution and Martyrdom in the Book of Revelation," *Bible Today* 28 (1990) : 141–146.

Franzmann, M.H. *The Revelation to John*. St. Louis : Concordia Publishing House, 1986.

Frend, W.H.C. *The Rise of Christianity*. Philadelphia : Fortress Press, 1984.

Friedrich, B. "προφήτης," *Theological Dictionary of the New Testament*, vol. VI. ed. G. Kittel. Grand Rapids : Wm.B. Eerdmans Publishing Co., 1965.

Frost, S.B. *Old Testament Apocalyptic : Its Growth and Origins*. London : The Epworth Press, 1952.

Furgusson, E. *Early Christians Speak. Faith and Life in the First Three Centuries*. Abilene : University Press, 1987.

_______, *Backgrounds of Early Christianity*. Grand Rapids : Wm.B. Eerdmans Publishing Co., 1987.

Gabel, J.B. & C.B. Wheeler. *The Bible as Literature. An Introduction*. Oxford : University Press, 1986.

Gaebelein, A.C. *The Revelation : An Analysis and Exposition of the Last Book of the Bible*. New Jersey : Loizeaux Brothers, 1915.

Gamble, H. *The New Testament Canon : Its Making and Meaning*.

Philadelphia : Fortress Press, 1985.

Gentry, K. *The Beast of Revelation*. Texas : Institute for Christian Economics, 1989.

Giblin, S.J. Charles H. *The Book of Revelation. The Open Book of Prophecy*. Collegeville : The Liturgical Press, 1991.

Glasson, Thomas F. "The Revelation of John," *The Cambridge Bible Commentary*. Cambridge : University Press, 1965.

———, *Greek Influence on Jewish Eschatology*. London: S.P.C.K., 1961.

Goldingay, J.E. "Daniel," *Word Biblical Commentary*. vol. 30. Milton Keynes, England : Word Publishing, 1991.

Goldsworthy, G. *The Lamb and the Lion*. Nashville/N.Y. Camden : Thomas Nelson Publishers, 1984.

Graham, Billy. *Till Armageddon*. Waco : Word Books Publishers, 1981.

Gregg, Steve. *Revelation : Four View*. ed. S. Gregg. Nashville : Thomas Nelson Publishers, 1997.

Grenz, S.J. *The Millenial Maze : Sorting Out Evangelical Options*. Downers Grove : Inter-Varsity Press, 1992.

Gundry, R.H. *The Church and the Tribulation*. Grand Rapids : Zondervan, 1973.

Guthrie, Donald. *New Testament Introduction*. Downers Grove : Inter-Varsity Press, 1990.

———, *The Relevance of John's Apocalypse*. Grand Rapids : Wm. B. Eerdmans Publishing Co., 1987.

Hailey, H. *Revelation : An Introduction and Commentary*. Grand Rapids : Baker Book House, 1979.

Hammer, R. "The Book of Daniel," *The Cambridge Bible Commentary*.

Cambridge : University Press, 1976.

Hanson, Paul D. *The Dawn of Apocalyptic.* Philadelphia : Fortress Press, 1983.

Harrington, Wilfrid J. *The Apocalypse of St John.* London : Geoffrey Chapman, 1969.

Harris, O.G. "The Social World of Early Christianity," *Lexington Theological Quarterly* 19 (1984) : 102–114.

Hartingsveld, L.van. *Revelation.* trans. John Vriend. Grand Rapids : Wm.B. Eerdmans Publishing Co., 1985.

Hartman, L.E. & A.A. Di Lella. "The Book of Daniel," *The Anchor Bible.* vol.23. N.Y. : Doubleday & Company,Inc., 1977.

Hemer, C.J. *A Study of the Letters to the Seven Churches of Asia with Special Reference to Their Local Background.* Unpublished Ph.D. Dissertation at the University of Manchester, 1969.

Hendriksen, William. *More Than Conquerors.* Grand Rapids : Baker Book House, 1985.

Hengstenberg, G.P. *The Revelation of St. John. I–II.* New York : Carter, 1853.

Henry, Matthew. "Revelation of St. John," *Matthew Henry's Comme–ntary,* vol. VI. McLean : MacDonald Publish–ing Co., n.d.

Hill, D. "Prophecy and Prophets in the Revelation of St. John," *New Testament Studies* 18 (1971–1972) : 401–418.

Hoekema, A.A. *The Bible and the Future.* Grand Rapids : Wm.B. Eerdmans Publishing Co., 1984.

Holman, Charles. L. *Till Jesus Comes : Origin of Christian Apocalyptic Expectation.* Peabody : Hendrikson Publishers, Inc., 1996.

Howard, G. "Canon : Choosing the Books of the New Testament," *Bible Review* 5 (1989) : 16–17.

Hughes, P.E. *The Book of the Revelation.* Grand Rapids. Wm. B. Eerdmans Publishing Co., 1990.

Hunter, Archibald M. *Introducing the New Testament.* Philadelphia : The Westminster Press, 1972.

Ironside, H.A. *Lectures on Revelation.* New Jersey : Loizeaux Brothers, 1920.

_______, *Daniel.* New Jersey : Loizeaux Brothers, 1983

Jenkins, Ferrell. *The Old Testament in the Book of Revelation.* Marion : Cogdill Foundation Publications, 1972.

Jeremiah, David with C.C. Carlson. *Escape the Coming Night.* Dallas/London/Vancouver. Melbourne : Word Publishing, 1990.

_______, *The Late Great Planet Earth.* Grand Rapids : Zondervan Publishing House, 1970.

Jeremias, Joachim. *Jerusalem in the Time of Jesus.* trans. F.H. & C.H. Cave. Philadelphia : Fortress, 1969.

Johnson, Alan F. *Revelation.* Grand Rapids : Zondervan Publishing House, 1983.

_______, "Revelation," *Expositor's Bible Commentary*, vol. 12. General ed. Frank E. Gaebelein. Grand Rapids : Zondervan Publi–shing House, 1981.

Johnson, S.E. "Early Christianity in Asia Minor," *Journal of Biblical Literature* 77 (1958) : 1–17.

Kallas, James. *Revelation : God & Satan in the Apocalypse.* Minneapolis : Augsburg Publishing House, 1973.

Käsemann, Ernst. *Essays on New Testament*. trans. W.J. Montague. London : SCM Press, 1964.

_______, "The Beginnings of Christian Theology," *Journal for Theology and Church*, vol. 6. ed. R.W. Funk. N.Y. : Herder & Herder, 1969.

Kealy, C.S. Sp, Sean P. *The Apocalypse of John*. Wilmington : Michael Glazier, 1987.

Keresztes, P. *Imperial Rome and the Christians. From Herod the Great to about 200 A.D.*, vol. I. London : University Press of America, 1989.

Kiddle, Martin. "The Revelation of St. John," *The Moffatt New Testament Commentary*. N.Y. : Harper & Brothers Publishers, 1940.

Kim, S. *The Origin of Paul's Gospel*. Grand Rapids : Eerdmans. 1982.

Koch, Klaus. *The Rediscovery of Apocalyptic*. London : SCM Press, 1972.

_______, "What is Apocalyptic? An Attempt at A Preliminary Definition," *Visionaries and Their Apocalypses*. ed. P.D. Hanson. Philadelphia : Fortress Press, 1983.

Koester, Helmut. *History and Literature of Early Christianity*, vol. 2. N.Y./ Berlin : Walter de Gruyter & Co., 1987.

Kraft, Heinrich. *Die Offenbarung des Johannes*. 안병무 역. 《국제성서주석》 47. 서울 : 한국신학연구소, 1983.

Krodel, Gerhard A. *Revelation*. Minneapolis : Augsburg Publishing House, 1989.

Kümmel, Werner G. *Introduction to the New Testament*. trans. Howard C. Kee. Nashville : Abingdon Press, 1984.

Ladd, G.E. "Apocalyptic," *Evangelical Dictionaryof Theology*. ed. Walter A. Elwell. Grand Rapids : Baker Book House, 1987.

_______, *A Commentary on the Revelation of John*. Grand Rapids : Wm. B. Eerdmans Publishing Co., 1984.

_______, *The Presence of the Future*. Grand Rapids : Eerdmans, 1974.

_______, "Why Not Prophetic-Apocalyptic?," *Journal of Biblical Literature* 76 (1957) : 192-200.

Lamorte, A. "Prophet, Prophecy," *Baker's Dictionary of Theology*. ed. E.F. Harrison. Grand Rapids : Baker Book House, 1981.

Lamorte, A. & G.F. Hawthorne. "Prophet, Prophecy," *Evangelical Dictionary of Theology*. ed. W.A. Elwell. Grand Rapids : Baker Book House, 1987.

Lang, G.H. *The Revelation of Jesus Christ*. London : Oliphants, 1945.

Lawrence, D.H. "Apocalypse," *The Revelation of St. John the Divine*. ed. Harold Bloom. New York : Chelsea House, 1988.

Leaney, A.R.C. *The Jewish and Christian World. 200 BC to AD 200*. Cambridge : University Press, 1984.

Lee, William. "The Revelation of St. John the Divine," *The Bible Commentary*. ed. F.C. Cook. Grand Rapids : Baker Book House, 1981.

Lenski, R.C.H. *The Interpretation of St. John's Revelation*. Minneapolis : Augsburg, 1963.

Lesbaupin, I. *Blessed Are the Persecuted. Christian Life in the Roman*

Empire A.D. 64–313. trans. R.R. Barr. Maryknoll : Orbis, 1987.

Leupold, H.C. *Exposition of Daniel.* Grand Rapids : Baker Book House, 1980.

Lilje, Hans. *The Last Book of the Bible.* trans. Olive Wyon. Philadelphia : Muhlenberg Press, 1957.

Lindsay, Hal. *There's a New World Coming.* Santa Ana : Vision House, 1973.

_______, *The Late Great Planet Earth.* Grand Rapids : Zondervan, 1970.

_______, *The Terminal Generation.* New Jersey : Fleming H. Revell, 1976.

Loeznertz, R.J. *The Apocalypse of St. John.* trans. H.J. Carpenter. London : Sheed and Ward, 1947.

Lohse, Eduard. *The New Testament Environment.* trans. J.E. Steely. Nashville : Abingdon Press, 1987.

Malina, B.J. *On the Genre and Message of Revelation : Star Visions and Sky Journeys.* Peabody : Henriksen Publishers, 1995.

Martin, D.B. "Ancient Slavery, Class, and Early Christianity," *Fides et Historia* [Grand Rapids] 23 (1991):105–113.

McDonald, L.M. *The Formation of the Christian Biblical Canon.* Nashville : Abingdon Press, 1988.

McGinn, Bernard. "Early Apocalypticism : the ongoing debate," *The Apocalypse in English Renaissance Thought and Literature.* eds. C.A. Patrides & J. Wittreigh. Ithaca, N.Y. : Cornell University Press, 1984.

McKelvey, R.J. *The New Temple.* Oxford : University Press, 1969.

McKim, D.K. *The Authoritative Word : Essays on the Nature of Scripture*. Grand Rapids : Wm.B. Eerdmans Publishing Co., 1983.

Meinardus, Otto F.A. *St. John of Patmos and the Seven Churches of the Apocalypse*. New Rochelle, New York : Caratzas Brothers, Publishers, 1979.

Metzger, B.M. *Breaking the Code : Understanding the Book of Revelation*. Nashiville : Abingdon, 1993.

_______, *The Canon of the New Testament*. Oxford : Clarendon Press, 1988.

Michaels, J.R. *Interpreting the Book of Revelation*. Grand Rapids : Baker, 1992.

Mickelson, A. Berkeley. *Daniel and Revelation : Riddles or Realities?* Nashville : Thomas Nelson Publishers, 1984.

Miller, F.P. *Revelation : A Panorama of the Gospel Age*. Florida : Moellerhaus, 1991.

Milligan, W. "The Book of Revelation," *The Expositor's Bible*. London : Hodder & Stoughton, 1909.

Minear, P.S. *I Saw a New Earth : An Introduction to the Visions of the Apocalypse*. Cleveland : Corpus, 1968.

_______, "Ontology and Ecclesiology in the Apocalypse," *New Testament Studies* 13 (1966) : 89–105.

Moffatt, James. "The Revelation of St. John the Divine," *The Expositor's Greek Testament*. ed. W. Robertson Nicoll. Grand Rapids : Wm. B. Eerdmans Publishing Co., 1988.

Moor, C.A. "Daniel, Esther and Jeremiah : The Additions," *The Anchor Bible*. N.Y. : Doubleday & Company, Inc., 1977.

Morris Henry. *The Revelation Record. Wheaton* : Tyndale House
_______, Publishers, Inc., 1983.

Morris, Leon. "The Revelation of St. John," *Tyndale New Testament Commentaries*. Grand Rapids : Wm.B. Eerdmans Publishing Co., 1983.

_______, *Apocalyptic*. Grand Rapids : Wm.B. Eerdmans Publishing Co., 1972.

_______, *New Testament Theology*. Grand Rapids : Zondervan Publishing House, 1986.

Moule, C.F.D. "Revelation," *The Interpreter's Dictionary of the Bible*, vol. 1. ed. George A. Buttrick. Nashville : Abingdon Press, 1986.

Mounce, Robert H. "The Book of Revelation," *The New International Commentary on the New Testament*. Grand Rapids : Wm.B. Eerdmans Publishing Company, 1980.

Moyse, S. *The Old Testament in the Book of Revelation*. Sheffield, England : Sheffield Academic Press, 1995.

Murdock, W.R. "History and Revelation in Jewish Apocalypticism," *Interpretation* 21 (1967) : 167–187.

Murphy, F.J. *Fallen is Babylon : The Revelation to John*. Harrisburg : Trinity Press International, 1998.

_______, "The Book of Revelation," *Current in Research : Biblical Studies* 2 (1994) : 181–225.

Napier, B.D. "Prophet," *The Interpreter's Dictionary of the Bible*, vol. 3. ed. G.A. Buttrick. Nashville : Abingdon Press, 1986.

Newman, B.M. "The Fallacy of the Domitian Hypothesis," *New Testament Studies* 10 (1963) : 133–139.

Rediscovering the Book of Revelation. Valley Forge : The Judson Press, 1968.

Newport, John P. *The Lion and the Lamb*. Nashville : Broadman Press, 1986.

Oepke. "ἀποκάλυψτος, ἀποκάλυψσις." *Theological Dictionary of the New Testament*, vol. III. ed. G. Kittel. Grand Rapids : Wm. B. Eerdmans Publishing Co., 1965.

Olson, Daniel C. "Those Who Have Not Defiled Themselves with Women' : Revelation 14:4 and the Book of Enoch," *Catholic Biblical Quarterly* 59 (1997) : 492–510.

Peake, Arthur S. *The Revelation of John*. London : Holborn Publishing House, n.d.

Pentecost, J.D. *Things to Come*. Grand Rapids : Zondervan, 1958.

Perrin, N. "Apocalyptic Christianity," *Visionaries and Their Apocalypses*. ed. P.D. Hanson. Philadelphia:Fortress Press, 1983.

Pieters, A. *The Lamb, the Woman, and the Dragon*. Grand Rapids : Zondervan Publishing House, 1937.

Plummer, A. "Revelation," *The Pulpit Commentary*. vol. 22. Grand Rapids : Wm.B. Eerdmans Publishing Co., 1980.

Preston, R.H. & A.T. *Hanson. The Revelation of Saint John the Divine*. London : SCM Press, 1962.

Poellot, L. "Revelation," *Concordia Classic Commentary series*. St. Louis : Concordia Publishing House, 1987.

Porteous, N.W. "Daniel," *The Old Testament Library*. Philadelphia : The Westminster Press, 1965.

Pritz, R. "New Testament Canon," *Jerusalem Perspective* [Jerusalem] 5 (1992) : 10, 15.

Rad, G. von. *Old Testament Theology*. trans. D.M.G. Stalker. New York : Harper & Row, Publishers, 1965.

Rall, Harris F. *New Testament History*. N. Y. : Abingdon Press, 1914.

Ramsay, William. *The Letters to the Seven Churches*. Grand Rapids : Baker Book House, 1985.

_______, *The Church in the Roman Empire Before A.D. 170*. New York & London : G.P. Putnam's Sons, 1919.

Readings, B. "Canon and On : From Concept to Figure," *Journal of the American Academy of Religion* 57 (1989):149–172.

Reddish, M.G. (ed.) *Apocalyptic Literature : A Reader*. Nashville : Abingdon Press, 1990.

Richards, Hubert J. *What the Spirit Says to the Chruches. A Key to the Apocalypse of John*. New York : P.J. Kenedy & Sons, 1967.

Richardson, Donald W. *The Revelation of Jesus Christ. An Introduction*. Richmond : John Knox Press, 1964.

Rissi, Mathias. "The Future of the World : An Exegetical Study of Rev. 19:11–22:15," *Studies in Biblical Theology* 23. London : SCM, 1972.

_______, "The Kerygma of the Revelation to John," *Interpretation* 22 (1968) : 3–17.

Rist, Martin. "The Revelation of St. John the Divine," *The Interpreter's Bible*, vol. 12. ed. Nolan B. Harmon. Nashville : Abingdon Press, 1984.

Roberts, J.W. "The Interpretation of the Apocalypse," *Restoration Quarterly* 8 (1965) : 154–162.

Robertson, Archibald T. "The Revelation of John," *Word Pictures in the New Testament*, vol. VI. Grand Rapids : Baker Book House, 1933.

Robinson, John A. T. *Redating the New Testament*. Philadelphia : The Westminster Press, 1976.

Roloff, Jürgen. *Revelation*. trans. John E. Alsup. Minneapolis : Fortress Press, 1993.

Rowland, C. *The Open Heaven : A Study of Apocalyptic in Judaism and Christianity*. N.Y. : Crossroad, 1982.

Rowley, H.H. *The Relevance of Apocalyptic*. Greenwood : the Attic Press, Inc., 1980.

Russell, D.S. *The Method and Message of Jewish Apocalyptic*. Philadelphia : The Westminster Press, 1964.

Russell, J.S. *The Parousia : A Critical Inquiry into the New Testament Doctrine of Our Lord's Second Coming*. Grand Rapids : Baker Book House, 1983.

Ryrie, Charles. *Biblical Theology of the New Testament*. Chicago : Moody Press, 1978.

Sanders, J.A. *Canon and Community*. Philadelphia : Fortress Press, 1985.

Sawyer, M.J. "Evangelicalsand the Canon of the New Testament," *Grace Theological Journal* 11 (1990) : 29–52.

Schaff, Philip. *History of the Christian Church*. N.Y. : Charles Scribner's Sons, 1887.

Schlatter, A. *The Church in the New Testament Period*. trans. Paul P. Levertoff. London : S.P.C.K., 1955.

Schmithals, W. *The Apocalyptic Movement : Introduction and Inter–pretation*. trans. J.E. Steely. Nashville : Abingdon Press,

1975.

Schnackenberg, R. *God's Rule and Kingdom*. New York : Herder and Herder, 1963.

Scott, C. Anderson. "Revelation," *The New Century Bible*. London : Henry Frowde Publisher, n.d.

Scroggie, W.G. *The Book of the Revelation*. Cleveland : Union Gospel Press, 1920.

Seiss, J.A. *The Apocalypse : Lectures on the Book of Revelation*. Grand Rapids : Zondervan Publishing House, 1900.

Sherk, R.K. (ed.) *The Roman Empire : Augstus to Hadrian*. Cambridge : University Press, 1988.

Smith, D. Moody. "A Review of J.A.T. Robinson's Redating the New Testament," *Duke Divinity School Review* 42 (1977) : 193–205.

Spinks, L.C. "A Critical Examination of J.W. Bowman's Proposed Structure of the Revelation," *Evangelical Quarterly* 50 (1978) : 211–222.

Stanley, John E. "Revelation," *Asbury Bible Commentary*. General ed. Eugene Carpenter & Wayne McCown. Grand Rapids : Zondervan Publishing House, 1992.

Stark, R. "Christianizing theUrbanEmpire : An Analysis Based on Greco–Roman Cities," *Sociological Analysis*. [Washington D.C.] 52 (1991) : 77–88.

Starr, C.G. *The Roman Empire. 27 B.C.–A.D. 476. A Study in Survival*. Oxford : University Press, 1982.

Stauffer, Ethelbert. *New Testament Theology*. trans. John Marsh. London : SCM Press, Ltd., 1955.

_______, *Christ and the Caesars*. London : SCM Press Ltd, 1965.

Stott, John R. *What Christ Thinks of the Church*. Grand Rapids : Wm. B. Eerdmans Publishing Co., 1958.

Strand, K. A. "The Eight Basic Visions in the Book of Revelation," *Andrews University Seminary Studies* 25 (1987) : 107–102.

Strauss, L. *The Book of the Revelation*. New Jersey : Loizeaux Brothers, 1964.

_______, *The Prophecies of Daniel*. New Jersey : Loizeaux Brothers, 1982.

Suetonius, Gaius. *The Twelve Caesars*. trans. R. Graves. Baltimore : Penguin Book, 1984.

Summers, Ray. *Worthy is the Lamb*. Nashville : Broadman Press, 1951.

Sweet, J.P.M. *Revelation*. Philadelphia : The Westminster Press, 1979.

Swete, Henry. *Commentary on Revelation*. Grand Rapids : Kregel Publications, 1980.

Talbert, C.H. *The Apocalypse*. Louisville : Westminster/ John Knox, 1994.

Taylor, H.O. *Ancient Ideals*, vol II. New York : Frederick Ungar Publishing Co., 1964.

Tenney, Merrill C. *Interpreting Revelation*. Grand Rapids : Wm. B. Eerdmans Publishing Co., 1957.

Thiessen, H.C. *Introduction to the New Testament*. Grand Rapids : Wm. B. Eerdmans Publishing Co., 1979.

Thomas, R.L. "Revelation," *An Exegetical Commentary*. 2 vols. Chicago : Moody Press, 1992 & 1995.

Thompson, L. L. *The Book of Revelation. Apocalypse and Empire*. Oxford : Oxford University Press, 1990.

_______, *The Book of Revelation : Apocalypse and Empire*. Oxford : University Press, 1990.

Torrance, T.F. *The Apocalypse Today*. Grand Rapids : Eerdmans, 1959.

Torrey, Charles C. *The Apocalypse of John*. New Haven : Yale University Press, 1958.

Towner, W.S. "Daniel," *Interpretation*. Atlanta : John Knox Press, 1984.

Trench, Richard C. *Commentaryon the Epistles to the Seven Churches in Asia : Revelation II and III*. N.Y. : Charles Scribner's Sons, 1862.

Tyson, J.B. *The New Testament and Early Christianity*. New York : Macmillan, 1984.

Vawter, B. "Apocalyptic : its Relation to Prophecy," *The Catholic Biblical Quarterly* 22 (1960) : 33–46.

Vos, Louis A. *The Synoptic Traditions in the Apocalypse*. J. H. Kok N. V. Kampen. Ph. D. dissertation at the University of Amsterdam, 1965.

Wall, R.W. "Revelation," New International Biblical Commentary. ed. W.W. Gasque. Peabody : Hendriksen Publishers, 1991.

Wallace, R.S. "The Message of Daniel," *The Bible Speaks Today*. Downers Grove : Inter-Varsity, 1979.

Walvoord, J.F. *The Revelation of Jesus Christ*. Chicago : Moody Press, 1966.

Wardam, Alan. *Religion and Statecraft Among the Romans*. London

: Granada, 1982. Wernecke, Herbert H. *The Book of Revelation Speaks to Us*. Philadelphia : The Westminster Press, n.d.

West, N. *The Thousand Year Reign of Christ*. Grand Rapids : Kregel Publications, 1993.

Wilcock, M. *I Saw Heaven Opened*. London : Inter–Varsity, 1975.

Wilke, C.G. *Greek–English Lexicon of the New Testament and Other Early Christian Literature*. trans. J. H. Thayer. Grand Rapids : Zondervan Publishing House, 1974.

Wilken, R.L. *The Christians as the Romans Saw Them*. New Haven & London : Yale University Press, 1984.

Williams, C.S.C. "The History of the Text and Canon of the New Testament," *Cambridge History of the Bible*, vol. 2. ed. G.W.H. Lampe. Cambridge : University Press, 1969.

Wilson, G.B. *Revelation*. Durham, England : Evangelical Press, 1985.

Wood, L.A. *Commentary on Daniel*. Grand Rapids : Zondervan Publishing House, 1973.

Yamauchi, E.M. *New Testament Cities in Western Asia Minor*. Grand Rapids : Baker Book House, 1987.

______, *Archaeology of New Testament Cities in Western Asia Minor*. Grand Rapids : Baker Book House, 1980.

Young, E.J. *The Prophecy of Daniel*. Grand Rapids : Wm.B. Eerdmans Publishing Co., 1980.

Zahn, Theodor. *Introduction to the New Testament*, vol. III. trans. J. M. Trout, W. A. Mather, L. Hodous, E. S. Worcestor, W.

______, H. Worrell & R.B. Dodge. New York : Charles Scribner's

Sons, 1917.

권성수. 《요한계시록》 서울 : 선교횃불, 1999.

김재준. 《요한계시록》 서울 : 대한기독교서회, 1981.

이상근. 《요한계시록》 서울 : 대한예수교장로회총회교육부,1984.

이상찬. 《요한계시록의 아시아 일곱 교회》 대구 : 도서출판 두레마을, 1989.

이순한. 《요한계시록 강해》 서울 : 한국기독교교육연구원, 1985.

요한계시록 주석(1–11장)

인봉된 책

2014년 5월 20일 인쇄
2014년 5월 30일 발행

지은이 | 한명철
발행인 | 이형규
발행처 | 쿰란출판사

주소 | 서울특별시 종로구 이화장길 6(이화동)
TEL | 02-745-1007, 745-1301, 747-1212, 743-1300
영업부 | 02-747-1004, FAX / 02-745-8490
본사평생전화번호 | 0502-756-1004
홈페이지 | http://www.qumran.co.kr
E-mail | qrbooks@daum.net
qrbooks@gmail.com
한글인터넷주소 | 쿰란, 쿰란출판사

등록 | 제1-670호(1988.2.27)

책임교열 | 김주경 · 신영미

값 25,000원

ISBN 978-89-6562-613-8 94230
978-89-6562-615-2(세트)